Josef W. Trapp

Ahoi 66

Mit Bahn, Auto & Containerschiff um die halbe Welt

Josef W. Trapp

Ahoi 66

Mit Bahn, Auto & Containerschiff um die halbe Welt

seitenweise

Die Illustrationen und gezeichneten Karten auf dem Umschlag sowie den Seiten 10, 11, 13, 73, 119, 179, 259, 307, 345, 391, 437, 467, 502 und 509 stammen von Stefanie Böhm, Holzgerlingen, www.steff.biz.

Bibliografische Information der Deutschen Bibliothek:
Die Deutsche Bibliothek verzeichnet diese Publikation in der Deutschen Nationalbibliografie; detaillierte bibliografische Daten sind im Internet über https://www.dnb.de abrufbar.

Gestaltung: punktgenau GmbH, 77815 Bühl
Druck und buchbinderische Verarbeitung: Kohlhammer Druck, 70329 Stuttgart
Printed in Germany

Deutsche Erstausgabe
1. Auflage 2021

www.seitenweise-verlag.de
ISBN 978-3-943874-40-2

Inhaltsverzeichnis

CMA CGM CENTAURUS
LONDON

Für Uli und unsere Kinder 

BARRINGUN ROADHOUSE
Bush Tucker Inn
02-6874 7584
EAT-IN

Zur Entstehung des Buches

Mit 66 Jahren habe ich mir meinen Jugendtraum von einer Land- und Seereise nach Australien erfüllt. Frei von täglichen Zwängen hat sich diese Reise für mich als „Kopfmensch" ungeplant zur Reise durchs eigene Leben entwickelt.

Menschen und ihre Bedeutung für mich tauchten in meinen Gedanken auf und verschwanden wieder. Sie alle kreuzten im Laufe von 66 Jahren – als Last, als Bereicherung oder beides – meinen ziemlich ungeraden Lebensweg. Geweckt durch Erlebnisse auf der Reise, immer völlig unversehens, verschaffen sie sich Raum in meinem Bericht.

Ein wesentlicher Teil des Reisetagebuchs bezieht sich auf viele recherchierte Daten, Fakten und Wissenswertes zu den bereisten Ländern – erweitert durch eigene Einschätzungen der politischen und gesellschaftlichen Themen.

Im Verlauf der Reise wird das Tagebuch zum geschätzten Begleiter bei der längst fälligen Aufarbeitung meiner großen Liebe zu Uli, meiner Frau und Mutter unserer drei Kinder, und ihres frühen Todes mit nur 35 Jahren. Diesen schwierigen Jahren gelten im ersten Reiseabschnitt bei der Fahrt mit der Transsibirischen Eisenbahn von Moskau nach Peking viele Gedanken.

Im weiteren Verlauf der Reise treten sie in den Hintergrund, bleiben aber stille Mitreisende und verändern nach und nach die 25 Jahre lang in mir getragene Trauer. Es wächst ein Gefühl von Glück und Zufriedenheit, und ein Gefühl der Dankbarkeit für die gemeinsamen Jahre mit Uli gewinnt die Oberhand.

Meine Reise wird immer wieder geprägt durch Begegnungen mit vielen interessanten Menschen, die Bewunderung grandioser Landschaften und geschichtsträchtiger Orte. Ein Traum für mich als ehemaligem Orient-Fernfahrer sind die stundenlangen Fahrten auf kerzengeraden Straßen durch die Ebenen Australiens. Die unendliche Weite der Ozeane öffnet mir die Augen für neue Horizonte und stärkt Tag für Tag den aufkommenden Willen, Neues zu wagen.

Nach über 58.000 km mit Zügen, Autos und Containerschiffen gehe ich in Genua von Bord. Im Gepäck ein Marienkäfer, der sich in der Schiffskabine zuerst in mein Tagebuch und als blinder Passagier in mein Gepäck geschlichen hat.

Egal, ob Sie eine – vielleicht ähnliche – Reise planen oder bereits erlebt haben oder mit diesem Buch gedanklich auf Reisen gehen: Ich wünsche Ihnen viel Freude beim Miterleben und beim Abschweifen zu eigenen Erinnerungen, Einschätzungen und Überlegungen!

Josef W. Trapp

PS: Ich bitte an dieser Stelle all jene Menschen um Verständnis, die mir besonders nahestehen oder -standen, im Buch aber nicht die Würdigung erfahren, die angebracht wäre.

Ahoi 66

Mit Bahn, Auto & Containerschiff
um die halbe Welt

18.018 km

6.545 km

33.510 km

58.073 km
insgesamt

in 138 Tagen

Bahnstrecken
Schiffstrecken
Autostrecken
Kapitelnummern
Start- und Endpunkt der Streckenabschnitte

Dauer des Streckenabschnitts
Zugstrecken
Autostrecken
Containerschiffstrecken

Fährenstrecken
Taxistrecken
Busstrecken
Fußwege

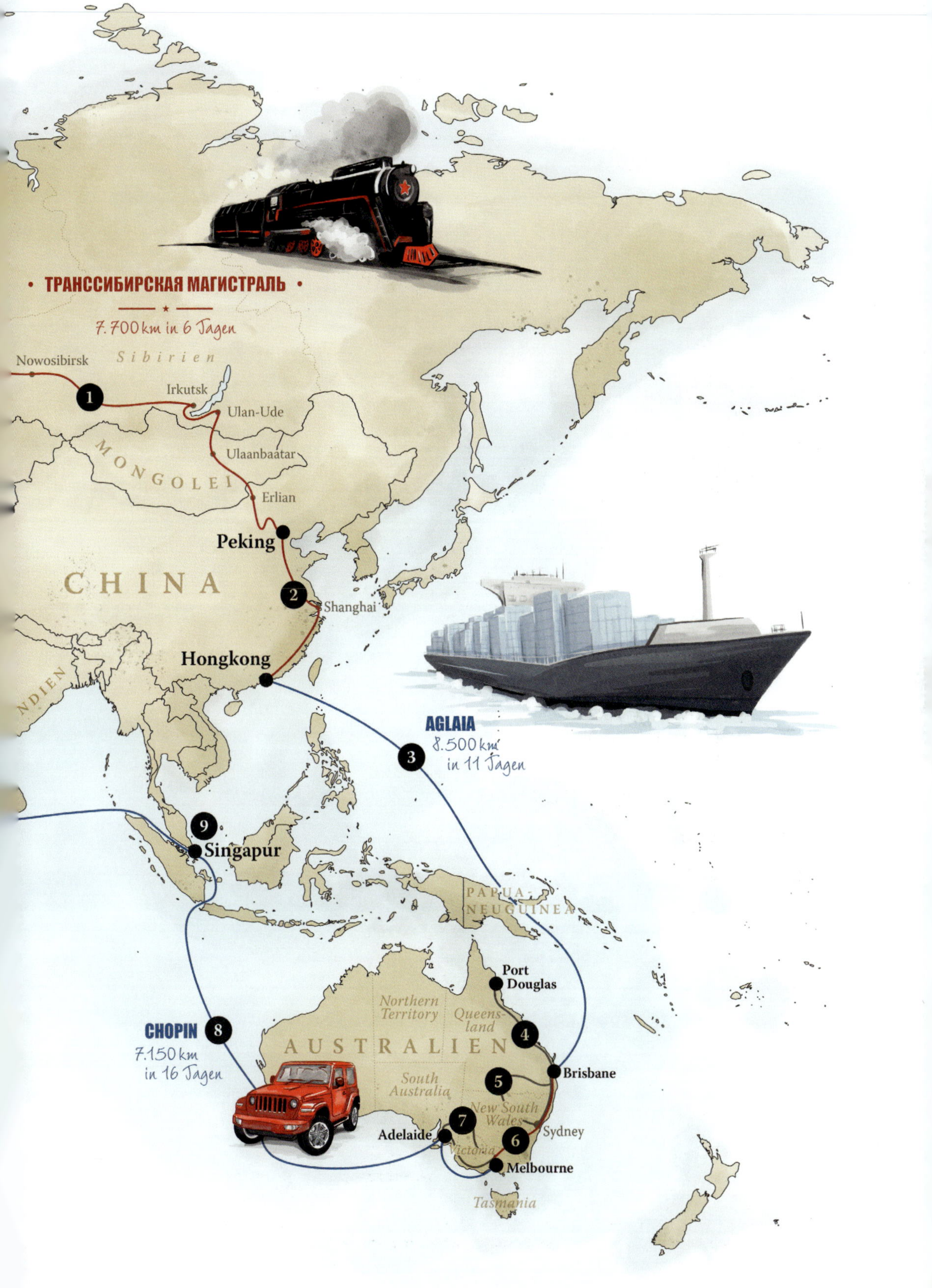

• ТРАНССИБИРСКАЯ МАГИСТРАЛЬ •
7.700 km in 6 Tagen
Nowosibirsk
Sibirien
1
Irkutsk
Ulan-Ude
MONGOLEI
Ulaanbaatar
Erlian
Peking
CHINA
2
Shanghai
Hongkong
INDIEN
AGLAIA
8.500 km in 11 Tagen
3
9
Singapur
PAPUA-NEUGUINEA
Port Douglas
Northern Territory
Queensland
4
AUSTRALIEN
CHOPIN
8
7.150 km in 16 Tagen
Brisbane
5
South Australia
New South Wales
7
Sydney
Adelaide
6
Victoria
Melbourne
Tasmania

3

1
Transsibirische Eisenbahn

Achertal – Berlin // Berlin – Moskau //
Moskau – Ural – Sibirien – Mongolei – Peking

Ein Muss für Eisenbahnliebhaber, ein Albtraum für schlechte Schläfer. Grandiose Landschaften, endlose Fahrten durch die Weiten Sibiriens. Der ideale Start, um aus dem Alltag in die Reise zu finden.

11 Tage · 10.200 km · 60 km

Tag 1: Freitag, der 20.10.2017
Oberachern Bindfadenfabrik – Berlin

4:30 Uhr klingelt der Wecker. Endlich. Es geht los nach einigen Tagen voller Erledigungen und Vorbereitungen – und immer wieder fällt einem etwas ein, was noch erledigt werden muss. Nach 30 Jahren als Geschäftsführer hat man den Anspruch, eine ordentliche Übergabe für die kommenden fünf Monate zu machen. Als Vater heißt es auch, sich zu verabschieden für die längste Zeit der Trennung und damit für den Beginn der Abnabelung einer innigen Beziehung, die durch den frühen Tod der Mutter gewachsen ist zu einer manchmal erdrückenden Verantwortung.

Los geht's – mit Rucksack und Gitarre (Probe am Vortag)

Die ersten Schritte mit dem Rucksack aus Tramperzeiten müssen gegangen werden und sie gehen und werden immer schneller, je näher der Minibahnhof Oberachern Bindfadenfabrik kommt. Abfahrt 6:42 Uhr. Im frühen Morgendunkel weht eine Brise Freiheit, eine Ahnung von den kommenden fünf Monaten. Nur für sich verantwortlich und nur für sich entscheiden. Das ist es, warum ich diese Reise machen muss. Wieder mich selber finden unter all den vielen aufgeschütteten Bergen von Verantwortung, Pflicht und Aufgabenerfüllung. Ich weiß schon lange nicht mehr, wer ich bin. Was ich weiß, ist, dass ich nicht (nur) der bin, den ich viele Jahre gelebt, gespielt und manchmal sicher auch genossen habe.

Da zu sein für alle und jeden – nie durchhängen, immer optimistisch, verdrängen, was einem seelisch zu nahekommt. Ab und zu im Stillen eine Träne verdrückt, das war's.

Hanfwerke – Hongkong heißt jetzt die Aufgabe mit dem Zug. Nicht für andere, nur für mich – und es fühlt sich jeden Kilometer der Bahnstrecke besser an. Es ist, als lösten sich nach und nach Gesteinsbrocken. In Berlin bin ich schon weit weg, auch wenn noch gut erreichbar mit den digitalen Möglichkeiten, die bei mir „Zeitpirat" und „Abenteuerkiller" genannt werden. Später dazu mehr.

Ein erstes Foto am Bahnhof in Oberachern

Tag 2: Samstag, der 21.10.2017
Berlin

Berlinfrühstück im Hotel – die Kaffeedame rennt hinterher, da der Kaffee als Kanne auf den ausgesuchten Tisch kommt und nicht am Automaten geholt werden muss. Das Land prägt seine Kinder, die immer und überall nicht durch Erwartungshaltungen auffallen wollen.

Mail vom Reisebüro „Langsamreisen", er hoffe, dass er die Reiseunterlagen am Samstag um 14 Uhr übergeben könne. Kurzer Gedanke „Und wenn nicht?" – Der Zug würde ohne mich fahren und ich sitze in Berlin und warte. Hier helfen der Berufsoptimismus und die Kunst, Sorgen zu verdrängen. Die Schiffsfahrt auf der Spree wäre sonst kein Genuss, sondern eine heiße Kartoffel. Endlich mal den Reichstag, Schloss Bellevue, Kanzleramt etc. sehen. Besondere Gebäude, aber die gibt es in der ganzen Welt. Interessanter die Geschichte Berlins mit der Entstehung, den Kriegen, der Teilung, der Berliner Mauer und dem Wiederzusammenwachsen. Die Stadt der meisten Brücken in Europa und den größten Wasserflächen – und wahrscheinlich mit den meisten Einschusslöchern an den Hauswänden an den Spreegebäuden. Hunderttausende Schicksale werden zusammengefasst in 90 Minuten Fahrt bei Kaffee, Bier oder Wein.

Auch hier hilft Verdrängen, weil einem sonst die Gedanken davonlaufen in die Schicksalskeller der Stadt, in denen im II. Weltkrieg zigtausendfach gestorben wurde, weil man sich bei der demokratischen Wahl 1933 vertan hatte und todbringenden Idioten hinterherlief, deren rechtes Gedankengut bisweilen auch in heutiger Zeit immer wieder aufblüht. 50 Millionen Tote als Folge des 1000-jährigen Reiches reichen eben nicht, um differenziertes Denken in politischen Fragen zu erzielen. Ausländer raus, nur die Müllmänner müssen bleiben.

Meinen Freizeitpiraten habe ich lahmgelegt und keine PIN zum Entsperren. Da ist es gut, über Kinder und Freunde an die PIN zu Hause zu kommen. Bei meinem alten Nokia wäre mir das nicht passiert. Gerade entsperrt kommt bereits ein Mail von „Langsamreisen" mit Verspätungsankündigung um 20 Minuten. Immerhin vom Namen her passt die Verspätung. Es ist bereits 14:20 Uhr – na dann. Hoffentlich ein gutes Zeichen; und tatsächlich: Fünf Minuten später liegt der Pass mit drei Visa auf dem Tisch und die Papiere für die Schiffspassage Hongkong – Brisbane.

Die Reise ist damit auch amtlich besiegelt. Ahoi, liebe 66 Jahre und viele gute Erlebnisse auf dieser gemeinsamen Rückschau- und Zukunftsreise.

Tag 3: Sonntag, der 22.10.2017
Berlin
Nochmal Frühstück im Hotel, schon routinierter. Packen, Sightseeingtour mit Bus. Der Tag verfliegt und um 17:30 Uhr stehe ich am Ostbahnhof Berlin, eine Zeit lang

der Hauptbahnhof der Stadt. Noch einen Cappuccino mit Croissant, Bahnsteig 7. Nachtzug nach Moskau, Abfahrt 18:50 Uhr. Pünktlich fährt er ein, russische Zugbegleiter kontrollieren Fahrschein und Visa. Bettplatz 12 – Senior. Heißt Einzelabteil, wie mir Klaus erklärt, ein ausgewachsener und noch DDR-heimatverbundener 76-Jähriger. Zehn Jahre älter als ich, aber in zwei grundverschiedenen Systemen aufgewachsen. Er glaubt nicht an ein Zusammenwachsen der beiden Staaten. Der Westen kam und hat dem Osten die Würde genommen und aus diesem Verhalten auch noch tolle Geschäfte gemacht. Einheit ja, aber auf Augenhöhe, nicht auf „Kohlhöhe", womit er Helmut Kohl meint.

Immer noch ein Thälmann-Anhänger und links angehaucht. Vielleicht haben wir uns deshalb sofort verstanden, weil ich zwar Westler für ihn bin, aber ebenfalls den schnellen Zusammenschluss und das Überstülpen des Westsystems verurteilt habe. Damals aus dem hohlen Bauchgefühl heraus. Heute mit den Erfahrungen von 25 Jahren Zusammenwachs-Gekrampfe.

Der Zug rollt an, die Reise beginnt hier im Osten Berlins und führt die nächsten zehn Tage immer nach Osten bis nach Shanghai. 9000 Kilometer mit dem Zug. Es fühlt sich mit jedem holprigen Kilometer immer besser an, auch wenn klar ist, dass es auf der Strecke viele Stunden gibt, in denen man sich überlegt, warum man eine solche Reise macht. Es fühlt sich gut an, weil es ist wie das Leben selbst. Immer vorwärts, immer holprig und nie ganz klar, ob man das Ziel erreicht. Shanghai mag das kleinste Unternehmen sein auf einer Reise, bei der es vor allem darum geht, die zurückgelegten Wege und die Weichen auf dieser langen Strecke zu bewerten und in die Zukunft zu führen. In eine Zukunft, deren Ziele und Wünsche im Laufe der Jahre verschüttet wurden von all den Verpflichtungen und Bindungen.

Es fühlt sich tatsächlich so an, als würde man einen Käfig verlassen, in den man irgendwann voller Erwartungen eingestiegen ist und den man gar nicht als solchen empfunden hat, weil alles so schön war. So schön, wie bei vielen anderen, die man kannte. Plötzlich gehörte man dazu. War Familie mit Kindern. Hatte den Weg eingeschlagen, wie alle Vorfahren seit Generationen, nur dass sich das Rollenverständnis der Partner verändert hatte, zumindest in vielen Fällen.

Budweiser an der Bar, 7,50 Euro, 150 Rubel auf einen 10-Euro-Schein zurück. Kurs stimmt, wenn man den Zugzuschlag einrechnet. Wichtiger: das Bier schmeckt, die ersten Rubel in der Hand. Noch wichtiger: Eine Reise über Monate wird keine Reise, wenn man sich bei allem überlegt, wo man sparen kann. Dann hast du nach der Rückkehr eine Sparschweinreise hinter dir und keine Reise durch fremde Kulturen, deren Sitten und Gebräuche. Auch nicht durch deren eingeübte kleinen Schwindeleien entlang des Tourismusstroms, der alle Länder überflutet und in den Hauptregionen die Menschen und das Land verändert.

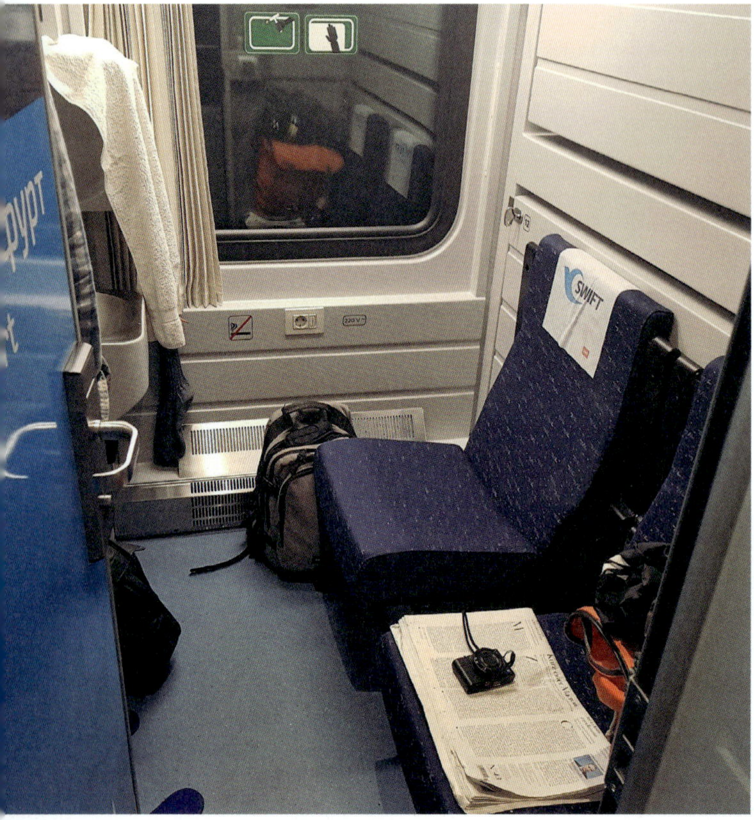

In den Jahren 1978 bis 1983 bin ich als Lkw-Fahrer im Nahen Osten unterwegs gewesen. Irak, Jordanien, Syrien, Saudi-Arabien, Türkei, Griechenland, Jugoslawien. Dort waren es keine Touristenströme, sondern Lkw-Fluten, die alles und jedes in die reichen Öl-Länder karrten. Für mich war diese Route meine Arbeit mit gleichzeitiger kultureller Bildung.

Seither nenne ich die Lkw-Routen „TIR-Land". Das bekannte Symbol mit der weißen Schrift auf blauem Untergrund an Lkws. Es handelt sich um ein internationales Abkommen, um den grenzüberschreitenden Güterverkehr zu beschleunigen. Die Lkws werden an den Grenzen nicht mehr kontrolliert, sondern jedes Land prüft die Vorgängerplombe und verplombt neu. Am Ende prüft der Zöllner des Empfangslandes die letzte Plombe auf ihre Unversehrtheit und gibt das Entladen frei.

Diese TIR-Routen sind wie ein Spinnennetz, das sich über alle Länder hinweg spannt und einen Streifen von 100 bis 200 Meter Breite rechts und links der Straße materialisiert. Hier geht es nur noch ums Geld. Ein hartes Urteil. Wer es anders kennt, soll sich melden.

Tag 4: Montag, der 23.10.2017
Berlin – Moskau

Mitten in der Nacht: an der Grenze Polen – Weißrussland Zollkontrolle. 30 Minuten Stehen. Klaus kommt vorbei, da Schlafen in dieser Zeit wenig bringt, weil die Grenzbeamten jederzeit nochmals kommen können. Nach zehn Minuten Gespräch meldet sich die Schweizerin von nebenan mit weinerlicher Stimme, dass sie schlafen möchte und Klaus aufhören soll zu reden. Bei seinem Organ verständlich,

aber zehn Minuten später das gleiche Spiel an der Grenze zu Weißrussland. Da wird streng kontrolliert und Klaus fällt mit seinen zwei Fahrrädern und acht Koffern durch. Bedeutet, in Brest mitsamt dem Gepäck aussteigen und Strafe bezahlen. Das wird dauern. Ich fahre weiter, den Pass wieder zurück, das Papier, das an allen Grenzen der Welt mehr zählt als der Mensch selbst.

Nicht umsonst fühlt man sich nackt und bedroht, wenn man den Pass abgeben muss an Leute, deren Uniformen sagen sollen: „Du bist nichts, hier bestimmen allein wir!"

Da ich nach der Abfahrt eh nicht schlafen kann, kommen Gedanken an frühere Reisen. Unterwegs sein, heißt jeden Tag die drei Grundbedürfnisse in den Griff zu bekommen: a) sich versorgen, b) sich entsorgen, c) sich einen Schlafplatz beschaffen. Als Tramper eine echte Herausforderung gegenüber Wohnmobil mit eigenem Pott, Zug, Flugzeug oder Schiff, wenngleich das Tramper-WC im Wald in der Regel angenehmer erscheint als manche Toiletten unterwegs. Als Lkw-Fahrer habe ich in Bagdad auf dem Zollhof ein Trucker-WC kennengelernt. Da ging die Tür nicht mehr auf, weil drinnen alles vollgeschissen war. Also war draußen im Schatten des Häusleins der Platz für die Entsorgung, begleitet vom gemischten Frauen- und Männermücken-Gesangsverein von Bagdad – von der Zahl der Fliegen gesehen, waren hier alle Sängerinnen und Sänger des ganzen Landes zusammengekommen. Ich bilde mir nicht ein, dass sie nur wegen mir gekommen waren.

Die drei Grundbedürfnisse des Menschen sind unsere treuesten Begleiter. In jeder Lebensphase auf eine eigene Art, egal, ob superreich oder bettelarm, schauen sie zu. Den bettelarmen Menschen, die in den Bretterhütten entlang der Zugstrecke Berlin – Moskau wohnen mit Bett, Plumpsklo und dem Notwendigsten zum Essen, genauso wie den Superreichen in Berlin, die in ihren Villen und Wohnungen goldgepuderte Torten verschlingen und meinen, sie wären der Käse der Welt. Die in vergoldete Schüsseln kacken und in vergoldeten Betten ihre Ruhe- und Unruhestunden verbringen. Alle unterliegen der Macht der drei König/innen von Immerda. Der vierte König ist triebgesteuert, aber relativ wichtig für den Sozialstaat bei der Versorgung der älteren Menschen eines Landes.

10 Uhr morgens: Minsk, draußen grau in grau. Aber wunderbare Herbstbäume in gelb und rot und allen Schattierungen. Klaus kommt mir in den Kopf. Was der Zoll in Brest mit ihm wohl anstellt. Zehn Minuten Reisekontakt genügen offenbar und ein Mensch aus der Masse heraus, zufällig am gleichen Bahnsteig, beschäftigt dich.

Smolensk, letzte Station vor Moskau – Erinnerungen an die Kindheit

Es fallen mir die wenigen Erzählungen von Opa über die Panzerschlachten um Smolensk ein. Er hat nie viel erzählt über den Krieg, nur dass sie auf dem Weg waren nach Moskau und in dieser Stadt der Widerstand am größten war.

Wie muss es für ihn gewesen sein, als es hieß, „am Tag X einrücken zum Krieg nach Russland“, wenn man schon im I. Weltkrieg an der Front war und wusste, wie grausam es im Krieg zugeht? Millionenfache Abschiede von Eltern, Geschwistern, Frau und Kindern. Ohne Sinn, gefordert von Wahnsinnigen, deren Wahnsinn sogar noch gewählt wurde.

Gegenüber solchen Szenen fühlt sich ein Abschied vor einer Reise – auch wenn diese fünf Monate dauert – eher an wie ein Wiedersehen.

Jedes Auseinandergehen kann das letzte Mal gewesen sein. Aber den beiden genannten ist nur gemein, dass man das Zuhause und seine Familie verlässt, mehr zunächst nicht. Beide haben nur ansatzweise mit jenem Abschied zu tun, der ansteht, wenn Klarheit darüber besteht, dass ein Mensch für immer gehen muss. Wenn jede noch so kleine Chance fehlt und nur Wunder helfen würden, das Ende des gemeinsam gegangenen Weges zu verhindern. Dieser Moment der Gewissheit bleibt im Kopf wie ein glühendes Eisen und man weiß, dass es lange brauchen wird, bis es abkühlen wird, wenn überhaupt.

Ein großer Sprung von Opas Erzählung hin zum Thema Abschied, wenn es um alles geht und es gewiss wird, alles zu verlieren. Hier liegt einer der Gründe für meine Reise. Den Abschied von Uli, meiner Frau, zu verarbeiten. Nach 25 Jahren. Zu Hause geht das nicht, zu viele Erinnerungen, täglich geweckt durch Kleinigkeiten, seien es gleiche Handlungen von anderen oder fehlende. Ich habe mal gehört, dass die „Zigeuner" beim Tod eines Partners den Wagen verbrannt haben, damit ein neuer Weg beginnen kann. Das mag helfen, wenn man kulturell so geprägt wurde, mir wäre das nicht gelungen.

Moskau, pünktlich auf die Minute, 18:15 Uhr. Raus aus dem Zug und auf den Vorplatz. Moskau empfängt mich kühl, ein Grad. Mit dem Taxi zum Hotel Pushkin und unwillkürlich denke ich an den Abschied in der Volksschule, 8. Klasse – Schlussfeier mit Eltern und Lehrern.

Tolstois „So viel Erde braucht der Mensch" war das monatelang eingeübte Theaterstück. Mir war die Rolle des Regisseurs und Souffleurs übertragen worden. Irgendwie ist es im späteren Leben oft so gewesen. Verantwortung zum Gelingen eines Ganzen übernehmen, egal ob beruflich oder privat. Das prägt und weckt die Sehnsucht, nur einmal im Leben Mitläufer sein zu können. Oder einmal eine Zeit lang nur für sich handeln und verantworten. So führt das Hotel Pushkin über Tolstoi zurück und gleichzeitig nach vorn. Hotel, schönes Zimmer, russisches Bier und Boeuf Stroganoff. Es passt gut zusammen. Um 23 Uhr geht das Licht aus, ich schlafe durch.

Tag 5: Dienstag, der 24.10.2017
Moskau

Statt den Sightseeing-Bus zu nehmen, entschließe ich mich, die neuen Schuhe einzulaufen. Die Karte der Sehenswürdigkeiten gibt's vom Hotel. 15 Minuten bis zum Kreml und dann die vielen Gebäude, die vielen Menschen auf sich wirken lassen.

Der Rote Platz in Moskau

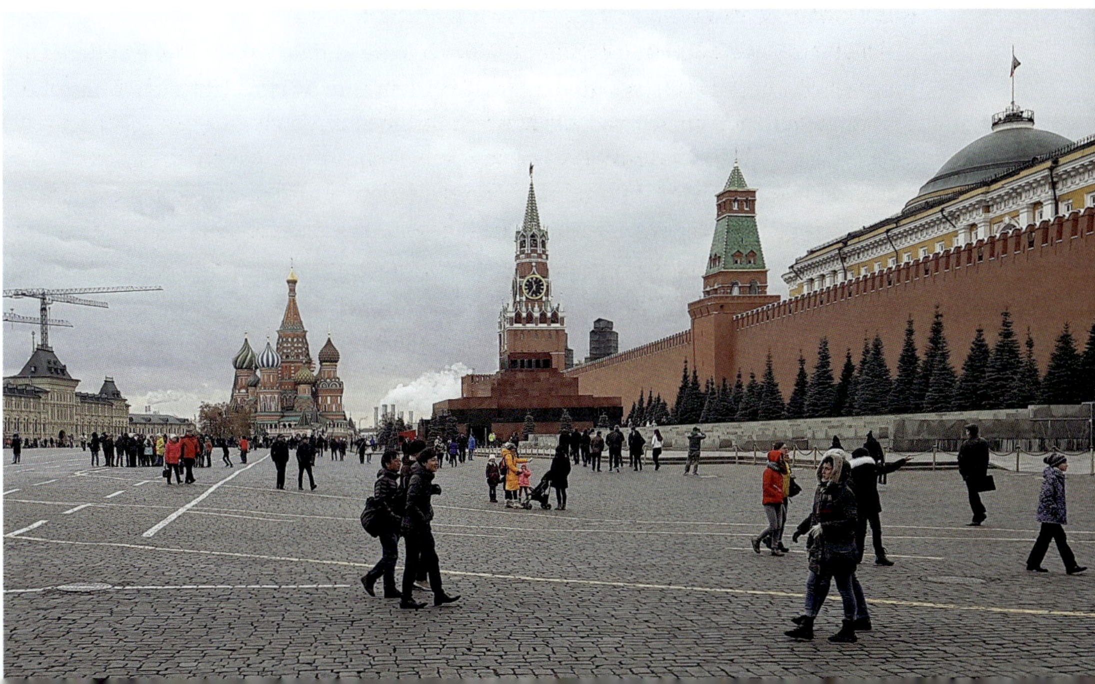

Vom Schnee der Nacht ist nichts übriggeblieben. Minus ein Grad, wie gut, dass ich meinen Fernfahrer-Parker dabeihabe. Ein Geschenk der badischen Spedition Schneider, bei der ich zum Lkw-Fahrer ausgebildet wurde. Gibt's schon lange nicht mehr, aber einen Ehrenplatz haben Herbert und Erich Schneider verdient. Rau, aber herzlich. Die Einstellung als Fahrer würde ich heute noch als denkwürdig und genial in einem bezeichnen.

Vorstellung mit druckfrischem Führerschein, kurzes Anschauen von Kopf bis Fuß mit der Antwort: „Am Sonntag um 21:30 Uhr kommen und mit einem Kollegen mitfahren. Alles klar?" Das war's dann auch schon. Es war Freitag und ich war innerhalb von fünf Minuten – vorläufig – eingestellt. Mehr später.

Es ist imposant, was eine nie vom modernen Krieg betroffene alte Stadt an Kulturdenkmälern zu bieten hat. Am eindrucksvollsten war für mich die Kathedrale „Christ the Saviour". Die Räume erfüllen alles, was im orthodoxen Christentum hoch und heilig ist und erschlagen einen geradezu. Betende Menschen und viele, die verschiedene Bildnisse „küssen" und sich mehrmals verbeugen. Betende auf Bänken gegenüber Gemälden von Heiligen, die wohl in einem speziellen Fall helfen sollen oder denen man dankt. Aber es gibt noch einen Wendeltreppenabgang und im Untergeschoss finden sich nochmal gigantische Kirchenräume. Da bleibt einem die Spucke weg, obwohl die Luft nicht sonderlich trocken ist.

Auf dem Rückweg habe ich mir die weniger prachtvollen Gebäude angeschaut, die nur durch große Toröffnungen getrennt hinter den Prachtbauten zu finden sind. Die Hinterhöfe Moskaus, die so gar nicht zu den Prachtstraßen davor passen. Hier wird's ärmlich und erbärmlich. Der Unterschied von reich und arm, vom Protzen auf der einen und vom Überlebenskampf auf der anderen Seite wird überdeutlich. Auf der Prachtstraße Halsketten für 500.000 Rubel (ca. 5600 Euro) und im Hinterhof Wohnungen aus den Kriegsjahren. Irgendwie war das einstmals anders geplant, als die Oktoberrevolution das Zarenreich wegfegte und von einer in die andere Diktatur wechselte. In Moskau gibt es auch Harlem, nur verteilt auf viele Hinterhöfe und nur sichtbar, wenn man diese Hinterhöfe besucht.

Prachtstraßen und Armut …

Die Moskwa und rechts die Christ-Erlöser-Kirche, von Stalin 1931 zerstört, nach 1950 wieder aufgebaut

Ja und dann begann sie, die Theateraufführung in drei Akten: „Die Bahnhofssuche in Moskau" mit den Hauptdarstellern Taxifahrer 1 und 2, Securityman 1, 2 und 3, Informationsmanager 1 und 2 sowie Student 1 und 2. Nebendarsteller: ich.

1. Akt

Der bestellte Taxifahrer Nr. 1 holt mich im Hotel ab und ich zeige ihm das Ticket mit dem Bahnhofsnamen „Yaroslowskaya". „Nix Problem", er fährt los und lädt mich am Bahnhof ab. Beim Bezahlen merke ich, dass er sich irgendwie unsicher ist. Nun denn. Im Bahnhof suche ich nach Abfahrten und lande im Terminal der Züge, die an den Flughafen fahren. Der Securityman 1 erklärt mir, ich müsse eine Halle weiter.

Ok, rein in die Halle, wieder Gepäckschleuse, aber kein Zug auf dem Plan, der nach Peking fährt. Ich frage an einer Kaffeebar eine studiert aussehende junge Dame (Student Nr. 1) und sie erklärt mir nach dem Studium des Tickets, dass die Abfahrt in einem anderen Bahnhof ist. Leider nicht nebenan, sondern 20 Autominuten entfernt.

2. Akt

Also zum Taxifahrer Nr. 2, durch den Abendverkehr zum richtigen Bahnhof. Er erklärt mir mit Händen und Füßen, in welches Gebäude ich muss. Aber, auch da kein Plan mit meinem Zug. Der Securityman Nr. 2 schickt mich zwei Hallen weiter. Dort fährt der Zug nach Peking ab. Inzwischen hat mein gesundes Misstrauen die Oberhand gewonnen. Also zum Informationsmanager, der bestätigt den Security. Ob ich mich jetzt hätte entschuldigen müssen bei dem? Ich suche einen Sitzplatz und finde den im 3. Warteraum, zusammen mit 300 oder mehr anderen Wartenden. Ein ständiges Kommen und Gehen.

Über mir die fortlaufend aktualisierte Anzeige. Da immer nur eine bestimmte Anzahl angezeigt wird, warte ich, bis die Zeit 23:55 angezeigt wird. Allerdings mit einer kleinen Überraschung: Da steht Moskau – St. Petersburg. Gut, dass ich mich frühzeitig auf den Weg gemacht habe. Ich überschlage die Zeit, 20:15. Es reicht also auch noch für eine weitere Taxifahrt, sollte ich am falschen Bahnhof sein.

3. Akt

Ich bitte eine ältere Russin neben mir, auf das Gepäck zu achten und mache mich auf zur Information. Der Informationsmanager Nr. 1 ist weg, dafür sitzt eine Managerin da. Neue Chance auf einen 3. Bahnhof. Das Ticket wird mehrmals gelesen, kein gutes Zeichen, der Kopf wiegt sich, die Antwort ist russisch und sie bleibt russisch.

Was tun? Leute ansprechen natürlich, die englisch sprechen: der dritte ist Technikerstudent und übersetzt. Es ist der richtige Bahnhof, aber das falsche Gebäude. Wahrscheinlich habe ich leicht irritiert unter der Dätschkapp hervorgeschaut, leicht glänzende Wangen vom Tragen des Gepäcks in den überhitzten Bahnhofshallen, womöglich noch Achselflecken und das Deo vergessen. Er führt mich quasi zur richtigen Halle und verabschiedet sich mit Handschlag mit einem strahlenden „Good luck". Hoffentlich ernst gemeint, denke ich kurz, nach den bisherigen Erlebnissen.

Es ist die richtige Halle, der richtige Wartesaal mit 500 oder mehr Leuten und es gibt daneben ein Café. Geht doch. Aber nach fünf Mal das Gepäck durch die Schleusen hieven, an fünf verschiedenen angeblich „richtigen" Stationen, ist's auch genug. Ich fürchte um die 45 Jahre alten Lederriemen am Tramper-Rucksack. Schwarz erstanden aus dem Kaufhof Köln über einen zufällig getroffenen Lehrling aus meiner Heimatgemeinde Lauf, der dort eine Lehre machte. Sorry. Heute ist der Begriff Lehrling sicher eine Beleidigung und wird mit Geld- oder Haftstrafen belegt.

20 DM hat das gute Stück gekostet. Marke „Fürst". Seinerzeit absolute Schweizer Qualitätsmarke, Familienbetrieb, längst geschluckt von den modernen Betrieben, die ihre Rucksäcke in Fernost herstellen lassen, aber natürlich am Markennamen Interesse hatten. Du kaufst „Fürst" und bekommst „背包".

Im Café: Langsam meldete sich das inzwischen eingefallene Mittelteil meines 66 Jahre alten Fahrgestells. Ich nahm eine englische Karte und suchte darin wohl etwas zu lang. Kein Wunder, meine Sprachkenntnisse waren 30 Jahre unwichtig. Jedenfalls entschuldigte sich eine freundliche russische Bedienung und brachte mir die russische Karte. Offenbar hatte sie mich mit dem Enkel Stalins verwechselt. Ich nickte, sagte aber lieber nichts und behielt beide Karten. Dann bestellte ich mit dem Finger auf der russischen Karte Chickenburger mit Bier, um die etwas zerzausten Nerven wieder zu frisieren. Hoffentlich sind die Nummern auf den beiden Karten identisch, schoss es mir noch durch den Kopf, da standen Bier und Burger auch schon auf dem Tisch. Das Halb-Liter-Glas randvoll, ein Millimeter Schaum, aber bei Durst wird auch Wasser zu bestem Champagner. Ein zweiter Burger wurde fällig, da durch das Befüllen meines nicht mehr ganz athletischen Körpers das Denkzentrum zwar lockerer wurde, aber das Verhältnis Bier zu Burger musste zumindest 1:1 bleiben. Ich konnte mir kurz vor der Abfahrt nicht auch noch zwei Bahnhöfe leisten.

Ein Moskauer Burger

Ein Pärchen setzte sich an den Tisch neben mir, packte zwei „Coffee to Go" und zwei Sandwiches aus dem „Green Travel Shop" auf den Tisch. Mir waren die Dinger beim Suchen nach was Essbaren in diesem Bahnhofs-Shop besonders aufgefallen. Das Pärchen aß wortlos, trank wortlos, stierte gebannt in ihre gläsernen Gebetsbücher, stand wortlos auf, ließ den Müll zurück und eilte, immer noch mit dem gespannten Blick auf dem Gebetsbuch von dannen. Der Kellner asiatischer Herkunft – womit ich niemand beleidigen will – kam zum Tisch, sah den Müll und keine Einnahmen und da drehten seine Augen – so schien es mir – auf hochkant. Kennt man ja aus der Comicwelt. Senkrechte Schlitze können auch gut aussehen. In meinem Heimatort werden Menschen mit asiatischem Aussehen als „Schlitzaugen" bezeichnet, nicht zu verwechseln mit dem Begriff „Schlitzohr", der für kleinere Gaunereien gilt.

Das Essen eines Burgers erfolgt normalerweise durch hastiges Verschlingen, bei einigen Zeitgenossen durch das bekannte, den Schweinen ähnliches Schnappen. Nicht gesund für die Verdauung, schon gar nicht mit leerem Untergeschoss.

Also nahm ich Messer und Gabel und stellte mir ein herrliches argentinisches Steak vor, medium, auf heißem Stein gegart mit zarter Senfkruste. Dazu eine geradezu schwebende, rot gekleidete Bolero-Tänzerin …! Muss das Bier gewesen sein, denn der erste Schnittversuch riss mich jäh aus den Träumen. Der Burger landete auf der Mitte des Tisches, die beigefügten Wintersalatblätter mit braunem Zierrand verteilten sich relativ symmetrisch, sodass ich diese liegen lassen konnte. Nicht mal so schlecht, ein garnierter Tisch, der um den Teller herum eine Esslandschaft bildet.

Es passte zum Gesamtbild. Der Enkel Stalins frisst in einem russischen Bahnhofscafé amerikanische Burger mit Messer und Gabel. Schlagartig fiel mir meine erste Begegnung mit Messer und Gabel und einem Wurstbrot ein. Ich war kaufmännischer Lehrling – ich bleibe bei dem Ausdruck – und zur Ausbildung gehörte auch ein einwöchiger Schulungsaufenthalt in einem betriebseigenen Schwarzwaldheim, bei dem auch die angeblich richtigen Tischmanieren unter Geschäftsleuten gelernt werden sollten. Es gab am ersten Abend eine Wurst- und Käseplatte und ich wunderte mich über die Teller mit Gabel und Messer. Vielleicht war das die Vorspeise und das Besteck war für ein späteres Hauptgericht gedacht, Schnitzel satt oder so.

Während ich mir ein Brot mit reichlich Wurst und Käse belegte, kräftig und großflächig meine Zähne arbeiten ließ, sah ich über der oberen Scheibe Schinkenwurst und links und rechts am Käse vorbei, wie meine Lehrlingskameraden mit Messer und Gabel das Brot samt Auflage in kleine Teile schnitten und diese Teile wiederum mit der Gabel mehr oder weniger kunstvoll in den kaum geöffneten Mund schoben und den Bissen mit geschlossenem Mund kauten. Es war mäuschenstill und ich hörte mich kauen, sogar kleine Schmatzer meinte ich zu hören. Die Stimmung schien angespannt und der Oberlehrling fasste sich ein Herz. Mit fast väterlicher Stimme erklärte er mir, dass man im Geschäftsleben eine gewisse Essenskultur pflegt und bat mich, doch bitte nicht so bäuerlich mit Brot, Wurst und Käse umzugehen.

Die Nadel traf ins Herz. Es ging nicht um Messer und Gabel, es ging für mich, mit 16 mitten in der eigenen Oktoberrevolution, um das Pflegen von höherem bzw. minderwertigem gesellschaftlichen Verhalten. Und dann ging's ab, Oberlehrling gegen Unterlehrling, erst einer gegen alle und irgendwann die Mehrheit gegen die Minderheit. Zwei hatten die Seiten gewechselt. Das Buch „Was wollen die Lehrlinge" hatte ich verschlungen, einige Kapitel zwei, drei Mal. Ich war sozusagen auf die inhaltliche Auseinandersetzung mit der mir – aus mir nicht durchgängig erschlossenen Gründen – verhassten Bourgeoisie vorbereitet und im Nachhinein betrachtet frech wie noch was. Respekt vor der Person ja, aber kein Duckmäusertum in der Sache. Um 0:30 Uhr beendete der Lehrlingsausbilder die Diskussion. Er hatte uns die ganze Zeit in allen Tonlagen streiten lassen und mir ab und zu durch ein aufmunterndes Nicken bedeutet, dass ich mir treu bleiben solle. Zumindest hatte ich das so gedeutet. Ab diesem Tag hatte ich einen Feind im Betrieb – der Oberlehrling war stocksauer auf mich – und einen Lehrlingsausbilder, der ab diesem Tag große Stücke auf mich hielt. Ihm hatte das Ganze offensichtlich Spaß gemacht.

Zurück zum Burger: Mit konzentrierterer und vor allem vorsichtigerer Schneidetechnik gelang es mir, den Burger tatsächlich langsam zu essen und meinen Augen die Chance zu geben, sich umzuschauen. Die Frauen in Russland scheinen bevorzugt Tee zu trinken und sich mit einem süßen Stückchen die Pfunde zu stabilisieren oder zu mehren. Der Burger ist der Herren Sache, auch in Punkto Pfunde. Die Menschenmischung im Burger-Café ist vielfältig und wechselt ständig, dreimal während meiner Reisepause. Da sitzt das Mütterlein aus dem Schmalzschinken „Sissi – Schicksalsjahre einer Königin" und daneben der jung dynamische Banker aus einem amerikanischen Bankerfilm und daneben der russische Offizier aus „Dr. Schiwago". Der ist während meiner Anwesenheit leider nicht aufgetaucht und deshalb beschloss ich, selbst Dr. Schiwago zu sein und nicht der Enkel von Stalin.

Erotische Mails scheinen wohl auch einzutreffen oder geschrieben zu werden. Zumindest lässt das plötzliche Hin- und Herrutschen auf dem Stuhl oder Beine-übereinander-Schlagen nach dem Erhalt einer Mail diesen Schluss zu. Oder es fehlt ganz einfach an der Körperpflege und es juckt überall. Fragen wollte ich nicht wegen dem doch relativ unverschämten Eingriff in die Privatsphäre der Juckenden. Ich hätte aber in meinem Rucksack aus einer reichlich gefüllten Reiseapotheke sicher das richtige Mittel zur Abhilfe anbieten können.

In allen Gesichtern und Augen kannst du lesen, lesen, lesen und dir Möglichkeiten und Lebensrealitäten denken. Auch hier sitzt jeder an einem Tisch für sich. Zufallstreffpunkt Café. Ohne Abschied, man kennt sich nicht. Der Banker steht plötzlich hastig auf und beim schwunghaften Hochnehmen der Laptoptasche fliegt sein Trinkglas mitsamt Pfeffer und Salz und Servietten auf den Boden. 1000 Glasstücke glitzern im Licht. Abgang auf Französisch und Ratespiel: Wer fegt zusammen? Richtig! Eine Frau aus der Küche kommt nach zehn Minuten, die Herren Bedienung laufen um die kleinen Diamanten herum.

Als Weltbürger habe ich mir in Moskau alle Mühe gegeben. Nicht Borschtsch, sondern Burger, nicht national, sondern international gesättigt für die Verständigung der Völker auf niedrigstem, aber meines Erachtens nach allseits beliebtem und geachtetem Niveau.

Um 23:30 Uhr steige ich in den Wagen Nr. 9 und werde von mongolischem, sehr freundlichem Personal zum Abteil gebracht. Heimat für sieben Tage, ich fühle mich sofort wohl. Roter Plüsch und alles in die Jahre gekommen, aber mit Waschbecken und Steckdose.

Der Zug fährt um 23:55 Uhr in Moskau ab. Um 0:45 Uhr trinke ich mit den Nachbarn – Sohn 50, Vater 80 – Schweizer – ein Bier im Buffetwagen. Der Va-

ter hat die Reise zum 80sten von der Familie geschenkt bekommen, weil er als Hobbyeisenbahner sein Leben lang von dieser Reise geschwärmt hat.

Irgendwie scheint die Transsibirische Eisenbahn immer noch für viele ein Traum zu sein. Nicht nur für mich. Mal sehen, ob ich nach der Ankunft in Peking immer noch davon träume oder mit einem Alptraum die Reise begonnen haben werde. Wäre zwar ok, wenn man sich auf so was einlässt, aber halt saublöd. Gibt es bekanntlich auch bei der Partnersuche. Die Transsibirische ist dann eben ein Traum von einer Frau oder einem Mann und nach sieben Tagen verflucht man den Moment des Kennenlernens. Bevor es jetzt noch tiefer in die Abgründe menschlichen Seins abrutscht, gehe ich lieber ins Bett. Inzwischen ist es 2 Uhr.

Tag 6: Mittwoch, der 25.10.2017
Moskau – Nizhny Novgorod

Das Erste-Klasse-Abteil

Weites Land mit Puderzucker. Es hat wohl in der Nacht leicht geschneit. Gestern hingen noch an vielen Bäumen gelbe Blätter, hier sieht man plötzlich weiter ins Land zwischen den kahlen Bäumen. Ich war nachts ein paar Mal aufgewacht vom Rütteln der Wagen auf irgendwelchen Weichen, fühle mich aber fit wie selten. Das Land wirkt in den Frühstunden noch weiter und irgendwie hat man das Gefühl, man öffnet sich selbst bei diesen riesigen Weiten. Beim Anziehen wird die Weite allerdings rasch ganz engstirnig. Meine Jeans ist weg. Also doch. Nachts gehen die Schaffner in die Räume und holen sich die Hosen mit Geldbeutel und schmeißen sie an einem bestimmten Punkt aus dem Zug. Beweisen kann man dann gar nichts mehr. In der Jeans war der Geldbeutel mit Visakarte, schießt es mir durch den Kopf, der Pass auch, die Nerven melden sich, die Hemdenwahl war falsch, ich schwitze. „Ruhe bewahren", hatte ich beim Lkw-Fahren gelernt. Erst alles prüfen und dann in die Hose machen. Nicht schon vorher, weil eine verschissene Hose immer noch verschissen bleibt, wenn sich die Sache doch noch aufklären sollte. Ich durchsuche alle Gepäckstücke nach der Jeans, die gesamte Großraumkabine mit etwa fünf Quadratmeter, die Waschkabine mit 0,7 Quadratmeter. Nichts. Keine zweite Jeans zu finden. Ich ziehe die übrig gebliebene Jeans Nr. 1 an und sehe plötzlich, wie mir aus dem soeben durchsuchten Rucksack ein Wonneproppen von Geldbeutel und mein weinroter Daseinsbeweis im Ausland wie verrückt winken. Es muss das Bier gewesen sein im Café oder das zweite im Bordrestaurant. Mir fällt ein, dass ich die zweite Jeans zu Hause gelassen haben könnte. Na dann: Prost. Das Abenteuer geht weiter, jetzt wieder heiter!

Es ist 14 Uhr. Seit 8 Uhr fliegen Landschaften vorbei, in denen immer wieder kleine Städte, Dörfer, Siedlungen und Einzelgehöfte für einige Momente das begleitende Baumband unterbrechen. Ich erinnere mich an die Motorrad- und Tramperurlaube in Schweden. Auch dort gab es unendliche Wälder und immer wieder Lichtungen mit den bekannten schwedischen Bilderbuchhäusern von Bullerbü und Nils Holgersson mit seinen Gänsen. Damals war meine Familienwelt noch in Ordnung.

Noch stärker sind die Erinnerungen an eine Fahrt mit meinem Freund Bernd über Schweden nach Finnland an den Inari-See zu einer Hüttenwoche mit seinem finnischen Geschäftspartner Yiri und dessen Sohn. Mit dem Schiff ging es ans Ende

Bordrestaurant

des Sees und dort in ein altes Bauernhaus. Lebens- und Genussmittel jeglicher Art dabei. Da gab es keine Straßen mehr, die Verbindung bestand in einem Funkgerät, wenn man wieder abgeholt werden wollte. Irgendwie schien hier das Ende der Welt zu sein.

Eine tolle Woche mit Angelfahrten in alten Holzbooten auf dem See. Und mit den ausgelegten Netzen gelang es sogar, Lachse zu fangen, die später am Lagerfeuer auf einem Grill gebraten wurden. Umgeben von mindestens 100.000 Schnaken war der Genuss nur deshalb möglich, weil ich wochenlang Vitamin-B-Tabletten geschluckt hatte. Es surrte in den Ohren, aber der Stiche waren es sehr wenige. Nur den Einschiebespalt am Mund musste man möglichst eng halten, damit es kein Lachs mit Beilage gab. Der Vorteil: das Essen dauert länger und man wird mit weniger Fisch satt. Es sollte die letzte gemeinsame längere Fahrt mit Bernd sein, womit sich bestätigt, dass man etwas tun muss, wenn man fühlt, es tun zu müssen. Die Zeit kennt keine Gnade. Die Rückfahrt haben wir als Non-Stopp-Fahrt gestaltet im Vier-bis-sechs-Stunden-Schichtwechsel. Für mich war das noch bekanntes Terrain, für meinen Freund Bernd war es eine einzige Tortur, aber er wollte dieses Erlebnis

See in Finnland

unbedingt. Gut, dass wir am Polarkreis ein paar trampende Nikolausengel mitgenommen hatten, die keine Lust mehr hatten, jedes Jahr mit dem alten Onkel durch halb Finnland zu fahren und sich dabei den Arsch abzufrieren. Die hielten wohl ihre schützenden Hände über unsere müden Augen und hielten unseren 75-Spänner mit harten Zügeln im Zaum.

Ich esse Roastbeef mit zwei Spiegeleiern, schmeckt gut, und der Magen meldet ein leise gerülpstes „ok“. Später gehe ich noch mit den Schweizern ein Bier trinken und werde zu einer Flasche Wein eingeladen in ihrem Abteil. Der Vater war Professor der Medizin an der Uni in Neuenburg CH, der Sohn ist Professor für Philosophie und Ethik, möchte aber den Sprung zur Medizin wagen. Als Leiter eines privaten Instituts ist ihm die gesamte Arbeit zu viel geworden. Das Geburtstagsgeschenk an den Vater ist gleichzeitig ein Freiheitsgeschenk für ihn.

Am zweiten Tag spricht er schon von einem neuen inneren Gefühl und einer ganz schwachen Erinnerung an die Arbeit. Ich muss sagen, so geht es mir auch.

Tag 7: Donnerstag, der 26.10.2017
Nizhny – Tumen
7:30 Uhr, ein langes Ruckeln des Waggons weckt mich endgültig. Zu Hause ist es jetzt 4:30 Uhr. Also bereits drei Stunden jünger geworden. Sie fliegen immer noch, die Landschaften, die Häuser, die Bäume. Gegen Osten wird der Himmel bereits rötlich. Mein Körper hat noch die alte Zeit in den Knochen. 4:30 Uhr aufstehen ist einfach früh. Das wird sich im Laufe des Tages rächen.

Morgenwäsche, anziehen und Durstgefühl. Das Wasser ist alle, aber eine Haltestation müsste laut Plan bald kommen. Also hingesetzt und die aufgehende Sonne in einer puderbestäubten Winterlandschaft wirken lassen. Und schon sind sie da, die Fahrten mit dem Lkw im Winter durch die Balkanländer Richtung Türkei. Schon damals war unser Lebensniveau im materiellen Sinne gegenüber der dortigen Armut in schwindelerregenden Höhen. Daran hat sich nichts geändert. Dort nicht und hier nicht an der Trasse der Transsibirischen Eisenbahn entlang und dahinter.

Das Erste-Klasse-Abteil – bewohnt

Ob die Menschen hier in ihrer Seele ärmer sind, mag ich nicht beurteilen aus dem Blickwinkel eines Durchreisenden. Bei 120 Stundenkilometern würde es sich anbieten, von „Durchreißendem" zu sprechen.

Hier gibt es ihn nicht, den schmalen internationalen TIR-Landstreifen, auf dem es sich leben lässt mit legalen und illegalen Geschäften mit den Truckern aus aller Herren Länder. Hier bleibt man arm oder zieht in die Städte, um sich aus der Armut zu befreien. Als Jugendlicher muss einem nach Aufbruch sein, wenn man täglich die Personen- und Containerfernzüge sieht, die zeigen, dass es ein Leben hinter dem Horizont, hinter der Weite der russischen Ebenen gibt. Oder man bleibt, weil das Herz an die Heimat gefesselt ist. Ein unendlich wirkendes großes Reich und unendlich viel Armut mit dem krassen Widerspruch zu den Superreichen der Städte. Egal was die Politik macht, sie wird hier nie ankommen im Sinne der Armutsbekämpfung. Die notwendigen Investitionsmittel werden verschlungen durch den ausufernden Staatsapparat und das wahrscheinlich vorhandene Spitzelsystem. Es scheint, als läge eine Lethargie über dem Land, nach dem Motto „Es war so, es ist so und so wird es bleiben". Egal ob Zarenherrschaft mit Buffet oder Kommunismus-Salat aus der Bürokratieküche.

Zeit fürs Kaffeebrühen mit dem Wasser des in jedem Waggon befindlichen Wasserkessels mit Kohlebefeuerung! Das Moskaubaguette geht zur Neige, die Knacker aus dem REWE auch. Also rein in die Schuhe, der nächste Bahnhof kündigt sich durch heftiges Bremsen an. Ich ziehe statt am Knopf der Sanitärzelle an einem danebenliegenden Knopf. Eine Tür öffnet sich und eine Jeans schaut mir verärgert ins Gesicht. Wahrscheinlich hatte sie das Drama vom gestrigen Morgen mitbekommen und sich bereits vorgestellt, wie es sein wird, in einem neuen Leben einen anderen

Arsch zu bekleiden, im Stich gelassen von einem offensichtlich vergesslichen alten Sack. Spätestens jetzt wäre es Zeit, sich heimlich beim Zugbegleiter zu entschuldigen. Ich tue es. Heimlich und innerlich. Schon deshalb, weil heute Morgen die Jugendbibel fehlte und ich mir sicher bin, dass sie sich wieder versteckt hat, weil zwischen ihr und mir immer noch Krieg herrscht. Die Tatsache, dass man die Fenster nicht öffnen kann, scheint für das Teil noch keine Sicherheit darzustellen. Es traut mir offensichtlich alles zu. Es hat sich aufgrund zurückliegender Ereignisse in der Welt rumgesprochen, wie sich Deutsche in Russland austoben können und sich hinterher beschweren, wenn die Russen das gleiche in Deutschland tun. Das Gerät lag unter dem Laptop, aber was jetzt fehlt, ist der Rasierer.

Den muss ich wohl im Hotel vergessen haben, an Diebstahl denke ich nicht mehr, obwohl das Wilkinson-Ding mit sechsmal so viel Klingen ausgestattet war wie mein erster Rasierer, ebenfalls von Wilkinson. Dann ist ja auf dieser Reise goldene Hochzeit mit Wilkinson, denn mit 16 hatte ich den Vorvorvorvorvorgänger geschenkt bekommen, damit ich den ersten Flaum der Jugend nach väterlichem Vorbild zähmen konnte. Nun ja, zu zähmen gab es da nicht viel, eher zu suchen. Die ersten Rasierversuche endeten damals mit leichten bis mittelschweren Gesichtsverletzungen, da es absoluter Uhrmacherkunst bedurfte, um die Pickel herum die zarten Barthaare sauber zu exekutieren. Das Abtupfen der blutenden Risse mit Rasierwasser sollte den Jungen zum schmerzunempfindlichen Manne heranreifen lassen.

In meinen Augen war es absoluter Masochismus, aber schön zu merken, wie man Schmerzen lernte zu ertragen, um am Abend in einem Tanzlokal vielleicht mit einem Mädchen zu tanzen, das man nach damaliger Sitte um den Tanz bitten muss-

te. Es waren immer drei Musikstücke, welche die Combo spielte. Zwei schnellere und ein langsames Stück, das dann entschieden hat, ob einen die Angebetete mochte oder nicht. Wenn sie sich an dich drückte, war das der Start für mehrere Tänze im Laufe des Abends und ein langsames Herantasten, ob es mehr werden könnte. Blieben solche Signale aus, war die Dame „gestorben". Wurde zu stark gedrückt, hat man mit seinen 16 Jahren Angst bekommen. Was tun mit dem Becken, um nicht anzuecken. Spätestens, wenn man versuchte, sein Becken aus der Gefahrenzone zu bringen, aber das andere Becken hinterherdrückte, hieß es für mich als unerfahrenem Jüngling: Leine ziehen. Andere, vor allem ältere Jungs zogen in diesem Fall ganz andere Dinge. Aber aufgeschoben war nicht aufgehoben, wie sich später herausstellen sollte.

Der Zug rollt und rollt, die Landschaft verändert sich. Letzte Nacht sind wir über den Ural in Asien eingetroffen, haben also Europa verlassen und Sibirien erreicht. Die Kälte, der leichte Schnee und das gefrorene Eis auf dem Bahnsteig weisen nachdrücklich darauf hin. Hier hat der Winter begonnen. Beim Kauf von Wasser und Brot an einem der Stände einer Station wird das körperlich spürbar. Die neuen Leder-GTS-Markenschuhe mit Ultra-Profil versagen auf Eis komplett den Dienst. Auf meinen alten Birkenstock-Sandalen hätte ich nicht schlechter aussehen können beim Ausbalancieren der dynamischen Rotationskräfte. Mein Vertrauen in die

Kiosk zum Proviantfassen

angeblichen Wunderschuhe war nachhaltig gestört. Beim Eistanz sah ich bereits dicke russische Krankenschwestern, die mich mit Borschtsch fütterten und sich um alles sorgten und daneben einen KGB-Offizier, der hinter der Eispirouette einen genialen Spionageversuch vermutete.

Der Nachmittag bestand im Organisieren von heißem Wasser für Tee und Kaffee und vor allem von Strom, denn die Steckdose weigerte sich beharrlich, auch nur ein einziges Watt abzugeben. Zehn Dollar haben aber dafür gesorgt, dass die bisher eher schläfrigen Bemühungen intensiviert wurden und der Strom wie durch ein Wunder wahre Freudentänze bei den diversen Elektrogeräten von meinen Schweizer Freunden und mir auslösten. Mit denen habe ich dann zu Abend gegessen im Bordrestaurant und den Abend mit einer Flasche besten Rosés aus Neuenburg ausklingen lassen. Den weit gereisten und ziemlich allgemein beschlagenen Professoren habe ich eine ganz andere Seite – meine Bauern- und Arbeiterherkunft – sowie meine weiten Reisen mit dem Lkw entgegengesetzt. Vor allem meine 78-Stunden-Fahrt ohne Schlaf in der Koje von Achern nach Hamburg und dann nach Griechenland war für den 80-jährigen weit gereisten Professor der Molekularmedizin hochinteressant, weil meine Erzählungen über erlebte Halluzinationen und Wahrnehmungen sich mit seinen wissenschaftlichen Forschungen deckten. Im Nachhinein eine Bestätigung, dass ich wissenschaftlich alles richtig gemacht hatte. Trotzdem bleibt bei dem Gedanken an diese Fahrt immer ein grauenhafter Nachgeschmack im Mund, der mehr als übel schmeckt. Da habe ich mit dem Teufel gespielt.

Es bleibt mir ein Rätsel, wie ich diese Fahrt überlebt habe. Die erste Nacht von Achern nach Hamburg war vollkommen normal, die zweite Nacht von Hamburg bis Österreich war die schlimmste, weil die Augen immer schwerer wurden und die Leitplanken oft erschreckten und Tiere auf der Fahrbahn zu waghalsigen Brems- und Ausweichmanövern führten. Die Reaktionszeit vervielfacht sich im gleichen Verhältnis wie die Unfallwahrscheinlichkeit.

Die dritte Nacht durch Jugoslawien und Griechenland bis Volos, Griechenland, zur Fähre habe ich mehr oder weniger in der Koje erlebt, aus der ich mir am Steuer die Fahrbefehle erteilte. Das musste ich tun, weil ich am Steuer nicht mehr in der Lage war, das Verkehrsgeschehen verantwortungsbewusst zu beurteilen. Nach 78 Stunden fuhren wir also zu zweit, ich hinten, mein „Kollege" vorne oder andersrum. 30 Minuten vor Abfahrt fuhren wir als letzte mit dem Lkw auf die Fähre. Die nächste Abfahrt wäre vier Tage später gewesen, der Grund für dieses im Nachhinein nicht entschuldbare Abenteuer. Beim Aussteigen haben sich unsere Wege getrennt, der „Kollege" war spurlos verschwunden. Ich legte mich für ein kleines Nickerchen in meine Kajüte und wachte nach 24 Stunden wieder auf. Dass ich einen ganzen Tag verschlafen hatte, erfuhr ich erst beim Essen, als die anderen meinten, dass ich für sie eigentlich gestorben war, weil seit meinem Nickerchen kein einziger Laut zu vernehmen war. Um mir eine Seebestattung zu ersparen, hatten sie aber keine Meldung beim Kapitän gemacht.

Der Schweizer Medizinprofessor gab Beifall. Das Geschehene würde den Forschungen zu 100 Prozent entsprechen. Also doch alles richtig gemacht!

Es ist jetzt 0:30 Uhr Sibirien-Zeit, zu Hause gibt es in 30 Minuten die Tagesschau. Vier von acht Stunden Zeitverschiebung bis Brisbane sind bereits „gejetlägt".

Tag 8: Freitag, der 27.10.2017
Tumen – Omsk

Eine Rumpelpumpelnacht geht zu Ende. Die Gleise in diesem Bereich scheinen dem nachlassenden Permafrost zu folgen. Man wird von Schläfchen zu Schläfchen gewiegt und dann wieder wachgerüttelt. Möglicherweise soll diese Strecke die Methoden der GULAGS andeuten, was einem sehr transparenten Umgang mit der nicht so berühmten Vergangenheit des russischen Reiches mit seinen Regimekritikern entsprechen würde. Da die Zeit hinter Novosibirsk bereits vier Stunden weiter geeilt ist, stehe ich nach unserer Zeit um vier Uhr auf, was meine Augen im Spiegel unmissverständlich bestätigen. Kaum sichtbar in den Augenhöhlen, auf keinen Fall den Lichtschalter betätigen, sonst wird die Wasch- und Duscheinheit tatsächlich zum GULAG für die Augen.

Draußen ist es schon hell und erst mit diesen vier Stunden und dem damit verbundenen beträchtlichen Unterschied zwischen Tag und Nacht in beiden Zonen wird mir klar, dass ich inzwischen zum 4. Mal die Zeitzone gewechselt habe. Und gleich darauf wird mir zum 4. Mal vor Augen geführt: Eine Kabine verliert nichts. Der 6-Klingen-Wilkinson Rasierer mitsamt dem 20 Jahre alten Dachshaar-Rasierpinsel grinsen unverschämt aus einer Ecke. Um die bösen Mächte Sibiriens und der Mongolen nicht zu reizen, entschuldige ich mich nochmals für meine anfänglichen Diebstahlfantasien und verneige mich vor den vorbeihuschenden Birken. Wenn ich richtig mitgezählt habe, waren es Nr. 1.905.499 bis 1.905.548. Das Mitzählen seit der Uralgrenze stört etwas. Für die Nächte habe ich mir eine mathematische Formel zurechtgelegt, die bei einer Genauigkeit von +/- drei Prozent liegen dürfte.

Den Plan, Tag und Nacht bis zur baumlosen Taiga durchzuzählen, habe ich fallengelassen. Man merkt einfach, dass 66 Jahre keine 33 mehr sind.

Mit 33 hatte ich meine Uli geheiratet. Liebe auf den ersten Blick mit vielen Schwierigkeiten, da ich noch in einer seit Jahren auseinanderdriftenden Beziehung den ehrlichen Absprung nicht wagte. Es war aus heutiger Sicht Feigheit, Bequemlichkeit oder eine Mischung aller schlechten Eigenschaften, die man mit sich herumschleppt. Der eine mehr, der andere weniger. Bei mir wahrscheinlich mehr.

Auf den ersten Blick folgten weitere, aber sehr vorsichtige. Ein Lächeln, ein kurzes Treffen der Augen, die mich schwindelig werden ließen. Ich war 27, Sozialarbeiter im Haus der Jugend und Uli eine Besucherin, zwar nur sieben Jahre jünger, aber eben Besucherin. Da die Nahverkehrssituation auf dem Land damals wie heute nach 20 Uhr eine Katastrophe darstellte, hatte ich Uli nach einem Jugendtreffen zu ihrer Jobstelle in einem Hotel gefahren. Es war kurz vor 24 Uhr. Es lag eine kaum erträgliche Spannung in der Luft und irgendwie habe ich wohl in die Stille den Satz formuliert oder eher gestammelt: „Ich mag Dich". Jetzt war's raus. Es blieb still bis zum Hotel. Uli stieg aus, kam nochmals zurück und gab mir wortlos einen Kuss auf meinen Mund. Bestimmt und fest. Ein Moment, der mein Leben veränderte. Mit tanzendem Herzen fuhr ich nach Hause und froh, dass mein alter Käfer meinen schwungvollen Lenkbewegungen folgte, mit denen ich mir vorstellte, den Satz „Ich liebe dich" auf den Asphalt bremsen zu können.

Es ist jetzt 12 Uhr mittags, wir überqueren einen Gebirgszug bei Krasnojarsk. Zu Hause ist es 7 Uhr. Irgendwo hier macht die Bahn eine leichte Kurve Richtung Süden. Morgen werden wir wahrscheinlich keinen Puderzucker mehr auf dem Boden sehen.

Die Reise über so viele Stunden und Tage macht den Kopf frei und lässt zu, dass man aus dem Herzen schreiben kann. Die eintönig wirkende Landschaft auf Teilen der Strecke erinnert an die Eintönigkeit des Lebens über viele Jahre hinweg, unterbrochen durch Urlaub und andere schöne Erlebnisse. So wie die Lichtung in den Wäldern einen kurzen Blick frei gibt auf Siedlungen, in denen die Armut wohnt und der Glaube am Leben hält. Vergleichbar mit den langen Zeitabschnitten im Leben, die geprägt sind durch Übernahme von Verantwortung im familiären und beruflichen Bereich mit wenig Zeit für das eigene Gleichgewicht.

Wir folgen den Meinungsmärkten, bevor wir merken, dass diese sich nicht um uns kümmern, sondern um die Möglichkeiten, noch mehr aus uns herauszuholen. Kaum eine andere Entwicklung wie die des Zeitpiraten hat so nachhaltig das Verhalten von jungen Menschen beeinflusst. Eine ganze Generation gibt sich den großen Konzernen hin wie Opferlämmer und bemerkt bei aller Intelligenz nicht, dass es den Bock schon längst zum Gärtner gemacht hat. Ein Mensch ohne Smartphone kann eigentlich nicht mehr als Mensch gelten. Jedenfalls nicht mehr als vollständig.

Bei der Frage: Arm ab oder Smartphone rausrücken würden wohl über 50 Prozent lieber den Arm abgeben. Damit würde der intelligenten Robotertechnologie die Möglichkeit geboten, der neuen Generation von Haushalts- und Pflegerobotern diese abgegebenen Arme als natürliche Arme für die tägliche Arbeit zu implementieren. Durchaus eine Überlegung wert, eine solche soziale Bewegung ins Leben zu rufen. Seien wir ehrlich, auch wir hätten im Krankheits- oder Pflegefall lieber Roboterschwestern und Pfleger mit natürlichen, gespendeten Händen, die uns trösten und uns das Gefühl geben, dass wir noch leben.

Die Heizungsanlage in der 1. Klasse

An dieser Stelle unterbreche ich meine ausschweifenden Zukunftsphantasien. Die Landschaft fordert jetzt meine absolute Aufmerksamkeit. Gleich haben wir einen Höhenrücken erreicht und dann dürfte sich auf der anderen Seite die Landschaft ändern.

13 Uhr: Tat sie aber nicht. Beharrlich wurden im Wechsel Birken und Kiefern geboten. Auch Lärchen, aus denen dann wohl die sibirischen Lärchendielen entstehen, die über den Namen Sibirien eine besondere Härte signalisieren sollen. Der Holzfachmann würde sagen, Glaube kann Berge versetzen, aber Weichholz zu Hartholz werden zu lassen wäre ein ganz neuer Joke, der in der Bibel nicht erwähnt wurde. Der einfachere ist der Namens-Joke mit seiner Win-Win-Gleichung. Der Verkäufer erlöst mehr und der Käufer meint mehr zu haben. Der einzige Verlierer ist der Terrassenboden. An ihm wird nach ein paar Jahren rumgemeckert, weil er nicht sibirisch-alt, sondern weichholz-weich wird.

Die sibirische Großstadt Krasnojarsk liegt hinter uns. Ein riesiger Flecken mit Plattbauten ohne Ende, aber genauso kleine Häuser und Hütten, die offensichtlich bewohnt werden, denn die Kamine rauchen. Vielleicht auch die Köpfe in manchen Hütten bei der Frage, wie es weitergehen soll?

Das fragte ich mich auch nach dem ersten Kuss von Uli. Es blieb nicht dabei, es wurde mehr und daneben die noch bestehende Bindung. Aus heutiger Sicht war es ein einziger Krampf, was ich da mit mir herumtrug. Allen recht getan geht eben nicht, aber ich meinte, es würde irgendwie ohne allzu viel Schmerz über die Bühne gehen. So kam es, wie es kommen musste. Es hat gekracht und vorbei war's. Plötzlich war ich mit Uli zusammen und im gleichen Atemzug auch arbeitslos, weil ich von der Stadt den Arbeitsvertrag im Haus der Jugend gekündigt bekommen hatte. Nicht wegen Uli. Man wollte, dass ich die Hausaufsicht im selbstverwalteten Haus übernehmen sollte, was für mich nicht eine Sekunde infrage kam. Ich war als Berater eingestellt und das war die Grundlage. Beim Arbeitsgericht wurde der Stadt die Wiedereinstellung zu den alten Bedingungen auferlegt oder eine Abfindung, wenn ich beim bisherigen Arbeitgeber nicht mehr bleiben wollte. Ich nahm die Abfindung und bewarb mich auf ausgeschriebene öffentliche Stellen. Einmal, zweimal, dreimal, bis ich erfuhr, dass ich auch 100 Bewerbungen im öffentlichen Dienst hätte stellen können. Mir wurde wegen der Propagandatätigkeit eines Aktivisten des KBW im Haus der Jugend (zugelassener Verband der Kommunisten Westdeutschlands) eine Einstellung unterstellt, die sich gegen die „freiheitlich demokratische Grundordnung" richten sollte. Das war's dann mit der Sozialarbeit. Ich war wütend und wild entschlossen, die in mich investierten Ausbildungskosten zum Sozialarbeiter für eigene Dienste zu nutzen und betrachte dieses Denken auch heute noch als die Rache des kleinen Mannes.

Kurzentschlossen und mit fernen Ländern im Blick begann ich den Lkw-Führerschein, den man damals noch mit acht Stunden Busrumgekurve erreichen konnte. 350 DM, heute das 20-fache, waren fällig. Die Theorie war für mich als Schnellauswendiglernspezialist nicht das Problem. Bestehen musste ich beim Fahren, weil auch nach acht Stunden der Bus eher mit mir als ich mit ihm fuhr. Der Prüfer un-

Warten auf den Zug

terhielt sich so angeregt mit dem Fahrlehrer, dass er gar nicht bemerkte, wie der Bus mit mir umsprang und dass er mit mir machte, was er wollte. Die anschließenden technischen Fragen am Bus zu Bremsen, Einspritzpumpe, 3-Wege- und 4-Wege-Ventil und deren Standort waren bekannte Begriffe im Buch, aber am Bus? Meine Raterei belustigte den Prüfer dermaßen, dass er mir den Lappen gab mit den Worten: „Zeit, vom hohen Bildungsross zu steigen", recht hatte er. Den Satz sollten sich die ganz Gescheiten in unserem Lande auf der Zunge zergehen lassen, bevor sie die Schaufel in die Hand nehmen und ein paar Monate am Bau arbeiten. Dann würden diese überkopften Verwaltungsbeamten beim Spaten-Fototermin beim Start einer öffentlichen Baustelle keine solche Witzfiguren abgeben. Am allerschlimmsten sind die OBs, die auch noch im Bagger sitzen. Besser wäre es, sie setzen sich ins Toi-Toi, weil man davon ausgehen kann, dass sie zumindest dieses Geschäft besser beherrschen als Bagger fahren.

Apropos Beherrschen. Die erste Fahrt mit dem MAN-Hängerzug nach meiner so zügigen Einstellung an jenem Sonntagabend war der Alptraum einer Jungfer im Elefantenkäfig. Ich hätte nicht um den Lkw herumgehen dürfen, habe ich mir später gesagt. 18 endlose Meter am Stück und mit den Spiegeln etwa 2,80 Meter breit.

Damit auf den mir bekannten engen Straßen zur Autobahn zu kommen, hätte ich für ausgeschlossen gehalten, wenn mir nicht klar gewesen wäre, dass die Ungeheuer wohl nicht auf dem Speditionshof gebaut wurden.

Der Kollege Michael fuhr das Teufelsding tatsächlich und in flottem Tempo durch das Tal – inklusive Spiegel, deren Verlust allerdings des Öfteren zu beklagen war, wie Michael ohne nachzufragen bestätigte. Das war wohl als Aufmunterung und vorwegnehmende Entschuldigung für diesen wohl nicht vermeidbaren Vorfall gemeint.

Auf der ersten Autobahnraststätte musste ich hinters Steuer. „Fahren lernt man beim Fahren und nicht beim Zuschauen", oder „Hast du Schwimmen beim Zuschauen gelernt?". Vor mir stand die Nacht der Nächte. Von wegen stolzer Trucker mit dem roten Horizont und den Riesenkakteen in den Augen und den Krummsäbelbeinen beim lässigen Schlendern über den Autohof.

Am Steuer saß ein Angsthase, der in wenigen Minuten als Jungelefant in das nächtliche Elefantenrennen auf Deutschlands Autobahnen geschubst wurde. Von den vielen Schaltern konnte ich mir nur noch den Blinker merken, nachdem Michel von einem nicht synchronisierten Fuller-Getriebe gesprochen hatte. Mir fielen die Schaltvorgänge im Bus ein, kuppeln, Zwischengas geben, Gang raus, Zwischengas geben, Gang rein. Aber in der richtigen Reihenfolge, das war die Schwierigkeit in den nervigsten Momenten meines damals noch jungen Truckerchenlebens.

Im Bus hatten Hunderte das Getriebe abgearbeitet und die Gänge flutschten leicht, im fast neuen MAN flutschte erst mal gar nichts. Dafür krachte es verdächtig aus dem Untergrund.

Beim Gedanken an die bevorstehenden Berge auf der A61 Richtung Köln trieb es mir wahre Schweißbäche ins Gesicht und sonst wohin. Mir war, als wäre der Sitz nach zehn Minuten ein Wasserbett, nur ohne Bezug. Runterschalten am Berg unter Vollbelastung war früher die Königsdisziplin der breitbeinigen Trucker mit den glänzenden spitzen Cowboystiefeln. Wer das konnte, war im Fahrerberuf angekommen. Die Creme de la Creme fuhr nichtsynchronisiert. Alle anderen waren Weicheier unterschiedlichen Härtegrades: Klasse-B-Fahrer waren teilsynchronisiert, Klasse-C-Fahrer waren vollsynchronisiert. Die Z-Klasse fuhr mit Automatik – heute gibt es überwiegend Z-Fahrer, aber komischerweise mehr breitbeinige Stiefel- und Hutträger. Mehr später.

Eine dämmrige Landschaft fliegt vorbei, große weite Felder und immer wieder Bäume und Büsche, Siedlungen, Kohlewaggons. Sanfte Hügel mit wenig Bewuchs und Steppenlandschaft deuten auf die nahende Mongolei hin. Wir sind jetzt 60 Stunden von Moskau weg und sind durch vier Zeitzonen gefahren. Ortszeit jetzt: 16:47 Uhr, im Achertal 11:47 Uhr. Heute Abend wird Halbzeit im Bordrestaurant gefeiert. Morgen kommt die angeblich traumhafte Vorbeifahrt am Baikalsee. Die dürfte so gegen 9 Uhr beginnen.

18:44 Uhr in Deutschland, 23:44 Uhr in der Nähe der Mongolei: Ein schöner Abend mit Dominique und Pierre geht zu Ende. Wir haben jetzt vier Tage zusammen zu Abend gegessen und uns tagsüber ab und zu getroffen. Wir hatten einen Waggon zu dritt für uns. Luxus pur. In dieser Runde war ich mit 66 der Halb-Alte und Dominique mit 54 der Junge, verantwortlich für seinen 80-jährigen Vater. Die Getränke – Bier und Wodka – gingen auf mich, das war ich der abendlichen Gastfreundschaft bei Neuenburger-Rosé-Wein schuldig.

Morgen um 7 Uhr steigen sie aus. Dann fahre ich wohl allein im Waggon weiter, wie es sich für einen Landgrafen von der Wiesenmühle gehört. Sie werden tagsüber auf der einen Seite fehlen, auf der anderen Seite werden neue Kontakte entstehen. Sieben Tage Transsibirische Eisenbahn ähneln einem Zeitraffer. Man hat jeden Tag unendlich viel Zeit und sieht sprichwörtlich über die Landschaft das bisherige Leben an sich vorbeiziehen. Weniger Schnee ist, am Rande erwähnt, nicht der Fall. Der bleibt einfach treuer Begleiter.

Wäre ich hier, wenn Uli noch leben würde? Wie wäre überhaupt alles gekommen, wenn sich nicht alles grundlegend nach ihrem frühen Tod geändert hätte? Die Suche nach dem Warum und die Suche nach Antworten für die Zukunft, darum wird es gehen in den kommenden Wochen.

Der Zug hält an einem gottverlassenen dunklen Bahnhof. Wir sind in Tajajet, letzte Station vor Irkutsk, der letzten Stadt vor der Mongolei. Die Frage hätte auch noch bis morgen warten können. 0:01 Uhr, ich muss ins Bett.

Am Baikalsee

Tag 9: Samstag, der 28.10.2017
Omsk – Baikalsee – Suha Bator

Ich bin schon ganz durcheinander mit den Tagen ...

Um 6 Uhr aufgewacht – draußen fliegen sie immer noch vorbei, die Bäume und Büsche und zwischendurch Lichter von Lkws, wenn die Straße näher an die Bahn heranrückt. Wäre auch was gewesen, mit dem Lkw nach Sibirien, nicht so bequem, aber sicher beeindruckend. Die Landschaft hat sich verändert, mehr Kiefern und höhere Bäume, dazwischen flaches Land.

Dominique und Pierre werden in Irkutsk aussteigen und von dort nach Wladiwostok weiterreisen. Ich helfe beim Gepäck ausladen, draußen steht schon der Chauffeur vom Hotel. Weit gereist eben, da kennt man die kleinen Dinge der Organisation. Jetzt ist auch mein Rätselraten bezüglich der sechs Koffer und deren Transport gelöst. Gepäckdienst bestellen. Fertig.

Irkutsk ist eine der riesigen Städte in Sibirien mit einem unendlich weiten Güterbahnhof. Da stehen tausende von leeren und beladenen Waggons auf den Gleisen. Fährt ein Güterzug vorbei, dann dauert es manchmal länger als zwei Minuten, vermutlich ist er 1000 Meter lang oder mehr. Überhaupt fällt auf, dass die gesamte Versorgung hier vor allem mit der Bahn stattfindet.

Hinter Irkutsk wird es gebirgig. Der Zug zieht Kurve um Kurve den Berg hoch. Durch verschneite Wälder geht es bis zur Kuppe – Höhe müsste ich nachsehen –, um dann auf der anderen Seite bergab zu fallen. Beim Frühstück erscheint der Baikalsee im Glitzern des Sonnenlichts. Seit Tagen war das Wetter eher grau, im richtigen Moment macht die Sonne auf Sonntag, obwohl erst Samstag ist.

Tomaten, Spiegeleier und Zwiebel im Restaurant und der See als Begleiter. Das alte einfache Gericht aus Spanien findet sich wieder im hintersten Sibirien, mit leicht gepuderten Bäumen.

Erinnerungen an die ersten Aufenthalte in Spanien im alten Haus am Meer mit Kathrin, Mareike, zum Schluss mit Valentin. Herrliche Jahre zu Hause und im Urlaub. Familienglück pur. Es dauert wohl sehr lange, bis man solche Glücksmomente in sich und für sich ruhen lassen kann, ohne dass sie Schmerzen verursachen. Ein Rezept gibt es nach allen meinen Erfahrungen nicht. Jeder ist verschieden im Verarbeiten von Schicksalsschlägen. Der eine schreit's heraus, der andere frisst's hinein. Wieder andere sagen sich „Schicksal" und leben, ohne sich groß von der Vergangenheit grämen zu lassen. Es ist wohl die emotionale Tiefe des Verlustes, der in direktem Zusammenhang mit der Verarbeitungszeit steht. Wahrscheinlich eine Mischung von allem und abhängig davon, wie die allernächste Umgebung damit umgeht. Kommt eine neue Beziehung ins Spiel, dann wird diese nie der Ersatz sein können und dürfen, weil eine individuell glückliche Beziehung nicht kopiert werden kann. Genauso wie der Versuch, die Mutter zu ersetzen, scheitert. Kinder haben nur eine Mutter, was folgt, ist etwas Neues, dessen Ausgestaltung allein in der Verantwortung der neuen Person und des Vaters liegt. Die Hauptrolle bleibt aber beim neuen Partner. Geschichten über Stiefmütter gibt es genug. Ich weiß jetzt, wie sie entstehen.

Durch die mongolische Steppe

Trübe Gedanken wären jetzt aber fehl am Platz. Im Gegenteil. Ein Naturschauspiel kündigt sich schon von weit oben an. Links der tiefblaue Baikalsee, rechts schneebedeckte Berge. Um beides zu sehen, muss man von der Kabine in den Flur springen und nach ein paar Minuten wieder in die Kabine zur Bergseite. So wird die Zugfahrt zum Fitnessstudio. Ich bemerke, dass ich heute Morgen den Frühsport vergessen habe. Ein körperliches Gymnastikprogramm, das ich seit 15 Jahren jeden Morgen zehn Minuten anwende. Zusammengefasst: Drehen, boxen, raffen, geben, drehen, wippen. Vor dem Frühstück gemacht und du weißt, wie du drauf bist. Innerhalb der Kabine war es bisher schwierig, aber machbar. Muss ich später nachholen. Sonst wird die Serie unterbrochen und Erfolg bringen die zehn Minuten nur, wenn sie täglich gemacht werden. Immer. Stur! Wer das nicht vorhat, braucht erst gar nicht anzufangen.

Inzwischen ist die absehbare Baikal- und Bergroutine eingetreten. Das Naturschauspiel wird zum normalen Begleiter der Reise. Musik für die Augen und die Seele. Ruhe kehrt wieder ein. Der Fotos und Videos sind es viele geworden. Ich schätze eine Filmlänge wie bei „Ben Hur", einer der für mich besten Sandalenfilme. Auf den Schiffen später werde ich sortieren und über Bord werfen, was zu viel, zu doppelt und dem ersten Überschwang geschuldet ist.

Ich schaue zum Fenster raus und stelle fest: Er ist immer noch da, inzwischen viel breiter und das gegenüberliegende Ufer wird zum schmalen Gebirgsband, einer Wellenlinie gleich.

Als Kind wollte ich immer wissen, wie weit der Horizont entfernt ist. Und ob man dahin schwimmen könnte. „Sehr weit", hatten die Erwachsenen geantwortet, weil sie es selbst nicht wussten. Als ich größer wurde, hat mir der Lehrer in der Volksschule die Entfernung ausgerechnet mit einer Formel oder Tabelle. Die Erwachsenen hatten gelogen. Bei einem Erwachsenen sind es nicht mal fünf Kilometer ab Augenhöhe, beim Schwimmen sind es gerade mal ca. 1,7 Kilometer. Das ist nicht sehr weit.

Augenhöhe	km bis zum Horizont
1 Meter	3,57 km
2 Meter	5,05 km
3 Meter	6,18 km
5 Meter	7,98 km
10 Meter	11,29 km
30 Meter	19,55 km
50 Meter	25,24 km
100 Meter	35,7 km
300 Meter	61,83 km
500 Meter	79,82 km
1000 Meter	112,88 km
2000 Meter	159,65 km
3000 Meter	195,54 km
4000 Meter	225,8 km
5000 Meter	252,46 km

Im Abteil sitze ich ca. 20 Meter über dem Wasserspiegel des Sees, was einer Horizontweite von 31 Kilometern entspricht. Nicht vergessen:

Wir fahren Richtung Süden. Der Schneezauber ist vorbei. Ab hier schleppe ich Kleider mit mir herum, die ich vielleicht auf dem Schiff, aber wahrscheinlich erst wieder auf der Heimfahrt durch die Schweiz brauche. Das ist im März 2018.

Inzwischen ist es 13:18 Uhr Irkutsker Zeit, zu Hause 7:18 Uhr. Bei meinem Sohn Valentin in Brisbane bereits 15:18 Uhr, nahe am Feierabend bei großen Firmen.

Draußen wandelt sich die Landschaft in die in Liedern oft besungene Taiga. Der Zug rollt monoton Richtung Mongolei. Grasflächen, ein paar Büsche, kleine Birkenwälder mit eingestreuten Kiefern und ein paar Heuhaufen der hiesigen Bauern. Wer jetzt bereits gut getrunken hat, hört vielleicht auch eine Balalaika oder schaut durch die WC-Schüssel auf die Bahnschwellen, was noch mehr schwindelig macht als der eigene Saufkopf. Hier wird noch gedüngt und nicht entsorgt. Bravo. Das war auch bei uns vor vielen Jahren noch so. Die größten Brombeeren wuchsen auf den Bahndämmen!

Die Fahrt am See entlang kann man nicht anders beschreiben als einen Traum. Das hängt wahrscheinlich damit zusammen, dass die einzigartige Naturschönheit nicht permanent unterbrochen wird von Dörfern und Städten wie z. B. am Bodensee. Hier sind die Seegrenzen offen für jeden, dort an vielen Stellen nur für die jeweiligen Besitzer. In dieser Beziehung bleibt der Baikalsee klarer Sieger. Mit den Fotos sollte man sparen, sonst erreicht deren Zahl nicht mehr bearbeitbare Mengen. Zu viele Motive auf einmal. Die schönsten bleiben im Hirn, sofern dort noch wieder abrufbare Speicherkapazitäten vorhanden sind. Die Daten zum See spare ich mir. Dafür gibt es Wikipedia und andere Werke.

Nach dem Überwinden eines Hügelzuges beginnen herrliche Landschaften im späten Nachmittagslicht. Die letzten Kilometer auf russischem Gebiet. Noch einmal die russische Nationalgemüsesuppe Borschtsch löffeln und als 2. Gang Roastbeef mit Salzkartoffeln auf Petersilie. Die Speisekarte kann man rauf und runter essen. Einfache Landküche, deftig und immer frisch zubereitet in der Bordküche. Vom Gefühl her zu Beginn und am Ende stark an den noch vorhandenen Vorräten orientiert. Am Ende war wohl noch zu viel Verderbliches übrig, was über die Mägen der Gäste auf die Schienen musste. Nach ein paar Tagen liebst du den Geschmack oder kehrst zu Brot, Käse und Wurst in die Kabine zurück. Auf allen Bahnsteigen der russischen Strecke findest du vollgestopfte Buden für den täglichen Bedarf und vieles mehr. Ab der mongolischen Grenze ändert sich das. Also noch schnell Brot und Bier einkaufen, damit die Rubel im russischen Reich bleiben.

Die übrigen Rubel lege ich zurück als Argument für eine nächste Fahrt. Eintauschen zu Hause nicht möglich.

Um 22:30 Uhr sind wir in Suha Bator, d. h. die mongolische Grenze wird nachts überschritten und in den zwei Stunden kommen Zoll und Grenzkontrolle und schauen sich jedes Abteil gründlich an. Irgendwie hat sich wohl mein Gesicht verändert, denn die mongolische Grenzbeamtin schaut mich eher vier- statt zweimal an. Daran zu glauben, dass es an meinem europäischen Aussehen und meiner Ausstrahlung liegen könnte, möchte ich lieber nicht annehmen. Sonst muss ich am Ende noch hierbleiben. Ein Blick in den Spiegel reicht. Sieben-Tages-Stoppelgesicht und ein eher müde aussehendes Gesicht von den vielen Aufrüttelungen der Nacht haben Spuren hinterlassen, aber irgendwie komme ich mir bekannt vor Die Grenzbeamtin hat zu Recht an der Übereinstimmung von Passfoto und Lebendgesicht gezweifelt.

Apropos Aufrüttelungen: Wer schlecht schläft, sollte sich Schlaftabletten mitnehmen, sonst sieht er nach einigen Tagen aus wie eine Engländerin, ca. 65 Jahre, die mit ihrem Mann und einem wohl befreundeten Paar mitfährt. Da sie jeden Tag um die gleiche Zeit essen, konnte ich den körperlichen Verfall der Frau beobachten. Heute saß sie am Tisch mit geschlossenen Augen und immer wieder nickendem Kopf. Erinnert mich an die 78-Stunden-Fahrt nach Griechenland. Wenn die Frau morgen noch lebt, werde ich ihr die Transsibirische Tapferkeitsmedaille der Trucker Kongregation NUMO an ihr feines Blusentuch heften und sie damit für ihre englische Correctness auszeichnen. (NUMO = Naher und mittlerer Osten, eine Organisation, die es noch nicht gibt, die es aber für solche Fälle von übermenschlichem Teamgeist zu gründen gilt).

An der Grenze zur Mongolei sind es 5670 Kilometer, wie der letzte russische Kilometer-Stein anzeigt.

Hier beginnt man neu zu zählen und zwar bei 1. Hat eine gewisse Logik, denn alle Kilometer-Steine ab hier gehören den Nachfolgern von Dschingis Khan. Er und seine Söhne eroberten um 1200 und danach ein Riesenreich, das sich nach 1300 wieder auflöste. Auf dem Weg bis an die Grenzen Westeuropas brachten sie es auf mindestens 15.000 bis 20.000 Kilometer im Sattel, wenn man die Räuberumwege in den einzelnen Ländern mitrechnet. Stolze Leistung. Hut ab. Hätten sie noch ein paar hundert Jahre gewartet, hätten sie mit dem Zug nach Frankreich fahren können. Wäre für Ross und Reiter gesünder gewesen. Für das Ross auf jeden Fall. Mit etwas Glück hätte ein Visum gereicht.

Eine 30 Meter hohe Statue in der Nähe von Ulan Bator zeugt von der Verehrung des einstigen Führers, Feldherrn, hundertfachen Vaters und gleichzeitigen Massenmörders bei den überfallenen Völkern.

Tag 10: Sonntag, der 29.10.2017

Suha Bator (Mongolei) – Erlian (Grenze zu China)

Die Nacht endete zum ersten Mal gegen 3:30 Uhr. Das letzte Bier meldete sich mit Macht und wollte nach draußen auf die Schienen. Um diese Zeit wird wohl niemand auf dem Flur spazieren gehen. Also in meiner halb zerfledderten Bettkleidung raus und – wie könnte es anders sein – direkt in die Arme des Zugbegleiters.

Mongolische Stadt

Er starrte mich zunächst leicht verwirrt und dann eher mit einem Zug von Mitleid an. Im Nachhinein meinte ich auch noch ein spitzbübisches Lächeln wahrgenommen zu haben.

Mich wunderte noch, dass der Zug so ruhig war und der sonst wankende Gang durch die engen Flure in meiner Not schnell und direkt zum Ablasspunkt führte. Mein aufkeimendes Entlastungsgefühl wurde jedoch jäh zerstört. Die Tür war zugesperrt, der Zug stand in einem Bahnhof und ich stand vor dem WC und wurde an der Seligwerdung gehindert.

Jetzt nur Ruhe bewahren, schoss es mir durch den Kopf, Correctness bewahren, die englische Lady als Vorbild. Wir hatten ähnliche Probleme. Sie wusste nicht, wohin mit den geschlossenen Augen am Tisch, ich wusste nicht, wohin mit dem umgewandelten Bier.

Wie oft habe ich mir schon geschworen, für solche Fälle eine Windel im Gepäck mitzuführen oder besser mehrere für die Stunde X, in der es nur noch heißt: Windel oder Hose, weil noch ganz andere Waren ins Rutschen kommen – und dann?

Ich verdrängte den Gedanken und die Wut auf mich, warum ich diese weitsichtige Entscheidung nicht durchgezogen hatte. Wo war der Pfadfinder in mir geblieben? Es gibt immer eine Lösung, solange man nicht nur daran glaubt, sondern auch daran arbeitet. Diesen Spruch hatte mir mein Opa mitgegeben, als ich mit einer nicht funktionierenden Luftpumpe mein klappriges „Stangenfahrrad“ aufpumpen wollte. Es funktionierte nicht und ich war verzweifelt. Die Freunde warteten auf dem Fußballplatz. Er nahm die Pumpe, überlegte – für mich eine Ewigkeit – und ging ins Haus. Kurze (ewige) Zeit später kam er zurück, wickelte einen nassen Stofflappen um die Pumpendüse und gab mir sie in die Hand. Ich hatte kapiert. Jammern kommt ganz am Ende, wenn überhaupt. Denken, handeln, tun! Überzeugt, dass es eine Lösung gibt. Nicht immer ideal, aber eine Lösung für den Moment. Ein Diplompädagoge hätte wahrscheinlich alles noch wissenschaftlich erklärt und mich

gelobt für meine Geduld beim Zuhören. Ich wollte aber zum Fußballplatz und da war mir mein Opa lieber. Kurz, knapp, praktisch.
Draußen ziehen Steppen vorbei mit sanft geschwungenen Hügeln. Landschaften, die mich an Kurdistan in der Nähe von Kirkuk erinnern. Kühe, Schafe, Hirten und immer wieder die mongolischen Rundzelte. Die ersten habe ich in Ulan Bator gesehen im Morgengrauen und der Morgenröte über den die Stadt umgebenden sanften Steppenhügeln. Auf Randflächen der Stadt, die im Morgenlicht ihre Hochhäuser und Glasbauten präsentierte. Kontrast pur, Armut und Reichtum auch.

Diese Landschaft wird sich jetzt über den ganzen Tag hinziehen und wieder mal viel zu viele Fotos hinterlassen. Das gibt ein Album und Film mit wahrscheinlich zehn Bänden. Das Grauen in den Augen der Familie bei der Präsentation an Weihnachten 2018 sehe ich bereits vor mir, wenn sie noch frohgemut den Titel lesen: „Das XXXL-Reisealbum zur Transsibiria". Die Augen werden die „Sleepless-Eyes" der englischen Lady übertreffen, jedenfalls nach dem Vortrag. Dessen bin ich mir sicher. 48 Stunden Fotos und Videos beklatschen werden Spuren hinterlassen. Vermutlich für immer.

Es ist wie so oft im Leben. Man wird zu irgendetwas aufgefordert oder um etwas gebeten – in meinem Falle möglichst viele Fotos von der Reise zu machen – und am Ende ist man der Arsch, weil es dann doch wieder zu viel, zu wenig, nicht genug von einem, zu viel vom anderen, und überhaupt alles falsch ist. Keiner sagt, alle denken es.

Bahnhof in der Steppe

Ich schlage mir die Nächte um die Ohren, um Bahnhöfe zu fotografieren, renne tagsüber von Kabine zum Flur und wieder zurück und am Ende schlafen die Leute ein, weil ihnen die englische Correctness fehlt. Selbst habe ich von der Transsibirischen eigentlich nur mitbekommen, dass es ein Zug sein muss, der ca. 8000 Kilometer durchs Gelände fährt. Gut, dass ich so viele Fotos gemacht habe. Dann weiß ich wenigstens, wo ich war und kann davon erzählen.

Als deutscher Nach-Ära-Landser im Osten habe ich mir vorsorglich die neue S7-Sturmfeuer-Fotopistole des koreanischen Fechtmeisters Sam Sung und – von der Firma des ehemaligen Mannes der von mir verehrten Sängerin Cher – ein sogenanntes CYBERSHOT-Gerät gekauft. Jüngere Semester dürften den Alkoholiker der armen Cher nicht mehr kennen, deshalb sei der Name Sony genannt. Da in letzter Zeit immer wieder von Cyber-Attacken in den Zeitungen zu lesen war, wollte ich an dieser offenen Flanke nicht sparen. Ob rechts oder links war mir egal. Bei all diesen Feldzugvorbereitungen für andere Leute muss ich die Windeln aus den Augen verloren haben. Vor dem Losfahren anziehen, dann kann man sie auch nicht vergessen. Kann ich nur als guten Rat mitgeben.

Tägliches Wechseln ist schließlich nicht notwendig, solange man mehr oder weniger dicht bleibt, und die Wechselzeitgrenze wird – im Sommer jedenfalls – durch Fliegen in verschiedener Geschwadergröße angezeigt. Wenige sollten nicht stören, das könnte auch Hundekacke an den Schuhsohlen bedeuten, die von beknackten Hundehaltern nicht gebeutelt wurde.

Alarmstufe 1 tritt ein, wenn sich mehrere dunkle Fliegen einem Jäger anschließen und im halbhohen Flug den Körper umkreisen. Mehr hinten bedeutet, dass hinten etwas passiert sein muss, entsprechend gilt der Satz auch für vorne. Panik ist nicht angebracht, da dieser Zustand von den Mitmenschen nachsichtig und vorübergehend geduldet wird. Aber: Aufpassen. Alarmstufe 2 steht unmittelbar bevor. Auffälliges und andauerndes Naseputzen von Menschen in der Straßenbahn deutet auf erhöhten Dampfaustritt hin. Vor allem Frauen neigen hier zu stark übertriebenen non-verbalen Hinweisgesten, angefangen von pikiertem Gucken, mit den Händen vor der Nase fächeln oder einem versteckten Nasezuhalten. Männer bleiben länger ruhig. Sie kennen solche Dämpfe von den unzähligen übelriechenden Pissoirs an den Urlaubsautobahnen und im Bahnhof.

Zwischendurch ein kurzer Streckenbericht: Ein Blick nach draußen – Steppe, Steppe, Steppe und Kühe. Zur Sicherheit noch 50 Fotos schießen, vier Kühe auf einem Bild hatte ich bisher noch nicht. Außerdem ist die Steppe hier breiter, kann aber auch eine Augentäuschung sein nach dem langen Bildschirmguck. Und noch schnell ein Foto mit fünf Kühen und einem Grasbüschel. Hoffentlich ist die Batterie bald leer.

Jetzt aber weiter mit der eigentlichen Geschichte: Was passiert vor dem Eintritt in Alarmstufe 2? Die Windel bzw. deren Inhalt beginnt zu kochen, wird also quasi zu einer Dampfmaschine. Ob mehr hinten oder vorne ist jetzt egal. Alarmstufe 2 bedeutet als erstes räumliche Distanz zu Mensch und Tier herstellen und Lüftungsabstand kalkulieren. Mindestens drei Meter. Wenn Straßenbahnen nur sehr dünn besetzt sind, kann das als Zeichen gedeutet werden, dass in dieser die Anzahl der Windelträger mit Alarmstufe 2 sehr hoch ist. Fast immer trägt der Fahrer der Bahn in solchen Fällen – typenabhängig – eine gewisse Blässe oder etwas Schaum. Er hat wegen seiner Fahrertätigkeit die Hände nicht frei und seine Nase ist den Gewitterwolken ungeschützt ausgeliefert.

Der Übergang zu Alarmstufe 3 oder ROT bedeutet nicht, dass man eine Partei wechseln muss. Jetzt auf keinen Fall in Panik geraten, sonst kommt das ganze Elend zutage, was nicht zutage kommen darf.

Der Windelwechsel steht an und zwar schnellstmöglich. Ob man es noch bis nach Hause schafft, hängt von der Wegstrecke, den sozio-kulturellen Gegebenheiten in der Siedlung und vom Zustand der Dampfmaschine ab. Sicher ist, dass sie mehr Kraft kostet, als sie zur Verfügung stellt. Besteht die Chance, dass man schneller rennt als das Mückengeschwader fliegt, sollte man nach Hause zur Entsorgung und den damit verbundenen anderen hygienischen Maßnahmen. Wird das Geschwader zu groß und ist gleichzeitig zu schnell für eine geordnete Flucht, gibt es nur noch den Park oder die öffentliche Toilette.

Die 3. Möglichkeit mit dem Höflichkeitskaffee in einem Restaurant scheidet generell aus, weil Fliegen in Kneipen Hausverbot haben. Viele Fliegen sowieso.

Die 2. Möglichkeit mit der öffentlichen Toilette geht immer und verhindert damit automatisch die Inzucht bei diesen Fliegern und schafft in diesen Kreisen neue Freundschaften. Wir gehen selbst auch zu irgendwelchen Festen, um Leute kennenzulernen und um – das sollte hier durchaus offen angesprochen werden – mit der neuen Bekanntschaft vielleicht davonzufliegen.

Die 1. und oft naheliegende Möglichkeit bleibt der Park, zumindest am Vormittag. Die Jogger arbeiten als Banker in den Büros, die Kinder sind im Kindergarten oder in der Schule. Die Hausfrau putzt oder kocht – heutzutage eher seltener – oder trifft sich mit Freundinnen zum Klatsch oder geht unterbezahlt arbeiten. Der Mann geht – soweit nicht wegen eines konjunkturellen oder aus persönlichen Gründen verlustig gegangenen Arbeitsplatzes verhindert – arbeiten. Omas und Opas sitzen zu Hause, teilen die Rente für den Rest des Monats ein und fragen sich zum zigsten Male, wann wohl die Kinder wieder zu Besuch kommen werden. Das letzte Mal war Weihnachten und es ist schon wieder Oktober.

Ganz wichtig, die Polizei hat am Vormittag alle Hände voll zu tun, weil irgendwann der tägliche Einkauf mit den täglichen Auffahr- und Parkplatzunfällen beginnt. Die allerbeste Zeit für das nicht mehr verschiebbare Vorhaben.

Die Ausschweifungen sind notwendig, denn als Park-Windelentsorger oder -wechsler bedarf es vieler strategischer Überlegungen, damit die vielen Feinde dieses Notsystems nichts davon mitbekommen. Kenner der Szene suchen sich die Plätze, wo die besseren Damen und Herren der Gesellschaft ihre Dobermänner und andere Großhunde zum Abladen hinführen. Es gibt zwar große Tüten, aber das Gewicht in der Italien-Markenlederhandtasche von Gucci würde den aufrechten Gang erschweren. An solchen Plätzen sieht es gewiss nicht appetitlich und spirituell anregend aus, aber die Fliegen fallen nicht auf. Seltsamerweise beginnt sich das eigene Geschwader in der Nähe dieser Flächen aufzulösen und fliegt in bester Formation in die richtige Richtung. Du folgst und du bist da.

Wahrscheinlich würdest du beim ersten Anblick der vielen kleinen Berge davonlaufen, aber Alarmstufe 3 bedeutet ROT! Wechsel! Ein Blick in die Uferzonen der Dogdarm-Parkinsel zeigt dir, dass auch andere Wechsler hier waren.

Husch, husch, Windel aus und unter die nächstbeste Hecke. Hose rauf – immer mit dem kreisenden Sperberblick die Umgebung im Blick – und mit einem leichten Pfeifen wieder auf den Weg zurück und nach Hause. Du bist wieder in Alarmstufe 1 und dieses Mal ist es vor allem die Hundekacke an deinen Schuhsohlen, die einige Fliegen ermuntert, mit dir nach Hause zu schlendern. Wenn du ihnen was Gutes tun willst, lass sie auf deinem Kopf ausruhen.

Zu Hause Hygiene nicht vergessen! Es beginnt dann wieder bei Stufe Null.

Jetzt sind wir wieder auf der Strecke, aber ich denke, mit diesem Tipp konnte ich vielen helfen, deren Verdauungsfolgewerkzeuge nicht mehr dem neuesten Stand entsprechen oder die kurz vor einer Runderneuerung oder Globalsanierung stehen.

Mittlerweile ist es 12:30 Uhr Mongolenzeit, in Deutschland 5:30 Uhr! WC-Zeit für Menschen, die der Harndrangwerbung im Fernsehen misstrauen. Die Käufer dieser Mittel schlafen noch lange ohne Behinderung der Sexualfunktionen oder gehen – nicht müssend natürlich – sicherheitshalber aufs WC. Eine Windel hätte für das selige Durchschlafen gesorgt und im Park wäre noch viel Platz, wenn beim morgendlichen Pflichtspaziergang mit dem Hund zum zigsten Male der zu frühe Kaffee auf seinem Recht besteht.

Wir haben Tschoir passiert. Ein Flecken mitten in der Steppenlandschaft. Es gibt hier wohl Öl bzw. zumindest ein großes Öllager. Die Landschaft ist jetzt einfach nur flach. Bis zum Horizont. Also sehe ich mit drei Meter Augenhöhe im Waggon ca. 4,5 Kilometer weit. Erinnert stark an die Wüstenfahrten mit 33 Jahren. Wenn ich mich im Spiegel sehe, hat sich bei mir einiges geändert, bezüglich der mathematischen Horizontrechnung nicht, aber bezüglich des eigenen Horizonts.

Heute lässt man sich nicht mehr so schnell für dumm verkaufen von irgendwelchen 9×9-Klugscheißern und Geschäftemachern. Das Vertrauen in Menschen hat abgenommen, vor allem denen gegenüber, bei denen man spontan Vertrauen fas-

Jurtenlager in der Steppe

sen könnte. Über den Kamm geschoren, sind hier die meisten Schwarzen Schafe zu Hause, wobei ich mich gleichzeitig bei den Schafen entschuldigen muss, weil sie diesen Vergleich nicht verdient haben.

Auch hierzu gibt es eine Geschichte, wie sie nur das Leben schreibt und auf die ich gerne verzichtet hätte. Es war ein Belgier namens Johnny. Die Johnny-Geschichte kurzgefasst. Ich hatte mit einem Kumpel in einem Anflug geistiger Umnachtung in Spanien eine Spielwarenvertretung für deutsche und europäische Firmen gegründet. Zufällig lernten wir Johnny in einer Sprachschule kennen und er signalisierte Interesse am Unternehmen. Sein Kapital: englisch, französisch, italienisch und spanisch fließend. Er wurde Geschäftsführer, das Geschäft wuchs, die Gewinne blieben aus und am Ende waren 150.000 bis 200.000 DM weg. Fingierte Rechnungen, Schwarzeinnahmen und vom fingierten Lagerwert von 130.000 DM waren gerade mal 30.000 DM und viele leere Kartons übrig. Johnny war längst auf Koks, nur fiel uns nie auf, dass er es immer mit der Nase hatte.

Da wir nicht spanisch konnten, spielte er uns gegen die Vertreter und die zwei Angestellten aus, indem er ihnen erzählte, wir würden das Geld nach Deutschland abziehen, weshalb er immer mehr mit den Provisionen und den Lieferantenrechnungen in Rückstand geraten würde. Gute Geschichte, filmreif – „Der Belgier und die zwei Idioten-Germanen" hieße der Film. Das Personal hat uns irgendwann einen Tipp gegeben, weil sie Johnny überführen konnten mit seinen Tricksereien. Jetzt war auch klar, warum wir bei unseren halbjährlichen Besuchen immer etwas komisch angeschaut wurden. Wir waren ja für sie lediglich die Geldabholer und Gauner. Johnny verschwand von der Bildfläche und ist nie mehr aufgetaucht. Die hinterlassenen Schulden haben wir als Lehrgeld bezahlt. Konkurs anmelden wäre billiger gewesen. Dann hätten aber andere das Lehrgeld bezahlt und das mögen weder mein Kumpel noch ich. Unser Fehler, unsere Schulden. Die Belgier als solche haben nach dieser Fahrt wieder Chancen. Johnny wäre blau im Gesicht, würde ich ihn treffen. Friedliche Gesinnung hin oder her.

Draußen immer noch flach, flach, flach. So viele Rinder und Pferde gibt es gar nicht, um diese Flächen einigermaßen beweiden zu können. Horizont immer noch bei ca. 3,7 Kilometern. Die Fahrt hat mehr grauen Himmel als sonnigen. Mit der Sonne

am Fenster ist die Landschaft zwar schön hell, aber rausschauen ist mit Blendung verbunden und die Temperatur im Abteil steigt. Die Blendung hat vor allem einen Nachteil. Die Scheiben sind seit Moskau in erheblichem Maße verschmutzt und mit der Sonne zeigt sich das besonders störend beim Fotografieren oder Filmen. Jeder kennt das, der das Fensterputzen nicht nur seiner Mutti, seiner Frau oder Freundin oder Putzfrau überlässt. Die Sonne bringt den Schmutz der Fenster an den Tag, bei mir in das Foto.

Heute ist also Versöhnungsfest angesagt mit dem Wetter. Für einen Tag ist das ok, für die Hälfte auch noch, aber die ganze Strecke? Müsste man ausprobieren, um ein Urteil fällen zu können. Für mich habe ich das Urteil gefällt. Der Rollo ist unten, sieht von innen so aus wie draußen die Steppe, aber so lässt es sich aushalten ohne Deo. Alarmstufe 1 kann man damit übrigens hinauszögern. Stufe 2 nur noch bedingt und mit Literflaschen ULTRAFRESH von Shell. Ich schaue kurz unter dem Rollo in die Weite und sehe die gleiche Landschaft wie vor einer Stunde, also etwa 100 Kilometer Steppe abgefahren oder besser gesagt: abgeholpert. Hier braucht man noch keine ICEs, da müsste man zuerst das ganze Streckennetz auf festere Füße stellen. Durch die Gütertransporte von China mittels den bis zu 1000 Meter langen Containerzügen nach Russland und in die EU ist die Strecke sowieso hoffnungslos überlastet. Das war beim Bau der Strecke nicht eingeplant. Hierzu ein paar Zahlen: 2014 wurden auf der Strecke von China nach Europa 25.000 Container befördert. 2016 waren es bereits 125.000 Container (TEU-Standardcontainer), die mit 1780 Zügen befördert wurden, also ca. 80 Container pro Zug. Bis 2027 werden 650.000 Container erwartet, die nach ca. 16 Tagen ihr Ziel in Westeuropa erreichen. Mit dem Containerschiff von Shanghai nach Rotterdam dauert es ca. 30 Tage. Allerdings: die mittleren Containerschiffe befördern 11.000, die Superschiffe

20.000 Container, was 140 bzw. 250 Zügen entspricht. Der Preis pro Bahncontainer liegt derzeit (Mitte 2018) bei 2000 bis 3000 Euro, für das Schiff sind es lediglich ca. 1100 Euro.

Hinzu kommen die verschiedenen Spurbreiten der Schienennetze, was ein zeit- und kostenintensives Umladen an der Grenze erfordert, sowie die maroden Gleisbetten, die im ganz großen Stil saniert werden müssen. Soweit ein kleiner Einblick in ein Infrastrukturprojekt, das den Normalverbraucher kaum erreicht, aber ein ungemein wichtiges Puzzle im internationalen Handel darstellt.

Weitere 100 Kilometer Steppe, ich habe keine Karte dabei. Die ruhet in Frieden zu Hause. Wahrscheinlich wird das so bleiben bis China. Vielleicht nochmal einige Hundert Kilometer mehr. Ein Fehler, die Karte zu vergessen, aber so lebe ich eben mit der ganz groben Streckenkarte der Transsibirischen Bahn und muss mir im Nachhinein die Strecke auf der Karte nochmals ansehen und den Abschnitten zuordnen.

Wenn ich an meinen Erd- und Geschichtskundeunterricht über diesen Landstrich zurückdenke, waren es vor allem die Reiterhorden der Mongolen unter ihrem Führer Dschingis Khan, die mich interessiert hatten. Immerhin stürmten diese von der Mongolei bis an die Ostgrenze Westeuropas und haben dabei gleich noch einige Länder gewaltsam überrannt. Was ihnen letztendlich gefehlt hat, war aus heutiger Sicht die Transsibirische Eisenbahn für den Nachschub. Am Ende blieb für das Reitervolk nichts, außer der Erinnerung an einen 8000-Kilometer-Ritt und der vergängliche Ruhm in den Geschichtsbüchern. Allerdings: Ganz umsonst waren die Sattelstrapazen nicht. Das verblichene Heldentum dient heute dem immer stärker werdenden Touristenstrom als Teil der eigenen Geschichte.

Die weitere Geschichte Europas ist kurz zusammengefasst: Andere Khans mit anderen Völkern spielten fortan Katz und Maus in Europa, manche mehr, andere weniger geschickt. Die Frage, wer Katz und wer Maus war, wurde in der langen Zeit von Dschingis Khan bis Papst Franziskus nie geklärt. Allein die Volksverhetzer und Siebengescheiten scheinen dies zu wissen nach der Erkenntnis: Wer meint, alles zu wissen, weiß nichts.

Wir erreichen Sain-Shanda um 16 Uhr. 14:40 Uhr wäre die richtige Zeit gewesen. Ein Umschlagbahnhof mitten in der endlosen Weite der Steppe. Jede Menge Container, Holzwaggons, wenig Menschen. Wer hier lebt, lebt arm und bleibt arm. Nicht einmal die Frauen mit ihren Einkaufswagen voller käuflicher Bedarfsartikel sind zu sehen. Die Nachmittagssonne wirft wie gestern ihr Licht auf die Gebäude, Waggons und Flächen.

Bis China sind es noch zwei Stationen. Dzamynude nach ca. 2,5 Stunden als letzter mongolischer Bahnhof und nach weiteren zwei Stunden Erlian als erster chinesischer Bahnhof. Noch 20 Stunden bis Peking. Ein oder zwei Tage mehr – bis

Hongkong – wären schön gewesen. Aber Peking – Shanghai – Hongkong mit der Bahn dürfte entschädigen.

Der Satz unseres seinerzeit für mich „alten" Klassenlehrers – er war gerade mal 40 – fällt mir ein: „In der Mongolei gibt es Steppen soweit das Auge reicht." Er hatte recht. Rechte Seite: soweit das Auge reicht, linke Seite: ebenso. Als Achtjähriger im Badischen wusste man, dass der weiteste Blick bis ins Elsass ging, danach versperrten die Vogesen die Sicht nach Paris, wie man sich das als Kind vorstellte.

Eine andere Kultur habe ich in Russland bereits angetroffen. Hier ist alles anders, was man sieht. Die Landschaft, die Menschen, auch die immer noch typischen Rundzelte der Mongolen auf dem Lande. Allerdings hält auch hier der „Fortschritt" Einzug. In vielen kleinen Städten steht die Jurte im Garten beim Haus, wo sich auch die Haustiere befinden. Vermutlich vertragen sich Smartphone und Jurtenleben nicht mehr oder die Jugend will mehr Jugend und weniger jurtig sein. Das dürfte hier nicht anders sein als im Schwarzwald oder auf der schwäbischen Alb oder im Osten der neuen Bundesländer.

Das alles umspannende Netz verhindert Entwicklung und katapultiert solche Kulturen in ein neues Zeitalter, nämlich unseres. Es gibt kein langsames, manchmal auch mühsames Hineinwachsen. Über Nacht werden Kulturen vor die Alternative gestellt: Mitmachen oder Wegfallen. Damit predige ich keinen Rückfall ins Mittelalter, sondern lediglich die europäische Haltung bei den Entwicklungen der Zeit. Man durfte den Zug ablehnen und dann annehmen, man durfte das Auto ablehnen und dann annehmen, man durfte den PC ablehnen und dann annehmen. Man durfte und darf überhaupt alles ablehnen und dann annehmen. Aber wir gönnen uns die Zeit dazu. Andere Kulturen werden schief angeschaut, wenn sie sich nicht „burgermäßig" anstellen. Nehmen und gleich fressen! Das fordern wir. Was drin ist, spielt keine Rolle. Geschenkt ist geschenkt. Überspitzt könnte man den Kulturanspruch Europas zusammenfassen unter dem Leitmotiv: Wir verburgern (sprich: verbörgern) die Welt! Alles drin, alles gesagt und ein bisschen ist sogar noch der Bu(e)rger drin. Um den soll sich ja angeblich alles drehen, jedenfalls vor den Wahlen zu den Fressnäpfen der Nationen.

Wir passieren Kilometer 925 seit der russischen Grenze. Ein gigantisches Lichterspiel begleitet den Zug. Die tiefstehende Sonne zaubert Phantasien ins Gelände. Der Mond steht als Halbmond am Himmel und schaut der Sonne ins Auge. Wer von beiden ärgert sich mehr über die Einmischung in die inneren Angelegenheiten der beiden? Höher steht bei Kilometer 977 jedenfalls der Mond.

50 Kilometer keine Menschenseele und keine Hütte, nur Steppe und Strommasten. Holz, wie früher bei uns. Manche mit Stahlfuß, viele mit einem Holzfuß im Boden, damit man wohl höher kam und beim Wechsel nicht gleich den Strom unterbrechen musste. Schlau gedacht und schlau gemacht. Als Kind hätte ich ge-

dacht: Opa war hier. So einfach war das damals. Sage ich sowas heute – auch nur im Scherz – habe ich eine Menschenrechtsdiskussion am Hals, weil ich damit die kulturelle Identität und die Intelligenz der Mongolen infrage stelle.

Aber nicht bemerken, dass dieser Vorwurf wohl vor allem auf die zutrifft, die Konzepte für die Ernährung der Welt entwerfen und diese Konzepte in Ländern anwenden wollen, die im übertragenen Sinne – dies sei zur Sicherheit gesagt – gar keine Burger vertragen.

Noch eine interessante Beobachtung des heutigen Tages. Viel Sonne und neue Eindrücke vertreiben mit unheimlicher Kraft die dunklen Gedanken, die mich in Russland einige Male geradezu überfallen hatten. Vorwärtsdenken war heute angesagt. Es wird noch zu schreiben geben über die schlimmsten Zeiten. Wenn es passt zur Reise und zu den Anknüpfungspunkten. Diese sind überall zu sehen, man muss nur genauer hinschauen.

Draußen fliegen der Sonnenuntergang und ein gigantischer roter Horizont vorbei. Kein Wunder, wenn man hier dem Kommunismus frönt. Wer diese Farben an den Lagerfeuern der Revolution erlebt, der wird auch eine rote Fahne tragen mit irgendwelchen Symbolen drauf. Aus solchen Stimmungen und begeisterten Anhängern eines sich als berufen fühlenden Helden entstehen an den Lagerfeuern nicht nur Theorien und Schlachtpläne. Da entstehen vor allem verbindende Symbole. Die rote Fahne ist jedenfalls nicht im Designstudio entstanden, sondern an den Plätzen, wo es um alles ging. Sieg oder Niederlage, mit Blut besiegelt. Deshalb wahrscheinlich die rote Fahne. In Brüssel dürfte man dieser Logik zu Folge vor allem blaues Blut in den Adern haben.

Mongolisch-französischer Imbiss

Und die deutsche Flagge: Da zeigt man Geschichts- und Verantwortungsbewusstsein, indem man die koloniale Zeit in Deutsch-Südwest-Afrika mit einem Drittel in Schwarz aufgenommen hat.

Ein Drittel in Rot für die deutschen Auswanderer, die sich in großer Zahl an der Besetzung ehemaliger Indianergebiete in Nordamerika und in Australien und der Zerstörung von deren Kultur beteiligt hat.

Nicht zu vergessen: ein Drittel in Gold zur Erinnerung an die Kaiserzeit. Alles vertreten, was Deutschland groß und reich gemacht hat. Auch dem selbsternannten Volk der Migrationslinguisten konnte mit der Farbwahl „schwarz, rot, gold" der Boden unter den Füßen der Benachteiligungsanalysen weggezogen werden.

Heute kam mir auch der Gedanke, dass eine solche Reise vor allem einem gleicht: einer Wallfahrt ins Nirgendwo, um am Ende sich zu finden. Wenn man so will, ein Jakobsweg der eigenen Art, eine Pilgerreise zu seinem Inneren. Nicht geprägt durch das Ziel Santiago de Compostela, sondern geprägt auf Einzelabschnitte der Reise. Jeder für sich ergeben am Ende ein Santiago de Compostela, dessen Aussehen noch im Ungewissen liegt. Dominique hat mir als Tischdecke eine französische Zeitung „La Liberté" gegeben. Ich nehme es als Zeichen, weil er nichts davon wissen konnte.

Draußen ist es dunkel geworden, womit meine Zusage, so viele Fotos wie möglich zu machen, nicht mehr gilt. Jetzt geht es ins mongolisch-chinesische Bordrestaurant zum Probieren. Wenn das Buch unvollendet bleibt, dann war das Probieren leider ein schlechter Gedanke.

Es kam nicht zum Probieren, ich hatte keine mongolischen Takrits. Rubel, Dollar und Euro wurden nicht anerkannt. Also gab es russische Not-Hartwurst aus Nowosibirsk und russisches Weißbrot aus Irkutsk. Dazu einen feinen Tee, Marke „Teefix" von zu Hause und zwei Braunzuckerwürfel von den Schweizern, die sie mir hinterlassen hatten. Hunger macht durstig und altes Brot mit alter Wurst werden zum Gourmeterlebnis der besonderen Art. Eigentlich hätte ich kostenlos essen dürfen müssen. Dschingis Khan hat bei seinen Raubzügen im Ausland vermutlich auch nicht bezahlt. Wäre eine gute Gelegenheit gewesen, sich etwas erkenntlich zu zeigen.

Grenzbeobachtungen allgemeiner Art

Und dann war der Zug an der chinesischen Grenze in Erlian. Fast pünktlich, 21:30 Uhr. Grenze heißt Zoll- und Grenzbeamtenwalzer im Osten. Nicht nach Wiener Art, eher strenger Stechschritt mit Besen im Rücken. Nicht nur hier in China, das hat schon an der polnischen Grenze angefangen. Die waren wohl in der DDR in die Lehre gegangen. Mit dem Lkw war ich zweimal in Berlin und musste zwangsläufig durch die Zone. Was dort von den Grenzern abgezogen wurde, habe ich zwei Mal über mich ergehen lassen. Danach war Schluss. Wenn verhinderte Pförtner als Beamte an die Grenze kommen, dann entwickeln sie sich zu kleinen giftigen Popogruben, einem Synonym für das weit bekanntere und passendere Wort mit „A" am Anfang. Die kleinste Kritik über die Behandlung war an der Grenze ein Staatsver-

Fahrgestellwechsel an der Grenze nach China

gehen und wurde mit Zeitstrafen belegt. Ich betone ausdrücklich, dass ich hiermit nichts gegen Pförtner im Allgemeinen sagen möchte. Es sind immer ihre Chefs und deren Chefs bis ganz oben, welche für das Arschverhalten verantwortlich sind. Jeder dressierte Hund hört aufs Herrchen, warum also nicht die Grenzpförtner.

Aus den DDR-Erfahrungen war ich vieles gewohnt, ebenso von den Grenzen Ungarns, Jugoslawiens, Rumäniens, Bulgariens, der Türkei, des Irak, Syriens, Jordaniens, des Libanon, von Saudi-Arabien. Überall ernst dreinschauende junge Männer und vereinzelt Mädels in strammer Uniform und auffallender breiter Mützenkrempe. Angeführt von einem älteren Herrn, der seinem Verhalten nach mindestens eine Hundestaffelführerausbildung hinter sich hatte. In den 70er Jahren sowohl in Ost als auch in West waren vielleicht Kriegsausbildungen und Tapferkeitsorden noch karrierefördernd.

Es hat sich in den 35 Jahren nichts geändert. An jeder Grenze das gleiche Spiel, der gleiche Walzer und die gleichen Gesichter. Auch der Staffelführer lebt noch, heute auffallend jung, mit bankerdynamischem Auftreten. Die Veteranen sind in Rente. Die Uniform verleiht Macht und fordert Folgsamkeit.

Spätestens mit dem Einsammeln des Passes und damit der Visa bist du nichts mehr. Stell dir nur vor, einem der jungen Burschen gefällt dein Gesicht nicht, weil es ihn an jemand erinnert, der ihm in seiner Jugend aufs Maul gegeben hat. Jetzt nicht anfangen, das Beispiel zu zerpflücken. Weiterlesen. Er lässt den Pass verschwinden, was du ihm nicht nachweisen kannst. Dann merkst du plötzlich, dass du ein Niemand bist. Du fühlst dich nackt und wehrlos. Deine Reise endet an genau der Grenze, wo ein lang zurückliegender Vorfall dein Gesicht zum Racheobjekt werden lässt. Ohne Wenn und Aber. Die Deutsche Botschaft wird dir helfen, aber bis dahin ist die Transsibirische längst weitergefahren und du hast die Schnauze voll von allem. Auch wir rächen uns manchmal an Menschen, deren Verhalten uns an jemanden erinnert, der uns nichts Gutes wollte. Menschlich, verständlich, aber nicht entschuldbar.

Der Wegfall der Grenzkontrollen innerhalb Europas für Europäer war eine der größten Errungenschaften einiger Politiker mit Weitblick. Von dieser Sorte wird es aber zunehmend weniger geben, wenn immer mehr sich aus der internationalen Solidarität der Menschen zurücknehmen und mit Löwen-Slogans um sich brüllen „We first". Ein neues Fieber geht um, das „Trump-Fieber", sehr ansteckend, kaum heilbar. Den einzig wirksamen Impfstoff „Knowledge", der in Deutschland unter dem Namen „Wissen" vertrieben wird, lehnen viele Betroffene kategorisch ab. Einige reagieren sogar hysterisch und nehmen das Gegenmittel „AFD", obwohl dieses Mittel im Verdacht steht, im Gehirn ein extremes Rechtswachstum sämtlicher Synapsen zu verursachen. Neuere Forschungen an Geimpften konnten nachweisen, dass der Impfstoff „AFD" dem in den 1930-Jahren bekannten und weit verbreiteten Impfstoff „NAZI" in einigen Wirkungen sehr nahekommt.

An den durchfahrenen Grenzen der letzten Tage ist erkennbar, wie weit das Ziel entfernt ist. „People first – all over the world". Der Slogan ist längst kein Gassenhauer mehr, abgewandert ins Museum.

Gerade hat es für die Reise morgen in China zwei „Free-Meal-Tickets" gegeben. Einmal Frühstück ab 6:30 Uhr und einmal Lunch 9:30 bis 10 Uhr. „Willkommen in China", soll das wohl heißen und wahrscheinlich mit dem strengen Walzerschritt versöhnen. Vom Hörensagen ist mir das Schwärmen über das chinesische Essen wohl bekannt. Mir tropft das im Mund zusammengelaufene Wasser auf die Hose. Peinlich.

Mal sehen, was kommt. Der Reiseabschnitt „Transsibirische wie sie leibt und lebt" neigt sich dem Ende zu. Es ist 22:45 hier und 15:45 zu Hause. Ein schöner Tag heute inklusive Grenzwalzer. Ab hier wird aus der alten Dame eine junge Rennsportlerin.

Die Nacht wird kurz, da an der Grenze in Erlian die Oberteile der Waggons umgesetzt werden auf chinesische Laufräder für deren andere Gleisbreite, vielleicht auch wegen den höheren Geschwindigkeiten, die in China gefahren werden. Ruhiger wird es auf jeden Fall.

Die Arbeiten dauern etwa vier Stunden, weil der Zug in Einzelwaggons geteilt wird, und das Gejuckel und Geruckel ist dermaßen stark, dass an Schlaf nicht zu denken ist. Allerdings ist es auch ein Schauspiel, zu sehen und zu erleben, wie die Waggonoberteile mittels starker Hebearme etwa einen Meter über die Läufer gehoben werden und so lange oben bleiben, bis die neuen Läufer angerollt kommen. Waggon für Waggon auf zwei Spuren. Irgendwann geht es langsam wieder runter und nach vielem Hämmern und Ruckeln fährt der Zug los. In diesem Moment vertraut man auf die akribische Arbeitsweise der Chinesen, ohne damit gleich wieder einen Sturm der Entrüstung auslösen zu wollen über die damit verbundene Abwertung anderer Nationen.

Allerdings erlaube ich mir die Wiedergabe meiner eigenen Erfahrungen mit dem Ergebnis, dass in der Art und Genauigkeit der Ausführung von Arbeiten es durchaus Unterschiede der Länder untereinander gibt. Die Badener sind zwar allgemein als schlaue Volksgruppe bekannt, was sie in ihrer „Nationalhymne", dem Badner-Lied durchaus kräftig zur Geltung bringen. Aber es gibt einen wissenschaftlich anerkannten Lehrsatz: „Bis der Badener das Wort ‚Wurst' in seinem schwer verständlichen Dialekt ausgesprochen hat, wurde sie vom Preußen bereits gefressen." Der Badener fühlt sich bei diesen Worten geschmeichelt, der Preuße auch. Win-Win. Der eine, weil er damit genaues Hinsehen verknüpft, der andere schnelles Verschlingen ohne genaues Hinsehen.

Wenn man aber nicht mehr weiter weiß, dann sind die Badener genau richtig. Als die Türken wieder einmal vor den Mauern von Wien standen, brauchte es den

Einsatz des badischen Großherzogs Louis mit seinen Mannen, um dem damaligen Sultan zu zeigen, wo der Hammer hängt. Später ging er als „Türkenlouis“ in die Geschichtsbücher ein. Die Niederlage war der Schlussstrich unter die jahrhundertelangen Versuche des Osmanenreiches, sich in den Norden militärisch auszudehnen. Man sollte dabei jedoch nicht vergessen, dass in früheren Zeiten ganze Heere über die Türkei Richtung Jerusalem zogen als Kreuzritter, um die dortige Stadt zu befreien.

Da ging das Spiel in die andere Richtung und die Soldaten wurden nicht wegen dem Kreuz des Herrn als „Kreuzritter“ bezeichnet, sondern weil sie auf ihrem heiligen Zug alles, was ihnen in den Weg kam, aufs Kreuz legten, auch Frauen. Wahrscheinlich auch Kinder, weil sie das als Tipp der heimischen Priester bei ihrer letzten christlichen Beichte mitbekommen hatten.

Nochmals kurz abgeschweift. Es ist jetzt 1:45 Uhr – der Zug rollt und ich rolle die Augen.

Tag 11, 1. Teil: Montag, der 30.10.2017
Erlian – Peking

China, 6 Uhr auf der Strecke Richtung Peking – der Wecker klingelt zum kostenlosen breakfast.

Vorweg, man muss das gesehen und probiert haben. Hier wird die Kulturrevolution der 60er Jahre unter Mao nochmal lebendig: drei diagonal geschnittene Toastscheibenstücke (vermutlich Mehl Typ 405 oder darunter), ein gekochtes Ei, eine Aluminiumpackung mit angeblichem Erdbeermarmeladengeleezucker, ein Alubutterdöschen und ein strammer früherer Grenzer oder noch aus Maos Volksbefreiungsarmee. Stockgerade mit einem Gesicht wie zehn gefrorene Eiszapfen inklusive Militärschritt.

Ich war 6:28 Uhr bereits da, also zwei Minuten zu früh. Jeder weiß, dass es viele Chinesen gibt und wenn die alle frühstücken wollen, dann gute Nacht. Der Waggon war keine heimelige russische Datscha mehr, sondern ein kühler, kalt wirkender Abspeisungsraum. Exakt um 6:30 Uhr ging der Bekannte von Mao im Stechschritt auf und ab und servierte das oben näher erläuterte Frühstück auf Tellern.

Ich war so angetan von diesem Drill, dass ich mit Stechstrichen die Marmelade auftrug und mit Stechbissen die Toastscheiben zermalmte, wobei es eher auf ein Stechschlucken hinauslief. Mao beobachtete alle im Waggon und sah sofort, dass ich mit meiner Essmethode eigentlich am falschen Platz saß. Er sah mich sicher schon in Maos Truppe beim Stechschritt Richtung Peking.

Er kam an den Tisch, rechts, zack, links, zack und der Teller war weg. Das Ei konnte ich gerade noch beim Wegdrehen des Tellers abnehmen, was mich sofort für die Armee disqualifizierte. Der Blick hätte töten können. Am Schluss auch noch Gratis-Volkseigentum vom bereits abservierten Teller klauen. Die nächtlich auf die Hose getropften Erwartungsgourmettropfen suchten den Weg zurück in den Mund, um sich im klebrigen Toastbrotteig von den Strapazen des Aufenthaltes in der Jeans zu erholen.

Die Engländer haben zu viert ein Abteil, wie ich beim Vorbeigehen gesehen habe. Die Dame lebt offenbar nicht mehr, denn das Frühstück nahmen sie zu dritt ein. Oder sie schläft jetzt, weil alle anderen Schnarcher sind. Ich werde es wohl nie erfahren, wenn ich nicht frage. Also versuche ich mich in meinem besten Bauerndenglisch: „Where is the other woman? Is she sueno?“ Der älteste der Seniorentruppe antwortete darauf in seinem Engdeutschlich: „No, she is on Klo.“ – Da war er wieder peinlich, mein Fehler, in das Englische immer spanische Wörter einzuflechten, wenn mir das englische Wort nicht einfällt. Es gibt Schlimmeres, wichtig ist, die Frau lebt, wenn auch auf dem Klo.

Als es nach dem Mao-Breakfast Tag wird, rollt der Zug durch grandiose Landschaften Richtung Süden. Bilderbuchsonnenaufgang über den Bergen. An einem solchen Morgen wurde die rote Fahne endgültig besiegelt mit den Sternen drauf, die noch am Himmel zu sehen waren nach einer sternenklaren Nacht und einem funkelnden Firmament, das auch über den Gräbern der gefallenen Revolutionäre seinen Segen spendete.

Es geht vorbei an emporschießenden Städten, Schnellbahntrassen mit einer Armut daneben, dass wir uns in Deutschland einen anderen Begriff für das Wort Armut zulegen müssten. Den Einwand, dass man hier billiger leben würde, nehme ich nur ernst, wenn derjenige hier einen Monat genauso lebt, wie dies hier zig Millionen tun müssen. Seit etwa 20 Jahren geht die Schere zwischen arm und reich jedes Jahr mehr auf. Auch in Deutschland und in Europa. Aber die Schere hier klickt schneller beim Zerteilen der Scheine und lässt durch das Schnipselabfallen jedes

Eine ICE-Strecke

Jahr neue Millionen arm werden, während sich auf der anderen Seite der Schere unermesslicher Reichtum ansammelt. Dort kann man die Scheine mit dem fehlenden Schnipsel noch als Ganzes verwenden. Würde Mao das heutige China sehen, würde er sich nicht nur umdrehen im Grab, er würde rotieren. Aber auch hierzu gibt es interessante Theorien, die sich mir als Westler im Laufe des Aufenthaltes noch erschließen sollten.

Kohlekraftwerke mit kleinen Bauernhöfen daneben wechseln sich ab mit Flüssen und fruchtbaren Landschaften. Mais scheint in dieser Gegend zu überwiegen, aber auch andere Früchte und Gemüsefelder über riesige Flächen verteilt.

Und Tunnels auf der Strecke, wie auf der Autobahn von Mailand Richtung Genua. Einer Strecke, die ich immer noch als Trauma in Erinnerung habe, weil diese Strecke nach Italien nach dem Tod von Uli für einige Tage zum Ablenken im Abgrund führte. Kilometerlange Tunnels und dann wieder grandiose Lücken über Täler hinweg, dann wieder ganz kurze Tunnels, die kaum die Freude über das gerade erlebte Landschaftsbild stören. Eigentlich wie im realen Leben, denke ich mir.

Bereits während der Krankheit von Uli hatte ich das Lied „Irgendwann am Ende eines Tunnels kommt das Licht" geschrieben. Dass es so viele Jahre werden würden, war mir nicht klar. Gott sei Dank. Es gab Licht, auch im Tunnel. Es gab Menschen, die mir – oder besser gesagt uns – blieben und halfen, so gut sie konnten, was in meinem Falle nicht einfach war. Ein Wolf sorgt für sich und seine Jungen und lässt nicht sorgen! Es war manchmal sicher schwierig für Mitmenschen, das Richtige zu tun, das Falsche zu unterlassen und das Mittelmaß zu finden.

So ging es über 20 Jahre. Die langen dunklen Tunnel wurden weniger, die hellen Strecken länger. Normal eben. Nicht glücklich. Aber normal.

Ach so. Die Engländerin lebt wirklich noch. Ich habe sie im Zug beim Waggonübergang getroffen und ihr – ganz Gentleman – die Türen gehalten mit den Worten „Good luck“ was sie bei dem Geknattere der Schienen wohl als deutsche Aufforderung verstanden hatte „Zack, zack“, denn ihr Schritt wurde tatsächlich zackig. Wahrscheinlich bin ich jetzt endgültig der Böse und schuld daran, dass sie nicht schlafen konnte.

Draußen große Naturkulisse. Einfach wahnsinnig, was dieses Land, diese Menschen hier schaffen, aber vor allem, was hier geschaffen wurde an Infrastrukturprojekten, um das Hinterland zu erschließen. Ursprünglich sicherlich aus der Mao-Bibel mit dem Ziel, alle Menschen im Reich der Mitte satt zu bekommen, die früheren Hungersnöte zu verhindern, die gesundheitliche Versorgung der Landbevölkerung zu verbessern und vieles mehr für die Menschen.

Heute sind all diese Maßnahmen eher Konterkarierungen. Die neue Infrastruktur dient dazu, die Menschen in Massen vom Land an die Arbeitsplätze in die Industriezentren zu bringen, um sie dort für geringes Geld für Großkonzerne arbeiten zu lassen, die ihre Produkte jeglicher Art weltweit ob der geringen Fertigungskosten günstig anbieten können. Mit Traumerlösen kalkuliert, freut sich der europäische Konsument trotzdem und kann sich sogar einreden, dass es besser sei, Kinder arbeiten zu lassen, als sie ohne Arbeit verhungern lassen. Die Logik stimmt. Sonst aber nichts. Diesem Argument lassen sich zwar viele schlaue Gegenargumente gegenüberstellen, aber real geht es letztlich genau um diesen Druck.

Dies als Fortschritt zu bezeichnen ist grotesk. Hier erlebt die Idee des Kommunismus sein Canossa. Die Volksweisheit trifft den Nagel auf den Kopf: Wenn irgendwo jemand viel gewinnt, verliert irgendwo ein anderer. Es wird eine große politische Anstrengung werden, die Fäden des Kapitals wieder in die Hände der Politik zu bekommen. Sonst verliert am Ende tatsächlich die Mehrheit des Volkes und die Gewinnler verschwinden, wenn es ernst wird, außer Landes.

Die zehn Tage in China möchte ich auch nutzen, um die neue Wirtschaftspolitik zu verstehen. Jedes Land soll seinen Weg gehen mit Experimenten und Ideen. Überstülpen kennen wir von anderen Ländern, wo Kriege tatsächlich ums Öl geführt wurden mit dem Argument, den Ländern die Demokratie bringen zu wollen … Argumente für diese Kriege gab es immer, angeblich gesicherte Beweise der Geheimdienste über Entwicklungen gefährlichster Waffen etc. Gesichert war am Ende nur, dass alles Lüge war und wie immer nicht die Verursacher, sondern die Geschädigten die Zechen bezahlen mussten und noch viele Jahre zahlen werden.

Noch ca. 45 Minuten bis Beijing Central Station, die letzten Minuten einer 124-stündigen Bahnreise. Nach Berlin und Moskau hat mich die nächste Stadt in den Fängen. Mit 20 Millionen Stadteinwohnern und 40 Millionen, wenn man das Umland dazurechnet, bleibt mir Berlin als kleiner Badeort am Wannsee in Erinnerung.

30 Minuten vor der Stadt fängt Peking an mit alten Bauernhütten und Top-Hochhaussiedlungen für zigtausende Angestellte, sofern sie sich die Wohnungen leisten können. In einem Staat, der als Ziel hat, alle glücklich zu machen, die am Fortschritt mitarbeiten – von oben gesteuert. Aber wenn „oben" zu weit weg ist von „unten", dann nützen die schönsten Ideen nichts. Der Apparat frisst alles und jeden, der die Ideen Maos wieder lebendig werden lassen will, weil die Transformierung dieser Ideen und deren Methoden allein die Partei bestimmt. Daran hat man sich zu halten oder wird gesellschaftlich isoliert, drangsaliert oder wandert hinter Mauern, hinter denen ohnehin eine große Anzahl Regimekritiker leben dürften. Exakte Zahlen hierzu gibt es nicht.

Kurzzusammenfassung Transsibirische Eisenbahn

Eine Sieben-Tage-Fahrt mit der Bahn geht zu Ende und eine Zusammenfassung wäre fällig. Morgen steht Peking auf dem Programm und mit jedem verstrichenen Tag geht die Authentizität der Erlebnisse verloren. Das Gold wird noch goldener und das Blei verliert sich. Das Gesamturteil steht allerdings jetzt schon fest. Einfach super genial toll. Für mich. Wobei hierzu einige Punkte zählen, die bei mir Besonderheiten darstellten.

Buchung: Ich würde nur noch in einem 2er-Abteil allein fahren – so wie dieses Mal auch. Ausnahme wäre eine Person, mit der ich sieben Tage auf fünf Quadratmetern leben kann. Also neue Freundin oder gestandene Liebe. Das Abteil zur alleinigen Nutzung kostet in der Nebensaison 150 Euro zusätzlich. Mir wäre es diese sieben Tage auch 500 Euro Aufpreis wert gewesen. Einfach, weil man sich jederzeit frei bewegen, anziehen, ausziehen, Kaffee trinken, essen, schlafen, nachts aufstehen und vor allem schnarchen nach Lust und Laune kann.

Ein Reisetagebuch in Anwesenheit eines anderen Reisenden zu schreiben, ist unmöglich. Ich hoffe so schon, dass die Nachbarn nicht meinen 400-Anschläge/min.-Rhythmus mitbekommen. Gesagt haben sie nichts. Und meine täglichen Beobachtungen ihrer Augenlider zeigen auch kein auffälliges, rhythmisches Zucken.

Selbst mit dem besten Freund käme es – bei mir – zur Zerreißprobe. Ich würde es gar nicht erst versuchen, so sicher bin ich mir dabei. Mit dem frühen Tod meines Freundes Bernd hat sich die Frage schmerzlich beantwortet. Da wir beide Schnarchzapfen waren, hätte allein schon die Gefahr des Zersägens des Waggons uns von einem solchen Unternehmen abgehalten. Dagegen möglich: zwei 2er-Kabinen mit der gemeinsamen Nasszelle in der Mitte, jeweils von innen abschließbar.

Besser noch ein Schallschluckabteil dazwischen für gemeinsame Saufabende. Das hätte zwar mehr gekostet, aber wie oft reist man diese Strecke und wie will man sie in Erinnerung behalten? Als Sparschwein oder als glückliches und ausgeglichenes Hausschwein auf dem Bauernhof?

Allein das Spielen der Gitarre, vor allem aber das Üben wäre für den Begleiter eine Tortur und schmerzensgeldpflichtig. Die hier eingesparten Kosten reichen für die Buchung des Einzelzimmerzuschlages. Wie erwähnt 150 Euro.

Und noch etwas darf man nicht vergessen. Wenn man schlau ist, führt man – ich habe das WARUM ausführlich erläutert – eine Windel für Notfälle mit. Wo wechseln, wenn der Notfall zum Ernstfall wird? Es gibt doch keiner gerne zu, dass er zu den Windelsicherheitstypen gehört und dann noch in der Kabine vor dem Mitfahrer? Außerdem kann man so in ruhigen Zeiten schon mal üben für die Zeit, die jeden treffen kann. Morgen, übermorgen oder erst in zig Jahren. Übrigens, die Fenster kann man nicht öffnen, falls jetzt jemand an diese Möglichkeit der Entsorgung denkt. Ob per Hand oder im Beutel.

Diese Wurfmöglichkeit existiert definitiv nicht! Ohne Windel wird es die Hose sein und dann Gute Nacht im Busch.

Keine Buchung zu den Hauptzeiten. Ich bin in Moskau losgefahren mit den beiden belgischen Schweizern. Wir hatten den Waggon für uns bis Ulan-Ude. Erst dann stiegen noch zwei Leute ein.

Ab Ulan-Bator waren alle Abteile belegt. Das geht immer noch gut, weil es 2er-Abteile sind. Im nächsten Waggon waren es nur 4er-Abteile. Eng, sehr eng, aber natürlich günstiger und mit 20 Jahren wahrscheinlich das Beste, was man machen kann. Hätte ich auch so gebucht. Bei den noch möglichen C-Zügen gibt es auch Großschlafwaggons. Wer das mag, buchen und genießen. Für Menschen, die nicht gerne allein sind, der ideale Ort, um sich in jeglicher Hinsicht auszutauschen. Da brauchst du weder Gitarre noch sonst was, nur taube Ohren.

Beste Zeiten gibt es nicht, nur individuelle Präferenzen, die sehr verschieden sein können.

a) Wer es gerne schneeweiß mag und gerne mit der Sonnenbrille unterwegs ist, der fährt im Winter. Zu bedenken sind die kurzen Tage, d. h. die Sonnenbrille wird geschont. Dieser Punkt betrifft auch viele andere Länder. Wer z. B. an die Ostküste Australiens möchte, muss wissen, dass es dort im Sommer (Dezember bis Februar) zwar um 4 Uhr morgens hell wird, aber abends um 18:30 Uhr schon dunkel. Um 19 Uhr ist zappeduster! In Südaustralien in Melbourne und an der Westküste bleibt es dagegen bis 21 Uhr hell.

b) Wer es gerne grün mag, der muss den frühen Sommer wählen. Zu beachten ist dabei, wie im frühen Herbst, dass die Strecke auf sehr vielen Abschnitten mit Bäumen gesäumt ist. Sprich: man fährt bei grünen Bäumen im grünen Tunnel. Stundenlang, sehr viele Stunden. Um sich abzulenken, kann man lesen, im Speisewaggon dem Gaumen etwas Gutes tun oder Birken zählen. Das erspart einem Abendkurse für Gehirnjogging in der Volkshochschule.

c) Ein Kompromiss ist der späte Herbst ab Mitte Oktober. Da bekommt man noch die bunten Farben des Herbstes mit und weiter im Osten sind die meisten Blätter gefallen. Der Blick hinter den sonst grünen Wall ist frei, nur die Stämme und Äste verhindern eine komplett freie Sicht.

Schlafen in der ratternden Bahn muss man nicht mögen, aber man muss es zumindest zeitweise hinbekommen. Auch die nächtlichen Ruhestörungen durch den Zoll und die Grenzbeamten sind Dinge, die einem – gerade eingeschlafen – den wohlverdienten Schlaf rauben können. Wer das nicht kann, dem geht es wie der Dame aus England. Spätestens am dritten Tag läufst du als Schlaflosmonster durch die Gegend, wenn du noch laufen kannst. Natürlich können jetzt Ratter- und Knatterschläfer und -schläferinnen einwenden, das Rattern und Klappern könne auch wohltuend gleichmäßig und deshalb beruhigend sein. Vielleicht in jungen Jahren, in denen der Schlaf zum Leben gehört wie das Essen ungeheurer Mengen und das Durchschlafen zum Normalsten der Welt, von Windelgedanken und „Öfters müssen müssen“ weit entfernt.

Eine Möglichkeit, in Ruhe zu schlafen, gibt es: nach Fahrplan hinlegen in den Bahnhöfen und versuchen einzuschlafen, was sich in der Drucksituation als schwierig erweisen könnte. Ab dem 3. Tag setzt eine gewisse Trance ein, die in den Tiefschlaf – wenn auch nur für kurze Zeit – versetzt. Kommt dann auch noch eine gute Schienenstrecke, dürfte der Schlaf bis zur nächsten großen Weichenüberquerung anhalten. Im anderen Falle sind 20 Minuten gesünder als null Minuten.

An Versorgung braucht man nichts mitzunehmen, außer etwas Wasser und ein paar Trockenkekse und Müsliriegel für Zuckerlöcher. Im Restaurant gibt es zu futtern und zu trinken zu anständigen Preisen. Der Weg dahin kann allerdings über mehrere Waggons führen, deren Übergänge in kühleren Jahreszeiten durchaus schneebedeckt sein können. Sandalen im Zug sind die besten Wegbegleiter, auch wenn man die Schneeschneisen durchqueren muss. Unsicheren Damen- und Herrschaften würde ich jedoch gutes Schuhwerk für die Waggonwanderung empfehlen. Ein Sturz in der Schleuse tut weh, und wenn man zu spät entdeckt wird, hat man eine Lungenentzündung oder diese ist bereits über das Erfrieren geheilt.

Staubmilben: da zwei meiner drei Kinder seit Jahren den Kampf mit den Hausstaubmilben führen, möchte ich zumindest auf die Gefahr hinweisen, dass diese auch Dauergast in der Transsib sein dürften. Hier fahren Menschen aller Nationalitäten, ob Backpacker oder Hardboxer, und sie bringen aus aller Herren Länder die Milben bzw. deren Kot mit. Kleinstpartikel, die für die Nase und die Bronchien wirken wie Pfefferspray. Also Vorsorge treffen mit Medikamenten. Wer diese Art von Vorsorge ablehnt, kein Problem: eine Palette Papiertaschentücher oder eine halbe Palette Stofftaschentücher würden auch über die Stecke helfen. Oder – nicht ganz von der Hand zu weisen – die in den Smoggebieten Chinas getragenen Gesichtsmasken. Lieber mit Maske und damit etwas entstellt tränenfrei atmen, als mit hübschem Gesicht über den Jordan gehen. Der Staubduft der großen weiten Welt ist nirgendwo mehr zu Hause als in der Transsib.

Thema Naturduftnoten: Die schlaflose Dame aus England hatte immer Wanderschuhe an. Vermutlich war sie zu müde, um diese auszuziehen. Bei jedem Essen dachte ich mir: Hoffentlich ist sie nicht mit der „Schweizer Krankheit“ geschlagen, die ich seit jungen Jahren mit mir bzw. in den Schuhen herumtragen musste – trotz aller Versuche mit Allgäuer Latschenkiefer und Teebaumöl war keine Heilung möglich. Der letzte Versuch mit Bärlauchmilch hat die Krankheit eher noch verschlimmert, weil zum Käsegeruch auch noch Knoblauch dazukam.

Haben wir als Tramper oder Motorradfahrer in Gruppen in einem Heustall geschlafen, wurde ich garantiert darauf angesprochen, ob ich bereits in der Käserei des Bauernhofes gewesen sei. Irgendwann habe ich beschlossen, während unserer Fahrten die Stiefel gar nicht mehr auszuziehen. Das ersparte nach der Rückkehr das Sockenwaschen, weil ich diese hinter dem Haus im Garten in meinem angelegten Sockengrab beerdigte. Die Stiefel wurden nach dem Waschen bis zur nächsten Tour an die Wäscheleine gehängt. Im Winter meistens durchgehend.

Eine von Hunderten Kleinstädten an der Strecke

Die Füße habe ich mit Erde abgerieben, damit die recht dicken Käsekrusten durch das Scheuern abfielen und darunter eine Haut zum Vorschein kam, die mit Sicherheit mit einem Babypopo mithalten konnte. Auf jeden Fall mit einem verschissenen.

Die weiteren bekannten und auch in der Transsibirischen Bahn vorkommenden anderen Naturduftnoten entsprechen den ganz normalen Verdauungsgewohnheiten nahezu aller Menschen. Das würzige Essen im Speisewaggon mag im einen oder anderen Falle eine gewisse Strenge mit sich bringen, die sich aber nach wenigen Stunden verflüchtigt. Todesfälle sind nicht bekannt geworden, Brechtüten liegen in jedem Abteil für den Notfall in dieser Richtung bereit.

Eine Nebenbetrachtung zur „Schweizer Krankheit“: Hier fehlt sie noch, die Erfindung für eine Menge von gleich Erkrankten. Angeblich gab es in den Kriegswintern bei den deutschen Landsern diese Krankheit nicht. Nur zu Hause bei den Volksgenossen in der Verwaltungsmaschinerie des Kriegs- und Vernichtungsapparates trat sie in den heißen Büros haufenweise auf. Erst zum Kriegsende hin wurden denen die Füße kalt und wie geschichtlich Bewanderte wissen, blieben einige auch so.

In den wenigen Reichssommern war die Zeit zu kurz, um gegen diese Volkskäsekrankheit ein Heilmittel zu entwickeln. Da waren die Fabriken und Entwicklungslabors ausgebucht mit Waffenbau und V1/2 Entwicklung. Hätte man seinerzeit stattdessen … hat man aber nicht, und Millionen werden noch heute Opfer der vergessenen Seuche. Und es werden immer mehr, weshalb die Industrie Wegwerfsocken empfiehlt oder Saugabsorberstrümpfe mit Mini-Sammelkammern, die man nach dem Ausziehen im Waschbecken auswringen kann, wenn man nicht der Kaste der Käseindustrie angehört.

Diese hat vor einigen Jahren nach und nach über das Land verteilt dem deutschen Recyclingwahn entsprechend Socken-Sammelcontainer in mückendichten Käfigen aufgestellt. Die Aktien dieser Unternehmen haben inzwischen Rekordwerte erreicht, da die Einfuhr der mafiös teuren, dazu noch künstlichen Geschmackstoffe, nahezu auf null zurückgefahren werden konnte. Ein Volk hilft sich selbst, wenn der Käse immer teurer wird.

Aus den maschinell ausgepressten Absorbersocken werden inzwischen Eiswaffeln für besonders teure Luxushotels gefertigt. Ein Forscherteam der Universität Freiburg in Zusammenarbeit mit der Uni in Peking hat nämlich herausgefunden, dass die durch den Schweiß in die Socken eingedrungenen Eiweißamöben die Faser umwandeln in einen Basisteig für Eiswaffeln. Erste Versuche in der Teig- und Nudelproduktion zeitigen bereits Erfolge, allerdings belässt man ihren Einsatz zur Erprobung auf die langfristigen Folgen bisher im Pizza- und Fastfood-Gourmetsegment. Hier wird am meisten gegessen, weshalb auch die schnellsten Ergebnisse erzielt werden können.

Sorry für die Abschweifung in mein persönliches Sockenschicksal, aber spätestens im Sammelwaggon mit 24 Betten dürfte dieses Thema an Aktualität gewinnen.

Zusammengefasst, kurz und knapp: Einfach tun! Ob nach Wladiwostok oder nach Peking. Beide Reisen haben ihren Reiz. Von Peking kann man mit den chinesischen ICEs mit 330 km/h in nahezu alle großen Städte reisen. Von Wladiwostok ist es ein kurzer Weg nach Japan, auch mit dem Schiff.

Nur Mumien können nicht selbstständig reisen. Die muss man tragen. Du kannst es aber!!! Ob jung oder älter, ob körperlich topfit oder noch einigermaßen beisammen. Mit etwas Mut, etwas Geld und einem einzigen Ziel: Eines der letzten großen Abenteuer in Europa durchleben.

Nicht mit dem Ziel, es muss unbedingt gut werden. Nein, mit dem Ziel, nicht als Mumie auf irgendwelchen Bespaßungsschiffen belustigt zu werden, sondern mit dem Willen, einen Weg selbst zu gehen, ein Abenteuer innerhalb der Reise selbstständig für sich zu gestalten. Sich auf der Reise Freiräume zu lassen. Die große Weite der durchreisten Länder im Kopf ankommen lassen. Darum geht es. Ein freier Geist wird nicht geboren. Als Kind und Jugendlicher vollgestopft mit Wissen, um als Erwachsener für andere zu arbeiten. Die Welt ist so und wird sich über kurz oder lang eher negativ verändern.

Du musst es wollen, dir wieder freies Denken in den Kopf zu holen und diesem – neben dem in dich hineingepressten – Wissen einen ebenbürtigen Stand zu verleihen. Wenn du das willst, kannst du es auch. Denken, handeln, tun. Alle drei zusammen machen dich aus.

2
China

Peking – Chinesische Mauer – Jiaxing – Ningbo – Shanghai – Hongkong

Eine Reise durch ein Land mit einer jahrtausendalten Hochkultur. Nach der Hungersnot 1959 – 1961 mit geschätzten 30 Millionen Toten – heute ein hochmoderner Staat mit 1,4 Milliarden Menschen.

9 Tage | 3.230 km | 300 km | 50 km

Tag 11, 2. Teil: Montag, der 30.10.2017
Peking

Der Zug fährt auf die Minute genau um 11:40 Uhr im Bahnhof Beijing Central Station ein. Pünktlichkeit ist oberste Priorität. Rucksack geschultert und raus in das Gewühl. Statt Treppe geht es über eine nicht enden wollende Passage lange bergan und es ist hier bereits wärmer, um die 16 Grad.

Nach zehn Minuten auf dem Vorplatz des Bahnhofs mache ich mich auf den Weg zum Taxistand, wohlwissend, dass ein einsamer, um sich schauender älterer Herr mit orangem Rucksack eine leichte Beute für einen Kunden suchenden Taxifahrer darstellt. 50 Schritte – Ahnung richtig.

Den Plan von der Innenstadt mit dem Hotel Sunworld gezeigt und schon hat der Mann das Hotel mit dem Handy geortet. Nach dem Preis fragen, habe ich in einem Reiseführer gelesen, aber der Fahrer kommt mir zuvor, da er offensichtlich des Gedankenlesens mächtig ist und sogar weiß, dass ich keine Yuan habe. „Twenty Dollars" – reichlich, denke ich, für neun Kilometer, aber rumsuchen, um am Ende fünf Dollar zu sparen und ein nasses Hemd zu haben? Und im Reisebericht dann mit der Überschrift „Es begann alles mit einem nassen Hemd" loslegen … Deshalb bin ich nicht in Peking. Das kann ich zu Hause bekommen, wenn ich im Sommer auf einer Baustelle rumstehe und mich mit einem Bauunternehmer rumplage.

Also 40 Stufen rauf – Bahnüberquerung – 40 Stufen runter. Der Taxifahrer im Eilschritt voraus, ohne nur einmal zu fragen, ob er den kleinen Rucksack oder die Gitarre tragen kann. Ein gutes Zeichen, dann rennt er schon nicht weg mit einem der Teile. Gott sei Dank, es ist ein Taxistand mit Securityman, bei dem sich der Taxisfahrer melden und das Ziel angeben muss. Man hört ja Geschichten von Entführungen von Geschäftsleuten, die während einer Taxifahrt ausgeraubt werden. Mein Trost ist, dass mein orangefarbener Rucksack aus dem Kaufhof in Köln eher auf einen etwas älteren Backpacker hindeutet, dem das Geld für einen anständigen Hartschalen-Koffer nicht mehr gereicht hat. Der ausgefranste Kragen meines 30 Jahre alten grünen Hemdes bestätigt den ersten Eindruck beim näheren Hinsehen. Am Ende habe ich das Gefühl, dass eher der Taxifahrer Angst hat, sein Geld nicht zu bekommen.

20 Minuten später bin ich im Hotel und werde von einer Hoteldame bestens in die Anmeldezeremonie eingeführt. Passkopie, Visakartenprüfung, Sicherheitsleistung für mögliche Mitnahmen aus dem Zimmer etc. 15 Minuten Einführung in Englisch sind recht einfach, wenn man es macht wie mein kosovarischer Nachbar zu Hause. Du sagst „Ja" oder „Yes" und die Leute reden immer weiter und sind froh, dass du alles so gut verstehst.

Spätestens als ich in den Aufzug steige, muss ihr klargeworden sein, dass sie sich missverständlich ausgedrückt hat oder der Rucksackgast schlecht hört. Schlüsselkarte gegen den Sensor halten und dann soll es losgehen. Geht es aber nicht und ein neuer Passagier steigt gerade noch zu, als sich die Tür schließt. Jetzt fährt der Fahrstuhl mit seiner Schlüsselkarte. Leider nur in den 6. Stock. Bevor ich überlegen kann, sehe ich auf der Anzeige die 1 und fahre wieder abwärts. Unten will ich eigentlich raus, aber ein eiliger Gast huscht in den Fahrstuhl und ab geht's mit seiner Karte in den 9. Stock. Also wieder runter, was auch ohne Karte funktioniert. Jetzt steige ich sicherheitshalber aus, um mich zu konzentrieren. Das Hemd ist inzwischen nass geschwitzt. Ich hätte auch zu Fuß gehen können.

Die Dame am Empfang muss mich wohl gesehen haben und läuft mir entgegen. Sie dachte wahrscheinlich, ich wolle mich über das Zimmer beschweren und ist froh, dass die Ursache meines Erscheinens technischer oder intellektueller Natur ist. Sie nimmt meine Schlüsselkarte, drückt auf die 12 und fährt sicherheitshalber einfach mit. Oben angekommen führt sie mich noch zum Zimmer, vermutlich, weil sie fürchtet, mich sonst in der nächsten Stunde nicht loszubekommen.

Geschafft. Schönes Zimmer, toller Ausblick, Jacke, nasses Hemd und Schweißschuhe aus, auf das Bett geplatscht und erstmal durchgeatmet. An den Bettenden meine ich kleine Wölkchen zu sehen.

Die nächste Etappe steht unmittelbar bevor. Ein Treffen mit der Reiseleiterin Mary Dou wegen der Absprache der Unternehmungen morgen und übermorgen. Ich rufe an und siehe da, mein Englisch reicht, um telefonisch 14 Uhr als Treffpunkt in der Lounge auszumachen. Nur beim Wort Lounge gibt es ein kleines Missverständnis, weil ich fälschlicherweise „Lunch" sage. Hat sich aber geklärt, weil sie mir sagt, sie wäre nicht hungrig und mir aus der Patsche hilft mit den Worten „at the Hotel", was ich mit „am Hotel" übersetze. Es ist bereits 12:30 Uhr.

Duschen ist angesagt und Socken waschen oder in den luftdichten Brotbeutel packen. Aber wohin dann mit dem Brot? Also in die Dusche und die Socken auf den Boden zur Vorwäsche. Bei der ersten groben Bewässerung scheint es mir zunächst, als wäre die Duschwanne in diesem Raum nicht gereinigt geworden. Recht dunkle Brühe, die da wegläuft, vielleicht ist auch das Wasser in Peking so dreckig wegen dem Smog? Der Gedanke, dass es nur die Socken sein können, hilft mir über den zweiten Gedanken hinweg, ich hätte vielleicht von Kopf bis Fuß braunen Milbendreck angesammelt. Der soll ja leintuchgängig sein und am gesamten Körper kleben. In solch gedanklichen Zwiespälten unter der Dusche hilft der einfachere Gedanke weiter.

Nach 15 Minuten bin ich frisch geduscht und rasiert – ich sehe tatsächlich nicht mehr aus wie der leicht oder gar mittelschwer riechende Oldie mit dem orangenen Rucksack auf dem Bahnhofsvorplatz in Peking.

Neue Hose, neues Hemd, schwarze Lederschuhe, Freizeitjacke – ich würde mich nicht wundern, wenn mich jemand mit Harry anspricht oder Charly. Bei der Abwägung Lederschuhe und ihr Gewicht würde ich diese nicht mehr mitnehmen. Aber nach Konfuzius, den ich in China als einen der bekanntesten Denker (551 bis 479 v. Chr.) des Landes zu zitieren wage, zeigt sich im Kreis des Lebens immer erst später, wofür die Vergangenheit als Vorbereitung für Neues zu sehen ist.

Ich habe mir den Weg vom Hotelzimmer in den Fahrstuhl genau gemerkt und fahre ganz locker mit der Schlüsselkarte nach unten. Drücken muss ich nicht, weil ein Mitfahrer wohl auch in den Empfangsbereich fahren will. Erkennungszeichen: kleiner Touristenrucksack.

An der Rezeption noch 300 Dollar in Yuan gewechselt. Mit Dollar war zwar beim Taxifahrer durchzukommen, aber beim nächsten kleinen Chinesenladen sicher nicht. Ich bin mental und monetär bereit für das Pekingabenteuer.

Die junge Dame kommt 15 Minuten zu spät, hat sich aber 5 Minuten vor 14 Uhr gemeldet und die Verspätung angekündigt wegen Verkehrsstau. Pünktlich sein oder informieren, das lernt man, wenn man es lernen will. Nette Person, offen und sehr freundlich. Wir gehen in ein nahegelegenes Restaurant, um dort – wie ich meine, bei einem Kaffee – die Reisebegleitung zu besprechen. Stattdessen empfiehlt sie eine kleine Zusammenstellung chinesischer Küche. Wohl auch deshalb, weil just heute ihre Freundin aus ihrem Heimatdorf im Norden des Landes in Peking ist und sie sich ein ganzes Jahr lang nicht mehr gesehen haben. Mir soll es recht sein, auch wenn ich bereits das Schlimmste befürchte bezüglich dem Besteck, den zwei Stäbchen, die mir schon einmal in Amsterdam zum Verhängnis wurden. Ein Trauma, das ich auf dieser Reise endgültig ablegen will – und heute scheint mir der Tag der Befreiung gekommen zu sein.

Das Essen habe ich von den beiden Damen auswählen lassen. Vier Platten mit a) Reis, b) Gemüsemischung, c) Fleischbollenplatte unbekannter Herkunft und

d) ganzem Fisch mit sehr ansprechendem Aussehen. Der Moment ist gekommen, jetzt heißt es nur noch gewinnen oder für alle Zeit verlieren. Ich greife nach den Stäbchen wie zum Schwert aus dem heiligen Gral und lasse mir sicherheitshalber noch mal zeigen, wie man die Finger legen muss, obwohl ich mich in diesem Moment genau an den Chinesen in Amsterdam erinnere, der mir dies auch zeigte und mich dann ins Fiasko entließ, mit Hunger und vollem Teller. Nach fünf Minuten Kampf mit einer Erbse haben die beiden Damen Mitleid und lassen ganz komische Teile kommen: metallisch aussehende Flacheisen, wovon eines nach vorne hin flach ausläuft und das andere statt dem flachen Teil vier Spitzen aufweist. Kommt mir bekannt vor, aber ich habe mich bereits in die Stäbchen verbissen und nach zehn Minuten ist die Erbse im Mund, das Hemd verspritzt, die Höflichkeit der beiden Damen einem herzhaften Lachen gewichen. Nach weiteren zehn Minuten fliegen mir die Bohnen, Erbsen, Fisch- und Hühnerstückchen nur noch so den Mund.

Geht doch! Und die beiden Frauen sind sehr überrascht, dass ich trotz der mühseligen Anfänge nicht zu den Flacheisen gegriffen habe. Wir verabreden uns für morgen 8 Uhr am Hotel, mein Englisch hat sich während des Essens merklich gebessert. Sogar ganze Sätze ohne dazugehörige Gebärdensprache sind schon möglich. Einfache Sätze natürlich: Subjekt, Objekt, Prädikat – mehr nicht!

Der Abend ist dann endlich Zeit, um mich mal wieder zu melden. Nix da mit WLAN in der Transsibirischen. Mit Glück ging ab und zu eine SMS weg. Dort wird noch getrommelt und Feuerzeichen gegeben, aber leider gibt es Lücken in den Reihen der letzten aufrechten Kämpfer gegen die Datenströme. Da hatte man Zeit für den großen Bildschirm namens Ausblick und Zeit zum Schreiben, Fotografieren und Rumliegen nach Strich und Faden. Es gibt jetzt schon viele kleine Anekdoten, die vor allem deshalb entstehen, weil der Bauer vom Lande die Errungenschaften der großen weiten Welt nicht immer und wenn, dann zu spät begreift.

Also schicke ich den mir Nahestehenden ein paar Fotos mit etwas Senf dazu als Zeichen, dass ich wohlauf und immer noch zufrieden mit meiner Reiseentscheidung bin.

Tag 12: Dienstag, der 31.10.2017
Peking

Wieder 6:30 Uhr aufgestanden. Kaffee gebrüht in chinesischen vorgefertigten Filtertüten mit Arabic-Coffee. Schmeckte tatsächlich. Die morgendlichen Gymnastikübungen so weit ausgedehnt, dass die im Zug nur schwierig mögliche Gymnastik wieder ausgeglichen war. Im Nachhinein habe ich gedacht, ich hätte die Übungen besser im WC gemacht, da war mehr Freiraum als im Abteil, weil es keinen Tisch in der Mitte gab. Wofür auch?

Mobil und Foto nochmal aufgeladen für die Foto-Tour und dann frischen Mutes aus dem Zimmer zum Fahrstuhl, der sich zum Bauernalptraum entwickelte, wie sich herausstellte.

Im Gegensatz zu gestern steige ich auf der anderen Seite in einen Fahrstuhl ein, weil dieser gerade offen ist. Eigentlich klar, dass beim Aussteigen der Blick zum Eingang seitenverkehrt erfolgen muss. Wenn man dran denkt, eine leichte Sache. Wenn nicht, kann's Probleme geben. Und die gibt es, weil ich bei der 1 in die falsche Richtung blicke und mir sofort klar ist, dass es da gestern noch keine Treppe gab. Also noch mal in den Fahrstuhl gehastet, wo bereits ein stocksteifer Chinese steht, der auf Stock 12 fährt, wo ich ja gerade herkomme. Also mit rauf und dann wieder runter. Ich drücke oben dann nicht die 1, sondern die B1, weil die 1 ja wohl die falsche Etage ist. Deshalb die Treppe, die gestern noch nicht da war. Stimmt aber auch nicht. B1 ist der Keller. Also wieder rein in den Fahrstuhl und wieder ein stocksteifer Chinese, der bereits die 6 gedrückt hat.

Gut, dass ich etwas Fahrstuhlzeit eingeplant habe. 6 geht ja auch schneller als 12, also flugs rauf in die 6. Etage und dann wieder die 1 gedrückt. Unglücklicherweise steigen auf der 6 zwei dazu, die fahren nach 4 und 2. Dann erst kommt wieder die 1. Ich schaue raus, sehe die Treppe und steige aus Angst vor einer neuen 12er-Fahrt einfach aus. Und siehe da, der Hoteleingang ist noch da, auch auf der 1, nur auf der anderen Seite.

Mary war pünktlich und hatte einen Fahrer mit Kleinbus besorgt. Es ging auf breiten Autobahnen raus aus der Stadt, durch Vorstadtstädte und Neubau-Großbaustellen aufs Land und dann auf immer schmaler werdenden Straßen und durch är-

Die Andenkenmeile in der verbotenen Stadt

Seilbahn zur großen Mauer, links die Rutschbahn zurück zur Talstation

mer wirkende Gegenden Richtung Große Mauer. Der Himmel blau, aber bedeckt. Vorgestern war der große Parteitag der Kommunistischen Partei in Peking zu Ende gegangen, weshalb gestern der Himmel weniger bedeckt war. In diesen Tagen wird die Produktion in vielen Smog verursachenden Firmen eingestellt, damit der Himmel über der Partei blau wird und in diesen Tagen das Blaue vom Himmel versprochen werden kann. Ginge ja bei grauem Himmel nicht. Von dieser Weitsicht der Parteistrategen habe ich bei meiner Ankunft profitiert, aber mit jedem weiteren Tag normalisiert sich der Parteihimmel wieder und das Grau hinter den blauen Versprechungen gewinnt die Oberhand.

Nach 90 Minuten Fahrt kamen wir auf groß angelegten Flächen in Badaling an, mit entsprechenden Gebäudekomplexen und – da könnten sich die deutschen Autobahnen was abschneiden – Toilettenhäusern mit einer Sauberkeit wie in den besten Hotels. Dauerwischer sind hier im Einsatz und putzen den ganzen Tag. Man getraut sich fast nicht mehr, überhaupt diese blanken Böden zu betreten, geschweige denn die weißen Schüsseln zu benetzen oder gar dem Darm seine morgendliche Freiheit zu gewähren.

Nach zehn Minuten Fußmarsch erreichten wir die Seilbahnen, die zur Mauer hoch bringen. Ich wählte die offene Skiliftsesselbahn, immer zwei Personen nebeneinander. Über tiefe Einschnitte geht es ca. fünf Minuten aufwärts mit Ächzen und Knarren und oben wird man von einer krächzenden Stimme empfangen, die Fotos verkaufen will. Wir könnten auch in Österreich, Montserrat oder sonst wo sein.

Touristisch gibt es alles, was es überall gibt, nur eben landestypisch. Dazu Coca-Cola und andere international bekannte Produkte.

Beeindruckende Kulisse oben auf der Mauer mit Blick rechts und links, wo du die Mauer kilometerweit siehst, bevor sie hinter einem Bergrücken verschwindet. Ein paar Steigungen hinauf und hinunter, durch zwei Wachtürme hindurch. Das reicht für müde Beine und die Erkenntnis, dass man auch 2000 Kilometer laufen könnte und die Mauer würde sich kaum ändern, nur die Landschaft.

So ist das mit den Denkmälern der Vergangenheit: Es ist gut, diese zu sehen und sich vorzustellen, mit welchem Aufwand und welcher Gestaltungskunst diese ohne Maschinen gebaut wurden für Jahrhunderte und Jahrtausende. Gleichzeitig ein Zeichen dafür, wie weit der menschliche Geist reicht, wenn er für Jahrhunderte Zukunft bauen möchte und der Nutzen in relativ kurzer Zeit von den Wechseln in Politik, Konstruktionsmöglichkeiten und Intelligenz weggeblasen wird.

Die Große Mauer wurde bereits 700 v. Chr. begonnen und bis ca. 1500 n. Chr. ergänzt, erweitert oder neu gebaut. Sie war trotz ihrer massiven Ausführung mit bis zu neun Metern Höhe und acht Metern Breite und 25.000 Wachtürmen auf ihrer gesamten Länge von bis zu 22.000 Kilometern nie ein 100-prozentiger Schutz und bereits kurz nach dem Bau durchlässig. Ein Beweis dafür, dass der Mensch maximal in zwei oder drei Generationen denken kann, weil er die nächsten Generationen und deren Fähigkeiten nicht kennen kann, auch wenn er diese nächste Generation heranzieht.

Die Zahlen über die tatsächliche Länge variieren, je nach den Stellen, die sie veröffentlichen. Das chinesische Amt für Kulturerbe gab die Länge der Mauer im Juni 2012 mit einer Gesamtlänge von 21.196,18 Kilometer an. In dieser Zahl sind alle Mauern und Mauerrestfundamente der einzelnen Dynastien der Zeit von 700 v. Chr. bis 1500 n. Chr. enthalten und sie stellt deshalb nur einen Statistikwert dar.

Wichtig für den Tourismus ist der bekannteste restaurierte Mauerabschnitt bei Badaling, 70 Kilometer nordwestlich von Peking, sowie die weiteren touristisch erschlossenen Abschnitte bei Mutianyu, Simatai und Juyongguan.

Um die ständig wachsende Zahl an Touristen noch irgendwie auf die Mauer zu bekommen, sollen einzelne Abschnitte weiter ausgebaut werden. Fußballfans mit der Vorliebe für das Bad in der Menschenmasse sollten den Samstag oder Sonntag für einen Besuch wählen. So bleibt ihnen die Enttäuschung an Wochentagen erspart, wenn man als Tourist gehen muss und nicht geschoben wird.

Die „Rückfahrt" zum Eingang erfolgte mittels Rodelrutschbahn und einem anfänglichen highspeed, den Mary vorgab und dem ich nicht nachstehen wollte. Eine Japanerin vor mir auf der Strecke verwandelte die Schussfahrt jäh in ein Gezuckel über die letzten 100 Meter. Für mich waren die letzten Meter mit der Japanerin das Fukushima auf der Rodelbahn. Der schlimmstmögliche GAU war eingetreten. Aus der rasanten Abfahrt wird eine Ruckellusche. In Fukushima wurde aus dem schnellen Stromerzeuger eine Strahlenkathedrale mit langsamer, aber ewig anhaltender Dauerdusche. Von daher durchaus vergleichbar.

Am Ziel fragte mich ein deutsches Mädchen, ob mir die Kamera gehören würde, die sie mir zeigte. Ich stellte fest, dass mir diese unterwegs aus der Tasche gefallen war und meinte mich auch erinnern zu können, unterwegs das Wort „Kamera" hinter mir gehört zu haben, allerdings hatte ich das für Wahnvorstellungen aufgrund

Das Olympiastadion „Vogelnest“

des Tempos gehalten. Es war eine schwäbische Familie aus Tuttlingen mit ihren zwei Kindern. Ich bedankte mich herzlich und stellte fest, dass zwar der Blitz einen Schaden davongetragen hatte, aber die Kamera ok war. Noch mal gut ausgegangen, dank eines aufrechten Schwabenkindes, das zufällig mit mir als Badener zusammentraf und aktive Völkerverständigung zwischen Badner- und Schwabenland praktizierte.

Nach dem Besuch der Mauer ging's in die Stadt zurück zum Olympiapark und zum Platz des Himmlischen Friedens, wo auch heute noch der große Vorsitzende Mao sichtbar wird mit großem Gebäudekomplex und großem Bild mit Blick in die Zukunft. Daneben die Halle des Volkes und die Zentrale der Polizei mit weiteren öffentlichen Gebäuden. Und ringsherum Hochhäuser ohne Ende. Man baut hier um die Wette, nicht nur innerhalb des Landes, nein, um die Wette mit der ganzen Welt.

Ein kleines Essen zwischendurch brachte nochmals kulinarische Genüsse und die Bestätigung, dass die Stäbchen mich nicht mehr hindern würden, in einem Lokal essenzugehen. Um 16 Uhr war Schluss der Führung. Morgen geht es von 9 bis 12 Uhr in die Verbotene Stadt. Danach dann endlich Bummeltag.

Was mir heute aufgefallen ist: die Leichtigkeit der Wahrnehmung, wenn man geführt wird. Keine Organisation von Tickets, kein Suchen und Fragen – alles wird erledigt. Es ist ein für mich herrliches Gefühl, für das ich gerne bezahle. Einmal nicht führen, sondern geführt werden und sich bedenkenlos führen lassen. Was natürlich leichter ist, wenn jemand die Reiseleiterin bereits kennt und ein bestes Zeugnis ausgestellt hat. Vermutlich gibt es in diesem Bereich wie überall sehr viele Hallodris, denen es nur darum geht, den Leuten die Taschen zu leeren.

Reiseleiter/innen müssen in China zertifiziert werden. Deutlich wurde das bei der Eingangskontrolle am Platz des Himmlischen Friedens, wo es nur so von Polizei wimmelte und unzählige Kameras alles und jeden Winkel beobachten. Mary wurde nach Auflegen ihrer Reiseführerkarte separiert und musste in einem Zwischengang warten, bis die Freigabe erteilt wurde. Es geht bei der Prüfung darum, ob die Reise-

Modegeschäft in Pekings angesagtem Viertel „Nanluo Gu Xiang" – Was wohl Mao dazu sagen würde?

leiter „gut" informieren oder in irgendeiner Weise nicht korrekt über China berichten. Erinnert irgendwie an unseren ehemaligen Spitzel-Nachbarstaat DDR.

Im Laden gegenüber vom Hotel habe ich mir noch mal Kaffee geholt und zwei Paulis. An der Frischtheke lagen diverse gegrillte Spieße und einer sprach mich besonders an. Ich hätte auf das zweifelnde Gesicht der Verkäuferin achten sollen. Ich wollte eigentlich zwei, aber sie gab mir nur eines mit hilfloser Geste. Ein Biss hat dann auch schon genügt. Es schien Fleisch zu sein, aber unklar von welchem Tier. Jedenfalls für mich unbekannt. Um nicht weiteren Gedanken nachzuhängen, tippte ich auf Hund und warf das Teil in den Abfall. Gut, dass ich mittags so gut gegessen hatte und ein letztes Toastbrot im Rucksack vor sich hindöste. Sein Schlaf endete für das gute Stück tödlich.

Der Abend mit Mail- und Tagebuchschreiben dauerte dann noch bis 23 Uhr. Arme Äugelein. Morgen früh heißt es erstmal, die Fahrstuhlprüfung zu bestehen.

Smog – ein „natürlicher" Sonnenschutz

Tag 13: Mittwoch, der 1.11.2017
Peking

Nachdem ich mich am Vorabend literarisch mit Peking und meinen Erlebnissen intensiv befasst hatte, wurde ich bereits gegen 24 Uhr unsanft geweckt. Bereits beim Einschlafen hörte ich aus dem Nachbarzimmer bekannte Geräusche, von denen mir schon anderweitig intensiv berichtet wurde. Keine falschen Hoffnungen auf erotische Erzählungen aus der Konkubinenzeit der Kaiser. Nein es war unerotisches, leicht melodisch klingendes Schnärcheln bis hin zu lautem Schnaaaaarchtrompeten mit teilweiser Totenstille.

Ich schlief trotzdem ein, erinnerte mich aber an eine Zeit, in der ich mehrmals geweckt wurde ob meiner Schnarcherei, weil ich allen Ernstes als der Täter gesehen wurde, der das Schnarchen gewissermaßen als Waffe einsetzt. In der Folge schreckte ich später bei der leichtesten Berührung im Schlaf sofort hoch und war hellwach.

Die gleichen Symptome, die ich schon früher entwickelt hatte. Als Valentin im Alter von 12 bis 14 Monaten Keuchhusten hatte, ließ ich ihn neben dem Ehebett schlafen, damit ich sofort reagieren konnte, wenn eine Hustenattacke losging. Die Nächte waren lang und bleiben unvergessen.

Irgendwann wurde ich schon wach, kurz bevor das Husten losging, weil ich im Schlaf wohl eine veränderte Atmung vor dem Hustenanfall hörte. Da war ich fertig, richtig fertig.

Monate später waren es dann nächtliche Situationen mit Uli, die aufgrund ihrer Krankheit nachts meine volle Aufmerksamkeit erforderten. Details gehören nicht an diese Stelle, aber dieses ständige Wachwerden entwickelt ein nächtliches Schlafverhalten, das auf Dauer krankmacht, wenn es sich nicht irgendwann durch eine längere Phase ohne nächtliche Störungen zurückbilden kann. Vielleicht war deshalb die Schnarch-Weck-Erfahrung so gravierend für mich, dass ich selbst zur Beendigung einer Beziehung in der Lage war. Es gibt in solchen Fällen nicht viele Entscheidungsvarianten, wenn man eine Operation mit ungewissem Erfolg ausschließt. Getrennte Zimmer oder gute Ohrstöpsel. Klipp und klar!

Zurück zum Schnarcher von nebenan: Um ca. 24 Uhr gab es lautes Geschrei, das ich so deutete, dass der Zimmerkollege des Nachbarn – ich hatte abends zwei Männerstimmen gehört – den Schnarchenden anschrie. Dem Tonfall nach muss es geheißen haben: „Entweder du hörst jetzt auf oder ich bringe dich um.“ Zunächst Ruhe, aber nur kurz.

Ein leises Schnärchelchen entwickelte sich binnen Minuten zu einem Schnarchzyklon und die Schreierei ging weiter. Das wiederholte sich noch drei oder vier Male und dann war Ruhe. Entweder hat der Schreihals das Messer angesetzt oder ich bin tiefer eingeschlafen.

Mausoleum des großen Führers Mao

Nach dieser Abschweifung in die Niederungen der Bettgeschichten anderer Art jetzt aber zum Tag: geduscht, Tütenkaffee gebrüht, Toastbrot secco im Munde zerfließen lassen und auf gings zur 2. Besichtigungstour mit persönlicher Betreuung, wie bei den besseren Leuten. Aber eigentlich gehört man hier ja auch zu den besseren Leuten. Wer sich fünf Monate zu Hause und im Betrieb abseilen kann und die Reise ohne Kredit finanziert, kann kein armer Schlucker sein oder die Reise war Sparziel seit zig Jahren. Der Fahrstuhl wurde das erste Erfolgserlebnis: Rein, runter, raus. Diese drei „R" hatte ich heute auf jeden Fall bestanden.

An der Rezeption orderte ich noch das Bahnticket nach Shanghai für den nächsten Morgen und dann war auch Mary schon da. Vom Hotel war es ein etwa ein Kilometer langer Spaziergang durch relativ leere Seitenstraßen – nicht zu verwechseln mit der Seidenstraße – bis zur Verbotenen Stadt. Und das in einer 20-Millionenstadt um 9 Uhr. Das war's dann aber auch mit Ruhe und Besinnlichkeit.

Ich kenne Menschenansammlungen am Mummelsee und in Freizeitparks, aber hier ging es richtig zur Sache. Mary hatte das Ticket über das Internet bereits gebucht, weil täglich nur 80.000!!! Tickets ausgegeben werden und wenn man zu spät kommt, dann bleiben die Sicherheitsschleusen geschlossen.

Bereits beim Betreten des Vorplatzes waren nach einer groben Gitternetzschätzung 5000 Menschen versammelt. Viele in Gruppen mit verschiedenfarbigen Mützen und einem Fahnenträger mit der gleichen Farbe.

In der Verbotenen Stadt

Und dann ging der Sturm auf die Festung „Verbotene Stadt" los. Sie ist ringsum mit einer acht Meter hohen Mauer versehen und wurde gebaut, um sich gegen die Mongolen zu schützen. Es galt in diesen Zeiten das Motto: Fällt die Hauptstadt, fällt das Reich dem Sieger zu. Eine riesige Anlage mit vielen großen und kleinen Gebäuden und Prunkpalästen ohne Ende mit Flächen davor, auf denen sich die Soldaten des Kaisers aufstellen mussten.

Eine kleine Stadt in dieser Stadt waren die Gebäude der Konkubinen, deren der Kaiser sehr viele hatte. Sie lebten in eigenen Räumen und waren im Prinzip Leibeigene des Herrn. Dazu kamen noch die richtigen Frauen des Kaisers, die den Nachwuchs gebären mussten. Der ganze Frauenbereich wurde von Eunuchen bewacht.

Der Vergleich mit den Harems im Orient ist angebracht und auch die Frage, ob Herrscherinnen sich ebenfalls einen Harem mit Männern zugelegt hätten? Ich denke, JA, möchte das aber nur als persönliche Meinungsäußerung verstanden wissen.

Ein NEIN wäre für mich nur schwer vorstellbar, wenn ich an die Amazonen denke, die es in der Geschichte der Menschheit auch zu einem von Frauen beherrschten Reich gebracht haben. Zu dem Konkubinat fällt mir ein:

Jeder Herrscher hat Eunuchen,
die den Herrscher meist verfluchen.
Weil er kann, was sie nicht können,
tun sie ihm das meist missgönnen.

Die Umdichtung im Falle eines Männerbinats erfolgt erst zu dem Zeitpunkt, wenn entsprechende JA-Stimmen zu meiner Frage vorliegen. Ein Vierzeiler, den man durchaus Marco Polo zuschreiben könnte, der auf seinen frühen Reisen auf der Seidenstraße – nicht zu verwechseln mit einer Seitenstraße – mit Sicherheit Gefallen daran gefunden hat, sich im Konkubinat des Kaisers das eine oder andere Male vom Eunuchen Trauben zum Liebesspiel servieren zu lassen.

Marco Polo aus Venedig war mit Sicherheit einer der ersten Globalisierer, weil er früh die Möglichkeiten des Handels von Italien mit dem fernen Osten erkannte und diesen Handel in Schwung brachte. Die Seidenstraße war der Handelsweg in diesen Zeiten, auch wenn durch die Überquerung vieler Stammes- und Ländergrenzen dieser Weg eine der gefährlichsten Handelsrouten jener Zeit war.

Neuerdings kann man mit dem Reisebus von Hamburg nach Shanghai und in die Gegenrichtung fahren. Alles inklusive. Vermutlich werden es wieder Kaufleute sein, die diese neue Tourismusroute nutzen werden. In diesem Falle nicht, um Geld zu verdienen, sondern um Geld loszuwerden. Bei Summen von 20.000 Euro überlegt sich der normale Arbeiter zumindest kurz, ob er nicht lieber eine Pauschalreise in Mallorca bucht oder mit Mutti an den Gardasee fährt.

Was Marco Polo auf der Seidenstraße in überschaubarem Maß betrieb, erledigt heute die internationale Container- und Tankerschifffahrt. Hierzu an späterer Stelle Informationen aus erster Hand von den Containerschiffen, die mich ein Stück weit mitnehmen werden.

Die Verbotene Stadt des Kaisers verlor nach dem Ende des Kaiserreiches und der Übernahme der Macht durch die kommunistische Partei unter dem Revolutionssieger Mao ihre Bedeutung als Machtzentrale des Reiches. Heute dürfte sie eine der größten touristischen Einnahmequellen des Staates geworden sein. Die Zeiten ändern sich, Konkubinen anderer Art sind geblieben, überall auf der Welt.

Teeprobe in der original Teestube

Neben der Verbotenen Stadt liegt gleich gegenüber ein von Menschenhand angelegter Kegelberg, auf dem oben ein weiteres Gebäude thront. Von hier hat man einen Ausblick auf die gesamte Verbotene Stadt und Gesamt-Peking. Ein beeindruckendes Panorama, das man auf jeden Fall genießen sollte. Die Zahl der beim Aufschütten des Hügels mit eingegrabenen zu Tode gekommenen Arbeiter dürfte hoch sein. Zahlen hierzu gibt es nicht.

Die Ägypter haben sich Pyramiden in die ebene Wüste gebaut, den chinesischen Dynastien war ein riesiger Hügel mit einem Buddha-Schrein wichtig. In beiden Fällen haben nicht die Herrscher die Denkmäler bezahlt, sondern das arbeitende Volk und die Arbeiter mit ihrem Leben. Kann man schnell vergessen, wenn man sich an den Prachtbauten berauscht.

Die folgende Teezeremonie in einem typischen Teehaus war beeindruckend. Es wurden von einer Tee-Fee fünf verschiedene Tees am Tisch aufgebrüht und zur Verkostung in kleinen Teeschalen gereicht. Vorher musste man in die Teedosen die Nase reinhängen, um den Duft auf sich wirken zu lassen. Dazu viel Philosophie über Tee und dessen Wirkung und ein eher abschätziges Lächeln zu meinem Kaffee in der Frühe. Womit die Dame ja recht hat, wenn sie den Kaffeebeutel meint oder den im asiatischen Raum überall anzutreffenden Instantkaffee der weltbekannten Marke mit N.

In der Altstadt von Peking

Am Ende ging es natürlich auch darum, dass man einen Tee kauft. Notgedrungen und mit Verweis auf meinen schweren Rucksack habe ich mich schweren Herzens für die Mitnahme einer Teedose entschlossen. Dazu gab es dann – wohl wegen dem Trinkgeld von 20 Yuan – einen Pipiman (Aussprache: Pipimän). So heißt der tatsächlich hier. Eine kleine männliche Kinderfigur, die man mit Wasser füllt und dann mit heißem Wasser oder Tee übergießt. Aufgrund des physikalischen Ausdehnungsgesetzes pisst die Figur über den Tisch. Irgendwie fühlte ich mich nicht ganz wohl bei der Vorführung, aber der Tee-Fee machte es richtiggehend Spaß, immer wieder heißes Wasser überzugießen. Ich trage den jedenfalls jetzt vier Monate durch die Landschaft. Gut, dass es zwischendurch Schiffe sind, die mich entlasten.

Über einen See-Park ging es zurück zum Hotel. Für 270 Euro hatte mich Mary zwei Tage begleitet. Inbegriffen war die Autofahrt zur Mauer und zurück, die Tickets, die kleinen Drinks, das Essen beim Treffen und der Lohn für Mary. Ich wäre dumm gewesen, hätte ich diesen Tipp der Schweizer nicht realisiert. Ein letzter Handschlag und Mary verschwand in Straßengewühl.

Beim Einkauf von zwei Paulis, Kaffee und Hähnchenschenkel – heute kein Hund – bemerkte ich an der Kasse, dass die Yuan zu Ende gingen. War aber schon zu spät. Der Kassierer wollte 92 Yuan für meine Waren, ich hatte aber nur noch 76 Yuan im Geldbeutel. Gut, dass man als Badener geboren wurde: denken, handeln, tun. Ich schlug ihm durch entsprechende Herausnahme eines Kaffeebeutels vor, so viel aus der Tasche zu nehmen, bis die 76 Yuan erreicht waren. Sein Gesicht leuchtete, leider fiel dieser Aktion auch ein Pauli zum Opfer, weil ich auf den Hühnerschenkel nicht verzichten wollte. Ein gutes Zeichen für meine allgemeine Verfassung.

Um der Geldnot Abhilfe zu verschaffen, stand ich kurze Zeit später in einer Geldautomaten-Bank. Es gab zehn Geldspucker und zwei Angestellte in einem separaten Raum. Dazu zwei Securitys mit Schlagstöcken.

Nach bestandener Fahrstuhlprüfung schritt ich mutig auf einen der blinkenden Kästen zu, fand aber keine Möglichkeit, die chinesischen Schriftbilder in für mich lesbare arabische Zeichen umzubauen. Scheitern war vorhersehbar und das Fahrstuhldesaster hatte mich vorsichtig gemacht. Eine der zwei weiblichen Angestellten hatte meine Bedeppertheit wohl bemerkt und kam auf mich zu mit den Worten „Can I help you?“, die ich schlagfertig mit „Yes, you can!“ beantwortete, nicht ohne dabei an den ehemaligen Präsident Obama und den Nachfolgerkasper Trump zu denken, was mein Gesicht immer sofort heiter erscheinen lässt. Die weitere Unterhaltung hätte zu nichts geführt, weil wir offensichtlich das chinesische Englisch und das badische Englisch nicht synchronisieren konnten. Immerhin konnten wir noch lachen, während der Schlagstockmann seine Hände fester um den Stock krümmte.

Sie nahm dann das Handy und redete chinesisch auf dieses Gerät ein und hielt mir das Gerät vor mein Gesicht. Tatsächlich, da standen englische Sätze in solchen Gesprächswolken wie in den Comicheften. „Sie wollen CNY?“. Gute Frage, was ist CNY? Ich sagte „Yuan“, eine Währung, die sie offensichtlich nicht kannte, worauf ich badisch analysierte, dass sie wohl die Landeswährung meinte, den Yuan, dieser aber international als CNY gehandelt wird. Also sage ich „Yes“ statt „Yuan“. Ein strahlendes Gesicht war die Antwort.

Sie führte mich an einen der Automaten und fragte nach der Visakarte. Diese führte sie in eine der beiden Öffnungen, trat zurück mit den Worten „Your number“. Ich gab die 1234 ein und den Betrag von 4000 NCY, was der Apparat verweigerte. Die Summe wäre für eine Abhebung zu groß. Also 2000 eingegeben, ratter, ratter und die 20 Scheine lagen im Schacht. „Once more?“, hörte ich die Frau sagen und drückte nach meinem „Yes“ nochmals auf die Spucktaste. Ratter, Ratter und ich hatte meine 4000 Yuan oder CNY. Ich lerne dazu, trotzdem hasse ich diese Dinger.

Die Zeit von 19 bis 21 Uhr gehörte dann dem Besuch des Viertels Nanluo Gu Xiang, das mir Horst – ein chinesischer Geschäftsmann, den ich in Shanghai treffen möchte – empfohlen hat. Ein Einkaufsviertel mit Hunderten von Geschäften verschiedenster Art und Handwerkern mit Fressbuden ohne Ende, wobei hier ein riesiger Unterschied zu deutschen Fressbuden gilt.

Hier bekommst du eigentlich alles, was man essen kann, vermutlich auch Vierbeiner, die wir bei uns nicht mögen. Bratwürste habe ich keine gefunden, aber die wollte ich auch nicht.

Wenn du nach Peking kommst, dann gehe abends dahin. Es lohnt sich. Auch für Skeptiker.

Den Abschluss des Tages bildete dann eine der Nebengeschichten, die mir seit Tagen hinterherrennen: Die Zimmertür öffnete sich nicht nach meiner Rückkehr. Also an die Rezeption zwölf Stockwerke runter. Es war mein Fehler. Ich hatte zwar gestern Abend einen Tag verlängert, aber den Hinweis des jungen Rezeptianten – oder wie die Azubis an diesen langen Tresen heißen – nicht beachtet, dass ich dieses heute an der Rezeption nochmals anmelden müsse, damit meine Zimmerschlüsselkarte entsprechend magnetisiert würde. Ein kurzer deutsch-englisch-spanisch-chinesischer Wortwechsel genügte. „Sesam" öffnete sich für die letzte Nacht in Peking im Boxspringbett.

„Das war der Tag", würde Claus Kleber im „Heute Journal" sagen, wobei mir einfällt, dass mir die Nachrichten bisher gar nicht gefehlt haben. Möglicherweise hat Kim Amerika angegriffen und Spanien hat einen neuen Bürgerkrieg. Nur in Deutschland bleibt es ruhig, weil alle hoffen, dass mit dem Abschluss der Koalitionsverhandlungen die Flüge nach Jamaika billiger werden, weil die FDP jetzt auch eine Sonderregelung für die Lufthansa bezüglich der Mehrwertsteuer durchgesetzt hat und dafür auf die Forderung nach einer Sonderbesteuerung von Alleinerziehenden verzichtet, die in wilder Ehe leben.

Prost Pauli.

Tag 14: Donnerstag, der 2.11.2017
Peking – Jiaxing

1300 Kilometer ICE-Bahnfahrt stehen an. 5:30 Uhr aus den Federn, um dem Ansturm beim Auschecken zu entgehen, der ab 6:30 Uhr einsetzt. Außerdem mit dem Ziel, Pekings Straßen mit dem Taxi um 6:30 Uhr erleben zu können. Der Schachzug hat sich doppelt ausgezahlt. Auschecken in fünf Minuten, Taxifahrt 20 Minuten für sieben Euro durch fast leere Straßen, anfangs. Der Verkehr vervierfachte sich innerhalb der Fahrzeit und am Bahnhof bildeten allein die vielen Taxis einen kleinen Stau und sorgten für Stop-and-go.

Ursache: Bei der Planung des gigantischen Schnellzugbahnhofs hatte man vergessen, vor dem Eingang mehrere Taxispuren einzuplanen. Die Spur reicht gerade für zehn Taxis, die restlichen werden zweispurig vorbeigeführt. Bedeutet, es wird trotzdem gehalten, denn der Reisende will ja in den Bahnhof und nicht mehrere Male im Kreisverkehr fahren.

Der Bahnhof selbst: alles top, nur für ICEs gebaut nach Tianjin, Quigdao, Shanghai und Guangzhou. Die Wartehalle hat Flughafendimensionen, ich schätze für 2000 bis 3000 Leute. Erinnert mich immer an Schafverladestationen, was die Rol-

ICE-Bahnhof Peking

le der hier Reisenden in der gesellschaftlichen Hierarchie durchaus mehrheitlich treffen dürfte. Durchreisende Touristen sind hier eher eine Seltenheit, da sie den Flieger bevorzugen. Ihre Rolle als Schaf erfüllen sie in ihrer Heimat. In Bahnhofswarteräumen hat man Zeit für Beobachtungen, zum Lesen, zum Nachdenken und zum Ausruhen. Letzteres war nach durchgeschlafener Nacht nicht notwendig.

Beim nochmaligen Überfliegen des Stadtplanes von Peking fällt mir auf, dass die Kirche in der Nähe des Hotels als St. Josefs Church bezeichnet wird, was in diesem Falle meinen Zweitnamen anspricht und damit auch die Erinnerungen an die Geschichte, wie ich zu meinem Namen kam.

Meine Mutter hatte für mich den Namen Wolfgang ausgesucht, weil ihr die Tradition der Namensweitergabe der Väter an die ältesten Söhne auf den Wecker ging. Mein Vater hieß Josef, mein Großvater hieß Josef, dessen Vater und die Familienoberhäupter der Trappfamilie vieler Generationen davor bis 1663 hießen Josef. Wie wichtig das war, kann man daran erkennen, dass zwei Brüder meines Großvaters als Kleinkinder gestorben sind, die beide Josef hießen. Erst er überlebte als Namensträger. Damals im ausgehenden 19. Jahrhundert kein Einzelschicksal. Das Sterben der Kleinkinder und oft ihrer Mütter gehörte zum Leben.

Wie dem auch sei, meine Mutter wollte diese Tradition beenden. Ihr Spruch „Es hat ausgejosefelt“, hat sicher für Furore in der Großverwandtschaft gesorgt. Aber mein Vater gab beim Pfarrer den Namen Josef Wolfgang an, ohne meine Mutter zu informieren. Das Ganze flog auf bei der Taufe. Ich hätte immer gerne gewusst, welche Gefühle meine Mutter in diesem Moment hatte. Immerhin, der Name Wolfgang wurde als Rufname unterstrichen, sodass ich als Wolfgang aufgewachsen bin. Heute denke ich, dass mein Opa meinen Vater bedrängt hat. Die Hierarchien damals waren andere als heute. Mit der Lösung Josef Wolfgang hat mein Vater wohl den Spagat versucht, alle Seiten irgendwie zufriedenzustellen. Was einem doch alles in Peking einfallen kann.

Die Wartehalle ist inzwischen proppenvoll – Rushhour. Alle Sitzplätze sind besetzt, viele Leute stehen. Mein großer Rucksack sitzt auch und macht keine Anstalten Platz zu machen, egal ob Mann oder Frau ihn fragend anschauen. Niemand denkt, dass der große orangefarbene Rucksack mir als altem Mann daneben gehört. Eher wird wohl vermutet, dass ein junger Backpacker gerade auf der Toilette seine Morgenwäsche macht.

Entlastung gibt es immer, wenn wieder Bahnsteige aufgerufen werden und die Zugnummer. Dann bilden sich vor den Ticketkontrollstellen Warteschlangen – oft 4-reihig. Grüne Leuchten signalisieren die Öffnung und die Warteschlange verschwindet nach Ticketprüfung im Untergrund. Logischerweise befinden sich immer nur die Personen auf den Bahnsteigen, die genau mit diesem Zug fahren wollen. Eine Überfüllung ist ausgeschlossen. Personen ohne Tickets kommen überhaupt nicht auf den Bahnsteig. Gleiches System wie in Moskau.

Anders wären solche Menschenmassen nicht steuerbar.

8:55 Uhr – Die Ticketkontrollstelle für Zug G41 öffnet, vier Kontrolleure haben sich aufgebaut, um das Einlesen der Tickets und den reibungslosen Einlass zu garantieren. Trotz der grünen Leuchten wird aber niemand eingelassen. Das Rätsel löst sich schnell auf. Auf der linken Seite der Kontrolle wird eine Tür geöffnet. Als Badener erkenne ich am Auftreten der Leute – Preußen im gedanklichen Hintergrund – dass es sich um die 1.-Klasse-Bucher handelt, die vor der Masse auf den Bahnsteig dürfen. Ich habe erste Klasse gebucht. Wenn schon Chinas Schnellzüge genießen, dann richtig. Die Tickets werden noch mit Zange gelocht. Als Ausländer muss ich den Pass vorzeigen, wie schon beim Ticketlösen. So sieht Kontrolle aus.

Werbefernsehen bei 308 km/h

Der 1.-Klasse-Waggon kommt nach der Lock. Dazwischen gibt es noch eine High-End-Klasse mit breiten Sesseln und Panoramafenstern. Wohl für VIPs und Neureiche. Der Vorteil der 1. Klasse: Bei einem Unfall steht man ganz vorn an der Himmelspforte und muss nicht warten.

Die Schnellzugstrecke Peking–Shanghai wurde durch das Land hindurch geplant und gebaut. Wer im Weg war, verlor sein Haus und wurde zwangsumgesie-

delt. Einsprüche wie bei uns: Fehlanzeige. Dieses rigorose Vorgehen lässt riesige Infrastrukturprojekte in kürzester Zeit entstehen. Es geht nicht um die Wahrung der Bürgerrechte. Es geht um das große Ganze, Kollateralschäden werden in Kauf genommen. Ob es in einem Land wie China anders möglich wäre, kann bezweifelt werden, wenn man sich die Entscheidungs- und Verwaltungsprozesse in demokratischen Staaten anschaut. Geht es um existenzielle Probleme, gewinnt diese Frage des Vorgehens an Dramatik.

Es ist immer leichter, in existenziell gesicherten Regionen die Fahne der Freiheit zu schwenken und sattzufrieden Forderungen nach allen möglichen Rechten einzufordern. Es gibt nicht das bessere oder schlechtere System, es gibt nur das passende System. Der Mensch im Räderwerk bestimmt die Qualität des gewählten Systems, nicht das System an sich. Grundsätzlich von einem Gutmenschen auszugehen, verkennt die Menschheitsgeschichte. Geboren wird jeder mit zwei leeren Schalen namens GUT und BÖSE. Und wie die gefüllt werden, bestimmen wiederum Menschen, deren Schalen bereits gefüllt wurden.

Bei etwas über 300 Stundenkilometern fliegen die Landschaften vorbei. Flaches Land mit intensiver landwirtschaftlicher Nutzung. Alte Siedlungen mit Backsteinhäusern wechseln ab mit neuen, von der Stange errichteten Siedlungen mit eher containermäßigem Aussehen. Wahrscheinlich gebaut für die vielen Zwangsenteigneten der Bahnlinie, die dem Fortschritt weichen mussten. Und immer wieder neue Hochhausansammlungen mitten in der Landschaft, aber angeschlossen an moderne Bahn- und Schienensysteme. Hier wird Zukunft gebaut oder besser gesagt, hier wird versucht, eine neue Zukunft für China zu bauen. Die meisten Wohnungen in diesen „Wolkenkratzern" sind verkauft, bevor das Gebäude entsteht. Solche Immobilienwunder gab es auch in anderen großen Ländern. Am Ende blieb vom Wunder wenig übrig.

Eine Stunde vor Shanghai werden die neuen Städte größer, sicher alles Siedlungen mit 100.000 oder mehr Bewohnern. Dazwischen immer wieder Land ohne Ende und die einfachsten Wohnsiedlungen, oder besser gesagt: Behausungen. Und mitten in einer dieser Städte eine moderne Kirche mit einem riesigen Kreuz auf dem Dach. Glauben ist wieder zugelassen, nachdem die Kulturrevolution dies viele Jahre untersagte. Ob Gläubige gesellschaftliche Nachteile in China haben, konnte mir Mary nicht sagen. Sie durfte es wohl auch nicht. Als es die DDR noch gab, war unser direkter Nachbar Atheistenland und die Christen lebten in der Diaspora.

Jedes Jahr gab es zu Weihnachten eine Spendenaktion für unsere Brüder und Schwestern in der glaubensfeindlichen Welt. Wenn man überlegt, dass in früheren Zeiten in Deutschland das Volk immer den Glauben des Fürsten annehmen musste und wechselte er, wechselte das Volk auch …

Um 15:18 Uhr – minutengenau – treffe ich in Jiaxing ein. Huangfu holt mich am Bahnhof ab. Es hat 25 Grad, es ist schwül. Es ist zum Schwitzen mit Rucksack und Gitarre. Er erkennt mich an der Gitarre, von der ich ihm geschrieben hatte. In einer Musikstadt wäre das schwierig gewesen, wenn mehrere Gitarrenmänner aus dem Bahnhof gelaufen kommen. Er bringt mich zum Hotel, wo sich herausstellt, dass in dem von ihm gebuchten Zimmer keine Ausländer übernachten dürfen. Wahrscheinlich zu billig. Das nächste liegt um die Ecke.

Das ist doppelt so teuer, 200 Euro, aber für Ausländer zugelassen. Wie immer in solchen Halsabschneider-Hotels: viel Pomp, aber die Dichtungen in der Dusche hängen durch die Gegend und die WC-Brille neigt zum Abrutschen. Die Fußbodenleisten warten auf eine neue Befestigung und der Duschkopf ist verkalkt. Vor dem Hotel dann gleich Luxus pur und damit die Frage, kaufe ich mir einen Schlafanzug mit Goldbordüren, eine Boxer-Shorts mit Diamantknopf oder einfach ein neues Unterhemd, das in den Achselhöhlen nicht ausgefranst ist?

Impressionen aus Jiaxing

Die 35 km lange Hangzou-Brücke

Weitersuchen wäre Blödsinn. Ich bringe das Gepäck aufs Zimmer und gehe mit Huangfu noch ein Bier trinken. Wir verabreden uns auf den nächsten Morgen 7:50 Uhr. Ich ziehe abends noch ein paar Runden durch die Straßen, voll von Kleinstgeschäften bis zu Riesensupermärken, hellen Straßen und dunklen Gassen, Schickeria-Leuten vor Edeldiskos und ärmlich gekleideten Menschen in den kleinen Fressbuden. Chinas Sozialismus muss irgendwie einen Hintergrund haben, den ich mir morgen von Huangfu und Horst etwas erläutern lassen kann. Um 23 Uhr liege ich auf einem hervorragenden Bett und segle ins Universum.

Tag 15: Freitag, der 3.11.2017
Jiaxing – Ningbo

Huangfu holt mich pünktlich am Hotel ab. Das Gepäck nehme ich mit und checke aus. Horst hat mich abends noch angerufen und mit mir verabredet, dass er mich um 13 Uhr am Hotel abholt. Die Fahrt geht 30 Minuten durch die Stadt und riesige Gewerbegebiete bis zur Produktionsstätte von Goki. Huangfu zeigt mir den kompletten Betrieb und ich sehe jetzt die Arbeitsmethoden bei der Herstellung von Holzspielzeug. Viele CNC-gesteuerte Holzbearbeitungsmaschinen, die hier zu einem Fünftel des Preises wie in Deutschland zu haben sind. Aber auch viel Handarbeit. 180 der 200 Mitarbeiter sind Wanderarbeiter/innen. Bereits die Gesichter zeigen, dass sie aus verschiedenen Gebieten Chinas stammen müssen. Es herrscht eine rege Geschäftigkeit und die Arbeitsbedingungen sind für chinesische Verhältnisse wahrscheinlich weit oben angesiedelt, einige Arbeitsplätze beelenden trotzdem. Ich mache Fotos für mich privat. Zum Schluss zeigt mir Huangfu noch die Näherei für die Stoffpuppen. Eine Nähstube eben, wie früher in Deutschland in den Schuhfabriken. Hintereinander sitzen die Frauen, die Köpfe vornübergebeugt und lassen die Fäden durch die Stoffe sausen. Alle lächeln, wenn sie kurz aufschauen und grüßen, aber die Augen bleiben stumm oder traurig. Da ist kein Leuchten zu sehen.

Ich habe meine Schwester Agnes vor Augen, wie sie im Alter von 15 Jahren in der Schuhfabrik meines Heimatdorfes Schuhe genäht hat. Sie war weitgehend gehörlos geboren und hatte nach einer Schulausbildung in der Gehörlosenschule Heidelberg hier einen Arbeitsplatz gefunden. Da sie wenig hörte, war der dortige Geräuschpegel nicht von Bedeutung. Da sie auch nicht an den Gesprächen der anderen Frauen teilnehmen konnte, wurde sie zu einer der besten Näherinnen. Was einem alles einfällt in einem solchen Moment.

Huangfu erklärte mir bezüglich des Sozialismus noch, dass Chinas Führung die großen Linien vorgibt, aber den Provinzen und Firmen Freiheiten lässt, sich innerhalb dieser Linien frei zu bewegen und zu entwickeln. Das Aufsaugen und Weiterentwickeln von Praktiken der westlichen Länder inbegriffen. Die daraus resultierende immer größer werdende Schere zwischen arm und reich wird als Schritt auf dem Weg zur Vollendung des Sozialismus gesehen. Die Gruppe, die den Wohlstand erreicht, zieht die anderen hinterher und es wird wieder eine Angleichung geben.

Sicher ist, dass sich hier ein Wandel abspielt in den gesellschaftlichen Prozessen, der keinen Unterschied zur westlichen Ökonomie kennt. Die Unterschiede bestehen in den theoretischen Untermauerungen der Marktprozesse und deren Zielen und Wegen. Wer hier etwas werden möchte und unternehmerischen Geist zeigt, steigt genauso empor wie im Westen. Dieser chinesische Weg ähnelt dem amerikanischen Weg von früher. Du bist deines Glückes eigener Schmied. Frag nicht, was der Staat für dich tun kann, sondern frag dich, was du für das Land tun kannst.

Ein interessantes Treffen mit vielen neuen Eindrücken, das bisherige Bild über China beginnt sich zu ändern.

Um 13 Uhr holt mich Horst ab. In China geben sich international tätige Geschäftsleute häufig einen für westliche Ohren und Zungen verständlichen Namen, was ohne Kenntnis dieses Hintergrundes zu geschichtsträchtigen Überlegungen bezüglich früherer Beutezüge westlicher Nationen führen könnte.

Horst ist ein dynamischer lockerer junger Mann von etwa 35 Jahren mit relativ neuem Passat. Zuerst geht es in einer der Fressbuden essen, die ich gestern noch ziemlich kritischen Auges gewürdigt hatte. Er bestellt Teigtaschen, Salate und eine

Im Himmel der Aromen

Suppe mit Fleisch und Gemüse, die kochend auf den Tisch gestellt wird. Alles vorzüglich und sehr lecker. Die deutsche Küche zu vergessen, fällt mir immer leichter.

Wir fahren über die Autobahn 200 Kilometer nach Ningbo, einer 8-Millionen-Stadt, die eher zu den kleineren Städten in China gehört.

Horst spricht relativ gut Deutsch, was er in der Schule gelernt hat und im bisherigen Geschäftsleben gut einsetzen konnte. Mit den Sprachen Deutsch, Englisch und Chinesisch gilt man hier als Verbindungsglied zum Westen. Er bestätigt die Aussagen von Huangfu bezüglich der Politik der chinesischen Regierung und untermauert die These, dass jedes Land für sich seinen Weg finden muss unter den Bedingungen, die vorhanden sind. Dass es in China riesige Unterschiede zwischen arm und reich gibt, sei keine Frage. Aber dass in China kein Mensch mehr hungern muss, das sei eine der größten Leistungen der Politik und dies werde auch vom Volk so gesehen, weil immer noch viele Menschen am Leben sind, die sich an die Hungersnöte erinnern können.

In China hat jeder Arbeit. Der Bau saugt das Land geradezu ab und hier arbeiten keine hochqualifizierten Baufacharbeiter, sondern angelernte Kräfte nach dem Motto: Zeigen lassen, sehen, verstehen, versuchen, tun. Echt badisch-pragmatisch.

Das Hotel ist einfach, aber günstig für 56 Euro. Alles was man braucht, ist da. Das passt. Wir verabreden uns auf 18:30 Uhr und pünktlich geht es mit Horst und seinen zwei Kindern zum Essen in ein neues Einkaufszentrum, von denen es bereits mehrere in der Stadt gibt. Das Einkaufszentrum selbst hat eine Verkaufsfläche von 100.000 m^2 und ist voll mit Geschäften und Lokalen. Für mich erschlagend, was hier geboten wird und mit welchem Baupomp hier geklotzt wird.

Horst fragt sich allerdings, ob die Geschäfte hier auf Dauer Profit machen. Als Landbauer in einem solchen Zentrum kommt man sich etwas verloren vor. Das Essen bestellt Horst, indem er mit dem Handy eine Weggis-Plakette scannt und damit die Speisekarte auf dem Handy hat. Dann stellt er das Essen per Klicks zusammen und sendet die Bestellung ab.

Nach zehn Minuten werden die Speisen aufgefahren. Sechs Platten mit Köstlichkeiten, von keinem zu viel, aber genug für alle. Sushi, Fisch gebacken, Fischkugeln, Salate, Reis, Tofu gebacken. Eine Geschmacksorgie für den deutschen Gaumen. Dazu japanischen Reisschnaps und Wasser.

Ein Essen wie aus 1001 Nacht, nur halt im neuen KPD-Kaiserreich in China.

Im Anschluss bringt Horst die Kinder nach Hause, wo sie von den Großeltern in Empfang genommen werden. Diese spielen in der chinesischen Gesellschaft eine große Rolle, weil sie in der Regel durch die Ein-Kind-Ehe, die bis vor wenigen Jahren galt, alle Mühen in ihr Kind stecken und dieses päppeln und unterstützen. Ein junger Chinese verdient als Angestellter 400 bis 500 Euro. Da die Eltern mitfinanzieren, kann er damit gut leben. Und sich auch eine Wohnung kaufen. Hier helfen dann alle zusammen, damit das Projekt auch gelingt.

Danach gibt es eine Stadtrundfahrt durch die Millionenstadt mit zig leuchtenden Hochhäusern in allen Farben. Dazu ein Rundgang durch das alte Hafenviertel mit den alten Gebäuden. Beeindruckend für mich, wie viel eine Stadt innerhalb von 20 Jahren aus dem Boden stampfen kann, um sich als Leuchtturm chinesischen Willens zu präsentieren. Hier werden Milliarden investiert von Privatleuten, weil sie dem Ziel des Sozialismus entsprechen. Die Besten gehen voran und ziehen die anderen hinter sich her und hoch. Die Frage wird sein, wie hoch? Ein schöner Abend mit guten Gesprächen – um 23 Uhr liege ich flach. Gute Nacht.

Dass es auch hier die gewissen Seitenstraßen gibt, kann man sich selbst ausmalen. Die Mehrheit lebt nicht in neuen Wohnungen.

Tag 16: Samstag, der 4.11.2017
Ningbo – Shanghai

Um 6:30 Uhr raus aus dem Bett und unter die Dusche. Wurde Zeit. Nicht wegen mir, sondern wegen der Bettwäsche. So wie die aussieht, hat sie wohl einiges an Schmutz auf mich übertragen. Ich checke gleich aus und um 8 Uhr holt mich Horst mit seinem Passat ab. Zuerst ins Starbucks Café zum kleinen Frühstück mit warmem Sandwich. Lecker und sehr guter Cappuccino. Starbucks öffnet in China täglich eine Filiale, laut Horst sollen es einmal 10.000 werden. Das Café liegt traumhaft am Hafen inmitten eines neu entstandenen Hochhausstadtviertels.

Wie schon erwähnt, hier wird nicht gekleckert, nirgendwo. Hier wird geklotzt, als wolle man den Amerikanern zeigen, dass China überlegen ist. Bezüglich Russland ist das nicht notwendig, weil die Chinesen Russland als armes Land mit einer schlechten Regierung betrachten. Zu viel Putin und zu wenig Ergebnis im Vergleich zu 20 Jahren chinesischer neuer Ideologie.

Nach dem Frühstück fahren wir in die Büro- und Ausstellungsräume in einem neuen Industriegebiet. 5. Etage, Glaspalast, aber schon nach eineinhalb Jahren zu klein geworden und für die weitere Entwicklung auch nicht optimal geeignet. Die Ausstellungsräume sind voller Möbel und Spiele aus dem eher hochwertigen Bereich, viel aus Holz mit der Zielgruppe Montessori- und Waldorfpädagogik. Durch die neuen Vorgaben der Führung, die bisherige Methode des reinen Kopflernens umzustellen auf Lernen und Kreativitätsentwicklung wird neues Lehrmaterial benötigt. Die neue Schicht der besser Verdienenden verlangt zudem nach qualitativ hochwertigen Möbeln und Spielwaren. Fast vergleichbar mit dem Trend, möglichst Autos aus Deutschland zu fahren, da diese in China als Qualität schlechthin gelten.

Diese Chance und Nische möchte Horst bedienen und neben anderen Firmen auch mit der Firma b+t zusammenarbeiten, sowohl im Innen- als auch im Außenbereich. Nach 1,5 Stunden Vorstellung von Produkten auf dem mitgeschleppten

Westliches Flair in den neu entstehenden Stadtteilen

Laptop ist alles besprochen. Abschließend geht es noch zur Baustelle der neuen Räume in einem älteren Gewerbegebiet.

Kein Glaspalast, sondern ein ehemaliges Produktionsgebäude, das Horst nach eigenen Plänen umbauen lässt. Innen viel Glas und transparente Gestaltung. Das Ziel: Für 1 Euro/m^2 Miete hat er hier 800 m^2 Fläche, auf der er einen kompletten Kindergartengruppenraum einrichten möchte. Dazu eine Fläche mit Außengeräten auf grünem Kunstrasen. Das Konzept könnte aufgehen, wenn man überlegt, wie viele Gruppenräume Chinas Kindergärten der größeren Städte für die Umsetzung der neuen Leitlinien benötigen.

Nach dem Rundgang geht es nochmals in ein original chinesisches Restaurant, aufgemacht wie zu früheren Zeiten innerhalb eines riesigen Einkaufszentrums. Das Essen wird hinter offenen Theken zubereitet, die Rohmaterialien sucht man sich auf langen Tischen aus. Köstlich ist fast eine Untertreibung, wenn ich das Essen beschreibe. Phänomenal würde eher passen. Gut, dass ich beim Stäbchenessen gleich am Anfang auf die Zähne gebissen habe. Jetzt erspart man dem Gastgeber das Mitleid und sich selbst den Hungertod, wenn man nicht nach den Flacheisen verlangt.

Nach 45 Minuten Autobahnfahrt vom Firmensitz bis zum Bahnhof Ningbo löst Horst für mich das Ticket nach Shanghai und gleich noch das Ticket von Shanghai nach Shenzhen, der Grenzstadt zu Hongkong. Eine weitere Hürde ist genommen, da die Nachtzüge von Shanghai oft überbucht sind. Ich fahre bereits am 6. November, damit es in Hongkong keine Hektik gibt wegen der Einschiffung.

Wir geben uns die Hand und ich denke, wir haben beide das Gefühl, dass wir in Zukunft zusammenarbeiten, wenn wir die preisliche Geschichte hinbekommen.

Da die Fahrt wegen Überbuchung nach Shanghai zunächst nur bis zur nächsten Station bezahlt war, musste ich unterwegs beim Zugpersonal die restliche Strecke direkt bezahlen. Auch hier geht man einen pragmatischen Weg und stellt nicht auf stur. Ist der Fahrgast erst einmal im Zug, dann wird er auch bis zum Ziel befördert, weil es immer Buchungen gibt, die nicht wahrgenommen werden. So war es auch. Mein Platz war frei von Ningbo bis Shanghai.

Neben mir nahm eine gut gekleidete Chinesin Platz, die mit einem eher kühlen Lächeln grüßte, was ich mit einem ebenso zurückhaltenden Lächeln beantwortete. Gut, dass ich heute Morgen geduscht hatte, schoss es mir durch den Kopf, und der Tag nicht eine das normale Maß übersteigende Transpiriererei verursacht hatte.

Der edle Rosenparfümduft wäre sonst mit Sicherheit übertrumpft worden durch Schwaden von ganz anderen Düften. Gut zu wissen, dass die neuen Schuhe, wissenschaftlich geprüft, garantiert alle Schweizer Fußgase im Schuh zurückhalten.

Auf der Fahrt machte ich viele Fotos und kleine Videos vom Waggonübergang aus, sodass ich nicht die ganze Zeit neben der kühlen Chinesin sitzen musste. Mir waren Zweifel ob der Schweizer Garantie gekommen. Selbst riecht man ja die Gase erst, wenn es zu spät ist und der Feststoffgehalt an altem Bergkäse bereits in den Gasen fühlbar wird. Irgendwann setzte ich mich – auf dem Zwischenflur hatte ich sicher Frischluft in die Schuhe bekommen – wieder neben sie. Sie schaute sich auf ihrem iPhone einen chinesischen Film an, der sich um die gewaltmäßige Niederschlagung eines Aufstandes durch das kaiserliche Heer und die Engländer handelte. Das Ganze natürlich in eine Liebesgeschichte gepackt. Zu allem Unglück rückte die bisher Kühle das iPhone etwas schräg, sodass ich auch zusehen konnte und nach dieser Geste auch zusehen musste.

Es waren gerade Kämpfe im Gange und irgendwann kam dann die Szene, als der Hauptdarsteller seine von einer Gewehrkugel getroffene Geliebte im Arm hatte. Und diese Szene war dann genau die, die ich selbst erlebt hatte. Uli im Arm, nicht von einer Gewehrkugel getroffen, sondern von einer anderen Waffe. Ich musste wegschauen, weil mir Tränen in die Augen stiegen. Nirgendwo ein Taschentuch greifbar und meine Augen verfolgten die nächste Szene, als der Offizier am Grab kniete. Ich stellte mir vor, die Frau bemerke meine Gefühle und gäbe mir ein Papiertaschentuch, ohne mich anzuschauen. Ich nähme es und wischte mir verstohlen die im Augenwinkel stehenden Tränen ab. Denke mir noch, dass die Frau vielleicht ein ähnliches Schicksal hinter sich hat und bekämpfe damit die aufkommende Traurigkeit. Draußen fliegen Reisfelder vorbei.

Um 18 Uhr bin ich in Shanghai. Riesiger Bahnhof. Natürlich passt das nachgelöste Ticket nicht in den Schleusenöffner und die Schlange hinter mir wird mürrisch, bis eine junge Frau mir zeigt, dass ich an der Seite zu einer Servicekraft gehen muss. Die reißt nach alter Väter Sitte das Ticket ein und durch bin ich. Sofort kommen zwei Männer auf mich zu und zeigen auf ein rot blinkendes Schild: es seien keine Taxis mehr da. Horst hatte mich bereits auf diese Taxifahrer vorbereitet. Sie fangen die Touristen ab und zocken denen ordentlich Taxigebühren aus der Tasche. Tatsächlich steht man hier 30 Minuten in der Schlange, bis man im Taxi sitzt. Dann aber in einem offiziellen mit Lizenz, deren Taxizähler sind geprüft. Das rot blinkende Schild mit chinesischen Schriftzeichen gibt lediglich die Info, dass es Wartezeiten am Taxistand gibt. Hier wohl üblich, ca. 100 oder 150 Leute vor mir. Aber die Taxis rollen und rollen.

Mein Taxi muss natürlich ein alter klappriger Toyota sein. Der vor mir war ein neuer Sharan. Aber da entscheidet quasi das Los. Jedenfalls klappert der Fahrer

Das Finanzzentrum Shanghai bei Nacht

drauflos und muss wohl meine Einschätzung über sein Auto in meinem Gesicht abgelesen haben. Er gibt Gas und lässt es dann richtig klappern. Er überholt rechts und links, immer voll Speed, wohl um mir zu beweisen, dass zwar sein Auto alt, aber sein Fahrstil jung und dynamisch sei. Wer in diesem Falle lauwarm gebadet wurde, der wäre auf der Fahrt gestorben. Ich nehme die Gelegenheit wahr, einen solchen Husarenritt als Video aufzunehmen. Aussteigen kann ich nicht mehr, also halte ich mich an einen alten badischen Zweizeiler: Vorwärts und nie vergessen, warm Gebadete werden vom Geier gefressen!

Der gute Mann brachte mich tatsächlich sicher ins neue Domizil, ein einfaches Hotel, aber ganz nahe am Fluss im Zentrum des neuen Shanghai. Zur Belohnung für das Überleben gab ich dem Taxifahrer 12 Yuan drauf – etwa 1,50 Euro. Er freute sich über den Lohn und ich mich auf das neu geschenkte Leben.

Eingecheckt, Kleiderwechsel und noch drei Stunden an den Fluss. Illumination im ganz großen Stil an Hochhäusern, Gebäuden und Brücken. Wahrscheinlich habe ich zu viele Fotos gemacht.

Viele Paare lassen sich hier abends im Glanze oder im Lichte der Nacht für ihre gemeinsame Zukunft fotografieren. Meistens in roten Kleidern. Schlanke und vollschlanke Mädels mit aparten Jungs, mal schmächtig, mal sportlich, mal übergewichtig. Alle Variationen auf einem großen Tablett: dem „Bund", dem ehemaligen Hafengebiet der englischen Kolonialzeit.

Um 23 Uhr lag ich flach. Müde aber auch froh, dass bisher alles so gut – vor allem auch mit Hilfe der Schweizer, von Huangfu und Horst – gelaufen war. Ab Shanghai fehlt jetzt Hilfe von außen, aber dafür hat man sich ja selbst mitgebracht.

Tag 17: Sonntag, der 5.11.2017

Shanghai

Stadtbesichtigung ist angesagt. Um 8:30 Uhr erklimme ich die Senkrechte. Die Dusche bleibt kalt, nachdem die feine Chinesin gestern trotz unserem Nebeneinander beim Dramenfilm nicht nach Atem gerungen hat und in Shanghai vollkommen intakt schien.

Ich versuche den neu erstandenen Nescafé in Tütchen – ein Reinfall. Das war Zucker, Milchpulver und Kaffee in einem. So hat es auch geschmeckt. Da träumt man von den Tüten in Peking mit richtigem Kaffee. Habe ich aber gestern Abend im Supermärktchen des vor sich hinrotzenden Chinesen nicht gefunden. Das scheint wohl ein Hobby hier zu sein. Nun denn, später gibt es Starbucks, also nicht jammern und durch.

Ich mache mich auf den Weg und spaziere bei angenehmen 17 Grad am Fluss entlang zum Denkmal für die Opfer der Revolution, am Bund entlang, einem breiten Fußgänger-Boulevard mit herrlicher Aussicht auf die gegenüberliegende Neue Stadt, die irgendwie immer an Manhattan erinnert. Am Pier löse ich ein Ticket und setze mit einer Personenfähre über. Bei dem dichten Schiffsverkehr auf dem Fluss kein leichtes Unterfangen für den Kapitän der Fähre. Alle Schiffe fahren den Fluss rauf und runter und er muss die Gelegenheiten nutzen, quer rüber zu kommen. Bremsen können die Binnenschiffe ja nicht mehr.

Nach dem Anlegen geht es an Hochhäusern und Edelhotels vorbei bis zur „Nadel", dem Fernsehturm und Wahrzeichen von Shanghai. Eigentlich wollte ich mit dem Fahrstuhl hochfahren, aber bei der angezeigten Wartezeit von 1 Stunden (tatsächlich mindestens 1,5 Stunden) drehe ich um. Das war noch nie mein Ding. Seit der Lkw-Zeit im internationalen Fernverkehr, vor allem im Orient, bin ich empfindlich geworden, wenn es um Warten geht.

Da stand man ab und zu keine Stunden, sondern Tage an der Grenze und in diesen vielen Wartestunden schwört man sich, nie mehr freiwillig länger als 15 Minuten zu warten. Egal wegen was. Dann lieber verzichten. Wer zusammen genommen Monate an Grenzen und Zollstationen gewartet hat, der hat genug Stehzeit hinter sich. Um dies zu erreichen, müssen die meisten Nicht-Lkw-Fahrer noch viele Stunden vor Kassen und Schaltern anstehen. Für mich kommt das nicht mehr in Frage. Mit dem Besuch bei Mr. Starbucks und dem Verzehr von zwei Sandwiches mit Cappuccino war auch mein Zuckerhaushalt wieder in Ordnung. Für ein Essen in einem Chinarestaurant fehlte mir jetzt komischerweise der Mut, weil ich Angst hatte, nach den Hochgenüssen bei einer Fehlbestellung enttäuscht zu werden. Um irgendjemandem irgendwas beweisen zu müssen, dafür bin ich mit 66 zu alt. Wer in diesem Alter noch keine Selbstsicherheit besitzt, der besitzt sie nimmer mehr, in Anlehnung an den alten Spruch „Wer jetzt kein Haus hat, ..."

Für die Rückfahrt nahm ich mir ein Taxi, das mich über die große Shanghai-Pudong-Brücke wieder an den Bund brachte. Hier stieg ich in einen gerade bereitstehenden Sightseeing-Bus mit offenem Obergeschoss ein und machte die „Red Tour“, d. h. durchs Zentrum mit Aussteigemöglichkeiten. Wie in Berlin war es auch hier so: Man sieht aus dem oberen Stock des Busses viele Details. Die Stadt lebt noch von den Gegensätzen „Außen hui, drinnen nicht ganz so“, wobei die Touristen vor allem die schicke Seite zu sehen bekommen. Z. B. neue bzw. auf alt gemacht renovierte Viertel, die sich zu Touristenmagneten entwickelt haben. Dort gibt es selbstverständlich auch Paulaner-Gasthäuser, also ein Grund mehr für jeden Bayern, nach Shanghai zu fliegen.

Andere Viertel aus den früheren Zeiten wurden Einkaufsviertel für die Schickeria, in denen sich alle teuren Nobelmarken der Welt bestens verkaufen lassen. Seien es Kleider, Parfüms, Automarken – hier fehlt keine bekannte Marke. Wenn man sich vorstellt, dass in einigen Jahren die vorgepreschten Neureichen das ganze Volk hinter sich hochziehen, werden diese Einkaufsviertel bei Weitem nicht mehr ausreichen. Dann kaufen nicht fünf bis zehn Prozent der Bevölkerung von 1,4 Milliarden in solchen vom Luxus geprägten Konsumtempeln ein, sondern die überwiegende Mehrheit. Aber natürlich nur dann, wenn das Konzept den Zielen folgt.

Zwischendurch werde ich von zwei Studentinnen interviewt, die eine Arbeit darüber schreiben, wie gut die Bedingungen für ältere Semester in Shanghai sind und was man verbessern könnte. Wenn zwei little english speaker ein solches Interview führen, dann kann das Ergebnis nur geraten sein. Richtig war auf jeden Fall, ich bin älter als 60.

Und noch gibt es sie: die dunklen, verwahrlosten Seitengassen, wo andere Lebensgesetze herrschen. Hier werden z. B. Kartons zerschnitten, weil das Altpapier einen hohen Wert bekommen hat. Werkstätten für die Millionen Mopeds, Roller und Fahrräder finden sich hier ebenso wie kleine Nebengewerbe und Händler für alles Mögliche. Die 1. Revolution hat dafür gesorgt, dass alle zu essen haben. Die 2. Revolution soll den Aufstieg in mehreren Etappen bringen. Die 1. Garde hat das Ziel schon erreicht. Sie investierte im vergangenen Jahrzehnt in Immobilien und hat damit den Markt für Wohnungseigentum in Schwung gebracht.

Jedem ist klar, dass dieses sich immer schneller drehende und Arbeitsplätze fördernde Wirtschafts-Schwungrad nicht aus dem Gleichgewicht kommen darf. Hier liegen aus dem Ausland genügend Erfahrungen vor und China versucht, aus den Fehlern des Westens zu lernen. Gelingt dies nicht, dann steht ein neues Kapitel an. Und an diesem Kapitel schreibt dann die gesamte Weltwirtschaft mit roter Tinte.

Es war 19 Uhr, als ich mit Brot, Bananen, Bier, aber ohne meine geliebten Nescafé-Filtertütchen aus Peking wieder im Hotel war. Nicht ohne vorher nochmals Herrn Starbucks zu besuchen, den man hier an allen Ecken antrifft. Aber: Die Sandwiches sind wirklich gut und der Kaffee auch. Und beim Kaffee verstehe ich überhaupt keinen Spaß.

Tag 18: Montag, der 6.11.2017
Shanghai – Abfahrt nach Hongkong

Eine unruhige Nacht mit vielen Bildern der Vergangenheit. Der Film in der Bahn hat wohl im Hinterstübchen etwas losgetreten. Ich hatte das Gefühl, 100 Mal aufgewacht zu sein, trotzdem fühlte ich mich erholt. Vielleicht waren es auch nur um die 50 Mal. Es ging immer um das Thema, wie man mit Seelenschmerzen umgeht, um diese zu bewältigen oder besser gesagt, mit ihnen leben zu lernen. Notwendig, um das Leben noch als lebenswert zu empfinden.

Es liest sich leicht, wenn Psychologen darüber schreiben, dass der Verlust des geliebten Partners den schlimmsten Schmerz für einen Menschen darstellt. Aber er lässt sich für Mitmenschen nicht erfühlen. Deshalb gibt es diese Hilflosigkeit gegenüber einer solchen tiefen Trauer. Jeder Versuch zu helfen kann gutgehen, aber genauso gut daneben. Die Befindlichkeit ist in diesem Zustand nur noch emotional und wechselnd. Man müsste schreien und schreit nicht. Am schlimmsten sind die Leute, die eigentlich für ihre Anteilnahme gedankt haben wollen. Wenn der Partner gestorben ist, denkt man nicht mehr ans Danken, sondern daran, wie man überleben kann. Es ist einfach nur schlimm! Schlimm!! Schlimm!!!

Morgens duschen, packen, Kopf sortieren und Bart rasieren. Das Gepäck lasse ich noch im Hotel. Da die Abfahrt erst am Abend möglich ist, gehe ich am Sonntagmorgen nochmals durch die Straßen, um das sonntägliche Leben in Shanghai auf mich wirken zu lassen. Überall tut sich was, gehen die Putzdienste ihrer Aufgabe nach und die Mülldreiräder ziehen ihre Bahnen und nehmen den zusammengefegten Dreck mit. Alles fließt ineinander, wie von unsichtbarer Hand gesteuert. An jeder Ecke ein Security für die öffentliche Ordnung, der aber nur einschreitet, wenn es ernstere Probleme gibt. Natürlich typabhängig, wie sich zeigt. Ein junger Security-Bursche fängt eine Frau mit dem geschobenen Fahrrad auf den letzten Metern der Brücke ab und lässt sie zurückgehen auf die andere Seite, wo die Fahrradspur eingezeichnet ist (allerdings zum Fahren). Beim nächsten Passieren der Brücke einige Stunden später lässt ein älterer Security einen Rollerfahrer passieren, nachdem er ihm einen Anschiss verpasst hat. Immer wieder kleine Tagesbeobachtungen, die überdeutlich machen, dass der Mensch die Richtlinien auslegt, knapp an der Grenze oder übereifrig.

Dass ich die beiden Hosenbeine am Abend vorher nach oben gestülpt hatte, sehe ich erst, als ich bei meinem Starbucks einen Cappuccino auf der Flanierseite trinke. Vermutlich hat man – sofern überhaupt aufgefallen – dieses Umstülpen als neue westliche Mode gesehen oder als Werbemaßnahme für selber gestrickte Baumwollsocken gedeutet. Bevor ich die neue Hosenmode bemerkte, war ich stolzen Schrittes und erhobenen Dätschkapp-Kopfes auf der Promenade dahin stolziert. Für den Rückweg fehlte mir der Mut, egal ob für die neue Hosenmode oder für aggressive Wollsockenwerbung gegen die Plastikfüßlinge der heutigen Zeit. Der Bauer aus dem Schwarzwald hatte – ungewollt – seine Marke in das Herz Shanghais geschlagen.

Nach dem Modeauftritt ging es normal gekleidet zurück mit einem Abstecher in eine Straße aus der Kolonialzeit. Prachtbauten von einst mit den Topmarken der Welt in einer Fußgängerzone, die nur von edlen Karossen zum Austeigen vor den Läden befahren werden darf. Das passt zum neuen chinesischen Upper-Class-Lifestyle. 50 Meter um die Ecke beginnen die Gassen der Armen.

Ich holte das Gepäck im Hotel und ließ mich mit dem Taxi zum deutschen Konsulat in Shanghai fahren. Dort hatte ich mich per Mail angemeldet und mir den Lageplan mit chinesischer Anschrift auf mein Mobil mailen lassen. Die wenigsten Taxifahrer können arabische Schrift lesen, aber das Gesicht hellte sich schnell auf, als ich ihnen das pdf mit der Botschaftsanschrift zeigte. Das Konsulat hatte zwar darauf hingewiesen, dass eine Führung nicht möglich sei, aber ich wollte auch keine Führung, sondern nur nachsehen, wie meine Steuergelder angelegt werden und wen ich bezahle. In einer Baumallee sah ich den Kolonialbau mit deutschem Wappen und zwei strammen chinesischen Wachsoldaten. Der Pass öffnete mir den Zugang zum „Botschaftsschalter“, wo mich eine deutschsprechende Inderin nach dem Grund des Besuches fragte. Wahrheitsgemäß gab ich an, dass ich bis zur Abfahrt abends noch etwas Zeit hätte und sehen wollte, was hier mit meinen Steuergeldern passiert. Der Witz saß oder wurde nicht verstanden oder die Frage der Nichtberechenbarkeit lag in der Luft. Das Telefon wurde bedient und fünf Minuten später lud mich Konsul Guido Viehauser zu einem Kaffee ein, nachdem ich seine Frage, ob er etwas für mich tun könne, verneint hatte. Ich sei auf der Durchreise und wolle schauen, ob die Steuern hier richtig eingesetzt würden. Beim Cappuccino ließ er sich von der Reise erzählen und gab einen Überblick über die Aufgaben des Konsulats. Auch über den Weg Chinas und die Regierungsbildung der Jamaikaner unterhielten wir uns. Ein Foto vor dem Wappen zum Schluss beendete das mehr als einstündige Treffen. Er gab mir noch seine Visitenkarte für den Fall der Fälle.

Vermutlich hat die Reise bei ihm Eindruck hinterlassen – oder aber Mitleid. Das kann man bei Diplomaten nicht sehen. Ihr Job ist der Ausgleich und nicht das Statement. Er ließ noch ein Taxi rufen, Händedruck und schon saß ich im Taxi Richtung Bahnhof. Der Cappuccino hatte zwar fast 15 Minuten Zubereitung gedauert, der Starbucks war aber besser. Gut, dass ich die Idee mit dem Konsulat umgesetzt hatte. So rundet sich ein Bild ab und neue Kontakte können nur hilfreich sein.

Bahnhof Shanghai – bereits bekannt von der Ankunft mit der Warteschlange am Taxistand. Dieses Mal wird es keine Durchgangsstation, sondern eine Wartehalle für mich für 2,5 Stunden. Das parallel gebaute Terminalgebäude für den Flughafen dürfte den gleichen Baustil haben. Groß, größer, am größten. Zwei Stunden zum Entspannen und Verarbeiten.

Städte sind Orte, die mir für kurze Zeit gefallen und auch viele Eindrücke über das Leben in einem Land vermitteln. Ohne diese Eindrücke ist die Beurteilung eines Landes nicht möglich, in China schon gar nicht. Hier entsteht die Zukunft in der Stadt. Nach Peking, Jiaxing, Ningbo und Shanghai wird Hongkong den Reigen abschließen. Auf dem Schiff wird es ruhiger zugehen, elf Tage Auszeit vom Land. Einen Rückblick auf den ersten Reiseabschnitt wagen als Zwischenbilanz einer Tour, die bisher alles in sich hatte. Spaß, Freude, Lachen, Tränen, Traurigkeit und Langeweile, aber alles in einer Mischung, dass ich in mir nur Freude empfinde, den Reiseplan in die Tat umgesetzt zu haben.

Die Frage, ob eine solche Reise zu zweit schöner wäre, kann man nur beantworten, wenn man diese Reise allein und zu zweit gemacht hat. Anders ist eine Alleinreise auf jeden Fall. Ich schätze es inzwischen sehr, immer nur für mich entscheiden zu müssen. Kein Umschauen, wo bleibt der andere und kein Hinterherrennen.

Pünktlich um 20:09 Uhr fährt der China-ICE ab. Immer minutengenau. Beim Buchen hat Horst einen kleinen, aber folgeschweren Fehler gemacht, was mir den Preis von nur ca. 70 Euro für 1200 Kilometer nachträglich erklärte. Eigentlich wollte ich Schlafwagen buchen, aber aufgefallen ist mir die Fehlbuchung erst, als ich nach dem Einsteigen von einer Schaffnerin den Platz zugewiesen bekommen habe. Waggon 1, Sitz 6C. Das bedeutet in der 3er-Sitzreihe den Platz am Mittelgang. Hat auch Vorteile bei schwacher Blase. So schnell enden Träume von Schlafwagen, und Landungen beginnen dort, wo die meisten Chinesen landen. Im Großabteil mit 100 Personen mit 2er-Reihe links und 3er-Reihe rechts. Sitze nicht verstellbar.

Als Badener jammert man nicht lange rum, sondern gewinnt der neuen Situation das Positive ab. Zum Kennenlernen von Lebensbedingungen gehört auch das Kennenlernen von Zugfahren im Normalabteil. Normalabteil auch deshalb, weil der Zug bis auf den letzten Platz besetzt ist. So kommt zum gehörten auch noch das gefühlte China. Passt super.

Die Fahrt wird 10 Stunden dauern, d. h. Sitzschlaf ist angesagt wie zu Fernfahrerzeiten mit dem Kopf über dem Lenkrad. Das garantierte das Aufwachen nach spätestens 30 Minuten, die einzige Methode, pünktlich anzukommen. Schmerzhafte Erfahrungen mit glorreichen Fahrzeiten. Meistens auf zwei Tachoscheiben. Ist aber verjährt.

Was mich berührte, war eine junge Frau mit Säugling, die links neben mir in der 2er-Sitzreihe saß. Ihre Gesichtszüge waren den von Uli ähnlich, der liebevolle Umgang mit dem Baby beim Stillen auch. Es war ein warmes Gefühl, wie ein lebendiges Erinnerungsfoto an die schönste Zeit meines Lebens. Bilder in Alben sind tote Bilder und machen traurig. Das hier war eine andere Erfahrung. Erst am Morgen bemerkte ich, dass ihre Haarfarbe die gleiche war und sie auch einen Zopf geflochten hatte. Aber eine solche Zugfahrt beschert nicht nur Erinnerungen dieser Art, sondern bieten Real-Kino pur. Da ich noch nie in einem solchen Waggon eine Nacht erlebt hatte, bin ich weitgehend wach geblieben und habe gelesen und geschrieben.

Aber das Beste waren meine Spaziergänge ab und zu durch den Waggon. Ohne Selbstbeherrschung hätte ich mich kaputtgelacht über die Gesichter der hängenden Backen, über die zwischendurch Schnarchsiechenden und die Original-Egerland-Röhrer. Dazwischen Muttis mit Kleinkindern auf sich oder auf dem Schoß liegend. Säuglingsgeschrei und Muttis, die schlaftrunken ihre Brust den Säuglingen in den Mund quetschen und weiterschlafen wollen, wodurch ein Still-/Lautvorgang durchaus als Komposition eines „Cry-Saug-Cry-Songs“ gelten könnte. Am besten hörte sich der Song an, wenn das lauteste Duo zum Lobgesang auf die Mutti anhob. Zu gerne hätte ich mit der Mundharmonika und der Gitarre diese feinherben Säuglingslieder begleitet. Ohne Kenntnisse der chinesischen Reaktion auf Schlafentzug war mir das kurz vorm Erreichen des ersten Containerschiffes zu gefährlich.

Leider gebot es die Gastfreundschaft, keine Fotos zu machen. So viel kennt der badische Bauer noch aus seiner Erziehung. Diese und ähnliche Gesichtsausdrücke kann er ja auch zu Hause haben :), allerdings mit deutschen Gesichtern, und ich fand die Chinesen die einen Hauch besseren Darsteller, weil sie keinerlei Versuche machten, irgendeinen Muskel im Gesicht noch halbwegs straff zu halten. Alles hing und fiel, je nachdem, wie der Kopf gebettet wurde.

Tag 19: Dienstag, der 7.11.2017
Shanghai – Shenzhen – Hongkong

Die Nacht der vielen Tunnel und Reisfelder, für viele wohl eine gewohnte Schreckensnacht, bei der am nächsten Tag der Halbschlaf sicher seinen Tribut fordert. Ich hatte noch das E-Book „Herr Lehmann“ gelesen und für eingeschränkt lesenswert befunden. Alltagsgeschichten, wie sie millionenfach vorkommen, literarisch aufbereitet mit kunstvollen Sätzen mit allen Kommas und sonstigen Zeichenfolgen bestückt. Mal sehen, ob ich auch einen Lehmann hinbekomme, wenn ich die ganzen kleinen Reiseabenteuer mit genügend Kommas hinbekomme.

Eine Tagfahrt auf dieser Strecke wäre sicher auch reizvoll gewesen, aber das Erlebte der Nacht ersetzt Landschaften, zumal China bereits sehr viel an Landschaften geboten hatte. Nicht immer gibt es alles, so wenig wie es alles immer gibt. In einem Land, wo so viel geschafft wird, war es beruhigend zu sehen, dass es auch

Die Skyline Hongkongs

noch chinesische Landsleute gibt, die schlafen. Die nächste Baustelle wartet schon. Der neue Bahnhof in Shenzhen – lange wird das nicht dauern.

Um 6:30 Uhr war der Zug in Shenzhen. Wie gewohnt auf die Minute genau. Umsteigen in den Bus Richtung Hongkong war angesagt, aber der Bus kam nicht, was in China nicht passieren darf. Eine Beamtin sammelte die Tickets ein und fünf Minuten später war ein Kleinbus organisiert, der mich mit zwei weiteren Gestrandeten an die Grenze von Hongkong brachte. Der Verkehr war bildlich gesprochen ein Tausendrädler, der von Ampel zu Ampel kroch.

An der imaginären Grenze wurde ich abgesetzt und durfte mich dann mit Mund, Händen und Füßen durch einen riesigen Gebäudekomplex über verschiedene Personen- und Gepäckkontrollen auf die andere Seite der Halle durcharbeiten. Die zwischenzeitliche Irritation über die „Immigration-Schalter" konnte ich bei logischem Denken selbst auflösen. Ich verlasse China und immigriere nach Hongkong, das trotz Zugehörigkeit zu China einen Sonderstatus als „Stadt im Land" besitzt. Auf der anderen Seite weiter durchgefragt, bis ich im richtigen Bus landete, der eine ganze Reihe von Berufstätigen und Geschäftsreisenden ins Zentrum von Hongkong transportierte. Meine nach der langen Nacht asiatisch aussehenden Augen nahmen während der Fahrt durch reizvolle Landschaften wieder ihre ursprüngliche Form an.

Das Parkhotel in einem belebten Stadtviertel sieht außen schäbig aus, innen aber ok mit etwas zu viel Pomp im Eingangsbereich und alten Teppichen in den Fluren. Einchecken im 3. Stock, wurde mir von einem freundlichen Uniformierten erklärt, und in Erinnerung an meine bisherigen Fahrstuhlerlebnisse wurde aus der bisherigen Morgenmüdigkeit eine mittelschwere Aufregung.

Noch während ich im Fahrstuhl überlegte, ob ich jetzt 2 oder 3 drücken muss – Studierte stellen sich ja immer solche Fragen, weil das EG vielleicht mitzählen könnte – drückte ein gerade noch durch die sich schließenden Türen schlüpfender dynamischer Anzugstyp die Acht. Ok, dann eben erst zur 8 und dann zurück zur 3 und, falls das falsch sein sollte, zur 2. Mein Plan stand fest und ich schmunzelte über die sich anbahnende Wiederholung der Fahrstuhlkatastrophe in Peking, während sich der Gegenüber wohl dachte, an ihm stimme was nicht. Noch bevor wir an der 8 waren, hatte er sich im Fahrstuhlspiegel von oben bis unten alles zurechtgerückt und pedantisch die Öl-Fett-Nach-Hinten-Frisur auf abstehende Haare geprüft. Offensichtlich ein wichtiger Termin oder ein Seitensprung während der Brötchenpause in der Bank.

Hoffentlich hat er in diesem Falle genügend Haaröl, Fett und Deo dabei, damit seine Kollegen nach der Pause nichts wittern, denke ich mir noch, als der Fahrstuhl, nun wieder abwärts, auf der 3 hält. Die Tür öffnet sich, ich stelle zur Sicherheit meinen Rucksack dazwischen und spähe, halb drinnen, halb draußen, um die Ecke. Nichts, kein Tresen, keine Anmeldung. Also Rucksack zurück und mit einer inzwischen eingestiegenen, etwas schrill gekleideten vollschlanken und üppig geschminkten Chinesin auf die zwei. Wollte der Banker von eben vielleicht zu ihr und hatte sich verspätet? Aber sich einmischen und auf den Freier auf der 8 hinzuweisen war mir doch zu peinlich.

Da auf der 3 keine Anmeldung war, konnte sie nur auf der 2 sein. Also raus aus dem Fahrstuhl mitsamt großem und kleinem Rucksack, der Gitarre und der Fresstüte. Die Tür schließt sich vor den mir erst jetzt in die Augen fallenden beträchtlichen Oberweiten meiner Mitfahrerin und ich stelle fest: die 2 ist auch falsch. Und wieder kommen die unsinnigen Gedanken: war es überhaupt die 2 oder die 3, habe ich vielleicht die Einsen davor übersehen, weil sich Licht gespiegelt hat? – Eine Erlöserin nähert sich und fragt auf Englisch nach meinen Wünschen. Also waren meine Augen immer noch im europäischen Rundformat. „I'm looking for the reception", kam es vorsichtig zwischen meinen Zähnen hervor, aber die Erlöserin hatte wohl schon geahnt, dass ich ein Wanderer zwischen zwei Stockwerken war. Sie drückte die 3 im Fahrstuhl und führte mich im 3. Stock zur Rezeption. Des Rätsels Lösung: Der Eingang der Rezeption liegt wohl aus Anonymitätsgründen nicht im Blickbereich des Vorraumes, sondern versetzt. Erst in der Mitte des Raumes kann man die Tür mit dem Schild „Reception" sehen. Ein freundliches Lächeln mit einem „You are welcome" lässt mich an der Rezeption zurück.

Nach dem Einchecken und dem erneuten Misserfolg als Stadtmensch brauche ich eine andere Art von Zuspruch und gehe in der Jacke aus dem klimatisierten Hotel raus und gleich wieder zurück. 27 Grad, schwül. Das kurze Hemd reicht. Kurze Schnüffelprobe am Kragen und unter den Ärmeln, Farbcheck und Urteil: Es geht noch nicht selbstständig und bleibt auch nicht stehen. Dann aber ab zu einer Fressbude. Zwei „Irgendwierouladen in Teig" habe ich mit einer Flasche Wasser zum Frühstück ergänzt. Ich war müde und es tröpfelte. Vom Himmel, nicht sonstwo.

Das Zimmer war jetzt der beste Ort, um sich zu entspannen. Mails geschrieben und gedöst. Kurz vor 18 Uhr – hier wird es schon Nacht um diese Zeit – wieder zwei Fressbuden aufgesucht und „Irgendwas Teigrollen" verzehrt. Sowohl heute Mittag als auch heute Morgen war kein Hund in der Rolle. Diesen Geschmack hätten meine Geschmacksknospen mit Sicherheit sofort erkannt und den Schnell-Auswurfapparat angeschmissen.

Vom Schiffsagenten kam das Mail, dass ich am Donnerstag, 9.11.17 um 12 Uhr abgeholt werde. Eine schöne Nachricht. Ich habe es geschafft, mit der Bahn von den Hanfwerken Oberachern nach Hongkong zu fahren. Wahrscheinlich als der erste Achertäler. Vielleicht gibt's dafür eine Ehrung.

Tag 20: Mittwoch, der 8.11.2017
Hongkong

Nach einer durchträumten und bewusstlosen Nacht wachte ich erst um 8 Uhr auf. Man ist nicht mehr der Jüngste. Wegen einer durchwachten Zugnacht gleich übertrieben lange schlafen. Ein Blick durchs Fenster verheißt blauen Himmel, abgesehen vom Smog hier.

In die Dusche, das Tai-Chi-Morgenprogramm durchgezogen und ab zum Frühstück. Die Rezeption hatte erklärt, dass es heute ein „Free Breakfast" gäbe. Free ist immer gut, außer im chinesischen Bordrestaurant der Transsibiria. Ich erinnere mich kurz an den Frühstücksoldaten, der die drei halben, diagonal geschnittenen Toastscheiben serviert hatte.

Es sollte ein Erlebnis werden. Ein Badener bleibt am liebsten zu Hause in seinem Staat. Da kennt er sich aus und da fühlt er sich heimisch. Nach Hongkong treibt es wenige freiwillig. Auch ich war eigentlich nicht ganz freiwillig da, sondern als Getriebener seines Traumes von der Reise um die Welt. Hotelfrühstücke in Deutschland war ich gewohnt von meinen Messebesuchen. Alles relativ übersichtlich, Wurst, Lachs, Schinken, Käse, Ei, Knabberzeugs und verschiedene Sorten Brot, die nach den vielen Jahren immer gleich schmeckten.

Gewarnt von dunklen Ahnungen passierte ich das Frühstücks-Check-In, ohne dies zu bemerken. Erst als die Dame vom Hotel hinter mir herrannte und nach der „Room-Number“ fragte, fiel mir dieser Fehler beim Grenzübertritt ins Restaurant auf. Ich hörte noch ein „You are welcome“. Dann sah ich nur noch Töpfe, Schalen, lange Tresen und Kochmützen hinter Edelstahlflächen. Es dampfte an allen Ecken und zig Schüsseln mit Deckeln standen in langen Reihen. Für mich, der zu Hause morgens mit einem Müsli zufrieden ist, ein Kulturschock. Ruhe bewahren, souverän wirken, fiel mir ein. Lehrjahre in der Kaufmannsausbildung zahlten sich jetzt aus.

Erst einmal an den langen Tresen vorbeischlendern, um sich einen Überblick über das Buffet zu verschaffen, gleich dem General, der vor der Schlacht mit dem Feind einen Blick auf die spätere Abschlachtplatte des Feldes wirft. Die Suche gilt in allen Hotels immer den Tellern und dem Besteck, meist gut versteckt, weil es sich bei diesen Teilen um profane Dinge des Lebens handelt, nicht um Vorzeigeobjekte. Zufrieden stelle ich fest, dass es hier auf den Tischen Messer und Gabeln gibt und nur die Teller gefunden werden müssen. Um nicht aufzufallen, umkreise ich weitere Tresen und beobachte andere Gäste bei der Suche, bis sich aus dem Kreisenden ein Columbus entwickelt, der das Telleramerika entdeckt. Unter dem Tresen, quasi in Knöchelhöhe. Nicht schlecht, denke ich, da wird jeder Teller vielleicht mit etwas Käsestaub vorprofiliert.

Ich denke kurz an die Menschen mit Bandscheibenschäden, für die das Frühstück hier zum Gang auf den Ölberg werden dürfte. Durch das lange Kreisen um den Berg war es inzwischen übersichtlicher geworden und das gezielte Abgreifen von Leckereien unbekannter Art war möglich. Zur Sicherheit aber noch zwei Tomaten und ein Speck-Ei auf den Teller mit Brot. Man weiß nie, ob es eine zweite Runde gibt. Am Kaffeeautomat streikt der Cappuccino. Also normalen Kaffee, der sich allerdings als Gebräu mit entferntem Kaffeegeschmack herausstellt.

Den Sitzplatz wähle ich so, dass ich die ganze Buffetbreite und Tiefe im Blick habe. Frühstück mit Theater und als Hauptdarsteller die Gäste. Immer wieder interessant, denke ich, wie man so Leute beobachten kann. Ohne zu werten oder zu urteilen, einfach so.

Und schon kommt ein westeuropäischer Gast mit suchendem Blick. Aha, denke ich mir, das bin ich und er schaut, während er frühstückt und die Brühe in kleinen

Schlucken trinkt, dem Europäer zu. Zunächst unsicher, dann aber souveräner kreisend und irgendwann mit einem Teller aus Amerika in der Hand, beginnt er aufzuladen. Kleine Portionen, aber stark westlich orientiert. Wurst, Käse, Ei und eine Scheibe Toast. Abgang.

Ein jüngeres Paar mit Alpenblick, er eher rund, sie vollschlank machen sich auf, das Buffet zu leeren. Erst das Kolumbus-Spiel, dann Abgreifen. Keine kleinen Portionen, volle Teller. Abgang. Neuauftritt der Vollschlanken. Sie trägt zwei Teller durch die Gegend und lädt auf. Von der Körperfülle der beiden her können sie keine Bergsteiger sein, von der Tellerfülle her müssen sie aber eine Himalaya-Besteigung vorhaben, auf der es nichts zu essen gibt.

Der zweite Kaffee ist dann ein Cappuccino. Offensichtlich war am Apparat die Milch ausgegangen, weshalb er in der ersten Fütterungsrunde nicht funktionierte. Der Cappu schmeckt aber genauso schlecht wie der Kaffee. Gut, dass im Zimmer noch ein selbst Gebrühter wartet.

Hongkong-Sightseeing-Bus

Mit dem Taxi fährt man für drei Euro ins Hafenzentrum, wo die Busse losfahren. Die erste Runde führt durch die alte Stadt, durch Straßenschluchten und an neuen Hochhäusern und Museen vorbei.

Auf der Bus-Karte kann man mitverfolgen, wo man gerade ist, und so war es leicht, irgendwann den Bus zu verlassen, um Richtung Fähre zu marschieren. Aufgrund riesiger Baumaßnahmen führte der Weg allerdings mehr an Verkehrsstraßen denn auf der Hafenpromenade entlang. Egal, irgendwann war ich im Fährhafen und stieg in die erste Fähre ein, bei der ich nur fragte, ob diese „on the other side" übersetzen würde. Hätte ich mal besser auf die Karte schauen sollen.

Ich kam auf der anderen Seite, aber an der falschen Anlegestelle an. Ich war sozusagen mit der Volksfähre an den Arbeiteranlegeplatz gefahren. Da gab es zwar auch einen Busabfahrtsplatz, aber eben nicht für meine Sightseeing-Linie. Das braucht dann seine Zeit, bis einem das klar wird, denn alle Befragten meinten „Yes" auf meine Frage, ob hier der Sightseeing-Bus anhalten würde. Selbst ein sehr hilfsbereiter Polizist war davon überzeugt.

Mit ein bisschen Menschenkenntnis war mir aber klar, hier treffen sich zwei Sprachen, die es darauf anlegten, mir die Busfahrt zu verwehren. Also nochmals auf die Karte geschaut und siehe da: Es gab eine andere Anlegestelle, zwei Kilometer entfernt, dort war ein kleiner roter Bus eingezeichnet. 28 Grad, Son-

Passagierfähre

Hongkongs Finanzzentrum

Hongkongs Armenzentrum

Hongkongs Begütertenviertel

nenschein, schwül. Gut, dass ich mit selbstlaufenden Schuhen ausgerüstet war. Zu allem Unglück war auf dieser Seite – also in Hongkong-Island – auch eine große Baustelle am Ufer entlang und die legalen Umwege als Fußgänger waren beträchtlich. So entschloss ich mich zu einer etwas lockereren Art der Straßenüberquerungen, deren teilweise acht Spuren nur geschafft werden konnten, wenn man Original-Bühler-High-End-Boots für die vielen Sprints einsetzen konnte. Aber knapp eine Stunde war ich trotzdem unterwegs, wobei ich sehr viele grüne Anlagen im neuen Hochhauszentrum genießen konnte. Dort lagen die Leute auf dem Rasen und machten Rast. Kennt man ja von deutschen Großstädten auch.

Im richtigen Fährhafen angekommen, startete gerade ein Bus der Linie „Big Bus", den ich gerade noch stoppen konnte. Sonst hätte ich nochmals 45 Minuten „verloren", obwohl die vergangene Stunde genau das Gegenteil war. Viel gesehen, Sport getrieben und ordentlich transpiriert, was ja bekanntlich die Haut am gründlichsten reinigt, nämlich von innen. Es war die grüne Tour, die durch die verschiedenen Stadtteile Hongkongs führt und an den schönsten und bekanntesten Panoramafoto-Plätzen vorbeikommt, wozu auch eine Slumsiedlung gehört – als Kontrast zum Prunk.

Kein Geheimnis: Jeder kann dem anderen auf dem Balkon beim Champus-Trinken zuschauen. Die einen schauen hoch, die anderen schauen runter. Ein bewährtes Gesellschaftsmodell.

In Stanley – dem wohl bekanntesten Stadtteil – habe ich dann eine Fahrpause eingelegt. Ein riesiges, auf mehrere Etagen verteiltes Einkaufszentrum direkt am

Hafen bzw. Strand, und wie ich erwartet hatte, ganz unten auf Meereshöhe gab es Starbucks, das vertraute Kaffeehaus dieser Reise.

Ich nahm einen Cheese-Chicken-Mozzarella-Burger, natürlich heiß, und bestellte dazu einen Cappu. Die beiden Jungs waren nicht von der schnellen Truppe, sondern gehörten wohl zum Stamme der Lahmducks und wie sich gleich herausstellen sollte, waren sie auch verwandt mit den Forgettern. Ich nahm den bereitgestellten Cappu mit dem Sandwich und setzte mich auf die Hafenmauer. Ein wirklich herrlicher Moment. Mein Gaumen verlangte geradezu süchtig – es war 13:30 Uhr – nach dem 11-Uhr-Kaffee.

Dann der erste wirklich große Schock dieser Reise: Es war kein Kaffee, es war irgendeine gesunde Brühe aus Soja und Grünkernmehl mit leichtem Marzipan-Geschmack und einem Hauch von Amaretto. Leider konnte ich den ersten Schluck nicht ausspucken, da sich gerade ein englisches Damenkränzchen neben mir für ein Foto positionierte. Eine aussichtslose Lage, das war mir sofort klar, und eine Lage, in der es keine Alternative gab, die mich einigermaßen gentlemenlike aus der Affäre kommen lassen konnte. Ein mutiger Schluck und sofort das heiße Sandwich in den Mund gestopft. So muss es jedenfalls für die englischen Damen ausgesehen haben, denn sie schauten etwas pikiert auf meine dicken Backen, wahrscheinlich verängstigt, ob ich mit der Mundfülle nicht gleich Erstickungsanfälle bekommen würde. Ich hob den Daumen, um Entwarnung zu geben.

Um das Sandwich an diesem wirklichen tollen Ort zu genießen, musste ich den Becher zwei, drei Meter entfernt hinstellen. Die Gesundheit dampfte geradezu aus dem Trinkloch. Dem Damenkränzchen den Becher anzubieten, dazu fehlte mir der Mut, aber auch die Sprache. Ich wusste weder, was Gesundheit heißt noch den Namen für Allergie, mit dem ich mein Trinkverhalten hätte erklären können.

Es wurde Zeit und beim Zurückgehen holte ich mir dann einen richtigen Cappu zum Mitnehmen, beobachtete aber den Forgetter-Youngster beim Zubereiten ganz genau, damit der Schluck aus dem Becher nicht nochmal zu einer Würgkatastrophe würde.

Am Wartepunkt standen vier Busse mit japanischen Kindern und einigen Reiseleitern. Einer davon fragte mich „Woher kommen Sie“ und ich antwortete mit „Germany“. Er konnte einige Brocken deutsch von einem Deutschlandbesuch. Er sei 66 und deutete auf mein Poloshirt, „me too“ und da freute er sich noch mehr. Er gab mir die Hand als Zeichen der Solidarität, machte noch ein Foto von mir und ich eines von ihm.

Danach gab er noch einige halbdeutsche Sätze von sich, wie z. B. „Ich love Austern" und stieg in den Bus. So ähnlich hat sich wahrscheinlich mein Badener Sprachstil zu Beginn der Reise angehört. „God shave the queen", fällt mir ein und ich denke dabei an Lady Angie von Grokonien, jenem unbekannten Land, wo angeblich die Zukunft nicht gebraucht wird, weil man schon an der Gegenwart verzweifelt, weil man die Vergangenheit verschlafen hat.

Apropos Vergangenheit: Stanley war im Krieg mit den Japanern die letzte Bastion, die den Japanern in die Hände fiel. Ihre vierjährige Terror- und Schreckensherrschaft ist bei den Hongkongern nicht vergessen. Ein riesiger Soldatenfriedhof zeugt noch von den damaligen Kämpfen im Dezember 1941, die als „Schwarze Weihnacht" in Erinnerung bleiben.

Die Rückkehr war einfach, da ich im richtigen Fährhafen mit der richtigen Fähre am richtigen Zielhafen ankam. Abends ging's nochmals in den Hafen zur Harbour-City-Lasershow, die jeden Abend um 20 Uhr beginnt. Da wird irgendein Klassiker gespielt und auf Hongkong-Island gegenüber lassen die Hochhäuser Laserfürze in den Himmel steigen. Sieht nett aus, aber am Ende hat das Fortissimo gefehlt, da habe ich als Badener mehr erwartet. Sowas wie in Ottenhöfen bei der Nacht der 1000 oder 10.000 Lichter oder wie die Silvesternacht in Berlin.

Und das Beste zum Schluss: Beim Hochfahren mit dem Fahrstuhl hat die Karte schon wieder gestreikt, aber die Putzfrau hat mir ausgeholfen. Beim Zimmerschloss war aber Schluss. Also zurück in die 3. Etage zur Rezeption. Der junge Herr faselte irgendwas von birthday und ich stellte fest, dass ich heute keinen Geburtstag habe. Da sein HONG-Englisch noch schlechter war als mein BAD-Englisch (gesprochen „Bäd") ging das eine Weile hin und her, bis er zum Stift griff. Year of birth, Date of birth. Die hatten in ihren Unterlagen das Geburtsdatum von mir nicht eingetragen, wohl den Pass kopiert. Wahrscheinlich konnten sie nicht glauben, dass ich bei meinen technischen Pannen erst 66 bin.

Nun ja. Auch hier wird nur mit Wasser gekocht. Jedenfalls strahlte der junge Mann nach der Problemlösung und ich fragte mich, ob auf mir ein Hotelfluch liegt … – oder meine badische Strahlung die Magnetisierung auf den Zimmerkarten verändert. Die Frage sollte sich noch lösen, aber leider erst in Melbourne, meiner letzten Hotel-Station.

Was dann kam, war Slapstick pur: Ich erwische gerade noch eine offene Fahrstuhlkabine – knapp, aber ohne Türberührung – und höre einen Mann spanisch fluchen, zumindest hörten sich die Laute nicht besonders lieblich an. Er hatte wohl gerade das Ersterlebnis von mir hinter sich und war froh, dass ich in Stock 13 musste. Da wollte er wohl auch hin, war aber wohl schon geraume Zeit im Up-and-Down-Rhythmus. Gut, dass ich zumindest ein leichtes Alltagsspanisch zusammenbekommen und so die eigenen Erfahrungen zum Wohle fremder Leidensgenossen einsetzen konnte. Der Worte waren es wenige, allein „Buenas Noches" und „Gracias" waren Zeichen im Sinne der Völkerverständigung.

Brüssel hätte Beifall geklatscht. Er hatte die Zimmer Nr. 1304, ich die 1303. Na, hoffentlich verflucht er mich heute Nacht nicht. Die Wände hier sind dünn. Ja, und zur späten Stunde schaue ich noch in den Kühlschrank und sehe einen anderen Spanier vor mir, Herr San Miguel in der Dose. In Hongkong, muss man sich vorstellen! Nachdem man einen Spanier getroffen hat. Da lasse ich doch lieber gleich

Hongkong in Gold und (B)lack

Hongkong eher schäbig

Alkaios von Lesbos sprechen: „In cerveza veritas". Und gleich noch für die Allgemeinbildung, leicht abgewandelt von Wikipedia: ein lateinischer Satz, der auf Deutsch heißt: „Im Bier liegt die Wahrheit". Der Verfasser des Satzes ist Alkaios von Lesbos. Der römische Historiker Tacitus beschrieb, wie Germanen bei Ratssitzungen immer Bier tranken, weil sie glaubten, niemand könnte effektiv lügen, wenn er betrunken ist.

Also am späten Abend noch so eine Geschichte erleben. Das geht wohl nur unterwegs. Ich werde – falls es klappt – mit dem Spanier morgen frühstücken. Vor dem Hinlegen versuche ich noch das Problem mit dem Licht zu lösen, das mich seit meiner Ankunft hier vor ein Rätsel stellt. Man kann das Badlicht und Hauptzimmerlicht anschalten und ausschalten, aber nur an einem Schalter direkt an der Tür. Für weitere vier Lichter gibt es keine Schalter. Für die Klimaanlage auch nicht. An den Stehlampen gibt es keinen Schalter, trotzdem gehen die Bettlampen an. Die Schreibtischlampe bleibt dunkel. Birne kaputt? Ich wechsle, aber die Birne ist ok. Ein Gerät auf dem Nachttisch fällt mir auf, das zig Knöpfe hat, und siehe da: Es ist ein Multisteuerungsgerät, mit dem alle Lampen einzeln geschaltet werden können und auch die Klimaanlage geregelt wird. Dazu noch Radio und Wecker.

Wäre jedem weitgereisten Gentleman gleich aufgefallen, sicher auch jedem Rheinländer mit seinem Talent, sich in andere Dinge einzumischen und den lieben langen Tag die Hälfte seiner Arbeitszeit zu verquatschen. Um dann noch diese rhetorischen Beschäftigungen mit der anstehenden Arbeit als „ordentliches Anpacken" zu bezeichnen. Nichts für ungut.

Hier muss ich als Badischer Landsmann eingestehen: lieber Finger weg von unbekanntem Gerät. Alle Beobachtungen über forsche Preußen und neugierige Rheinländer, die überall meinen, sie wissen, wo sie drücken müssen und denen dann der Ketchup über die Hose spritzt oder der Kaffee am Becher vorbeiläuft, führen zur badischen Sicht der Dinge: Der Badener schaut zuerst genau hin, bevor er tätig wird. Die eben erwähnten Landsmänner und -frauen legen gleich los und sind hinterher überrascht, wie sich ein lässiger Knopfdruck auf das Outfit auswirken kann. Schuld hat natürlich der Knopf oder der Erfinder des Gerätes.

3
Containerschiff „Aglaia"

Hongkong – Brisbane

Eine Traumreise durch die Südsee wird zur Reise zu mir selbst. An Bord der Aglaia kehrt die lang vermisste innere Ruhe ein.

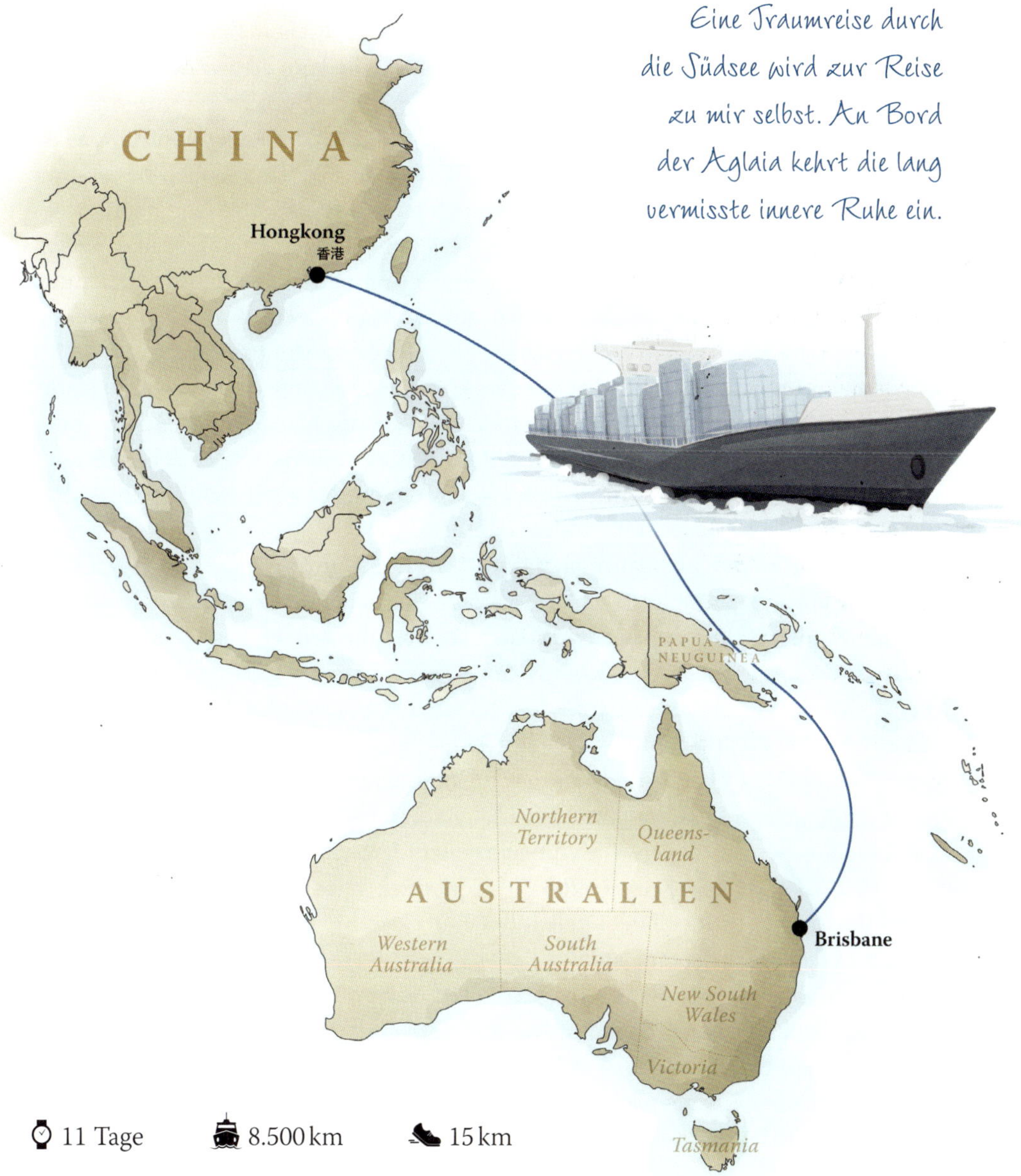

11 Tage · 8.500 km · 15 km

Tag 21: Donnerstag, der 9.11.2017
Hongkong – Containerschiff „Aglaia“
Gut ausgeschlafen geht's in die Dusche und zum „Brägfeschd“. Hier tummeln sich heute bedeutend mehr Leute und das Anstehen am Ei-Stand dauert länger. Egal, heute muss rein, was reingeht. Wer weiß, wann es auf dem Schiff etwas zum Futtern gibt.

Also zwei Teller, ein Hornisgrinde- und ein Feldbergteller sollten genügen. Mehr passt auch nicht in meinen inzwischen schlauen Reisemagen, der sich den jeweiligen Gegebenheiten anpassen kann, d.h. Hungergefühl wird ausgeschaltet, Zuckerloch wird mental ignoriert. Den Spanier habe ich nicht gesehen. Entweder er schläft den „Dschädläg“ aus oder hat einen frühen Geschäftstermin wegen der neuen Lieferung „San Miguel“.

Danach zusammenpacken, auschecken und Gepäck an der Rezeption stehen lassen. Der Agent des Schiffes hat noch ein Mail geschickt, dass er mich bereits um 11:45 Uhr abholt. Die Zeit bis dahin nutze ich noch, um einen zusätzlichen Fress- und Saufbackpack zu kaufen in einem der Geschäfte, die sich im Rabatt überbieten. Danach süße Kekse, Haribo – und das Wunder von Hongkong: Ich fand Hanuta. Gut, dass nur noch zwei da waren, sonst wäre der Fressbackpack zu klein gewesen. Das Bier wollte ich nebenan kaufen, aber der Laden hatte wohl am Tag zuvor dichtgemacht. Gitter davor, fertig. Wieder eine gescheiterte Kleinexistenz, die sich wahrscheinlich jahrelang mit den gemachten Schulden rumschlagen muss. Allein in der Hotelstraße werden mindestens zehn Lokale derzeit renoviert, d.h. zehn Existenzen sind entweder reich geworden oder – was zumindest auch sein könnte – jetzt bettelarm.

Um 11:30 Uhr stehe ich vor dem Hotel, um 11:32 Uhr fragt mich ein elegant gekleideter junger Mann, ob ich Mr. Trapp wäre. Ich sehe zwar mit meinen Kleidern und dem Gepäck nicht aus wie ein Mister, aber für ihn bin ich einer. Mit schickem Auto geht's durch die Stadt in den Hafen, wo er meine Ausreise organisiert. Und dann geht's in die Containergasse 7-8/F Terminal EAST, wo die „Aglaia“ gerade beladen wird. Das Schiff misst 270 Meter Länge und 33 Meter Breite, wurde 2011 gebaut und gehört eher zu den mittleren Containerschiffen. Klein kommt sie mir nicht vor. 19 Mann Besatzung inklusive Kapitän, sieben Nationalitäten, davon neun Filipinos für die eher öligen Maschinenarbeiten. Laufen unter dem Begriff „Oiler“, „Fitter“, „AB“ und „OS“. Knapp 4200 20"-Container – das sind die kürzeren – kann der Kahn laden. Auf der bevorstehenden Fahrt nach Brisbane ist er voll beladen. Soweit zu den technischen Daten.

Direkt an der Treppe wurde ich abgesetzt. Mit großem Rucksack auf dem Rücken, den beiden kleinen in einer Hand und der Gitarre in der anderen stieg ich die wacklige Treppe, sprich Gangway hoch, als auch schon ein Matrose mir entgegenkam und mir das Kleingepäck abnahm. Ein Verhalten, das nicht auf allen Containerschiffen zu Hause ist, wie sich noch zeigen sollte.

Ich wurde zum Chief-Room gebracht, wo mir zwei weitere Matrosen und der Koch, ein Russe, guten Tag sagten. Danach ging's in meine Kabine im obersten Stock. Aber nicht auf Treppen, nein, mit einem Fahrstuhl von Deck A auf Deck F. Der Matrose meinte „Sometimes not in operation". Gut, dass ich unterwegs dazugelernt hatte, sonst hätte ich als Landbauer schon das Schlimmste befürchtet, da ich nur das Wort „Operation" verstanden hätte. Kaum auf dem Schiff und dann soll's schon zur OP gehen? Irgendwie werde ich mit Fahrstühlen auf dieser Reise nicht warm.

Die Tür geht auf, vor mir eine große Kabine mit Wohnzimmerecke, Schreibtisch und Schlafraum mit Doppelbett. Dort auch eine Dusche mit WC und Kleiderschränke. Ich bin platt, so platt wie schon lange nicht mehr. Vier große Lukenfenster nach vorne machen den Raum, also genauer gesagt, mein Arbeitszimmer, taghell. Auch das Schlafzimmer mit einem Lukenfenster ist hell. Das Doppelbett fühlt sich schlafwohl an. Fest, aber nicht hart. Eine solche Kabine kann man durchaus für die Flitterwochen empfehlen, aber auch für gemeinsame Tage, um zu testen, ob eine Beziehung für die nächsten Jahre noch tragfähig ist, oder als Zwischendurch-Liebesurlaub, um eingefahrene Verhaltensmuster gemeinsam zu überdenken oder/und um neuen Schwung in ein über die Jahre hinweg entstandenes Zweckverhältnis zu bekommen. Da klingelt mir immer das Satz eines großen Philosophen in den Ohren, der auf die Frage aller Fragen: „Was ist Liebe?" die Antwort gab: „Liebe ist nichts anderes als die Angst vor dem Alleinsein."

Starke Worte mit mehr als einem Kern Wahrheit. Die Zahl der Kürbiskerne dürfte eher stimmen. Oder eben allein mit dem Ziel, wieder für eine Zeit zur Ruhe zu kommen, Bilanz zu ziehen, Zukunft zu entwickeln, Pläne zu schmieden und Ballast über Bord zu werfen. Kein WLAN, kein Telefon, Telex und Satellitenempfang nur für Notfälle und die Schiffsführung. Wer sowas nicht verträgt, sollte Kreuzfahrtschiffe bevorzugen. Alles wie zu Hause, nur dass man den kleinen König spielen darf.

Eine Klimaanlage sorgt dafür, dass bei den vielen Möglichkeiten Überhitzungsschäden vermieden werden und bei erhöhtem Transpirierungsvolumen die Luft wieder getrocknet und die sich daraus ergebende persönliche Raumparfümierung neutralisiert wird. Eine vorausschauende Lösung, wenn man bedenkt, dass sich auf diesen 45 m^2 die verschiedensten Individualisten ausleben und auslieben möchten. Denke ich mir so im ersten Moment und genieße ein unbeschreibliches Gefühl beim Gedanken, dass morgen früh das weite Meer alles sein wird, was ich aus diesen vier Luken sehen werde. Dazu noch die oberste Containerfläche, bestehend aus ca. 140 Stück 40"-Containern.

Außerdem ist – und das darf nicht zu gering eingeschätzt werden – die 45 m^2 große Fläche auf zwei Räume verteilt. Das gibt Luft zum Atmen und Bewegungsfläche.

Alle bisherigen Hotelzimmer waren dagegen jämmerliche Hasenställe mit Pipapo aufgemotzt, aber halt immer das Gefühl der Enge. Jedenfalls sollte die Wohn-/Schlaffläche mit Sanitärzelle für alle Arten von körperlicher und geistiger Betätigung reichen. Falls nicht, gibt es noch einen echten Power-Fitnessraum, TV-Raum (für Raucher), TT-Raum und einen kleinen Pool. Außerdem stehen alle begehbaren Flächen auf dem Schiff zur Verfügung. Treppensport von Etage A bis H ist möglich. Stufenzahl jeweils sieben plus Wechsel und nochmal sieben, gibt zusammen 14 Stufen mal acht Stockwerke, also 112 Stufen. Der häufigste Weg von meiner Wohnung zu Deck B – der Messe – sind vier Stockwerke mit also 56 Stufen. Täglich dreimal runter und dreimal rauf, das macht 336 Stufen. Nur am Rande vermerkt. Für Fußkranke gibt's den Fahrstuhl.

Das Athleten-Körper-Formungsangebot habe ich nicht genutzt aus Angst, süchtig zu werden und später im Outback dann mit der Sucht dumm da zu stehen. Weit und breit keine Geräte, vielleicht ein paar Knochen von überfahrenen Kängurus für Wurfübungen.

Endlich eine Atempause in der „Owners Cabine" nach einer zuletzt doch anstrengenden Städtetour. Zu Hause würde ich jedem den Vogel zeigen, der mir so eine Tour vorschlagen würde. Aber wenn schon in China, dann mitnehmen, was geht. Fast schon schwäbisch, aber nicht ganz. Der Schwabe hätte sich die Sightseeing-Bustickets gespart und wäre gelaufen.

Ich glaube, das werden elf herrlich ruhige Tage an Bord und vor lauter Begeisterung ob der kommenden Zeit packe ich die Gitarre aus und spiele „The End of Zenobia".

Wie jeder sehen kann, ist das Owner-Office mit exakt dem ausgestattet, was ein moderner Traveller heute benötigt, wenn er während der Reise auch mal in die Beamtenrolle schlüpfen möchte: Kaffeebecher, Süßgebäck und Lesestoff. Dazu der aufgeklappte Laptop und die Tastatur für den Adler, der in den meisten Amtsstuben auch heute noch auf Kosten des Steuerzahlers tägliche Partys feiert. Zumindest in den Pausen zwischen Lesen, Kaffee trinken, Kollegenplausch, Denken und Warten auf den Feierabend. Ich bin leider ein Zehn-Finger-Schnellschreiber, der dem genüsslichen Tastensuchen obiger Staatsdiener keine Erregung abgewinnen kann.

Nicht ganz passend, auf ein Schiff zu gehen und vom untergegangenen Schiff zu singen. Vielleicht gerade deswegen, weil man überlebt hat. Da hat man gut singen.

Ein bisschen ist das wie die Freude als Kind auf Weihnachten. Man freute sich auf etwas und wusste meistens nicht, was es werden würde. Manchmal war man nach der Bescherung glücklich und manchmal enttäuscht. Aber vor der Bescherung war man einfach nur voller Vorfreude.

Ich kann mich an beides erinnern. Auch daran, dass meine Eltern eigentlich bettelarm waren, bei dem geringen Verdienst meines Vaters als Arbeiter. Meine Mutter

Die „Owners Cabine“: Wohnzimmer und Büro

hat noch für Leute Kleider genäht, um einigermaßen über die Runden zu kommen. Oma steckte ab und zu einen 50-DM-Schein zu. Die Milch gab's von dort kostenlos. Na ja, nicht ganz. Wir Kinder mussten über das Jahr hinweg Erdbeeren pflücken, zwei Wochen Zwetschgen ernten, fünf Tage Dickrüben schneiden, fünf Tage Kartoffeln ernten und zu allem Unglück bei der Heu- und Getreideernte helfen, wenn andere Kinder ohne bäuerliche Herkunft im Schwimmbad lagen. Die habe ich immer beneidet und mich bedauert. Das schönste war noch, im Winter mit einem speziellen Widerhaken Heu aus dem Heustall für die

Fitnessraum

End of of Zenobia 17.6.11 **6** **1**

Zenobia 04.06.1980

E
Ship in a night
A
Men are allright
E
Midnight near Cyprus
E E-kf-Wechsel
Ship on the side, ship on the side, on the side.
E
Midnight near Cyprus,
A E
nothing, nothing allright
E kf
Water so deep
E kf E E
Sea so wide , so wide , so wide

Moon on the sky

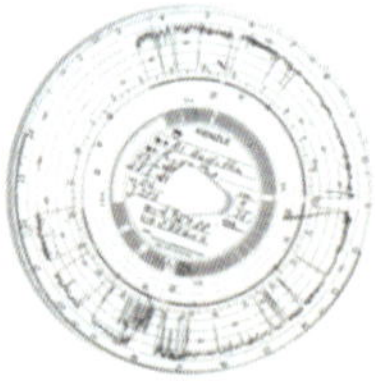

150 truckers are afraid

sitting with shorts outside on board, outside on board

Some man is thinking on his wife

children at home , so nice, so nice

some man is praying, asking for got

how many hours I still have to life.

Morning has broken

4 hours between fear and hops

A bird is coming, open the sky, open the sky

A bird like an Angel of the night

maybe everything will be allright

150 men leaving the box (Sarg)

rowing with little boats, rowing with little boats

to a new, new live

Arriving at Cyprus

only dressed with his shorts

the ship was sinking with 50 loaded trucks

A Bird takes every trucker at his home

his wife an his childrens not have to life alone

From the trucks, witch are sleeping with Zenobia on the ground

you will never hear, you will never hear the machine, the machine sound.

Kühe zu holen, da wir mit dem Haken richtige Höhlen in das gestampfte Heu vortreiben konnten. Stauballergien gab's damals wohl noch nicht. Laut heutiger Forschung hing das damit zusammen, dass wir als Kinder auch mit der Kuhscheiße spielten.

Das war in den 50er-Aufbaujahren. Erst viel später wurde mir klar, was es für meine Eltern bedeutet haben muss, irgendwie zu Weihnachten etwas zur Seite zu legen, damit sie bei uns sechs Kindern das Strahlen in den Augen sehen konnten.

Draußen werden im Akkord Container geladen. Ich werde mich mal umschauen. Irgendeiner der Matrosen hatte was von Essen um 13, 13:30 Uhr gesagt.

Aber zuerst noch einen Selbstgebrühten mit einem Hanuta. Immerhin ist es längst 11 Uhr vorbei. Es ist zwar beschämend, im Hafen von Hongkong Hanuta zu essen, aber andererseits: Wo sonst in der Welt kommen alle Kulturen zusammen? Vermutlich kamen die Hanutas mit einem Container, original verpackt ohne irgendwelche Übersetzung. Wo gibt's das noch in unserer geregelten Sicherheitswelt? Ich stehe zu meiner Kulturstandhaftigkeit. Die Haribos kommen später dran und die Schokokekse aus China werden auf dem Meer den Kaffee versüßen.

Nach einem längeren Rundgang auf dem Schiff kenne ich schon einige Räume und habe auch den Kapitän kennengelernt. Ein drahtiger, sympathischer Typ, der mir sofort das Steuerungsdeck zeigt. Hier kann ich jederzeit hinkommen und an einer italienischen Kaffeemaschine einen Kaffee brühen mit besten frisch gemahlenen Bohnen. Bei einer netten Unterhaltung über alles Mögliche stelle ich fest, dass mein Englisch immer weiter ausgreift und mir Worte einfallen, die ich seit 35 Jahren nicht mehr gebraucht habe. Ohne Englisch wäre eine solche Reise mühsam, denke ich mir. Der erste Officer kommt und meldet dem Kapitän, dass er ein paar Mails lesen und beantworten muss, worauf dieser meint, dass die Bearbeitung von Papieren die Hauptaufgabe des Kapitäns geworden sei. Ich kommentiere diese überall um sich greifende Schreibwut mit den Worten: „The vocabulation ‚Officer‘ is coming from Office“, worauf die beiden kurz stutzen und dann loslachen.

Wifi gibt es nicht an Bord, aber der Kapitän bietet mir an, dass ich über seinen privaten Account Mails an die Familie schreiben kann, die er nach Absenden sofort löschen würde. Ich bedanke mich und erkläre, dass ich durch meine Lkw-Fahrten in den Orient oftmals drei Wochen unterwegs war, ohne nur einmal Kontakt zur Familie zu haben, weil es damals kein Internet gab. „And your wife has waiting three weeks?“ Ich erkläre ihm, dass für mich auch heute noch die Devise gilt: Kein Anruf ist immer gut, worauf er eine Weile überlegt und dann lächelnd bestätigt.

Zu Beginn der Unterhaltung hatte er noch gescherzt, dass er in mir einen gewichtigen Passagier an Bord erwartet hätte, also nicht gesellschaftlich, sondern körperlich. Dass ich mit 66 eine ähnliche Figur wie er habe, hat ihm sichtlich gefallen. Na also. Er ist 56, also zehn Jahre jünger. Sein Sohn ist 18, mein Sohn ist 27, wir haben wohl zum jeweils selben Zeitpunkt angefangen, uns um die Rentenzahler der Zukunft zu kümmern. Ernährungsmäßig geht es hier sicher sehr gut zu. Und trinkmäßig kauft man das Bier in Kästen. Die Sauferei würde also kein Ende nehmen, wenn man saufen wollte.

Kapitän Dariuz im Kapitänsbüro

Um 17:30 Uhr gibt es Abendessen. Eine Art Maultaschen mit Salat. Sehr gut. Dazu kann man sich Obst nehmen oder Brot mit Käse und Wurst. Also auch ein Wurstfreak bekommt hier etwas geboten. Aber keine zehn Sorten. Zwei!

Um 19:30 Uhr legt die „Aglaia“ ab, d. h. sie wird von einem kleinen Schlepper ins Hafenbecken gezogen und dort gedreht. Der Reiseabschnitt II beginnt mit einer 10.000-Lichter-Ausfahrt aus dem Hafen. In diesem Moment muss ich eingestehen, dass die Lichternacht in Ottenhöfen dagegen eher bescheiden daherkommt. Aber dafür originärer und nicht so verschwenderisch im Umgang mit Energie.

Ein letzter Blick zurück auf Hongkong, einer Stadt zwischen Turbokapitalismus und schlimmster, für uns in Deutschland kaum vorstellbarer Armut und üblen Lebensbedingungen. Kein Ruhmesblatt für England als Mutterland der ehemaligen Kronkolonie. Die spektakulären Bilder aus Licht, Wasser, Brücken und Hochhäusern werden immer kleiner und verschwinden irgendwann.

Nach dem Durchfahren der ganzen Bucht mit den vielen Inseln sind wir um 22 Uhr auf dem offenen Meer. In einem längeren Gespräch mit dem 2. Officer – vielleicht 30 Jahre alt – unterhalten wir uns über Großstädte, von denen er aufgrund seiner Tätigkeit schon weit mehr gesehen hat als ich. Sein Fazit: Alle neu-

Abschied von Hongkong: Die Tsing-Ma-Brücke, 1177 Meter lang

en Großstädte sind gleich. Hochhäuser, Glaspaläste, Brücken, Türme, ob in Dubai, Sydney, Hongkong, Shanghai, New York oder sonstwo. Dazu viele Menschen, viel Verkehr, viel Gestank, viele Gegensätze. Überall die gleichen Erfahrungen. Er fährt nach diesen Erfahrungen der letzten Jahre – falls es überhaupt längere Liegezeiten gibt – in Kleinstädte oder Dörfer, um besser zu sehen, wie die Menschen in diesen Ländern leben.

Genau die gleichen Gedanken zu den Städten habe ich seit Shanghai und nach Hongkong noch stärker. Es ist ein gegenseitiges Übertrumpfen an Rekorden, deren Sinn sich nicht mehr an Notwendigkeiten orientieren, sondern Selbstläufer geworden sind für Investoren, die nicht wissen wohin mit dem vielen Geld. Da wird eben Glas-, Stahl- und Betongold produziert nach dem Motto: Nach mir die Sintflut. Um auf den Trichter zu kommen, scheint es aber notwendig zu sein, mehrere Städte zu sehen und genauer hinzuschauen. Nicht nur vom Glas blenden lassen, sondern um die Ecke spionieren, wo aus Glaswänden schäbige Häuserwände und Kleinstwohnungen mit vergitterten Fenstern ohne Sonnenlicht einen das Grauen lehren. Da sieht man die kleinen Leute, wie sie mit allerlei Handel und Handwerk versuchen, sich über Wasser zu halten. Selbst alte, gebrechliche Männer und Frauen ziehen noch irgendeinen Karren durch die Gegend, auf dem sie einsammeln, was auf dem Recyclingmarkt ein paar Kröten bringt.

Eine Reise dient der Erweiterung des Horizontes, was auch bedeuten kann, dass bestimmte Dinge nicht über den Horizont hinauskommen, weil sie, trotz ihren Versuchen, sich individuell zu präsentieren, in der Summe einfach nur universal sind. Allgemein üblich, weltweit verbreitet und nichts Besonderes, höchstens Hingucker. Das war's dann auch schon. Um die Ecke kommt das nächste und dann wieder das nächste und immer so weiter. Ich werde mir auf dem Schiff die vielen Fotos und Videos anschauen, um die Reise nochmal Revue passieren zu lassen. Mit Abstand zu den Reisetagen ein erstes Fazit ziehen, frei von Tagesstimmungen.

Es ist 22:30 Uhr – müde falle ich in das herrliche „Owners bed" und werde vom leichten Schaukeln in den Schlaf gewiegt. Nicht geschüttelt wie in der Transsibiria.

Tag 22: Freitag, der 10.11.2017
Tag 1 auf See – hinter dem rechten Horizont Vietnam
Die erste Nacht an Bord und die gleichen Gefühle wie einst auf der Lkw-Fähre von Volos, Griechenland bis Tartous, Syrien. Du liegst im Bett und spürst ein leichtes Vibrieren der Maschinen, ein leichtes, ganz langsames Wiegen, und fühlst dich irgendwie geborgen. Du wachst ab und zu auf – bei mir ist das immer so in fremden Betten. Egal ob allein oder zu zweit. Die Ursachen mögen bisweilen unterschiedlich sein.

Schlafzimmer und Bad

Vom Schienenrattern der Transsibirischen Nächte über die Nächte in den Stadthotels kehrt hier eine eigenartige Ruhe ein, trotz des Brummens der Riesenmotoren. Du schaust aus dem Fenster und siehst das Glitzern des Mondlichtes auf den Weiten der Wasserfläche und fühlst dich einfach nur gut. Solche Momente sind es, die eine Reise unvergesslich machen. Du erinnerst dich ein Leben lang daran.

Ein Grund ist sicher das wunderbare Bett mit dem exakt richtigen Härtegrad der Matratze und einer duftenden Bettdecke. Himmelblau, wie sich das gehört für ein Schiff und natürlich im speziellen Falle für mich. Jungs bekommen nun mal von Anfang an ein himmelblaues Schlafanzügchen. Wäre ich als Frieda an Bord gegangen, wäre die Bettwäsche wahrscheinlich rosa. Ich frage mich natürlich, wie die Bettwäsche aussehen würde, wenn ich eine Frieda dabei hätte? Nach ein paar Minuten räkeln und wenden nimmt dich das Wiegen wieder mit in den Schlaf. So geht das zwei, drei Mal bis zum Morgen. Einmal stehe ich auf und schaue aus den vier Wohnzimmerluken mit Panoramablick auf die glitzernde See und sehe dabei auf dem Schreibtisch die Zeitung von Dominique, dem Schweizer liegen: „La Liberté“. Genauso fühlt sich diese Nacht an.

Ich denke kurz zurück an die Zeit, als ich 16 Jahre alt war und Che Guevara als Freiheitskämpfer in Südamerika die gelungene Revolution in Kuba nach Bolivien exportieren wollte. Seine Figur wurde zu einer der Leitfiguren bei den Studentenunruhen in den 60ern. Als Idealist wollte ich auch meinen Beitrag zur großen Weltrevolution leisten.

Die Anekdote dazu: An meinem VK-Käfer prangte als Zeichen der Solidarität mit den Freiheitskämpfern in Südamerika auf der Beifahrerseite ein A4-Foto in einer A4-Plastikhülle, sauber mit Tesaband aufgeklebt. Kopien waren damals teuer und die Hülle schützte vor dem Regen. Abziehfotos wie heute gab es damals noch nicht, deshalb auch weniger Müll. Als Kaufmannslehrling hatte ich mir mit 18 das Auto für 1200 DM gekauft mit Bankkredit und monatlicher Rückzahlung von 50 DM von meinem Lehrlingslohn von 150, später 180 DM.

Ich parkte auf dem Angestelltenparkplatz exakt so, dass Che in das Büro des Direktors schaute, nicht zufällig, wie ich eingestehen muss, sondern absichtlich. Mal sehen, was passiert. Am ersten Tag nichts, am zweiten auch nichts. Ich wusste nicht, ob ich zufrieden oder enttäuscht sein sollte. Jetzt provoziert man schon mal und keiner merkt es, dachte ich mir. Aber am 3. Tag hatte ich Erfolg. Ich wurde zum

Mein Käfer und ich

Direktor zitiert, der mir unmissverständlich klarmachte, dass ich das Auto ab morgen andersherum parken müsse. Was mich jedoch bestätigte bezüglich des Plakates am Auto, war seine zweite Bemerkung. Es stehe mir frei, meine politische Meinung durch ein solches Bild zu zeigen. Er fände das sogar gut. Aber es wäre ihm nicht möglich, den ganzen Tag beim Blick durch das Fenster einen Gegner des Kapitalismus vor Augen zu haben. Dabei huschte ein kurzes verschmitztes Lächeln über sein sonst immer streng schauendes Direktorgesicht.

Es sollte nicht die einzige Begegnung mit Direktor Kolb bleiben. Er hatte die Ausstrahlung eines Firmenchefs, wie man ihn damals aus Büchern kannte, und war Chef von ca. 1000 Mitarbeitern. Der „Alte" wurde er im Betrieb genannt, nicht abwertend, eher so was wie „der macht das richtig gut". Seine Reaktion auf mein Plakat fand ich – trotz meiner Revolutionslust – in Ordnung.

Dazu noch eine weniger erfreuliche Geschichte: Meinem Vater ging das Plakat gelinde gesagt stark auf die Nerven. Wahrscheinlich, weil er deshalb von Arbeitskollegen angesprochen wurde. Die 68er – da sind sie wieder – standen auf dem Land für alles Schlechte, alles, was nur annähernd anders war oder hätte werden können. Meine Mutter war da anders und zwar ganz anders. Sie ließ uns gewähren und schaute darauf, dass wir unseren eigenen Willen und Meinung entwickeln konnten.

Nach einem Probeabend im Gesangverein kam Vater nach Hause und riss das Plakat vom Auto. Auch meine Mutter konnte das nicht mehr verhindern. Es war wahrscheinlich einer der Schlüsselmomente im Leben, der einen Teil meines Selbstwertes formte. Ich spürte innerlich eine Riesenwut, wusste aber auch, dass ich jetzt – 18 Jahre alt, damals noch nicht volljährig – etwas Symbolhaftes tun musste, das meinem Vater zeigte: Es ist aus mit Bestimmen, und vor mir brauchte ich – um ganz groß auszuholen – ein unvergessliches Fanal. Ich nahm seelenruhig den Autoschlüssel und fuhr vom Hof in die Nacht. Morgens zur Arbeit, abends nach Hause. Den Che im Ausbildungsbetrieb heimlich kopiert, eine A4-Hülle mitgenommen und den alten Käfer wieder zum „Widerstandssymbol" aufgewertet.

Bei uns zu Hause war jedenfalls ab diesem Tag das Thema Einmischung in die inneren Angelegenheiten des Josef W. Trapp erledigt.

Die Offiziersmesse

Das Frühstück um 7:30 Uhr in der Mannschaftsmesse besteht aus frischem Rührei mit Speck, Käse und Brot. Täglich von 7 bis 8:30 Uhr wird quasi schichtmäßig nacheinander gefrühstückt.

Bei 19 Mann Gesamtbesatzung ist immer ein Teil am Schlafen und die anderen am arbeiten oder schichtweise am essen. Dazu Kaffee aus der Kanne, stark, aber leider nicht mehr heiß. Danach spüre ich eine gewisse Müdigkeit und lege mich nochmal hin und wache nach einer Stunde wieder auf. Die Sonne scheint mir direkt ins Gesicht. Ich fühle mich fit und nach meiner täglichen selbst entwickelten Tai-Chi-Gymnastik noch fitter. Wo sind die Bäume?

Um 11 Uhr trinke ich zu Hause den 11-Uhr-Kaffee und „vergreife“ mich dabei täglich an meiner (!) Hanuta, die aus Frankfurt stammt und die ich zum Fressen gernhabe. Strafrechtlich nicht relevant als Hinweis für Nichtkenner, es handelt sich um eine Schokoladenkeksin. Dank des gestrigen Zufalls bleibt mir dieses (fast) sinnliche Vergnügen auch an Bord erhalten. Mit bestem Arabic-Bohnenkaffee aus der Kapitäns-Kaffeemaschine im Steuerraum hoch oben über den Containern. Da schmilzt dir die Schokolade im Mund und der Duft des Kaffees raubt dir die Sinne.

Auffallend sind die Fragen zuerst vom Koch, dann vom 1. und 2. Officer, wie es mir gehe. Offensichtlich haben sie erwartet, dass ein seekranker Alter über die Reling kübelt, was wahrscheinlich bei Passagieren öfter der Fall sein dürfte. Ich kann wahrheitsgemäß antworten, dass es mir sogar wunderbar gehe. Als der Kapitän auf

Gut und reichlich

die Brücke kommt, bespricht er kurz mit dem ersten Officer den Tag und kommt dann zu mir mit den Worten „You are an old seeman! When you was the first time on a Vesel?“ – „When I was 27“, und er wiederholt: „You are really an old seeman!“ Es hat sich wohl schon rumgesprochen, dass der neue Passagier des Kübelns nicht mächtig sei.

Nachdem ich ihm noch die Fotos von der Lkw-Fähre „Zenobia“ gezeigt hatte, von deren Untergang ich ihm gestern schon erzählt hatte (später mehr dazu), war ich wohl für ihn tatsächlich ein alter Seebär. Ich denke, man verzeiht mir hier, dass ich der Mannschaft nicht den Spaß gegönnt habe, sterbende Passagiere an der Reling oder über der WC-Schüssel wieder zum Leben zu motivieren.

Da ich der einzige Passagier bin, kann ich die mitgenommenen Reisetabletten leider nicht versilbern. Mit denen wollte ich die Reise finanzieren, denn Sterbende an der Reling zahlen jeden Preis beim Übergeben fürs Überleben. Hier kommt mir das in der Kaufmannslehre angeeignete Wirtschaftsprinzip zugute: Angebot und Nachfrage regeln den Preis, leicht abgewandelt in: Je größer die Not, desto höher der Preis. Mittellosen würde ich die Tabletten natürlich schenken, aber wer hier mitfährt, ist selten mittellos. Immerhin kostet der Tag zwischen 95 und 105 Euro mit dem Zusatz, dass es täglich Captains-Dinner gibt, aber ohne den Klamauk mancher Kreuzfahrten mit den halbnackten Mädels mit den leuchtenden Kerzen, die irgendeine Eistorte im festlichen Abendmahlsaal servieren, in dem ebenso festlich gekleidete Damen und Herren versuchen, Luxus zu erleben. Einmal zumindest raus aus der 3-Zimmer-Wohnung mit Bad, in der sich der Alltag abspielt. Vollversorgungs-Schnäppchen mit Vollbespaßung, jeden Tag, weltweit, millionenfach. Hat viele Vorteile, kann aber das Wichtigste einer Reise nicht bieten. Innerhalb eines groben Rahmens selbstbestimmt über die Möglichkeiten zu entscheiden, die ich für mich persönlich an den einzelnen Koordinatenpunkten zu diesem Zeitpunkt möchte.

Mittagessen an Bord, es ist höchste Zeit. 11:30 bis 12:30 – da bin ich wohl der letzte. Aber es hat gepasst, der Kapitän saß noch am Tisch und war erst zur Hälfte fertig. Und so entwickelte sich noch ein Gespräch über die von mir bereisten Nahostländer und deren heutige Situation. Irgendwie war er von meinem früheren Truckerleben beeindruckt. Vielleicht auch, weil Scania für ihn die Lkw-Marke schlechthin darstellte. Mein Gedanke, eine Fotoseite mit der „Zenobia“, dem Lkw und zwei Tachoscheiben mit jeweils 20 Stunden Fahrzeit ohne Unterbrechung mitzunehmen, war aufgegangen. Die Seite war ein Anknüpfungspunkt und holte mich von der Passagierliste mehr in die Gedankenwelt der Mannschaft. Ich war kein Schreibtischreisender, sondern jemand, der weiß, was Arbeiten heißt und vor allem auch, was es heißt, wochenlang auf Tour zu sein. Das sprach sich rum. Der Umgang war jetzt offener. Man interessierte sich für die Geschichte.

Der 2. Officer erklärte mir beim Kaffee auf der Brücke, dass wir gegen Mitternacht die Inselwelt der Philippinen erreichen und zwischen zwei Inseln durchfahren würden, auf beiden Seiten des Schiffes ca. zwölf Meilen Wasserfläche. Also nichts zu sehen, vielleicht morgen früh, wenn sich das heute trübe Wetter aufhellen sollte. Der Officer gratulierte mir noch zum Ausbleiben der Seekrankheit, die fast alle Gäste die ersten paar Tage lahmlegt und für die manche den Rest der Reise zur Alptraumbewältigung benötigen.

17:30 Uhr Abendessen, runde Fischscheiben, Fischfilet mit Spagetti, Salat. Dazu Räucherfisch – sehr lecker – und das übliche Normale, wenn einem das Essen nicht zusagt. Bisher kann ich nicht meckern.

Ich habe im Ship-Shop „San Miguel“ bestellt für den Abend. In sechs Wochen beginnt am 1. Januar die Abstinenz-Zeit bis Ostern. Das mache ich schon seit vielen Jahren und ehrlicherweise muss ich zugeben, dass diese drei Monate ohne Alkohol immer gesundheitlich und vom Wohlfühlen her die beste Zeit des Jahres darstellen. Da gibt es kein Wenn und Aber. Einzige Bedingung: Keine Ausnahmen, sonst klappt das nicht. Ob ich das dieses Mal so streng durchziehe, muss ich entscheiden, wenn es soweit ist. Auf einer Reise ist vieles anders und danach bleibt genügend Zeit, die drei Monate nachzuholen. Das ist überhaupt die Idee, denke ich gerade. Nach der Rückkehr von der „Sauftour“ bis zum 24.6.2018, meinem Geburtstag, kein Alkohol und dann aber wird gefeiert, dass die Schwarten krachen, sofern ich bis dahin wieder welche habe. Im Moment würden eher die Knochen krachen. Die Bauchschwarten sind mir irgendwo zwischen Moskau und Hongkong weggeschmolzen, vielleicht durch die Fußmärsche in den Städten oder den Stress in den Fahrstühlen. Zur Not müssen andere mit ihren Schwarten zum Krachen beitragen.

Draußen ist es stockdunkel, das Schiff fährt mit 18 Knoten (ca. 32 Stundenkilometer) durch die Nacht, automatisch gesteuert und radarmäßig überwacht. Ein Mann auf der Brücke überwacht das Ganze und greift ein, wenn er Abweichungen feststellt. Ich werde sozusagen digital durch die Nacht getragen von einem Computersteuerungsprogramm. Wer mehr Abenteuer möchte, ist auf solchen Schiffen fehl am Platz. Hier wird industriell Transportservice produziert, ein Hightech-Produkt, ohne das die moderne Weltwirtschaft nicht mehr existieren kann.

Seefahrerromantik gibt es an Bord nicht. Hier erfüllt jeder seinen Job und bleibt, solange es ihm gefällt. Eingeschworene Schiffsbesatzungen aus den bekannten Schiffsabenteuerfilmen gehören der Vergangenheit an. Containerschiffe sind moderne Fabriken für die Erbringung von Transportdienstleistungen und Lagerplatz in einem. Die Fahrpläne sind getaktet und in die Produktionen der großen Industrien als ein Rädchen von vielen integriert. Das alles spielt aber keine Rolle für dich als Passagier. Du bist frei, hast keine Verpflichtungen, kannst dich fast überall auf dem Schiff frei bewegen und dir wird in allen Fällen freundlich begegnet oder geholfen. Englisch – wie schon erwähnt – sollte für einfache Unterhaltungen mitgebracht werden. Ein Wörterbuch auch. Das hilft über Lücken hinweg.

Heute habe ich auch festgestellt, dass die CD-Anlage auch USB-fähig ist, d. h. mein Aufnahmegerät kann ich zum Abspielen von Melodien einstecken. Das erste zufällige Stück, dass nach dem Einstecken kommt, ist „Zenobia". Na dann Prost. Tatsächlich, der Steward hat die 24 Spanier vor die Kajütentür gestellt. Einen Zwölfer-Karton gibt es nicht und Einzelflaschen werden nicht verkauft. Also heißt es – liebe Kinder – ran an die 0,33-Liter-Fläschlein. In Brisbane möchte ich die Dinger nicht im Rucksack tragen, lieber direkt am Körper als neue Schwarte.

Tag 23: Samstag, der 11.11.2017

Tag 2 auf See – hinter dem rechten Horizont die Philippinen – rechts das Meer

Um 3 Uhr nachts wache ich auf und bemerke, dass wir langsamer sind. Ich schaue aus der Luke und kann weit entfernt Lichter sehen von Leuchttürmen. Wir fahren durch den engsten Punkt der Route an den Philippinen vorbei. Etwa 25 Meilen breit. Da würde man auch am Tage nicht viel sehen. Das Handy meldet den Eingang von SMS. Das dürften auch die letzten vor Brisbane in sieben Tagen gewesen sein. Grüße und Antworten von zu Hause und Freude darüber, dass es mir gut

Rettungsboot

Steuerung und Schaltzentrale

geht. Wenige Minuten später gesellt sich zum Brummen der Motoren das Flattern des Gaumensegels und die beiden röhren gemeinsam Seefahrerlieder durch die Nacht.

Frühstück wie gehabt, feste Zeiten wie zu Hause. Fast die gleiche Uhrzeit. Beim Morgenkaffee auf der Brücke erfahre ich, dass um 10:30 Uhr eine Sicherheitseinweisung auf dem Masterdeck, Deck „C“, stattfindet. Den zusätzlichen Hinweis, eine Jacke mitzubringen, deute ich als Außenübungsankündigung mit Rettungsweste und Rettungsbootübung. Da bin ich gespannt.

Die letzte Übung dieser Art habe ich 1982, also vor 35 Jahren mitgemacht. Da hat die Mannschaft der „Zenobia“ Übung und Ernstfall auf rationelle Art zusammengelegt. Als Einzelfall mag das in Ordnung sein, als Modell für die Seeschifffahrt im Allgemeinen wären 30 gut dotierte wissenschaftliche Untersuchungen notwendig, um in Deutschland eine solche Frage beantworten zu können. Die Bereitschaft, Verantwortung zu übernehmen, hat sich im Dunstnebel von millionenschweren Gutachten der Kontrolle entzogen. Heute braucht ein Entscheider in der Politik keinen Arsch mehr, sondern eine möglichst große Hose, in die er möglichst viele Gesetzesbücher packen kann, auf denen er dann sitzt. Die kleine Abschweifung in die Beurteilung von öffentlichen Verwaltungen nur am Rande.

Die Übung erinnerte tatsächlich an die Situation an Bord der „Zenobia". Alle Mann – hier 20, damals um die 130 – sausen auf das Außendeck, jeder bereits mit Rettungsweste und kleinem Schlauchboot ausgestattet. Es gibt englische Anweisungen und jedes Besatzungsmitglied wird irgendwas gefragt, was wohl seinen Aufgabenbereich betrifft. Mir wird erklärt, dass das Rettungsboot Platz für alle hat, Lebensmittel und Wasser ebenso und darüber hinaus unsinkbar ist. So sieht es auch aus.

Der Bordelektriker fragt mich, was ich von der Übung halte, und ich erkläre ihm, dass ich das bereits vor 35 Jahren üben musste, wir aber nur zwei Rettungsboote mit Paddeln hatten, die mehrmals vom havarierten Schiff zum Rettungsschiff pendeln mussten. „And you are going on a ship again?", war die ungläubige Frage, „for myself this would be never never possible." – Na ja, so oder ähnlich. Er war Pole und sprach Englisch so gut wie ich Hochdeutsch. Man versteht das Gröbste und das weniger Grobe muss man sich zusammendenken.

Es geht ja nicht um den Kauf einer Waschmaschine ... der Gedanke lässt mich an meine Kleider denken, die ich heftig angeschweißt immer noch im Rucksack in Tüten eingesperrt habe. Muss heute klären, wo der Waschmaschinenraum auf dem Schiff ist. Sonst wird irgendwann der Rasierapparat notwendig, um den erntereifen Schimmel zu schneiden. Es ist 11 Uhr: Zeit für den Captains-Coffee mit meiner „Hani". Draußen wird die See silbern, der Himmel zeigt blaue Löcher – vermutlich die Ozonlöcher – die Südsee zeigt ihr schönstes Gesicht. Beim Durchsehen der bisherigen Fotos wird mir immer mehr klar, dass alle Reisen Puzzlespielen gleichen. Eine Grundvorstellung ist von vornherein da und man füllt das Bild auf mit den fehlenden Teilen. Je nach Reise mehr oder weniger Teile. Das geht von „perfekt durchgeplant ohne Überraschungseffekte" über „feste Pläne" bis zum einfach „Drauflosfahren".

Eine mehrmonatige Reise – ausgenommen, wenn man vollkommen frei drauflosfährt – folgt dem gleichen Muster, aber die Anzahl der fehlenden Teile ist noch größer, weil man sich zwar auf ein Gerippe festlegt, aber viele Puzzleteile nicht kennt, weil sie sich erst unterwegs bilden. Man startet nicht mit einem Bild, sondern mit einer Ahnung. Immer dort, wo sich – um im Bilde zu bleiben – die Knochen des Gerippes berühren, entscheidet man selbst darüber, wie diese miteinander verbunden werden. Im Laufe der Reise entsteht so nach und nach aus dem Gerippe ein Körper, der zum Schluss ein Gesicht bekommt, das alles ausdrückt, was die Reise in der Gesamtrückschau bewirkt hat.

Die Lebensreise ist vergleichbar mit einem solchen Puzzle – mit dem Unterschied, dass man nach der Kindheit versucht, die Puzzleteile so zu legen, dass sie für einen selbst passen und dabei feststellen muss, dass die Teile oft von anderen gelegt werden und selbst ein leichtes Drücken in eine andere Richtung nur schwer möglich ist. Man ist umgeben von lauter anderen Puzzleteilen, die man herausquetschen müsste, um sein Ding zu machen. Jeder kann das bei sich feststellen, wenn er zurückdenkt. Nicht wir formen uns in der Jugend, wir werden von anderen geformt, bis weit in das Erwachsenensein und darüber hinaus. Selbst die Rebellion in der Jugendzeit hilft wenig.

Die Grundsteine werden in den ersten Lebensjahren gelegt und darauf baut alles auf, was kommt. Dieser Gedanke hat mit einem Buch zu tun, das ich vor vielen Jahren gelesen habe und das mir wie folgt in Erinnerung blieb: Eine Frau verliert durch einen Unfall ihre große Liebe und bleibt mit zwei Kindern zurück. Nach dem ersten Schock und vielen Monaten tiefer innerer Einsamkeit wird ihr immer mehr klar, dass sie seelisch zerbrechen wird, wenn sie die innere Leere nicht mit Dingen füllen kann, die Erlebtes wieder erlebbar machen, um sich wieder als Lebende und Fühlende zu empfinden. Das Tote in ihr würde sonst ihre frühere Heiterkeit töten. Sie fängt an, nach und nach Einzelteile des vergangenen Lebens verschiedener Männer und Frauen zusammenzupuzzlen und kann so etwas von dem wiederbekommen, was sie mit ihrem Mann über viele Jahre geteilt und erlebt hat. Gespräche, Verstehen, Leidenschaft, in den Tag leben, geliebt werden, lieben, sich auf jemanden verlassen können, sich fallen lassen. Durch das Aufspalten des Ganzen auf verschiedene Personen ist das Erleben ihrer einzelnen menschlichen Bedürfnisse leichter zu ertragen. Ein Teil der Vergangenheit wird wieder lebendig in einer anderen Person, aber die Erinnerung an den Geliebten bleibt ein verklärtes Ganzes und braucht nie als Vergleich herangezogen zu werden. Die Tiefe in den einzelnen Beziehungen fehlt ihr zwar, aber das nochmalige Einlassen auf einer so innigen Ebene wie mit ihrem Mann ist für sie ohnehin ausgeschlossen. Einmal hat sie den Schmerz überlebt, ein zweites Mal würde sie zerbrechen.

Sie ist sich der Gefahr bewusst, in die sie sich mit diesem Spiel begibt, aber die Gefahr, seelisch vor die Hunde zu gehen, ist größer, und mit zwei Kindern ist die Verantwortung groß genug, um genau das zu verhindern. Auch mit Mitteln, die gegenüber manchen Puzzlemitspielern unfair sind.

Ich hatte beim Lesen des Buches ehrlicherweise nicht verstanden, was diese Frau zu einem solchen Verhalten bringen konnte, gab es doch immer wieder Möglichkeiten, neue Partner zu finden und mit denen zu leben. Dieses Denken hörte nach dem Tod von Uli auf.

Sie war 35, ich 42. Wir hatten drei Kinder im Alter von drei, sechs und neun Jahren. Mir und meinen Kindern flog unser schönes, mit Uli zusammengefügtes Familienpuzzle um die Ohren und viele Einzelteile werden für immer unauffindbar bleiben. Von allen gemeinsam gelegten Teilen fehlte plötzlich die Hälfte, nichts passte mehr. In dieser toten Zeit kam mir dieses Buch immer wieder in den Kopf und ich fing an mir vorzustellen, wie wäre es, wenn ...? Die Kinder waren meine drei Anker, die mich als Vater forderten, Verantwortung zu übernehmen. Aber wer sollte mir das geben, was mir Uli im Übermaß gegeben hatte? Nie hätte ich mir vorstellen können, ohne sie leben zu wollen. In dieser Zeit waren die Kinder meine Lebensversicherung. Ausstieg ausgeschlossen und das war gut so.

Aber es würde nicht reichen, das war mir klar, so klar wie selten vorher etwas klar war. In solchen Zeiten reifen Pläne, die im Nachhinein verrückt klingen für Personen, die von außen die Geschichte betrachten. Deren Meinung interessiert mich nicht. Selbst erleben, dann reden, das war meine Antwort, wenn von irgendeiner Seite ein gutgemeinter Ratschlag kam. Selbst wenn man als Paar ein Kind verliert, kann man das zusammen durchstehen. Wenn man den Partner verliert, ist man allein. Einfach nur allein! Wie oft habe ich darüber nachgedacht, wie gut es gewesen wäre, ich hätte mich nicht so tief in diese Liebe eingelassen. Der Fall wäre auch tief gewesen, aber nicht so bodenlos. Das gilt genauso für die Kinder, die ihr ein und alles, die Mutter, verlieren. Als Vater kann man diese Lücke nicht schließen. Das Beste daraus machen, ja. Mehr aber auch nicht.

Die Situation müsste man emotional verstehen, wenn man die Gedanken an das Puzzlespiel im Buch verstehen möchte. Mehr dazu in einem späteren Tagesbericht.

Der Tag an Bord eines Containerschiffes hat klare Strukturen: 7 bis 8:30 Uhr Frühstück, 12 bis 13:30 Uhr Mittagessen, 17 bis 18:30 Uhr Abendessen, zwischen 18:30 und 7 Uhr keine Unterbrechung der Freizeit, wenn man die Unterbrechung durch den Schlaf nicht mitzählt.

Heute habe ich zum Brücken-Kaffee mehr als zwei Stunden auf den kleinen Außenterrassen gestanden und habe die warme Luft der Südsee und den kreisrunden Horizont auf mich wirken lassen. Das lässt nach einer Weile die Gedanken fliegen und wenn man sie fliegen lässt, lösen sie sich tatsächlich von Alltäglichem, von Dingen daheim … Man fühlt sich irgendwann leicht mit seinen Sorgen und Ängsten, sieht das Pflügen des Schiffes als das eigene Vorwärtsgehen und das aufgewühlte Wasser der Kielspur als Vergangenheit. Irgendwann entsteht im Kopf eine erste Zeile eines Liedes, verbunden mit einer gleichmäßigen leisen Melodie. Ich hole mir meine Schreibmappe und schreibe drauf los und so entsteht aus dem Stegreif das Lied „Auf der Brücke". Jetzt nicht schreiben, bedeutet Verlust des Textes im Kielwasser. Oft genug erlebt, kein Papier zur Hand zu haben und dann war der Text einfach nicht mehr abrufbar.

Ich setze mich in meine 45-m^2-Luxus-Suite, nehme die Gitarre und spiele einige Takte, um die Melodie zu finden, die ich auf Deck im Kopf hatte. 30 Minuten später nehme ich den Song mit meinem Aufnahmegerät auf. Nicht perfekt, eher fürchterlich, aber „im Kasten".

Abends verschlinge ich noch ein Buch und unterhalte mich zwischendurch mit Miguela, der Spanierin, die gestern bei mir eingezogen ist. Sie redet zwar nichts, weder englisch noch spanisch, aber blindes Verstehen soll ja sowieso einfacher

Auf der Brücke

A E A
Du stehst auf der Brücke, vor Dir nur weites Meer
E A
Das Kreischen der letzten_ Möwen_ ist lange her
D A E
Du lässt Deine schweren Gedanken_ fliegen mit dem Wind
D A E A
Du wünschst Dir, Du wärst wieder ein Kind.

A E A
Die Sonne wirft Schatten und Abendlicht
E A
Am Horizont das Leuchten zerbricht
D A E
Du denkst an zuhause, die letzten Tage daheim
D A E A
Du willst Dich nach Jahren des Stillstands befrein.

A E A
Es tanzen Ideen, Du fühlst Dich seltsam und frei
E A
Freude und Trauer und Frieden dabei.
D A E
Du siehst_ lang_ in_ die_ Ferne zum Horizont weit
D A E A
Du hoffst, dass Dich die Reise von Vielem befreit.

Die Sonne blutrot, Du sitzt immer noch da

Lässt allen Gedanken Raum, wie es ist, wie es war.

Sortierst alle _ lässt sie fliegen mit dem Wind,

Du stehst auf_ siehst den Weg_ Du warst jahrelang blind.

Sterne am Himmel weisen den neuen Weg

Du siehst plötzlich _ wo bisher nichts war _ einen Steg

Du schreitest darüber _fühlst neue Kraft _ neues Land,

Fängst neu an mit _ Hoffnung und der Freiheit_ in der Hand.

sein als dauerndes Daherreden. Dass sie am liebsten auf dem Tisch steht, halte ich sowohl für praktisch als auch äußerst erotisch. Echt tolle Figur und ihre feuchten Küsse auf meinem trockenen Mund tun einfach gut. Um Eifersuchtsszenarien vorzubeugen, möchte ich aufklären, dass Miguela eigentlich San Miguel heißt, der in einer bauchigen Flasche daherkommt und sinnvollerweise auf dem Tisch steht und nicht im Bett liegt.

Tag 24: Sonntag, der 12.11.2017
Tag 3 auf See – rechts Indonesien – links nichts als Meer

Ich wache um etwa 5 Uhr auf, draußen dämmert es leicht. Ich habe immer noch das Lied im Kopf und einige Dinge, die ich unbedingt einbauen möchte. Ich gehe zur Gitarre, spiele ganz leise und ändere am Text einige Worte, baue andere Worte ein. Draußen kommt der Horizont im Osten in Schwung und während ich vor mich hinspiele, geht die Dämmerung über vom gelblichen Leuchten in ein immer stärker werdendes Rot.

Ich mache ein Kabinenfenster auf und herein strömt die warme Luft der Südsee, die Motoren brummen, das Schiff hebt und senkt sich leicht in der flachen Dünung, es ist einfach nur zum Heulen vor der überwältigenden Kulisse. In solchen Momenten schreibt man keinen „Balabala- und Hände-in-den-Himmelsong". Da schreibst du andere Texte und andere Melodien. Da will was raus aus dir und erst wenn es draußen ist, wenn du es hörst, kehrt eine tiefe innere Ruhe ein. Gut, dass es die Kinder gibt. Ihretwegen habe ich vor 15 Jahren wieder angefangen zu spielen, weil die Älteste Gitarre lernen wollte und sich erinnerte, dass ich ihnen früher immer Lieder mit der Gitarre oder Mundharmonika vorgespielt hatte.

Das war vor allem in der Zeit nach dem Tod von Uli, als Worte wenig taugten. Für mich schon gar nicht. Ich versuchte einfach nur, da zu sein für die drei. Mit stundenlangen Geschichten am Bett, frei erfunden mit Fortsetzungen über Wochen hinweg, wollte ich unseren drei wieder eine gewisse Sicherheit geben, dass ich als Papa da bin. Immer. Ob das alles richtig oder falsch war, ist mir auch heute noch egal. Es kam aus mir heraus und anders wäre es mir nicht möglich gewesen. Irgendwann habe ich die Gitarre weggelegt, weil sie mich zu stark an diese Zeit erinnerte. Die Mundharmonika, die mir Uli geschenkt hatte, habe ich sorgfältig eingepackt.

Bei diesem Thema fällt mir ein, dass Packen immer ein zentrales Thema einer Reise dieser Art sein wird. Egal wie du es drehst und wendest, sobald dir der Äquator bei der Planung in die Quere kommt, ist der Rucksack voller wegen den verschiedenen Jahreszeiten oder du kaufst dir die Klamotten unterwegs, wie du sie gerade brauchst. Beides gangbare Möglichkeiten. Ich habe mich für die traditionelle und aus Tramperzeiten gewohnte Ausrüstung für alle Fälle entschieden. Nur Schlafsack und Zelt blieben zu Hause, weil das Zelten in Hotelzimmern verboten ist.

Der 3. Tag auf See lädt ein zu einer Betrachtung dieses Hauptreisegepäcks: Meinem 45 Jahre alten Rucksack. Er ist voll, er ist schwer, er ist wie das Leben nach 66 Jahren. Vollgepackt mit allem, was einem über den Weg gelaufen ist. Glück, Leid, Freude, Trauer und Durchhaltewillen nach dem nie vergessenen Spruch meines Großvaters: Ein Trapp gibt niemals auf! Dieses Motto hatte ihn aus zwei Weltkriegen wieder nach Hause gebracht. Er hatte also allen Grund, dieses Motto weiterzugeben an seine Kinder und Enkel.

Ich bin aber auf die Reise gegangen, um das Gepäck von 66 Jahren zu erleichtern um alles, was nichts mehr zu bedeuten hat, was man mit sich herumschleppt, obwohl man sich jahrelang schon geschworen hat, den Ballast wegzuwerfen. Und ich sehe in allem, was im Rucksack zu finden ist, Dinge, die ihren Reisezweck haben und Dinge, die man mit sich trägt aus Sicherheitsgründen, z. B. Medizin für alle möglichen Fälle. Und Dinge, die man für sein persönliches Wohlbefinden benötigt und sei es nur das Lieblingshemd, für dessen Überleben man seit Jahren zu Hause kämpft, weil es zerschlissen ist und in den Altkleidersack soll. Aber mit dem Hemd verbindet mich mehr als ein profanes Kleidungsstück. Es ist ein Stück eigenes Leben, verbunden mit Erinnerungen, ein Stück innere Heimat. Auf der anderen Seite soll man sich trennen von dem, was einem nicht guttut. Aber wenn es beides bewirkt? Was dann? Werfe ich Schlechtes weg und das Gute gleich mit?

So überlegst du, von was du dich am einfachsten trennen könntest und hast beim Packen bereits einen Trick angewandt. Alte, zerschlissene Unterhosen nochmals waschen. Nein. Weg damit. Da hängen auch keine besonderen Erinnerungen dran, solange man nicht genau nachrechnet oder denkt: Ob die noch aus Zeiten mit anderen Mädels stammen? Es muss jedenfalls lange, sehr lange her ein, so wie die Unterhosen aussehen.

Man schaut sich jedes Stück genau an und legt es wieder zurück und merkt, dass man nicht einfach sortieren und entscheiden kann in gut oder schlecht für die Zukunft. Ich spüre, dass ich noch nicht bereit bin für diese Entscheidungen, weder bei den Kleidern, noch bei anderen Themen. Gut, dass noch drei Monate vor mir liegen. Was dann nicht entschieden ist, wird nimmermehr entschieden und ewig Ballastmaterial bleiben.

Nachdem ich gestern nach einer Waschmöglichkeit für meine Kleider gefragt hatte, soll morgen die Waschmaschine auf dem F-Deck angeworfen werden. Diese ist für den Kapitän und den 1. und 2. Officer bestimmt. Eine weitere gibt es auf dem G-Deck und zwei auf dem C-Deck für die Crew der Filipinos. Eigentlich befinden sich nur meine Jeans, meine „gute“ Jacke sowie mein grünes Lieblingshemd in einem erbärmlichen Zustand. Das Poloshirt der Marke „Ahoi66“ kommt dazu, weil es heute bei der Sicherheitsübung schwer ein- und durchgeschweißt wurde unter der Regenjacke, die bei der Übung getragen werden musste, um eine reale Situation zu haben. Durch das Auswringen konnte ich zumindest einen Liter Schweiß bereits entsorgen.

Socken und Unterhosen habe ich unterwegs im Wechsel gewaschen. Dank „Rei in der Tube“ – Mann, wie lange gibt’s das schon – eine schnelle Angelegenheit. Ein Geruchstest nach dem Trocknen garantierte, dass weder Stufe 1 noch Stufe 2 im Hygienebereich erreicht wurden. Geschweige denn Stufe ROT.
Es ist ein einzigartiges Gefühl, auf der Außenbrücke zu stehen und ringsherum nur das Meer zu sehen bis zum Horizont. Du hörst das Stampfen der Maschinen, das

Pflügen des Schiffes durch die Wellen und siehst das Kielwasser, wie es sich als Spur verliert. Momente, die du nicht vergessen wirst. Du wirst von niemandem gestört, auch wenn du stundenlang auf der Außenbrücke sitzt. Hier wirst du akzeptiert wie du bist. Du kannst reden und du kannst schweigen. Und wenn es dir nach Tränen zumute ist, kannst du diese laufen lassen. Der Wind trocknet sie dir aus dem Gesicht. Papiertaschentücher sind absolut nicht notwendig.

Und wenn du dich von einem Sternenhimmel verzaubern lassen möchtest, dann bist du hier ebenfalls richtig. Auf der Außenbrücke siehst du bei klarem Wetter einen Himmel über dir, den man sich als Bürger einer Industrienation gar nicht vorstellen kann. Das letzte Mal habe diesen in den Wüsten Saudi-Arabiens gesehen.

Du hast das Gefühl, dass du auf dem warmen Goldrandteller eines Gourmettempels liegst – je nach deiner körperlichen Konstitution als Schweinerollbraten oder Rippenspieß – und über dir siehst du statt der silbernen Abdeckhaube eine Sternenhalbkugel, nur begrenzt durch den Horizont. Kein störendes Zivilisationslicht, glasklarer Himmel mit Tausenden von Sternen. Ab und zu eine Sternschnuppe und kein Wunsch zur Hand. Wer dran glaubt, sollte eine Wunschliste mitbringen. Oder seine große Liebe. Oder beides. Sollte diese Halbkugel dunkel werden, nicht erschrecken. Die Sterne sind nicht in dein Hemd gefallen – das war ein Märchen aus deiner Kindheit – sondern es wird Zeit, ins Trockene zu kommen. Sintflutartiger Regen kann binnen Minuten dein Sterntalerhemdchen in einen nassen Sack verwandeln. Frieren trotzdem nicht möglich. Es herrschen 28 Grad warme Luft auf der Außenbrücke, drinnen 19 Grad.

Tag 25: Montag, der 13.11.2017

Tag 4 auf See – rechts Papua-Neuguinea – links das Meer

Sonnenaufgang um kurz nach 5 Uhr nach bisheriger Zeitrechnung – heute ist aber wieder Zeitumstellung – wieder eine Stunde nach vorn. Ist also schon 6 Uhr. Auf dem Schiff werden die Uhren am Nachmittag umgestellt, d.h. nach dem Mittagessen gibt es eine Durchsage für die Crew, dass ab sofort die neue Zeit gilt. Muss man wissen, sonst gibt's abends möglicherweise nichts mehr zu essen. Das Vorbeifahren an einer kleinen Insel in 15 Meilen Entfernung hat nicht gereicht, um dem Handy eventuelle SMS-Antworten zu senden. Solche Zeitabstände in der Kommunikation mit zu Hause waren abgesprochen, was nicht immer heißt, dass Leute nicht trotzdem stinkig werden können, wenn sie lange nichts hören. Da wird dann aus technischen Realitäten eine Fast-Absicht unterstellt. Abstrus, aber offenbar menschlich.

Da der Tag mit blauem Himmel und ebener See zum Wandern einlädt, mache ich mich mit dem neuen kleinen Rucksack, Wasserflasche, Fotos und Schreibzeug auf den 200 Meter langen Weg zum Bug. Und tatsächlich, hier ist es ganz ruhig. Ich setze mich auf einen Seil-Poller und lasse Ruhe und Wind auf mich wirken. Südsee pur. Warme Luft, tiefblaues Wasser, soweit das Auge reicht. Am Horizont ein paar weiße Wölkchen, die auf den beiden Bauernhöfen meiner Eltern immer als Garanten für gutes Heuwetter galten. Laut Schiffskarte beträgt in dieser Gegend die Wassertiefe immer zwischen 2500 und 7000 Meter. Der 2. Officer meinte dazu nur, dass es beruhigend wäre, wenn man immer so dicht am Land sei.

Nur ganz leise hört man das Wasser, wenn sich der Schiffsbug eine zehn Meter tiefe Furche als Fahrrinne durch das tiefe Blau pflügt. Es herrscht hier eine absolut friedliche Stimmung, man fühlt sich weit weg und die Gedankenreise nimmt Fahrt auf, synchronisiert sich mit den 25 Knoten des Schiffes.

Ich bin in Gedanken versunken, da fliegt plötzlich ein Vogel neben dem Schiff oder war es einer der fliegenden Fische, die es hier geben soll? Oder bereits eine erste Halluzination der Südsee? Fehlt nur noch, dass jetzt irgendeine Riesenkrake mich vom Deck runterzerrt. Sicherheitshalber lege ich die Fotos an einen separaten Platz. Dann hätte mich die Krake zwar mitsamt den neuen Wanderschuhen, aber die Fotos würden an Bord bleiben. Ich muss mich geradezu losreißen von diesen absurden Gedanken, da fliegt plötzlich der Fisch von eben als Möwe vorbei.

Aus den Piratenbüchern meiner Kindheit habe ich gelernt, dass Möwen kommendes Land ankündigen. Die Seekarte hatte nichts davon angezeigt. Vielleicht ein weißer Passagier, der den Abflug beim Auslaufen in Hongkong verschlafen hat.

Gut, dass ich mir meine schwarze Fischermütze mitgenommen habe. Die glühende Kugel über mir wäre für meine, angeblich Intelligenz anzeigende, überhöhte Stirn eine Zumutung. Eigentlich – das muss gesagt werden – ist es nicht meine Mütze. Ich habe sie mir ausgeliehen.

Meine Älteste hatte sie bei einem Italien-VW-Bus-Urlaub in „Cinque Terre“, 70 Kilometer hinter Genua, am Mini-Strand gefunden. Da war sie 2½ Jahre alt. Inzwischen haben die Motten einiges angefressen, trotz mehrmaliger Frostung auf

minus 38 Grad. Aber die Mütze ist auch ein Teil, an dem so viele schöne Erinnerungen hängen, dass die Entsorgung gleichbedeutend wäre mit einer Entsorgung derselben. 30 Jahre hat sie uns begleitet. Dem italienischen Fischer hatte sie wahrscheinlich auch schon einige Jahre beim nächtlichen Fischen und täglichen Netzflicken gute Dienste erwiesen. Und sicherlich hat sie auch in manches Glas tiefroten Toskana-Wein ein Auge geworfen in der Gewissheit, sich auf dem Heimweg bei Seegang 5 gut festklammern zu müssen.

Auf dem Rückweg wird mein Containerschiff nach Genua fahren und genau dort – rechts vor Genua – die Cinque Terre passieren. Dann schließt sich ein Kreis einer langen Wanderung und ich hoffe jetzt schon, dass ein frischer Wind weht (Anmerkung: Es wehte ein sehr frischer Wind … mit Folgen).
Ich sitze immer noch auf dem gelben Poller, der inzwischen Temperatur angenommen hat. Lange geht das nicht mehr gut, wirkt irgendwie wie eine Pfanne. Es fällt schwer, den Platz zu verlassen. Es ist einfach nur herrlich und tut so gut. Der warme Wind sorgt dafür, dass aufkommende Rührseligkeiten in Form feuchter Augen schnell getrocknet sind. Wenn ich mir vorstelle, jetzt mit 100 weiteren, mir unbekannten Personen am Bug des Riesenkreuzfahrtschiffes „Together-more-Fun“, als ein „Togemof“ zu stehen, dann merke ich, was es bedeutet, in Ruhe gelassen zu werden. Einfach nur in Ruhe.

Wieder fliegt ein Vogel neben dem Schiff und vor dem Schiff. Schwarz-weiß gefiedert. Vielleicht auch der gleiche, weil ich beim ersten Vogel nicht genau hingeschaut habe. Land ist nicht in Sicht, aber der Vogel wechselt beharrlich von links nach rechts und andersherum. Ich mache ein Foto, der Vogel schwingt vor mir hin und her. Es muss die Südsee sein und die Sonne oder alles zusammen. Vielleicht auch Uli. Soll es ja alles geben, solche Erscheinungen. Sie flog nach meiner Strandung auch nach Zypern, um sich mit mir zu treffen.

Die Sonne sagt gleißend „Tschüss bis morgen“, am Horizont braut sich ein Unwetter zusammen, es wird Zeit fürs Abendessen. Etwas benommen wandere ich die 200 Meter zurück und steige dann die 70 Stufen zum Deck F hoch. Ich muss aufpassen an solchen Nachmittagen. Da passieren Dinge, die man nicht einordnen kann. Südseefantasien, dachte ich bisher, sehen anders aus. Gut, dass später noch Miguela auf ein paar Küsse vorbeikommt. Vielleicht sehe ich dann hinterher klarer.

Tag 26: Dienstag, der 14.11.2017

Tag 5 auf See – rechts Papua-Neuguinea – links das Meer – Äquatorüberquerung

Um 4:30 Uhr, was gestern Morgen noch 5:30 Uhr gewesen wäre, wache ich auf. Gut, dass Miguela schon früh gegangen ist. Das 5-Uhr-Kino kündigt sich an. Wer hier mit dem Schiff fährt und liegen bleibt, kann eigentlich zu Hause bleiben. Er verpasst

Sonnenaufgang

spektakuläre Panoramen von Licht, Wolkenberge, Schattenwürfe. Die Luke auf und der warme Wind der Südsee streichelt deine Haut, ein unbeschreibliches Gefühl. Die kühle Luft der Klimaanlage wird binnen Sekunden von einem Golfstrom ersetzt, der sich in wenigen Minuten in der ganzen Kajüte ausbreitet und finnische Saunagefühle weckt. Dazu an anderer Stelle mehr unter der Anekdote „Sauna am Inarisee“ (Tag 98).

Nicht der eigentliche Sonnenaufgang ist es, der dir den Atem raubt, es ist die Vielfältigkeit der Szenen, jeden Morgen aufs Neue. Gestern hatte ich mir noch geschworen, endgültig keine Fotos mehr von diesem Naturschauspiel zu machen. Obwohl vollkommen nüchtern, greifen meine Hände nach Sam und Sony. Mein Gott, das gibt bestimmt einen Riesenärger zu Hause. So wie es aussieht, muss die Verwandtschaft ihren Jahresurlaub opfern. Wenn ich mir schon die Mühe mache, zur Unzeit die Natur mit halsbrecherischen Aktionen an der Kabinenluke einzufangen, dann kann ich auch verlangen, dass alle Fotos angeschaut werden.

Ich halte mich zurück und mache nach 33 Fotos Schluss. Nicht weil es nichts mehr zu fotografieren gäbe, nein, die Zahl 3 war für mich schon als Kind die geheimnisvollste Zahl. Warum? Ich weiß es schlichtweg nicht mehr oder wusste es noch nie. Zahlen haben bekanntlich mit Dingen zu tun, die nicht immer mit dem

Verstand fassbar sind, außer in der Mathematik. Dort spielen sie die Hauptrolle und bringen und brachten so manchen Schüler zur Verzweiflung oder zu Verzweiflungstaten.

Bei mir war auf meinem Weg zu höheren Weihen die dreijährige Höhere Handelsschule angesagt (heute Wirtschaftsgymnasium). Im kaufmännischen Rechnen immer eine Eins, aber in Mathe? Zu Beginn des Schuljahrs ging es noch, ab einem gewissen Niveau wurde es aber für mich mehr als eng. Ab dem Ziehen der Wurzeln fehlte mir die Einsicht in den Sinn, was unweigerlich zur Distanzierung von einer Materie führt und im weiteren Verlauf der Krankheit zu schlechten Noten führt. Um die Zwei zu halten – die hatte ich in Geometrie mit viel Glück und noch mehr Kleinsthinweisen mit Bleistift auf meinen Fingernägeln ergattert – beschloss ich, bei weiteren Arbeiten zu Hause zu bleiben. Meine Mutter glaubte an mich und hat mich, ohne irgendwelche erzieherischen Druckmittel auszuüben, einfach machen lassen.

Heute undenkbar, damals für Lehrer mit Arsch in der Hose noch möglich. Der Mathelehrer war ein alter Fuchs, obwohl er Stör hieß. Der mochte mich, weil meine ganzen anderen Leistungen überdurchschnittlich waren, und half mir – ohne je ein Wort darüber zu verlieren – über mein partielles schulisches Versagen hinweg. Das Nachschreiben der Arbeiten fand nie statt. Ich hatte die Zwei im Zeugnis. Wie er das gemacht hat – ich weiß es nicht. Bei der Abschluss-Zeugnisausgabe hat er nur mit dem linken Auge gezwinkert und mir alles Gute gewünscht.

Vielleicht hat es ihm auch imponiert, dass ich mich für alle möglichen mündlichen Prüfungen angemeldet hatte, um jede Chance zu nutzen, eine Zwischennote umzubiegen, also die 1,5 zu einer Eins und die 2,5 zu einer Zwei. Die von mir geliebte Zahl 3 musste draußen bleiben und blieb draußen. Meine Mutter war stolz auf mich. Ich weiß es nicht mehr, aber vermutlich wollte ich ihr beweisen, dass ihr Vertrauen in mich – vor allem beim Mathearbeiten schwänzen – gerechtfertigt war. Auch für mich eine Erfahrung, die mir später in den meisten Fällen zugutekam und noch mehr den Kindern, denen ich in ihrer Sturm- und Drangzeit die gleichen Freiheiten gab, wie ich diese zu Hause erlebt hatte.

Über die mir bedeutende Zahl 3, die mir im Zeugnis allerdings seltsamerweise zuwider war, komme ich zur für mich heiligen Zahl 33. Sie faszinierte mich geradezu und führte zum Entschluss, dass ich erst mit 33 heiraten und drei Kinder haben wollte. Abgesprochen mit der dazu notwendigen Ergänzung fraulicherseits war das nicht, denn damals kannte ich Uli ja noch nicht. Ob ich es als Bedingung formuliert hätte? Eher nicht. Da war ich durch die ganzen seinerzeitigen Diskussionen um Gleichberechtigung von Frau und Mann schon zu verkorkst. Außerdem war mir nicht verborgen geblieben, dass es durchaus schon Haushalte von Schulkameraden gab, in denen die Mutter eine wichtige, vor allem aber eine bestimmende Rolle spielte. Das war bei uns zu Hause genauso. Den Traum vom Macho zu Hause und dem Recht des Mannes auf Sonderbehandlung hatte ich nicht einmal begonnen zu träumen.

Und wenn du nicht mehr zu 100 Prozent hinter einer Sache stehst, also hinter dem bisherigen Postulat der Männerherrschaft, dann lass es sein und füge dich den Errungenschaften der modernen Gesellschaft ... oder verpiss dich in andere Gegenden der Welt, wo deine Träumereien der Normalität entsprechen. Aber fang nicht damit an, von alten Zeiten zu reden oder gar zu träumen.

Ich mache die Luke wieder zu. Die Temperatur ist auf 27 Grad angestiegen und durch die noch geöffneten Vorhänge hat es sich die Sonne bereits bequem gemacht und liegt auf Bett und Sofa rum.

Frühstück wie gehabt, mit dem Unterschied, dass es – je näher wir dem Äquator kommen, immer etwas wärmer wird. Es gibt aber noch ein anderes, wesentlich schwierigeres Problem. Ab jetzt muss man vorsichtig sein, dass einem das Essen nicht vom Teller fliegt. Als Kind hat man am Globus gestanden – bar jeglicher Kenntnis von Erdanziehung – und sich gefragt, warum den armen Leuten da unten das Essen nicht vom Teller rutscht.

Beim Frühstück war ich jedenfalls vorsichtiger als sonst, weil ich auf keinen Fall den Boden versauen wollte mit dem Rührei und vor allem dem Speck. Fettflecken auf dem Teppich, man kennt die kleinen Teufel, die sich nicht so einfach geschlagen geben.

Irgendwie schien es mir auch so, dass alle ihre Teller heute Morgen fester hielten. Wenn wenigstens das Internet funktionieren würde. Dann könnte ich sicher in einem Blog etwas rausbekommen über die notwendigen Vorsichtsmaßnahmen nach Überquerung des Kipppunktes am Äquator. Leider kein Witz, solange es noch Politiker gibt, die davon ausgehen, dass die Erde eine Scheibe und der Ball eckig ist. Solange darf ich auch meine kindliche Fantasie pflegen, die niemandem etwas nimmt und mir etwas gibt. Ein Schmunzeln über die Zeit als Kind, in der man noch voller Fantasien die Welt mit kindlichen Augen gesehen hat.

Das Passieren des Äquators wird heute Abend um 21 Uhr stattfinden, d. h. ich werde die gestrichelte Linie auf dem Wasser kaum sehen können, wobei es mir ohnehin ein Rätsel ist, wie die Kartografen diese durchgehende Linie rund um den Erdball hinbekommen haben.

Für einen Investor wäre es sicherlich eine lohnende Idee, an den bekanntesten Überquerungsstellen der Kreuzfahrtschiffe die normalerweise gestrichelte Linie auf einer Breite von mehreren Kilometern mittels LED-Technik von unten zu beleuchten. Die Bezahlung wäre dank Satellitentechnik recht einfach. Nur wenn das Schiff bezahlt hat, gehen auf dem vorgesehenen Korridor zwei Minuten vor Überquerung die Lichter an. Ein Werbegag für die AIDAs und sonstigen Reeder.

Schlepptaufahren bringt nichts, nach der Schraube gehen die Lichter aus. Eine Investition, die sich in kürzester Zeit bezahlt machen würde. Selbst ich würde heute Abend 10 Dollar bezahlen, wenn das schon montiert wäre. Bei einem Kreuzfahrtschiff mit 4000 Personen macht das, Mengenrabatt abgerechnet, ca. 25.000 Dollar pro Überfahrt aus.

Durch den Direktverkauf der Fotos auf dem Schiff an die interessierten Äquator-Crosser hätte die Reederei die Kosten wieder raus und der Investor könnte weiterhin seinen Champagner in den Luxushotels der Welt mit dortigen Schönen genießen. So funktioniert Wirtschaft heute und so hat sie schon immer funktioniert.

Ein praktischer Tipp nebenbei: Nehmen Sie einen aufblasbaren Globus mit auf die Reise, mit mindestens 50 Zentimeter Durchmesser. Achten Sie auf die Schriftgröße, wenn Sie älter als 50 Jahre sind. Den Grund hierfür zu nennen, würde bedeuten, an Ihrem Verstand zu zweifeln. Der gute alte Globus wäre in diesem Falle und überhaupt auf See mehr als hilfreich. In Australien werde ich mir einen kaufen und dazu noch die Landkarten auf den Rechner ziehen, die meine Rückreise angehen. Dazu noch richtige Karten, auf die man Bemerkungen eintragen kann. Man weiß ja nie, wenn so ein Rechner abschmiert oder die Festplatte kollabiert.

Einsam auf weiter See. Ein Vorfall von heute Morgen hat mich eine ganze Weile beschäftigt. In einiger Entfernung backbord schwamm plötzlich eine runde Röhre, ähnlich den Rettungsrollen, vorbei. Diese werden ins Wasser geworfen, öffnen sich automatisch als Rettungsinsel und steigern die Überlebenschancen gegenüber der Schwimmweste erheblich. Der 1. Officer beobachtete mit seinem Feldstecher lange, konnte aber nichts feststellen. Möglicherweise von Bord gefallen. Kaum fünf Minuten später schwamm in noch weiterer Entfernung ein größeres Teil, aber auch hier nicht genau zu erkennen, was es war. Menschen schieden nach der mehrmaligen Feldstecher-Beobachtung aus.

Auf solchen Flächen wird klar, warum das Auffinden eines Rettungsbootes ohne eigene Standortpeilung nur Zufall sein kann. Irgendwann musste ich mich festlegen, dass beide Dinge über Bord gegangen sind, aber ohne den Entsorger. Sonst kommt man von dem Gedanken nicht weg, dass man da vielleicht noch genauer hätte kontrollieren müssen. Auch wenn ein Containerschiff nicht gerade so mir nichts dir nichts anhalten kann. Das fährt erst einmal ein paar Kilometer weiter und muss dann zurück. Das dauert und hier muss der wachhabende Officer die Entscheidung aufgrund seiner persönlichen Beobachtungen treffen. Da hilft ihm auch die modernste Steuerung nicht. Für entscheidungsscheue Menschen absolut kein Beruf.

Später fährt tatsächlich ein Boot mit Motorantrieb und Mast in einiger Entfernung vorbei. Erkennen kann man nichts Genaues, es ist aber bemannt oder befraut oder beides. Entweder Fischer aus Papua-Neuguinea, das wir in fünf Stunden erreichen oder Weltumsegler. Die kleine Kiste verschwindet nach wenigen Minuten im Blau des Horizonts.

Äquatorüberquerung

Endlich ist es soweit, um 20:49 Uhr hiesiger Zeit komme ich zum ersten Mal auf die andere Seite der Welt, überfahre praktisch mit der „Aglaia" den Tellerrand. Der Kapitän möchte dies etwas feierlich gestalten, sagt aber nicht mehr dazu. So oft wird das wohl nicht mehr vorkommen, es sei denn, die Reise macht mich zu einem Durchreisenden. Bis man 70 ist, wird man von Containerschiffen mitgenommen. Danach muss man rudern oder sich bei den schwimmenden Kleinstädten einmieten.

Um 20:30 Uhr bin ich auf der Brücke zusammen mit einem ägyptischen Matrosen, der wohl auch zum ersten Mal über den Tellerrand springen muss. Für diesen Sprung ins Bodenlose sind zunächst sogar der 1. und 2. Officer auf der Brücke. Einer weist mich noch verschmitzt darauf hin, dass ich mein „Ahoi66-T-shirt" links herum trage. Ihm war das Logo schon vorher aufgefallen und so fällt ihm auch die neue Tragweise auf. Auch auf Containerschiffen muss man aufpassen, dass man mit der Mode nicht aus dem Ruder läuft. Dass ich es zum Trocknen nach der Schiffswanderung links aufgehängt hatte, will ich lieber nicht ins Gespräch bringen.

Meine Tauf-Urkunde

Zunächst wird um 20:49 Uhr das Beweisfoto vom Radarschirm gemacht, der sekundengenau die Position bestimmt. Während das Schiffshorn die Tropennacht mit tiefem Bass anreichert, will der Käpt'n unbedingt auf der Außenbrücke ein Foto von uns zwei Neulingen im Club der „Down Unders" machen. Noch um 20:49 Uhr sind wir fotografiert und von oben bis unten von herabstürzenden Wassermassen durchweicht. Das also ist das „Babtism", von dem der Kapitän beim Abendessen gesprochen hatte. Das englische Wort für „Taufe".

Equator-Baptism

A E A
We are sailing with the AGLAIA through the night
E A
The equator is near, we are very excited
D A E
It´s the first time_ we_will_drive over the rim of the plate
D A E A
//:Millions off stars are shining without any gate://

A E A
We are standing on bridge, the capitain is standing with you
E A
funny feeling in the stomach_ and trembling the knees too
D A E
in view moments it will be ready , the clock, it ticks quiet,
D A E A
//:„Yes, we are ready , Ok, It´s allright „://

A E A
The AGLAIA´S-horn sounded powerfull into the night
E A
outdoor the Capitain a foto has to made,
D A E
and suddenly a waterfall is coming from the sky,
D A E A
//:all the stars in this moment are going away://

A E A
We are standing soaking , yes, totaly through
E A
the laughing is standing in the faces off the whole crew
D A E
We are baptised from Neptun, the king from the oceans
D A E A
//::we will never forget _ this good, good emotions://

A E A
At the end a document , for all the times will be come
E A
Signed from Neptun and the captain's his hand.
D A E
As a memory on the splendid days on this ship
D A E A
//:Thank you very much, we will it never, never forget://

© Wilfried Josef Trapp, Equator near Papua Neuguinea, 14,11,17

Als badischer Landbauer hatte ich mir ob solcher heiligen Bräuche nichts dabei gedacht, da kein Priester an Bord war, der für solche Dinge zuständig wäre. Gottesdienste gibt es übrigens auch nicht, als Info für sonntägliche Kirchgänger. Jede Kajüte ist die eigene Kirche.

Nicht einmal, als mir der Kapitän mein Handy aus der Tasche zog und es zur Seite legte, wurde ich misstrauisch. Na gut, dachte ich, der möchte halt selber Fotos mit dem eigenen Apparat machen. Nach den Wassergüssen – von den daraufhin verschwundenen Officers ausgeführt – war ich schlauer. Ich habe jedenfalls Tränen gelacht nach der Dusche, weil diese Überraschung so was von geglückt war. Der Ägypter hat ebenfalls gestrahlt von Ohr zu Ohr, allerdings hatte es ihn noch härter getroffen, da er keine Mütze trug. Als wenn ich es geahnt hätte, war ich mit der italienischen Fischermütze mit ihren kleinen Bewohnern auf die Brücke gegangen. Die Mütze und das Halstuch sollten mein Taufkleid werden.

Auf den Fotos kann man erkennen, wie man überrascht werden kann, wenn man mit allem rechnet, nur nicht mit einem Wolkenbruch vom 1000 und 1. Sternenhimmel. Ein wunderbares Erlebnis – wird sicher noch viele Jahre mit einem Schmunzeln im Gesicht ab und zu auftauchen.

Ein Zertifikat gab es zusätzlich als Erinnerung, was beweist, dass ein Containerschiff mit allem ausgestattet ist, was Büroarbeit heute ausmacht. Inklusive einem Laminiergerät. Da blieb zum Schluss nur noch, mich herzlich bei Kapitän Dariusz zu bedanken und danach noch ein paar Küsse mit Miguela auszutauschen. Ahoi an alle 66er und Prost auf den Kapitän und die Crew. Jetzt muss ich ins Bett.

Tag 27: Mittwoch, der 15.11.2017

Tag 6 auf See – rechts Papua-Neuguinea und Australien – links die weite Südsee

Das Aufwachen heute war komisch. Ich hatte schon die ganze Nacht das Gefühl, dass mein Kopf tiefer liegt als die Füße, was vom Globus her normal wäre. Aber es stört. Auch das Schiff fährt schneller, was ebenfalls dem Gefälle geschuldet sein könnte. Vielleicht war es auch und ist es noch die zudringliche Miguela, die mich beim Schreiben eines Songs zu meiner Äquatortaufe gestern Abend zwischen 23:30 und 1 Uhr immer wieder heftig bedrängt hatte. Im Laufe des Tages werde ich das merken. Wichtig: der Song liegt handschriftlich vor. Ich werde ihn heute fertigstellen.

Die „Zenobia" in Schräglage, 1982

Beim Frühstück bemerke ich, dass die Fruchtsaftpacks auf den Esstischen der Messe aus Limassol, Zypern, importiert werden. Oder aber dort bei einem Aufenthalt des Schiffes gebunkert worden sind. Jedenfalls erinnert mich alles, was mit Zypern zu tun hat, an den Schiffsuntergang der Lkw-Fähre „Zenobia“, bei dem ich 1982 mit viel Glück und durch Gottes Hand nochmal davongekommen bin. An anderer Stelle mehr darüber. Jedenfalls waren wir nach der Rettung durch ein deutsches Containerschiff nach Larnaca, einer griechisch-zyprischen alten Stadt, gebracht worden. Ausgestattet mit neuen T-Shirts, Shorts und Flip-Flops in zwei Farben, wurden wir 130 Lkw-Fahrer auf verschiedene Hotels verteilt.

Irgendwie musste es ja weitergehen und noch hing unser Fast-Sarg mit 40° Schlagseite drei Kilometer vor der Stadt auf dem Meer. Angeblich wollte man ihn aufrichten und zur Weiterfahrt wieder fit machen. Solange sollten wir im Hotel bleiben, mindestens aber acht Tage. Ein schönes Hotel, ein wunderbares Doppelzimmer, aber ich blieb allein, weil sich der für mein Zimmer vorgesehene Kollege bei der Kletterei von der oberen Reling zum Rettungsboot auf der unteren Seite den Arm gebrochen hatte. Krankenhaus, dann anderes Hotel.

Als Badener, der ich auch schon damals mit Leib und Seele war, ratterte schon innerhalb weniger Minuten im Doppelzimmer die „Möglichkeiten-Check-Maschine“. Acht Tage allein auf Zypern, nur mit Kollegen, deren Gesprächsstoff nicht immer meiner war, das schien mir gegenüber einer anderen Verlockung doch zu trist. Außerdem hatte die Rettung Unmengen an Adrenalin freigesetzt. An Schlaf war nicht zu denken, obwohl man an Bord nachts die Augen aufbehalten und sich die Lunge weggeraucht hatte. Ich rief Uli in Deutschland zu Hause an und fragte, ob sie Lust hätte, nach Zypern zu kommen. Ich würde als Schiffsbrüchiger hier einige Tage festsitzen in einem Hotel mit Zimmer für zwei. Wegen den horrenden Telefonkosten sagte ich nur, dass Limassol der zuständige Flughafen wäre. Eine Stunde später kam der Rückruf. Sie fliege über Dubai nach Zypern und käme nachts um 0:30 Uhr in Limassol an.

Der Adrenalinspiegel erreichte jetzt Werte für einen Weltrekord im Hochsprung und ein Sprung in den Pool musste die sich ankündigende Überhitzung in den Griff bekommen. Es war 11 Uhr, in 13½ Stunden habe ich Uli in meinen Armen. Einer jener Momente im Leben, die man nie vergessen wird. Gerade nochmal davongekommen und dann auch noch ein solches Glück mit dem Flug. Sagen wir lieber mit meiner Uli, die sich so rasch entschieden hat, dass ihre Eltern und Geschwister zu Hause an ihrem Verstand zweifelten.

Die Zeit lief langsam, unerträglich langsam. Vielleicht auch deshalb, weil hier alle etwas langsam arbeiteten. Ja, es war heiß, aber deshalb gleich halbe Kraft oder weniger fahren?

Die Zeit lief langsam, aber sie lief und um 22 Uhr fuhr ich mit dem Taxi nach Limassol – eine Stunde hin. Der Preis war mir egal, am Ende kostete es 90 US-Dollar. Dem Taxifahrer sagte ich gleich, er solle warten und um 0:30 Uhr kam meine Uli pünktlich durch den Check und auf mich zu. Leider kein Windhauch, aber feuchte

Augen und Gott sei Dank das T-Shirt von der Schiffsrettungszentrale. Das musste jetzt die Taschentücher ersetzen, bei beiden.

Es ging mit dem Taxi zurück und vor lauter einander Festhalten vergaß ich ganz zu erzählen, was überhaupt passiert war. Das war so unwichtig wie nur was. Hauptsache, wir waren zusammen, und erst viel später, wohl mitten in der Nacht, hat sie mich gefragt nach all den Umständen und Warums. Erst beim Erzählen der ganzen Geschichte wurde mir bewusst, dass ich hier meinen 2. Geburtstag feierte. Und ein solcher Geburtstag war es einfach wert, die Frau meines Herzens zu dieser Geburtstagsfeier einzuladen. Neun Tage später flogen wir – als verschmolzenes Paar – auf Kosten der Reederei nach Frankfurt zurück. Unser schwimmender Beinahe-Sarg war beim Reparaturversuch endgültig zu Bruch gegangen und bildet heute ein bekanntes Taucherparadies im Mittelmeer. Wer mehr wissen will: www.diver-log.de/wracks/wrack-der-zenobia-zypern oder www.zenobia-wracktauchen.de.

Der verletzte Kollege, der in einem anderen Hotel untergebracht war, musste leider einen Tag später fliegen. Ich hatte sein Ticket, das in das ursprünglich geplante Hotel geliefert wurde, kurzerhand für Uli eingesetzt. Gemerkt hat es niemand. Die Kontrollen seinerzeit waren nur sehr begrenzt und ein durchgestrichener Name mit Ersatzname von Hand schien als normal durchzugehen. Sorry Kollege. Du hast dafür noch einen Tag länger in Zypern Urlaub gemacht.

Wieder ein Tag mit viel Sonne. Ich gehe auf Wanderung und setze mich wieder auf den Poller auf dem Bug-Deck. Na ja, Poller-Pfanne wäre der richtige Ausdruck. Deshalb ein Tipp für den Trip mit dem Containerschiff: Regiestuhl mitnehmen und Isoliermatte, dann wird der Aufenthalt am Bug noch gemütlicher. Es wurde mein absoluter Lieblingsplatz. Das Meer liegt wie ein Spiegel, keine Geräusche des Wasserpflugs. Nur der Wind säuselt hier und da. In der Ferne tobt sich eines der hier häufigen Seegewitter aus. Wir fahren an Papua-Neuguinea entlang, links Vulkaninseln, rechts das Festland. Traumhafte Kulissen weit genug weg, um nicht womöglich die neue Armut der Abgehängten in den touristisch neu erschlossenen Arealen dieser Welt zu sehen.

Gestern besuchte eine Schar Delphine das Schiff. Allerdings genau zu der Zeit, als ich mein inzwischen zur Gewohnheit gewordenes Nickerchen machte und von ganz anderen Dingen geträumt habe. Von hohen Tannen und einem Trachtenmädchen, das mir ein Original-Tannenzäpfle übergibt mit Gruß von zu Hause. Die Südsee schlägt hier mit dem Holzhammer zu. Man hätte sich auch was anderes als Traum in der hiesigen Gegend vorstellen können als das gewohnte Ritual zu Hause.

Das Meer liegt immer noch wie ein Spiegel und ein paar der fliegenden Fische kann ich mit der Kamera einfangen. Sieht lustig aus, wie die aus dem Wasser springen und einige Meter fliegen, bevor sie wieder eintauchen. Fast wie Fledermäuse. Neben einigem Naturtreibgut gibt es hier sonst nur Blau, Blau, Blau.

Hier sagen sich Inseln und Schiffe „Gute Nacht“, ab und zu auch noch ein anderes Containerschiff in der Gegenrichtung. Vergleichbar mit zuverlässigen Menschen, denen man auch nur selten begegnet, von guten Freunden ganz zu schweigen. Die Tugenden Pünktlichkeit, Zuverlässigkeit, Ehrlichkeit haben die letzten 50 Jahre nicht ohne Kratzer überlebt. Gut, dass man dies auch in Pädagogenkreisen erkannt hat und in die Gegenrichtung steuert. Tugenden sind – auch wenn man sich das wünscht – keine Gene, man muss sie lernen und gelehrt bekommen. Auch mit Druck. Mein Verständnis für Unpünktlichkeit z. B. ist sehr begrenzt, weil dem Pünktlichen Zeit gestohlen wird, die der andere durch seine Unpünktlichkeit gewinnt. Selbst mit halbem Hirn kann man diese Logik mathematisch berechnen.

Heute Abend habe ich mich noch längere Zeit mit Kapitän Dariusz, dem Polen, unterhalten. Zu der ohnehin gegenseitigen Sympathie hat sich herausgestellt, dass wir auch politisch sehr viele Gemeinsamkeiten haben. Mein verblichenes Handelsschul-Englisch hat jedenfalls – bis auf ein paar Worte, die der Schiffs-PC finden musste – ausgereicht, um zumindest so weit auszuholen, dass man Afrika nur helfen kann, wenn man dort in die Zukunft der Länder und Völker investiert, wo ihre Heimat ist und nicht in Europa neue Gettos einrichtet, die das Mehrfache kosten und keinerlei nachhaltige Auswirkungen haben werden. Immerhin, ganz schön politische Unterhaltungen auf einem Containerschiff zwischen Papua-Neuguinea und den Koralleninseln der Südsee, die in dieser Nacht beginnen.

Den Abend beschließe ich gegen 23:30 Uhr mit einigen Seiten aus dem Buch „Jeder stirbt für sich allein“. Schwere Kost für die Nacht. Da ich aber keine zwei Bücher nebeneinander lesen kann, muss ich da durch oder aufhören. Ich entschließe mich, noch zwei Tage weiterzulesen. Aber die Geschichte passt nicht in die Südsee und zu meinem Gefühl. Zu dunkel.

Die Geschichte führt in die dunkelste Zeit Deutschlands zurück und zeigt, wie mit System Spitzel herangezogen werden und wie schwierig es wird, in einer solchen Zeit Geheimnisse zu bewahren. Natürlich greift die Geschichte noch viel tiefer. Mir fiel dazu das Thema Briefgeheimnis ein, weil ich in dieser Hinsicht verdammt empfindlich bin seit meinem 15. Lebensjahr. Da hatte meine Mutter einen Brief von einer „Freundin" aus Ludwigshafen geöffnet, die ich zufällig im Zug zu einer Bildungsveranstaltung in Hegne am Bodensee kennengelernt hatte. Auf dem Hinweg hatten wir nur kurz miteinander gesprochen, aber auf dem Rückweg stieg ich in den gleichen Zug, in dem sie schon saß und irgendwann hatten wir unsere Anschriften ausgetauscht. Kein Kuss, nichts. Wir fanden uns einfach sympathisch. Sie wollte mir schreiben und ich wartete. Aber es kam kein Brief. Also habe ich ihr geschrieben und erfuhr von ihrem Brief an mich. So kam heraus, dass meine Mutter aus Sorge um meine Befindlichkeit den Brief geöffnet und mir vorenthalten hatte. Ich nahm das zur Kenntnis und habe 14 Tage kein Wort mit ihr gesprochen. Die Verletzung war so tief, dass ich mir überlegte auszuziehen. Die Vermittlung meiner ältesten Schwester brachte dann wieder Ruhe in die verfahrene Situation. Es folgten weitere Briefe und sogar ein Besuch des Mädels mit einem Sportwagen. Sie war 19, ich war fast 18 und daraus geworden ist nichts. Aber was das Briefgeheimnis angeht, hatte ich mir geschworen, wenn mir das nochmal passiert, dann spreche ich mit dieser Person ein Leben lang nicht mehr. Und wie das im Leben so ist, passierte es noch mal. Als ich es viele Jahre später erfahren habe, hatte der Inhalt des Briefes jahrelanges Misstrauen gesät, gegen das man sich nicht wehren kann, weil man davon nichts weiß.

Dass ich auf den Inhalt des Briefes nie in entsprechender Weise der Absenderin geantwortet hatte, spielte keine Rolle. Das Kind bleib im Brunnen und ganz wird es da auch nie mehr herauskommen. Schlüsselerlebnisse sitzen tief, wiederholen sie sich, sind sie eingraviert.

Tag 28: Donnerstag, 16.11.2017

Tag 7 auf See – rechts immer noch Papua – links die weite Südsee mit Inseln

Herrlicher Sonnenmorgen auf der See. Ich bin um 6 Uhr auf der Außenbrücke und genieße die ruhige See, das immerwährende Stampfen der 7-Zylinder-Maschine und die Ruhe. Ein heißer Bohnenkaffee aus der Kapitäns-Kaffeemaschine erhöht noch den ohnehin hohen Glücksmomentspiegel. Eiskaffee wäre genauso herrlich, denn es hat bereits 28 Grad, schwül-warme Luft. Im Wind verdunstet der aufkommende Schweiß und weicht nicht das Hemd durch. Es wäre sicher interessant zu wissen, was sich die Füße derzeit denken. Die müssen – im Gegensatz zur Bedarfswaschung zu Hause – täglich zwei Mal gewaschen werden und zwar immer

nach den Wanderungen „around the“ Boot. 550 Meter mit Wanderschuhen, Wollsocken, warmer Stahl von unten, heiße Sonne von oben, da bleibt kein Fußzeh trocken. Die Socken leider auch nicht. Gut eingesprüht mit Sterilium kann man sich ein paar Tage das Waschen sparen und hat trotzdem einen hygienisch-frischen Duft im Schuh.

Ich sehe am Horizont drei Schiffe, die uns entgegenkommen. Ziemlicher Verkehr heute und plötzlich kommt mir die Geschichte mit dem Unfall auf einer einsamen Straße in Saudi-Arabiens Steinwüste nahe Mekka in Erinnerung. Da war es auch die ganze durchgefahrene Nacht ruhig, kein Geräusch außer dem Brummen der 6-Zylinder-Scania-Maschine. In einer langgezogenen Linkskurve erschienen plötzlich zwei Scheinwerfer eines viel zu schnellen Pkws, der näher und näher kam, bis ich merkte, dass er – wohl wegen dem alles sagenden Tempos „Affenzahn“ – bereits auf meiner Straßenseite war und versuchte, irgendwie die Karre auf seine Spur zurückzuziehen.

In solchen Situationen rettet Erfahrung das eigene Leben, nicht immer gleich auch das Leben des oder der Entgegenkommenden. Ich zog das Steuer nach links auf die Gegenfahrbahn, da die beiden Raser – es waren kurz entgeisterte Männergesichter im Scheinwerferlicht zu erkennen – auf meiner Fahrbahn bereits zickzack fuhren mit einer starken Tendenz über den Straßenrand. Ich steuerte noch stärker nach links, musste aber dabei den Zug auf jeden Fall gestreckt halten. Dann war es auch schon passiert, wahrscheinlich mit ein paar Zentimeter Abstand rasten die beiden mit ihrem ziemlich großen Schlitten in einen steinigen Abhang. Im Spiegel waren nur noch wilde Lichtkegel zu sehen.

Nach saudischem Gesetz war ich schuld, da ohne meine Anwesenheit in diesem Land der Unfall nicht passiert wäre. Wäre er zwar trotzdem, aber so sind nun mal die Gesetze. Da hatten sich zwei Übermütige oder Übermüdete den Hals abgefahren und ich wäre dafür in den Knast gekommen. Aber auch schlimmere Urteile hätten mich treffen können. In solchen Diktaturen – auch wenn sie sich Königreich nennen – bist du ein Nichts, als Lkw-Fahrer sowieso. Einige Sekunden ließ ich den

Lkw weiterrollen. Es kam zum inneren Kampf zwischen dem von mir geachteten tugendhaften und hilfsbereiten Deutschen und dem Tier in mir, dem es egal war, was mit diesen Hasardeuren passiert, wenn ich nicht helfe. Die Vorstellung unschuldig im Knast in einer überfüllten Zelle zu sitzen, notdürftig betreut von der deutschen Botschaft, dies vielleicht jahrelang oder gleich kopflos. Das Tier siegte in diesen wenigen Sekunden über den Gutmenschen. Zu Hause wartete Uli auf mich.

Dann gab ich Gas, fuhr stundenlang immer an der Grenze zu 100 km/h, um wegzukommen von diesem Ort. Das Nachtreten des Gutmenschen dauerte noch einige Stunden, mit dem Vorteil, dass die ansonsten in den frühen Morgenstunden eintretende Müdigkeit von einem Adrenalin-Amazonas weggespült wurde, weit weg und mit ihr wurde auch das Bild der beiden Gesichter, in denen die kommende Katastrophe bereits zu sehen war, verschwommener. Heute habe ich die Gesichter wieder gesehen, in der Südsee, auf der Außenbrücke. Die vor das Gesicht gehaltenen Hände des Beifahrers und das verzerrte Gesicht des Fahrers, der sich an das Lenkrad klammerte. Aber die Schuldgefühle sind weg. Gutmensch und Tier haben in den vielen Jahren offensichtlich Frieden miteinander geschlossen oder sich auf eine 50:50-Lösung verständigt.

Ich sitze wieder auf meinem Poller und stelle mir den gemütlichen Regiestuhl unter mir vor, obwohl ich hier auf dem Schiff keinerlei Regie führe. Nur für mich, ohne noch an dies und das und jene und jenen zu denken. Der ganze manchmal zur Last werdende soziale Umgang beschränkt sich hier auf das Zusammentreffen mit Crewmitgliedern. Jeder offensichtlich einzelgängerisch veranlagt. Wir passen zusammen. Keiner will was von dir.

Es wird wenig miteinander geredet, auch beim Essen nicht. Vergleichbar mit meinen Zeiten, als ich sechs Monate als Schichtarbeiter in meinem Lehrbetrieb – einer Glashütte – gearbeitet hatte, um Kohle für das Studium der Sozialarbeit zusammen zu bekommen. Da wurde in den Essenspausen auch nicht viel geredet, weil jeder mit sich und seiner Arbeit – ich wahrscheinlich noch mit sonstigen Geschichten – beschäftigt war.

Die „Aglaia“ ist eine nach Minuten genau getaktete Transportfabrik. Bei der Abfahrt steht die Ankunftszeit bereits fest, auch wenn diese erst in zwei oder drei Wochen sein sollte. Verzögerungen unterwegs werden durch Erhöhung der Geschwindigkeit bis zu 25 Knoten ausgeglichen, während die wirtschaftlichste Geschwindigkeit zwischen 16 und 17 Knoten liegt. Hier wird mit verschiedenen Schichtmodellen gearbeitet, z. B. Küche mit Koch und Helfer von 6 bis 18 Uhr, Matrosen ebenfalls für ihre überwiegenden Tätigkeiten an permanenter Schiffspflege. Hier wird schon mal der Kurs geändert, um ein Gewitter zu umfahren, damit im Außenbereich begonnene Arbeiten fertiggestellt werden können.

Daneben gibt es für bestimmte spezielle Verantwortungsbereiche Dauerwache, d. h. der Betrieb ist weitestgehend automatisiert und ruft die Dauerwache per Signal nur, wenn eine Störung vorliegt. Für die Brücke, das absolute Zentrum des Schiffes, gelten strenge Vorschriften. Hier wird alle vier Stunden gewechselt. Der Diensthabende muss alle zehn Minuten ein Leuchtsignal per Knopfdruck bestätigen. Ohne Bestätigung kommt ein Piepston, der sich kurz hintereinander wiederholt. Kommt immer noch keine Bestätigung, geht das Signal an den Nächstzuständigen, der dann auf die Brücke muss, um den Grund zu erkunden. Bestätigt auch dieser Officer das Leuchtsignal nicht, gibt es eine Ringschaltung an alle Verantwortlichen für die Brücke. So wird verhindert – ähnlich wie in Zügen –, dass ein Schiff führerlos durch die Meere kurvt.

Für den mitfahrenden Passagier spielen diese wenig nach Seefahrerromantik klingenden Tatsachen keine große Rolle. Er kann sich fast überall frei bewegen und seinen Tag einteilen nach eigenem Gutdünken. Selbst die Essenszeiten muss er nicht einhalten. Das Essen wird auf seinen ihm zugewiesenen Platz in Folie auf dem Teller verpackt gestellt. Die Mikrowelle steht in einer Ecke.

Zum Zeitpunkt des Untergangs der „Zenobia“ gab es die Leuchtsignalsicherung noch nicht. Die „Zenobia“ brummte bereits sechs Monate vor ihrem Versinken nachts auf die Hafenmauer von Kreta, weil der Officer nach offiziellen Angaben eingeschlafen war und die notwendige Kursänderung nicht vorgenommen hatte. Es

gab auch Stimmen, dass der Officer mit einer der beiden Schiffshostessen zugange war, die, wie allgemein unter den Fahrern bekannt war, ihren Schiffslohn durch Dienste außer Vorschrift erhöhten. Sollte diese Erklärung zutreffen – wofür vieles spricht – kann man nur für die beiden hoffen, dass der Rumser auf die Kaimauer nicht allzu sehr gestört hat. Möglicherweise geben auch beide Erzählungen die Wahrheit als logische Abfolge wieder: Steuerrad, Hostess, Schlaf, Rums.

Ich war nicht dabei, habe aber das Rausschleppen der beschädigten Lkws im Hafen von Volos beobachten können. Der Schaden am Schiff sah lediglich nach einer großen, sehr großen Delle, vergleichbar mit einem stark demolierten Kotflügel am Auto, aus. Eine Reparatur war wegen der bereits wartenden 150 Lkws nicht möglich, wurde verschoben und hat sich dann ja bekanntlich nach sechs Monaten von selbst erledigt. Ein Verdacht blieb bei mir immer: Möglicherweise hat die „Zenobia“ durch den Auffahrunfall eigentlich einen Totalschaden wegen des Verziehens des ganzen Schiffes bzw. einzelner wesentlicher Bauteile erlitten. Dann war versicherungstechnisch ein Untergang sicher leichter zu managen und zu erklären. Es wird ein Rätsel bleiben, wenn keiner der Wissenden auspackt.

Es ist noch wärmer geworden, es ist schwül, es ist Zeit für den 3-mal-4-Meter-Pool. Heute Morgen habe ich die ersten Delphine von der Brücke gesehen. Aber die faulen Säcke sind einfach nur vorbeigeschwommen …

Ein kleiner Ausflug noch in die Deutsche Kolonialgeschichte. 1884 wurde der Nordosten der Insel Papua-Neuguinea zum deutschen Kolonialgebiet erklärt. Aus dieser Zeit dürfte auch der Name Bismarcksee stammen, die wir mit der „Aglaia“ durchfahren haben. 1914, zu Beginn des I. Weltkrieges, war der Spuk zu Ende. Die Australier übernahmen die deutsche Kolonie fast kampflos und zerstörten bei dieser Gelegenheit noch die Navigation der deutschen Pazifikflotte, die in der Folge ihre Schiffe „Emden“, „Leipzig“ und „Scharnhorst“ verlor und als Gefahr für Australien bedeutungslos wurde. Das endgültige Mandat über das Kolonialgebiet wurde den Australiern nach dem Krieg auf der Friedenskonferenz in Versailles zugesprochen. Ein original deutscher Rechter würde hier schreiben, er wäre an unrechtmäßig enteignetem deutschen Reichsgebiet vorbeigeschifft. Ich würde sagen, ein solcher kommt kaum in die Südsee und schifft eher zu Hause an das Gebäude eines politisch Andersdenkenden.

Tag 29: Freitag, der 17.11.2017

Tag 8 auf See – rechts Australien – Ostküste – links die weite Südsee mit Inseln

Der Morgen beginnt um 5:00 Uhr, da die Durchfahrt einer Korallenriffgruppe mit einem schmalen Fahrstreifen vor uns liegt. Der Kapitän geht selbst ans Steuer, da diese Passage nicht automatisiert gefahren werden darf. Das frühe Aufstehen hat sich gelohnt. Ein atemberaubender Sonnenaufgang, kleine Inseln im Meer mit den berühmten Palmenstränden, aber zu weit weg, um Details zu erkennen.

Während der ziemlich konzentrierten Durchfahrt fällt mir das Lied „Wir lagen vor Madagaskar“ ein und der Satz „... liefen wir auf ein Riff. Ahoi Kameraden ...“. Hunderte Male an den Lagerfeuern der Jugendzeltlager gesungen. Ab dem 10. Lebensjahr als Teilnehmer – das war für meine Mutter eine Entlastung in den Ferien – und ab 18 Jahren als Leiter der Zeltlager. Bis zu 60 Kinder im Alter von acht bis 15 Jahren wurden einem anvertraut, dazu noch die Koordination der fünf bis zehn Gruppenleiter.

Heute undenkbar, einem 18-Jährigen ein solches Projekt zu übertragen. Mit meinem umgebauten VW-Käfer wurden vor Ort die Lebensmittel eingekauft, die noch für die Speisepläne als Frischprodukte besorgt werden mussten. Platz war dank der ausgebauten Rückenlehne des Rücksitzes jede Menge vorhanden. Das Abendessen bestand grundsätzlich aus Brot, Käse und Wurst, dazu die berühmt-berüchtigte Warmspeise „RDM“, Reste des Mittags.

Nach dieser vom Thema weit entfernten Abschweifung zur Durchfahrt zurück. Das Korallenriff zieht sich an dieser Stelle über viele Meilen und die Passage ist die einzige, die mit einer Wassertiefe von 150 bis 250 Meter von alle Schiffen passiert werden kann. Ohne diese Fahrrinne wäre ein zeitraubender Umweg notwendig. Gut möglich, dass hier mancher Seefahrer zuerst eine unerfreuliche und nasse Bekanntschaft mit einem Riff und dann mit den Bewohnern der Inseln gemacht hat. Gutes Benehmen half in diesem Falle eventuell über die Landung im Kochtopf hinweg.

Im Prinzip sieht es auf der Karte dramatischer aus, als es dann tatsächlich abläuft, wobei neben dem Kapitän und dem 1. Officer noch ein Steuermann ziemlich konzentriert bei der Sache waren, inklusive einer ständigen Beobachtung des Meeres mit dem Fernglas. Schon lange vor der Passage wurde über die Erhöhung der Geschwindigkeit ein Zusammentreffen mit einem entgegenkommenden Containerschiff von vornherein ausgeschlossen. Der Mensch denkt und die Technik erledigt dann den Rest.

Kohlefrachter

Die Hoffnung, an dieser Stelle vielleicht kurzzeitig SMS empfangen zu können, erfüllte sich nicht. Hier gibt es weit und breit kein Netz, außer den Fischernetzen der Eingeborenen, sofern man diesen Begriff heutzutage überhaupt noch ungestraft verwenden darf. Wahrscheinlich müsste man sagen, es handelt sich um „die hier auf natürliche Weise zur Welt Gekommenen“. Der Rest auf den Inseln sind Eingeschiffte oder Eingeflogene, jedenfalls aus anderen Kulturen Stammende. Nachfolger von James Cook oder anderen Entdeckern, die sich einen Teufel um die Kultur der eroberten Völker scherten und im Namen des Christentums mit Feuer und Schwert durch die Länder zogen.

Eine Beschäftigung, die sich im Laufe der Jahrhunderte stark veränderte. Heute haben Dollars und andere Heilsversprechungen Feuer und Schwert ersetzt und Ökonomen versprechen den Völkern eine bessere Zukunft. Sie meinen aber nicht die Völker, sondern einige wenige Auserwählte oder besonders Geschäftstüchtige – am besten mit Beziehungen in die oberen Schichten – die sich dumm und dämlich daran verdienen. Dumm und dämlich ist auch die dafür verwendete Begründungstheorie, dass die Vorangehenden alle hinter sich her in bessere Zeiten führen. Die einfachste Art, jede ungerechte Güterverteilung auf der Welt zu begründen.

Wenn wir aber schon bei dem Thema Beschäftigung sind, ein paar Worte zur Reise mit Containerschiffen. Ich habe es bereits erwähnt, mache aber nach acht Tagen auf offener See nochmals darauf aufmerksam: was nicht passen würde, wären Erwartungen an irgendein Freizeitprogramm seitens der schwimmenden Transportfabrik. Sie bietet ausschließlich Sightseeing, meist gleichförmige und unterschiedlich bewegte offene See, unterbrochen von landschaftlichen Sensationen, wenn diese nicht gerade in die Nacht fallen. Da die Fahrzeiten nahezu minutengenau getaktet sind, kann man sich im Prinzip bereits vorher die Aufstehzeiten notieren, wenn man in den frühen Morgenstunden dies und das nicht verpassen möchte, z. B. die gerade erwähnte Durchfahrt durch die enge Passage zwischen den Korallenriffen.

Auf der anderen Seite wird das Schiff nicht stoppen, auch wenn es am schönsten Punkt der Erde vorbeifährt. Darüber muss man sich im Klaren sein. Entschädigt wird man mit einer Kajüte mit permanenter Fernsicht aufs Meer oder andere traumhafte Kulissen. Mit etwas Glück gleich die Owner-Kabine mit 30 bis 45 m^2. In einer Hochglanzwerbebroschüre würde von einer schwimmenden 40-m^2-Hotelsuite mit Meeresblick geschwärmt werden mit Privatpool und Vollverpflegung. Das Ganze für ca. 100 Euro pro Tag. Ausflüge in die nähere und weitere Umgebung inklusive. Fotos vor rauchenden Vulkanen auch.

Allerdings auch der Hinweis, dass es nicht immer die Eigner-Kabine sein muss, die normalerweise reisenden Paaren vorbehalten ist. Aber auch die ganz normale Kabine misst etwa 16 bis 18 m^2, hat zwei Fenster und Sanitärbereich und bietet ausreichend Raum. Aber zugegeben: Das eine ist ein Traum, das andere ist Normalität. Meist kann man das im Vorfeld klären und muss dann 10 bis 15 Dollar pro Tag mehr bezahlen. Es rechnet sich für das allgemeine Wohlbefinden auf jeden Fall dann, wenn man sich öfter in der Kabine aufhält, um beispielsweise Arbeiten zu erledigen, zu denen man zu Hause nie kommen würde.

Hierzu ein spezieller Tipp: Bei der Buchung der Kajüte kann man mit etwas Recherche den Kurs des Schiffes herausbekommen und dazu den Sonnenverlauf während des Aufenthaltes auf dem Schiff. Für eine Kabine, die nur nach vorne oder hinten Luken hat, spielt das keine Rolle. Wenn es aber um eine Außenkabine mit seitlichem Fenster oder gar mit Außenterrasse geht, dann hat im Sommer die Nordseite Vorteile, im Winter die Südseite. Auf der südlichen Seite des Äquators entsprechend, allerdings findet dort der Winter in unserem Sommer statt und umgekehrt. Sollte man nicht vergessen bei der Planung.

Zur Verfügung steht auch ein Aufenthaltsraum für die Passagiere mit TV, Video- und Brettspielen, sowie Stereoanlage. Videos bekannter Filme inklusive.

Wer seinen Körper hart rannehmen will, dem steht ein Fitnessstudio mit allem Drum und Dran zur Verfügung. Aber auch ein zweimal tägliches Spezialtraining, das auf den Erfahrungen von 15 Jahren täglicher Anwendung beruht, würde die allgemeine Gesundheit, das Wohlbefinden und den Beweglichkeitsapparat erheblich und garantiert fördern. Die Übungen verlangen keinerlei Geräte, nur jeweils zweimal täglich zehn bis 20 Minuten Zeit, und können überall durchgeführt werden. An anderer Stelle mehr davon.

Wer gerne Videos schaut oder Musik hört, sollte sich welche auf dem USB-Stick oder einer Festplatte mitbringen. Sinnvollerweise den Kopfhörer gleich mit, damit die arbeitenden Wohnzimmernachbarn sich nicht an der Wand abarbeiten müssen, bis du sie hörst.

Wer gerne liest, der sollte sein E-Book dabeihaben und kann die ganze Nacht durchlesen und den Tag verschlafen, spielt hier alles keine Rolle. Es wird kein Hotelpersonal klopfen und saubermachen wollen. Auch eine englische Bordbücherei steht zur Verfügung. So schön das Lesen draußen im Campingstuhl auch sein mag, bei 35 Grad schwüler Luft werden die Blätter von den schwitzenden Fingern nass und von den Stirntropfen aufgeweicht.

Wer zu Hause nie dazu kommt, von den viel zu vielen digitalen oder normalen Fotos die Spreu vom Weizen zu trennen oder andere Ordnungsvorhaben mit sich herumträgt: Hier bist du richtig. Ungestört kannst du dich ausbreiten und alles liegen lassen, wenn dir die Sortiererei zum Halse raushängt und du für ein paar Stunden die Nase in den Seewind hängen willst.

Auch die liebe Ordnung auf dem PC kann man hier herstellen, damit die Dateien und Ordner aus 20 oder mehr Jahren PC-Begleitung endlich so geordnet sind, wie man sich das seit Jahren wünschte.

Wer gerne Musik macht – im Rahmen gewisser Lautstärken – kann hier nach Lust und Laune üben. Notfalls den Kapitän fragen, welcher Raum dafür am geeignetsten ist. Trompeten und Alphörner sind am besten auf dem Bug-Deck aufgehoben, 200 Meter entfernt von der Brücke. Die geltenden internationalen Fischschutzbestimmungen enthalten keine Regelungen, die nerventötendes Trompeten verbieten. Alphörner können bis zu einer Länge von 20 Metern geprobt werden.

Wer sich normalerweise gerne reden hört, kann hier noch mehr reden, ohne jemandem auf die Nerven zu gehen. Das Meer hört geduldig zu, niemand hört mit. Wer aber meint, alle um ihn herum liebten seinen Redeschwall, sollte vorsichtig sein. Nicht immer stoppt ein Schiff, wenn es „Mann über Bord“ heißt. Sind es geistreiche Worte für das Volk und die Ewigkeit, dann einen Voice-Recorder mitbringen. Es wäre schade, wenn hier entstandene Zukunftstheorien und Weltrettungsthesen verloren gingen. Im nächsten Hafen können sie direkt über das Internet in die weite Welt geschickt werden. Nach der Rückkehr von der Reise kann man dann zu Hause selbst die verändernde Wirkung jener nächtlichen Rede an die Völker und Weine der Welt feststellen. Im Prinzip kann hier jeder zum Literaten werden und mit etwas Glück und guten Beziehungen kann er sein Werk später als Hochsee-Literatur auf dem Markt anbieten.

Als Hobbymusiker kann ich nur empfehlen, ebenfalls den Voice-Recorder mitzunehmen. Es lässt sich nicht vermeiden, dass man über die nach und nach aufkommende innerliche Ruhe neue Gedanken fasst und diese in einen Song umsetzen möchte. Aufschreiben, aufnehmen!

Und zum Schluss noch ein etwas verwegener Tipp: Testament verfassen. Nein, keine Angst. Nicht, weil das Schiff sinkt, sondern weil der Kopf frei ist und möglicherweise weitsichtigere Entscheidungen trifft als sonst im täglichen Leben. Vor allem Bauchentscheider/innen würde ich diesen Ort für das Verfassen des letzten Willens empfehlen. Zur Sicherheit kann man das Testament vom Kapitän gegenzeichnen lassen, der den Geisteszustand als normal quittiert, auch wenn darin Personen erscheinen, die mit der Blutsverwandtschaft nichts zu tun haben, sondern eher in Richtung von Heißblutbekanntschaften tendieren.

Bei all diesen möglichen Beschäftigungen und Ablenkungen würde ich trotzdem zum Schluss kommen: Wer nichts mit sich anzufangen weiß und Schwierigkeiten hat mit dem Alleinsein, der ist hier fehl am Platz. Wer die Ruhe und Gleichförmigkeit der Tage nicht als Entspannung genießen kann, sollte lieber mit den Donau- oder Rheinschiffen fahren oder gleich mit dem Kreuzfahrtschiff. Da wird all das geboten und noch viel mehr, was ihm die schwimmende Transportfabrik nicht bieten kann.

Jetzt ist es kurz vor 10 Uhr. Zeit für die tägliche Morgenwanderung. Bin gerade von Deck A nochmals zurück, weil ich vergessen hatte, die CD-Memory-Card in den

Fotoapparat einzulegen. Hier gilt auch für mich: „Wer's nicht im Kopf hat, der hat's in den Beinen." Die meisten Profi-Fußballer sind Beweise für diese in meinem Fall wohl leider auch stimmende Theorie.

11-Uhr-Kaffee in der Suite. Eine Regen- und Gewitterfront hat meine Träume auf dem Poller jäh beendet und mich zu einem Spurt zurück genötigt. Ich hatte auf dem Hinweg einen Matrosen mit Farbeimer gesehen und war von einer Kursänderung ausgegangen. Man träumt lange, wenn man meint, etwas gecheckt zu haben. Erst südlich warme, ziemlich große und rasant zunehmende Regentropfen brachten mein gerade erworbenes Halbseemanns-Wissensgebäude zum Einsturz. Das aufgezogene Gewitter war kein Gewitterchen wie bisher, sondern eine Gewitterfront, der man nur mit dem Rückwärtsgang entkommen wäre. Binnen Sekunden haute es hier runter wie bei der Äquatortaufe.

Das Beste bei der Kaffeepause: Meine Hanuta verwöhnt jedes Mal immer mit dem gleichen, süchtig machenden Geschmack meinen Mund. Ein ganz anderes Verhalten am Abend. Da schmollt sie immer auf dem Schreibtisch rum und schaut eifersüchtig rüber, wenn mich Miguela mit dem unvergleichlichen Geschmack einer Spanierin auf dem Sofa verwöhnt. Und das, obwohl ich ihr jeden Abend erkläre, dass die Miguela nicht aus Spanien, sondern aus Hongkong, New Territories stammt. Genau von dort, wo ich der falschen Fähre entstiegen bin und statt des Cappuccinos den Gesundbrunnentrunk bekommen habe.

Heute Nachmittag bin ich auf der Brücke und schaue mit dem Fernglas in die Ferne – wohin auch sonst? –, als über dem Bug wieder dieser kürzlich aufgetauchte Vogel seine Runden zieht. Ich folge seinem beschwingten Flug mit dem Fernglas und frage mich wieder: Was will der hier? Wir sind viele Meilen weg von den letzten Inseln und das nächste Land kommt in 20 Stunden. Also doch blinder Passagier oder Südseeeinbildung?

Heute Abend hat der Kapitän eine Mini-Abschiedsfeier organisiert. Mit einem Glas Wein anstoßen, nicht mehr. Und ein paar Dankesworte an die Crew. Ich bereite auf jeden Fall die Gitarre und die Mundharmonika vor für den Fall, dass sich die Gelegenheit ergibt, zur Erheiterung ein kleines Ständchen vorzutragen. In der Transportfabrik gibt es abends keine weinseligen Gelage der Mannschaft mit Seemannsliedern und Bumsfallera. Jeder schaut, dass er jeden Tag seinen Job gut macht. Nicht mehr und nicht weniger. Ich hatte es schon erwähnt. Die Mannschaften auf den Schiffen sind bunt zusammengewürfelte Gruppen aus Seeleuten und angelernten Helfern, meist von den Philippinen.

Die kleine Abschiedsfeier wird eine super Sache. Im Anschluss an das Abendessen schenkt der Kapitän Wein aus, den er im „Bord Shop" besorgt hat, und es wird angestoßen. Danach gibt der Kapitän den Liedtext über die Äquatortaufe an die

Crewmitglieder, die gerade beim Abendessen sitzen. Darunter auch die beiden Wasserschütter, die sofort loslachen, als sie die Fotos neben dem Text sehen. Als sie bemerken, dass in der Ecke eine Gitarre steht – die sollte ich vom Kapitän aus auf jeden Fall mitbringen – werde ich aufgefordert, das Lied zu spielen, eine kleine Abwechslung im ansonsten gleichförmigen Alltag in der Fabrik. Ich spiele das Äquator-Tauflied und danach noch das Zenobia-Lied mit Gitarre und Mundharmonika. Die Crew ist sichtlich angetan und applaudiert lange und ich fasse die Geschichte nochmals mit einigen Worten zusammen.

Im kleinen Kreis mit dem Kapitän und dem 2. Officer haben wir dann noch über eine Stunde über alles Mögliche gesprochen, wobei mein etwas ungerader Lebensweg für sie höchst interessant war. Vor allem die Jahre mit Uli im Lkw, zuerst ohne Kinder, dann mit Kathrin und einige Male mit Mareike interessierten die beiden.

Eine gute Stelle, diesen wichtigen Abschnitt meines Lebens einzufügen. Er war der Schlüssel für unsere Beziehung und der Test für ein gemeinsames Leben. Heute kann ich darüber schreiben, vor Jahren wäre es unmöglich gewesen. Zu vieles hätte sich mit Bildern verbunden und damit auch mit nicht mehr Erlebbarem. Da braucht man viel Zeit, um über solche Jahre schreiben oder sprechen zu können.

Nach der Lehrzeit als Lkw-Fahrer ging es nach sechs Monaten ins Profileben. Ich bekam einen Lkw von der Spedition und fuhr nur noch allein. Zwei-Mann-Besatzungen waren in dieser Zeit sowieso am Aussterben. Und so gab es immer wieder Zeiten, in denen Uli frei hatte und mich als Beifahrer mit Führerschein begleiten konnte. Ich konnte zwei mal acht Stunden auf zwei Tachoscheiben fahren und alle Pausen einhalten. Unsere erste gemeinsame Wohnung mit Wohn-, Ess- und Schlafzimmer auf engstem Raum. Als Sanitärbereich dienten die Autobahnraststätten. Oft nicht appetitlich, aber lieber gemeinsam fahren und die Kröte schlucken, als den Sanitärbereich zu Hause zu nutzen und deshalb auf die gemeinsame Zeit verzichten. Da Uli in dieser Zeit arbeitete, waren die Touren ohnehin beschränkt. Aber es blieb immer Zeit, um uns vor meiner Abfahrt im alten VW-Käfer in den Rebbergen im Achertal zu treffen.

Irgendwann entschied ich mich, einen Lkw zu kaufen, um im Europa- und Nahostverkehr die Kohle zu verdienen. Deutschlandverkehr war langweilig geworden. Es waren harte Jahre im internationalen Fernverkehr, aber man konnte gutes Geld verdienen. Die Liebe blieb in dieser Zeit wochenlang außer Betrieb, weil die Kohle stimmen musste. Nach dem Verlust des ersten Lkw durch den Untergang der Zenobia kaufte ich einen Gebrauchten, um an dem Dollar-Kuchen weiter mitzuknabbern. Irgendwann brachte das Geschäft aber nicht mehr das ein, was man bei der Leistung und dem Risiko hätte verdienen müssen. Der Lkw wurde verkauft und eine neue Firma gegründet: den Fahrerdienst für Speditionen, denen Fahrer ausfielen oder die Urlaub hatten.

Damals noch eine ganz neue Idee auf dem Transportmarkt und mit vier Kumpels bedienten wir viele Speditionen in Baden mit festen Tages- oder Tourenpreisen. Für sie waren wir ein Segen und für uns war es die Arbeit. Endlich konnte ich ohne Risiko bestimmen, wann ich fahre und wann nicht. Das Geld musste zum Leben reichen, aber nicht für die Abzahlung eines Lkw. Ich war nicht angestellt, sondern mein eigener Arbeitgeber. Heute würde man Freelancer als Begriff verwenden. Meine Entscheidung: 100 bis maximal 110 Tage fahren, der Rest der Tage sind meine Tage oder unsere. Das brachte etwa 22.000 DM ein, ein Betrag, der locker reichte.

Uli war mit ihrer Arbeit und Ausbildung fertig und das Leben im Lkw begann. Deutschland, Spanien, Europa, einmal bis nach Bagdad. Eine herrliche Zeit und wir wussten ziemlich schnell, dass wir zusammengehören. Immer zusammen, Tag und Nacht, Woche für Woche, Monat für Monat und immer dieses Gefühl, nie wieder auseinandergehen zu müssen. Die Abschiede vor Saudi-Arabien-Touren mit drei- oder vierwöchiger Wochen Abwesenheit. Alles vorüber. Es gab keine Abschiede mehr. Wir heirateten, als ich 33 und Uli 26 Jahre alt war, und als Kathrin geboren wurde, war sie gerade sechs Wochen alt, als wir mit Spanientouren anfingen. Der Spediteur hatte die Erlaubnis gegeben und so fuhren wir wahrscheinlich als einzige Familie im Fernverkehr. Babynahrung mussten wir nicht mitnehmen. Uli hatte immer alles dabei.

Es waren verdammt schöne Jahre. Vielleicht die schönsten, weil alles noch so leicht war und man mit einem Kind immer alles problemlos organisieren konnte. Als Mareike dazukam, fuhren wir noch zwei, drei Mal nach Spanien, aber da zeigte sich dann doch, dass eine Lkw-Kabine keine Einfamilienwohnung ersetzen kann.

Kurze Zeit später habe ich die Fahrerei an den Nagel gehängt mit wenigen Ausnahmen. Ich wollte bei der Familie leben und nicht auf der Straße. Jede Zeit endet, wenn eine andere Zeit anbricht und es bleibt nichts anders übrig, als sich zu entscheiden. Manchmal bleibt keine Wahl. Da wird über deinen Kopf über Leben und Tod entschieden. Das wusste ich zu dieser Zeit Gott sei Dank noch nicht. Im Himmel dieser Jahre denkt man nicht an die Hölle, auch wenn man weiß, dass sie jederzeit kommen kann.

Tag 30: Samstag, der 18.11.2017

Tag 9 auf See – rechts Australien – Great-Barrier-Riff – links die weite Südsee

Eigentlich hatte ich schon vergessen, dass es frische Seeluft gibt. Die ganze Zeit war es jeden Tag schon morgens um 5 Uhr draußen schwül-warm, immer 28 bis 35 Grad. Heute Morgen mache ich die Luke auf und ein frischer Wind strömt in meine Old-Seemanns-Suite. Die gestrigen Gewitter und wohl die immer näher rückende Antarktis sorgen hier auf dem offenen Meer für etwas Frische und vor allem für Wind, der einem warmen Südwind bei uns zu Hause entspricht. Angenehm, aber nicht schwül-warm. Die Wassertemperatur fiel vom Äquator bis heute von 31,5 Grad auf 27 Grad. Nicht viel, aber man merkt es.

Und dann fällt mir ein, dass dies der letzte volle Tag auf der „Aglaia“ sein wird. Morgen Abend liegt sie im Hafen von Brisbane und beschäftigt die Mannschaft mit der Vorbereitung der Containerentladung. Hierbei ist immer noch Handarbeit angesagt, da die unterste erste und zweite Reihe mittels Gewindestangen mit dem Schiff verbunden werden. Da sind dann schnell mal ein paar Hundert Schrauben zu lösen und Gewindestangen zur Seite zu legen.

Für mich heißt es wieder, Packen und Abschied nehmen. Der Rucksack ist immer noch voll, keinen Ballast ins Kielwasser geschmissen. Alle Unterhosen noch an Bord, aber die Tage waren nach den Städten Erholung pur und auch gutes Training für die Auffrischung des Old English.

Heute Nacht habe ich – wahrscheinlich wegen der langen Unterhaltung mit dem Kapitän – tatsächlich englisch geträumt, bis ich wegen einer fehlenden Vokabel aufgewacht bin. Ich war auf meiner täglichen Wanderung und wollte einen Matrosen fragen, ob der Seegang noch stärker würde, aber dieses Wort fiel mir nicht ein und mein Wörterbuch baumelte ausgerechnet ganz oben an einem Container. Ich konnte

Lotse an Bord bei der Einfahrt in Brisbanes Hafen

dem guten Mann nicht klarmachen, dass ich das Büchlein brauche, um ihn korrekt zu fragen. Er fuchtelte derweil mit den Händen, machte ausholende Kurvenbewegungen mit den Armen mit plötzlich nach unten fallenden Händen und schrie mir wegen dem Wind und dem Wellengeklatsche fast das Ohr weg. Ich nickte nur noch, verstand nur Wörter wie „worry“ und „forbidden“, die mich zugleich heiter und weniger heiter stimmten. Das erste Wort erinnerte mich an den Song „Don't worry, be happy“ aus dem Film „Das Leben des Brian“ und „forbidden“ erinnerte mich an die täglich 80.000 Besucher der Verbotenen Stadt in Peking. Der Albtraum dürfte noch eine Weile anhalten.

Der nächste Schrei in mein Ohr war gleichbedeutend mit dem Aufwachen. Das Wörterbuch lag auf der Bettablage, war aber eine Enttäuschung. Das Wort „Seegang“ war nicht enthalten und unter Stuhlgang fand sich auch nichts. Also blieb mir nur übrig, die Worte „Gang“ und „See“ zu einem sinnigen Begriff zu verbinden, was dem „Seawalk“ entsprechen würde. Der andere Begriff, wenn ich schon mal beim Auffrischen meines Englischvokabulars bin, wäre dann „Chairpassage“.

Hierzu ein Beispiel aus dem Englischlehrbuch für Krankenhauspersonal: Die Schwester fragt den Patienten allgemein nach dem Befinden. „Do we have a good ‚Chairpassage'?“ Wenn der Patient in diesem Moment keinerlei Drängen verspürt, wird er mit „Yes, I do“ antworten. Wenn aber der selbige bereits unterwegs wäre, würde der Patient ebenfalls mit „Yes“ antworten, aber mit dem Zusatz: „Yes, my chair is on the gangway.“

Beruhigt schlief ich danach wieder ein, konnte ich mich doch beim nächsten Seegang mit einem Matrosen über beide Themen ausführlich unterhalten. Außerdem war dies die Bestätigung der These zu den drei Hauptproblemen des Tages eines jeden Reisenden. Vor dem Aufstehen wurden dann noch ein paar Erinnerungen an den Englischlehrer der Handelsschule vor 50 Jahren wach. Herr Grein meinte zu Beginn des Schuljahres: „Wenn ihr anfangt, Englisch zu träumen, dann fängt es an mit Englisch lernen.“ Manche Sätze behält man eben ein Leben lang. Einen anderen Satz setze ich gleich dazu: Die Beleidigung der gesamten Klasse durch den Rektor Herrn Osner, der mit einer Antwort meines Tischnachbarn, dem vom Rektor immer traktierten Bruno, im Deutschunterricht nicht zufrieden war und der uns schreiend an den Kopf warf, dass der Unterricht für ihn wäre „wie Perlen vor die Säue geworfen“. Klick hat's gemacht. Da war es, dieses kleine Tröpflein, von dem man immer wieder hört, wenn irgendwo ein Fass überläuft.

Ich meldete mich und – obwohl immer auf Kriegsfuß mit der Grammatik im Allgemeinen und Deutsch im Besonderen – wies den Herrn Rektor darauf hin, dass er sich bei der getätigten Aussage rein grammatikalisch vertan hätte. Die Pluralform gelte – klärte ich ihn auf – für den Fall, dass es mehr als eine Sau hätte sein müssen, aber nur ein Schwein im Klassenzimmer sei.

Dann hat's Doppel- oder Mehrfachklick gemacht und aus einem Schwein wurde in Bruchteilen von Sekunden eine tobende Tomate, die ihren Saustall quiekend verließ. Klasseneintrag und zwei Stunden Nachsitzen mit der Strafe: 100 Mal schreiben „Ich darf den Lehrer nicht beleidigen“ oder so ein Scheiß in schönstmöglicher Schrift. Sonst nochmal 100 Mal den gleichen Satz. Der Trick mit der schö-

Der Motor mit 55.000 PS ist so groß wie ein Einfamilienhaus

nen Schrift war natürlich gezielt gegen mich gerichtet, weil ich zugegebenermaßen mir einen individuellen Stil zugelegt hatte zwischen Normalschrift, Kurzschrift und Sütterlin. Hätte ich umgelernt, wären in den beiden Stunden vielleicht zehn Sätze entstanden.

Also schrieb ich eben zwei Stunden lang den Satz runter, Schönschrift hin oder her, irgendwann würde ich gehen dürfen. Ich konnte es auch nicht lassen, in die vielen Sätze den Satz einzuschmuggeln: „Ich darf den Lehrer nicht beleidigen, aber ich darf ihn grammatikalisch korrigieren." Hat niemand gemerkt, aber meinem Ego tat's gut.

Das Wetter draußen heute ein Traum – blauer Himmel pur, blaue See – Australien grüßt, denn in wenigen Meilen „segeln" wir am Great-Barrier-Riff entlang. Letzter Tag heißt nochmal volles Programm und um 9:30 Uhr bin ich bereits auf Wanderschaft zu meinem stillen Örtchen, aber natürlich ohne Not bezüglich „Gangway".

Ich spiele ein paar Stücke mit der Monika, die derzeit ziemlich verwöhnt wird. Lese in meinem E-Book an der Geschichte aus Nazideutschland weiter, immer noch unschlüssig, ob ich mir das wirklich antun soll. 53 Prozent, zeigt die Anzeige, habe ich schon. Nach einem weiteren Kapital weiß ich es immer noch nicht. Anschließend ziehe ich meine ältesten Klamotten an und besuche den Steuerungsraum für die ganze Antriebstechnik. Geschlossene Kleidung ist Vorschrift, wie in den Moscheen, obwohl hier unten neben dem Glauben an die Technik wenig Spirituelles zu sehen ist.

Ein junger Bursche setzt mir Ohrenschützer auf. Aber was für welche. Kein Ton ist zu hören. Und dann geht es in viele Räume unterhalb der Wasserlinie, die mich schlicht gesagt erschlagen. Allein der Anblick des 7-Zylinder-Schiffsmotors – begehbar und eher einem Einfamilienhaus ähnlich, reißt mir die Augen auf. Und dazu die gesamten Aggregate, Generatoren, Wasserpumpen, Leitungen ohne Ende. Ich drehe ein Video, weil Fotos diese Technik nicht so zeigen können wie im Rahmen eines richtigen Durchgangs. Vielleicht hört man auch noch den Lärm. Gesprochen wird fast nichts, weil man dem anderen mit voller Lautstärke an den Ohrschutz schreien muss, damit man überhaupt Fragmente hört. Also besser immer nicken. Als ich am Ende noch die Antriebswelle sehe, die von hier 40 Meter durch den Schiffsrumpf bis zur Schraube läuft, bin ich endgültig bedient. Ich schätze, 60 Zentimeter Durchmesser.

Das Herz des Schiffes schlägt hier Tag und Nacht, Monat für Monat, Jahr für Jahr – seit 2011 ist die „Aglaia“ in Betrieb. Der Glaube an die Technik scheint hier unerschütterlich, was der getaktete Fahrplan des Schiffes zu beweisen vermag. Die 7-Zylinder-Maschine hat bisher 45.000 Betriebsstunden hinter sich, leistet im Schnitt ca. 22.000 kw bei 17 Knoten (ca. 32 km/h) Geschwindigkeit und maximal 40.000 kw/55.000 PS bei 24,75 Knoten (ca. 42 km/h) und gehört zu den modernsten Schiffsmotoren der Welt. Nicht umsonst können die Fahrpläne auf Monate hinaus stundengenau festgelegt werden.

Besser vorstellen kann man sich das vielleicht, wenn man auf einer Kutsche sitzt und vor einem rennen zwischen 25.000 und 55.000 Pferde. Für den Seitenantrieb zum Geradehalten des Schiffes stehen nochmals 1600 kw zur Verfügung. Man kann sich unschwer vorstellen, dass man mit der Kutsche mehr in der Luft schwebt als auf dem Boden fährt, da sich die Hinterlassenschaften einer solch großen Pferdeherde auf der Straße zu gewaltigen Bodenwellen aufbauen. Die Bodenwellen der „Aglaia“ bestehen aus Rauchwolken, deren Umweltbilanz bezogen auf die beförderte Containermenge zwar nicht schlecht ist, aber dennoch keine nachhaltige Zukunftstechnologie darstellt.

Und wenn wir schon bei der Technik sind: Es gibt Dinge, die auch auf solchen Schiffen nicht klappen. Am Tag nach der Abfahrt aus Hongkong fiel das Internet aus, sprich das WLAN funktionierte nicht mehr oder nur zwischendurch. Laut Kapitän ein Problem, das sie schon seit Wochen umtreibt und bereits drei IT-Firmen an Bord zu lösen versuchten. Aber sie seien dran und wären guter Dinge, dass sie das hinbekommen. Nachdem ich die Versuche des 2. Officers zehn Minuten beobachtet hatte, war klar: das dauert. Vorgestern habe ich dem Kapitän den Tipp gegeben, das Kabel zwischen Server und Antenne auszutauschen, da für mich – aus eigenen Erfahrungen – alles darauf hindeutet, dass ein Kabel beschädigt ist und je nach Lage des Kabels die Verbindung steht oder nicht.

Der Tipp des badischen Landbauern auf hoher See wurde beherzigt – nach so vielen IT-Spezialisten vorher – und siehe da: neues Kabel, Internet funktioniert. Am ersten Tag ist mir das Gott sei Dank nicht eingefallen, sonst hätte ich wohl als hereingeschneiter Besserwisser dagestanden und das Kabel wäre schon aus Gründen des Stolzes nicht ausgetauscht worden. Es bedurfte sieben Tage Garzeit.

Tag 31: Sonntag, der 19.11.2017
Tag 10 auf See – abends Einlaufen in Brisbane

Sonntags in Brisbane ankommen, das passt, zumal ich auch sonntags auf die Welt gekommen bin, was aber nichts zu bedeuten hat. Lediglich in den Köpfen von Abergläubischen. Ich setze mich bereits heute Vormittag hin und schreibe noch ein paar Zeilen. Am Nachmittag möchte ich zusammenpacken, um für alle Eventualitäten vorbereitet zu sein. Ich hasse Hektik vor einer Abreise. Im Laufe des Tages werde ich Valentin erreichen und dann mit ihm entscheiden, ob ich heute Abend noch anrücke oder erst morgen. Der Hafen liegt ca. 30 Kilometer außerhalb, d.h. Bus, Taxi oder Zug oder per Anhalter. Oder Valentin lässt sich eine Lösung einfal-

Brisbanes Skyline lässt grüßen

Im Containerterminal von Brisbane

len, z. B. einen Straßenkreuzer mieten, um mich für meinen Aufwand, nach Australien zu kommen, gebührend zu empfangen.

Immerhin bin ich heute den 31. Tag unterwegs und das nur, weil ich bei einer Skype-Konferenz spaßeshalber gesagt hatte, dass ich ihn besuche, auch ohne zu fliegen. Inzwischen habe ich ca. 11.500 Kilometer Bahnschiene und 4000 Seemeilen (ca. 7500 km) hinter mich gebracht.

Leider war die Reise bisher so gefüllt mit guten Dingen und herrlichen Erlebnissen, dass es mir nicht gelingt, die Strapazen in den Vordergrund zu stellen, wie z. B. den neuntägigen Verzicht aufs WLAN (Lüge!!!! Das war Genuss pur!!!).

Gegen 17 Uhr tauchen die ersten Hügel von Australien am Horizont auf. Noch vier Stunden. Inzwischen hat sich auch geklärt, dass ich an Bord bleibe, denn der Zoll hat um 21 Uhr bereits geschlossen. Das passt sowieso besser, weil das Auschecken am Montag dann in aller Ruhe erledigt werden kann. Die Fahrt zur Wohnung von Valentin dürfte kein Problem sein. Über den Kapitän habe ich eine Mail an Valentin geschickt und Bescheid gegeben und in der Mailantwort war dann auch klar, dass ich aufgrund von Meetings am Montag die letzte Etappe ins Hochhaus von Valentin selbst organisieren muss. Zwischen Dariusz und mir ist in den wenigen Tagen eine wirklich herzliche Bekanntschaft gewachsen.

Brisbane grüßt mit seiner Skyline am Horizont, die dortigen Hochhäuser ragen weit aus der ansonsten flachen Stadt heraus. Erinnerungen an Peking, Shanghai und Hongkong werden wach. Überall ähnlicher Stil, überall der Glaube, dass man mit und in solchen Bauten die Zukunft produzieren kann und keine Sekunde daran denkt, dass dies auch ein Irrweg sein könnte. Babylon wollte bis zum Himmel hoch bauen und erlitt Schiffbruch, lange her, aber Wiederholung nicht ausgeschlossen.

Zum Abschluss nach dem Anlegemanöver und den nachfolgenden Mail-Reports an seine Firma tranken Dariusz und ich, um den Abend vorher zu wiederholen, noch eine Flasche Wein in der Kapitäns-Suite. Am Nachmittag hatte er mir bereits einen USB-Stick mit der Musik geschenkt, die er gerne hört. Sein Lieblingssänger ist Mark Knopfler. Meiner auch. Bei der Unterhaltung ließ er deutlich durchblicken, dass sein Engagement mit der deutschen Firma Reederei Döhle das bisher beste gewesen sei. Absolut seriös und kooperativ und auch in Bezug auf die Arbeitnehmer eine Vorzeigefirma. Der USB-Stick sollte noch eine entscheidende Rolle auf meiner Reise spielen, was mir im Moment des Schenkens nicht bewusst war. Ich wäre sonst dem Kapitän sehr wahrscheinlich um den Hals gefallen. Mehr dazu im Abschnitt Outback-Tour.

Die letzten Seemeilen in den Hafen von Brisbane muss ein Lotse steuern, der mit einem Schnellboot vor der Einfahrt in die schmale Passage zum Schiff gebracht wird und tatsächlich die Sprossenleiter hochklettert wie in den alten Piratenfilmen. Die Passage ist an manchen Stellen gerade mal zwölf Meter tief. Das Schiff hat elf Meter Tiefgang. Die Daten der Tiefenmessung können an einem Bildschirm verfolgt werden. Da ist es sogar unter den erfahrenen Seeleuten ziemlich still auf der

Das Hafengelände von Brisbane

Brücke. Nach 3,5 Stunden steht der Kahn an der Kaimauer. Die Brücke schaltet den Radar aus.

Was von gestern noch zu berichten wäre: Auf dem Schiff wird, zumindest an die Matrosen, der Lohn bar ausbezahlt. Der Kapitän richtet auf der Brücke Dollarhäufchen und dann treten die Matrosen zum Quittieren an. Der Lohn beträgt monatlich ca. 1000 US-Dollar für angelernte Hilfsmatrosen, Essen und Wohnung frei. Darf man nicht vergessen. Auf dem Schiff selbst sind die Ausgabemöglichkeiten sehr begrenzt, d. h. am Ende eines Zeitvertrages bleibt was übrig für die Familien zu Hause. Das System funktioniert überall, wo es neben einer hochentwickelten Technik noch Arbeitskräften bedarf, die alle Nebenarbeiten erledigen, ohne die auch ein stolzes Schiff mit der Zeit verrotten würde.

Warum ausgerechnet die Filipinos so oft für Schiffe angeworben werden, habe ich noch nicht herausbekommen können. Vielleicht weil sie aufgrund ihrer Vergangenheit am Wasser am besten mit diesem Element umgehen können. Oder weil ihre Körpergröße auf dem Schiff Vorteile mit sich bringt. Je kleiner, desto weniger Bückweg bei irgendwelchen Arbeiten am Fußboden. Rein technisch gesehen damit auch weniger Zeitverbrauch für Arbeiten, bei denen der Bückvorgang öfter vorkommt.

Für Matrosen mit Ausbildung gibt es mehr Gehalt, für die höheren Dienstgrade, deren Verantwortung in einem solchen Betrieb weitaus höher zu sehen ist, sowieso. Dazu wollte der Kapitän keine Aussagen machen, was verständlich ist, da Betriebsgeheimnis. Logisch ist es allemal und entspricht dem ganz normalen Wirtschaftssystem. Längere und gute Ausbildung bringt langfristig mehr Kohle. Dafür muss man länger an den Nägeln kauen.

Das Bargeld auf dem Schreibtisch des Kapitäns erinnert mich an meinen ersten Lohn als Lehrling. In einer Papiertüte wurden mir 239,31 DM überreicht und ich musste dem Buchhalter quittieren. Fein säuberlich abgezählt. Es war der Lohn

vom 16.8.67 bis 30.9.67, also 1,5 Monate. Insgesamt mussten seinerzeit jeden Monat Tüten für 980 Mitarbeiter gerichtet werden. Heute undenkbar. Das Geld wurde in einem Koffer bei der Bank geholt, ein monatliches Abenteuer für den Chef der Buchhaltung, der mit dem Chauffeur des Chefs, gleichzeitig in der Funktion des Security, gemeinsam verantwortlich war.

Am letzten Abend auf dem Meer, irgendwo auf der Höhe des Great-Barrier-Riffs lädt mich der Kapitän noch zu einem Glas Wein ein. Im Verlauf des Gesprächs kommen wir auch auf den Hafen von Tarragona zu sprechen, wo er als junger Kapitän einen Irish Pub besucht hat, von dem er heute noch wegen der dortigen Rock-Live-Musik begeistert ist. Meine Geschichte dazu ist weniger irisch, dafür mehr irdisch …

Ich war im gleichen Hafen, vermutlich zehn Jahre vorher, auch als Kapitän, allerdings der Landstraße, und musste als junger Trucker erst lernen, dass hinter den beiden Ausgängen „WC-Señoras", „WC-Señores" noch ein weiterer Flur folgte, der links oder rechts in die zweite Etage führte, wo sich dann der „WC-Señores"-Trucker mit einer an der Bar verabredeten „WC-Señoras" traf, um sich höheren Weihen zu widmen. Mitbekommen habe ich das als Trucker-Jungspund erst, nachdem mein Kollege für 30 Minuten im „WC-Señores" verschwunden war und ich mir schon Sorgen um seinen Darm gemacht hatte. Der Kollege aber strahlte übers ganze Gesicht mit den Worten: „Mann, war die 'ne Wucht." Für mich eine absolute Übertreibung, weil Kloschüsseln nun mal überall fast gleich sind, egal ob ich 30 Minuten für den Chairway benötige oder weniger. Diese Geschichte in meinem Englisch war offensichtlich so witzig, dass sich der Kapitän krümmte und ich mir wieder Sorgen machen musste um einen weiteren Darm, wobei ich selbst schon die ganze Zeit mehr als dringend musste. Wie immer, die Windel vergessen und schon wieder die größten Schwierigkeiten, ein Gespräch in Ruhe fortzuführen mit einem guten Gefühl in der Hose ohne verkrampfte Augenpartie.

Ein letzter Gruß nach einer wunderbaren Reise – „Auf Wiedersehen in Polen, Dariusz!“

Am Ende sind wir dann im Gespräch beim Haus in Spanien am Meer gelandet und er bat mich, ihm doch ein paar Fotos zu geben, da er mit seiner Frau immer in Fuerte Ventura Urlaub macht, weil sie eine närrische Strandliegerin wäre. Also sind wir nach dem Wein mit dem Fahrstuhl von Deck B auf Deck G, dem Kapitäns- und 1. Officerdeck gefahren. Den USB-Stick habe ich dann gleich mit Fotos gefüttert, die ich zum Glück dabeihatte. Er hat mir ein paar Urlaubsbilder von Fuerte Ventura gezeigt, auf der auch seine Tochter, 14 Jahre, und sein Sohn, 18 Jahre, zu sehen sind und seine hübsche Frau, die entweder noch sehr jung aussieht oder zehn Jahre jünger ist als er, also um die 45.

Wer eine solche Containerschiffreise bucht, sollte nicht erwarten, dass solche Erlebnisse zum Normalen gehören. Sie entwickeln sich oder sie entwickeln sich nicht. Es kommt auf beide Seiten an und wenn die zusammenpassen, dann kann es so laufen. Wenn sie nicht passen, läuft es eben anders, aber mit Sicherheit genauso gut. Solche Erlebnisse sind schön, aber in der Summe eben auch nur Randerscheinungen.

Der Sonnenuntergang heute Abend steht dem in nichts nach.

4
East-Coast-Tour

Brisbane – Cairns // Cairns – Port Douglas – Brisbane

„East Coast" heißt: Auf den Pfaden des Over-Tourismus. Traumhafte Strände mit Hai-Warnungen, Great Barrier Reef, skurrile Angebote mit Schnellbooten und Geländebussen in Naturschutzgebieten.

22 Tage | 1.650 km | 1.800 km | 50 km

Tag 32: Montag, der 20.11.2017
Abschied von der „Aglaia" – Brisbane

Ende einer 11-Tagesreise mit einem Containerschiff. Eigentlich bereits gestern Abend, als die „Aglaia" um 21 Uhr im Hafen von Brisbane anlegte. Heute Abend fährt sie weiter nach Auckland, Neuseeland. Hätte ich es zu Hause gewusst, hätte ich bei Valentin einen Kurzbesuch eingelegt und wäre gleich weitergefahren, um dann von Neuseeland aus Valentin ab dem 10. Dezember herum zu besuchen. Aber wenn ich eines gelernt habe in den vielen Jahren der ebenso vielen Ups und Downs, dann dies: Was du nicht planst, wird im großen Stellwerk geplant. Es geht immer weiter mit dir, ob du schreist oder still bist, ob du an einem Weg festhältst oder nicht.

Draußen herrscht reges Treiben. Drei Containerkräne arbeiten im Akkord und hieven die Kisten an Land, wo sie von fahrenden Containerfahrzeugen aufgenommen und auf einer großen Stellfläche abgeladen werden, fein säuberlich sortiert. Sieht aus wie ein Legospiel, dem Konstruktionsspiel, das einen als Kind begeistern konnte und bei dem man manche Träne geweint hat, wenn der Staubsauger ein herumliegendes Steinchen verschluckte und nur das Suchen der Mutter im Saugbeutel einen trösten konnte.

Hier im Hafen und in allen anderen Containerhäfen der Welt wird Lego mit großen Steinen von großen Jungs gespielt. Da fahren 50 Meter lange Kranarme über die Schiffe, laden und entladen Container auf die Containerspur, wo sie von roten und blauen spinnenbeinigen Ungetümen aufgenommen und auf einem vorher festgelegten Platz abgestellt werden. Von hier geht es dann auf Lkw oder auf ein anderes Schiff. Alles greift ineinander und ständig werden riesige Flächen neu bebaut und abgeräumt, eben wie beim Lego. Und genauso bunt wie beim Lego wegen den Firmenfarben der Container.

Wie bereits in einem anderen Abschnitt dargestellt: Hier wird Transport industriell „produziert" mit allen zur Verfügung stehenden technischen Mitteln. Das Produkt an sich ist nicht greifbar, aber es bleibt das wichtigste Schmiermittel der Wirtschaft.

Die Umweltbilanz: Containerschiffe stoßen wenig CO_2 aus, ABER …

… Hochseeschiffe emittieren große Mengen von Schwefeloxiden, Feinstaub, Stickoxiden und Ruß. Diese Stoffe sind hochgiftig und schädigen sowohl die Umwelt als auch die menschliche Gesundheit. Stickoxide (als Vorläufer von bodennahem Ozon) und Ruß tragen zudem erheblich zum Klimawandel bei, Ruß ist sogar als der zweitstärkste Klimatreiber nach CO_2 bekannt: Grund sind die verwendeten Treibstoffe. Derzeit darf der Schwefelgehalt im Schiffstreibstoff maximal 3,5 Prozent betragen (sogenanntes „Heavy Fuel Oil", HFO). Der Schwefelgehalt von Lkw- und Pkw-Diesel von 0,001 Prozent wird damit um das bis zu 3500-Fache überschritten. Die Diskussion läuft seit Jahren, ein Ende ist nicht in Sicht. Auf der einen

Seite die Reeder, die ihre Margen verdienen wollen, auf der anderen Seite die Umweltverbände, die an der Rettung einer intakten Umwelt arbeiten. Ein Erfolg der Diskussion: Die neuen Riesencontainerschiffe werden mit Flüssiggas angetrieben.

Um 6 Uhr wollte der Zoll an Bord sein, der sich jeden Passagier genau anschaut. Es ist 6:20 Uhr, die Begutachtung durch zwei junge Burschen und eine junge Dame habe ich bestanden. Das Englisch der Zöllner war allerdings in einem Tempo, dass ich mehrere Male nachfragen musste, damit sie mir das lange Wort, das wohl ein Satz war, in Einzelwörter zerlegten. Für sie war es Amüsement, für mich die Note 5 in Australisch Englisch.

Was mich seit Tagen beschäftigt, ist der Vogel auf dem Schiff, der irgendwann nach Hongkong immer aufgetaucht ist, wenn ich am Bug saß oder von der Brücke mit dem Fernglas das Meer beobachtete. Und gestern dann zwei Vögel der gleichen Art. Weit und breit kein Land. Ich erinnerte mich an den Tag nach Ulis Tod, als ein Lkw eines Holzlieferanten zu unserer Wiesenmühle kam. Ein junger Fahrer, vielleicht 25 bis 28 Jahre mit einer Freundin dabei, 20 bis 22 Jahre, lange braune Haare, hübsch, offenes Gesicht, braune Augen, die meinen begegneten. Nur einen kleinen Moment, aber so intensiv, dass ich wegschauen musste, weil ich Uli vor mir gesehen hatte und für mich solche Begegnungen schon immer Hirngespinste waren. In meinem Studium der Sozialarbeit hatte ich viel „Psychologisches“ in mich aufgesogen, weil dieses Wissen einem das Gefühl gab, dass man sich selbst durchschauen konnte und sich für alle psychischen Probleme eine Lösung aus den vielen Büchern zaubern konnte. Von daher fiel die Begegnung in den Bereich Parapsychologie, also subjektive Wahrnehmungen in einer realen Welt, die körperlich erlebt, aber wissenschaftlich nicht nachprüfbar sind.

Der Holzbetrieb wusste eigentlich, dass die Wiesenmühle nur Betriebssitz war, das Holz aber immer am Fertigungsort, 25 Kilometer weiter, angeliefert wurde. Noch nie war dies passiert. Nur dieses eine Mal war es anders und ich habe dem jungen Fahrer geholfen, den Lkw auf dem schmalen Gelände zu drehen mit dem Gefühl, hier geht etwas vor, was man nicht mit normalem Verstand begreifen kann. Die junge Frau verabschiedete sich nach dem Wendemanöver mit einem Lächeln ohne Worte und ich stand auf der Straße, schaute dem davonfahrenden Lkw hinterher und hatte das Gefühl, diese Begegnung sollte mir etwas sagen. Etwas ganz Wichtiges. Ich wischte die aufkommenden Gedanken weg, weil ich ganz andere Sorgen hatte. Nie in den vergangenen 25 Jahren habe ich diese Begegnung vergessen. Sie ist im Kopf noch so präsent, als wäre sie soeben passiert. Auch das Gesicht der jungen Frau, die nicht wie Uli aussah – das war es nicht – aber die gleiche tief warme Ausstrahlung hatte, die für meine Uli so typisch war.

Und auf dieser Reise, allein auf dem Schiff, begegnet mir der bereits erwähnte Vogel, der jeden Tag mit seinen Flügeln „winkt“ und am zweitletzten Tag wird er

Im Fahrstuhl zu Valentin' Wohnung im 18. Stock

begleitet von einem gleichartigen Vogel und sie spielen im Wind miteinander um die Wette, wer am Besten in der Luft tanzen und sich dann senkrecht auf die Wasserfläche stürzen kann, um einen Fisch zu jagen. Vielleicht ein Wink an mich, dass ich mich wieder um mich kümmern soll und um meine Zukunft und nicht dem hinterherhängen soll, was war, auch wenn es noch so gut war. Vielleicht ein Zeichen, vielleicht auch alles nur Zufall. Damals der Lkw und jetzt der Vogel. Mal sehen, was meine Gefühlsabteilung im Hirn damit macht. Die hat seitdem auch dazugelernt und vieles aus den Psychologiebüchern wurde vom Leben relativiert. Vor allem, dass man Gefühle nicht so steuern kann, wie man nach dem Studium glaubte zu wissen.

Zurück zur Realität. Um 11 Uhr gehe ich von Bord und sage, Ahoi Dariusz, Ahoi Crew, Ahoi „Aglaia". Es war eine schöne Zeit. Eine herzliche Verabschiedung rundet diesen Teil der Reise auf wunderbare Weise ab. Der Kapitän umarmt mich richtig herzlich. Ein letzter Handschlag und dann geht's die Schiffstreppe hinab, ein Matrose hilft mir beim Gepäcktragen. Der Shuttlebus steht bereit zur Fahrt an die Hafengrenze. Zu Fuß darf man sich hier nicht auf dem Gelände bewegen. Nochmals winken zum Kapitän und zum 1. Officer. Obwohl nur elf Tage an Bord, ist es ein Abschied, den man spürt.

Im Ausgangsgebäude Pass vorlegen und beim Schiffsagenten in das Auto steigen. Es klappt alles und 30 Minuten später bin ich in der Connor Street 25.

Die Rezeption ist besetzt mit einer sehr freundlichen Dame, die auch gleich vermutet, dass ich wohl die angekündigte Person bin. Sie gibt mir den Schlüssel und die Fahrstuhlkarte – man erinnert sich an die Dramen – und weist auf die linke Tür hin. Als hätte ich es schon geahnt. Links ist eine Glastür, dahinter ein Flur mit dem Aufzug, aber die Glastür öffnet sich nicht, trotz verschiedener gutgemeinter Verrenkungen mit dem Gepäck für den Bewegungssensor, den ich vermute. Die Dame lacht – wahrscheinlich über meine Annäherungsversuche an den Sensor – und kommt mir zu Hilfe. Valentin hatte vergessen mir zu schreiben, dass auch diese Glastür des Kontaktes mit der Fahrstuhlkarte bedarf. Ein unscheinbares Feld an der Wand ist der Türöffner. Vermutlich wurde die Dame aus dem Hotel in Peking informiert, dass sie auf jeden Fall mitgehen soll zum Fahrstuhl, um eine längerfristige Blockade zu verhindern. Also führt sie mich sprichwörtlich in den Fahrstuhl, stellt ihren Fuß an die Tür, legt die Karte auf den Sensor und drückt die 18.

Auf eine gute gemeinsame Zeit in Australien

Erst als sich die Tür schließt, geht sie zur Rezeption zurück. Der Bericht aus Peking hatte wohl Wirkung. Hat nur gefehlt, dass sie auch noch mit hochgefahren ist und mir im Bad erklärt hat, wie die Dusche funktioniert. Duschen, chinesisches Kaffeetütchen brühen und auf dem Balkon Kaffee, Ruhe, Aussicht und die erfolgreiche Erledigung der mit Valentin besprochenen Fahrt hierher genießen. Und vorher noch eine Lebendmeldung abgesetzt, da ich ja seit einigen Tagen im nichtdigitalen Zeitalter der Südsee untergetaucht war.

Eine herzliche Begrüßung mit Valentin folgte, bei der sich wohl beide gleich freuten, dass alles gut gegangen war. Versprechen gehalten. Eine Zigarette vom 1. Officer rundete den Abschluss des ersten Teils der Reise ab.

Tag 33: Dienstag, der 21.11.2017
Brisbane

Wenn man sich so umschaut in der Wohnung meines Sohnes, kommt man unweigerlich auf die Frage, wie es zu den unterschiedlichsten beruflichen Entwicklungen und den dazugehörigen Einkommen im Laufe des Lebens kommt, wo doch jeder im Kindergarten und dann in der Grundschule anfängt. Die Gründe sind vielfältiger Art und die Wissenschaft streitet sich, wo und wann und unter welchen Umständen dieses und jenes und dann noch was ganz anderes den Bildungsweg beeinflusst.

Was mir als Student immer aufgefallen ist: Damalige Volksschulabgänger (heute Hauptschule), die nach der Schule als ungelernte Hilfsarbeiter, heute sogenannte angelernte Facharbeiter, einen Job angefangen hatten, konnten sich nach kurzer Zeit einen Schinken-Cheese-McNugget-Burger reinziehen und das alle zwei Tage. Selbst ein normaler Lehrling (heute Azubi) erhält heute einen Lohn, der für mehr als einen Burger pro Woche reicht.

Der Schulabgänger, der sich für ein drei- oder fünfjähriges Studium entscheidet, zieht sich – wenn er monetär nicht von den Eltern unterstützt wird – in dieser Zeit meistens ein H-Baguette vom Aldi rein und isst ab und zu in der Mensa, um einer Aldi-Allergie vorzubeugen. Dazu haust er in einem Zimmer von fünf bis zehn Quadratmetern, meist mit Stockbett, damit die Fläche größer wird. Immer knapp, aber irgendwie reicht es oder es wird noch nebenbei gejobbt, was sich positiv auf die Entwicklung eines gesunden Umganges mit Stress auswirkt.

Nach dem Studium – vorausgesetzt es ist keine Arbeitsscheue eingetreten und die nächsten fünf bis zehn Semester mit elterlicher Hilfe werden angepeilt – genießt der frisch gebackene Akademiker den frischen Hummer oder das zarte Filet vom tibetanischen Hochlandrind, wenn er sich nach getaner Arbeit und zwei Stunden Fitnessstudio mit Sauna mit einer Schönen aus den gleichen Kreisen zum Abendessen trifft. Sein Schulfreund ist genussmäßig beim Doppel- oder Dreifach-Whopper geblieben, ist bereits verheiratet und hat Familie. Beide Lebenswege haben ihre Vor- und Nachteile und können am allerwenigsten gegeneinander aufgewogen werden, schon gar nicht, wenn es darum geht, die innere Zufriedenheit mit sich und seinem Leben zu bewerten.

Zu untersuchen wäre, ob die bildungsmäßige Überkopfung Allergien fördert und möglicherweise eine nichtbeachtete Ursache bei den steigenden Zahlen von Allergien darstellt. Eine Doktorarbeit würde es an den Tag bringen und im gleichen Atemzug einen neuen Hummer- und Filetfreund gebären.

Damit genug mit solchen gesellschaftlich kritischen Themen. Aber wenn du nach einer so langen Reise durch Länder und Städte in einem eleganten Wohnzimmer eines Hochhauses im 18. Stock stehst und durch die breite Fensterfront auf Brisbane schaust, dann siehst du nicht nur die ganzen schicken Häuser und Glasfronten. In den Scheiben spiegeln sich auch die Straßen aus Moskau, Peking, Shanghai und Hongkong, die neben oder hinter den Glasfassaden ein ganz anderes Aussehen zeigen. Es spiegeln sich darin auch die Hüttendörfer in Sibirien, die slumähnlichen Stadtrandansiedlungen in der Mongolei und die bettelarmen Bauerndörfer im Norden von China. Aber nur dann, wenn man diese auch sehen will oder gesehen hat.

Während Valentin seinem Job nachging, habe ich morgens eine Wanderung an den Fluss gemacht und bin durch die Außenbereiche des Viertels gezogen mit den typisch australischen Stelzenhäusern, die durch den Abstand zum Boden von unten

immer eine gewisse kühlende Lüftung erfahren und obendrein das Eindringen der hier lebenden Kriechtiere erschweren. Wie überall gibt es hier natürlich die gleichen Unterschiede zwischen ärmlich und erbärmlich reich. Wobei die Beispiele nicht die Villen derer zeigen, welche auf den Dollarbergen wohnen.

Eine schöne Wanderung mit einem Cappuccino am Fluss, der sogar den Starbucks geschlagen hat. Vielleicht auch wegen des wunderbaren Sitzplatzes. Der Rückweg wurde etwas länger, weil die Ortskenntnisse trotz des Screenshots auf dem Handy nicht immer zu den Straßen passten. Um 12 Uhr hatte ich mich mit Valentin verabredet, 11:59 Uhr war ich da, er um 12:00 Uhr. Unpünktlichkeit hassen wir beide. Die Tugend ist nicht deutsch, die ist einfach nur sozial aus Respekt vor der Zeit des anderen.

Mittagessen im Thai-Restaurant, abends gigantischer Nudelauflauf, satt wie Harry und noch ein Döschen Bier, leider keine Miguela, sondern ein Herr namens „Premium Draught“. Nicht schlecht, aber gegenüber Miguela kein Vergleich. Nur die Figur war gleich.

Noch eine kleine Anekdote vom Schiff: Ich hatte die Luke im Schlafraum wegen des tollen frischen Windes aufgelassen und mein Kopfkissen zum Lüften auf die Lukenbank gelegt. Nach einer Stunde Wanderung komme ich zurück und das Kissen ist durchnässt, die Lukenbank mit Wasserpfützen voll, ein Rinnsal läuft zum Bett in die Matratze. Ich hatte nichts von Regen oder starkem Seegang bemerkt, aber in der Südsee soll ja angeblich alles möglich sein. Vielleicht hatte eine einzelne Wolke eine schwache Blase.

Ich nehme das Kissen und stelle es zum Trocknen auf die Lukenbank im Wohnzimmer in die pralle Sonne und den warmen Südwind. Der Lukenbereich im Schlafzimmer musste jetzt erst mal gut trocknen. Bei der Steckdose hoffte ich auf Glück. Nach einer weiteren Stunde komme ich zurück und traue meinen Augen nicht. Das Kissen ist noch nasser, die Lukenbank im Wohnzimmer schwimmt, sogar am Boden hat sich ein nasser Fleck auf dem Teppich gebildet. Jetzt ist klar, dass alle kleinen Wolken am Äquator schwache Blasen haben müssen, auch wenn sie ganz jung aussehen.

Gleiches Spiel nochmal, alles abtrocknen, das Kissen in die Nähe der Klimaanlage gehängt – da trocknet es relativ schnell wegen der trockenen Luft – und die Luken geschlossen.

Ein Poser im Park

... und noch ein Poser

Noch waren kleine Wolken am Himmel.

Am anderen Tag musste ich mich bei den kleinen Wolken entschuldigen. Die Erklärung für die nassen Kissen war für mich ein einziges Armutszeugnis über Schiffstechnik. Die Fenster auf der Brücke werden zwischendurch mittels starker Düsen mit größeren Mengen Wasser besprüht und mit Scheibenwischern abgewischt. Das Tropfwasser läuft natürlich nach unten ... Mir wäre die Geschichte mit den schwachen Blasen lieber gewesen.

Tag 34: Mittwoch, der 22.11.2017
Brisbane

Heute war der Tag des Wanderns into the City and back. Vom Wohnviertel Fortitude Valley – ein Tal habe ich allerdings nicht gesehen – ins Herz der Stadt, sprich zu den Hoch-Finanz-Tempeln und wirklich gelungenen Park- und Uferanlagen des Brisbane Rivers. Eine Bootsfahrt mit dem kostenlosen River-Hopper rundete die für mich als erklärtem Gegner des Wanderns doch recht lange Tour ab. Neben alten Steingebäuden und verschiedenen Kirchen verschiedener Glaubensrichtungen aus der Gründerzeit werden immer noch neue Glaspaläste hochgezogen, als wolle man zeigen, was man hat oder besser, was manche haben. Die bestehende Skyline wird in wenigen Jahren um einige architektonische Wunder reicher sein. Der Hintergrund des Baubooms dürfte das viele Geld sein, bei dem Investoren nicht mehr wissen wohin damit. Lieber Betongold als Bankgeld scheint die Devise. Die Risiken sind ab einer bestimmten Vermögenshöhe gering. Geht was schief, werden die Verluste auf Kosten der Steuerzahler abgeschrieben, d. h. die Bauarbeiter des Towers zahlen hinterher auch noch einen Teil der Baukosten. Deshalb der Begriff Hochfinanz-Türme. Babylon war ähnlich konzipiert.

Ein wunderbarer Farbklecks auf der Tour war der botanische Garten, in dem eine Art Leguane darauf zu warten scheinen, dass sie fotografiert werden. Die posen tatsächlich so, als wären sie trainiert von den Gärtnern, die in großer Anzahl gerade neue Sommerblumenbeete anlegen. Zeit dafür müssten sie haben, wenn man ihre Arbeitsgeschwindigkeit eine Weile beobachtet und ihre kindliche Freude beim Fahren ihrer kleinen Traktoren auf den Wegen des Parks. Meist lachend und voller guter Stimmung fahren sie dem Feierabend entgegen.

Es gibt hier alle Arten von Bäumen und Büschen, englischen Rasen vom feinsten und einen speziellen Baum, der einem sagen soll, ob man ab- oder zunehmen soll. Es ist der auf den lateinischen Namen getaufte Baum „Adipositas in Debitum".

Das Beispiel zeigt einen älteren Herrn, der mit seinem Arm den Bauchansatz kaschieren möchte, insgesamt aber von seinen Rundungen her noch weit entfernt von seinem Nachbarn ist. Aus ärztlicher Sicht durchaus noch imstande, weitere Kilometer Fußmarsch lebend zu überstehen. So kam es dann auch. Der Rückweg zog sich hin und hin und am Ende waren es insgesamt 9,5 Kilometer. Das 30- bis 40-fache meines Normalpensums am Tag. Gut, dass ich auf dem Schiff geübt habe.

Zur Entwicklung der Stadt ein kurzer Blick in die Geschichte. Einem Mr. Edmund Lockyer gelang es 1825, einen Weg bis zum Standort der heutigen Stadt zu finden, womit sich die weitere Entwicklung an der Küste sowie ins Landesinnere beschleunigte. Der Straßenbau verband Sydney mit dem Osten, Bahnlinien folgten. Der Transport von Waren wurde möglich. Die Zusammensetzung der Bevölkerung bestand zu dieser Zeit vor allem aus von England aus deportierten Sträflingen, deren Bewachern und einer kleinen Minderheit von freien Siedlern. Aus den Sträflingen wurden nach Verbüßung ihrer Strafe sogenannte Emanzipisten, denen mehr Rechte zugestanden wurden. Darüber stand eine kleine Oberschicht aus Offizieren und Verwaltungsbeamten und dem Gouverneur. Bekannt wurde Brisbane durch einen Schafschererstreik im September 1889, bei dem die Gewerkschaft verlangte, dass nur ihre Mitglieder als Scherer auf der größten Farm der Gegend, der „Jordoryan Station" westlich von Brisbane, ihrer Arbeit nachgehen dürften. Die Farm holte sich ungelernte Arbeiter aus Brisbane, worauf sich die Hafenarbeiter dem Streik anschlossen. Am Ende gewann die Gewerkschaft den Kampf. Es sollte einer der wenigen bleiben, die in den Folgejahren erfolgreich verliefen. Meist wurde Militär eingesetzt, um solche Aufstände zu beenden.

Dazu muss man wissen, dass dieser Streik das Ziel hatte, nicht-weiße Schafscherer von diesem Erwerbszweig auszuschließen. Es war ein expliziter Fall von Rassismus unter gewerkschaftlicher Führung mit dem klaren Anspruch: „Australiens first" kombiniert mit der Forderung „All others out".

Richtig. Irgendwie fällt einem der Namen eines t®umpen amerikanischen Präsidenten ein, der seit 2016 für Vollbeschäftigung und Neuanstellungen auf dem Präsidentenfriedhof Arlington sorgt. Fast täglich müssen Gräber von ehemaligen Präsidenten geöffnet werden, um die dortigen Skelette wieder auf den Rücken zu legen. Eine aufwendige Prozedur, da immer ein Wachregiment nach der Korrektur der Lage salutieren und Salutschüsse abgeben muss. Dazu kommen aufwendige Fotodokumentationen für die Wissenschaft. Diese vergleicht die Stärke der Drehung mit den Äußerungen des amtierenden Präsidenten über Twitter oder seinen gleichsam gefürchteten und geliebten Vaterlandsreden und kann damit Rückschlüsse ziehen, wie stark sich „the Best of all" von den Werten der Verfassung Amerikas entfernt.

Die Ergebnisse werden dem Präsidenten während seiner vielen Stunden vor dem Fernsehgerät über den Lieblingsprivatsender eingespielt. Anhand der ermittelten Drehgrade kann Lord Bean of T®ump-Tower erkennen, ob seine Wortwahl auch wirklich voll daneben lag.

Die Gerippe von Washington und Roosevelt mussten inzwischen – trotz des Riesenspaßes für den amtierenden Präsidenten – mit Gurten befestigt werden, weil man dort nicht nur Drehungen, sondern Rotationen diagnostizieren konnte. Diese Art der Bewegung von Skeletten im Sarg führt auf Dauer zu deren kompletter Zerstörung und bei den noch zu erwartenden Short-Shits des „Primus interpares Präsidenten" in den kommenden Jahren ist eine Beschleunigung der Rotation mehr als wahrscheinlich.

Draußen zeigt das Thermometer 35 Grad und hat in Verbindung mit dem Walk das Gehirn offensichtlich ins Abwegige geführt.

Ganz real und politisch wird es, wenn es um die Bodeneigentumsverhältnisse geht. Die Stadt Brisbane wurde ganz einfach auf fremdem Grund und Boden gebaut, was man nach 200 Jahren versucht, einzugestehen. Mit möglichst wenig Aufwand versteht sich. Den geringsten stellt immer eine große Rede dar, der hinterher halbherzigen Schritte folgen in der Hoffnung des Songtextes „Die Geschichte deckt den Mantel darüber, vergangen, vergessen, vorbei". So ist auch die sogenannte „Sorry"-Rede des Premiers Kevin Rudd von Australien vom 13. Februar 2008 aus heutiger Sicht zu werten. Obwohl es in den zehn Jahren Anstrengungen von beiden Seiten gegeben hat, wurde kein nachhaltiger und erfolgreicher Weg für eine Augenhöhe-Teilhabe der Aborigines am gesellschaftlichen Leben gefunden. Nach wie vor prägen die höchsten Selbstmord- und Krankheitsraten, Alkoholismus, häusliche Gewalt, soziale Verelendung, Vergewaltigung und Kriminalität die öffentliche Wahrnehmung. Den für die Zukunft wichtigsten Schritt dürfte das vollzogene Umschreiben der Schulbücher bedeuten, in denen die Geschichte der Aborigines vor und nach der Entdeckung Australiens dargestellt wird, ohne Beschönigung dessen, was passiert ist. Eine neue Generation lernt die wahre Geschichte Australiens kennen, ähnlich der Umkehrung der früheren Erzfeindschaft zwischen Deutschland und Frankreich durch nachhaltige Bildung und ehrliche Geschichtsschreibung. Nur Bildung schafft eine Kultur der Augenhöhe-Begegnung. Staatliche Almosen pflegen die Klassenunterschiede, weil sie von oben nach unten gegönnt werden. Die Stadt Brisbane hat die Rede von Kevin Rudd im Park 2012 öffentlich dokumentiert. Ein Anfang, spät, aber ein Anfang.

Tag 35: Donnerstag, der 23.11.2017
Brisbane – Fahrt zum Hausberg

Um 5:30 Uhr sitze ich auf dem Balkon und die Stadt ist bereits laut. Das Leben beginnt hier offensichtlich bereits vor 5 Uhr, kein Wunder, wenn es ab 4:30 Uhr taghell ist. Der Autoverkehr brummt, aber wo die Leute hinfahren, ist mir nicht klar. Es sind viele Handwerkerautos unterwegs, die ersten Jogger rennen gesundheitsbewusst durch die Gegend und ab 6 Uhr scheint hier alles auf den Beinen zu sein, zumindest alle Dienstleister. Kein Wunder, wenn es auch vereinzelt nach Schwalben aussehende Vögel aus ihren Nestern treibt. Vielleicht gibt es auch ein Gesetz, das Probefahrten mit Autos nur zwischen 4 und 6 Uhr morgens erlaubt. Bei zwei Millionen Einwohnern wechseln doch so einige Autos ihren Besitzer und somit wäre dadurch der Tagesverkehr entlastet.

Vielleicht liegt es auch einfach daran, dass sich die Sonne hier im Hochsommer recht früh ins Schlafzimmer verzieht, genauer gesagt am Sonnwendetag, dem 22. Dezember, um 18:43 Uhr. Nach einer kurzen Dämmerung steht dann die frühe Nacht vor der Haustür. Nicht glaubhaft klingt mir die Erklärung, dass die Frühaufsteherei dem Umstand geschuldet ist, dass alle Leute am Boden stehen, aber ihr Kopf aufgrund der Erdkrümmung immer nach unten hängt.

Europäische Gene scheint das nicht zu beeinflussen. Mein Sohnemann schläft bis 7 Uhr und beginnt um 8 Uhr im Büro, was dem Selbstverständnis der Business-Kaste entspricht. Kämen sie früher, wären die WCs noch nicht sauber, ebensowenig die Büros. Vielleicht auch eine Erklärung, warum um 5:30 Uhr schon so viele Leute unterwegs sind.

Vom Balkon sehe ich auch in einige höhere Apartments, meist ohne Vorhänge mit Blick in die Wohn- und Schlafräume. Nur wenige verbergen den Blick in die schicken Wohnungen, transparentes Wohnen ohne Tabus ist angesagt. In einem Apartment macht sich gerade eine Spätaufsteherin – es ist bereits 6:30 Uhr – schick für den Tag. Details erspare ich mir. Im Apartment daneben herrscht noch Ruhe. Da erfüllen die Bettdecken noch ihren wärmenden Zweck. Möglicherweise sind die

Blick über Brisbane

Vorhänge sensorgesteuert und schließen sich automatisch, wenn der Sensor vorher programmierbare Bewegungsintensitäten registriert. Bei der Spätaufsteherin scheint der Sensor defekt zu sein, denn ihr Beautystyling hätte längst für das Schließen des Vorhangs reichen müssen. Oder der Sensor kann auf verschiedene Bewegungen programmierbar sein, d.h. bei Gymnastik bleibt der Vorhang oben, weil man nicht im Dunklen über seine eigenen Füße oder herumliegende Kleidungsstücke stolpern will.

Ab 7 Uhr drehen sich die Baukräne, was europäischem Durchschnitt entspricht – oder die Kranfahrer bilden eine Fahrgemeinschaft und der Fahrer hat verschlafen. Im Apartment neben der Frühaufsteherin schließen sich die Vorhänge. Dort scheint der Sensor zu funktionieren.

Weit draußen kann ich jetzt am klaren Horizont die Kräne des Containerhafens erkennen und einen schmalen Streifen glitzerndes Meer. Dieser schmale Streifen erinnert mich wieder daran, dass es die unbeschreibliche Weite draußen auf dem Wasser ist, die einem den Kopf freimacht, Gedanken und Ideen fliegen lässt. Hier in der Stadt merke ich zunehmend, wie der Kopf zugeht, weil man den ganzen Tag – bewusst oder unbewusst – von der Stadt gefordert wird. Sei es nur die permanente Lautstärke, die in der Luft klebt wie Nebel.

So war es auch in den weiten Wüsten Saudi-Arabiens, wo man zehn, 15 oder 25 Stunden am Stück gefahren ist, nur unterbrochen von einem Tankstopp. Man war zwischendurch schmerzhaft müde, aber die meiste Zeit konnte man seinen Gedanken freien Lauf lassen. Ungestört, nur begleitet vom monotonen Brummen des Motors. Tagsüber begleitet von einem glühenden Ball und nachts von einem einzigen Sternenhimmel, bei dem man unweigerlich immer wieder an den Stern von

Bethlehem dachte, der angeblich drei verwegene Gestalten zur Geburtsstätte von Jesus geführt haben soll. Ich denke nicht, dass es Könige waren, sondern wissensdurstige Vagabunden, Lebenskünstler oder Abenteurer, die von einem Pfeifchen leicht angetörnt einer Sternschnuppe folgten, die sie irgendwo über dem Land verglühen sahen oder aber in ihrem Wahn immer noch vor sich hatten. Da sind schon ganz andere Expeditionen losgezogen im Wahn, irgendwo etwas zu finden.

Was sie mitbrachten, waren Gegenstände, die ihnen am Wegesrand aufgefallen waren und von daher für Maria, Josef und die Hirten etwas ganz Besonders waren. Ein bisschen so, wie wenn heutige Touristen den Verwandten eine große Muschel aus der Südsee auf den Tisch legen und alle stimmen in den Ohhh-Gesang oder in die Wauuuu-Rufe ein.

Die oben angesprochenen Expeditionen haben am Beispiel James Cook der Aborigines-Familie in Australien statt Souvenirs den Tod und das Verderben als Geschenk mitgebracht. Nicht als Einzelschicksal, sondern als hunderttausendfachen Genozid. Im Vergleich dazu waren die Vagabunden aus dem Morgenland tatsächlich Könige. Diese wurden allein dadurch belohnt, dass sie eine ebenso arme, aber glückliche Familie getroffen hatten, die sie bei den Hirten in guten Händen wussten. Vermutlich haben sie es sich bei den Hirten einige Tagen gutgehen lassen und sind nach einem erneuten Pfeifchen einem neuen Stern hinterhergetigert.

Um 9 Uhr ist es Zeit für unseren Ausflug, der jedem Besucher dieser Stadt empfohlen werden kann. Wir fahren mit dem Bus auf den Hausberg von Brisbane, um von dort die herrliche Aussicht zu genießen und eine Wanderung durch den dortigen „Urwald" zu machen. Ein wolkenbruchartiger Regenschauer von 30 Minuten macht uns aber einen Strich durch den Plan. Stattdessen werden wir Zeuge eines Drei-

akters einer Laienschauspielergruppe, die als solche zufällig und ungewollt in das Schauspiel verwickelt wurde.

1. Akt: Zu Beginn des Regens sind die drei Außentische unter Sonnenschirmen noch voll besetzt. Die Gäste an zwei Tischen erkennen instinktiv die Urgewalt der heranziehenden Wolke und stehlen sich davon. Die Vierer-Laiengruppe hat das Glück oder Pech, dass sie gerade vor den ersten Krokodilstränen unter einem Sonnenschirm serviert bekommen haben. Für die Flucht ins Restaurant ist es zu spät.

2. Akt: Die vier müssen sich beeilen. Bei so starkem Regen füllt sich ruckzuck der Teller und es ist bestürzend, aber auch zum kaputtlachen, wie einer der vier Bedauernswerten eisern das Essen über den Teller gebeugt verzehrt und dabei natürlich patschnass wird. Auf der anderen Seite kann er nicht zum Restaurant rennen, denn dann würde ja zur nassen Kleidung auch noch ein mit Wasser gefüllter Teller kommen. Seine Entscheidung, fertig zu essen, ist insofern die sinnvollste. Das Zuschauen ist nichts für schwache Blasen, aber zum halbtotlachen. Ganz tot geht ja nicht, wir wollen ja noch was erleben. Schlimm, diese Schadenfreude, aber die Situationskomik ist einfach zum Schreien.

3. Akt: Zwei Personen haben panikartig den Tisch verlassen, um für den Dritten Rettung in Form eines Schirmes zu holen, während der durchnässte Gourmet nach dem letzten Bissen fluchtartig in den Regen rennt. Die Rettung für den Dritten ist unterwegs …

Es geht dann ohne Regenwaldbesichtigung zurück zum Koreaner zum Stäbchenmittagsessen. Der Hausberg liefert fantastische Ausblicke, ob bei klarem Himmel oder mit Wolken.

Tag 36: Freitag, der 24.11.2017
Brisbane – Besuch von North Stradbroke Island

Vorab ein Hinweis: Die Busse hier halten nur, wenn man ihnen ein Zeichen gibt. Auch wenn man auf der Tafel zu einem Gruß aus alten deutschen Zeiten aufgefordert wird, sollte man die ausgestreckte Hand nicht unbedingt exakt entsprechend den seinerzeitigen Angaben anwinkeln und ausstrecken. Das passt – ohne entsprechende braune oder schwarze Bekleidung – nicht ins Straßenbild von Brisbane. Die Vergangenheit hinsichtlich der früheren Rassenpolitik bis Ende der 1970er schon. Dazu mehr an anderer Stelle.

North Stradbroke Island liegt 50 Kilometer von Brisbane Richtung Norden. Ein Ausflug mit Zug, Bus, Fähre und Wanderboots. Bis auf das Letztere eigentlich eine wunderbare Angelegenheit, denn Wandern ist nun mal nicht meine Sache, weil das Wandern durch das viele Wandern als Kind aus mir herausgewandert ist. Aber die Tour heute auf einem Pfad – teilweise an Klippen entlang, teilweise durch urwaldähnliche Baumlandschaften – war eine echte Wucht an Naturschönheiten. Auch

Retro-Kaffee-Bar an der Promenade

das Glück war uns hold, sodass wir auf der Strecke innerhalb von 1,5 Stunden einen Koala-Bär, Delphine, einen Mantarochen und Wasserschildkröten zu Gesicht bekamen. Die hier lebenden kleinen Kängurus waren geflohen, als sie uns mit unseren Fress-Rucksäcken sahen. Vermutlich laufen auch die Jäger hier so rum.

Was wir auch sahen, das waren ähnlich wie wir aussehende Zweibeiner/innen, die immer wieder aufs Meer starrten und wie verrückt auf einem Ding rumdrückten, auf das sie kurz vorher noch während des Gehens ebenfalls gestarrt hatten. So wie sie aussahen, konnte das kein Spiegel gewesen sein. Auch wir bewegten uns auf diesen Punkt hin und versuchten durch das Kopieren des Verhaltens die offensichtlich beglückenden Gefühle zu erhaschen.

Und tatsächlich, das Panorama war beeindruckend und auch wir hielten das Ding immer wieder in die Luft und drückten und drückten, bis uns der Dia-Abend zu Hause und das Gähnen der Verwandten nach dem 49. Panoramabild der Stradbroke-Bucht wie Schuppen von den Augen fiel. Schluss, fertig, wer das sehen will, soll selbst hierher wandern und sich das Profil der Wanderschuhe an den scharfkantigen Steinen ruinieren.

Natürlich war heute auch wieder ein Badisches-Bauern-Erlebnis angesagt, da wir ins öffentliche Leben eintauchen mussten und diese Anlässe fast schon eine Garantie dafür sind, dass wir – also vorwiegend ich – als badisches Landvolk erkannt werden. Heute habe ich auf der Fähre zur Insel dem Kontrolleur statt des richtigen Tickets irgendeinen anderen Einkaufsbeleg hingehalten. Ich wunderte mich noch über die weiße Farbe und vor allem über dessen Länge, obwohl ich das Ticket grün und kleiner in Erinnerung hatte. Erst nachdem der Kontrolleur den Beleg rauf und runter angeschaut hatte, wurde mir klar, dass da etwas nicht stimmte.

Ich hatte das Ticket in die andere Hemdentasche gesteckt. Selbst der strenge Kontrolleur musste lachen, als ich das Missverständnis mit dem Hinweis aufklärte: „Only a try." Valentin hielt sich als zufällig anwesender möglicher Übersetzer im Hintergrund, falls eine Verhaftung gedroht hätte.

Wir hatten aufgrund der bisherigen Erlebnisse gleich am Anfang vereinbart, dass er sich in solchen Situationen nie als Sohn ausgeben sollte, damit die Karriere in Australien wegen seiner Herkunft aus dem ländlichen Achertal wegen des väterlichen Tollpatsches keinen Schaden nehmen konnte. Als Übersetzer gilt man in solchen Situationen als wie vom Himmel geschickt und wird eher als Engel wahrgenommen.

Das Abendessen im Thai-Gourmettempel bestand aus Thai-Ente mit Gemüse und einem Glas neuseeländischem Pinot Noir. Wunderbare Geschmackskombination und Torkel-Gefahr auf dem Heimweg. Der wiederum zeigte, warum selbst der ADAC dieses Viertel hier als Partymeile von Brisbane ausweist. Bar an Bar für alle Geschlechter, auch gemischt, die ersten Sitzenden auf dem Boden mit der Pizza daneben und den Käsefäden von der Pizza bis zum Mund. „Guten Appetit", wünscht man natürlich als Deutscher und bekommt manchmal sogar eine sprichwörtlich vollmundige, aber nicht verständliche Antwort. Die Bekleidung der jungen und älteren Damen würde ein Normalbürger als dünn und dürftig bezeichnen, ein Pfarrer würde von lauter Nackten sprechen, ein Sozialarbeiter würde über die Vokabel „ärmlich" versuchen, die Halbnackten dem verarmten Proletariat Brisbanes zuzuordnen.

Die meisten der hier sitzenden, gehenden und stehenden Männer dürften weniger die Kleider sehen, sondern das ganze Szenario zusammenfassen unter dem Begriff „knackig".

Wir ließen das Halbnackte, Ärmliche und Knackige bei dem, was es war – Party auf der Straße –, und zogen uns in den 18. zurück. Dort war aus den Kehlen der oben skizzierten Darsteller nur noch eine Gesamtkomposition von Schreien und lautem Gerede als musikalisches Grenzwerk zu vernehmen. Ende gegen 3 Uhr nachts, kurz bevor hier der Tag anbricht. Prost.

Nicht ganz so spaßig auf den Straßen ging es in Brisbane zu, als Amerika im II. Weltkrieg zum Schutze Australiens ab 1942 über 100.000 Mann auf dem Kontinent stationierte. Obwohl die GIs allgemein freundlich aufgenommen wurden, kam es in Brisbane zu Übergriffen auf schwarze Soldaten, die als Freunde gekommen waren, aber den Oberrassisten der Arbeiterschaft nicht ins Bild von White Australia passten. 50 Jahre nach dem Schafschererstreik von 1889 zeigte der gleiche Hass auf Andersfarbige als Triebfeder die hässlichste Fratze Brisbanes.

Offensichtlich gefiel den australischen Frauen das Verhalten der amerikanischen Soldaten besser als das ihrer eigenen Landsleute. Jedenfalls verließen 15.000 Frauen nach dem Krieg das Land, um mit ihren Liebes-Soldaten nach Amerika zu ziehen.

Für was will dieses Plakat werben?

Nichtsahnend, dass es dort bezüglich des Rassismus kaum bessere Zustände gab. Da musste in den 1960ern erst ein Martin Luther King auftauchen, um gewaltfrei mit gewaltigen Demonstrationen eine grundlegende Änderung der Politik zu erkämpfen. Am Ende hat er den Wandel in der Politik mit seinem Leben bezahlt – er wurde von einem Rassisten erschossen.

Aber auch andere Dinge fallen einem auf, wenn man durch die Straßen zieht. Beim Anblick dieses Werbeplakates ist mir nicht klar, welche Rolle der Hund spielt. Das Kind hat er wohl schon gefressen, der Ball ist hin und rechts hinten scheint der Raum für schwarze Messen zu sein. Und irgendwie vermittelt das Paar den Eindruck, dass man froh ist, wieder seine Ruhe zu haben. Bei diesem Hund verlässt weder der Briefträger noch ein Wilder ungebissen das Gelände. Die Ähnlichkeit des Hundegesichtes mit dem Gesicht des Hausherrn dürfte vom Werbefotografen einkalkuliert sein.

Tag 37: Samstag, der 25.11.2017
Start der „Eastcoast-Tour“: Brisbane – Cairns

Heute brechen wir zu unserer zweiwöchigen Tour entlang der Ostküste auf (1650 Kilometer mit der Bahn, 1800 Kilometer mit dem Auto), zunächst mit dem Nachtzug „Spirit of Queensland“ in 24 Stunden im Sitz-Schlafwagen nach Cairns.

Morgens noch Aldi-Besorgungen für die Reise und mittags noch ein Filetsteak mit Reis, bevor die Notversorgung bzw. die Sprünge von Zuckerloch zu Zuckerloch losgehen. Für mich kein Problem, aber für Valentin bestehen die Tage eben aus Zeitspannen, die zwischendurch mit den eben genannten Löchern gepflastert sind, die es zu füllen gilt. Mit diesem Problem ist die Nahrungssuche ähnlich der in der Steinzeit. Immer vorausplanen, wann die nächste Futterstelle erreicht werden kann. Bei mir können das auch mal Tage sein, nur die Wasserzufuhr muss zwischen 30 bis 50 Prozent stimmen. Wer nicht farbenblind ist, kann die Dehydration auf der Toilette erkennen ohne aufwendige Tests. Ähnelt das Gelb in der Schüssel noch eher einem dieser gelblichen Sonnenaufgänge, sind das erste Zeichen, geht aber das Gelb über in einen Sonnenuntergang, ist Gefahr im Verzug. Die Nieren winken – wie einst Mao – mit roten Fahnen. Entweder Wasser trinken oder die Revolution geht los, nicht in China, sondern in Nieranien.

Und dann geht es los, zunächst mit dem UBER-Taxi zum Bahnhof, dort zur Gepäckaufgabe, die man nutzen kann, um das Gepäck gesichert unterzubringen. Das wird von einem geringen Teil der Bahnfahrer genutzt, wie sich herausstellt. Da kommen Leute mit ganzen Wagen voller Gepäck, die sie lieber in einem Zwischenraum des Waggons stapeln. Wie sich das gehört, reist unser Gepäck dagegen in der 1. Klasse, wir in der zweiten, was in Bezug auf Landes- und Bewohnererkundung sowieso die bessere Klasse darstellt. Unsere Begleiter sind weitreisende einfache Leute oder Touristen, die sich den Aufpreis für die 1. Klasse und den Schlafwagen sparen wollen. Sicher auch Menschen, die sich in Schnarch-Chöre verliebt haben oder sich auf das Schnarchen im Hotelzimmer vorbereiten wollen, so wie Valentin.

Die Sitze sind bequem und leicht nach hinten verstellbar, um das Martyrium der Nacht besser erlebbar zu machen. Es gibt Video, Musik am Platz mit Auswahlmöglichkeit auf einem Display. Sogar ein relativ großer Duschraum steht zur Verfügung für den Fall, dass man kreisende Fliegen um sich herum feststellt, sich also in Stadium GELB befindet. Wenn man dann noch vorhat, im Speisewagen zu dinieren, sollte man diese Gelegenheit unbedingt nutzen. Das Essen wird allerdings auch auf Wunsch an den Sitzplatz gebracht.

Um 16 Uhr geht's los und Valentin hat einen Nachbar, der immer versucht, mit ihm in Kontakt zu treten, was Valentin konsequent vermeidet und den anderen die ganze Zeit zu uns schauen lässt. Vom Verhalten her möglicherweise ein Sonnenkönig, dem nicht nur die Haut braun gebrannt wurde. Irgendwann gibt er Ruhe. Vor uns ein Deutscher, der angeblich seit 20 Jahren in Brisbane lebt und sich angeregt mit einer älteren australischen Dame unterhält. Seine Blicke ab und zu sagen allerdings, dass er sich gerne mit uns unterhalten hätte. Wäre ich allein gewesen, hätte ich dieses Angebot angenommen, aber zu zweit sollte man sich da schon einig sein, da diese Gespräche länger dauern können. Valentin hält sich da lieber zurück, um an keinen Quasselkasper zu geraten. Ich habe da weniger Probleme, einen solchen still zu bekommen.

Ein Unterschied zum Alleinreisen – da kann man immer für sich entscheiden und das habe ich seit der Abfahrt in Berlin in höchsten Zügen genossen. Da spürt man dann, wie oft man im Leben Kompromisse schließen musste und sich anfangs mit der Situation zurechtfinden muss. Einfach denken, wo es langgehen soll und genau da geht es lang. Entscheidungen in Sekunden.

Nach drei Stunden wird es dunkel, kurz nachdem man ein Abendbrot serviert bekommt, wenn man es bestellt hat. Haben wir nicht, weil Valentin dieses bereits besorgt hat. Dafür bestellen wir für den nächsten Morgen Frühstück für mich und Lunch für beide. Ist essbar, füllt auch den Magen, aber halt Fertiggerichte, die in der Mikrowelle gewärmt werden. Lecker sieht anders aus, aber nicht gefüllte Zuckerlöcher hätten schlimmere Auswirkungen. Würde man öfter den Zug benutzen, hätte man obligatorisch die bekannte „Tüte" neben sich.

Selig sind die Schlafenden

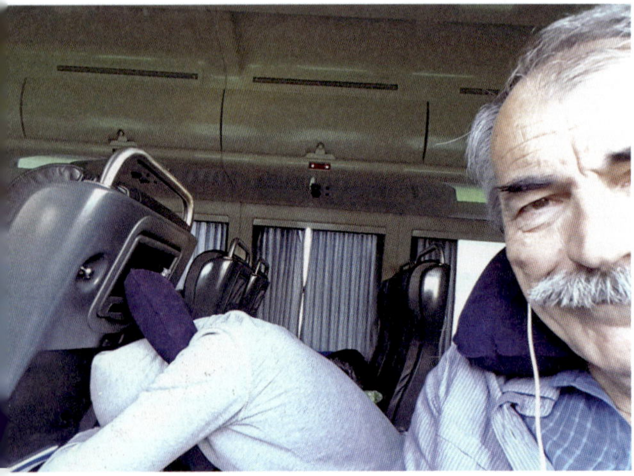

So bringt das Nackenkissen nicht wirklich was

Tag 38: Sonntag, der 26.11.2017
Bis 16 Uhr im Zug – Cairns

Und dann begann die Nacht der langen Messer, für mich die zweite nach Shanghai–Hongkong, aber weltweit wohl überall das Gleiche. Der Kampf mit der Müdigkeit, das Wehren gegen den Zerfall des Bewusstseins, das langsame Versinken in sich, die offenen Münder, hängenden Arme, hängenden Backen, erste Liegende zwischen den Sitzen. Die Frau vor uns scheint seit Stunden in einen Gebetsschlaf gefallen zu sein. Vorübergebeugt röchelt sie Verse und hat sich dabei in eine Trance der Glückseligkeit geröchelt. Der Waggon beginnt im Rhythmus der Schwellen seine eigene Nachtmusik zu schreiben, die nach und nach mit Ächzern und Wehklagen ergänzt wird.

Unterbrochen wird „Queenslands Kleine Nachtmusik" von den Stopps an Bahnhöfen, wo wenige die Hölle verlassen und noch weniger einsteigen, um in Solidarität unter Brüdern und Schwestern das Leid mitzutragen. Das Grauen der Frühstunden beginnt mit dem ersten Licht um 4 Uhr draußen. Alle sind mit sich beschäftigt und hoffen auf einen schnellen Morgen, aber der kommt nicht. Im Gegenteil, die Stunden werden unendlich lange, die Schmerzen in den Gliedern nahezu unerträglich. Erstes Zähneknirschen der Verzweifelten, Schnarch-Schreie und absolute Apathie in einigen Sitzen, wenn man sich durch die Reihen Richtung WC durcharbeitet und dabei die über die Lehne hängenden Oberkörper nicht berühren möchte. Ein geweckter Halbtoter ist zu allem fähig und wird freigesprochen, wenn er dich im Schlaf erwürgt.

Erst zwischen 7 und 8 Uhr kommt Bewegung in den Waggon. Die Sortierzeit mit dem Anpassen der Kleidung löst die Aufricht- und Ächzzeit ab. Röcke und Blusen wieder dahin, wo sie hingehören und alles wieder da rein, wo es hingehört. Das Leben beginnt neu. Für alle mit wesentlich kleineren Augen, aber Hauptsache überlebt. Dieses Mal war ich – im Gegensatz zu Shanghai-Hongkong – auch Mitglied der Gesellschaft „Nachtfieber".

Zuckerrohrfarm

Noch acht Stunden Fahrt durch die Endlosigkeit der australischen Wälder, Zuckerrohr- und Bananenlandwirtschaft. Teilweise traumhafte Naturlandschaften wechseln sich ab mit endlosen Rinderweiden. Urwald, Steppe, Buschland. Hier muss von Menschenhand sehr viel Gelände gerodet worden sein, denn zur Entdeckung Australiens um 1700 durch James Cook war hier nur tropischer Urwald zu finden, in denen die Aborigines seit 40.000 Jahren nach ihrer Ankunft von der Insel Timor ihre Kultur lebten, ohne jegliche Weiterentwicklung. Ohne die Entdeckung wäre in den vergangenen 300 Jahren wahrscheinlich auch nicht viel passiert und das Urvolk wäre noch Besitzer des weiten Landes. Und keine Enteigneten. Dem Kontinent hätte das gutgetan, dem Weltklima sicherlich auch. Hierzu später unter „Agrotour" mehr.

Zuckerfabrik

Der grüne Streifen an der Ostküste ist zwischen 100 und 300 Kilometer breit, danach kommt das trockene In-

land mit seinen Steppen, Wüsten und endlosen entwaldeten Flächen für die Viehwirtschaft.

Die oft parallel verlaufende Straße ist meist leer. Ab und zu ein Auto oder ein Road Train. Diese Weite des Landes erinnert an die Weiten in Sibirien, nur eben alles mit südlicher Natur. Das Holpern der Bahn entspricht der Transsib, das Tempo auch. 24 Stunden für 1600 Kilometer. Das bleibt übersichtlich und auf den Fotos sind Landschaften und nicht nur Streifen zu erkennen. Im „Spirit of Queensland" wirken die Fenster wie Diarahmen, die laufend neue Bilder liefern. Die 310 km/h-Züge aus China hängen immer noch als leicht traumatisches Erlebnis in meinem Kopf. Das waren keine Dias, sondern Filme im Schnelldurchlauf.

Die vorbeiziehenden Zuckerrohr- und Bananenplantagen lassen nach einiger Zeit automatisch die Gedanken an das Entstehen und den jetzigen Zustand dieser Region erwachen. Die erste Freude, endlich einmal Zuckerrohrplantagen gesehen zu haben, weicht nach und nach eher dem Entsetzen über solche riesigen Flächen. Hier wird industrielle Agrarwirtschaft mit entsprechendem Maschinenpark und dem ganzen Know-how der Chemieindustrie betrieben. Dazwischen immer wieder kleinere Höfe und Häuser, die offensichtlich einer Kultur des Ablegens von Schrott, alten Autos und allem nicht mehr Gebrauchten frönen. Der Begriff „Land-Art" bekommt ganz neue Dimensionen. Im Gegensatz dazu sind die heimischen Landartkünstler aus dem Achertal echte Waisenknaben/mädchen (www.landart-kappelrodeck.de). Das gehäufte Vorkommen an der Bahnlinie entlang könnte auf eine Land-Art-Vereinigung Queensland schließen lassen. Möglicherweise werden die Schrottkunstwerke sogar staatlich gefördert, weil sie die ansonsten eintönigen Zuckerrohrpassagen unterbrechen.

Neben den Einblicken in die Agrarwirtschaft des Ostens bietet der Nachtzug auch ein Unterhaltungsprogramm mit Musik und Filmen direkt an der Rückenlehne des Vordersitzes. Eine Art Playstation gegen Langeweile. Und beim Durchzappen der möglichen Filme finde ich tatsächlich einen über die Geschichte der Aborigines, der ziemlich deutlich zeigt, was die Entdecker, Eroberer und späteren Siedler mit diesem Volk angestellt haben. Es ist meine erste grundlegende Einführung in die Geschichte dieses Volkes und sie soll mich noch oft während der Reise beschäftigen. Wer Australien besuchen will, ist gut beraten, sich ein Grundwissen über die Entwicklung des Landes nach der Entdeckung durch James Cook 1789 anzueignen. Nur dann kann man Australien und seine heutige Situation begreifen. So erfährt man von den großen Verlierern im globalen Spiel der Europäer während den Kolonialzeiten von 1700 bis 1900.

Ohne das Eindringen der Fremdlinge, davon kann man ausgehen, hätte das Volk der Aborigines noch hunderte, wenn nicht tausende Jahre in ihren angestammten Gebieten gelebt, ohne an den importierten Krankheiten und dem Besitzstreben der Weißen zu zerbrechen. Mehr dazu im Laufe des Buches in kleinen Häppchen, passend zur jeweiligen Region des Reiseverlaufs. Der große Happen, auf einmal serviert, würde einem im Halse steckenbleiben. Aber gerade hier ist eine Verdauung für das Verstehen unbedingt erforderlich.

So viele Stunden im Zug lassen es kaum zu, die ganzen optischen Eindrücke der vorbeiziehenden Landschaft aufzunehmen und zu verarbeiten. Die mitreisenden Digitalpartner Sony und Samsung bekommen den Auftrag, entsprechende Fotos und kleine Videos zu produzieren. Leider höre ich das Klicken zu oft und denke an die vielen Stunden, die ich auf dem Schiff damit verbracht habe, um die Foto- und Videospreu vom sehenswerten Weizen zu trennen. Teilweise komme ich mir selbst fremd vor, mich von allen möglichen Motiven berauschen zu lassen und den Schussbefehl zu erteilen. Der ganze Vorsatz, die besten Bilder mit dem Herzen zu schießen, zerfällt endgültig und löst sich auf im Vertrauen darauf, dass auf dem Schiff wieder viel Zeit bleiben wird, um den Zerfall aufzuarbeiten.

Auf diesen Bergen von Spreu und Weizen wird man sie sehen, die urwaldähnlichen Gewässer, die kleinen Bahnhöfe an der Strecke, immer in gleicher Bauweise, rationell und für australisches Geschichtsverständnis traditionell gebaut. Die Geschwindigkeit immer wieder unter 40 km/h, weil die Schienen und ihr Unterbau in die Jahre gekommen sind. Schnelleres Fahren würde kein schnelleres Ankommen bedeuten, sondern ein automatisches Ende der Fahrt. Nach 24 Stunden endet die

Strandschwimmbad in Cairns

Flughunde am Abendhimmel

Fahrt planmäßig. Ein warmes Cairns schlägt uns ins Gesicht, satte 32 Grad schwül, warme Luft. Bekannt von der Vorbeifahrt auf dem Meer draußen.

Valentin bestellt ein UBER-Taxi und kurze Zeit später landen wir in unserem ersten Motel, das uns mit einer heißen Bude empfängt. Die Klimaanlage wird gefordert. Stundenlang. Das Zimmer ist, wie viele dieser Motel-Apartments, mit Doppel- und separatem Bett ausgestattet, womit das Thema Schnarchen ansteht. Wir sprechen uns ab, dass wir auf der Tour ein zweites Zimmer nachbuchen, bevor der geraubte Schlaf des einen dem gut Schlafenden neue Probleme mit der schlechten Laune des Beschnarchten bereitet. Auf einen Expeditionskoller nach sieben Tagen kann ich verzichten, Valentin vermutlich auch. Und der stellt sich garantiert ein, wenn man zu viel zusammen ist und keinen Rückzugsbereich hat.

Da sich auch kein vernünftiger Schreibtisch im Raum befindet, wird schnell klar, dass ich meine tägliche Reiseschriftstellerei auf Notizen beschränken muss, was der authentischen Darstellung der Tageserlebnisse abträglich sein wird. Mal sehen, wie es kommt und nicht gleich losheulen.

Ein erster Besuch der Stadt Cairns macht deutlich, dass hier nicht nur an die Einheimischen gedacht wurde, sondern vor allem an den Tourismus. Alle Anlagen sind großflächig und sehr gepflegt, breite Boulevards und ein Jachthafen, in dem vor allem größere Boote an den Stegen liegen. Das Publikum dürfte zu 70 Prozent aus asiatischen Ländern stammen. Die Flugentfernung nach China macht gerade mal acht Stunden aus. Das Schwimmbad in der Strandanlage wurde so konzipiert, dass es optisch ins Meer übergeht.

In allen Parks sind Grillstellen eingerichtet, die kostenlos genutzt werden können. Lediglich eine kleine Gasflasche ist mitzubringen. Wir grillen nicht, wir essen ein Kilo Trauben und trinken eine Flasche Bitter Lemon, ungestört auf einer Bank im Hafen, und genießen die Luft und die untergehende Sonne über dem Land. An der Ostküste normal wegen der geografischen Lage. Sonnenuntergänge auf dem Meer gibt es hier nur in manchen großen Buchten.

Ein kleines bis mittleres Problem hat der planerisch gut gestaltete Stadtkern von Cairns mit den Flughunden, die zu Hunderten tagsüber in den Bäumen hängen, sich einen schlanken Lenz machen und in der Abenddämmerung munter und vor allem laut werden. Ein Gekreische erfüllt die Luft, dass eine Unterhaltung im Freien schwerfällt. Was das Ganze verschlimmert, sind die Minibombenabwürfe ganzer Geschwader von Flughund-Staffeln. Unter den Bäumen durchzugehen gleicht einem Lotteriespiel, allerdings mit besten Gewinnchancen. Hier hat Glück, wer ohne Gewinn den Baumbereich verlässt. Gewinner auf jeden Fall sind die Schuhsohlen, von denen leise quietschende Beschwerden an das Ohr dringen, wenn für einen Moment das Gekreische leiser wird. Beide Geräusche wären in Verbindung mit einer Geige geeignet, eine Sonate in d-Boll zu schreiben. Profil der Schuhe garantiert gefüllt.

Tag 39: Montag, der 27.11.2017

Cairns – Kuranda (Touristen-Muss-Programm lt. ADAC) – Cairns

Eines muss man den Event-Agenturen lassen. Alles ist bestens organisiert. Der Pick-up-Bus steht pünktlich beim Hotel und fährt seine Pick-up-Points ab wie an einem Rosenkranz entlang. Exakt vollbesetzt geht es dann auf einer Schnellstraße zur Talstation. Also nicht nur wir, viele andere Pick-up-Busse natürlich auch. Kleine mit bis zu 20 Personen, die großen bis zu 50 für Reisegruppen.

Als „Warteschlange-Geschädigter“ muss ich wohl eine Ahnung gehabt haben. Wir haben die 15 Dollar teurere „Diamantgondel mit Glasboden“ gebucht, sozusagen die 1.-Klasse-Gondel. Und an der Einsteigestation geht das Grinsen von Ohr zu Ohr: links eine nicht endend wollende Warteschlange, rechts eine Warteschlange mit zwei Personen. Valentin und ich. Da nur jede 10. Gondel einen Glasboden hat, muss man maximal zehn Minuten warten. Wir haben zusätzliches Glück, die 3. Gondel ist bereits die richtige.

Seilbahn nach Kuranda

Es ist dann schon beeindruckend, sieben Kilometer über den Urwald zu schweben und durch den Glasboden in die Baumkronen zu schauen. Eigentlich

Kurandas Wasserfälle …

einmalig, weil selbst beim Hochklettern der Überblick über so viele Baumkronen nicht möglich wäre. Wer keine Höhenangst hat, sollte auf jeden Fall eine Glasgondel buchen. Sicher einige Bilder, die lange im Kopf bleiben.

Unterwegs gibt es zwei Aussteige-Stationen, die jeweils auf kurze Wanderwege führen, auf denen man allerhand Bäume und Aussichten zu sehen bekommt. Unter anderem zu dem berühmten Wasserfall von Kuranda. An diesem Tag eher ein Wasser-Mini-Fällchen.

Trotzdem eine gigantische Größe und mit Wasser durchaus vorstellbar, wenn man den Rheinfall kennt. Durch die mehr als beeindruckende Kulisse kann man die Urgewalten der Natur spüren. Auch die Urgewalt des Begleiterpaares Sony und Samsi, die sich mit Macht Platz an den Plattformen schaffen und zu meinem Unglück Bild um Bild einfangen.

Die zweite Station bietet ähnliches, aber zusätzlich einen noch spektakuläreren Viewpoint oder Look-Out, wie man hier die Aussichtspunkte nennt. Sony und Samsi spielen jetzt total verrückt.

An diesen Stationen rechnen sich die 15 Dollar zusätzlich, weil man auch hier bevorzugt behandelt wird. 95 Prozent nehmen die günstige Gondel mit Stahlboden, also ist eigentlich immer die nächste Glasgondel frei. Eigentlich sind es vier Plätze,

… und die Nostalgiebahn

aber man lässt uns immer zu zweit einsteigen, auch wenn dahinter noch andere Glasgondler warten. Zu viert ist das Ganze nämlich kein Premiumerlebnis mehr, sondern wegen der recht kleinen Kabine eher mit einer Fahrt in einem Glaskäfig zu vergleichen. Zudem schwebt das Risiko der Beulenpest wie ein Geier im Raum. Beugen sich nämlich zwei gleichzeitig vor, können sie mit etwas Glück auf den Baumkronen Blut erkennen. Für Sensationsfotos unbedingt ein Highlight, für den Verlauf des späteren Tages dürfte man wegen der weißen Kopfbinde eher auffallen. Vom möglichen Kopfweh ganz zu schweigen.

Und dann haben wir noch ein Stuttgarter Paar getroffen, das vier Wochen Australien abarbeitet und wegen der langen Reise natürlich auch möglichst vieles mit nach Hause nehmen möchte. Es kam auf einem Viewpoint zu einem kurzen Gespräch, wobei ich das Badener- und Schwabenthema einfach nicht lassen kann. Sie ist Fotografin mit einem 50 Zentimeter langen Tele, macht vermutlich Fotos für ein Journal. War lustig zu hören, dass sie bereits an allen Punkten waren, die wir noch vor uns haben. Dazu an anderen Stellen noch mehr. Paare gehen als Paare, weil sie Paare sind. Das muss man respektieren und sich auf keinen Fall mit einem der beiden länger unterhalten. Da kommt Eifersucht bei dem anderen auf, die dessen Verhalten manchmal geradezu kindisch erscheinen lässt. Rein gefühlsmäßig eher bei Frauen. „Kommst du, wir wollten doch noch ...", „Kannst du mir etwas Sonnenschutz im Genick auftragen?", „Schau mal, ich habe gerade eine SMS von ... erhalten", usw. Wer da noch stehen bleibt und wartet, der hat nicht alle Paar-Tassen im Schrank. Also haben wir kurzzeitig den Schnellgang eingelegt, während die Fotografin ihren Schatz zur nachhaltigen Abstandssicherung noch in einen Souvenirladen gezerrt hat.

Nach dem Erreichen der Endstation ging es direkt auf eine vier Kilometer lange Wanderung im Urwald von Kuranda. Die Bilder des obligatorischen Fotoschussapparates der Seilbahnfirma dürften sich nach 30 Minuten Nichtabholung selbst auflösen. Als Poster verkäuflich nur in linken Posterläden unter dem Stichwort Kapitalistenseilbahn.

Die Wanderung war absolut eine sehr interessante Geschichte, weil sie durch eine vielfältige und urwüchsige Natur führte. So ähnlich dürfte es im Nationalpark zugehen, wenn die ganzen Naturpfade von den zu erwartenden Millionenbesucherströmen durchgehechelt werden, weil der Bus wartet. Wir waren bei den ersten Seilbahnankömmlingen und von daher waren wir im Prinzip allein auf der Spur. Aber es war uns klar, dass wir andere Erlebnisse haben würden, die uns aus unserer Einsamkeit befreien würden. Immerhin befanden wir uns im Top-Hotspot-Gebiet des Australientourismus: die Ostküste mit dem vorgelagerten Great-Barrier-Riff.

Der Besuch des „urwüchsigen Bergdorfes", in dem laut Prospekten auch Künstler in 1600 Meter Höhe ihrer Kunst freien Lauf lassen, stellte sich als das Budenstädtchenerlebnis mit Kultcharakter schlechthin dar. Hier war nahezu in jedem

„Deutsche Bratwurst“ im fernen Australien

Haus an der Straße entlang irgendein Laden oder eine Fresszelle platziert. An und für sich schon wegen des Grotesken eine Fahrt wert. Die für deutsche Besucher absolute Krönung dürfte der deutsche Bratwurststand darstellen. Er kam exakt zur rechten Zeit und konnte Valentin vor einem Absturz ins inzwischen unendlich große Zuckerloch retten. Das nette Lächeln der Bräterin tat sein Übriges.

Wenn dieses Lächeln nicht den Appetit anregt auf mehr … Bratwürste natürlich.

Und dann war da noch dieser Aborigine, der unter dem Vordach eines Shops auf seinem Didgeridoo Melodien aus einer vergangenen Zeit vorspielte. Vor ihm eine kleine Decke für die Almosen von Zahlungswilligen oder Mitleid empfindenden Durchgehenden. Eine Situation, mit der ich schon immer meine Schwierigkeiten hatte. Schon als Tramper in England mit 16 Jahren. Man stellt sich unweigerlich viele Fragen, die alle gleich ins Grundsätzliche abgleiten. Helfe ich jemandem durch die Almosengabe oder schade ich ihm? Hat der Bettelnde oder Vortragende tatsächlich nichts oder spielt er etwas vor?

Touristenattraktion: Aborigine mit Didgeridoo

Wird das Erbettelte für Lebensmittel, Wohnung, Familie ausgegeben oder für Rauchen und Alkohol?

Kann ich Kulturen unterstützen, wenn ich für z. B. organisierte Event-Tänze etwas spende?

Ich habe im Laufe der Zeit alle Verfahren durchgespielt und weiß immer noch nicht, wo der Königsweg liegt. Das Einfachste ist, du schmeißt grundsätzlich und immer irgendeine Münze hin. Dann bleibt auf keinen Fall ein schlechtes Gewissen, selbst wenn die Verwendung des Geldes dir vielleicht eines machen würde – aber diese bleibt ja im Dunklen.

Oder du entscheidest nach Gefühl und Bauch, also Tagesform.

Oder du trennst zwischen Bettlern und Vorführenden und gibst entsprechend.

Oder du gibst grundsätzlich nie etwas, weil du davon ausgehst, dass die erbettelten Gelder in der Regel für Suchtmittel ausgegeben werden.

Oder du fragst den Bettelnden, ob er Hunger hat. Falls ja, bietest du an, mit ihm in eine Bäckerei zu gehen und ihm dort ein Brot zu kaufen oder ein Sandwich.

Das letztere, rein nach dem Grundsatz „Der Mensch braucht zu essen" ausgerichtete Verhalten kann mit bösen Worten des „Hungernden" enden, weil dieser sich angegriffen fühlt wegen der Unterstellung, er würde sich mit dem Geld kein Essen, sondern etwas anderes besorgen.

Wie gesagt, einen Königsweg habe ich nie gefunden. Aber bei dem Bild des Aborigines ist mir wieder unwohl geworden, wie als 16-Jähriger in London, wo ein Afrikaner auf dem Trafalgar Square getrommelt hat. Die Szene auf dem Bild hat sich in Australien an allen Touri-Hotspots wiederholt.

Die Rückfahrt mit der Oldiebahn auf der zwischen 1890 und 1901 erbauten Strecke war ein Erlebnis besonderer Art, zumal man jetzt von der anderen Seite des Tals zu den Viewpoints von heute Morgen sehen konnte. Sie waren noch gut gefüllt. Im Zug gab es Fotos und Texte zum Bau und den damaligen Problemen. Auch zum Bau des Wasserkraftwerkes, das über der Anstauung oberhalb des Wasserfalls betrieben wurde. Erbauer und Ingenieur des technischen Meisterwerkes war der Brite Barron. Unter unmenschlichen Bedingungen und den Krankheiten Malaria und Diphterie entstand in elf Jahren Bauzeit ein Meilenstein der seinerzeitigen Wasserkraftnutzung und des Eisenbahnbaus (www.stanwell.com/energy-assets/our-power-stations/hydro).

Vergleichbar mit den Bedingungen beim Bau des 1. Gotthardtunnels. Allein von den Leistungen der meist ausländischen Arbeiter – oft aus Italien – hätte das Tal

Schautafel mit den Bauarbeiten Ende des 19. Jahrhunderts

den Arbeitern gewidmet werden müssen. Der Name lautet aber Barron Valley.

So endet der Ausflug mit einer grandiosen Sightseeing-Abfahrt mit der Rumpelkutsche bis zur Central Station in Cairns. Ein Tag voller Eindrücke hinsichtlich der Naturschönheiten, aber auch der technischen Leistungen zu einer Zeit, als die motorisierten Hilfsmittel am Anfang standen und Handarbeit gefragt war.

Vom Bahnhof dann mit UBER-Taxi ins Hotel – feine Sache, aber natürlich nur möglich mit der Preisgabe aller persönlichen Bewegungsdaten über das dazu notwendige Ortungssystem GPS. Praktisch und günstig, aber was mit den Daten passiert? Gelöscht werden sie sicher nicht.

Um 16 Uhr waren wir vom absoluten Touri-Tag zurück und um 17:30 Uhr im Hafen, um die Tradition von gestern wachzuhalten: Trauben essen, Bitter Lemon trinken, sitzen und genießen. Wie am Vorabend, einfach ein schöner Platz. Vor allem keine Flughunde mit ihrer Scheißerei.

Abends dann indisches Essen mit Calamares auf indische Art und Weißwein, der – obwohl Sauvignon – stark an Retsina aus Griechenland erinnerte oder sogar welcher war. Schmeckte wegen dem Curry in der Gemüsepfanne in keiner Weise nach Spanien, sondern eher asiatisch, und da im „Authentic Bombay Restaurant" gegessen, muss es indisch gewesen sein. War aber sehr gut.

Zwischendurch kam ein Mann mit einer jungen Frau im Rollstuhl vorbei und einem Kind, das neben dem Rollstuhl lief. Da kamen dann schon Bilder hoch aus der Vergangenheit, die im Kopf wie Verätzungen eingebrannt sind und ein paar Sekunden weh tun, sich aber nach ein paar Minuten doch wieder legen und wieder zurückziehen. Das bekommt niemand mit und man lernt mit solchen Situationen so umzugehen, dass sich niemand aufgefordert fühlt, in irgendeiner Weise tätig zu werden.

Montags war Waschtag zu Hause, als ich noch Kind war. Ich komme drauf, weil ich eigentlich das Hemd waschen müsste vom vielen Schweiß des Vortages. Da hat meine Mutter in der Waschküche im Keller den Wasserkessel mit Holz geheizt, die Kochwäsche reingeschmissen und gerührt, die andere Wäsche im Holzzuber traktiert. Danach wurde sie ausgespült, ausgewrungen und auf die Wäscheleine an den Gartenwegen entlang aufgehängt zum Trocknen. Von frühmorgens bis 15 Uhr nachmittags, unterbrochen von Frühstück richten und Mittagessen. Ich hatte keinen Holzzuber, dafür ein Waschbecken und „Rei", das Zaubermittel gegen jeden Dreck. 15 Minuten Arbeit und die Wäsche war einigermaßen sauber.

Am Samstag wurde der Holzzuber auf zwei Hocker gestellt und statt der Wäsche wurden wir mit einer von allen gefürchteten harten Bürste geschrubbt. Heute würde man dieses Schrubben als Kindesmisshandlung werten. Ganz ungefährlich war der Holzzuber nicht auf den wackligen Hockern, weil wir als Kinder natürlich den Zuber als Boot betrachteten und im Wasser Wellen schlugen durch das Hin- und Herbewegen. Einmal war das dem Zuber zu viel und er legte sich seitlich über die Hocker auf den Boden. Wir mit dem Wasser gleich mit. Ein Glück, dass nichts passiert war, denn so leicht war der Zuber nicht, auf jeden Fall wäre er für unsere Finger fürchterlich gewesen. Geheult haben wir trotzdem und zum Trost eine gefangen wegen unserem Unfug. Noch eine „Misshandlung", aber verdient hatten wir sie, das war uns sogar als Kindern klar.

Tag 40: Dienstag, der 28.11.2017
Cairns – Port Douglas (Mossman-Dschungel-Projekt) – Cairns

Heute haben wir das Auto geholt und Port Douglas angefahren. Linksverkehr scheint hier die Regel zu sein. Aber es geht auch rechts. Man muss nur immer aufblinken und die Faust aus dem Fenster halten oder aus dem Schiebedach rausschauen und das Schild AFD hochhalten. So gesehen ist das Fahren halb so wild; man darf nur nicht ständig in den Spiegel schauen, um die Ausweichmanöver der Australier mitzubekommen. Das würde mich nervlich schon belasten, weil man nie weiß, wo das Ausweichmanöver beendet wurde bei den vielen Bäumen, Gräben, Bächen und Zuckerrohr- und Bananenplantagen. Es ist jedenfalls beängstigend, wie

oft hinter uns lange Zeit frei ist. Nach 160 Kilometern Fahrt sieht das Auto entsprechend aus, aber im Großen und Ganzen sind wir noch halbwegs gesund im Krankenhaus angekommen. Dort haben wir uns von der Polizei über den Linksverkehr aufklären lassen. :) Spaß natürlich.

Ein großes Problem war allerdings, dass ich zu weit links fuhr und Valentin das permanent kommentierte, wobei die Vokabel „zu weit" natürlich unterschiedlicher nicht interpretiert hätte werden können. Bei mir wär's zu weit links, wenn man's hört. Bei Valentin war das Entlangfahren am Seitenstreifen bereits zu weit links.

Im Reisetagebuch liest sich das dann lustiger, wenn die vielen Kleinigkeiten dazukommen und die Ärgernisse, die Valentin ab und zu plagen :)

Nach dem Durchwandern des Mossman-Dschungels haben wir das Thema Urwald heute endgültig abgehakt, nachdem wir insgesamt ca. 4894 oder 4895 große Bäume gesehen haben. Ich habe mich zwischendurch verzählt, weil sich bei den vielen asiatischen Touristen plötzlich ein Europäer gezeigt hat, den ich als Baum mitgezählt habe, weil sein Aussehen anders war. Gondel sind wir gefahren und haben mit Port Douglas einen Touri-Point gesehen, der bisher offensichtlich noch nicht im asiatischen Raum gelikt wurde. Dafür waren Besucher mit runden Augen da, aber zahlenmäßig nicht unterlegen.

Bei Abwägung der bisherigen Sehenswürdigkeiten steht der Mossman-Dschungel an 1. Stelle, obwohl ohne ganz großartige Attraktionen. Die Natürlichkeit des Ganzen konnte trotz der Touristenströme noch einigermaßen bewahrt werden mit der Einschränkung, dass wir aufgrund der späten Stunde sicher nicht das mitbekommen haben, was aufgrund der vorhandenen Ver- und Entsorgungsinfrastruktur hier durchgeschleust werden kann. Dann Gute Nacht auf den Wanderwegen. Wer da hinfällt, ist abends flach getrampelt.

Also Attraktionen und Massentourismus auch hier dicht nebeneinander und hier noch gepaart mit offensichtlich eher wohlhabenderen Zeitgenoss/innen, wozu wir uns jetzt einfach dazuzählen. Uns selbst als arm zu bezeichnen, müssten wir hinterher dem Pfarrer im Beichtstuhl erzählen. Und da bleibt immer noch eine leichte Nackenhaarsteife beim Zurückdenken.

Als Schüler hatte man von einem deutschen Kaiser gehört, der nach Canossa pilgern musste, um sich beim Papst auf die Knie zu werfen. Als Kind in der Erstkommunion-Vorbereitung war man dann der Kaiser selbst, der im gleichen Ort erscheinen musste, nur nannte man es in Deutschland „Beichtstuhl". Dort hatte ich meinen ersten Sündenaufzählungstermin beim Heimatpfarrer, der einen angeblich durch das Holzgitter nicht erkennen konnte. Hahaha.

Nach einer gründlichen Gewissenserforschung hatte ich dem Pfarrer alle meine Sünden, am besten mit Stückzahl aufzuzählen. Waren es zu wenige in einem Bereich, wurde nachgefragt und man war gut beraten, die Zahl zu erhöhen. Dann ging alles schneller, weil das Nachbohren des Pfarrers fehlte. Lieber zehnmal mehr gelogen, als einmal nachgebohrt. Erst später wurde mir klar, dass der Beichtstuhl dem Pfarrer alle Macht der Welt gab, weil er alles über jedes Gemeindemitglied wusste. Falls nicht direkt, dann über das Nachbohren bei einem anderen Gläubigen.

Strand mit Haischutznetzen

Über das Nachfragen im Bereich einiger Gebote, die sich mehr um die irdischen Freuden kümmern, möchte ich mich nicht auslassen. Dazu gibt es inzwischen genügend Literatur. Ich weiß nur von meiner Mutter, dass meine beiden jüngsten Schwestern im Beichtstuhl verordnet wurden, weil nach dem 4. Kind fünf Jahre keine neuen Gläublinge geboren wurden. Dem Pfarrer kam das ungeheuerlich vor, weshalb er zur ernsten Ermahnung meiner Mutter schreiten musste. Mit Erfolg. Immer wieder diese Abschweifungen, aber irgendwie muss ich das loswerden, was da alles im Kleinen ablief in den Jahren meiner Kindheit – und auch später – und sich durch die Menge sicher auch in meinem Verhalten und meinen Einstellungen niedergeschlagen hat. Genau das möchte ich wissen, warum ich so geworden bin, wie mich manche mögen und andere hassen.

Zurück zum Tourismus und zu den Muss-Sehen-Stellen und den – wenn schon mal hier – notwendigen Fotos der Naturschönheiten. Hier bedarf es oft fast körperlicher Gewalt, um die ganzen schönen Menschen etwas zur Seite zu bekommen, die sich unbedingt vor dem Naturhighlight abbilden wollen. Dabei spielt die Form fülliger Körper, brauner durchtrainierter Surfer oder sprichwörtlich weißhäutiger Asiat/innen, vereinzelt auch Australier und Touristen anderer Kontinente keine Rolle. Einfach nur freie Sicht.

Im Unterschied zu Kuranda ist der Mossman-Dschungel ein Unternehmen der hier lebenden Aborigines, die das Personal für die ganze Organisation stellen. Es war eine Idee des Aborigines Kuku Yalanji Elder, im Regenwald einen Erfahrungsraum für Interessierte zu schaffen, der den Aborigines ein Leben in Würde ermöglicht. In Kuranda sitzen die Aborigines auf den Gehsteigen und spielen auf ihren Didgeridoos Melodien aus einer Welt, die sie nicht mehr kennen können, und erhalten dafür von den Touristen Almosen in eine Schachtel geworfen. Da kassieren andere und stellen gerne den Platz vor dem Shop zur Verfügung.

Der Abend war nochmals ein Cairns-Abend mit der Tradition des Vortages. Wie schnell man sich an so was gewöhnt und keine Lust mehr hat, abends – hier ist es um 18:30 Uhr dunkel – noch was anderes zu unternehmen.

Ach so, noch ein Einkaufstipp für Reisende im gleichen Schlafraum: Gegen die WC-Düfte hatte Valentin ein Deo besorgt und zwar Ramona. Hilft gegen alles –

Bad immer frisch, auch nach Thai- und indischem Essen, sofern man noch in der Lage war, zu sprayen. Der praktische Tipp: Bereits während des Geschäftsprozesses sprayen, da die Türen in der Regel nicht dicht sind und man keine Kontrolle hat, wie es dem Weggefährten draußen geht. Oder eben die ganze Zeit miteinander reden, was die den Geschäftsprozess begleitenden Geräusche leiser klingen lässt und das Hervorquellen der Augen verhindert beim Versuch, die ganz hohen Töne umzupressen.

Tag 41: Mittwoch, der 29.11.2017
Cairns – Townsville

Heute haben wir Cairns verlassen und sind mit dem Pkw nach Townsville gefahren. Auf diesem Weg haben wir noch Missions Beach und dessen Viewpoint besucht. Ein Strand mit zig Kilometern Länge, aber Baden nur auf einer Breite von 50 Metern (Stinger Netz). Also Vorsicht mit schönen Stränden, die dann auf 50 Meter Breite schrumpfen, wenn es ums Baden geht. Geeignet sind sie allemal fürs Chillen und für nachhaltige Sonnenbrände. Scheint die Sonne, reichen 30 Minuten für die erste Röte, danach sieht man jede Minute die Verwandlung vom blassen Touristen zum waschechten Indianer, wobei ich gehört habe, dass die gar nicht rot waren, sondern nur von den Weißen so genannt wurden. Der Grund: Einige Stämme malten sich zu Tänzen und Kämpfen rot an. Die Hautfarbe blieb aber bräunlich.

Die Strandbar bietet guten Cappuccino und die ganze Umgebung ist angelegt für Tourismus und Beach-Liebhaber. Einsetzende Regenschauer trüben den Blick zum Meer, weil die türkisfarbenen Flächen verschwinden. Das kann dann mein Pärchen im Rucksack schon ärgern, wenn ich sie eingesperrt lasse, weil man nicht die Bilder machen kann, die so klassisch sind für die Südsee. Ohne Sonne ist die wunderschöne Hafenstadt Hamburg keine Reise wert. Aber auch andere Städte am Meer, wie Kopenhagen, Barcelona, Valencia, Tarragona, Cinque Terre usw. haben ohne Sonne nur den halben Wert, wenn überhaupt. So eben auch die Südsee.

Ein Zwischenstopp in Cardwell mit herrlichem Strand und den üblichen Einschränkungen beim Baden fällt zeitlich genau ins Zuckerloch. Trauben und Käse-/Schinkensandwiches direkt auf der Strandbank sorgen für Abhilfe. Ein Einzelkind eines Paares mit Haus am Meer lässt sein ferngesteuertes Auto bei uns rumflitzen, bis es auf dem Kopf liegt. Valentin stellt es einmal auf und der Junge lässt das Auto weiter wie wild seine Runden drehen. Als er anfängt, das Auto gegen unseren Mietwagen fahren zu lassen, dreht Valentin dem Jungen das Auto auf den Rücken. Das Grinsen im Gesicht des Jungen sagt einfach nur: Verstanden. Klare Ansagen – keine Missverständnisse. Das Auto fährt danach andere Strecken, was die Pädagogik der klaren Gesten in diesem Falle bestätigt. Als studierter Pädagoge hätte ich natürlich

Townsville

auch auf das Kind und dessen Fehlverhalten – falls es sich überhaupt um ein solches handelt in diesem Kulturkreis – eingehen können. Aber Valentin hat genau das getan, was ich getan hätte, nur wäre mir wahrscheinlich noch ein strenges Wort rausgerutscht wie: „Noch einmal, dann staubt der Hosenboden!" Dazu ein Gesicht wie der Herr beim jüngsten Gericht. Das Kindheitstrauma wäre perfekt gewesen und irgendein Psychologe hätte einen zusätzlichen Job. Rennfahrer wäre das Kind auf jeden Fall nicht mehr geworden.

Irgendwann standen wir 200 Meter vor einem Bahnübergang, bei dem die roten Leuchten blinkten und die Schranken logischerweise unten waren. Verdächtig war, dass bei dem wenigen Verkehr bereits um die 20 Autos vor uns standen. Nach und nach standen dann hinter uns weitere 20, 30, 40 ... Autos und die Ampel blieb konsequent auf Rot. Kein Zug, nur Arbeiter, die sich seitlich an irgendeinem Kasten zu schaffen machten. So ging das 20, 30, 40 ... Minuten, bis plötzlich von hinten Autos an uns vorbeifuhren und den Bahnübergang im Zickzackkurs um die Schranken herum überfuhren.

Der Fahrer des ersten Autos auf unsere Seite war wohl eingeschlafen, denn die Gegenseite setzte sich in Bewegung und fuhr ebenfalls im Zickzack über den Bahnübergang, was eine Weile dauerte, denn dort standen auch an die 80 Autos. Irgendwann waren die durch und der Schläfer setzte sich in Bewegung. Schranken und

Kolonialer Baustil

Vorschriften waren durch die Warterei ausgehebelt. Die Urgewalt des freien Autofahrers hatte die Macht übernommen. Nicht im Staat, aber an dieser Stelle.

Beim Vorbeifahren am Bahnübergang war nichts zu sehen, die Arbeiter werkelten immer noch an ihrem Kasten rum, niemand interessierte sich für den zuerst stehenden und jetzt anarchischen Verkehr. Außer Valentin, den dieses Verhalten der Bahnarbeiter auf die Palme brachte, von denen es in dieser Gegend ja bekanntlich viele gibt.

Es ist ein weiter Weg, Arbeiter oder Angestellte oder Beamte zu akzeptieren, die in ihrem Leben das Pech hatten, dass sie beim Verteilen der Eigenschaft „Mitdenken" den Becher schräg gehalten haben müssen, sehr schräg oder sogar waagerecht. Am Herrgott lag's nicht, es lag am Schräghalten des Bechers, in den der Geist verteilt wurde. In Port Douglas kann man sich das Adrenalin offensichtlich nachliefern lassen, wenn man den Becher allzu schräg gehalten hat.

Nach 320 Kilometern und sechs Stunden Fahrt kommen wir um etwa 16 Uhr in Townsville an und zwar mit einem vollkommen unverwundeten Mietwagen. Bis auf ein paar Aufmerksamkeitsfehler beim Einfahren auf die linke Spur der gegenüberliegenden Straßenseite lief's ganz gut. Ein Lkw und ein Pick-up haben unseren Ansatz zum Überqueren ihrer Spur sicher an diesem Tag nicht mehr vergessen. Wir auch nicht, wehte doch einen Moment der Hauch des Teufels auf der Straße.

Das Hotel hatte von außen und von innen jenen berühmten altbackenen Charme, bei dem man die Mottenkugeln riecht und den Mief aus 50 Jahren Teppichboden. Filme aus den 60ern tauchen auf, als Miss Marple und Monsieur Maigret tätig waren und einige Schlagerfuzzies in österreichischen Gebirgshotels ihre tiefschürfenden Texte gegen die Berge sangen und auf das Hollidihi meistens ein „Hol di der Deifel" als Antwort bekamen. Aber für eine Nacht sollte das ok sein. Immerhin direkt in der City, d. h. alles zu Fuß erreichbar.

Jedenfalls war klar, wir brauchten was zu essen, aber nicht in der muffigen Bude. Also in den Hafen gewandert, vorbei an alten viktorianischen Geschäftshäusern und einem bereits geschmückten großen Weihnachtsbaum. Für uns etwas belustigend, für die Einheimischen genauso ernst wie bei uns die Vorweihnachtszeit. Nur eben in so kurzen Hosen und luftigen Kleidchen, dass dem Nikolaus an der Ecke schwindelig wird. Mir ab und zu auch.

Dann gab es eine erste grundsätzliche Auseinandersetzung um die Wahl des Gasthauses. Wurde ja Zeit nach ein paar Tagen. Während ich mich recht schnell aufgrund meines Eindrucks und Bauchgefühls entschieden hatte, prüfte Valentin über das Internet die Wertungen der Gäste dieses Hauses. Die gingen von höchster Punktzahl bis zum Neppertum. Ich fühlte mich vom ganzen Ambiente angesprochen und war für Essen an diesem Ort, egal wer wie gewertet hat. In solchen Restaurants wechselt das Personal ständig, d. h. heute gut und morgen schlecht ist genauso möglich. Also entschieden, wir blieben auf mein Risiko und aus dem Risiko wurde ein richtig gutes Essen, was sogar von Valentin bestätigt wurde. Auch wenn die Pommesgröße nicht ganz dem Idealmaß entsprach. Die Zuckerlochlaune von Valentin war gerettet.

An diesem Punkt aus der gerade gemachten Erfahrung heraus meine Meinung zu den Wertungen: Valentin verfasst keine gute Internetbewertung, was mich bestätigt. Schlechte Wertungen haben immer die größeren Chancen, losgetreten zu werden, weil man dann den Ärger loshat und dem Wirt noch ins Geschäft pfuschen kann als Rache. Mit zufriedenem Bauch auch noch was Gutes schreiben, dazu bedarf es schon einer extra Portion Wille.

Es wurde Zeit für einen geordneten Rückzug ins Mottenrevier, das noch lange in Erinnerung bleiben wird. Vor dem Ablegen habe ich mir noch – während Valentin am mailen war – ein paar erste Gedanken über die Trips vom 10. bis 22. Dezember und vom 26. Dezember bis 9. Januar gemacht und mir eine grobe Route von Sydney über die Blue Mountains ins Outback und wieder zurück Richtung Brisbane gemacht. Die erste Strecke nach Sydney mit dem Tagzug und von dort mit einem Mietwagen über die Straßen das Land „erfahren".

Mit diesen Gedanken im Kopf schlief ich entspannt ein und fuhr schon mal im Traum die ersten paar hundert Kilometer durch weite Landschaften, bis ich gegen 3:30 Uhr von einem undefinierbaren Teil aufwachte, das aus den Haaren auf den

Rücken fiel. Leicht, mehrfüßig und seltsam hopsend.

„Ungeziefer" im Bett!

Von Null auf Hundert Alarmstufe ROT und gleichzeitig die genetisch bedingte Schockstarre. Warten, warten, warten ..., ob noch etwas fällt. Ich drehte mich langsam um und sah kleine Teile, die im Bett herumlagen und im Dunkeln aussahen wie irgendwelche Viecher. Man hört ja immer wieder von Termitenüberfällen oder sonstigem Ungeziefer, das in den Tropen Menschen wegen deren Geruch anknabbert, und nach sechs Stunden Autofahrt, vier Kilometer Fußmarsch zum Meer und zurück und einem Fischessen lockt man sicher alles an, was schnüfflerisch unterwegs ist. In Urlaubsberichten von Überlebenden liest man ja die tollsten Geschichten.

Mein erster Blick ging zum Bett von Valentin. Im fahlen Schein des Fensterrollos konnte ich zumindest erkennen, dass er nicht ganz gefressen worden sein konnte, da noch ein Kopf aus dem schneeweißen Laken herausragte und das Laken noch blutfleckenfrei war. Ich stieg langsam aus dem Bett und sah an die 50 kleine, nicht näher beschreibbare, aber durchaus termitenähnliche Dinger auf dem Bett liegen, auf denen ich wohl gelegen hatte aber ... Gott sei Dank kein Blut. Demnach musste mein Rücken noch vorhanden sein. Außerdem schienen die Dinger zu schlafen, was auch bedeuten konnte, dass sie sich bereits vollgesaugt hatten und aus einer guten Kinderstube kamen, in der man sich nach dem Essen noch seinen Mund abwischt, bevor man ihn ins Kissen drückt. Im Rucksack hatte ich für solche Fälle eine Taschenlampe, zu der ich mich auf Zehenspitzen hinschlich. Auf diesem Weg hörte ich leises Röcheln bei Valentin, das man aber auch unter niederschwelligem Schnarchen einordnen konnte. Er lebte also, trotz der Invasion der kleinen Monster.

Sollte ich Alarm schlagen, war eine Überlegung, Rettungsdienst, Feuerwehr und Kammerjäger alle auf einmal? Eine kurze Überlegung, aber als Badischem Landmann und ehemaligem, jahrelangem Zeltlagerchef wäre dies einer Schmach gleichgekommen. Nein, hier hieß es jetzt, auf eigene Faust den Kampf aufzunehmen und siegreich zu beenden. Bewaffnet mit der Lampe näherte ich mich vorsichtig meinem Bett. Der Lichtkegel machte alles noch gespenstischer, weil ich diesen am Boden entlanggleiten lassen musste, um auszuschließen, dass die eventuell schlafenden Angreifer durch einen direkten Lichtstrahl aufwachen und als komplettes

Regiment über mich herfallen. Durch das millimeterweise Heranpirschen an den Feind war ich nach einer gefühlten Ewigkeit am Bett angelangt, immer der Gefahr bewusst, dass sie mich beobachten und plötzlich die Gunst des Überraschungsmomentes nutzen könnten. So wie ich es in Erinnerung hatte, war diesen tropischen Urviechern alles zuzutrauen.

Und da lagen sie. Verteilt auf die ganze obere Betthälfte. Ihr Aussehen erinnerte zunächst an Insekten mit großen Flügeln. Die grünliche Färbung und die Größe zwischen zehn und 20 Millimetern Durchmesser verhieß nichts Gutes. Ich konzentrierte mich auf ein seitlich liegendes „Urviech" und ließ den Lichtkegel langsam auf seinen Körper fallen, die Faust bereit zuzuschlagen, was aber nicht mehr notwendig war. Das Ding war tot, töter geht nicht.

Es war wohl auch samt seiner Kameraden schon tot, als es mir gutgemeint ins Bett gelegt wurde. Ich hatte wohl das in Hotels übliche Betthupferl in Form irgendeiner verpackten Süßigkeit abends übersehen und hatte die Tüte im Schlaf in viele kleine Papierteile zerlegt. Die Nacht konnte so ohne weitere strategische Überlegungen im Zimmer verbracht werden. Die kleinen, inzwischen schon lieblich anzusehenden Minimonster warf ich auf den Boden, nicht ohne zu prüfen, ob sie auch wirklich liegen blieben. Sicher ist sicher. Das Röcheln von Valentin war leiser geworden. Auch er hatte im Schlaf gespürt, dass höchste Gefahr geherrscht haben musste, wenn ein erfahrener Altpfadfinder und Tramper nachts auf Zehenspitzen mit einer Taschenlampe durchs Zimmer schleicht.

Morgens erzählte ich Valentin die Geschichte und kurz danach klärte sich alles auf. Valentin hatte die kleinen Monster während seiner 2,5-stündigen Quasi-Bettwache auf mich geworfen, weil ich nicht niederschwellig, sondern atomschwellig geschnarcht hatte und er mit dem Bombardement gehofft hatte, die Kernschmelze zum Stillstand zu bringen.

Seine müde, aber trotzdem analytisch vorgetragene Vermutung: Bisher lag ich immer auf einem Doppelbett und er hatte das Einzelbett, d. h. ich konnte mich in beide Richtungen drehen. Hier in Townsville hatte ich das Einzelbett gewählt und konnte mich nicht beliebig nach rechts und links drehen, sondern blieb auf dem Rücken liegen, um einen Absturz zu verhindern. Auf dem Rücken ist jedoch die Alpnacht vorprogrammiert für die Nichtschlafenden, während der Schnarcher Alpträume hat von über ihm zusammenstürzenden Holz-Hochhäusern, ach was, ganzen Holzstädten. Ober eben vom Fahren in den Weiten des Outbacks.

Tag 42: Donnerstag, der 30.11.2017
Townsville – Airlie Beach

Vor der Abfahrt nach Airlie Beach besuchen wir noch das Reef Aquarium Townsville, das in seiner Werbung mit Korallen, Südseefischen, Krebsen, Schildkröten,

Blick auf Townsville

Wasserschlangen und Haien wirbt. Zeit genug haben wir, da heute nur 240 Kilometer anstehen.

Hier starten auch Bootstouren zum Great-Barrier-Riff und man schaut sich dort die Korallen mit dem Schnorchel oder in einem Glasboot an. Nicht allein, sondern mit hundert anderen Korallenverzückten oder Korallenverrückten. Da Valentin bereits für Airlie Beach eine solche Fahrt gebucht hat, bietet sich das Bewundern der hinter Glas befindlichen Natur- und Tierschön- und Wenigerschönheiten aus den trockenen Gängen geradezu an. Nach einer knappen Stunde sind wir durch und haben alles gesehen, was in der Werbung versprochen wird.

Es hat natürlich etwas für sich, wenn man die Tiere sehr genau beobachten kann, ohne dass man vergisst, über den Schnorchel Luft zu ziehen oder durch Schwimmbewegungen an der Oberfläche zu bleiben. Auch die immer vorhandene imaginäre Haiangst entfällt komplett. Man ist live dabei und doch nicht live. Insgesamt aber ein Besuch wert und Sony hatte mit Samsi richtigen Spaß heute, wie ich abends beim Überspielen der Fotos auf den PC festgestellt habe. Wenn die so weitermachen, dann muss ich die Schiffspassage von Melbourne nach Genua ändern und noch eine Atlantiküberquerung dazu buchen, um alles sortiert zu kriegen.

Der Vortrag über Haie zum Schluss war leider nur das Eiweiß vom Ei. Eine Taucherin spricht aus dem Haibecken und erzählt einiges über Haie. Man will den Zuschauern das kribbelige Gefühl verschaffen, dass vielleicht plötzlich von hinten ein Hai heranschießt und die Taucherin mitsamt dem Anzug frisst. Aber die Haie haben keinerlei Interesse an der Frau. Kein Wunder, der Taucheranzug lässt nur Rückschlüsse auf eine schmale Figur zu, was den Hai eher abschrecken dürfte, da es beim Zubeißen keinerlei Puffer zwischen den Zähnen und den Knochen gibt. Am Schaurigsten an der Sache war noch das permanente röchelnde Atemholen aus der Sauerstoffflasche. Da konnte es einem wirklich Angst werden um die gute Frau, wenn sie die Sätze lange ausdeeehnte und dann einen seeeehr langen Atemzug

Für die Freizeitkapitäne in Airlie Beach

nahm und noch einen zweiten hinterher. Das Herumreichen von Original-Haigebissen am Ende der Vorstellung brachte uns auch nicht den Nervenkitzel, den man den Ankündigungen nach erwarten durfte.

Und dann ging die Fahrt los, die uns über lange gerade Straßen Richtung Airlie brachte. Auch heute wieder zwei Situationen, die jenen berühmten Hauch des Gegenteils von Leben an uns vorbeiziehen ließen. Die Ursache war die mangelnde Abstimmung zwischen meinem Gasfuß, der PS-Motorisierung und der Verkehrsgeschwindigkeit von rechts. Beide Male blieb es bei einer vibrierenden Motorhaube, die vom Sog der vorbeifahrenden Lkws leicht angehoben oder besser gesagt fast weggezogen wurde.

Um 12:30 Uhr meldete sich mein Kaffeeloch, nachdem wir das Zuckerloch von Valentin bereits gestopft hatten. Da wir durch reine Prärie fuhren, dauerte es, bis sich ein Kaffeebrunnen an der Strecke zeigte. Ein bisschen Wilder Westen, ein bisschen Schrottplatz und ein bisschen Tankstelle mit dem Notwendigsten fürs Überleben. Guter Kaffee ist sicher kein Produkt, das für diesen Zweck notwendig wäre. So hat er auch geschmeckt. Eben wie aus dem Känguru-Koala-Gute-Nacht-Land. Cappuccino in der Prärie heißt, alter Kaffee und alte H-Milch werden auf geheimnisvolle Weise hinter dem Tresen zu einem Kaputt-Dino gebraut. Englisches Dunkelbier schmeckt besser. Endlich hatte ich den bisher schlechtesten Kaffee der Reise hinter mir. Er sollte es auch bleiben.

Wir erreichen Airlie Beach am frühen Nachmittag, richten uns in der Bude ein und fahren ins Städtchen zum Bummeln. Erster Eindruck: totaler Touri-Ort für Korallenrifffahrten – hässlich verbaut am sonst schönen Strand, fast mit Südsee-Atmosphäre. Aber: Hinter dem Strand kommen Schwimmbäder, weil das Meer in Strandnähe ein paar Tierchen bereithält, die mehr als unangenehme Folgen verursachen können. Kleine Salzwasserkrokodile sollen sich z. B. angeblich in die Fußzehen von Schwimmer/innen verliebt haben. Vor allem, wenn die Füße tagelange Fußmärsche hinter sich haben, bei denen es keine Zeit gibt, den notwendigen Abstand zwischen den Füßen und der Schweiz immer wieder aufs Neue herzustellen.

Kleine Quallen befeuern eher die Haut, womit man sich allerdings den Sonnenbrand ersparen kann und alle weiteren Ausgaben im Urlaub. Deshalb sind an Stränden wenige Stellen mit Spezialnetzen gesichert für alle, die ohne das Bad im Salzwasser nicht leben können. Überall stehen Warnschilder, die sehr deutlich auf die diversen Gefahren hinweisen. Und schon fühlt man sich am Baggersee wieder mehr zu Hause.

Beim Einkauf einiger Utensilien gegen das Verhungern hat Frau Woolworth gerade halbe Hähnchen, fix und fertig, heiß gehalten, im Angebot. Die Entscheidung fällt leicht. Ohne weiteres Zutun ein anständiges Essen, das leider von einer Schnake gestört wird, die sich an Valentin zu schaffen macht. Der Tag endet mit zu vollem Bauch.

Tag 43: Freitag, der 1.12.2017
Airlie Beach – Whitsunday Island (Bootstour) – Airlie Beach

Heute haben wir das 1. Adventstürchen aufgemacht und siehe da, eine Insel springt uns entgegen mit dem lieblichen Namen Whitsunday Island. Die Insel heißt so, weil Kapitän Cook die Insel am Weißen Sonntag in den 70ern entdeckte. Nein, nicht vor 50 Jahren, natürlich 1770. Draußen in der Südsee und nur mit dem Schnellboot oder Wasserflugzeug zu erreichen. Ein Angebot inklusive 45 Minuten Schnorcheln, Lunch on Board, zwei Stunden Strand-Chillen und 800 Meter Trial oder Walk (Wanderung) durch Gebüsch zu einem Viewpoint (Aussichtspunkt). Da in der Nähe dieser Punkte immer öffentliche WCs gebaut werden, wird verhindert, dass aus dem View ein Pfui wird.

Mit 22 gemischtgeschlechtlichen Schnorchler/innen ging's eng besetzt mit einer Rakete von Boot zur Sache – inklusive 360°-Kreise in 45°-Schrägstellung und Zickzackkurven durch die See. Fun pur – lediglich das Lied „Die Hände zum Himmel" fehlte im Repertoire an Bord. Ballermann pur für's käufliche Foto.

Macht aber in der Gruppe Spaß, entweder einem selber oder weil andere so viel Spaß haben, dass man sich mitfreuen muss. Da sich das Boot ab und zu verdächtig schlingernd über dem Wasser bewegte, wurden auch die Urängste des Bootunfalls im Haigewässer bedient.

Mit dem Schnellboot nach Whitsunday Island

Ein starkes Regengebiet über dem Meer umkurvte der sehr geübte, muskulöse und braungebrannte Käpt'n Cool elegant und nach 45 Minuten sahen wir den tatsächlich weißen Strand von Whitsunday Island mit vielen Robben am Ufer. Auch einige Fangboote lagen in der Bucht, bei denen es sich wohl um Robbenfänger handeln musste. Zwei Wasserflugzeuge erinnerten an die ursprünglich hier lebenden Flug-Dinos. Beim Näherkommen verwandelten sich die Robben allerdings in Menschen mit schwarzen Quallen-Schutzanzügen, die Robbenfangboote in Wassertaxis. Den Flugzeugen entstiegen Kunden, die von ihrer Masse her durchaus mit Dino-Babys verglichen werden konnten.

Unser Boot warf den Anker im seichten Wasser, wie zwei weitere Boote der gleichen Schnorchelfirma. Ein Boot war nur mit asiatischen Schnorchler/innen bestückt, da diese immer das Vollprogramm mit 2 x 45 Minuten Schnorcheln buchen, während den Westlern 1 x 45 Minuten genügen. Hintergrund: Die Westler wollen lieber zwei Stunden am Strand chillen. Nicht umsonst wird der Osten immer wirtschaftsmächtiger und der Westen hechelt nach immer mehr Pausen im Arbeitsleben.

Nach dem Waten durch das glasklare, warme Wasser sammelten die einzelnen Bootsführer ihre 22 Leute ein und begaben sich auf den Walk zum View, also 66 helle und dunklere Entdecker/innen. Dazu gesellten sich noch ein Teil der Robben und schon fühlte ich den Bohlenweg rund um den Mummelsee an schönen Wochenenden unter meinen Füßen, allerdings verdammt heiß, und ich hatte morgens vergessen, die Füße zu waschen. Während ich noch gedanklich mit der Frage des Schmelzpunktes von Käse beschäftigt war, wurde der Walk-Pfad enger und es kamen uns Scharen von View-Rückkehrenden entgegen. Damit war das Thema Schmelzpunkt erledigt. Es galt, nicht abgedrängt zu werden, sondern seine Hälf-

Mit der Herde bei 35 Grad zum Aussichtspunkt

te des Weges durch geschickte seitliche Schulterberührungen zu behaupten, auch wenn dadurch die Sonnencreme abgewischt wurde.

Am View war dann die Aussichtsplattform so voll, dass man nur abwechselnd in die erste Reihe treten durfte, um seine 289 Fotos von der wirklich grandiosen Bucht zu machen. Keine Frage, der Ausblick auf die gesamte Landschaft mit Meer bleibt ein unvergessliches Erlebnis und in Verbindung mit den hier weilenden Massen für immer im Hirn. Ohne die Massen würde ein Kaffee hier mit dieser Aussicht den Mummelsee emotional eindeutig schlagen. Mit den Massen geht der Kaffee auf der Seeterrasse des Mummelsees um 9 Uhr morgens aber tiefer.

In unserer Gruppe war mir auf dem View auch ein tätowierter Muskelmann aufgefallen, der wahrscheinlich auf dem Wasser als zweiter Motor gearbeitet hatte. Vom Körperbau sah er nämlich aus wie einer der beiden Bordmotore, bei denen ich mich schon gefragt hatte, warum sie nicht die gleiche Bauart hatten. Die bläulichen Aufschriften am „Motorblock" wiesen auf eine spanische Marke hin. Auf dem Foto kann man den Motor neben einem eher dünnen helleren Strich sehen, bei dem es sich um Valentin handelt und der hat inzwischen auch ein paar Päckchen zu zeigen.

Nach dem optischen Genuss ging es wieder aufs Boot zur Fahrt in die Schnorchel-Welt ein paar hundert Meter weiter. Die umfahrene Regenwolke hatte uns wohl beobachtet und flog mit riesigen Freudentränen ein paar Minuten über uns. Jeder war nass und abgekühlt, ideal für den Schnorchelgang. Die Robbenanzüge und Schnorchelbrillen wurden verteilt und wenige Minuten später lagen alle im Korallenriff und starrten in die Tiefe, in der sich viele farbige Fische und Korallen befanden in direkter Nachbarschaft von ergrauten Schönheiten. Gut, dass es das auch bei den Korallen gibt, dachte ich mir und spuckte den nächsten Schluck Salzwasser aus. Die Schnorchel der Firma Käpt'n Cool haben nämlich kein Wasserrückhaltesystem. Das Schnorchelrohr ist vollkommen offen und füllt sich sofort, wenn das Rohr einmal unter Wasser kommt. Logischerweise füllt sich dann auch der Mund. Prost. Für eine komplette Darmreinigung allerdings hätte ich mehr schlucken müssen.

Nach 50 Minuten waren alle wieder an Bord und entrobbt und der Chillpart konnte mit dem On-Bord-Lunch beginnen, der für 10 Dollar (6,50 Euro) üppig ausfiel. Wahrscheinlich waren am Tag vorher viele seekrank geworden bei den Kurven des Käpt'n Cool. Die kalten Speisen – warmhalten geht schlecht auf einem so kleinen Boot – schmeckten wirklich gut, was man auch ringsum hören konnte.

Zwei Stunden am Strand wandern, WC-Gänge, Chillen, Bräunung, Rötung oder Schwimmen waren angesagt bei blauem Himmel und stechender Sonne. War super. Unterbrochen nur von einem etwas größeren Reptil, das sich von hinten an mich geschlichen hatte, während ich auf einem Baumstamm einen Apfel zerlegte. Unklar bleibt, ob ich (1) oder der Apfel (2) das Ziel war oder meine Füße (3), deren Temperatur der entsprach, wie in Gourmettempeln nach dem Essen der Käsenachtisch gereicht wird.

Zwei indische Touristen machten mich schreiend auf das Tier aufmerksam. Da ich der indischen Sprache nicht mächtig bin, waren es nur die etwas kehlkopfartigen hohen Laute der Frau, die mich zum Umdrehen bewegten. Das Urviech hatte sich tatsächlich bis auf einen Meter an alle drei infrage kommenden mehr oder weniger essbaren Teile herangepirscht. Mit seiner – man sieht so Dinger ja in manchen Abenteuerfilmen – meterlangen gezackten Zunge hätte es mir längst den Apfel aus der Hand klauen können. Der Schluss lag nahe, dass es sich um einen Käseliebhaber handeln musste. Ich vergrößerte den Abstand mit dem beherzten Sprung eines 66-Jährigen und schoss drei oder vier Mal aus der Hüfte, wie man das aus den früheren Western kennt. Dann hatte ich das Reptil im Kasten.

Der Rückflug mit dem Boot war nochmal richtig klasse, weil Mr. Cool die Südroute fuhr und die geht teilweise übers offene Meer mit entsprechenden Wellen, Schreien und den Händen in den Himmel. Oktoberfest in der Südsee mit Abschlusskreisel mit Tempo 80 km/h vor dem Hafen und einem letzten Abhebegefühl nach einem Zick-Zack-Schlenzer. Alle sind zufrieden, niemand hat gekotzt. Braune und Indianer verlassen erschöpft das Boot, das für einen Tag Südseeromantik der anderen Art geboten hat.

Die Schildkröten allerdings waren heute nicht vor Ort und wenn die Boote weiterhin so kräftig täglich dort vorbeifahren, dann wird das Gesicht der Schildkröte auf dem Werbeplakat noch wütender oder trauriger aussehen als heute schon. Entweder hat die Werbeagentur ein Händchen für die Gefühle von Schildkröten – oder Zukunftsvisionen. Lange wird man hier ohnehin nicht mehr nach Korallen schnor-

Der Lohn des schweißtreibenden Marschs

cheln, eher nach Sand und Steinen oder Kunstkorallen, die man hier problemlos am Boden verankern könnte. Das Wasseraquarium von Townsville kann das ja auch.

Am Ende der Tour hatte ich noch einen geprellten Daumen, den ich mir beim Abrutschen von einer Leitersprosse zugezogen hatte. Eigentlich hätte das geröntgt werden müssen, aber erstens ist Röntgen schädlich und zweitens hatten wir eine Tour geplant. Ein guter Verband mit Diclosalbe und zwei Schmerztabletten und der Selbstheilung Zeit gegeben. Erledigt.

Wir sind müde vom braun werden. Valentin auf jeden Fall, obwohl das Schnarchdrama in der letzten Nacht ausgefallen ist. Diese Nacht müssen wir nochmal auf Risiko gehen, weil hier keine zusätzliche Bude frei ist. Die nächste Nacht ist bereits mit zwei Zimmern gebucht in einem Militärhotel in Rockhampton. Die haben dort bombensichere Wände, die angeblich jeden Lärm schlucken und in denen keinerlei Hölzer verbaut sind. D.h. auch ich kann ruhig schlafen, weil nichts zusammenbrechen kann. Weil's so gut war, gibt's für Valentin wieder ½ Fräulein Woolworth und für mich Albondigas (Fleischklößchen) mit Wasser und Weißwein und nach dem frühen Dunkelwerden um 18:30 segeln wir um 21:30 Uhr bereits durch die Nacht und mein Nasentenor verhält sich in dieser Nacht wie ein Waisenknabe.

Eine Auseinandersetzung der besonderen Art gab es noch über den Verbrauch von 2,5 GB Daten innerhalb von vier Minuten, obwohl ich nur mit Google die Karte

Australiens angeschaut hatte. Ich war der Meinung, dass ein solch hoher Datenverbrauch angezeigt werden und bestätigt werden müsste, ob man das will. Schließlich kann ich als Laie nicht einschätzen, welche Datenmengen im Hintergrund laufen. Valentin meinte dagegen, dass dies allein meine Sache wäre. Einig konnten wir uns nicht werden, die Distanz der beiden Meinungen war zu groß. Für ihn ok, für mich kriminell.

Ich weiß nicht warum, aber plötzlich kam mir eine Geschichte aus dem nichtdigitalen Zeitalter ins Diskussionshirn. Heute vor 52 Jahren habe ich den ersten benoteten Schreibmaschinentest in der Handelsschule geschrieben. Und dieses Thema hat mich schon immer beschäftigt, weil der Lehrer dieses Pflichtfaches zu Beginn des Schuljahres ein kurzes Statement zur Wichtigkeit der Beherrschung des Zehn-Finger-Systems abgab. Ich kannte wie einige andere Kinder vom Lande den Begriff nicht. Jedenfalls legte Herr Bader los: „Wer viel schreiben muss oder regelmäßig kürzere Texte und das Zehn-Finger-System an der Schreibmaschine (heute PC-Tastatur) nicht beherrscht, produziert volkswirtschaftlich einen Verlust, der sich mit den Jahren auf astronomische Summen addiert." Während wir noch vor uns hin lachten wegen der Strenge des Vortrages, fing Herr Bader auf der Tafel mit Kreide an zu schreiben und zu rechnen.

Das Lachen war uns im Hals steckengeblieben und er nutzte diesen Moment, um noch eins draufzusetzen. Er rechnete aus den Zahlen aus, wie viele Beschäftigte mehr benötigt werden, wenn es nur die Adler (die mit einem oder zwei Fingern Hackenden) gäbe und verwies auf die landesweit verbreiteten Adlerhorste, die im Volksmund auch Rathäuser, Landratsämter, Regierungspräsidien, Landesministerien, Bundesministerien, Bundeskanzleramt und die Präsidiale Verwaltung des Bundespräsidenten heißen.

Während uns bei diesen Zahlen bereits schwindelig wurde, setzte er zum KO-Schlag an. Er rechnete die ganzen öffentlichen Bereiche zusammen, also alles, was staatlicherseits an Infrastrukturverwaltungen zum Wohle der Bevölkerung arbeiten soll, z. B. der gesamte Polizeiapparat, die Bundeswehr und deren Unterabteilungen etc., etc. Nur weil die Oberadler das nicht merkten, da selbst des Schreibens und damit der Einsparmöglichkeiten nicht mächtig, könne solch ein Schindluder mit dem Geld der Allgemeinheit getrieben werden. Ein Unternehmer wäre längst Konkurs. „Sie, meine angehenden Damen und Herren Kaufmänner (den Begriff „Kauffrau" gab es da noch nicht!) werden in der Wirtschaft arbeiten und dort haben Sie als Adler keine Chance. Höchstens zum Fliegen, aber nicht hoch, sondern raus!"

Nachdem wir eigentlich schon am Boden lagen, hob er nochmals seine Stimme und rief schon fast anklagend: „Solange es möglich ist, in diesen Adlerhorsten mit zwei Fingern zu tippen, solange wird dieser Staat jährlich seine Steuern erhöhen müssen, um die vielen und immer mehr werdenden Aasgeierlein zu bezahlen." Er schaute uns unvermittelt an und fragte ziemlich laut: „Kapiert?" Wir murmelten, immer noch benommen von den Zahlen mit den unendlich vielen Nullen, ein „Ja" daher und er fragte nochmals, dieses Mal energisch militärisch: „Kapiiiieeeert?" und ein laut gebrülltes „Ja" kam bei uns aus voller Brust. Er hatte uns einfach wieder wachgerüttelt und uns einen Zaunpfahlwink mitgegeben. Später erfuhren wir, dass er früher beim Militär in der Verwaltung tätig gewesen war und es mit seinem Gewissen nicht mehr vereinbaren konnte, den dort auf den Ruhestand wartenden Adlern zuzusehen, wie sie mit den letzten Federn, ihren vom vielen Sitzen rückgebildeten Flügeln, die Tastatur traktierten.

Die andere „Seite": in der Herde am Viewpoint

Im Visier des Urviechs

Für mich war es ein Ansporn, das Zehn-Finger-System absolut zu beherrschen und die Note 2,5 im ersten Test war genau der richtige Ansporn für mehr Üben. Bei der Abschlussprüfung zum Ende der Schulzeit schrieb ich 360 Anschläge/Minute und holte mir die Eins.

In meinem späteren Berufsleben habe ich dem Lehrer viele Male für diesen militärischen Befehl, der einer Lebenslosung glich, innerlich gedankt. Und ich gedenke mich nicht zu entschuldigen bei den Weggenossen, die darunter gelitten haben, dass ich mich über ihre Adlerfähigkeiten lustig gemacht habe. Bis heute und ich werde es immer tun, auch wenn heute noch die Zustände in vielen öffentlichen Verwaltungen die gleichen sind. Wie schrieb so schön ein Ministerialrat – später sogar Minister, aber im Rahmen einer Finanzaffäre zurückgetreten – aus Stuttgart auf meine Frage nach der Einführung des Zehn-Finger-Systems – immerhin persönlich – zurück: „Im Zeitalter von PCs braucht man das System nicht mehr!"

So viel Dummheit aus dem obersten Landeshorst – gut, dass das mein Lehrer nicht gehört hat.

Er ist nämlich vor ein paar Jahren gestorben und bei dieser höchst ministerialratsmäßigen Dummheit wäre er ins Rotieren gekommen. Wahrscheinlich sogar von den Toten auferstanden, um dem Herrn in Stuttgart rechts und links eine runterzuwatschen.

Interessantes Terrain – Krokodile inklusive

Am einzigen Regentag der Eastcoast-Tour

Tag 44: Samstag, der 2.12.2017
Airlie Beach – Rockhampton

Der Tag beginnt mit Regenschauern. Um 9 Uhr fahren wir los auf den Highway 61, der diesen Tag bestimmen wird. 430 Kilometer bedeuten bei max. 100 km/h etwa sechs Stunden Fahrt, wenn man Pausen einlegt, sieben Stunden. Es wird auch 16 Uhr, bis zur Ankunft in Rockhampton. Unterwegs führte uns das Navi beim ersten Pausenversuch über eine Holperstraße, die mit wunderbaren rundlichen, eher abstrakten, aber stark strukturierten, grünlichen Gemälden der auf beiden Seiten des Weges weidenden Kühen übersät war. Arme Reifen, dachte ich nur, als diese trotz waghalsiger Ausweichmanöver die Straßenmalerei der Kühe beschädigten, dafür aber am Auto bizarre Rallystreifen hinterließen. An einer verlotterten Farm mit drei Riesenhunden endete der Ausflug in die Landart-Malerei in einer Sackgasse, die schnurstracks in eine Sumpfwiese führte.

Also zurück und dem Navi ein neues Google-Ziel eingegeben und da lagen wir richtig. Ein Strand mit Steinen und Mangroven, Sand und Schlick, der auf der Landseite mit Ferienhütten einfacher Leute bestückt war. Wäre es eine Großstadt, würde man eher eine Obdachlosensiedlung vermuten.

Draußen das tief türkisfarbene Meer mit vorgelagerten Inseln, glasklarem Wasser, optisch traumhaft, aber am öffentlichen überdachten Pausenplatz – wie überall mit WC ausgestattet – standen die Warnschilder: Krokodile, Haie, Giftquallen.

Wir sind dann trotzdem rausgelaufen und konnten feststellen, dass unter dem Sand eine dicke Schicht Vulkanasche als Schlick auf dem Strand abgelagert war.

Fühlte sich gut an, ging aber schlecht ab. Jedenfalls ein ruhiger Pausenplatz, um das türkische Brot mit dem Emmentaler und einem Bitter Lemon am Meer ohne Tourismus zu genießen. Die Nachtischtrauben stammten aus Australien, einem Land mit riesigen Weinanbaugebieten und Sonne im Überfluss. Was die Erzeugung dieses Produktes für die Umwelt Australiens bedeutet, wird im Kapitel „Agrotour" näher beleuchtet.

Die Fahrt selbst war Genuss pur – für mich, mit Bob Dylan und Mark Knopfler als Begleitung. Der USB-Stick vom Kapitän kam zum Einsatz, für den ich ihm um den Hals gefallen wäre, wenn ich dessen Wirkung bei der Übergabe nur geahnt hätte. Das waren dann die Gefühle mit Gänsehaut, wenn man auf endlos erscheinenden kerzengeraden Straßen durch wechselnde Naturlandschaften fährt. Ein ganzer Lebensabschnitt als Fahrer kommt noch mal in Erinnerung. Die vielen Strecken, die vielen Länder – das suchtähnliche Genießen des Fahrens mit freiem Kopf. Einige Jahre allein, 1,5 Jahre mit Uli und nochmal ein Jahr mit Uli und Kathrin. Dazu die Musik der beiden Musiker, die exakt zu der Strecke passte. Durch Landschaften wie aus dem Bilderbuch, durch tropische Regenschauer mit wenig Sicht und dann wieder ein Regenbogen über dem am Horizont sich auflösenden Weideland.

Diese Gefühle bekommst du nicht im Zug, nicht im Flieger, dafür ist die Straße der richtige Ort. Schön, herb, melancholisch, befreiend – unwiederbringliche Momente, die man lange in sich tragen wird. Einfach nur Klasse!!! Als ehemaligem Fernfahrer verstärken die entgegenkommenden Roadtrains natürlich genau diese Gefühle.

Ich glaube, auch für Valentin war die Fahrt ein Erlebnis, weil er zum ersten Mal mit 27 Jahren eine so weite Strecke im Auto auf einer Landstraße durch echtes, grünes und braunes Land gefahren ist und selbst meinte, dass man so das Land besser mitbekommt. Mein Credo: Ein Land muss man „erfahren". Allein die Bodenwellen in Australien sind eine Reise wert. Man muss konzentriert fahren, was sich auf die Aufmerksamkeit positiv auswirkt. Fahrfehler enden hier – wie man an manchen Wracks am Wegesrand sieht – mindestens im Krankenhaus. Meistens aber an einer anderen Pforte, an der ganz andere Sachen abgefragt werden und nur der Umstand die Sache erleichtert, dass man bei der Warterei kein Gepäck mehr tragen muss, weder physisch noch psychisch. Am Ende der Eingangskontrolle bekommt jeder wieder einen neuen Becher mit dem Hinweis, diesen gerade zu halten, wenn im nächsten Raum der Zaubertrank des ewigen Lebens eingeschenkt wird. Wer schräg hält, muss zurück.

Im Laufe der Fahrt haben wir mehrmals die Zugstecke überquert, auf der wir am 24. November mit dem „Spirit of Queensland" nach Cairns gefahren sind. Auf der Strecke fahren auch die Güterzüge, die oft mit Containern aus dem Hafen von Brisbane Richtung Äquator unterwegs sind.

Weihnachtliche Klänge in kurzen Hosen

Asphaltierte Wanderwege gegen unwetterbedingte Auswaschungen

Die Ankunft in Rockhampton bescherte uns ein Apartment mit zwei Schlafzimmern, einem Bad, einer Küche, einem Wohnzimmer und einem Waschzimmer. Alles freundlich, sauber, hell. Und aus Stein und Beton. Ich kann also tatsächlich wieder drauflossägen, ohne Valentin zum Monsterwerfen zu verführen.

Zum Essen ging's in die Stadt in ein Steaklokal direkt neben dem Weihnachtsmarkt. Mal was anderes in kurzen Hosen und T-Shirt bei 30 Grad und Weihnachtsmusik neben dem Christbaum 300 Gramm gegrillte Rinderleiche mit dicken Fritten und Brokkoli zu genießen.

Valentin mit Wasser, ich mit einem Achtel „So lala Pinot Noir". Rockhampton ist die Hauptstadt des hiesigen Rinderzuchtlandes, durch das wir gefahren sind, und sinnigerweise überholten wir auf dem Weg zum Steakhouse einen Roadtrain mit Rindern auf dem Weg zum Schlachthaus. Wer Fleisch isst, muss beide Seiten des gegrillten Steaks sehen. Das nette Rind auf der grünen Weide mit einem Grasbüschel im Mund als Fotomotiv und das geschlachtete Rind am Haken.

Ein wunderbarer Tag geht zu Ende, anstrengend wegen der langen Konzentration, aber vor allem erfüllend wegen dem Gänsehautgefühl auf vielen Abschnitten der Fahrt und den Erinnerungen, die automatisch hochkommen und sich dann wieder in der Hintergrundmusik verlieren.

Tag 45: Sonntag, der 3.12.2017
Rockhampton – Yeppoon – Rockhampton

Nach durchschlafener Nacht und einer schnellen Entscheidung, heute nicht mit der Fähre auf eine weitere Insel zu fahren, beginnt der Tag stressfrei und bleibt es auch. Ohne Fährzeiten beachten zu müssen, lebt man ruhiger. Außerdem hat die hiesige Insel das gleiche Angebot wie Stradbroke Island. Alles doppelt und dreifach sehen, macht Australien nicht schöner und uns nicht schlauer.

Um 9 Uhr rollt das Auto mit ausgeruhten, leicht Riff-Geschädigten gemütlich einer 1. Advents-Tour entgegen. Eine landschaftlich reizvolle Gegend, von der Natur geschaffen für Wanderungen auf einem alten Vulkan. Die einst glühenden Lavamassen können wir sowohl als aufsteigende Säulen an den Klippen als auch als erstarrte Masse im Meer bewundern. Der alte Vulkan sollte die 1. Adventskerze ersetzen. Die leichte Hoffnung, dass er uns anlässlich dieses Tages bei unserem Vorbeiwandern eine kleine Flamme gönnt, wurde – irgendwie fehlt da vielleicht der feste Glaube – enttäuscht. Dann eben abends wieder eine Kerze, wie seit zig Jahren. Von der Spitze des Berges ein gigantischer Ausblick rundum.

Die notwendige Verschnaufpause bei unseren raumgreifenden Wanderschritten erfolgt auf einem Stamm am Strand mit Trauben und Bitter Lemon. Ein Glas Neuseeländischer Roter mit Baguette und einem Stück angewärmtem Rustique-Come-on-Bär hätte dem herrlichen Ort mehr Charme und Nobles verliehen. Eben genau jene Aura, in der sich auch ein badischer Bauer als Edelmann fühlen würde. Aber was soll man machen, wenn die Versorgung mit Alkohol in Australien ähnlich schwierig ist wie in Schweden und Finnland? Den Come-on-Bär gibt es dafür in allen Variationen und Marken. Europa hat nicht nur erobert, es ist auch bereit zu liefern.

In einem Café in der Feriensiedlung Yeppoon gibt es dann den Zuckerloch-Lunch mit zwei Minutensteak-Toastbroten. Mein Cappuccino ist der bisher beste in Australien. In dem Café wird noch selbst geröstet. Eigentlich hätte ich zwei genießen sollen, aber man lernt ja im Laufe des Kaffeelebens, dass der zweite den ersten nicht übertreffen kann und in der Regel genau die Bratwurst, die man wegen Resthungergefühlen nach der ersten nachbestellt hat, die eine zu viel ist.

Den Abschluss bildete eine Ocean-Seeing-Wanderung auf einem Holzpfad entlang der Küste. Absolut herrlich, obwohl die fehlende Sonne den Überschwang bremste. Hatten wir schon an anderer Stelle. Keine Sonne, alles anders. Dafür frischer Wind für die inzwischen leicht glänzenden Haare. Der Holzsteg führte mich völlig ahnungslos in eine der unvergesslichen, wenn auch äußerst peinlichen Szenen, deren Eingang in den Reisebericht ich eigentlich gar nicht vorhatte. Wegen der Hitze hatte ich – wie am Strand üblich – nur die kurze Hose und kein Hemd oder T-Shirt an, was sich am Schluss als die falscheste aller falschen Bekleidungen für diesen Ort herausstellte.

Gedenkstätte für die Gefallenen der letzten 100 Jahre

Ohne geringste Vorahnung schlenderte ich am Ende des Stegs in einen überdachten Lookout, der allerdings innen ringsum mit Bildern und Texten über die Kriege behängt war. Dazu muss man wissen, dass Australien wegen seiner engen Verbindungen mit England in alle Kriege hineingezogen wurde, an denen England beteiligt war. Sprich: Dies war eine Kriegsgedächtnisstelle mit Ehrenmal, in die ich da unvorbereitet hineingeraten war. Valentin hatte sich schon verzogen mit seinem T-Shirt und war weitergegangen. Ich machte gute Miene zum schlechten Spiel und arbeitete mich recht schnell an den Bildern vorbei ins Freie. Leider war der Boden betoniert, sodass ich kein Loch graben konnte. Besonders peinlich war mir der Umstand, dass gerade bei meinem Besuch Videos mit einem Enkel eines Aborigine-Soldaten gedreht wurden. Einen kurzen Moment kam mir der Gedanke, dass für den Krieg auch die Söhne des gedemütigten Volkes in vorderster Reihe stehen mussten.

Ich hoffe sehr, dass die Regie das Video vor meinem Auftauchen unterbricht und mich nicht als geschlagenen deutschen Soldaten präsentiert, der auf der Flucht das letzte Hemd verloren hat. Einziger Pluspunkt: Meine Anwesenheit bedeutete, dass die Feinde von einst sich gemeinsam die gleichen Bilder anschauen können, ohne aufeinander loszugehen. Alle hier ausgestellten Fotos betrafen Kriege, die von Deutschland ausgingen. Mein einziger Trost war, dass es nicht die Badehose war, die mich noch spärlicher bekleidet hätte aussehen lassen. So kann auch ein winziger Strohhalmgedanke über die kleinen Infernos des Lebens hinweghelfen.

Auf der Rückfahrt schüttete es aus allen Wolken, was uns weitere Viewpoints ersparte. Ab 16 Uhr war wegen des strömenden Regens Motelpause in Rockhampton.

Ein Motel-Besucher war offensichtlich zu faul, um eine anständige Innenreinigung seines Autos durchzuführen. Er ließ einfach das Seitenfenster auf. Bis zu unserer Weiterfahrt am anderen Morgen sollte das Gröbste aufgeweicht sein. Ziel wird Bundaberg sein, wo angeblich der beste Rum herkommt. Aber auch da werden wir ohne Rum rumkommen.

Wir feiern den 1. Advent mit digitalen Kerzen

Heute war der erste Tag der zweiten Hälfte der Ostküstenrally mit Valentin und ich muss feststellen: eine wunderbare Reise bisher, die von Valentin super vorbereitet wurde. Sowohl mit den Orten als auch den Übernachtungen und dem Umbuchen von Doppelzimmer auf Zwei-Zimmer-Lösungen nach der Nacht der Monster in Townsville. Gegen die Macht der freien Atmung in den Nächten ist weder Pax Oro noch Pax Christi gewachsen. Aus einer Welt voller Regelungen und Zwängen befreit sich der Schnarchende ohne Skrupel aus der Rücksichtnahme auf die geplagten Bett-, Zimmer-, ja sogar Hausnachbarn und schnarcht sich in eine andere Traumwelt, manchmal in den Himmel, wenn die Atempausen zu lange dauern. Medizinisch nennt man das bereits APNOE als Abkürzung für „Atmet Patient Nasisch, Organisch Ende". Bisher habe ich anderntags nur das Fast-Ende der nächtlich Geräusch-Geplagten mitbekommen, kann aber kein Mitleid mehr empfinden. In einem schlauen Buch habe ich nämlich gelesen, dass der Schnarchende der Geplagte ist, weil ihm bei den Atempausen zig Kubikmeter Sauerstoff verlorengehen, was auf Dauer die Hirntätigkeit nachhaltig reduziert.

Unschwer nachzuvollziehen, wenn man den Stuss liest, der bisher vorliegt. Noch ein paar Nächte und die Blätter bleiben leer, weil die Erinnerungs-Synapsen weggeschnarcht sind. Was mich dann nicht weiter stört, weil ich mich ja nicht mehr an mich erinnern kann.

Ach ja, was ich eigentlich sagen wollte – kleines Beispiel für erste Ausfälle –, mit Valentin klappt das sehr gut. Er ist Reiseführer, ich Chauffeur – zahlende Kunden haben wir keine. Im Prinzip fahren wir sinnlos durch die Gegend und jeder hat seinen Spaß an seiner Tätigkeit. Er als studierter Master of Satisfaction mit einem englischen Australienreisebuch von ca. zehn Kilo unter dem Arm und ich als ehemaliger Trucker mit Asphaltblick für die Fahrbahnen, Gespür für Radarfallen, emotionales Feeling für die passende Roadmusik und Sitzleder für 1500 Kilometer am Stück, am besten ohne die doofen Tankstörungen. Lediglich die unterschiedlichen menschlichen Bedürfnisse auf der Strecke machen öfter einen Stopp notwendig, weil Valentin die Windellösung (noch) ablehnt.

Angeblich will die FDP die Windellösung für alle ab 65, weil ab diesem Alter vor allem aufgrund der Geschichtskenntnisse dieser Wählergruppe bei den Vorschlägen der FDP vor lauter Lachen manchmal etwas danebengehen soll und dies bei den Wahlveranstaltungen in den voll besetzten kleinen Hallen zu Geruchsirritationen führt. Ein neuer Slogan der Partei bei der nächsten Wahl soll sich deshalb auch mit dem Tabuthema Inkontinenz beschäftigen und dieses aktiv in der Öffentlichkeit ansprechen. Entwickelt von einem der FDP nahestehenden Unternehmen: „Früh gewöhnt, früh versöhnt". Er greift das Thema substanziell auf und holt es sprichwörtlich auf die Straße der künftigen, latenten Nutzer als „New way in old life".

Es war eine sehr gute Entscheidung, nach den vielen Anreisetagen zwei Wochen Kulturprogramm der anderen Art einzulegen, bevor es in die endlosen Weiten des australischen Busches geht, wo der Asphaltblick und die Windel den Tag bestimmen werden. Wo Bob Dylan seine Jolie besingt und Mark Knopfler mit seiner Emilie alles Mögliche singt, das man nur halbwegs versteht – aber die Musik versetzt einen in eine andere Welt. In der Wüste sieht man dann irgendwann die „White Horses" von den Stones galoppieren und am Horizont steht Udo Lindenberg und verkündet als Prophet aus Hamburg – als wenn das nicht alle wüssten: „Hinter dem Horizont geht's weiter."

Ich fühle mich „On the road again" und denke an Hannes Wader, der in den 60er Jahren davon gesungen hat, dass er in den Süden will, wo das Meer liegen würde. Seither wissen das alle und man findet fast keinen einsamen Strand mehr. In allen Statistiken kann man sehen, wie die Reisekurven in die südlichen Länder dramatisch angestiegen sind, nachdem Hannes das Geheimnis der 68er verraten hat. Als Ausweichquartiere kamen dann die Toskana, Indien mit Kamasutra, Yoga, Hare-Krishna, Zen, sowie hohe Berge und VW-Busse ins Spiel. Hier bestimmten dann die Herkunft und die Abenteuerbereitschaft die Ziele. Ganz nach dem Motto: Nicht jeder kann reich reich reisen, aber alle können arm reich reisen. In der Praxis könnte es sogar so sein, dass manche reich Reisende arm reisen, weil sie mit Reichtum knapp am realen Land vorbeireisen.

Tag 46: Montag, der 4.12.2017
Rockhampton – Seventeen Seventy – Bundaberg
Früh raus – also nicht ich, es geht um Valentin – und um 8 Uhr los. 400 Kilometer Fahrt liegen vor uns. Aus leichtem Regen wird starker Dauerregen, der uns auch erhalten bleibt bis zur Ankunft in Bundaberg. Nach ca. 200 Kilometern machen wir einen Abstecher an das Meer nach Seventeen Seventy, dem Ort, an dem Ka-

pitän James Cook am 29. April 1770 zum ersten Mal australisches Festland betrat. Wahrscheinlich bei besserem Wetter, sonst hätte er umgekehrt und wäre für immer ferngeblieben. Allerdings wären nach ihm andere europäische Kolonialisten gekommen, die das Schreiben der unsäglichen Geschichte der Tyrannei und Völkervernichtung in Australien übernommen hätten. Vermutlich genauso grausam und menschenverachtend.

Wir gingen jedenfalls im Regen mit Schirmen bewaffnet zum Aussichtspunkt. Grandiose Stelle, keine Frage, bei Regen aber das gleiche Problem wie überall. Die weite See ist grau und nicht türkis und die Bäume tropfen und leuchten nicht mit ihren Blüten in der Sonne. Also im Auto den Lunch und danach einen Kaffee to Go, weil die Terrasse des Cafés morgens überflutet und alles voller Schlamm war. Es hat auch was für sich, dass Valentin jeden Morgen länger schlafen muss.

Der Dauerregen machte mich mit der Zeit etwas nervös, da ich bei meinen diversen Informationen über das Reisen in Australien auch von den überfluteten Straßen gelesen hatte. Das kommt davon, wenn man sich gut vorbereiten will. Am Ende fährt man als Angsthase durch die Gegend und sieht überall mögliche Gefahren, die irgendwelche Reisende irgendwann erlebt haben. Daraus wird dann im Internet eine Blog-Gemeinde, die sich an den Erlebnissen der gefluteten Straßen berauscht. Statistik und australische Gebietskarten helfen da weiter. Ich kannte solche Geschichten vom Lkw-Fahren. Da ging es manches Mal durch 50 Zentimeter hohes Wasser, weil Flüsse über die Ufer getreten waren. Aber die 50 Zentimeter machten dem Lkw nichts aus und wegschwemmen war bei dem Gewicht nicht möglich.

Bereits auf der Fahrt zu Cooks geschichtlichem Fehltritt führten die Straßen durch Gebiete, bei denen das Wasser in den Senken nahe am Straßenrand stand und diese teilweise leicht überspülte. Und es regnete weiter und weiter und vor allem immer noch stärker. Irgendwie hat man ein Gefühl dafür, dass diese Stelle bei solchen Regenmassen kommen muss und wir wurden nicht im Stich gelassen. Nach einer Kuppe ging es bergab und die Senke war seltsamerweise ein Stück weit eben und glänzte. Auf 100 Metern war die Straße ca. 20 Zentimeter überspült. Auf der anderen Seite stand bereits ein Auto, eine Entscheidung war fällig und zwar hoppla. Kurz zuvor war uns ein Jeep entgegengekommen, also musste diese Stelle noch passierbar gewesen sein. Viel höher als unser Toyota – so hoffte ich – war der Jeep nicht gewesen.

Mutprobe – Wie tief wird es wohl sein?

Das Rathaus von Bundaberg

Also Tempo auf 20 km/h gedrosselt und zügig durch. Noch gab es keinen Seitendruck, weil das Waser nur bis unterhalb der Türschwellen ging und wir nicht vorhatten, die Türen zu öffnen. Soll man auch nicht, wegen den hier lebenden Reptilien, die sich angeblich in Autos mit Menschen zusammen nicht wohlfühlen, mit Ausnahme von Krokodilen. Nachdem wir das andere „Ufer" erreicht hatten, fuhr auch der Zweifler los und verschwand im Nirgendwo. Vermutlich hinter der nächsten Bergkuppe oder seitlich im dahinrauschenden Gebirgsbach. In solchen Situationen hilft einem schon die Erfahrung aus den Lkw-Zeiten bei der Einschätzung von Risiken. Ganz wohl ist es einem nie bei einer solchen Überquerung. Dazu hat man zu viele Bilder im Kopf von Autos, die einfach weggeschwemmt werden, obwohl die Stelle eigentlich gefahrlos aussieht.

Das Motel in der City von Bundaberg erreichten wir nach einer langen Regenfahrt und abschließender 20 Kilometer lang ständig leicht überfluteten Fahrbahn bereits um 15 Uhr. Das Ausfallen der zwei Bräunungsstunden in 1770 (zur Erinnerung: der Ort heißt Seventeen Seventy) schenkte uns jetzt zwei Stunden mehr in der Stadt. Sinnigerweise war der Name des Hotels Sixtysix (66). Wenn das kein Zufall ist. Weitere werden folgen, sei schon mal verraten. Bei einer kleinen Wanderung durch die Stadt fallen die breiten Straßen mit den vielen Parkplätzen auf.

Mit 45.000 Einwohnern und mit Ausnahme der City fast nur australischer Bauweise – Stelzen und ein Bungalow oben drauf – dehnt sich die Stadt in die Breite. Berühmt als Urstadt des Rums. Die Stadt liegt 20 Kilometer weg vom Meer, d.h. hier wird eingekauft und dann in den Urlaubsorten am Strand in den dort unzähligen Ferienwohnungen gegessen. Die vielen Motels deuten auch auf die Bedeutung als Durchreisestation auf der Fahrt Richtung Cairns hin oder auf viele Affären, welchen die Anonymität der Motels entgegenkommt. Dass die Duschen hier 110 x 110 Zentimeter messen, liegt nicht nur daran, dass hier auch Adiposi-Tanten und Adiposi-Onkels vorbeikommen. Affärisches Doppelduschen könnte auch eine Nebenrolle spielen.

Tag 47: Dienstag, der 5.12.2017
Bundaberg – vorgelagerte Ferienorte („Turtle-Treffen") – Bundaberg

An der Küste liegen die Ortschaften Moore Park Beach, Burnett Heads, Bagara und Eliot Heads dicht beieinander. Ferienorte, die keinen Massentourismus haben, sondern nur von denen besucht werden, die sich dort einmieten. Der Grund ist einfach. Die Strände hier liegen voll mit Basaltsteinen – Baden zwar möglich, aber nur für geübte Balancierartisten. Nur an wenigen Stellen wurden Buchten geschaffen und Sand abgekippt, damit das Baden auch den Otto-Normal-Beweglichen möglich wird.

Gutsituierte bauen hier ihre Villen auf die Anhöhen am Meer entlang, ohne fürchten zu müssen, dass sie von Touristenströmen überrannt werden. Alles geht gemütlich und ruhig zu. Die Pools in den Gärten ersetzen das Baden in den Fluten mit der Dusche und dem Liegestuhl daneben. Dazu der Blick aufs Meer.

Weniger gemütlich geht es hier von November bis März am Strand von Mon Repos zu, auch wenn die Besucher des Strandes eher langsam sind. Hier liegt nämlich der für die Eiablage bekannteste Ort für vier Arten von Meeresschildkröten. Die kommen nach 18 Uhr und gehen vor 6 Uhr, weshalb der Strand in dieser Zeit für Zweibeiner gesperrt ist inklusive Kameraüberwachung und Strafandrohung. Die Eiablage erfolgt in den Dünen am Rande des Strandes. Um die Population dieser Arten wieder zu erhöhen, werden hier teilweise von Schildkrötenranchern die abgelegten Eier aus den Erdlöchern gegraben und an anderen Stellen wieder eingegraben, die mit einem „Hasenstall" abgedeckt werden. Damit soll der Raub der Eier durch Vögel und Reptilien verhindert werden. Menschenhand hat die Zahl der Schildkröten dezimiert; Menschenhand versucht jetzt eine Wiedergutmachung. Ergebnis: offen.

Wir haben eine Spur auf dem Sand gesehen von einer Schildkröte, die es wohl sehr eilig hatte, weil sie viel zu spät am Ufer ankam. Sie legte ihre Eier offensichtlich am Strand ab und musste, vermutlich aus geschäftlichen Gründen, gleich wieder an ihren Arbeitsort. Möglicherweise eine Schildkröte aus Whitsunday Island, die dort als einziger Schildkröten-Star ihre Fototermine hat. Sie kommt erst mittags weg, wenn die Schnorchler/innen lunchen und muss nach der Eiablage anderntags wieder vor dem Lunchen so tun, als sei nichts gewesen.

Eine starke Schildkrötengewerkschaft könnte sich hier für eine Zwei-Tages-Eiablage-Auszeit einsetzen, also quasi für einen verkürzten Mutterschaftsurlaub. Ein kompletter steht der Schildkröte nicht zu, da sie sich nach der Eiablage aus dem Sand macht und dem Beispiel vieler Väter folgt, die sich wegen drohender Unterhaltsverpflichtungen aus dem Staub machen.

Tag 48: Mittwoch, der 6.12.2017
Bundaberg – Hervey Bay (Nikolaus in der Südsee)

Ein lockerer Tag wartet auf uns, da lediglich 130 Kilometer zu fahren sind. Also heißt es, sich Zwischenziele auszusuchen, die sowohl für das Auge, fürs Gemüt und für das Bräunen geeignet sind. Und da bieten sich die kleinen Orte an der Küste an,

Unser ganz „persönlicher“ Outlook

deren Strände kein Postkartenformat haben, sondern in der Regel aus Steinen mit kurzen Sandabschnitten bestehen. Hinter diesen Stränden bauen sich die Australier ihre Ferienhäuser in ihrem klassischen Stelzenstiel. Dazu natürlich noch die obligatorischen Villen mit Pools und Porsches vor der Tür, samt Gärtner oder Bobby für alles.

Um zu entspannen, kann man an diesen Stränden mit etwas körperlicher Fitness und Geschick in aller Ruhe herrliche Wanderungen in einem vollkommen natürlich belassenen Umfeld angehen. Mit etwas Glück findet man sogar auf den Stranddünen eine Sitzgelegenheit, die sich Leute hinstellen, die regelmäßig vorbeikommen.

Einen der schönsten Sitzplätze der Tour finden wir am Strand von Woodgate Beach. Mit Sonnenschirm hätten wir hier stundenlang gesessen. Ohne Schirm wären wir nach Stunden mehr oder weniger unverkäufliches, knuspriges Grillgut gewesen. Vielleicht hätte Valentin noch die Chance, als gegrilltes Qualitätsmuskelfleisch durchzugehen.

An dem Bild oben erkennt man die Erosion des Strandes durch Stürme. Fehlt die Erde, versalzt der Boden und die Bäume sterben ab. Ein vollkommen natürlicher Vorgang. Steigt der Meeresspiegel oder die Häufig- und Heftigkeit der Stürme nimmt zu, werden diese Stellen am schnellsten ihr Gesicht verändern. Die dahinterstehenden Siedlungen ebenso. Bei einer weiter voranschreitenden Klimaerwärmung und der damit verbundenen Polschmelze sparen sich die Eigentümer der schönen Wochenendhäuser die gesamten Kosten für die Unterhaltung des Pools. Selbst ein notwendiger Abriss wird von der Natur kostenlos erledigt.

An einem anderen Strand wiederum findet man vulkanische Vergangenheit mit bizarren Steinformationen und eine Unmenge an Korallenteilen, die vom Meer ans Land gespült wurden. Alle abgestorben und von Stürmen aus den Riffs gebrochen. Es sind immer nur wenige Kilometer und man findet sich an einer anderen Art von Strand wieder. Und nirgendwo die Gefahr, dass sich hier Menschenmassen ansammeln. Es wäre ein Test wert, solche Punkte über einen Internetrobot zu liken.

Nachmittags um 3 Uhr sind wir in Hervey Bay, einer Touristenstadt wie die bisherigen. Bekannt bei allen Australienreisenden, vor allem Backpackern, toller Strand, viele Shops, Halligalli und Edelgeschäfte nebeneinander. Bars und Restaurants in Hülle und Fülle, Motels und Resorts für Zehntausende. Hier ist man wer und hier gönnt man sich was. So wie wir auch.

Und so, wie auf dem Bild unten zu sehen, wird in Australien eine Villa gebaut. Stelzenfertigbau ohne Keller und Dachgeschoss. Fertig. Es wird verständlich, dass bei Zyklonen die Häuser Flügel bekommen.

Valentin hatte im Ocean-Resort zum Nikolaustag ein 4,5-Sterne-Apartment gebucht und unterwegs nach dem Schnarchdrama umgebucht auf zwei Zimmer. Da die aber nicht mehr vorhanden waren, bekamen wir ein Drei-Doppelbetten-Schlafzimmer-Apartment mit Wohnzimmer und Küchenzeile. Alle Zimmer natürlich mit eigenen Luxus-Bädern und großen Doppelduschen 1 x 2 Meter und den obligatorischen Wandspiegeln in den Schlafzimmern. Inzwischen schaue ich gerne rein, weil mich immer ein braun gebrannter, halbwegs noch in erträglichen Formen gebliebener, freundlicher Kerl grüßt.

Bei den Duschen vermute ich, dass in Australien ein alter englischer Brauch zelebriert wird: Einer wäscht dem anderen den Rücken. Mindestens. Da braucht man eben Platz – die einen mehr, die anderen weniger. Je nach Körperfülle und Fantasie.

Als Nikolausessen gab es Steak mit Reis und Sommergemüse – selbst zubereitet. Köstlich und nach den letzten Indien- und Thai-Gaststätten mal wieder was Knackiges zum Reinbeißen. Damit ist das Essen gemeint.

Der schönste Platz heute war eindeutig der Sitzplatz auf den alten Stühlen am Naturstrand in Woodgate Beach an der Burrum Coast. Wäre da nicht die Sonne

Australischer Bungalowbau

gewesen, wären wir noch stundenlang sitzen geblieben, hätten die friedliche Stimmung an diesem Punkt genossen und dem Schmetterling zugeschaut, der die ganze Zeit immer mal wieder um uns herumflog.

Aber auch der Lavastrand bei Burrum Heads war eine Anfahrt und einen Strandspaziergang wert. Zwei kleine Adler fühlten sich allerdings gestört und flogen davon, statt uns zu fressen.

Heute wäre die Oma, Ulis Mutter, aus Seebach 93 Jahre alt geworden. Vermutlich hat sie zugeschaut als Schmetterling. Denn die waren heute immer wieder zu sehen.

Tag 49: Donnerstag, der 7.12.2017

Hervey Bay – Trucktour über Fraser Island/„Racing Island" – Hervey Bay

Das war er, der ultimative Höhepunkt, wenn man alle Schranken beim Tourismus fallen lässt.

Aber eins nach dem anderen: Die Insel Fraser Island wird mit 120 Kilometer Länge und einer Breite bis zu 25 Kilometer als Naturwunder angepriesen, da es sich um eine ehemals zum Festland gehörende Sandbank handelt.

Mit einem 25 Kilometer langen und bei Ebbe sicher 100 Meter breitem Sandstrand für Strandwanderer ein Traum mit der Einschränkung, dass Baden wegen Quallen und Haien eigentlich verboten ist. Ausnahme: Wer mehr als zwei Arme und Beine hat, kann natürlich ins Wasser, da er nach dem ersten Biss immer noch zurückschwimmen kann. Also vor dem Schwimmen zählen dieser Gliedmaße nicht vergessen. Wer beim Kopfrechnen Mühe hat, sicherheitshalber den Nachbarn fragen.

Die Insel bietet Zeltplätze an und ca. 3000 Zimmer in zwei oder drei „Siedlungen". Wer gerne wandert, findet hier auch viele Sandwege und Pfade auf der Insel. Solch eine Öko-Oase würde bei uns mit Samthandschuhen angefasst werden, um Tier- und Pflanzenwelt nicht zu gefährden. Nicht so in Australien.

Mit dem Bus durchs Naturschutzgebiet

Die Insel wird zwar auch mit Samthandschuhen bzw. -wanderstiefeln angefasst, aber richtig angefasst oder besser gesagt zugepackt wird mit den Rädern von höhergelegten Geländebussen, Trucks und Vierrad-Pick-ups. Die Insel kommt buchstäblich zwischen die Räder. Diese fahren in waghalsigem Tempo über viele Sandwege oder Sandgassen durch die dortigen Urwälder, die für Fahrzeug und Fahrer eine echte Herausforderung darstellen. Die Frage, ob

Am See im Naturschutzgebiet – mit Sonnencreme und allem Drum und Dran

dies auch für die Natur eine Belastung sein könnte, wurde hier mit einem klaren „Dollar-Nein" beantwortet.

So kommen wir also mit der Fähre auf der Insel an, zusammen mit weiteren 200 oder 300 Natur- oder Off-Road-Interessierten. Der Unterschied: Die Naturinteressierten hätten sich mal besser erkundigen müssen, die Off-Road-Fans haben das auf jeden Fall getan. Die Busse stehen bereit. Wir haben das Premium-Paket gebucht, d.h. der Bus nimmt maximal 18 Personen mit und sorgt für Essen und Trinken. Wichtig für mich war die Möglichkeit, dass man sich auch allein auf eine Zweier-Bank setzen kann. Spätestens nach einem Kilometer Fahrt wird einem klar, dass man im Schüttelbecher des Barmixers versucht, sitzen zu bleiben. Gleichzeitig sieht man eine Sitzreihe weiter vorne, wie sich die Doppelsitzpassagiere mit etwas dickeren Oberarmen ihre dick aufgetragene Sonnenmilch gegenseitig und heftig einmassieren. Bei Paaren mag das durchaus erotische Gefühle wecken, bei fremden Nachbarn eher das Gegenteil.

Der wilde Tanz des Off-Road-Busses endet nach einer Stunde an einem Süßwassersee, der tatsächlich als Naturerlebnis gesehen werden kann. Dass schon sechs weitere Busse und viele Pick-ups am Parkplatz stehen, war nach der Anzahl der Schiffspassagiere zu erwarten und führt bei Ankunft am See zu einem surrealen Erlebnis mit bizarren Formen. Ein stiller See als ökologische Oase, der von einer Seite her beschwommen, bekreischt und mit Sonnenschutzmittel versorgt wird.

Uns bleibt das Gesicht stehen bei dem Gedanken, welcher Aufwand betrieben wird, damit wir als Urlauber an diesen See kommen, um hier die Natur zu bewundern und um schwimmen zu gehen.

Positiv: An allen diesen Plätzen sind ausreichende WC-Anlagen stationiert, sodass man sich neben dem See im Notfall hier auch mit Wasserspülung ordentlich und beidseitig entleeren kann, wenn es im Hotel nicht mehr gereicht hat. Das Phä-

Beliebtes Fotomotiv: Dingo am Strand

Das Ende eines japanischen Luxusdampfers

nomen kennt jede/r: Wenn draußen bei Beginn des Geschäftes schon jemand wartet – und bei einer Pick-up-Abholung sind es viele –, wartet auch in einem drinnen genau das, was eigentlich dringend gehen sollte. Ich nenne es die Entleerungsstarre, für deren Lockerung es viele Ratschläge gibt. Von „Ganz ruhig bleiben" über „Denk an das schöne Gefühl des Fließens" bis „Feste drücken" reicht der Volksmund. An die Windel denkt kein Mensch, obwohl doch von vornherein klar ist, dass die Rütteltour nicht nur das Gleichgewicht auf die Probe stellt, sondern vor allem den Kaffee und das im schlimmsten Fall reichliche Frühstück erst verquirlt und dann nach unten presst.

Nach dem See ging's in abenteuerlicher Fahrweise an den Strand und dort, man glaubt es kaum, mit Tempo 80 bis 100 am Strand entlang. Immerhin, man hat an Begrenzungsschilder mit 80 km/h gedacht.

Gestoppt wird aus voller Fahrt, wenn sich z. B. ein Dingo am Strand fotografieren lassen möchte. Unter diesem Begriff werden die Nachfahren aller verwilderten Haushunde zusammengefasst.

Ansonsten geht's dann richtig ab mit Durchfahren von Wasserrinnen, flachen Wellen, Überholen von langsameren Pick-ups oder Überholtwerden von noch schnelleren Bussen. Und das über eine Strecke von gut 15 Kilometern. Links Dünen, rechts das Meer und dazwischen die Autos, die am Strand entlangrasen bis zu irgendeinem Punkt, an dem ein Sandsteinfelsen mit angeblich 18 Sandfarben fotografiert werden möchte.

Zehn Minuten Zeit gibt der Fahrer an und dann geht das Rennen weiter bis zu einem Schiffswrack, das als stolzes japanisches Passagierschiff 1963 strandete. In einer Art Vorsehung macht diese unfreiwillige Landung den Strand für die kommenden Zeiten attraktiver, in denen Touristen mit einem „All-In-Adventure-Natural-Day" angefüttert werden können, um ein Foto von den Überresten eines rostigen Dampfers zu machen.

Zur Ehrenrettung der Touristenbehörde muss man sagen, dass es auch Drei-Tages-Touren auf der Insel gibt, in denen intensiver auf die Naturbesonderheiten eingegangen wird, d.h. auch auf die vielen Baum-, Vogel-, Blumen- und Tierarten. Vögel soll es hier 250 Arten geben, aber das dürfte dann eher für Spezialisten interessant werden, die den Unterschied sehen, wenn die 3. Feder von links beim Vogel Nr. 150 eine Nuance heller gefärbt ist als beim Vogel Nr. 151.

Der Rückweg führt uns noch in die Zeiten, als auf der Insel versucht wurde, eine Forstwirtschaft mit Nadelbäumen aufzubauen. 1770 von Onkel James mit der Endeavour entdeckt, ging es noch eine ganze Zeit, bis die Insel ab 1863 als Rohstofflager für Holz ausgenutzt wurde, was zu Konflikten mit den Eigentümern, den hier lebenden Aborigines führte. Es kam zu Widerständen und Toten und am Ende wurden die 80 verbliebenen rechtmäßigen Besitzer umgesiedelt, da es sich um „Wilde“ handelte, die einer geordneten Nutzung im Wege standen. Um 1970 hat man diese Holzindustrie aufgegeben. Aber einige der seinerzeit gepflanzten Bäume sind natürlich weitergewachsen und stehen jetzt als Riesenbäume im Wald. Sehen toll aus, aber kommen dann doch dem Erscheinungsbild der Waldriesen in europäischen Wäldern ziemlich nahe, auch wenn die Bäume einer anderen Art entstammen.

Interessant sind die auf der Insel verlaufenden Bäche. Sie haben als Untergrund Sand und sind nicht hörbar, weil sie über keinerlei Gestein plätschern. Entsprechend dem Grundwasserspiegel in der jeweiligen Gegend führen sie mehr oder weniger Wasser.

Eine weitere Attraktion stellt einer dieser Bäche an der Einmündung in das Meer dar. Ein Massenauflauf von Pick-ups, Bussen und Kleinflugzeugen und an die 400 Menschen deuten lange vor der Ankunft auf diese Sensation hin. Auch der Busfahrer spricht begeistert von diesem Ort. Wir steigen aus und laufen etwa 150 Meter auf einem Holzsteg entlang, der an eine Treppe führt, die uns in den Bach bringt. Kniehoch waten wir zwischen anderen begeisterten Eventbuchern die 150 Meter durch den Bach – wie oben beschrieben auf Sandboden – und kommen an der

Mündung direkt hinter dem Steganfang wieder raus. Hier lagern alle, die sich ein Bad in dem kühlen Nass und ein paar Bräunungseinheiten gönnen, bevor der Ritt über den Strand und in den Busch zu neuen gemeinsamen Zielen führt.

Eine absurde Vorstellung: Lebt da seit mindestens 5500 Jahren der Stamm der Butchulla, ein Stamm der Aborigines, auf einer Insel, vollkommen autark und mit der Welt zufrieden und werden von heute auf morgen ihres Landes und der hier vorkommenden Lebensgrundlagen beraubt. Da müssen noch viele solidarische Filme gedreht und Lippenbekenntnisse mit dem Eingeständnis der Schuld abgegeben werden, bis ein solches Verbrechen aufgearbeitet sein wird.

Durchgerüttelt und -geschüttelt, sowohl körperlich als auch geistig, kommen wir um 16 Uhr an der Fähre an und um 17:45 Uhr beim Hotel. Jetzt heißt es erst einmal sacken lassen und die Vorteile dieser Art von Tourismus herausfinden. Mit 100-prozentiger Sicherheit ein Riesenspaß für Backpacker, die aus verschiedensten Gründen nach Australien gekommen sind, auf jeden Fall aber, um Spaß zu haben.

Zugegebenermaßen war es auch für mich ein ziemlicher Spaß, nachdem ich mich vom deutsch-grün-grundsätzlichen Denken in Bezug auf den Umweltansatz gelöst hatte. Ich saß im Bus und egal, was ich machen würde, meinen Beitrag zur australischen Umweltbilanz hatte ich schon bezahlt. Also setzte ich mich auf die letzte Sitzbank und erlebte, wie sich Schwerelosigkeit auf der Erde anfühlt. Von einer Stunde Rückfahrt schwebte ich sicher 20 Minuten in der Luft, hochgeschleudert vom Sitz von den Känguru-Hopsern des Busses. Es erforderte alle Willenskraft, mein Lachen im Rahmen zu halten, was wohl nicht immer gelang, da sich einige der Mitfahrenden ab und zu umdrehten und mich mit ihren Augen meistens direkt unter dem Busdach fanden. Irgendwann war mir die Peinlichkeit egal, sich als alter Esel so was von gehen zu lassen.

Durch eine solche Erfahrung versteht man auch wieder die Backpacker/innen, die aus einem solchen Bus das Lach-Event ihres Lebens mit nach Hause nehmen. Diese Einschätzung wurde mir in einem Gespräch von einer Backpackerin in Melbourne bestätigt, die total erstaunt war, dass man einen solchen Event im Zusammenhang mit dem Thema Umwelt sehen kann. Hierzu später in Melbourne mehr.

Vielleicht ließe sich ein solches Event auch im Nationalpark Nordschwarzwald einbringen, wenn zum behutsamen Umgang mit dem Wald ein Stück finanzielle Urgewalt hinzukommt. Ein klares „Ja“ zum Nationalpark und ein ebenso klares Bekenntnis, dass Geschäftsinteressen Einzelner am Ende allen dienen. Gutes mit Schlechtem voranbringen, was soll daran verkehrt sein? Das Gelände wäre ideal, fast besser als auf Fraser Island und die notwendigen Busse und Unimogs würden sogar aus Baden-Württemberg geliefert werden. In Australien schwört man auf die deutsche Qualitätsarbeit.

Ein Tag voller Gegensätze endet mit einem grandiosen Abendhimmel.

Abendhimmel in Hervey Bay

Achtung, jetzt folgt ein weiter Sprung: In China versucht es die Regierung auch mit dem Slogan: Wenn zehn Prozent reich werden und voranschreiten, zieht diese Brigade der Allertüchtigsten die restlichen 90 Prozent in gleicher Weise mit nach vorne. Hätte die chinesische Nationalfahne eine andere Farbe, würde sie sich spätestens bei dieser Theorie umfärben in die jetzige Farbe.

Tag 50: Freitag, der 8.12.2017
Hervey Bay – Noosa

Nach dem Tag der Tage wieder ein Tag fürs Gemüt. Wir fahren auf einer Nebenstraße Richtung Brisbane und stellen fest, dass Australien riesige Flächen mit Pinienwäldern als Monokultur hat. Wir fahren zwei Stunden durch gerodete Flächen und Wälder, die kilometerweit von einem Jahrgang zum anderen ständig größer werden bis zum Einschlagalter und dann wieder neu beginnen. Holzwirtschaft im industriellen Großformat und Lkw-Transporte, die Mengen an Holz transportieren, bei dem jedem Holztransporter im Schwarzwald die Tränen kämen. Allerdings sind hier die Straßen weitgehend gerade und die zwei Sattelanhänger an einer Zugmaschine werden in ihrem langen Sattelleben nicht eine einzige Haarnadelkurve zu Gesicht bekommen.

Bei allen Fahrten durch die riesigen Wälder, auch bei den Routen durch die Wald-Nationalparks begleitet einen immer der Gedanke: „Was tun, wenn es hier brennt?" – Aber lange denkt man nicht, weil man sonst umkehren würde.

An einer Strecke kommt der Hinweis auf Wildpferde und tatsächlich sehen wir zunächst drei Pferde beim Grasen und danach nochmals eine Dreier-Gruppe mit einem Fohlen auf dem breiten Grünstreifen zwischen Straße und Wald. Leider waren Sony und Samsi in irgendeiner Tasche und die scheuen Pferde mussten mit der Herzkamera geschossen werden.

Auf der Strecke von Hervey Beach nach Noosa besuchen wir den Badeort Rainbow Beach. Ein kleiner Touristenort mit den üblichen Häusern, gepflegten kleineren Anlagen, einem Strandrestaurant und einem mehrere Kilometer langen breiten Sandstrand mit den üblichen Einschränkungen bezüglich Schwimmen. Ein schmaler Streifen wird von einer Strandsecurity überwacht. Auf dem gesamten anderen Strand herrscht Badeverbot, wobei ein Strandspaziergang im niedrigen Wasser zwar nicht ganz ohne Risiko bleibt (wegen der Stinger-Quallen), aber fürs Gebein gefährliche Haifischbegegnungen dürften sich auf Erzählungen von Strandgängern beschränken, denen ein Sonnenstich zu Halluzinationen verholfen hat. Der Wind verführt zu langen Wanderungen, verweht aber nicht einen einzigen Sonnenstrahl von Kopf und Körper. Deshalb unbedingt Hut oder andere Kopfbedeckung tragen.

Es gibt hier bei Ebbe tatsächlich eine lange Strandwanderstrecke immer am Wasser entlang, die sowohl bräunen, röten als auch stechen kann wie beschrieben. Auf jeden Fall macht sie den Kopf frei, wenn einem „Racing Island" noch im Nacken sitzt. Hier kann man wieder seinen Frieden mit der Natur finden.

Dies auch, obwohl am Securitystrand tatsächlich Pick-ups parken, die hier offiziell auf den Strand fahren dürfen. Hier tickt Australien anders oder die Lobbyisten der Pick-up-Industrie sind besonders erfolgreich. Mit dem Pick-up am Strand stehen scheint hier ein Symbol von Freiheit zu sein. Die Fahrer dieser Pkws stelzen auch entsprechen durch die Gegend, haben sie doch nicht nur ein Pferd unter dem Hintern, sondern gleich mal 150 bis 200. Da dürfen dann auch die Sporen an den Reitstiefel fehlen. Das Bild stimmt trotzdem.

Google-Routenplaner-Ergebnis

Interessanter ist die Attraktion einer wirklich riesigen Sanddüne, die sich am Ortsrand über etwa 30 Meter hohen Felsklippen befindet und sich Richtung Inland bewegt. Langsam zwar, aber sicher. Ein Naturphänomen, das auf jeden Fall sehens- und erwandernswert ist und sich geradezu als Fitnesspfad eignet. Etwa 600 Meter auf einem Naturpfad bis zur Einstiegsplattform und dann im tiefen und heißen Sand die Düne abwandern. Kostet Kraft, aber man wird direkt entschädigt durch spektakuläre Ausblicke aufs Meer und die Sandwände am Strand mit sicher 50 Meter Höhe.

Runterrutschen ist lebensgefährlich, da sich Sandlawinen bilden können. Dass man dabei nicht erfrieren kann, dürfte den Angehörigen wenig Trost spenden. Die Zahl der Besucher ist überschaubar. Mit etwas Glück starten hier sogar die Flugdrachen und schrauben sich mit den Aufwinden in den Himmel.

Den letzten Abschnitt der Fahrt vertrauen wir Google-Routenplaner an und erleben so endlich das Outback der Straßen. Irgendwann beginnt die Schotterstraße und wir passieren Stellen, an denen gestern noch das Wasser meterhoch stand. Kleine einspurige Brücken verraten uns, dass hier nicht viele Autos fahren und die Breite der Straße verlangt bei Gegenverkehr Fingerspitzengefühl beim Befahren des Straßenrandes. Ohne langjährige Erfahrung im Befahren solcher Strecken gäbe es bei jedem Fahrer Zweifel, ob man hier überhaupt noch fahren kann ohne Selbstmordabsichten.

Entgegenkommende Lkw bremsen nicht, aber sie weichen aus und rechnen damit, dass wir auch ausweichen, damit es ohne Spiegelkontakt reicht. Das am Himmel stehende Gewitter und die ersten Tropfen lassen sich die Nerven noch etwas mehr anspannen.

Die Gegend selbst vermittelt einem das Gefühl, als würde man durch den Schwarzwald fahren. Einzelgehöfte mit Kühen auf den Weiden, Wälder und kleine Seen – Hans Thoma hätte hier seine Freude gehabt. Wahrscheinlich wäre er geblieben und der deutschen Heimatliteratur und Malerei verlorengegangen. Auf seinen Bildern hätte er noch hier und da einen übriggebliebenen Aborigine hinter einem Baum hervorschauen lassen können mit großen fragenden Augen.

Nach etwa 20 Kilometer Schotterstraße verlassen wir Google und kehren reumütig zu unserem Navi zurück, das uns über eine kurvenreiche, schmale, aber asphaltierte Straße zurückbringt auf den Highway. Auf dem Weg dorthin werden ohne Bestellung sogar noch Heimatgefühle der zweifelhaften Art geliefert. Uns verfolgt eine Zeit lang ein Pick-up, der uns in der Ebene unbedingt überholen will, aber wegen der Kurven hinter mir bleiben muss. Bei erlaubten 80 km/h fahre ich 90 und wegen einem Pick-up-Cowboy auf den Randstreifen kommt überhaupt nicht infrage.

Käme doch nur das Achertal ab Hinterseebach, ist mein innigster Wunsch und siehe da, Christophorus hat ein Einsehen. Zum rechten Zeitpunkt schenkt er mir an die 20 ausgebauten Kurven den Berg hinauf und mindestens 30 Kurven runter inklusive einigen 150°-Highlights. Ab diesem Moment vergrößert sich der Abstand zusehends. Mit meinen Achertal- und sonstigen Kurvenerfahrungen ist der Cowboy bald nicht mehr zu sehen und hat kapiert, wo der Bartl den Most holt, wenn aus Männern Kindsköpfe werden.

Valentin standen die Haare zu Berge und der Spaß im Gesicht. Er ist mein Kronzeuge dafür, dass es nicht eine einzige brenzlige Situation gab. Dazu war der Pick-up zu selten im Achertal oder ich zu häufig in Kurven verwickelt. Ich meine natürlich die richtigen Kurven. Aber welches sind die richtigen und wichtigen? Eine Frage, die ich an anderer Stelle im Rahmen eines heute üblichen philosophischen Diskurses angehen werde, um den Anschein der Wissenschaftlichkeit zu erwecken. Wahrscheinlich gibt es auch ein Förderprogramm der Landeszentale für politische Bildung für die Erörterung solcher extrem wichtiger Fragestellungen, bei dem ich als Referent auftreten könnte.

Und dann sind wir in Noosa, unserem letzten Übernachtungsort, und hier werden wir mit einem Platzregen empfangen. Gott sei Dank erst hier. Auf der Schotterpiste im Outback hätte das die Übernachtung im Auto bedeutet. So aber kommen wir in unser Apartment, besorgen uns Steaks, Oliven und frisches Brot. Dazu Schimmelkäse, das Kilo zu 80 Dollar, allerdings nur eine 4,50 Dollar-Ration. Zum Abschluss noch eine Flasche Monkey Bay, ein Weißwein der günstigen Sorte, der den Abend zum Ausklingen und mich in den Schlaf bringt.

Ein schöner Tag geht zu Ende mit tollen Bildern, Abenteuer auf der Straße und dem Vergessen ganz anderer Bilder vom Vortag. Alles war notwendig, um sich ein Bild zu machen. Nur so kann man für sich entscheiden, was man mehr und weniger mag.

Morgen geht es nach einem Strandwalk nach Brisbane zurück. 14 tolle Tage gehen zu Ende.

Mit allem, was eine schöne Zeit ausmacht. Gute Organisation, kleine Pannen, schöne und emotionale Momente, tolle Bilder für die Seele und fürs Fotoalbum, gute Gespräche und ab und zu erregtere Wortwechsel, bizarre Events und eine gute

Stimmung. Ergänzt durch die vorhersehbaren Zuckerlöcher von Valentin war auch immer was zu futtern im Korb.

Und natürlich der Linksverkehr, der uns ab und zu alles abverlangte. Angst davor braucht man keine haben, aber eine gewisse Vorsicht bei den ersten paar hundert Kilometern und eine gewisse Nachsicht mit eigenen Fehlern sollten ständige Begleiter auf den Touren sein. Besondere Rücksicht von den australischen Autofahrern darf man nicht erwarten. Die haben es genauso eilig wie in Europa.

Tag 51: Samstag, der 9.12.2017
Noosa – Brisbane

Nachdem unser letztes Domizil zu Hause für Furore gesorgt hat wegen unseres sorglosen Umgangs mit unserer Kohle, haben wir die letzte Nacht in einem Notapartment verbracht. Valentin hatte die geplante 5-Sterne-Luxus-Suite im letzten Moment abgesagt aus Furcht, dass es sich in Deutschland neben dem aktuellen Schlamassel mit der Regierungsbildung herumsprechen könnte, dass ein deutscher Rentner in Australien in Saus und Braus seine Rente eventiert, verroadet und apartmentiert.

Nachtlager für den Schnarcher

Suite für das Schnarch-Opfer

Die Nacht war von durchwachsener Qualität und sollte als selbstauferlegte Buße für den Ausrutscher am Vortag zumindest als guter Wille anerkannt werden. Die Folgenacht wollten wir in einem Hühnerstall verbringen, aber dazu war es leider zu spät. Brisbane war für heute als Übernachtung bereits festgelegt, was wir in unserem Büßertum fast vergessen hätten.

Es wäre sicher gesünder gewesen, den Pfarrer von Noosa anzurufen, um am Abend bereits eine Notbeichte abzulegen. Die Absolution hätte dem Schlaf sicher gutgetan.

Unsere Sonnenwanderung in Noosa führte uns nochmals vor, wie weit Tourismus gehen kann.

Um 8:30 Uhr kamen wir am Strand an und nur mit Mühe und Not und viel Rumgekurve fanden wir einen Park-

platz. Hunderte Fahrzeuge waren schon lange vor uns da, um die offensichtlich begehrten Parkplätze zu ergattern. Entsprechend viele Sonnenhungrige waren unterwegs.

Ich hatte den Verdacht, dass viele Besucher schon nachts kommen und im Auto warten, weil an den Parkplatzrändern auf dem Boden verdächtig viele nasse Flecken erkennbar waren. Auch die dunkleren Stellen an den Baumrinden legten Zeugnis ab für eine erfolgreiche Entleerung diverser Blasen.

Wir wanderten den touristisch angepriesenen Walk oberhalb des Strandes zwischen Bäumen und Büschen entlang. Der Weg war auf einer Länge von etwa einem Kilometer zwei Meter breit betoniert, womit Australien auch hier zeigt, dass sehr stark auf Barrierefreiheit geachtet wird. Auffallend übrigens die abgesenkten Bordsteine an allen Straßenübergängen.

Danach wurde der Weg mit einer Naturdecke weitergeführt. Spektakuläre Ausblicke wechselten ab mit Hinterhertrotten, Personengegenverkehr und überholenden Jogger/innen. Gegenüber der einsamen Wanderung am Vortag eine extrem andere Situation. Aus Einsamkeit wird Vielsamkeit, die Ruhe beim Gehen wird durch Redeschwälle von vorbeirennenden älteren Frauen – in diesem Fall ist eine Genderung nicht notwendig, weil sonst die falschen verdächtigt werden – ersetzt.

Auch Pärchen mit Kinderwagen sind unterwegs mit roten Köpfen vom Schieben und/oder von der Sonne. Kindergeschrei mischt sich mit den mütter- und väterlichen Besänftigungsfloskeln. Schnaufende ältere Herrschaften, an Bäume gelehnt oder auf Steinen sitzend, ergänzen das Panorama der Befindlichkeiten auf kleinstem Raum. Bei den Schnappatmenden hat man schon ein schlechtes Gewissen, wenn man ohne Erste Hilfe zu leisten vorbeiwandert und sich nicht traut, zurückzuschauen aus Angst, man wäre als Gutmensch zur Mund-zu-Mund-Beatmung verpflichtet.

Aber die Strecke bleibt trotzdem schön. Was allerdings hier wie anderswo immer wieder auffällt, sind die eher geschafften, lustlosen Gesichter der Zurückkehrenden.

Sie hinterlassen immer den Geschmack, als wenn der Weg gemacht wurde, weil es im Touristenführer stand, dass es aber die Mühen nicht wert war. Wenn Freude in Gesichtern zu lesen war, dann bei älteren Semestern, die sich offensichtlich von der Schönheit der Landschaft, den Ausblicken und den Bäumen und Pflanzen begeistern ließen. Ihr Gang war wesentlich langsamer und die Blicke interessierter.

Den für mich absoluten Widerspruch lieferte der Delphin-Show-Point, von dem man angeblich Delphine beobachten konnte. Aber die müssen den Planern längst den Stinkefinger gezeigt haben, wenn man sah, wie sich Wasserfahrzeuge vor den Felsen Rennen lieferten. Hier war sie wieder, die Widersprüchlichkeit des Tourismus. Einige wenige verdienen sich dumm und dämlich mit Genehmigung der Behörden, und die Versprechungen der Wanderwege werden ad absurdum geführt. Hier geht es nicht um nachhaltigen und sanften Tourismus, hier geht es allein um das Geld. Um nichts weniger und nichts mehr.

Der andere Tourismus wird in den unzähligen Nationalparks mit Führungen und Wanderwegen gepflegt. Hier gibt es allerdings weniger Sensationen, sondern viel mehr Naturwunder zu sehen, seien es seltene Pflanzen, Tiere, Bäume oder Landschaften. Es scheint so zu sein, dass solche Punkte über das Internet zu Attraktionen aufgelikt werden und plötzlich eine ganze „Community" genau diesen einen Punkt sehen muss. Kommen zu diesem Phänomen noch willige Kommunen und Investoren hinzu, ist ein neuer Hype möglich. Der muss nicht gelingen, aber er hat das Zeug dazu, wenn die notwendige Fun-Infrastruktur schnell zur Verfügung steht.

Einen großen Anteil daran haben auch die vielen Backpacker, die nach dem Abitur oder dem Studium Australien zu Zigtausenden als Ziel aller Träume aussuchen und über das Internet sämtliche Infos zusammensuchen und teilen. Dass bei einer solchen Informationsbeschaffung auch sehr viel individueller Käse aus unzähligen Blogs sehr schnell das Format von stimmigem Allgemeinwissen bekommt, entspricht der Logik des Internets. 2016 zählte Australien etwa 600.000 Besucher, davon waren etwa zehn Prozent deutsche Backpacker.

Mit einem Cappuccino am Strand beenden wir das Noosa-Walk-Abenteuer und fahren nach Brisbane, wieder auf Straßen durch endlose Plantagenwälder, die in diesem Bereich des Landes offensichtlich gut gedeihen. Monokulturen wie die Fichten im Schwarzwald, deren Besitzer große Industriekonzerne sein dürften. Man könnte sagen, der Urwald ist gerodet, aber immerhin stehen wieder Bäume hier. Bis nur ein Teil der 15 Milliarden gefällten Bäume wieder wachsen, dürfte es allerdings mehr Pflanzer-Generationen dauern als Fällergenerationen vergangen sind.

Der zunehmende Verkehr, die beginnende Autobahn und das Eintreffen im Stau von Brisbane heißen uns willkommen zurück in der Stadt. Dass unser Navi dann auch noch in einem Tunnel versagt (zum 2. Mal) und uns in einen anderen Stadtteil bringt, lässt bei Valentin nochmals die Emotionen hochkochen. Als Verstärker wirken Harndrang (selbst schuld, wenn man keine Windel tragen möchte), Zuckerloch und Hunger. Sein plötzlicher Ausbruch gegen den Navi-Sprecher irritiert mich offensichtlich mehr als mir bewusst ist und ich fahre an der nächsten Kreuzung statt, wie inzwischen gut gelernt, auf die linke Spur, auf die rechte Straßenseite, was ohne Gegenverkehr glücklicherweise ohne Folgen bleibt. Am Ende kommen wir dann doch im Wochenend-Thai-Restaurant von Valentin an und alles beruhigt sich wieder bei Thai-Tsching-Gong-Beef und Coca.

Um 15 Uhr geben wir nach 2000 gefahrenen Kilometern unseren Mietwagen ab – ohne Kratzer – und fahren mit einem günstigen Uber-Taxi mit schwarzem Fahrer zum günstigen Aldi. Also eine echte Multi-Kulti-Günstig-Fahrt. Der Einkauf wird anschließend 1,5 Kilometer durch die glühende Brisbane-Sonne getragen. Nachdem ich wieder auf Normaltemperatur bin, kocht um 16 Uhr das Wasser für einen Kaffee. Wir sind zurück.

Jetzt heißt es die Erlebnisse verdauen und einordnen und überlegen, was ich in den Tagen bis zum 23. Dezember unternehme.

Tag 52: Sonntag, der 10.12.2017
Brisbane

Am Sonntag hatte Gott ausgeruht, nachdem er sechs Tage lang die Welt erschaffen hatte. Unter anderem Australien. Wir hatten 14 Tage gebraucht, um 1600 Kilometer von Queenslands Ostküste, die sogenannte Sunshine-Coast, abzuklappern. Den Ruhetag haben wir uns wahrlich auch verdient, weil wir ohne zu schaffen geschafft sind.

Zeit, die 14 Tage insgesamt Revue passieren zu lassen, und da kommt man nicht drum herum, die Region detaillierter zu betrachten. Den Unterschied zu sehen zwischen den Geldmaschinen der Touri-Hotspots-Region und den stilleren Plätzen, an denen man sich zutiefst von der Natur berührt fühlt. Da bleiben Erinnerungen an Stimmungen, die man in manchen Fällen sicher nur einmal erleben kann, weil sie vieles von dem sprengen, was man schon erlebt hat. Der Unterschied ist so gravierend, dass ein Wechselbad der Gefühle innerhalb weniger Kilometer stattfinden kann.

Blick aus dem 18. Stock auf den Pool

Die Hotspots sind vergleichbar mit allen Ferienregionen mit Massentourismus weltweit. Hier werden Geschäfte gemacht mit allen Mitteln mit einer in der Regel industrie- und profi/t-mäßigen Infrastruktur und einer Werbung, die den Himmel auf Erden an den beworbenen „Viewpoints“ verspricht.

Das Internet wird als willkommener Beschleuniger auf der Talfahrt ins Bizarre begrüßt. Zigtausende „liken“ einen wunderbaren Ort zum verwundeten Fotoobjekt einer nicht endenden Karawane. Backpacker aus aller Herren Länder senden ihre Bilder direkt von diesen Wundmalen in alle Welt und das Karussell dreht sich immer schneller. Der nächste Punkt wartet schon und im Laufe der Reise muss jeder anständige „Bäggi“ an allen gelikten Punkten gewesen sein. Dieses Abklappern der „Tot-Points“ bringt Hektik in den ganzen Trubel und komischerweise sehe ich nur selten offene Gesichter, in denen Freude zu sehen ist. Rote Köpfe vom Termindruck – oder der Sonne – und meist enttäuscht aussehende Gesichter stellen die Masse dar. Selbstverständlich kommt die Mode nicht zu kurz und das Gesehenwerden auf den Promenaden entlang der Modeboutiquen der Weltmodezaren und -zarinnen.

Manche Reiseführer empfehlen ganz gezielt Restaurants, die natürlich den meisten Zulauf haben, weil man dort gewesen sein muss oder ganz einfach den Besitzer unterstützen will, der für diese nicht als Anzeige aussehende A-Werbung sicher tief in die Taschen der Kunden greifen muss.

Aber: Wir haben den Trubel mitgemacht, teilweise, weil wir den Werbeversprechungen geglaubt haben in irgendeinem weltfremden Vertrauen, dass in dem fernen Australien die Natur das Maß der Dinge darstellt und der Mensch als Zuschauer gerade noch geduldet wird. Dem ist aber in den Ferienregionen nicht so. Das absolute Gegenteil ist der Fall. Wem aber dieser Tourismus gefällt, wer gerne in Massen badet und individuelle Unternehmungen als lästig empfindet, der findet hier seinen Frieden mit der Welt. Kommt noch eine gewisse Kommunikationsfreudigkeit hinzu, können durchaus Internetfreundschaften über diverse digitale Wege einige Monate anhalten. Vielleicht auch ein Leben lang oder zumindest bis zur Scheidung.

Dass es auch anders geht, zeigen die Gebiete, in denen die Natur die Strände steinig und mit wenig Sandflächen ausgestattet hat. Hier gibt es zwar auch viele flache australische Stelzenhäuser, und prachtvolle Villen stehen neben einfachen Hütten von einfachen Leuten, aber die Infrastruktur für den verwöhnten Tourist fehlt. Hier findet man die Strände, die stillen Orte, den spektakulären Ausblick, die intensive Begegnung mit der Natur, die ich anfangs erwähnte. Die bleiben für immer hängen.

Nicht umsonst bleiben nach 14 Tagen unter vielen anderen solcher Orte jene zwei Holzstühle am Naturstrand von „X“ (wird nicht verraten) hängen, auf denen wir für eine Stunde die Seele sprichwörtlich baumeln ließen, um hinterher mit 27 und 66 Jahren festzustellen: Allein schon für diese Stunde hat es sich rentiert, die Reise zu machen.

Es war reiner Zufall, dass wir an einem kilometerlangen Strand genau an dieser Stelle vorbeigekommen sind. Aber wir wissen jetzt, warum hier irgendjemand diesen Platz für sich oder für all diejenigen geschaffen hat, die gerade einem Hotspot entronnen sind. Hier kann man sich entscheiden, wo man hingehört oder welche Art von Erholungs- bzw. Naturerfahrung man bevorzugt.

Es bleibt zu hoffen, dass dieser Platz nicht von Likern entdeckt wird. Trotzdem sticht mich der Hafer in Form eines Zukunftstraumes.

Vision nach einem „Likestorm“

Der Ort wird zufällig von einem Überlebenden eines gestrandeten Schnellbootes entdeckt, der sich mit einem geklauten Truck-Bus am Strand entlang durchkämpft. Er sieht den Platz und likt seinen 987 echten Freunden den Fund. Ein cleverer Investor wird von einem Gelikten informiert und in kürzester Zeit stellt er auf der Düne 1000 nummerierte Stühle mit dem Vorrecht auf weitere 10.000 Stück auf, die man dann für gewisse Zeiten mieten kann, beispielsweise:

10 Minuten / 5 AUS-$ – leichtes Lockern

20 Minuten / 10 AUS-$ – leichtes Lockern mit minimalem Bräunungs-/Rötungseffekt

30 Minuten / 14,50 AUS-$ – mittlere Lockerung mit leichtem Bräunungs-/Rötungseffekt

40 Minuten / 19,00 AUS-$ – stärkere Lockerung mit gutem Bräunungseffekt (für Blasse verboten)
50 Minuten / 25,00 AUS-$ – starke Lockerung, sehr gute Bräunungseffekte, Seele öffnet sich
60 Minuten / 35,00 AUS-$ – gelockert, gebräunt, Seelenbaumeln wird gespürt
90 Minuten / 50,00 AUS-$ – Surfer-Aussehen, Seele baumelt im Wind
120 Minuten / 100,00 AUS-$ – abgehoben und vom Winde verweht

Buchungen von 60 und mehr Minuten sind nur möglich, wenn die Warteschlange nicht mehr als 500 Wartende beträgt. Verbilligte Tageskarten gibt es nur an Regentagen für 125 AUS-$. Selbstverständlich mit kostenlosem öffentlichem WC im dahinterliegenden Naturpark. Mit Kompost-Technik wegen des Trinkwasserverbrauchs einer Wasserspülung. Auch hier gute Ansätze für ein Umdenken der Tourismusindustrie. Mit dem massenweise anfallenden Kompost wird hinter den späteren Stuhlreihen – je nach Zustrom müssen mehrere Reihen Stühle aufgestellt werden – ein Park mit Restaurants, Boulevards und Shopping-Centern angelegt.

Alternativ kann man sich vor der Stuhlsitzung an bereitstehenden Automaten eine Windel in verschiedenen Größen, auch XXXL, ziehen, eine Quasiversicherung für nur einen Dollar, um sich lange Wartezeiten und Stuhlzeitaufwand ohne das lästige Zurückrennen und Neuanstehen zu ersparen. Die Windeln entsprechen dem neuesten Ökostandard und werden vor der Abfahrt in den „Welcome-Nappy-Container" geworfen und dann über ein spezielles Recyclingverfahren ebenfalls für die spätere Parkanlage verwendet.

Zugegeben, eine Vision, aber nach allem, was man hier zu sehen bekommt, nichts Unmögliches. Nach solchen Gedanken und den Bildern von den 1000 Stuhlsitzern auf den Dünen im Kopf verliert man irgendwie den Glauben an einen möglichen nachhaltigen und sanften Tourismus. Oder man sieht für sich die Chance, ganz groß einzusteigen.

Auch der Tophit der australischen Tourismusindustrie, der Uluru, früher Ayers Rock, jener große rote Felsen in der werbemäßig dargestellten Einsamkeit des australischen Outback verliert hier seine Bedeutung. Ja es graut einem vor der realen Vielsamkeit an diesem Unglücksberg der Aborigines, der ihnen als heiliger Berg zunächst genommen und in den 90ern symbolisch zurückgegeben wurde mit der Auflage, dass er weiterhin dem Tourismus zur Verfügung steht. Es gibt inzwischen sogar Zeitgenossen, die mit Stolz darauf hinweisen, dass der Tourismus den Aborigines von anfänglich 10 inzwischen 300 Arbeitsplätze „geschenkt" hat. Da frage ich mich: Wo leben wir eigentlich? Man raubt einem Volk das kulturelle Erbe und die Lebensgrundlage und ist hinterher stolz darauf, dass den Beraubten ein Arbeitsplatz von den Räubern angeboten wird.

Der Uluru ist und bleibt der heilige Berg für die wenigen überlebenden Ureinwohner und irgendwo gibt es moralische Grenzen, deren Übertritt jeder für sich entscheiden muss, solange das nicht vom Gesetze her geschieht. Als Grund für eine Reise zum roten Berg wird oft der dortige Sonnenauf- und -untergang mit seinem Farbenspiel genannt. Was bilden wir uns eigentlich ein, dass ein optisches Spektakel ausreichend Grund sein soll für die bewusst in Kauf genommene Verletzung eines solchen Ortes?

Ein Feuerwerk über den tropischen Urwäldern bei Cairns wäre auch ein mögliches Spektakel, das man wegen der Einmaligkeit gesehen haben muss. Dass hinterher der Wald abbrennt, interessiert niemanden mehr, denn andere Hotspots warten bereits. Es geht immer auch um das Abhaken für den besten, ultimativen Film- und Bildvortrag vor den ebenso weit gereisten Freunden und Bekannten im trauten Heim. Ein Stuhl am Strand haut niemanden vom Sessel, den muss man tatsächlich selbst erlebt haben.

Auf den abgebrannten Waldflächen könnten dann immerhin neue Ferienwohnungen gebaut werden oder die abgebrannte Fläche wird so oft gelikt, dass sie zum Hotspot wird, der zur Erhaltung der schwarzen Flächen gegen ein entsprechendes Brandlegegeld ab und zu legal angezündet werden darf …

Tag 53: Montag, der 11.12.2017
Brisbane – immer noch 18. Stock

Valentin muss arbeiten und Rentenbeiträge sammeln, damit der Alte sich's gutgehen lassen kann. Aber das ist leichter gesagt als getan, denn die Wohnung weist Tücken auf, die einem das Leben schwer machen können. Einer dieser Gefahrenpunkte sind die Bodenfliesen in der Küchenzeile. Ursprünglich sollen sie laut Valentin ein dunkles Grau gehabt haben, was auf die Seele bekanntermaßen keinen guten Einfluss hat und nach Feng-Shui auf Dauer Heimweh verursacht.

Der Gedanke, die Farbe zu ändern, liegt nahe und bedarf bei intelligenten Menschen lediglich der Zusammenführung von zwei Geistesblitzen.

1. Bodenreinigen ist nicht notwendig wegen einem Jahr Nutzung.
2. Das Nichtreinigen macht den Boden aufnahmefähig für andere Stoffe und mit der Zeit kann dadurch eine ansprechende, farbig unterschiedlich gesprenkelte Oberfläche entstehen.

Gedacht und nichts getan und die Fläche nahm im Laufe von sieben Monaten ohne zusätzlichen Aufwand Farbe an. Leider so viel, dass der entstandene Belag zur Gefahr für Nichteingeweihte wurde.

Schon beim ersten Eintreffen in Brisbane hatte ich Mühe, mich hinter dem Küchentresen zu bewegen, schob aber das schwere Heben der Füße auf meine Müdigkeit. Anderntags dann barfuß wurde das Gehen fast noch schwieriger, was ich

Ich arbeite meine Unterkunftskosten ab

aber auf meine klebrigen Füße schob, die nach Prüfung tatsächlich einen relativ fettigen, eher nach Bratfett als nach Edamer riechenden Belag aufwiesen. Ich konnte mich zwar nicht daran erinnern, unterwegs in Bratpfannen rumgelaufen zu sein, ließ es aber bewenden, denn dann waren wir auch schon unterwegs und ich hatte die Gehschwierigkeiten schnell vergessen. Die Füße hatte ich für die Tour gewaschen und im ersten Hotel waren die Gehbeschwerden nicht mehr vorhanden, was natürlich doch auf den Gang in Bratpfannen hinwies. Der frühere Belag interessierte nicht mehr, weil ganz andere Themen den Tag bestimmten.

Nach der Rückkehr traten die Beschwerden jedoch wieder auf und zwar in einem Maße, dass ich schon den Arzt aufsuchen wollte. Ich bekam die nackten Füße kaum vom Boden hoch und musste meine Sandalen anziehen, mit denen ich zumindest mit leichtem Hopsen über die Fliesenfläche einige Meter vorankam. Nur so konnte ich die Wasserstelle für meinen Kocher erreichen, ohne den ich mir keinen Kaffee hätte machen können.

Ich hatte mir schon überlegt, den Kaffee aus einer Kneipe zu holen, weil ich inzwischen ernsthaft von einer allergischen Erkrankung meiner Füße in Verbindung mit den grau-schmierig aussehenden Fliesen ausging. Eine solche Erkrankung konnte ich Valentin nicht verheimlichen, zumal ich beim genauen Beobachten feststellen musste, dass er einen ähnlichen Gang hinter dem Tresen hatte und die Vermutung einer genetischen Erkrankung nicht von der Hand zu weisen war. Und das kurz vor Weihnachten. Also führte ich ein Gespräch von Mann zu Mann zum Problem der schweren Füße hinter dem Tresen.

Die Lösung lag in der eingangs geschilderten genialen Idee von Valentin. Die Fliesen hatten tatsächlich eine neue, wenn auch nicht gerade blühende Oberfläche aufgebaut – vor allem vor dem Herd und der Spüle –, deren Manko allerdings darin bestand, dass keine Aushärtung stattgefunden hatte. Ein Denkfehler, dem jedes Genie anheimfallen kann.

Bei jedem Schritt sank man im Belag ein und musste den Fuß wieder mit aller Kraft hochziehen. Der Belag schnalzte in der Regel zurück und verursachte immer einen Laut, der auf den Genuss von Bohnen schließen ließ. Das Gesamtabziehen war aber nicht möglich. Das kennt man ja von Kaugummis, die man vom Boden abziehen möchte. Wenn die sich nach zwei oder drei Metern Zuglänge lösen, schnalzen sie hoch und schlingen sich einem um den Hals. Oft genug schlägt es sie noch in den vor Schreck weit geöffneten Mund.

Heute habe ich entschieden, die Belagdicke zu reduzieren, um die real bestehende Gefahr des endgültigen Festklebens zu beseitigen. Nicht auszudenken, dass ein Rettungssanitäter bei einem Einsatz ebenfalls am Boden festklebt und am Belag zieht und dieser schnalzt über uns.

Der Erfolg war mäßig, da ich weder Pickel noch Schaufel zur Hand hatte, sondern nur meine Zahnbürste und die Nagelfeile. Die habe ich an die Füße gebunden, hin und her gescharrt und mich dabei mit einem alten Regenschirm abgestützt. Beide – also Zahnbürste und Nagelfeile – sind jetzt hin. Einen Teilerfolg sehe ich darin, dass ich jetzt die Strecke hinter dem Tresen in fünf Minuten zurücklege, wo sowohl Valentin als auch ich vorher 30 Minuten unterwegs waren.

5
Blue-Mountains-Tour

Brisbane – Sydney // Sydney – Katoomba – Bourke –
Cunnamulla – Texas – Brisbane

Endlose Straßen, Roadmusik und ein Gefühl von „Heute hier, Morgen dort". Ein Traum für einen ehemaligen Orient-Fernfahrer. Dazu noch die Blumen fressenden Kängurus auf dem Friedhof von Cunnamulla.

11 Tage | 900 km | 1.950 km | 30 km

Tag 54: Dienstag, der 12.12.2017
Brisbane – Sydney (900 km mit dem Queensland Express) – der Schwarzwald lässt grüßen

Um 4:55 Uhr fuhr der Zug, um 4 Uhr holte mich das Taxi und der Fahrer fragte: „Where you go to" und ich antwortete: „Sydney". Erstaunen und nochmals die gleiche Frage und die gleiche Antwort. Der Fahrer hatte vom erteilten Auftrag nur die Straße und die Zeit erhalten, nicht das Ziel „Roma Station" und hatte in Brisbane nach dem Stadtteil Sydney gesucht. Sein Navi würde ihm nur eine weit entfernte Stadt namens Sydney anzeigen. Der Groschen fiel und ich erklärte ihm, dass er mich ersatzweise auch zur Roma-Station bringen könne, wo es ein Anschlusstaxi auf Gleisen gibt.

Unterwegs hat mir der Fahrer dann noch erzählt, dass durch die Firma UBER jeden Tag neue Taxifahrer anfangen und die Preise unterbieten. Die Kehrseite der digitalen Welt. Einige wenige verdienen sich dumm und dämlich

und viele bezahlen mit ihrer Existenz. Andererseits hat sich das Taxigewerbe durch die ständig steigenden Preise die Konkurrenz selbst ins Boot geholt.

Und dann geht es los mit dem Queensland Express, der mit dem Achertäler-Express bezüglich Geschwindigkeit mithalten kann. Vom Komfort her allerdings eine andere Nummer. Die Strecke schlängelt sich elegant als Schienenband durch Landschaften, die dem Schwarzwald, dem Vorgebirge und der davor liegenden Ebene unglaublich gleichen. Andere Baumarten zwar, aber es ziehen Bauernhöfe, Kuhweiden, Pferdekoppeln, Hühnerfarmen, Äcker vorbei als sanfte Hügel oder Steilhänge. Dazwischen große Wälder. Alles satt grün, ca. 500 Kilometer von Grafton bis Dungog und alle ca. 50 Kilometer eine kleine Stadt.

Man hat unweigerlich das Gefühl, man fährt mit dem Zug an Filmkulissen vorbei oder sitzt in einer Diashow, wenn man das Fenster als Diarahmen sieht. Einschlafen ist hier erlaubt, weil tausende von Dias ablaufen. Das langsame und ruhige Dahingleiten auf der eingleisigen Strecke bringt einen automatisch zum Träumen. Erinnerungen an die ersten Bahnfahrten über den Schwarzwald kommen ebenso in den Sinn wie die vor Kurzem erlebte Bahnfahrt durch Sibirien. Dort war das unendlich weite Land bereits mit einer Puderzuckerschicht überzogen, hier herrscht Sommer und die Ernte wird eingefahren. Dort harter Winter als Jahreszeit, hier ist Hochsommer.

Winterlich hatte ich auch die gesellschaftliche Situation in Sibirien gesehen, bitterarm in vielen Häusern und Hütten, nicht ab und zu, sondern tausendfach. Hier sieht man auch ärmliche kleine Höfe und Hütten, aber die Anzahl ist nicht vergleichbar. Und es fühlt sich hier freier und offener an, was natürlich auch mit dem sonnigen Wetter und dem Grünland zu tun hat.

Die Fahrt bringt immer wieder überwältigende Bilder, und diese Glücksmomente über Naturschönheiten kann man vielleicht mit Nahestehenden teilen und gemeinsam erleben. Eine Teilung mit zig wildfremden, zufällig anwesenden Menschen an Hotspots erscheint mir unmöglich. Es ist ja gerade die Tiefe des Empfindens, die man nicht mitteilen kann, weil sie bei jedem verschieden wirkt.

Und es gehört Stille dazu und kein aufgeregtes lautes Staunen in den Tonlagen Aaah, Oooh und Wau. Das gleichmäßige Rumpeln und Schaukeln der Waggons auf den Schienen ist Musik und Einschlafmittel in einem. Wacht man dann nach Minuten oder auch einer Stunde auf, wird man von der gleichen Musik weiter begleitet. Nur im Film wechselt von Zeit zu Zeit das Thema und aus den Schwarzwaldbergen sind weite Ackerflächen geworden.

Und irgendwann sieht und spürt man die kommende Stadtnähe. Es steigen mehr Leute ein, die Bahnhöfe werden voller und hektischer. Größere Gewerbe- und Wohngebiete in Traumlagen an den sich ins Land ziehenden Armen des Pazifischen Ozeans kündigen den Speckgürtel von Sydney an. Die Sonne übergibt für neun Stunden dunkelrot und gleißend die Regie an die Nacht in Sydney, die es aller-

Hauptbahnhof Sydney

dings dort nicht wirklich gibt. Eine Stadt, die heute etwas auf sich hält, duldet keine Nacht. Im Licht der untergehenden Sonne tauchen sie auf, die Baukräne, die Hochhäuser, die Baustellen, die Skyline. Alles, was die Städte heute so ähnlich macht.

Um 20 Uhr fahre ich in den wunderschönen Bahnhof von Sydney ein und ein großer Weihnachtsbaum sagt: „Guten Abend“. Ich nehme ein Taxi und bin zehn Minuten später im Hotel mitten in der Stadt, wo immer noch Tag herrscht. Nach dem Einchecken gehe ich um die Ecke in das seit 100 Jahren bestehende Palace Hotel, das im Erdgeschoss eine Bierkneipe beheimatet. Gemütlich, und man kann draußen sitzen.

Wie ich so da sitze und mir das bunte Treiben auf der Straße und an der Straßenbahnhaltestelle anschaue, stellt sich ein cooler Jimmy vor und fragt mich direkt nach meinem Namen. Ich verwende inzwischen Josef, weil das für die Leute einfacher auszusprechen und vor allem zu schreiben ist. Aber er hat sehr schnell – obwohl ich höflich bin – bemerkt, dass ich es nicht so mit Jimmys habe, sondern eher mit Jim-innen. Davon allerdings – das sei hier ausdrücklich vermerkt – waren keine da. Lediglich die Blonde auf dem Tisch. Vielleicht habe ich dem armen Jimmy Unrecht getan, aber sein Verhalten war in meinen Augen schon auffällig.

Außerdem kann ich Jimmys allein des Namens wegen seit vielen Jahren nicht mehr leiden, weil sie mich an einen Jimmy erinnern, dem ich jahrelang vertraut hatte. Als kaufmännischer Leiter eines schnell wachsenden Betriebes für Handhabungstechnik hatte ich eine mündliche Zusage, dass die Belegschaft in besseren Zeiten an der Firma beteiligt werden sollte. Als aber die besseren Zeiten da waren, wollten Jimmy und sein kleiner Bruder Martin plötzlich nichts mehr davon wissen, was zur Beendigung des Vertrauensverhältnisses und des Jobs führte. Als Verfechter der gemachten Zusagen war ich im Betrieb zum Störenfried geworden und musste aus dem Weg. Jimmy Cool und sein Brüderchen leben noch. Für mich sind beide tot, töter geht nicht. Die seinerzeitige Jugend erklärt vielleicht ihre Entscheidung, aber nach der Jugend kommt das Erwachsensein und spätestens da sollte man zurückdenken und sich überlegen, ob man auf dem Weg nach oben Scherben hinterlassen hat. Die kann man zwar nicht mehr kleben, aber man kann den Versuch machen, sich zu entschuldigen. Unabhängig davon, ob diese Entschuldigung akzeptiert wird. Am Tag 107 werde ich nochmals darauf zurückkommen.

Tag 55: Mittwoch, der 13.12.2017
Sydney

Den Tag in Sydney hatte ich mir mit dem Sightseeing Bus vorgestellt und dem „Abwalken“ einiger besonders schöner Punkte. Mit etwas besserer Planung wäre mir ein unnötiger Fußmarsch zum Bahnhof erspart geblieben, aber wer's nicht im Kopf hat, hat's in den Füßen. Das kennen wir ja schon.

Um 10:30 Uhr sitze ich im Doppeldecker, natürlich ganz hinten und lasse mich durch eine wohlbekannte Kulisse kutschieren. Hochhäuser, Skyline, Straßenverkehr – endlos.

Einen Unterschied gibt es aber: Zeitweise fährt man durch englische Kolonialzeitenstraßen mit den dafür typischen Gebäuden. Wie in anderen Städten auch durch Straßen mit alten Gebäuden gefahren wird, um den Nostalgiesinn zu bedienen.

Einen Hydepark gibt es hier auch, aber als Miniausführung zum Original in London. Dort hatte ich 1966 mit meinem Freund Manfred die Stones gesehen, bei einem Free Concert anlässlich des Todes von Bandmitglied Brian Jones, der mit zu viel Drogen in den Pool gestürzt war. Wir waren zufällig in London und landeten durch das Hinterhertrotten hinter vielen „Langhaarigen“ am richtigen Ort. 200.000 junge Leute friedlich auf einem Haufen. Für uns Landkinder eine bleibende Erinnerung – inklusive der „freien Liebe“, die wir in einigen Ecken – mit Schamesröte im Gesicht – beobachteten. Am Ende sammelten dann etwa 300 Jugendliche den Müll ein

und Mick Jagger warf als Dank Singleplatten mit dem neuen Titel „Honky Tong Women“ in die Menge. Eine Scheibe erwischten wir. Quasi ein „Heiligtum“ in der Plattensammlung.

Im Hafen stieg ich aus dem Bus und fing mit meinem Besichtigungsprogramm an. Als erstes Richtung Harbour Bridge, ein technisches Wunderwerk in Form einer Stahlbrücke, die den Hafen überspannt. Von 1923 bis 1932 erbaut, misst sie insgesamt 1149 Meter Länge und 49 Meter Breite. Die längste Spannweite beträgt 503 Meter. Autos, Zügen und Fußgängern dient sie als Verbindungsbrücke der beiden Stadtteile.

Natürlich gibt es auch hier einen Hotspot. Man kann die Brücke mit einem Guide besteigen, muss aber dazu aus Sicherheitsgründen in einen Anzug schlüpfen. In der Eintrittshalle laufen an der Wand permanent Fotos der Glücklichen, von denen oben auf der Brücke ein PAY-Foto in den Batmankostümen gemacht wird. Die Erinnerungen an die Quallen-Anzüge kommen hoch und das ganze Brimbamborium und Aus ist's mit Hochsteigen. Stattdessen habe ich mir das Baumuseum angeschaut – da war ich allein – in dem die ganze Geschichte des Brückenbaus sehr gut dargestellt wird mit Originalfotos aus dieser Zeit. Ich war zufrieden, die Brückenstürmer hoffentlich auch.

Kreuzfahrer unterwegs

Im Anschluss erwanderte ich das neue Hafenviertel „Rock“, das aus vielen ehemaligen alten Lagergebäuden und Büros neu hergerichtet wurde und wird. Wie in London, Hamburg oder anderen Hafenstädten entstehen teure Luxuswohnungen und Hotels, werden ehemals günstigere Gebäude wegsaniert oder von den Erben teuer verkauft. Obwohl die Architekten sich bemühen, Duftmarken zu setzen, gibt es einen klaren Trend, der sich über alles betrachtet doch in sehr ähnlichen architektonischen Ausdrucksweisen wiederfindet, die ihr Profil vor allem aus einer Maxime ziehen: Geld scheint keine Rolle zu spielen. Käufer gibt es genug, die Preise sorgen dafür, dass Gleiche zu Gleichen kommen.

Hier treffen sich zum Frühstück, Lunch, Kaffee etc. die Leute aus den umliegenden Hochhausbüros und Banken in ihren schicken Hosen, Kleidern und Schuhen, um sich gut zu fühlen. Und genau in diesem Viertel befindet sich das kostenfrei zugängliche Australien-Geschichtsmuseum, das sich in eindringlicher Art und Weise – mit Fotos und Gegenständen – mit der Geschichte der Aborigines und

Sydney Harbour Bridge

deren Vertreibung aus dem Paradies beschäftigt. Ebenso findet man hier die gesamte Geschichte der Kolonialisierung, die von den Portugiesen um 1450 begonnen wurde und im Wettstreit mit Spanien zur Hochform auflief. Franzosen und Engländer wollten nicht zurückstehen und mischten ab dem 17. Jahrhundert mit, was natürlich zu Kriegen und Seeschlachten und vielen kleinen Scharmützeln um die Kolonien führte. Der Herrschaftswechsel in den Kolonien brachte den Enteigneten in der Regel noch mehr Unheil, weil sie sich ja mit den bisherigen Herren einlassen mussten und von daher zunächst dem Feind zugerechnet wurden.

Am Ende war die Erde aufgeteilt in Staaten und Kolonien. Der Gegensatz von dargestellter Geschichte und dem heutigen Hafenviertel könnte nicht größer sein. Beeindruckend und gleichzeitig auch bedrückend, mit welcher Ignoranz Europa der Welt den Stempel aufgedrückt hat.

Nach der Bestätigung dessen, was ich an sich ja schon wusste, aber wieder einmal mit großer Klarheit vorgeführt bekommen hatte, marschierte ich zur Heiligen Kathedrale von Sydney, dem Opernhaus. Weltbekannt mit seinen weißen Segeln und an einer imposanten Stelle an der Hafeneinfahrt und nicht zu verfehlen. Man musste sich nur im Hafen auf Gruppen mit asiatischem Aussehen konzentrieren und deren Laufrichtung aufnehmen.

Zwischendurch passierte ich noch das gerade im Hafen liegende Traumschiff „Radiance of the Sea", das gerade mit Sattelschleppern mit Proviant und mittels Bussen und Taxis mit Passagieren beliefert wurde. Eine riesige logistische Herausforderung und ein Spektakel, wenn man nicht daran beteiligt ist. 2500 bis 3000 Passagiere müssen an Bord gebracht werden und mindestens doppelt so viele Gepäckstücke. Die sind wiederum ganz schön groß und schwer, wenn man den Gepäckträgern beim Heben zusieht. Der Beladevorgang mit Mensch und Verköstigung muss in acht Stunden erledigt sein, damit das Schiff pünktlich um 20 Uhr den Hafen verlassen und mit dem In-See-stechen beginnen kann. Warum das „in See stechen" heißt, ist mir noch nie klargewesen – im Gegensatz zum Stechschritt, den man von vielen Paraden aller Militärnationen der Welt kennt, oder dem Anstechen bei Volksfesten, wenn das Bier über einen ungeübten Jungbürgermeister und die umstehenden Hoheiten spritzt.

Gleich neben dem Traumschiff spielt ein Aborigine seine Träume mit seinem Didgeridoo.

Aber jetzt zum Petersdom im Hafen Sydney: Auf dem weiteren Weg habe ich zufällig eine Stuttgarterin getroffen, die für zehn Wochen einen Sprachkurs in Cairns absolviert hat und noch eine Woche Sydney erleben möchte. Ich hatte zufällig mitbekommen, wie sie zig Aufnahmen von sich machte, aber dabei immer unglücklicher in die Kamera schaute. Als Pfadfinder hab ich's kurz gemacht und auf Deutsch gefragt, ob ich das Foto machen soll, was zunächst mit einem überraschten, aber dann doch sehr freudigen Gesicht beantwortet wurde. Dass sie Deutsche war, konnte man irgendwie sehen, dass sie Schwäbin war nicht, weil ihre Bekleidung in keiner Weise der schwäbischen Sparsamkeit zum Opfer gefallen war.

Im Gegensatz zu den Engländer- und Australierinnen, die hier offensichtlich ein neues Luft- oder Lustshirt einführen. Vorder- und Hinterteil der Blusen sind nur noch an den Schultern verbunden, womit der Wind quer durchpusten kann. Damit die darunter wogenden Oberweiten auch gut belüftet und – von den Trägerinnen wahrscheinlich gewünscht – auch besichtigt werden können, wird auf das Tragen von irgendwelchen sonstigen Teilen verzichtet. :) Erinnert mich an das Lied: „Wiegende Wellen unter wallendem Nichts".

Und dann stand sie da. Die Königin der Opernhäuser der Welt als leuchtender Musik-Acht-Master, der auf einer Welle aus Treppen hinaus in die weite Welt segelt. Eine wahrlich imposante Erscheinung, die so schnell nicht getoppt werden wird. Hier stimmen die Proportionen, das Thema in der Landschaft und im Inneren natürlich die überragende Tontechnik.

Auch die Anzahl der Schaulustigen hielt sich in Grenzen. Allerdings in solch großen, dass es mir aussichtslos erschien, alle Anwesenden zu bitten, die Treppen und den Platz ein paar Minuten für ein Fotoshooting zu räumen. Außerdem war die überwiegende Mehrheit vom Aussehen her asiatischer Herkunft und meine versuchsweise Frage: „Can you go out of the way, I must make a foto from the operaship for the blackforest-relationships?", wurde auch bei mehrmaligem Wiederholen mit unterschiedlichen Betonungen nicht verstanden. Alle bestätigten nur, dass es gute Relationships zu Germany gäbe.

Sydney Opera

Der Platz und die Treppen wurden dadurch nicht leerer, aber mein Gesicht immer nasser vom Schwitzen an diesem Tag. Gut, dass der Wind einigermaßen wehte und die nassen Ergebnisse der Transpiration in Wasserdampf umwandelte und sie unter die Lüfte des Hafens mischte. An dieser Stelle hätte vielleicht das bereits erwähnte Deo geholfen, das Valentin für andere Formen körperlicher Ausdünstungen auf unserer Reise dabeihatte. Ich meine, es hieß Rexal Turbo.

Eine deutsche Führung wurde nicht angeboten, da 95 Prozent der Besucher aus dem asiatischen Raum kommen. Die sprachlich versierten Opernhausführer sind entsprechend auf dieses Publikum geschult. Da es aber große PCs gibt mit Google-View, kann man das Innere des hohen Hauses der klassischen wie der modernen Musik zumindest optisch selbst erkunden, wobei im Hintergrund Originalaufnahmen von Konzerten in bester Tonqualität zu hören sind. Ein architektonisches und akustisches Meisterwerk für alle Australier, die Aborigines und Menschen weltweit, die sich den Genuss der Oper gönnen können und so von den Errungenschaften der heutigen Zeit und der damit verbundenen, staatlich gewollten und verantworteten gesellschaftlichen Wohlstandsverteilung profitieren.

Bezüglich der Wohlstandsverteilung am Rande noch eine interessante Zahl: Der Bau des Opernhauses war zu Beginn mit 3,5 Mio. britischen Pfund veranschlagt und kostete am Ende 50 Mio. Pfund.

Nach der Wallfahrt zum heiligen Ort bin ich über einen weiteren Park zur Haltestelle des Sightseeing-Busses gezogen, bei der Hitze Gott sei Dank nur 500 Meter. Und dann ging es in die Villenviertel von Sydney draußen am Pazifikrand, wobei der Bondi Beach sich als eine weitere große Sandbucht darstellt mit einem wahrlich grün-blauen Farbspektakel im Wasser. Dazu Hunderte von Badegästen und ebenso viele Autos.

Ein Tipp für Raucher und Trinker: Alkohol und Rauchen sind am Strand verboten. Näherliegende Strände in Europa lassen dem Individuum noch mehr Freiheiten. Aber in Fragen der Gesundheitsfürsorge kennt speziell Queensland keinen Spaß. In Baden würde man sagen, da sitzen Beißzangen in der Verwaltung, die mit Gesetzen ihre eigenen Versuchungen unterbinden wollen.

Sydneys Stadtstrand Bondi Beach

Die Fahrt durch die Villenviertel machte auch klar, dass Sydney eine reiche Stadt zu sein scheint. Da kommen schnell mal ein paar tausend Villen im Außenbereich zusammen, was die Stadt in der Fläche enorm groß erscheinen lässt. Und die Stadt wächst weiter, weil immer noch Villen von den neu hinzukommenden Besserverdienenden benötigt werden. Dazu dürfte kommen, dass einige der heutigen Touristen in Zukunft in die Lage kommen werden, sich den Villentraum hier zu realisieren und sei es als Geldanlage.

Um 17 Uhr war ich mit dem Bus wieder am Zentralbahnhof und weitere zehn Minuten später per Fuß beim Hotel. Im davor gelegenen Starbucks noch das Abendessen in Form eines Sandwiches und eines Cappus eingenommen und dann eine Stunde im Hotelzimmer entspannt. Geschafft. Sydney abgehakt und Vorfreude auf die Abfahrt am nächsten Tag. Im Bahnhof war inzwischen Weihnachten eingekehrt.

Um 20 Uhr war ich wieder im Palace Hotel um die Ecke an meinem Tisch im Freien, trank ein kleines Bier und schloss den Tag mit den gleichen Beobachtungen ab wie am Vorabend. Hektik und Betriebsamkeit. Wer heute Abend fehlte, war Jimmy, was mich bewog, ein zweites kleines Bier zu genießen und der aufgeregten Unterhaltung von zwei deutschen Backpackerinnen am Nachbartisch zu lauschen. Sie waren auf der Rückreise von der East Coast und erzählten begeistert von den Hotspots, von den Strandrennen, den Schnellbooten und den vielen Bars und Shops und natürlich von den vielen netten Jungs. Allerdings war das Wehklagen über die Überfüllung der Tourismusgebiete als immer störendes Element mehr als deutlich zu hören.

Das Tourismuskonzept bietet eben für ALLE alle Möglichkeiten. Jeder muss sich nur das rauspicken, was für ihn passt und die negativen Begleiterscheinungen in Kauf nehmen. So einfach funktioniert das.

Nachtrag: Die Einfahrt nach Sydney hat mich heute Nacht sogar im Traum beschäftigt. Erinnerungen an die ersten Erzählungen von Nachbarn, sie wären in Italien am Meer gewesen. Das war in den 60ern, als Italien erstes Ziel der Deutschen als Urlaubsziel wurde und Zigtausende mit ihren VW-Käfern und Opel Kadetts im Sommer über die einstigen Fischerdörfer herfielen. Trotzdem ging es Jahre, bis aus den verträumten Orten Superabfertigungsbetriebe wurden. Das Bauen von Bettenburgen dauerte noch länger und die Werbung für die einzelnen Orte war meilenweit hinter der heutigen Werbung her.

So wie seinerzeit die Deutschen über Italien herfielen, so gibt es heute einen Massenansturm aus asiatischen Ländern auf Australien. Jeder etwas zu Wohlstand Gekommene muss hierher und wenn, dann an alle Hotspots. Wenn aber von 1,4 Milliarden Chinesen nur zehn Prozent zu Wohlstand kommen, dann reisen auf einen Schlag plötzlich 140 Millionen. Alle Länder im asiatischen Raum sind inzwischen Wirtschaftswachstumsgewinner, was die Zahl der möglichen Touristen, die innerhalb weniger Jahre auf den Markt kommen, weiter erhöhen wird. Weltweit, ob hier oder auf anderen Kontinenten. Ein gigantischer Markt wird noch riesiger.

Meine Reiseleiterin in Peking, Mary Dou, war vor zwei Jahren ein oder zwei Mal pro Jahr in Europa mit chinesischen Reisegruppen. Heute könnte sie alle 14 Tage eine Reise antreten und mit ihr Hunderte andere Reiseleiter. Die Zahl der zur Verfügung stehenden Flugplätze ist derzeit noch das Hauptproblem. Der Klimakiller Nr. 1 wird auf diese Weise zu einer neuen Herausforderung der Umweltfürsorge, die damit weiter ins Hintertreffen gerät.

Da wirken dann Hinweise in Gasthäusern auf den Straßenterrassen wie ein Hohn, wenn dort das Rauchen verboten wird, weil vorbeigehende Fußgänger belästigt werden könnten, und daneben rollt die Blechlawine vierspurig vorbei (Sydney, Starbucks-Café – nach einer Empfehlung irgendeiner Vereinbarung zwischen der Stadt und dem Gaststättenverband).

Das Internet wirkt hier wie ein Turbolader beim Diesel. Es beschleunigt den Prozess in einer Art und Weise, dass selbst heutige Bauverfahren nicht so schnell Bettenhochhäuser bauen können, wie sie benötigt werden. Der weltweite Turbokapitalismus hat per Kaiserschnitt ein weiteres Kind geboren. Das Sorgenkind Turboverarmung hat mit dem Turbotourismus endlich ein Geschwisterchen bekommen, und zwar für all diejenigen, die beim Gasgeben von Hause aus oder mit etwas Glück im Auto saßen und nicht auf dem Anhänger. Der wurde wegen seiner Last einfach abgekoppelt. Allerdings – und das kann man täglich in den Medien erfahren – kommen die abgekoppelten Unglücksraben und -rabinnen mit etwas Verzögerung jetzt zu Fuß oder mit dem Boot auch dahin, wo die bunten Vögel und Vögelinnen schon ein paar Jahre eine schöne Zeit hatten.

Tag 56: Donnerstag, der 14.12.2017
Sydney – Katoomba

Heute habe ich wie bereits in China bei Starbucks den Tag mit Sandwich und Cappu begonnen. Danach ging's zum Autovermieter Rental Cars, der nur 500 Meter entfernt in einem Hotel untergebracht ist. Allerdings ging dann eine kleine Odyssee los, die mein Vertrauen in die Vermieterbranche noch tiefer sinken ließ als es das ohnehin schon war.

Als erstes war die gebuchte Fahrzeugklasse nicht vorhanden und ein ähnliches Fahrzeug für einen etwas höheren Preis wurde angeboten. Kein Foto, wäre neu. Dann hat mich der Vermieter bedrängt, eine zusätzliche Versicherung abzuschließen, obwohl ich ihm die bereits abgeschlossene Komplettpolice gezeigt hatte. Er war sich sicher, dass diese Police nicht für die Kaution einspringt. Am Ende musste ich ihm seine Darstellung glauben, weil ich ihm keine andere entgegenhalten konnte, die schriftlich bestätigt gewesen wäre. Dann gab es ein Problem mit meiner Führerscheinkopie und dem Original-Auslandsführerschein. Dieser würde nur mit dem Originalführerschein gelten. Der wiederum lag zu Hause im Schrank und machte Urlaub. Nach zehn Minuten deutsch, badisch, englisch, spanisch und australischem Hin und Her gab der gute Mann auf. Vermutlich haben ihn meine badisch-englischen Flüche wie „I belief, now hackt's" oder „I belief, isch schdeh im wood" irritiert. Dazu kam das immer lauter werdende Gemurmel der länger werdenden Warteschlange. Dort wurden bereits Wörterbücher von Deutschen gezückt, die offensichtlich eine Schlägerei erwarteten statt mir zu helfen.

Mit den Papieren und dem Autoschlüssel fuhr ich in die Tiefgarage und da stand er, der Bolide mit Alufelgen, verbreiteter Spur, tiefer gelegt. Ein Autonarr hätte aufgeschrien vor Freude, ich war verärgert. Alles, was ich gebucht hatte, war hier konsequent nicht vorhanden. Also zurück ins Büro, wo inzwischen weitere Kunden standen. Ich unterbrach das Gespräch und gab den Schlüssel zurück mit den Worten, dass er ein anderes Auto besorgen solle, ich ginge derweil einen Kaffee trinken.

Nach der Kaffeepause ging es dann los mit der Suche, bis ein Hyundai Tucson gefunden wurde, der zwar eine Klasse höher war, aber zumindest meinen Vorstellungen entsprach. Ähnlich dem Tiguan. Dabei spielte der Aufpreis für mich nicht die Rolle. Größeres Auto, mehr Kosten. Aber eigentlich bucht man ja ein bestimmtes Auto mit einem bestimmten Preis oder ein ähnliches und nicht eine irgendwie ausgestattete Möglichkeit. Zu guter Letzt wurde mir als Zugabe ein Navigationsgerät mitgegeben, weil mein Ärger wohl deutlich zu sehen war. Immerhin. Trotzdem schickte ich am Abend eine Beschwerde an Rental Cars Deutschland, die sich der Sache annehmen würden. Oder nicht. Oder halb.

Endlich ging's los, die Ausfahrt aus der Tiefgarage, die ersten Kilometer durch die Stadt landeinwärts, zuerst Autobahn, dann Highway und immer weiter weg von der Stadt und immer mehr Wälder und Land. Nach 120 Kilometern war ich

Wasserfall in den Blue Mountains

am Hotel in Katoomba, einer Kleinstadt (8000 Einwohner) im Zentrum der Blue Mountains. Ein kleines Motel, bestens ausgerüstet und ruhig gelegen. Nach dem Einchecken habe ich mich mit einer wahrscheinlich handgemalten und fast nicht deutbaren Karte auf den Weg gemacht und bin trotz der bescheidenen Kartenqualität auf einer Wanderstrecke gelandet, die mich über viele Treppenstufen und ebene Wegabschnitte zu einem Wasserfall brachte. Die Anzahl der Stufen war nicht angegeben. Aus gutem Grund.

Die ganze Zeit allein, nur ein Elternpaar mit einem Kind waren mir entgegengekommen. Da glaubt man schon, man träumt nach den städtischen Erlebnissen. Am Wasserfall herrschten Ruhe und Frieden, ähnlich dem Erlebnis am Strand mit den Stühlen. Während ich mich auf einen Stein setzte, flogen vier Kakadus auf die große Steinplattform des Wasserfalls und verköstigten sich am Wasser. Während drei der Vögel wieder abflogen, setzte sich einer auf einen Ast in meiner Nähe und beobachtete mich, wie ich so dasaß und die Stille genoss. Zwischendurch kühlten Wasserschwaden mein Gesicht und die von der Sonne überhitzte Stirn. Nach

Kakadu

30 Minuten vollkommener Ruhe mit einem Ausblick auf die darunterliegenden, tatsächlich blau schimmernden Wälder tauchte zu meinem Bedauern ein Vater mit seinem Sohn auf, der hier mit Stativ ausgerüstet Fotos machen wollte.

Ich sagte dem Engländer „Guten Tag“, dem Wasserfall und dem Kakadu „Tschau“. Erst der Brexit und dann auch noch die Ruhe stören. Nach etwa 300 Stufen war ich wieder oben und glücklich, diesen Weg gefunden zu haben. Mit einem der besten je gegessenen Sandwiches in der Kneipe neben dem Apartment beschloss ich den Tag, rundum zufrieden, auch wenn der Start im Autoverleih genauso motivierend war, wie man sich einen Start nur wünschen kann.

Tag 57: Freitag, der 15.12.2017
Katoomba – Blue Mountains

Der Tag der Gegensätze beginnt erst um 9 Uhr. Gut geschlafen und gut gefrühstückt mit italienischem Schinken und Edamer vom Aldi Australiens. Das Brot aus der einzigen überlebenden Bäckerei, die sich gegen Woolworth und Aldi behaupten konnte. Kein Starbucks heute, sondern wieder Kaffee vom Robert („Robert Timms“-Kaffeebeutel, „Mocca Kenya Style“). Zwar praktisch, aber durch die Einzelverpackung in Alubeuteln ähnlich umweltbelastend wie die Kaffeekapseln. Ich werde wieder auf Filter umstellen.

Ich fahre zum Science-Park: die 2014 in Katoomba erbaute Weltsensation in den Blue Mountains. Das Auto parke ich ein Stück weit weg und gehe die letzten 300 Meter zu Fuß über einen Naturpfad, der direkt in den Hotspot-Himmel führt. Ein neuer breiter Holzsteg am Ende des Waldpfades begrüßt meine Wanderschuhe. Sekunden später bin ich mittendrin, mit dem großen Vorteil, dass hier das Tagesgeschäft erst anfängt. Der Busparkplatz ist noch leer, nur einige Frühaufsteher sind bereits

mit Pkws oder zu Fuß da, um das ganze „Glück von Katoomba“ zu erleben.

Alles ist für den großen Ansturm vorbereitet, die ersten Seilbahngäste kommen bereits von ihrer Schluchtenüberquerung – 270 Meter über der Talsohle – zurück, teils froh, teils frustriert aussehend. Nach dem Skyrail nach Kapunda von sieben Kilometern Länge eine eher kurze Fahrt für die zahlenden Gäste. Für mich nur wichtig, dass ich den Cappuccino auf der Kunstrasen-Aussichtsterrasse ohne Schlangestehen bekomme. Dazu einen Sitzplatz ganz vorne mit Aussicht.

Three Sisters

Immerhin verzichte ich hier auf alles, was geboten wird und ein solcher Verzicht muss gewürdigt werden. Während ich die Aussicht genieße, beginnt im Hintergrund langsam emsiges Treiben der Hilfskräfte. Offensichtlich sind die Fahrpläne der Busse und damit der erste Ansturm bekannt.

Lookout an den Three Sisters

30 Minuten später ist der Busparkplatz voll und die Reisegruppen strömen zu den Sensationen, während ich gegen den Strom schwimme zum Wanderpfad, der zu dem als Naturwunder gehandelten Hotspot „Three Sisters“ führt. Drei große Sandsteinsäulen vor den senkrechten 300 Meter hohen Sandsteinklippen, die irgendjemand – wahrscheinlich im Total-Suff – für drei Schwestern gehalten hat. Wäre Jimmy aus Sydney vor dem Namensgeber hier gewesen, wären es wahrscheinlich drei Brüder geworden und auf allen Landkarten wäre der Begriff „Three Brothers“ zu lesen.

Jimmy war der Typ, der mich in Sydney im Palace Hotel beim Bier auf eine bestimmte Art angesprochen hatte, die ich nicht verstehen wollte. Wenn ich es richtig verstanden habe, lautete die Frage: „Do you know the song ‚Brothers in Arms‘?“ – Meine Antwort war: „Yes, I know the song, but I’m not a brother for Arms.“ Das war’s dann.

Für meinen 60-Minuten-Marsch spielt die Namensgebung keine Rolle, denn der Pfad führt am Klippenrand entlang mit unglaublichen Aussichten in das 300 Meter tieferliegende Tal. Gefüllt mit Baumkronen und einem immer über dem Tal liegen-

Blick über die Blue Mountains

den bläulichen Dunst. Das bewölkte Wetter gibt dem ganzen Szenario einen fast mystischen Charakter. Tief ergriffen von vielen Momenten auf dieser Strecke verwandelt sich beim Eintreffen auf der Aussichtsplattform das Mysterium in wenigen Sekunden in ein Hysterium. Gerenne und Hektik bestimmen die sicher 1000 m^2 große Betonfläche, denn ständig treffen neue Reisegruppen ein, die alle am gleichen Punkt ihre Fotos von den drei Schwestern oder Brüdern machen möchten und weitere Fotos von sich mit den selbigen im Hintergrund.

Während ich die Veranstaltung aus 50 Meter Entfernung gemütlich sitzend anschaue, kann und möchte ich nicht verhehlen, dass ich mich mit den vielen lachenden Gesichtern vor den mit Metallstangen hochgehaltenen neuzeitlichen Gebetsbüchlein mitfreue. Aber auch mitleide, wenn besonders straff organisierte Reisegruppen dafür sorgen, dass am Geländer die bisher Fotografierenden zurücktreten müssen. Da wird gezogen und geschubst, fehlt nur noch, dass man die Vorderen übers Geländer wirft. Dazwischen immer wieder die Rufe und Schreie von Reiseleitern, die zum Aufbruch mahnen. Der Bus wartet und hat noch mindestens 25 weitere Viewpoints oder Lookouts vor sich. 90 bis 95 Prozent der Besucher fahren mit gemieteten Reisebussen. Die Garantie für ein echtes Ein-und-Aussteige-Sightseeing mit Gleichgesinnten, auch zu haben in kleinen Grüppchen im Pick-up mit Komplettversorgung. Diese Konstellation bringt es automatisch mit sich, dass eigentlich immer zu ähnlichen Zeitpunkten alle Busse an den Lookouts eintreffen. Die Morgenstationen sind nachmittags dann relativ verlassen und die Ruhe des Waldes kehrt zurück. So war nachmittags am schönsten Punkt überhaupt für 30 Minuten kein Mensch zu sehen und dieser Platz wurde dann auch mein Lieblingsplatz, den ich am nächsten Morgen nochmals besuchen würde.

Die Hauptgruppe bilden auch hier Menschen asiatischer Herkunft, deren Sydney-Programm auf jeden Fall die Blauen Berge beinhaltet, d. h. die Gruppen müssen morgens in Sydney los und erst einmal die 120 Kilometer in die Berge fahren und nachmittags wieder zurück. Zeit zum Verweilen bleibt da keine. Ist auch nicht notwendig, weil man zu Hause genug Zeit haben wird, mit den Fotos stundenlang zu verweilen. Dazu noch etwas Waldspray die Stimmung wieder herzuzaubern, ergänzt mit ein paar guten Tropfen, damit auch das Blaue zum Zuge kommt. Nicht jeder muss minuten- oder gar halbstundenlang in die Landschaft starren und meinen, das würde guttun. Für die richtige Geruchsstimmung empfehle ich reichhaltiges Sprühen von Eukalyptus-Spray. Den blauen Dunst der hiesigen Täler erreichen Sie aber nur, wenn Sie das Zeug flaschenweise einsetzen und Ihre Gesundheit gefährden.

Einen großen Vorteil bringt das ultimative Pulk-Konzept für alle, die sich an der Natur in Ruhe erfreuen möchten. Es bilden sich ohne künstliche Steuerung automatisch zwei Besuchergruppen, die ich als Hotspotter und Cooltrotter bezeichnen würde. Auch Woodtrotter wäre ein möglicher Name.

Beide Gruppen bekommen, was sie erwarten und wirklich wünschen und somit können die Bedürfnisse aller befriedigt werden. Keiner muss, jeder kann. Die Cooltrotter können sogar direkt an den Hotspots beim Vorbeiwandern schnuppern. Möglicherweise kommt beim Anblick der vielen glücklich strahlenden Menschen die Erkenntnis, dass man selbst in einer verkehrten Welt von vorgestern lebt. Unter den erstaunten, aber gnädigen Augen der Natur kann jeder vollkommen freiwillig den kleinen Schritt in die Neuzeit wagen. Ähnlich dem ersten Schritt des Menschen auf dem Mond. „Ein kleiner Schritt für den Naturverbundenen, aber ein großer gewinnbringender Schritt für die Hotspot-Company“, würde Neil Armstrong in Anlehnung an seinen Mondspruch formulieren, wenn er noch leben würde.

Das bekannte Sightseeing-Buskonzept aus den Städten wurde 1 : 1 auch in die Blue Mountains übertragen. Allerdings fallen hier die vielen Menschen mehr auf als in den Städten, wenn sie ein Naturschauspiel stürmen. Irgendwie passt es nicht so recht, weil nach dem Lookout meistens das Warten auf den nächsten Bus am Straßenrand mehr als betrüblich wird. Die Takte liegen aus wirtschaftlichen Gründen auf dem Land bei eher 45 bis 60 Minuten. Natürlich auch eine Möglichkeit, zur Ruhe oder ins Gespräch mit anderen Wartenden zu kommen. Vielleicht wurden die Takte auch aus sozial-kommunikativen Gründen verlängert. Zusammen-

gefasst hat der Naturliebhaber die Einsamkeit und Ruhe auf den wunderbaren Wanderstrecken den Hotspots zu verdanken. Sie ziehen die Massen an und verhindern dadurch das Eindringen der Natur-Imbiss-Gruppen in die Stille der Blue Mountains. An dieser Stelle sei – auch wenn ich mich öfter kritisch zum Massentourismus äußere – den Investoren der Anlagen gedankt. Das hört sich satirisch an, ist aber ernst gemeint.

Anders und böse würde sich die Behauptung anhören, der Grund für die Aber-Millionen-Investitionen sei allein dem Wunsch der Investoren entsprungen, die Täler und Wälder der Blue Mountains vor einer Überfüllung zu bewahren, um somit einen Beitrag zur Bewahrung der Schöpfung zu leisten. Nein, das wäre was ganz Neues. Ach ja, mein Lieblingsaussichtspunkt liegt in der Nachbargemeinde von Katoomba, dem Ort Leura und zwar in der Straße „Olympia Parade". Der Weg beginnt schräg gegenüber vom Railway-Museum und führt ca. 100 Meter leicht bergab.

Wissen sollte man noch, dass die ganzen Blue Mountains seit den 30er Jahren zu einer Art Villengegend geworden sind, wo Millionen zu Hause sind. Nicht an Menschen, sondern an Vermögen. Ganz alte viktorianische Villen wechseln ab mit ganz neuen Villen im modernen Stil. Alle etwas von der Straße weg, gut abgeschirmt mit Pkw-Einfahrt. Die neueren Villen lassen manchmal noch einen Blick auf das Gelände zu, wo dann die Porsches, Maseratis und Pick-ups mit Chromgrill stehen. Das soll aber nur ein Hinweis darauf sein, dass diese Gegend nicht nur uns Weithergereisten gefällt, sondern auch dem Finanz-, Hoch- und Neuadel.

Tag 58: Samstag, der 16.12.2017
Katoomba – Dubbo

Nach dem Frühstück um 9 Uhr zog es mich nochmal nach Leura an den traumhaften Aussichtspunkt von gestern, um dort bei Sonnenschein ein paar der Trauben zu vertilgen, die ich bei Aldi gekauft hatte.

Der Supermarkt-Riese aus Deutschland hat 2001 begonnen, in Australien Fuß zu fassen. Mit Beginn des Jahres 2016 gab es bereits 395 Filialen, weitere 65 sollen dazukommen. Der Erfolg beruht auf der bewährten Methode: Top-Organisation, Top-Einkauf, geringe Marge, große Mengen. Ein atemberaubender Aufstieg innerhalb von ca. 15 Jahren.

Atemberaubend bereits bei dem gestrigen bewölkten Wetter war auch der Ausblick vom Aussichtspunkt. Mit blauem Himmel und Sonnenschein waren nicht nur der Atem, sondern auch die Augen weg. 45 Minuten an einem solchen Platz sitzen, ohne jegliche Störungen, höchstens von neugierigen Vögeln oder Ameisen. Die Stille und der Frieden über dem Tal lassen einem tatsächlich fast das Herz fliegen, was nach Atem- und Augenverlust dann wirklich gefährlich wäre. Einfach ein Traum. Das Einzige, was nicht so richtig passt, ist das Zerquetschen der Trauben im Mund, das automatisch ein leichtes Schmatzen hervorrufen kann, wenn man sich nicht konzentriert. Man erinnert sich an die erzieherischen Gebote zu Hause, im Kindergarten und in der Schule: „Schmatz nicht so!".

Solche Momente sind natürlich auch immer gut für die Frage: „Wäre es schöner, wenn man zu zweit Hand in Hand hier genießen würde?" Die Antwort ist recht einfach. Es gibt in diesem Fall kein „schöner", nur ein anderes „schön". Im Grunde zwei ganz verschiedene Erlebnisse, das zu zweit eine Erinnerung fürs gemeinsame Leben und für eine innige Verbundenheit werden könnte. Das Teilen der Trauben müsste man halt in Kauf nehmen. Heute Morgen hätte ich gerne geteilt. Auch solche Momente müssen sein. Allein empfindet man nur für sich und nur sich und diese Momente brennen sich ein als Teil von dir und machen stark. Jedenfalls war es ein unbeschreibliches und bleibendes Glücksgefühl, das mir die blauen Berge als dauerhaften Brunch serviert haben.

Um 10 Uhr bog ich in den Great Western Highway ein und die Fahrt nach Dubbo (34.000 Einwohner) war genau das Richtige nach einem solchen Morgen. Meist kerzengerade Straßen, ähnliche Weidelandschaften wie an der East Coast, weites hügeliges Land und nach 50 Kilometern ebbte der Verkehr ab. Die Ausläufer der Blue Mountains waren endgültig vorüber, die Ferienorte in den Bergen nahm ich nur noch halb wahr.

Bob Dylan sang schon wieder von „Billy the Kid" und von seiner Sarah und Neil Young brachte mit seinen ewig melancholischen Balladen das Landstraßenfeeling in meine Gedankenwelt – wie bei der Tour mit Valentin. Die „Unknown Story" lief

rauf und runter, obwohl sich der Neil eher was zurecht schnuddelt als verständlich zu singen. Dazwischen ließ ich noch den alten Bruce – nicht den Lee – den Springsteen meine ich, mit ein paar Gassenhauern zu Wort kommen. Allein ließ ich der Musik freien Raum, sang mit, wo ich konnte und summte Melodien mit. Es lagen noch 250 Kilometer reine Fahrfreude vor mir und ich genoss jede Minute. Einige Australier fanden das Genießen bei Tempo 90 km/h weniger schön und hupten, wenn sie mich mit den erlaubten 100 überholten. Ich deutete es als freundlichen Gruß an einen alten Lkw-Opa und für den anderen Fall war es mir so was von scheißegal.

Als anerkannter und passionierter Drängler konnte ich die Leute natürlich vollkommen verstehen und habe den Dahinbrausenden die Trucker-Absolution für ihr störendes Gehupe erteilt. Das passt nun mal nicht zu meiner Musik. Ich muss auf der Rückscheibe unbedingt ein Hinweisschild anbringen: „Verträumter Trucker-Oldie fährt". Manta-Fahrer schreiben ja auch „Baby an Bord", wenn sie mit einer Blonden oder einem Strohballen als Beifahrerin zur Disco fahren.

Die Gedankenreise geht über die ganzen Touren in den Nahen Osten, in Europa und in Deutschland. Alles noch wild durcheinander, aber zum Sortieren habe ich noch einige Tage und 1500 Kilometer Zeit. Es muss für viele verrückt klingen, wenn einem das Autofahren so viele gute Gefühle bringt. Ob mit Musik und Gedanken oder nur Gedanken oder nur Musik. Es ist einfach nur schön. Und wenn die Landschaft zur Musik passt, dann tut es weh, wenn ich ein Straßenschild lese, das das Ende des Traums in weniger als einer Stunde ankündigt.

Die Tage und Nächte im Lkw im Alter von 28 bis 36 sind mir ins Blut übergegangen, denke ich manchmal. Aber natürlich auch die Jahre, als ich mit Uli zu zweit und später mit Kathrin zu dritt auf den Autobahnen, Zollhöfen und Firmenparkplätzen Europas unterwegs war. Das alles sind Zeiten, die mit vielen Gefühlen verbunden sind und sowas bleibt für immer, denke ich inzwischen.

Das Motel habe ich unterwegs am Straßenrand mit dem Handy gebucht, um zu sehen, ob ich die Anweisung von Valentin noch im Kopf habe. Und siehe da, es hat alles geklappt, ich fuhr direkt mit dem Navi vor mein erstes Handy-gebuchtes Motel. Alles sauber, alles ok und das schöne, mich geradezu anhimmelnde Steak in der Nachbarkneipe wurde durch meinen angestauten Hunger vor dem Verwesen bewahrt und auf den Sightseeingwalk „stomach and intestines" („Magen und

Darm“) geschickt. Je nach Entleerungszeitpunkt und -ort vielleicht sogar mit einem Wiedersehen.

Morgen geht es 350 Kilometer nach Bourke, einer Stadt am Wüstenrand. Wenn ich die Karte richtig lese, kommt da eine kerzengerade Strecke von 150 Kilometern. Das wird die Glückssynapsen tanzen lassen und die alten Musikbarden werden ein Gejohle anstimmen.

Tag 59: Sonntag, der 17.12.2017
Dubbo – Bourke

Es war Klasse! 370 Kilometer, davon mindestens 150 geradeaus! Ich habe seit ewigen Zeiten keine solche Fahrt mehr erlebt. Von den 370 Kilometern gehörten mir nahezu 300 allein. Wenn mir zehn Trucks und 30 Autos insgesamt entgegengekommen sind, ist das bereits hoch geschätzt. Dazu kommen noch 20 Überholer, für die ich wieder ein Verkehrshindernis darstellte mit meinen 100 km/h.

Ich habe jeden Kilometer genossen mit meinen im Stick zusammengepferchten Freunden Bruce, Neil, Bob, Mark und noch so ein paar Größen, die es fertigbringen, mit Musik Gefühle zu wecken, die sich bei mir während der Fahrt multiplizieren. Vielleicht ist das wirklich schwer verständlich, aber das stundenlange Fahren auf einsamen Straßen lässt bei mir tatsächlich das Gefühl aufkommen, ich würde fliegen. Man denkt, träumt, singt und lässt die vorbeifliegende Landschaft wirken. Im Unterschied zu Saudi-Arabiens Wüsten sind die Strecken hier eine wahre optische Augenweide, die weit mehr wachhält als die Monotonie im Sand. Die Landschaft wechselt von riesigen Weiden, Orangen- und Weinplantagen, urwüchsigen Wäldern bis zum Buschland und kurz vor Bourke dann zu einer schwach bewachsenen Ebene. Die Temperaturen steigen von 30 Grad um 9 Uhr auf 43 Grad um 14 Uhr in Bourke.

Immer geradeaus auf dem Michel Highway nach Cunnamulla im Dezember 2017 ...

... und Richtung Riad in Saudi Arabien im Juni 1982

Beim Aussteigen hatte ich das gleiche Gefühl wie 1981 im Militärcamp der Saudis in Riad. Sengende Sonne, atemraubende Hitze im ersten Moment. Die 25 Grad im Auto hätte ich mal besser auf 30 Grad gestellt. In Saudi-Arabien hatte ich keine Klimaanlage, sondern war durch das permanente Transpirieren und das damit verbundene Abkühlen auf der Haut meine eigene Anlage mit der gleichen Funktionsweise. Der Schweiß hatte gar keine Zeit, sich übelriechend in einer Ecke zu verstecken, weil er von den heißen Atemzügen des Windes abgeleckt wurde.

Ich hatte mir heute Morgen noch eine Motelanschrift im Internet notiert und fuhr direkt in das neue Quartier. Gebucht habe ich vor Ort, denn in einem solchen Nest würde eine Überbelegung zum 8. Weltwunder erklärt. Mindestens. Natürlich waren Zimmer frei, sogar günstiger als im Internet, sogar vorgekühlt.

An einen großen Walk war nicht zu denken, trotzdem ging ich ein paar hundert Meter zu einem Nachbau eines alten Anlegestegs am vorbeiziehenden Fluss. Aber das war es dann auch. Zurück ins Quartier und bei Kaffee und Keksen die Blogs Nr. 5 und 6 geschrieben und hochgeladen.

Der australische Poet Henry Lawson besuchte 1893 Bourke und formulierte: „If you know Bourke, you know Australia." Und Bourke wirbt auch mit dem Spruch, die Pforte zum Outback zu sein. Ich meine zu Recht.

Lawson selbst wurde auch bekannt mit seinem „Song of the Republik", mit dem er 1888 zur Einheit des Landes aufrief, damit aber vor allem – gewollt oder ungewollt – die Weißen im Land ansprach und dem grassierenden Rassismus gegen alle nicht-weißen Zuwanderer zumindest nicht widersprach. Dieser war längst Teil der öffentlichen Meinung und wurde 1901 gesetzlich als eine Art White Australia Doktrin legalisiert. Sie sollte noch weitere 80 Jahre das Denken in Australien mitbestimmen. Erst in den 1970er Jahren kam die Wendung zur Multikulturalität, um auch diesem Wort aus der Soziologie die Ehre zu erweisen. Diese Hintergrundinformationen helfen, das Land und die Menschen besser zu verstehen, und räumen

Unterkunft in Bourke

mit der Mythologie des reinen, freien und chancengleichen Australiens auf. Ein Irrglaube Europas.

Positiv fällt auf, dass bereits 1909 das Frauenwahlrecht eingeführt wurde. Noch früher nach Arbeitsniederlegungen ab 1856 der Acht-Stunden-Arbeitstag. Diese beiden sehr fortschrittlichen Entscheidungen haben meines Erachtens maßgeblich den Mythos vom freien, lockeren Australien begründet, weil sie in Europa geradezu revolutionär erschienen. Das ganze bittere Elend der nicht-weißen Einwanderer sowie der Aborigines wurde in Europa kaum zur Kenntnis genommen.

Das Stadtzentrum von Bourke

Nach einer Fahrt über autobahnbreite Straßen kann ich mich des Eindrucks nicht erwehren, dass hier nicht nur der Hund begraben liegt. Die ganze Stadt besteht aus flachen Holzhäusern, von denen viele verlassen und heruntergekommen sind. Hier gehen die Monate November bis Februar einher mit Wüstentemperaturen.

Wer hier nicht wohnen muss, der bleibt nicht hier oder er liebt dieses Klima über alles. Einige wenige schöne viktorianische Häuser aus der Gründerzeit zieren das „Centrum“, aber noch mehr geschlossene Läden zieren die Straße. Was Bourke bekannt macht, ist die zentrale Stelle als Verkehrsknotenpunkt, wo sich die Nord-Süd- und Ost-West-Straßen kreuzen. Allerdings bleibt der Verkehr insgesamt doch recht übersichtlich. Die Road-Trains fallen allerdings auf, weil sie hier grundsätzlich zwei Sattelanhänger mitführen. Wo früher die Überlandtransporte mit Pferden erfolgten, waren Städte wie Bourke willkommener Rast- und Kommunikationsplatz. Mit 650 Pferden unter dem Fahrersitz bleiben solche Orte rechts oder links liegen und verschwinden in einer Staubwolke im Spiegel.

Ein bisschen erinnert mich die Stadt an eine Reise mit Bernd nach Frankreich in einen Ort an der Dordogne, besser gesagt, am Ende der Welt, in dem eine Papierfirma sein Interesse geweckt hatte. Da gab es auch ein paar gottverlassene Straßen, ein paar Leute hinter verdunkelten Fenstern und ich saß mit Bernd auf einer Bank im Schatten, um auf einen verspäteten Herrn zu warten. Wir trieften beide vor uns

hin, jedes Wort fiel schwer und irgendwie hatte ich heute ein ähnliches Gefühl. Hier steht nicht nur die Hitze, hier ist die Zeit stehengeblieben. Vielleicht hatte dieser Ort in den Gründerjahren Australiens eine große Bedeutung als Weggabelung von noch unbefestigten Straßen und deshalb notwendigen Pausen für Mensch und Tier. Auch die Schafhaltung in dieser Gegend war einst eine Erwerbsquelle. Bezeichnenderweise wirbt die Stadt mit „Bourke's Historic Cemetery“, also dem Friedhof der Stadt. Den werde ich mir morgen vor meiner Weiterfahrt in das wohl noch gottverlassenere Nest Cunnamulla ansehen.

Der Tag war eine absolute Bereicherung der Reise. Auch wenn ich zwischendurch immer mal gedacht habe, ob es etwas bringt, so lange Strecken im Auto zurückzulegen. Inzwischen weiß ich, dass es was bringt und zwar sehr viel. Meine feste Meinung inzwischen: Wer Australien kennenlernen will, muss es sprichwörtlich „er-fahren“. Mit dem Zug, aber vor allem auch mit dem Auto, weil die Straße lebt, während die Schienen einen nur auf einem nicht änderbaren Weg transportieren. Kein Anhalten an besonders schönen Punkten, immer folgen müssen. Aber immer noch näher dran als mit dem Flieger. Der lässt nur den großen Blick auf ganze Gebiete zu, aber die schönsten Momente stecken im Detail, um sie zu sehen und zu verstehen. Es verhält sich gleich mit den mächtigen klimatisierten Glasgötzen der Millionenmetropolen: Wer sich da oben lange aufhält und Lösungen für unten ausdenkt, der kann auch aufs WC gehen. Es kommt das Gleiche unten an.

Bourke hatte übrigens 2001 noch 3900 Einwohner. Im Jahre 2016 sind es noch 2800. Eine Abnahme von 29 Prozent in 15 Jahren. Ähnlich wie in allen Outback-Städtchen und Dörfern.

Tag 60: Montag, der 18.12.2017
Bourke – Cunnamulla

Heute 280 Kilometer – meistens geradeaus.

Eigentlich wollte ich mir den Friedhof von Bourke anschauen und noch eine Bootsfahrt mit dem hier fahrenden Raddampfer machen, der laut Programm bereits um 9 Uhr vom hiesigen Tourismusmagnet „Kidmans Resort" ablegt und den Darling River, den zweitgrößten Fluss neben dem Murray River, rauf und runter fährt. Also um 7 Uhr raus aus dem über Nacht etwas warm gewordenen Bett. Die Klimaanlage hatte ich abends bei 22 Grad Zimmertemperatur ausgeschaltet, da sie direkt auf das Bett gerichtet war. Erkälten kann ich mich zu Hause. Morgens waren es dann 28 Grad und ohne Duschen hätte ich mich nass ins Auto setzen und das Sitzpolster saugen lassen müssen. Jeder kennt das Problem: Schweiß abtrocknen funktioniert nicht. Man gehört nach dem Versuch den ganzen Tag zum Stamm der Klammen.

Um mich noch etwas über die Outback-Pforte zu informieren, fuhr ich zum wirklich imposanten Tourismuszentrum am Stadtrand. Und das Zentrum gab dem Ruf der Stadt alle Ehre. Es war geschlossen und auch keine Öffnungszeiten angegeben. Trotzdem erfuhr ich von einer Plakatwand, dass der Raddampfer nicht fährt. Ein großes NOT war auf das Plakat geklebt. Allerdings könnte dieses Wort zutreffenderweise auch exakt auf das hinweisen, was hier tatsächlich herrscht: Not.

Gesperrt wegen Einsturzgefahr

Den Besuch des historischen Friedhofes habe ich am Ende vergessen, weil ich bei der Suche nach Tankstellen zwar zwei gefunden hatte, aber an beiden gab es kein „Unverbleit 95", sondern nur 91er und 98er. An der zweiten hatten sie nicht einmal das 98er vorrätig. Also zur ersten zurück und zwangsläufig 98er getankt und den Hyundai Tucson glücklich gemacht. Er muss mindestens mit dem 95er gefüttert werden. Kostet 20 Cent/Liter mehr, aber besser zahlen als unterwegs mit dem Ersparten stehen. Die nächste Tankstelle auf der Strecke von Bourke nach Cunnamulla wird mit 250 Kilometer angegeben. Also quasi am Zielort.

Auf der Fahrt aus dem Städtchen stellte die alte Brücke über den Darling

River aus Zeiten der unbefestigten Straßen für mich ein wunderbares Motiv zu den Themen: „Die Tür ist zu!" oder „Die Brücke ist geschlossen!" dar. Man hätte auch schreiben können: „Cunnamulla wegen Not geschlossen". Anhalten war Pflicht, auch wenn sich in mir schon die Sucht nach dem Highway gemeldet hatte. Eine kurze Besichtigung weckte dem Brummen nach alle hier lebenden Mücken-Musikvereine, die eine Flucht ins Auto mit wild schlegelnden Armen erforderte. Einigen der Biester musste ich mit schwierigsten Verrenkungen im inzwischen auf 40 Grad erhitzten Auto den Garaus machen.

Aber dann war die Straße frei und blieb frei. Noch weniger Verkehr als gestern, d.h. auf 250 Kilometern kamen mir exakt elf Autos entgegen und drei überholten mich, also etwa alle Stunde einer. Als die ersten Songs erklangen, musste ich nochmal an die Fügung mit dem USB-Stick denken, den mir der Kapitän geschenkt hatte. Sowas kann man nicht planen, es passiert oder es passiert nicht. Für meine Autoreise war es das beste, was er mir schenken konnte. Ich werde ihm ein Mail mit Fotos schicken und später einen kleinen Film von meinen Videoaufnahmen der Fahrt mit der Musik im Hintergrund. Ohne Musik wäre das Fahren bei weitem nicht so schön.

Lediglich der Gedanke an die Mückenschwärme trübte das verträumte Gleiten mit dem Tucson, der mir inzwischen zum guten Begleiter geworden war. Ich hatte das Duschen in den letzten Tagen vernachlässigt und war in die „Mückenlockstoff-Falle" getappt. Stufe 2 war erreicht und Stufe 3 musste der Mückenanzahl nach unmittelbar bevorstehen.

Was soll ich über die Fahrt schreiben, ohne mich zu wiederholen? Die Landschaften wurden karger, aber trotzdem bleibt es Weideland, teilweise eingezäunt, teilweise laufen die Rinder frei rum, wovor auch mit Schildern gewarnt wird. Einmal musste ich um eine Kuh herumfahren, die einfach auf der Fahrbahn stehenblieb und ungläubig auf meine Sonnenbrille mit Schnauzer schaute. Pferdekoppeln und Schafherden waren ebenfalls Begleiter und irgendwann dann erst ein Emu und später gleich mehrere, die ich nach einem Wendemanöver auf die Kamera brachte.

Ja und dann das große Sterben der Kängurus auf dem Highway. Zu Hunderten lagen sie überfahren am Straßenrand, Skelette und noch relativ frische Opfer des Verkehrs. Einige waren besetzt mit ein paar Krähen, die sich über das Nahrungsangebot hier draußen freuen dürften. An manchen Stellen lagen gleich ein paar der Tiere, weil sie als Gruppe von einem Lkw gemeinsam auf die letzte Reise geschickt wurden. Natürlich auch Schafe, Ziegen und Emus. Die Tie-

Trucks bremsen nicht für Kängurus

re passieren am Abend und nachts die Straße und dürften wie die Rehe in Deutschland den nahenden Scheinwerfen interessiert entgegenschauen. Bei Tempo 100 und 50 Tonnen Gesamtgewicht hat Bremsen keinen Sinn und das schaurige Szenario dürfte innerhalb einer Sekunde zu Ende sein. Dass sich hier Tiertragödien abspielen, dürfte jedem klar sein. Bei den meisten Verkehrsunfällen gibt es nicht nur Tote.

Alle Lkw und fast alle Pkw, die auf diesen abgelegenen Highways fahren, haben ein Rammgitter vor dem Kühler als einziges Mittel, um lebend oder auch als Sieger solche Begegnungen zu überstehen. Traurige Wahrheit, wenn man die niedlichen Kängurus liebt. Lebende Kängurus habe ich auf dieser Strecke nicht einmal gesehen, was die Nachtschwärmerei der Tiere bestätigt. Das sie auch tagaktiv sind, sollte sich noch in Cunnamulla zeigen.

Nach etwa 200 Kilometern kam tatsächlich eine Lkw-Kneipe, die von der Uhrzeit her für einen Kaffee passte. Urige Zustände mit zwei dicken Wollschafen als Wächter und im Inneren eine Riesenwand mit Fotos der Fahrer und ihrer Lkws, die hier regelmäßig vorbeikommen. Es wäre für einen Hund sicher ein Paradies, wenn er sich nachts um die Lkws herumschleichen und sich die besten Stücke der Kängurus aus dem Profil oder den Kotflügeln zerren könnte.

Wegen der Wärme nahm ich einen Cappu to go, um diesen während der Fahrt im kühlen Auto zu genießen. Wurde aber nichts draus. Der Kaffee war zwar stark, aber die Milch war aus „H". Damit hatte ich den zweiten schlechten Kaffee in Australien bekommen und wieder war es eine Kneipe irgendwo draußen bei den Füchsen und Hasen. Es wäre besser gewesen, den Kaffee schwarz zu nehmen. Hätte ich wissen müssen, aber es ist halt lange her mit dem Lkw-Fahren.

Auffällig auf dieser Strecke sind die vielen angezeigten Überflutungsstrecken auf diesem ebenen Landstreifen. In den extra etwas tiefer gelegten Straßenabschnitten stehen am Straßenrand Messlatten mit Zehn-Zentimeter-Raster bis zu einem Meter. Kommt man also hierher, muss man nur wissen, was das eigenen Auto verträgt und kann am Messstab sehen, ob es reicht oder ob eine Standzeit eingerechnet werden muss, bis sich das Wasser verteilt hat oder versickert ist. Laut Recherche kann das ein paar Stunden, aber auch ein paar Tage dauern. An ungünstigen Stellen wäre es geschickt, wenn man mit dem Wagenheber das Auto hochbockt und mit Steinen unterlegt. Dann hat man noch etwas Luft, wenn das Wasser höher steigen sollte. Bei dem Landregen, den ich mit Valentin erlebt habe, wäre die Strecke für den Tucson mit Sicherheit nicht passierbar gewesen. Solche Wasserfahrten vergisst man nicht so schnell und das Glück, das man dabei hatte.

Und dann kam der Parkplatz, auf dem ein Kenworth-Road-Train stand und der Fahrer am Klimagerät zugange war. Jetzt oder nie und mit einem schnellen Abbiegen stand ich mit meinem Mini-Truckchen Hyundai Tucson auf dem Parkplatz.

Ich ging zu dem jungen Fahrer hin und stellte mich als ehemaliger Trucker vor und nannte ihm meinen Wunsch, einmal vom Inneren eines Australien-Trucks ein Foto zu machen. Er bat um etwas Geduld, beendete die Reparatur am Kühlaggregat des Frigoaufliegers und lud mich ein, ins Führerhaus zu steigen, direkt hinters Steuer. Er selbst setzte sich auf das Bett, das mindestens 140 cm breit war. Die ganze Kabine ausgepolstert mit Leder, 100 Knöpfe und alles pieksauber und aufgeräumt. Ich machte zwei Fotos und dann schlug er vor, dass er von mir ein Foto am Lenkrad machen könne. Natürlich ok, besser als fragen müssen. Durch die Größe der Kabine hatte man ein richtiges gutes Raumgefühl.

Nur einmal drinsitzen

Währenddessen erzählte er, dass er mit der Fracht nach Melbourne unterwegs sei und fragte, welche Lkw und wo ich gefahren wäre. Da er es sichtlich eilig hatte, fasste ich kurz die Marken

Kenworth-Road-Train

zusammen und die Strecken Europas und im Nahen Osten. Da versteht man sich gleich ohne viele Worte. Zum Schluss stieg er mit mir aus und bot mir, trotz der Eile, noch eine Zigarette an. Er wollte selbst vor der Abfahrt noch rauchen, da er im Lkw nicht rauchte. Eine gute Entscheidung, denn damit reduzierte er den Konsum drastisch, weil so ein Dinosaurier von Lkw nicht mal schnell am Straßenrand steht. Da dauert das Bremsen und Anfahren eine ganze Zeit.

Die Lkws sehen von außen traumhaft aus, egal welche Marken. Ob Mac, Kenworth, Peterbiller oder andere. Aber bezüglich der Technik im Sitz- und Kabinenkomfort und der Umsicht sind die europäischen Marken weit vorne. Ebenso mit der Motorentechnik und dem Verbrauch. Hier werden noch Trucker-Gefühle gelebt und dazu gehören die Urviecher des amerikanischen Langstreckenverkehrs. Europäische Lkws sind noch selten, aber sie fallen auf und einige Speditionen fangen an, ihre komplette Flotte umzustellen. Der Preis dürfte noch eine Rolle spielen, da die amerikanischen Marken wahrscheinlich günstiger sind.

Auf Dauer wird sich auch hier der moderne Lkw durchsetzen, weil er sich nachhaltig gesehen günstiger und gesundheitlich besser fährt. Nur bei der Kabinengröße im Schlafbereich sollten sich die Topmanager oder Designer in Europa etwas einfallen lassen. Wer wochenlang den Lkw als Wohn-, Schlaf- und Arbeitszimmer erlebt, der braucht ein Bett zum Austrecken in alle Richtungen und eine Raumgröße mit absolutem Wohlfühlcharakter. Keine nüchterne Schlafnische, auch wenn man das Bett mit 90 oder 100 cm Breite als ausreichend definiert. Selber acht Wochen mitfahren und innerhalb kurzer Zeit würde sich was ändern bei den Designern.

Vor dem Einsteigen musste ich dann noch viele kleine geteerte Steinchen mit Klopapier von den Sohlen der Sandalen entfernen. Der Belag auf dem Parkplatz war bei 42 Grad so heiß, dass sich beim Laufen einzelne Steinchen aus dem Teer lösten und sich in der Sohle festbissen. Die sind eine echte Sauerei, wenn die auf den Teppichboden kommen.

In Cunnamulla war ich bereits um 13 Uhr, weil hier wieder die Queensland-Zeit gilt, also die von Brisbane. Eine Stunde gewonnen. Kaum zu glauben, aber das von mir ausgesuchte Motel hatte neben Zimmern auch Bungalows. Ich nahm einen Bungalow, da ich früh dran war und Gitarre spielen wollte. Bei 42 Grad ist draußen sowieso nicht viel zu machen. Cunnamulla hatte ich mir als weitestes Ziel gesetzt und sinnigerweise hieß der Bungalow „Valhalla". Im Volksschulunterricht hatte ich noch gelernt, dass Walhalla das Endziel der germanischen Krieger war. Für mich war es ein Zwischenziel. Vor allem aber war es ein Duschziel, um die sich sofort um mich scharenden Mücken loszuwerden, die mit Gewalt versuchten, in mein Domizil einzufliegen. Nach der Schlacht lagen zig Tote vor der Tür und einige wenige auf dem Zimmerboden. Ich lag total erschöpft auf dem Bett und hörte die Klimaanlage das „Lied vom Mückentod" surren.

Den ganzen Tag habe ich kein lebendes Känguru gesehen, aber Hunderte tote. Und in Cunnamulla sitzen sie dann am Friedhof und fressen dort offensichtlich die Blumen von den Erd- und den Urnengräbern. Dass es sich um den australischen zentralen Seelenfriedhof für verunglückte Artgenossen/innen handelt, wäre natürlich auch eine Erklärung für die vielen herumhüpfenden Tiere. Insgesamt waren das auf dem Friedhof sicher 40 oder 50 Stück. Einige davor, die rein wollten, andere dahinter, die sich schon im Schlaraffenland fühlten.

Walhalla – das Ziel eines jeden Germanen

Wo finden die lieben Tiere, die sich normalerweise mit der harten Kost des trockenen Buschlandes begnügen müssen, auch sonst noch Rosenblüten, feinste Tulpenkelche oder sonstige Gaumenfreunden? Wenn sich diese Art der Nahrungsbeschaffung unter den Kängurus rumspricht, dann hat Australien demnächst ein größeres Problem bei Beerdigungen, weil die mutigen Tiere den Trauernden die Blumen aus den Händen reißen werden.

Die direkt an der vorbeiführenden Straße liegenden toten Tiere sehen aber schon makaber aus. Vor allem weil sich noch die Krähen selbstvergessen daran zu schaffen machen.

Die Landflucht in den Outback-Städten geht nirgendwo vorbei. Cunnamulla hatte 2001 noch 1350 Einwohner, 2016 sind es noch 1020. Das sind 26 Prozent in 15 Jahren. Aber immerhin ein breit sortiertes Alkoholgeschäft steht den Bleibenden zur Verfügung.

Känguru auf dem Friedhof bei der Blumenernte

Cunnamulla – eines von vielen verlassenen Häusern

Tag 61: Dienstag, der 19.12.2017
Cunnamulla – St. George

Über die heutige 290 Kilometer lange Fahrt zu berichten, wären viele Wiederholungen, aber ein Vorteil des Fahrens ist es ja, dass der Kopf frei wird für viele Gedanken, wenn nicht gerade außergewöhnliche Tiere den Straßenrand säumen oder Milchkühe auf der Straße eine Wanderpause einlegen. Man weiß, dass man Zeit hat, stundenlang und dadurch lässt man sich tiefer auf sich ein. Deshalb liegt es mir am Herzen, ein anderes Thema aufzugreifen, das mich die ganzen heruntergefahrenen Kilometer immer wieder beschäftigt und zugegebenermaßen ab und zu feuchte Augen verursacht hat. Es ist die Lkw-Zeit mit Uli, die für unsere Beziehung eine so fundamentale Basis geformt hat, dass sie auch nach ihrem Tod nie gebrochen ist. Einerseits ein wunderbares Gefühl, andererseits ein Hemmschuh für neue Beziehungen. Nicht jeder neue Partner kann akzeptieren, dass da noch etwas ist, das nie geht. Wird dieses Etwas als dazwischenstehend empfunden, sind neue Beziehungen zum Scheitern verurteilt oder zum Sich-Arrangieren auf einer gegenseitig respektierten Basis. Nicht die große Liebe, aber eine Übereinkunft, weil man sich nahe fühlt, aber die Nähe Grenzen hat. Nichts Außergewöhnliches in Beziehungen, aber eben nicht das Non plus Ultra.

Dieses Non plus Ultra ist eine Fiktion, die manchmal so empfunden wird und ein anderes Mal nicht. Je jünger man ist, desto größer sind die Chancen, dieses NPU-Gefühl zu erleben und zu erleiden. Spätere Beziehungen können das nicht mehr, weil die Enttäuschungen dafür sorgen, dass man sich nicht mehr bedingungslos auf eine NPU-Beziehung einlässt. Verliert man einen geliebten Partner durch Tod, dann sowieso nicht mehr, weil man einen solchen Schmerz nicht zweimal ertragen kann. Da baut man lieber Mauern bis zu einer gewissen Höhe der Verträglichkeit. Das mag komisch klingen, aber so habe ich es bei mir erlebt. Neue Liebe ja, aber mit Vorsicht. Ob richtig oder falsch ist nicht die Frage. Jeder muss das für sich entscheiden, weil es auch jeder selbst aushalten muss.

Wenn man zwei Jahre jeden Tag und jede Nacht, also immer, zusammen ist, baut sich eine große Beziehung auf oder sie hört auf. Wer nach einer solchen Zeit noch zusammen ist, der ist es für die Ewigkeit. Wir waren so lange zusammen und haben die Zeit als unsere, nur uns gehörende Zeit erlebt. Ohne Kinder, nur wir. Das Fundament wurde auf den Straßen Europas und im Nahen Osten gegossen. Mit Vertrauen, Freude und Liebe und gegenseitigem Verständnis für unsere gegenseitigen Schwächen. Blind zu Blind könnte man sagen oder Liebe zu Liebe.

Es gibt kaum Berufe, in denen zwei Partner so eng miteinander leben können oder müssen, wie im Beruf des Lkw-Fahrers. Da kommen Freizeit, Beruf und Stress permanent und meistens sieben Tage pro Woche zusammen. Es kommen die Nachtfahrten und die Wartezeiten an den Grenzen, am Zoll und an den Lade- und Abladestationen dazu. Wer da nicht miteinander klarkommt, der kann vielleicht eine normale Beziehung, aber keine Rund-um-die-Uhr-Liebe leben. Hier kommt besonderes Holz zu besonderem Holz und verbindet sich zu einem neuen noch stärkeren Holz. Ja, Uli und ich hatten das Glück, ein solches Holz zu werden und so leben zu können. Vielleicht macht das deutlich, warum eine solche Beziehung nie wirklich enden kann. Und auch nach so vielen Jahren – inzwischen sind es 25 – kann ich sagen, nie wirklich enden wird.

Wir haben es geliebt, über endlose Straßen zu fahren. Manchmal die Hände ineinander, Blicke gewechselt, Lächeln, Strahlen. Der Lkw war unser Zuhause und unser Liebesnest, auch wenn die Matratzen schmal waren. Es war unsere Zeit und die haben wir gemeinsam als eine der besten Zeiten unseres Lebens empfunden.

Ich habe lange überlegt, ob ich so offen mit dem Thema umgehen soll, mich aber entschieden, es jetzt zu tun. Vielleicht hilft es, mich besser zu verstehen, wenn ich in speziellen Momenten anders reagiere als andere. Witze aus dem Witwer/innen-Bereich kotzen mich beispielsweise an. Und kluge Ratschläge, wie man einen Ver-

Viehtransporter mit drei Anhängern

lust eines nahen Menschen verschmerzen kann, noch mehr. Trifft man Menschen mit ähnlicher Vergangenheit, muss nicht viel gesprochen werden. Da reichen Blicke oder eine Umarmung als kleine unterstützende und verstehende Geste. Jeder weiß vom anderen, dass jeder für sich klarkommen muss und doch weiß man, der andere kann mitfühlen, weil er es selbst erlebt hat.

Nach solchen etwas tieferen Gedanken nun noch einige Dinge zur heutigen Fahrt, die im Gegensatz zu den bisherigen Strecken mich langsam vom dürren Land immer weiter in die Gegend zurückbrachte, die mehr Grün als Braun aufweist. Die Strecke von Cunnamulla nach St. George besteht aus einer schmalen asphaltierten Straße, weitgehend ohne Mittelstreifen. Ein Lkw und ein Pkw kommen aneinander vorbei, zwei Lkws müssen auf den befestigten Randstreifen ausweichen, sonst dürften die Spiegel im Eimer sein. Ungeübten Pkw-Fahrern kann man nur empfehlen, bei Lkw-Gegenverkehr mit einem Drittel des Autos auf den Randstreifen zu fahren. Da kommen einem nämlich 50-Meter-lange Dinos mit Tempo 100 entgegen und beim Vorbeifahren rauscht es mächtig im Gebälk. Auf bestimmten Strecken im Outback dürfen drei Sattelanhänger gezogen werden. Meist Viehtransporte. 56 Meter Länge und 130 Tonnen Gesamtgewicht sind zugelassen. Da wird klar, warum die Kängurus bei solchen Begegnungen sehr schnell altern. Ein Pkw täte das auch.

Am Ortsausgang von Cunnamulla befindet sich die einzige Tankstelle am Ort, immerhin eine. Wieder den teuren Spezialsprit getankt und im Shop beim Wasserkauf den Tipp bekommen, dass eine Wasserflasche 6,99 Dollar kostet und zwei Flaschen der gleichen Sorte 6,50 Dollar. Ob das ein abgebrühter Werbetrick ist, kann ich nicht beurteilen, aber gewundert hat mich das schon. So heiß brennt die Sonne jetzt auch nicht, dass Werbeangebote dieser Art im Fieberwahn erstellt werden. Im normalen Geschäft in der Stadt kostet die Flasche maximal einen Dollar. Wer also gerne teures Wasser bei 43 Grad im Sommer trinkt, für den ist Cunnamulla Mekka und Medina zusammen.

Dann bin ich auf der Piste. Allein und zwar über 100 Kilometer weder ein Auto vor mir noch hinter mir, noch kommt mir eines entgegen. Einfach nur Straße und während ich anfange, auf einem Abschnitt von fünf Kilometern zu zählen, liegt plötzlich ein toter Emu auf der Fahrbahn und kurz danach passiere ich eine ganze

Ein Emu kommt selten allein

Großfamilie dieser Tiere, die sich am Straßenrand bewegt. Vermutlich momentan als Trauergemeinde, denn der Unfall ist sicher noch keine Stunde her. Ich stoppe, setze zurück und lasse den braunen Vögeln in meinem gerade begonnenen Musikvideo eine kleine Nebenrolle zukommen.

Auf der Fahrt sehe ich immer wieder Wasserlöcher und Wasserflächen, was die Erklärung des Vermieters unterstützt. Wassermangel kennt man hier nicht, weil das Wasser aus der Tiefe geholt wird und das gibt es jede Menge durch die reichlichen Niederschläge im Winter, aber auch durch die enormen Regenmengen bei Sommergewittern. Das Wasser überflutet zwar die Straßen, sickert aber recht schnell in den Boden. Eine Information, die ich mir so nicht vorgestellt hatte. Während im Sommer von November bis Februar öfter die 45 Grad erreicht werden, gehen die Temperaturen in diesen Bereichen im Winter auf null Grad oder leichten Frost. Richtig kalt wird es nie.

Später habe ich über meine Recherche erfahren, dass der Grundwasserspiegel in Australiens Outback stetig steigt, da durch Abholzung und Brandrodung von 15 Milliarden Bäumen in den letzten 150 Jahren die übliche Verdunstung des Grundwassers über die Bäume fehlt. Kommt aber das Grundwasser in die oberen Schichten, löst es die in der Erde natürlich vorhandenen Salze und es kommt zu einer Versalzung der Erde.

Das Grundwasser verdunstet an der Oberfläche

Interessant und wichtig, bei dieser Reise auch etwas über die Umweltprobleme Australiens zu erfahren. Offensichtlich gibt es in diesem Land mehr Schatten als es die Werbeanzeigen einem vormachen wollen. Die Verbindung zwischen Grundwasser und Bäumen war mir neu, ist aber logisch. So wird mir auch klar, warum es diese riesigen Weideflächen gibt, aber trotzdem zwischendurch und an den Straßen entlang große Bäume wachsen. Das sind ganz einfach die übrig gebliebenen und keine gepflanzten. Die ganzen Ländereien sind ja erst ab 1850 nach und nach besetzt worden. In Australien nennt man die Besetzung „Besiedlung durch Siedler“.

Der Vermieter erklärte mir auch, dass viele der 1100 Einwohner von Cunnamulla auf den umliegenden Großfarmen arbeiten würden. Bei einer so geringen Bevölkerungszahl bleiben nach Abzug der Kinder und Rentner nicht mehr viele übrig.

Die Landstraße Nr. 29 führt im Prinzip 300 Kilometer durch Weideland, überall sind Abzweige in das Gelände zu sehen mit Namen von Farmen oder Straßennamen. Die Farmhäuser liegen immer abseits der Straße, wahrscheinlich in der Mitte der jeweiligen Farmgelände mit vielen Quadratkilometern Größe. Man muss schließlich öfter zu den Tieren als auf die Durchgangsstraße. Da macht das Sinn. Die Kinder werden an der Landstraße vom Schulbus abgeholt. Fraglich, ob die nachwachsende Generation das Leben im Outback noch fortführen wird.

Am Ende der Straße wohnt wohl noch wer

Nach vier Stunden bin ich in St. George und fahre die Straße am Balonne River entlang, um ein Hotel zu suchen. Nach ein paar Minuten habe ich das Australia Hotel gefunden und ein Zimmer gebucht. Bei der Frage nach dem Wifi-Schlüssel bekomme ich die Antwort, dass man kein Internet habe. Aber die haben nicht nur kein Internet, da fehlt einiges an anderen Dingen, als ich mich etwas umschaue. Also storniert und Geld in bar zurück. Ich fahre das nächste Hotel an, dessen Anschrift ich mir vor der Abfahrt notiert habe, und nach ein paar Minuten bin ich auch schon auf dem Parkplatz des Motels. Ich gehe rein und hinter dem Tresen sitzt eine junge Frau mit einer für mich wahnsinnigen Ähnlichkeit mit Uli. Dreimal schluck, schluck, schluck, die Frau schaut mich fragend an und dann der rettende Satz „I have forget my creditcard in the car.“ Also zum Auto zurück und in Ruhe die Kreditkarte gesucht, bis ich mir bestätigen kann, dass sie immer noch da ist, wo sie auch schon vorher war: in der Hemdtasche. Gefasst wieder zurück und in wenigen Minuten habe ich ein ruhiges Motelzimmer, bei dem man direkt vor die Tür fahren kann.

Es sollte so sein, dass ich hier lande. Davon bin ich überzeugt. Kann alles nur Zufall sein, aber dann gab es auf dieser Reise schon sehr viele Zufälle, fast zu viele, um sich immer darauf berufen zu können. Es klingt vielleicht versponnen, aber manchmal frage ich mich, ob ich allein reise.

Supermarkt im Outback

Eine abendliche Fahrt durch St. George zeigt wieder das gleiche Bild der Städtchen im Outback. Breite Straßen, alles auf dem Reißbrett entworfen und die Holzhäuser in verschiedensten Formen. Viele „To Sale“, manche neu und schick, andere in die Jahre gekommen. Mit 2400 Einwohnern wird hier von einer Kleinstadt gesprochen. Immerhin, es gibt einen größeren Lebensmittelmarkt und einige andere Geschäfte. Die Versorgung dürfte hier stimmen, nicht zuletzt auch deshalb, weil die Stadt an der A 55 liegt, einer Nord-Süd-Achse, die bei Dubbo an den Barrier Highway andockt und in Sydney endet.

Morgen gilt Goondiwindi oder Inglewood als Ziel, gleiche Entfernung wie heute. Am Donnerstag entscheide ich, ob ich Richtung Brisbane fahre oder noch sonstwo Halt mache und dann am Freitag in Brisbane lande. Im Moment, es ist 17:30 Uhr, liegt die Temperatur draußen bei 39 Grad, um 14 Uhr waren es noch 41 Grad. Morgen soll es wieder über 40 Grad gehen und am Donnerstag ebenfalls heiß mit Gewitter, allerdings dann mit 32 Grad merklich kühler, also eher Pullover-Wetter.

St. George hatte 2001 2770 Einwohner. Im Jahre 2016 zählt man noch 2390. Minus 15 Prozent.

Tag 62: Mittwoch, der 20.12.2017
St. George – Goondiwindi – Inglewood – Texas

Es werden 350 Kilometer. Die Reise ins Outback neigt sich dem Ende entgegen. Am Freitag bin ich spätestens in Brisbane, glücklich, dass ich mich zu dieser Solo-Tour entschlossen habe. Noch ca. 500 Kilometer, die mich immer näher an die Zivilisation bringen mit allem, was den Kopf wieder verengen wird. Ich werde die beiden Tage noch in vollen Zügen bzw. im vollen Tucson genießen – und sicher auch noch das eine oder andere lustige Erlebnis haben.

Am liebsten hätte ich den Schlüssel in eine Box geworfen. Gab es aber nicht. Also drei Mal durchgeatmet und rein in die Rezeption. Ein Lächeln empfängt mich und wieder mein Blick in diese warmen Augen. Ich höre ein „Good morning, all ok?“. Schluck, schluck und aus dem dritten Schluck auch ein „Good morning“ geformt. Nochmals Augenkontakt, den Schlüssel übergeben und mit einem „Have a nice trip, bye-bye“, verabschiedet sich die Frau. Ich mich mit einem „Thank you very much“ und nix wie ins Auto.

Die Fahrt war zu Beginn genauso entspannend wie bisher, mit einem kurzen Schreck, als links und rechts der Straße riesige grüne Felder auftauchten mit großen Bewässerungsgräben. War ich bereits in der Agrarindustrie angekommen? Nach einigen Kilometern endeten die Felder und das normale Outback mit Viehweiden und Wald säumte wieder die Straße. Mir war klar, dass die störungsfreien Zeiten auf der Straße heute enden würden und nach 100 Kilometern taten sie das auch. Vor Goondiwindi nahm der Verkehr schlagartig zu. Mehr Pkw, mehr Lkw. Und mehr Hektik auf der Straße mit nervösem Überholen der 50 Meter langen Road Trains durch einige Mutige, denen der Zustand nach einer Begegnung mit einem solche Boliden von den Kängurus her eigentlich bekannt sein sollte. Die Rammgitter unterscheiden nicht zwischen Pkw und Känguru, sie schützen ausschließlich den Lkw.

Ich fuhr über Goondiwindi, um mir Kaffee zu holen und stellte fest, dass die 5500 Einwohnerstadt bereits Anstalten macht, hiesiges Tourismuszentrum zu werden. Die Zahl der Einwohner ist seit 2001 konstant geblieben. Weiter ging es nach Inglewood mit 700 Einwohnern, ausgesucht als Übernachtungsort, aber irgendwie machten zwei von mir ausgesuchte Hotels nicht den besten Eindruck. Auch hier hat die Landflucht die Zahl der Einwohner von 860 auf 760 gedrückt, ein Verlust von zwölf Prozent. So sieht es hier auch aus. Da es erst 14 Uhr war, fuhr ich noch 50 Kilometer weiter nach Texas, einer Ortschaft mit

Benannt nach dem amerikanischen Texas

700 Einwohnern, die sich seit 2001 nicht verändert hat, und buchte dort im Texas Motel ein Zimmer. Die zusätzlichen 50 Kilometer waren die Reise wert, weil sich hier nochmals wie im Zeitraffer die bisherige Reise präsentierte und diese mit der gleichen Verkehrsarmut wie auf den einsamen Strecken.

Die Ortschaft Texas bekam ihren Namen von zwei Brüdern, die dem Goldrausch in die USA gefolgt waren und nach ihrer Rückkehr ihren Claim, d. h. das von ihnen abgesteckte Land, ab 1840 Texas nannten. Von 1860 bis 1994 wurde Tabak angebaut, verarbeitet und nach Australien, China und Europa verkauft. Es war die Hauptindustrie mit Hunderten von Arbeitsplätzen. Eine andere war vorübergehender Art: Die Kaninchenplage von 1930 bis 1940 machte Texas zur Hauptstadt für Kaninchenfelle und Kaninchenfleisch. Täglich fuhren Lkws die Überlandstraßen entlang und sammelten die von den Trappern an die Straße gestellten Boxen mit den Kaninchen ein. In Texas war der Umschlag- und Handelsplatz für Fleisch und Felle. Ein Zug mit ein paar Waggons Trockeneis kam wöchentlich, um die Kaninchen abzuholen und zur Verschiffung in den nächstgelegenen Hafen Brisbane zu liefern, von wo sie nach England verschifft wurden.

Ein wenig Wissen schadet nicht, wenn man durchs Outback reist und sich fragt, warum es ausgerechnet hierher Leute verschlagen hat. Heute gibt es etwas Tourismus, aber der dürfte sich im Rahmen halten. Campingplatz und Fluss zum Fischfang sind die Attraktionen und ein Museum, das obige Geschichte zeigt. Und natürlich zwei, drei Walks zu besonderen Bäumen, Sträuchern und Gräsern. Interessant ist Texas für Tourer des großen „Rural Getaway“, einer Auto- und Wandertour von Warialda bis Mundubera an sechs Nationalparks vorbei oder durch diese hindurch mit vermutlich 100 Walks oder mehr. Irgendwo steht immer ein Baum, der Besonderheiten aufweist oder gar ein Stein, an dem eine Gewehrkugel beim Hasenjagen eine Schramme hinterlassen hat. :)

Abendessen – es reichte auch noch für den nächsten Mittag

Diese Zeiten sind lange vorbei. Angemerkt sei noch, dass die Ortschaft 1891 und 1921 von zwei verheerenden Hochwassern zerstört wurde. Ein Hinweis darauf, warum in Australien überall Warnschilder stehen wegen Überflutungsgefahr. Die riesigen ebenen Flächen sammeln riesige Mengen Wasser, die nicht so schnell versickern können wie sie auf dem Boden ankommen und sich ihren Weg an die tiefsten Stellen suchen und diese in kurzer Zeit auffüllen. Der vorbeiführende Dumaresq River zeigt am Ufer, wie hoch das Wasser vor kurzem nach einem Tag Dauerregen bereits war.

Das Texas-Motel

Die Zahl der Einwohner lag 2001 bei 703 und liegt heute bei 735. Die Landflucht scheint hier kein Thema zu sein. Der ganze Ort wirkt gepflegt mit einer eigenen Schule und Kindergarten.

Übrigens gibt es einen Link, dort findet man alle Einwohnerzahlen von Queensland und deren Verlauf von 2001 bis 2016: https://www.citypopulation.de/php/australia-queensland_d.php. Natürlich auch für die anderen Bundesländer Australiens. Interessant für jeden, der sich näher mit einzelnen Städten und Ortschaften befassen möchte.

Der Tag hatte neben den schönen bereits erste Wehmutsseiten, weil die Fahrt morgen Richtung Küste mit jedem Kilometer mehr Verkehr bringen wird. Ich habe deshalb eine Seitenroute gewählt. Vielleicht kann man da noch einigermaßen ruhig dahinsegeln und während der Fahrt ein vorläufiges Resümee ziehen.

Zum Tagesabschluss gibt es noch ein Steak, schließlich heißt das Motel auch Texas Motel und führt noch das Texas Steak-House. Wenn man schon mal in Texas ist, möchte man auch ein Steak aus Texas. Es wird ein Texassteak, genauer gesagt, zwei dicke Scheiben mit ca. 400 Gramm, nicht zu schaffen, aber für den nächsten Tag einen Teil zur Seite legen passt auch. Eine warme Nacht folgt, vielleicht auch wegen der Masse an Fleisch, was bekanntlich die Verdauung richtig Kraft kostet. Aber sei's drum. Texas bleibt Texas.

Tag 63: Donnerstag, der 21.12.2017
Texas – Tenderfield – Woodenbong – Brisbane

Um 6 Uhr wache ich auf in einem ziemlich warmen, fast schon überhitzten Raum und mit ziemlicher Klammheit. Die Luftfeuchtigkeit dürfte kurz vor dem Ausregnen stehen. Weiterschlafen hat keinen Wert, also raus unter die kalte Dusche, die warm bleibt. Dafür gibt es eine andere kalte Dusche. Ein E-Mail zum ärztlichen Zeugnis für das Schiff trifft ein. Die Reederei möchte das Zeugnis auf ihrem eigenen Formular und akzeptiert das bereits eingesandte Zeugnis auf dem neutralen

Formular des letzten Schiffes nicht. Außerdem muss unter das Attest noch meine Unterschrift. Egal auf welchen Gebieten, der Formularwahn erreicht dich auch im fernen Texas, vermutlich aus dem 25. Stock der Reederfirma.

Meine Reiseplanung sieht eigentlich noch eine Nacht in Woodenbong vor, irgendwo in der Prärie Richtung Brisbane, wobei nicht klar ist, welche Straßenzustände in dieser Gegend herrschen. Die ADAC-Karte gibt keine klaren Infos. Ich checke das Wetter und führe damit auch eine Entscheidung herbei. Es sind schwere Gewitter für den Nachmittag und den nächsten Tag angesagt. Die Sache ist klar. Ich fahre heute die 450 Kilometer nach Brisbane, weil mir der echte Kick fehlt, neben Schlammstraßen ein oder zwei Tage das Tucson-Motel als Lebensraum zu akzeptieren. Bei der von mir bereits ausgesuchten Nebenstrecke soll es aber bleiben, trotz des Regenrisikos. Da die Fahrt zunächst über die Grenze von Queensland nach New South Wales führt, bedeutet 20 Minuten nach 8 Uhr schon 9:20 Uhr in NSW. Eine Stunde später dran, die ich im Laufe des Tages beim Landeswechsel wieder zurückbekomme.

Eine herrliche Strecke führt mich durch Weiden, Wälder und Trockengebiete. Fast die ganzen zehn Tage wiederholen sich in den Landschaften mit dem Zeitraffer. Wie immer mit meinen Freunden an Bord, die heute Morgen von Leonhard angeführt werden, der zunächst seiner Suzanna ein Lied singt, bevor er sich anderen Mädels widmet.

Während ich am Steuer träume und Leonhard von seiner „Julia" schmachtet, springen plötzlich zwei Kängurus über die Straße, eine Mutter und ihr kleiner

Zwischen Texas und Tenderfield

Sprössling, der offensichtlich den schützenden Beutel verlassen hat, um auf der Straße den Maxe zu spielen. Mit einem jähen Bremsmanöver verhindere ich die Erlegung eines oder gar zweier möglicher Weihnachtsbraten. Und der Leonhard singt ungerührt und stoisch den Kängurus hinterher, so als gäbe es kein Heiligabend-Essen auf dieser Welt. Mitgefühl ist von dem heute nicht zu erwarten. Ich gebe wieder Gas und genieße die Landschaften und vor allem den Null-Verkehr. Zwischendurch drehe ich – wie schon seit Tagen – kleine Videosequenzen, um diese zu Hause zu einem Filmchen zusammenzupacken. Sicher wird es Tage nach der Reise geben, an denen ich mir diese Videos reinziehe, um nochmal ein wenig von der Stimmung zu fühlen, mit der man hier durch das Land kurvt, als Remember-Feeling pur auf dem Sofa zu Hause. Oder auf dem Handyschirm hinter dem Lenkrad des Tiguans.

Das Navi schickt mich auf Schotterpiste

In Tenderfield sah ich gerade noch den Abzweig Woodenbong und wunderte mich, dass mir das Navi nach dem Abbiegen 20 Kilometer lang nervtötend einredete, ich solle wenden, obwohl die Strecke teilweise einen super Belag aufwies. Eigentlich hatte ich eine andere Route nach der ADAC-Karte gewählt. Die wäre – wie sich bald zeigte – auch richtig gewesen.

Nach ca. 40 Kilometern wurde die Strecke abwechselnd als Schotterpiste und wieder als geteerte Straße geführt, aber umkehren wollte ich nicht mehr, zumal das Navi jetzt wieder Witterung aufgenommen hatte und mir die Strecke im Verlauf und den Entfernungen anzeigte. Stilles Einverständnis der Dame mit meinem Willen. Manchmal hat es doch Sinn, wenn man Leute reden lässt und nicht darauf hört.

Die dunklen Wolken am Himmel bereiteten mir zunehmend Sorgen, die ersten Tropfen lösten auch auf meiner Stirn das Tropfen aus, trotz Klimaanlage bei 20 Grad. Mir waren die Schotterstrecken nicht geheuer, vor allem nicht die Schilder mit den Hinweisen, dass bei Regen der Untergrund rutschig wird. Die vielen tiefen

Auf dem Weg Richtung Melbourne

Stellen mit den Überflutungsschildern trugen nicht zur Beruhigung bei, sondern lösten Bildfolgen im Großhirn aus, die ich über den Besuch von Internetseiten aufgeschnappt hatte. Abgesoffene Autos oder Menschen auf den Dächern. Also gab es nur einen Weg: immer vorwärts! Mit Vollgas das Überholtwerden durch die dunklen Wolken verhindern und mit einem Auge auf der Scheibe die Zunahme der Tropfenanzahl hochrechnen. Danach den daraus resultierenden Mengenfaktor mit einer Pauschalgleichung in die sich voraussichtlich ergebende Schlammtiefe der Straße übertragen. War aber nicht mehr notwendig. Mit meinem Tempo – selbst von mir als nicht ungefährlich eingeschätzt – schaffte ich es, einen Vorsprung vor den Regenwolken herauszufahren.

Trotz der bisher für mich ungewohnten Hektik auf Australiens Downways erregte eine Brücke wegen ihrer Bauform meine Aufmerksamkeit. Kurzentschlossen den Wagen rechts ran vor zwei Ferienhäusern mit Autos davor, also unverdächtig und normal, wie ich fälschlicherweise dachte. Aussteigen und mit Sam und Sony zurück zur Brücke, um diese und den herrlichen Bach einzufangen. Nach der Rückkehr erwarteten mich 20 Meter vor dem Auto eine riesengroße Dogge und zwei kleine Hunde, die wie verrückt kläfften. Ein schreiender Besitzer war nicht zu sehen, die Haustüren der beiden Hütten waren geschlossen. Mit den Zerfleischungsberichten aus den Zeitungen im Kopf und meiner fehlenden Tollwutimpfung versuchte ich so ruhig wie möglich an das Auto zu gelangen. Sah für einen Zuschauer sicher filmreif aus. Neben mir die Dogge, hinter mir die hopsenden Kläffer und ich als Hauptdarsteller mit langsamem Gang. Das „Ganz-ruhig-bleiben" hatte ich mal als Kind gelernt und auf keinen Fall schnelle, für den Hund erregende Bewegungen machen.

Nur die beiden letzten Bewegungen, das sich „In-den-Sitz-Werfen" und das „Tür-Zuschlagen" gingen blitzschnell. Meinetwegen hätte die Dogge noch die Schnauze dazwischen bekommen können, zum Beißen hätte es jedenfalls nicht mehr gereicht. Zum Schnauze zurückziehen auch nicht!

Die kleinen Hunde bellten jetzt noch lauter und hopsten wie verrückt am Auto hoch. Zusätzlich mischten sich plötzlich unter das Bellen die gellenden Schreie einer aus einer Hütte stürzenden, leicht bekleideten Frau. Irgendwie schien mir, dass sie den Vorfall eventuell bei den mehr oder weniger zum Haushalt gehörenden Tätigkeiten zunächst nicht mitbekommen hatte. Aber das Knallen der Autotür hatte sie wohl aufgeschreckt. Ich hätte ja auch der Ehemann sein können auf dem Walk nach Inflagranti, einer Ortschaft, die es weltweit überall gibt. Möglicherweise sogar in Brisbane in den Sensorwohnungen gegenüber von Valentin.

Nach dem Hundeschreck fuhr ich – zu meinem eigenen Schrecken – sicher einen ganzen Kilometer auf der rechten Spur, obwohl es im Kopf arbeitete und ich neben der Schreckverarbeitung registrierte, dass der Filmabschnitt einen kolossalen Regiefehler haben musste. In der ersten Kurve fiel dann zum Glück der Groschen, in der nächsten Kurve wären der Kotflügel und andere Teile gefallen. Da kam mir nämlich ein Pick-up mit Känguru-Grill entgegen und ich wäre das Känguru gewesen. An dieser Stelle merkte ich, dass die Linksfahrerei zwar zu 99,9 Prozent lief wie am Schnürchen, aber eben immer vom Verstand gesteuert. Bei tiefergehenden Vorkommnissen schaltet sich das Gefühl ein und möchte das Steuer nach gewohnter Manier übernehmen und das bedeutet immer noch: Rechtsfahrgebot.

Bis Woodenbong fuhr ich nach den ersten schönen 40 Kilometern abwechselnd auf 40 Kilometern Schotterpisten und 40 Kilometern Teerstraßen. Bei Regen sicher der Horror pur mit einem Mietwagen wegen den Unfallgefahren und der Einfärbung durch den Straßendreck. Die Strecke war landschaftlich und hinsichtlich des notwendigen Fahrerkönnens toll und äußerst anspruchsvoll. Ab den ersten Regentropfen hätten eventuelle Mitfahrer ihre helle Freude gehabt mit ihren zu Berge stehenden Haaren. Die Bodenwellen im Fahrbahnbelag waren ein bisschen wie Fraser Island, nur das Auto war kleiner. Menschen mit sanftem Magen wären hier seekrank geworden und hätten die Zwischenräume im Schotterbelag gefüllt. Hat aber am Ende vor dem Regen gereicht! Leider entwischte mir auch bei der zweiten Gourmeterscheinung das kleine Känguru, das hinter seiner Mutti über die Straße hüpfte und meiner Schätzung nach exakt in den Bräter gepasst hätte. Weihnachten vor der Tür und noch keine Gans im Kühlschrank. Da wird man unterwegs zum Jäger.

Nach Woodenbong wurden die Straßen besser, der Verkehr stärker und nach einer 40-Kilometer-Fahrt durch den „Schwarzwald" landete ich in einer kleinen Stadt und mit ihr im ganz normalen Leben in Australien. Ab hier und für die letzten 120 Kilometer war ich Teilchen einer endlosen Kolonne von Autos, die sich Richtung Brisbane bewegte. Erst am Flughafen scherte ich aus und stellte meinen Mietwagen auf den Parkplatz von Europcar, dem Vermieter. Ausräumen, Rucksack packen, zum Office von Europcar durchfragen und dann zum Taxiplatz. Während ich noch mit dem Handy ein UBER-Taxi anfordern wollte, kam bereits ein freundlicher Herr des Flughafenpersonals und fragte, ob er mir helfen könne. Während ich ihm noch mein Taxibedürfnis badisch englischte, öffnete er bereits eine Schranke und ein Taxi fuhr vor. Kein UBER, ein ganz normales und damit teureres. Aber nach der Klage des Taxifahrers über die Preistreiberei von UBER bei der morgendlichen Fahrt zum Bahnhof von Brisbane war es für mich ein Wink des Schicksals. Ich muss gestehen, ich fuhr mit einem guten Gefühl in einem Kleinbus eines indischen Taxifahrers zur Wohnung von Valentin und bezahlte gerne 40 Dollar (rund 29 Euro).

Mit UBER hätte es mich vermutlich 30 Dollar gekostet, aber dieses Mal hatte UBER Pech. Manchmal schließen sich Kreise, die man selbst nicht besser hätte schließen können. Um 14:30 Uhr war ich vom Outback im Highback, 18. Stock, Connor-Street angekommen. Drunten auf den Straßen das reale Leben der Stadt. Es ist die Höhe, aus der man auf die Stadt schaut und sich nicht mittendrin, sondern über der Stadt fühlt. Nur das Gebäude steht mittendrin.

Ein vorläufiges Fazit der Outback-Reise (das endgültige braucht noch die Schiffsreise)

Wer das Land Australien kennenlernen möchte, fühlen möchte, wie es tickt, der muss neben den Tourismuspunkten in das Land hineinfahren, das Land er-fahren. Sich informieren über die Besiedlungsgeschichte genau wie über die heutige Entsiedlungsgeschichte, die Landflucht aus dem Outback. Er muss mit den Vermietern der Motels sprechen, die meistens älter sind und noch vieles über die letzten Jahrzehnte erzählen können. Den Rest kann man nachlesen in den historischen Ausführungen, die in den Outback-Ortschaften und -Städten in den dortigen Tourismusinfobüros bereitgehalten werden.

Überall wird versucht, die verlorenen Arbeitsplätze aus den ursprünglichen Besiedlungszeiten zu ersetzen. Mit wenig Erfolg, wenn man die sinkenden Zahlen der Einwohner in den Outbacks betrachtet. Die Handwerksberufe von einst werden heute durch die Produkte von Märkten ersetzt oder man braucht sie nicht mehr. Oder man kann sie sich nicht mehr leisten und lässt das Haus langsam verrotten. Die Industrie siedelt sich dort an, wo Infrastruktur die Warenlogistik erleichtert und Arbeitnehmer in großer Zahl leben, also im Speckgürtel der großen Städte mit Häfen. Mit „historischen“ oder anderen Attraktionen versuchen die kleinen Städte, den Tourismus anzukurbeln. Jeder Ort hat ein kleines Dorfmuseum und irgendein Gebäude mit historischem Hintergrund. Überall werden Nationalparks beworben für Wanderungen und Exkursionen, zu Fuß, mit dem Pick-up oder mit größeren Fahrzeugen.

In Bourke beispielsweise wurde ein großes Tourismuszentrum mit ansprechendem Äußeren gebaut. Man wirbt damit, dass Bourke das wirkliche Tor ins Outback sei, weil der Schriftsteller Henry Lawson dies 1889 festgestellt hat, als er mit einer Pferdekutsche ankam und mehrere Monate in Bourke weilte. Allerdings hat Bourke in den letzten 15 Jahren 30 Prozent Einwohnerrückgang und die Zahl der leerstehenden und verlotterten Gebäude ist beachtlich. Wäre Henry Lawson heute hier mit seinem Pick-up, würde er zum gleichen Schluss kommen, aber die Romantik in diesem Satz hätte einen bitteren Beigeschmack.

Wer hier lebt, muss die heißen Sommer mit monatelang täglich 35 bis 45 Grad lieben und die Realität mögen, dass es hier nicht viel Abwechslung gibt, erst wieder viele hundert Kilometer weiter. Oder er lebt hier, weil er eine Arbeitsstelle in einer der großen Farmen hat und sich keine Veränderung vorstellen kann bzw. keine anderen Chancen hat. Hier wird der Unterschied deutlich zu Reisenden – wie ich –, die im Outback viel Romantik und Einfachheit sehen und dieses Gefühl mitnehmen als Erinnerung an eine Zeit in einem Gebiet, wo noch Einfachheit und eine gewisse Rohheit und Authentizität herrschen. Wo die Straßen über hunderte von Kilometern von wenigen Autos befahren werden und Zäune nur in seltenen Fällen für die Weiden benutzt werden. Grenzenlose Weite kann man hier tatsächlich richtig spüren und das ist im Gegensatz zu den engen Grenzen in den Städten oder zu Hause in Europa ein Gefühl von Freiheit, das man nur hier draußen empfinden kann.

Wer hier wohnt, hat diese Freiheit immer, jeden Tag. Aber auch für immer und damit auch all die weniger schönen Dinge des Outbacklebens, die offensichtlich so gravierend sind, dass alle Orte mit der Landflucht zu kämpfen haben. Aus den Siedlern von einst sind Großfarmen mit tausenden von Rindern und Milchkühen übriggeblieben und kleinere Farmen, die um ihre Existenz kämpfen. Mit den gro-

ßen Farmen blieben Arbeitsplätze für die Bewirtschaftung, die allerdings durch die Motorisierung und Automatisierung gegenüber früheren Zeiten stark reduziert wurden.

Es wird versucht, große Flächen mit Grundwasser über ein verzweigtes Kanalsystem zu bewässern, um neue Agrarflächen mit neuen Produkten zu gewinnen, welche die Wärme im Outback benötigen, aber auch genügend Wasser. Hier werden Millionen investiert bei gleichzeitiger Monokulturentwicklung und deren bekannten Nachteilen im Umweltbereich. Das Thema Wasser spielt nach Aussagen vieler Vermieter keine Rolle, weil das Grundwasser einen permanent hohen Stand aufweist. Das weite Land fängt wie ein Backblech mit löchrigem Boden das Wasser auf und lässt es versickern. Nur ein kleiner Teil fließt über die Flüsse ab, weil das Wasser nicht schnell genug durch die Risse in den Boden gelangt und das Blech überläuft.

Dass das steigende Grundwasser ein existenzielles Problem darstellt, wissen die meisten nicht, weil es sich hier um eine Auseinandersetzung von Wissenschaftlern und Ökoexperten handelt, die sich selbst nicht einig sind, wie gravierend die 15 Milliarden fehlender Bäume sich in Zukunft auswirken. Dass man davor Bammel hat, sieht man an den Baumpflanzprojekten einiger Städte. Die Versalzung des Bodens ist nur eine der Auswirkungen, wenn auch eine mit tödlichem Ausgang für Flora und Fauna.

Das Thema Überflutung spielt dagegen eine große Rolle, weil die endlosen Straßen durch die ebenen Flächen an vielen Stellen etwas tiefer gelegt werden, damit auf der großen Fläche ein Wasserausgleich stattfinden kann und Straßen nicht zu Dämmen werden. Tausende Warnschilder weisen auf diese Stellen hin, die jeweils mit einer Messlatte bis ein Meter Wassertiefe ausgestattet sind. Jeder Outbackbewohner kennt die mögliche Durchfahrtshöhe seines Autos und kann dann entscheiden, ob er durch die Wasserfläche fahren kann oder nicht.

Wegen Großüberflutungen von ganzen Ortschaften in der Vergangenheit hat ein staatliches Hochwassermanagement solche Naturereignisse gut im Griff. Der Einzelne vor Ort muss trotzdem selbst schauen, wie er mit Hochwasser umgeht. Wer ohne Wetterplanung in das Outback fährt, darf sich nicht wundern, wenn er im günstigen Fall irgendwann auf einer Straße steht und warten muss, bis der Wasserstand an der Flutstelle eine Passage möglich macht.

Ein Thema im Outback sind auch die Kängurus, weniger wegen ihrem seltsamen Aussehen, sondern wegen ihrem Verhalten auf der Straße. Wie schon im Bericht erwähnt, muss man in Gebieten mit Känguru-Warnschildern auch mit deren plötzlichen Überquerungen rechnen. Zeit zum Bremsen bleibt nicht viel, weil es um wenige Sekunden geht. Es ist mehr oder weniger ein Glücksritt, wenn man zwischen 18 Uhr abends und 8 Uhr morgens ohne Begegnungen dieser Art durchkommt.

Die Straße zwischen Bourke und Cunnamulla mit Hunderten von toten Kängurus in allen Verwesungsstadien bis zu herumliegenden Knochen war für mich ein sehr eindrucksvolles Szenario. Hier wird nichts vom Mensch beseitigt, weil die Natur mit Hitze und Tierfraß das besorgt. Einem durchfahrenden deutschen Tierschützer würde ich aber empfehlen, den Augenhorizont immer einen Meter über der Straße zu halten. Dann fallen auch größere Tiere nicht in den Blickwinkel. Die großen Road Trains mit 53 Meter Länge und 132 Tonnen Gewicht mähen mit ihren Frontgittern auch ganze Kängurufamilien nieder, weil Bremsen keinen Sinn macht.

Die Population wird durch diese im Outback als natürlich betrachtete Minderung nicht gefährdet. Optisch gewöhnt man sich nach 300 Kilometern Fahrt auf der Knochenstreet an den Anblick und wird nur noch etwas unruhig, wenn frisch überfahrene Kängurus auf der Straße liegen. Eine Variante des Känguruproblems sind die Emus, die ebenfalls die Straße ohne nach links und rechts zu schauen überqueren und dadurch immer wieder zu sprichwörtlichen Pechvögeln werden. Allerdings eher selten, aber die witzigen Vögel wecken irgendwie mehr Mitleid.

Zusammengefasst: Wer in Australien ist, sollte sich die Fahrt gönnen. Die Motels kann man immer vor Ort buchen, weil immer Zimmer frei sind. Meist günstiger als über das Internet, weil der Vermieter keine Gebühren zahlen muss. Eine Möglichkeit: Man sucht sich vor der Abfahrt schon im Zielort ein Motel aus, das einem preislich und von der Lage zusagt. Damit hat man eine Anschrift für das Navi. Vor Ort fragt man dann und kann buchen oder man kann weitersuchen. So einfach geht's im Outback.

Wichtiger Tipp: Die Lieblingsmusik und davon reichlich auf dem Stick mitnehmen. Dann wird die Fahrt zum Genuss und mitsingen oder mitsummen ist jederzeit möglich und beschwingt das Herz. Mich haben Bruce Springsteen, Leonhard Cohen, Bob Dylan, Mark Knopfler und Neil Young in der Hauptsache begleitet. Ihnen an dieser Stelle meinen herzlichen Dank. Und natürlich Jon + Vangelis mit ihrem Schmachtfetzen: „I'll find my way home". Und nochmals meinen Dank an meinen in bester Erinnerung bleibenden Freund Dariusz, den polnischen Kapitän der „Aglaia".

Tag 64: Freitag, der 22.12.2017
Brisbane

Nach elf Tagen Reise mit meistens täglichem Bettenwechsel tut es gut, wieder einmal sesshaft zu werden. Einmal nicht planen, sondern Erlebtes Revue passieren lassen, Gedanken niederschreiben. Sich auf ein frisches, vorläufiges und spontanes Fazit zu konzentrieren, der Reise von Brisbane nach Sydney mit dem Zug und dann die Outbacktour über die Blue Mountains, Dubbo, Bourke, Cunnamulla, St. George, Texas, Woodenbong nach Brisbane zurück.

Daneben noch einige Weihnachtswünsche an langjährige Geschäftspartner verfassen, damit diese noch rechtzeitig zum Arbeitsbeginn am Freitagmorgen ankommen. Die Zeitverschiebung hat in diesem Fall große Vorteile, weil ich auf jeden Fall bis 20 Uhr schreiben kann, dann ist in Deutschland gerade mal 11 Uhr. Bis 12 Uhr wird am letzten Arbeitstag vor Weihnachten normalerweise gearbeitet. Aber auch diese Tugend der Gründerjahre der Republik wird nach und nach aufgeweicht. Im öffentlichen Dienst werden an den letzten Tagen vor Weihnachten und Ostern „Verdrehsicherungen" an die Beschäftigten verteilt für deren Daumen. Angeblich will man das auch am Freitagmorgen einführen, weil vermehrt montags Krankmeldungen eintreffen mit der Diagnose „Daumendreher".

Ein ganz anderer Tag, aber notwendig, um wieder zur Ruhe zu kommen.

6
Great-Ocean-Tour

Brisbane – Sydney – Melbourne // Melbourne – Adelaide

„Great-Ocean-Road", eine der schönsten Straßen der Welt. Mit phantastischer Küstenlandschaft und spektakulären Viewpoints für 7 Millionen Besucher jährlich. Silvester auf einem Landungssteg im Indischen Ozean bei Kingston – Gänsehautmomente.

London Bridge Einsturz: 15.1.1990

10 Tage | 1.538 km (Zug) | 1.345 km (Auto) | 20 km (zu Fuß)

Tag 65: Samstag, der 23.12.2017
Brisbane

Noch ein Tag, um zu schreiben, aufzuarbeiten. Wenn vieles auf einen einströmt, was man für sich als wichtig erachtet, kann man es sich merken oder man muss es aufschreiben. Ich kann mir so viele Erlebnisse und Eindrücke dieser Reisetage nicht merken und möchte diesen Eindrücken bewusst auch Informationen beimischen, die ich recherchieren muss.

Australien bietet viele Bilder, aber zu den Bildern gehört auch Hintergrundwissen. Es ist hier kein Traumleben und die Geschichte ist auch nicht traumhaft, für die Ureinwohner war es das Gegenteil. Ihnen wurden alle Träume weggenommen. Es ist mir inzwischen klar geworden, dass zu einem Reisebericht Fakten gehören, die vieles verständlicher machen und erklären. Die schönen Bilder gehören dazu, aber auch die weniger schönen Hintergründe und heutigen Zustände und Verirrungen. Und so verbringe ich Stunde um Stunde beim Recherchieren und beim „Immer-tiefer-einsteigen“. Mir wird klar, dass die Rückreise per Schiff vielleicht nicht ausreicht, um den Bericht so fertigzustellen, wie er sein müsste.

Am Nachmittag noch das große Einkaufen im Woolworth für den Heiligen Abend. Ein gutes Essen musste schon drin sein, denn irgendwie ist es nun mal ein besonderer Abend, obwohl Bethlehem von Australien noch weiter entfernt ist als von Europa. Wenn schon kein Baum, dann eine Gaumenfreude. Gulasch aus Steakfleisch, Bohnen und Reis – dazu einen trockenen Rotwein und einen Salat. Käse und Trauben zum Nachtisch. Wir gönnen uns was.

Wieder ausruhen in Brisbane, 18. Stock

Ein voller Tag, bestehend aus Recherchieren und Einkaufen. Warum nicht. Wenn am Ende der Magen jubelt und anderntags der Darm seinen Charme zeigt, sind die betroffenen Organe zufrieden und das Hirn hat wieder genügend Treibstoff für die weiteren Tage.

Tag 66: Sonntag, der 24.12.2017
Weihnachten in Brisbane

Der Heilige Abend begann in der Nacht um 3 Uhr mit einem Überfall von drei Schnaken. Im Prinzip ein Erlebnis wie im Sommer auf der Wiesenmühle. Auch der folgende Ablauf war der gleiche. Aufstehen, Licht an, Augen über Wände und Decke gleiten lassen, zuschlagen, Blut notdürftig von der Wand wischen. Das gleiche Spiel mit der zweiten Schnake. Die dritte blieb verschwunden und starb Minuten später bei ihrer Attacke auf mein Ohr. Ein Schlag, ein kurzer Schmerz für die Schnake, ein längerer am Ohr, aber das Surren war weg. Da ich mehr oder weniger im Halbschlaf handelte, zählt die Dritte als Totschlag, die beiden ersten waren klarer Mord. Jetzt aber Ruhe, weiterschlafen und hoffen, dass kein übereifriger Tierschützer etwas mitbekommen hat.

Nach 7 Uhr raus, Dusche, Kaffee und für die nächsten Tage eine Vorabplanung für die zweite Reise mit Valentin von Melbourne bis Adelaide: die sagenumwobene Great Ocean Route. Da Valentin fliegt, ich aber Zugfan bin, müssen beide Transportmittel gebucht werden. Um 12 Uhr ist alles klar, der Pool ruft und bei 32 Grad lässt sich ein Nachmittag vor den irdischen und eher profanen Feierlichkeiten des Heiligen Abends ganz gut aushalten. Weihnachtlich fühle ich mich nicht, obwohl in der Nachbarschaft Plastik-Christbäume leuchten. Aber nach den vielen Stunden im Auto während meiner Outback-Tour tut die Sonne auf der Haut genauso gut wie das kühle Poolwasser. Die Durchschnittstemperatur in Bethlehem liegt im Dezember bei 8 Grad in der Nacht und 14 Grad am Tag. Vermutlich lag der Stall außerhalb der Ortschaft, d.h. das halbnackte Baby in der Krippe, wie es auf vielen Bildern in den Kirchen gezeigt wird, muss gefroren haben und wurde obendrein auch noch vom Stroh der Krippe gepikst. Vermutlich wusste der Engel um das sich anbahnende Drama und verführte deshalb ein paar Hirten, ihre Herden zu verlassen, um Maria und Josef schleunigst ein paar Felle für den Kleinen zu übergeben und zwar gratis. Ob der Junge in der Krippe hell strahlte oder wegen der Kälte eher ins Bläuliche ging, ist nicht exakt überliefert. In beiden Fällen war es für die Hirten klar, dass etwas Besonderes geschehen war. Also blieb man noch ein paar Stunden, bis klar war, dass diese neu gegründete Familie mit der Situation zurechtkam. Vermutlich hinterließ man vor dem Gehen noch ein paar Brocken Ziegenkäse und ein paar Fladenbrote sowie frisch gemolkene Milch von den Schafen.

Hier in Brisbane müssen wir im Gedenken an diese Nacht vor über 2000 Jahren mit einer ganz anderen Situation klarkommen. Das Festessen will zubereitet werden. Um 15:30 Uhr endet der Pooltraum und die Köche gehen ans Werk. Um 17 Uhr sind alle Grund- und arbeitsintensiven Zutaten fertig. Nach dem Familienskype um 19 Uhr steht das Essen um 19:30 Uhr auf dem Tisch und erhält die Note „traumhaft“.

Das Weihnachtsmenü 2017

Heilige Nacht – Brisbanes Lichtermeer

Zwei Köche, viele Zutaten und für den Anlass ein Top-Essen. Gulasch, bestehend aus sechs feinen Steaks, angebratenen Zwiebeln, Knoblauch, Champignons, Möhren und Paprika. Dazu die erste Mehlschwitze meines Lebens und 0,6 Liter australischen Rotwein, 14,7-Prozentiger. Valentin stuft das Gulasch als eines der Besten seines Lebens ein und das Ende des Genusses fällt schwer. Natürlich essen wir zu viel und hängen danach mit vollen Bäuchen in den Seilen im 18. Stock. Aber wenn es so gut schmeckt, warum nicht in den Seilen hängen?

Mit dem Blick auf das Lichtermeer der Stadt gehen die Gedanken zurück an vergangene Weihnachten zu Hause, auch an eigene Kinderweihnachten.

An freudige Feste und Enttäuschungen, weil man nicht das bekommen hat, was man sich wünschte. Nicht weil die Eltern es nicht wollten, sondern weil einfach kein Geld dafür da war. Das war frühes Lernen der Unterschiede zwischen besser und schlechter betuchten Haushalten, weil man ja auch Schulfreunde hatte, die immer alles bekamen, was sie sich wünschten.

Mit meiner Schwester Uschi an Weihnachten 1955

Ich denke auch an die gemeinsamen Weihnachtsabende, als wir noch eine komplette Familie waren: mit Uli; an die Spannung der Kinder vor der Bescherung, die ganze Zeit im Advent. Es waren wunderbare Zeiten und der Heilige Abend war ein besonderer Tag. Immer. Egal ob wir alle Wünsche erfüllen konnten oder manchmal auch nicht. Nicht weil wir es nicht wollten, sondern weil es finanziell nicht reichte. Da wiederholte sich die eigene Kindheitsgeschichte und ich spürte bei mir selbst jenes Gefühl der eigenen Eltern, dass man nicht immer alles bieten kann, auch wenn man es gern wollte.

Es lässt sich nicht beschönigen. Der Heilige Abend wird immer ein paar Momente mit feuchten Augen beim Zurückdenken mit sich bringen. Wenn man sie zulässt, habe ich bemerkt, wird es hinterher leichter. Wegdrängen bringt nichts und gelingt nicht. Tief einsinken in diese vergangene Zeit bringt aber auch nichts, weil der Abend sonst vor die Hunde geht. Dinge, die passiert sind, sind nicht mehr umkehrbar. Akzeptieren, damit leben und die wunderbare Zeit sehen. Die nimmt einem niemand mehr weg. Weggenommen wurde einem nur eine Zeit, deren Verlauf man sich zurecht denkt, eine Fantasiezeit.

In vielen Wohnungen feiern Familien mit den Kindern und das gleiche Spiel wird sich auch hier am anderen Ende der Welt abspielen. Leuchtende Augen neben enttäuschten und friedliche Abende neben Abenden, bei denen sich der Weihnachtsstress in Frust äußert. Viele Singles werden den Abend allein verbringen oder in Bars. Die Zahl wird, wie überall in den Industrienationen, bei ca. 30 bis 35 Prozent liegen. Auch dieser Abend wieder eine Chance, das Singledasein durch einen aktiven oder passiven Baggerauftritt zu beenden oder zu unterbrechen. Auch mittels Internet durch die Nutzung des Datingportals „Tinder", da an einem solchen Abend wahrscheinlich zusätzliche Server aufgeschaltet sind, damit die vorhandenen es nicht den Suchenden gleichtun und je nach Verlauf des Abends Hitzeprobleme bekommen.

Um 23 Uhr wird es für Valentin ernst. Er hat heute Abend beim Knien auf das Bett festgestellt, dass die Matratze entschieden zu tief einsinkt, quasi fast auf den Boden. Beim Drunterschauen war die Ursache klar. Die unter der Matratze – statt Rost – liegenden Querbretter auf seiner Schlafseite waren nach unten und oben weggerutscht, sodass die Matratze sozusagen freitragend oder besser freibiegend von Latte zu Latte als Brücke diente und sich entsprechend durchbog. Valentin dachte bisher, dass auf dieser Seite des Bettes jahrelang eine oder einer vom Stamme der Adipositas lag und die Matratze durchadipost hatte. Zunächst wollte er die Reparatur verschieben, aber das gibt's nicht, wenn „Der-in-den-Arsch-Treter" vor Ort weilt!!! Nach fünf Minuten waren die Bretter wieder an ihrem Platz und Valentin wird morgen früh gerade aus dem Zimmer kommen. Seine Kreuzbeschwerden dürften sich binnen Tagen legen.

Und zum Abschluss des Tages kam dann noch eine Mail vom Kapitän der „Aglaia", dem ich einen Weihnachtsgruß geschickt hatte. Die hat mich sehr gefreut, weil sie bestätigt, was ich gefühlt hatte. Wir waren und sind auf einer Wellenlänge.

24.12.2017, 21:30 Uhr

Hello Josef,

good to hear from you and know, that you had another special experience on the Australian wilderness. In such situation it is good to be former truck driver, who can quickly switch over to skills gained while travelling once through the outback of Arabian peninsula. Since few days I am back in home, also special feeling, which you can understand being long distance voyager like me.

Our "Aglaia" is in good hands of new Captain Olek, my good colleague, they will call Brisbane on 1st January if all goes well. So now meeting my family is also great feeling after 4 months especially that Christmas days just came to us and all of western world.

Me and my wife Monia wish you and your family cozy and friendly Christmas time as well as further great experiences on your long way home.

Good luck – your fan and well-wisher, Darek

Die Google-Übersetzung:
Hallo Josef,
gut, von Ihnen zu hören und zu wissen, dass Sie eine weitere besondere Erfahrung in der australischen Wildnis hatten. In solch einer Situation ist es gut, ehemaliger Lkw-Fahrer zu sein, der schnell auf Fähigkeiten zurückgreifen kann, die er auf dem Weg durch das Outback der Arabischen Halbinsel gewonnen hat. Seit einigen Tagen bin ich wieder zu Hause, auch ein spezielles Gefühl, das Sie, ebenso ein Fernreisender wie ich, verstehen können.

Unsere „Aglaia" ist in den guten Händen des neuen Kapitäns Olek, meinem guten Kollegen, sie werden am 1. Januar Brisbane rufen, wenn alles gut geht. Jetzt nach vier Monaten meine Familie wiederzusehen, ist ein schönes Gefühl, besonders, weil die Weihnachtstage gerade zu uns und der ganzen westlichen Welt gekommen sind.

Ich und meine Frau Monia wünschen Ihnen und Ihrer Familie eine gemütliche und freundliche Weihnachtszeit sowie weitere schöne Erlebnisse auf Ihrem langen Heimweg.

Viel Glück – Ihr Fan und Freund, Darek

Und Valentin hat statt einem Mail einen Weihnachtsbaum aus Deutschland bekommen mitsamt einem Liedtext. Da man den Text nur lesen konnte, wenn man den Baum drehte, war uns zum Schluss übel und der Baum bestand eigentlich nur noch aus Papierfetzen.

Der zusammensteckbare Tannenbaum – ein Gruß aus der Heimat

Schluss eines denkwürdigen Heiligen Abends in Australien, dessen Ursache einer spontanen Idee bei einem Telefonat mit Valentin entsprungen war, ihn nämlich auf dem Land- und Seeweg ohne Flugzeugnutzung zu besuchen. Manchmal braucht man Anstöße von außen und manchmal auch einen Tritt in den Arsch, um eingefahrene Wege zu verlassen und Neues zu wagen. Offensichtlich auch noch mit 66 Jahren!!!

Tag 67: Montag, der 25.12.2017
Brisbane

Und wieder hat sich eine Schnake um 3 Uhr an meinen Fingern gelabt. Der Rotwein vom Abend war offensichtlich so verführerisch, dass selbst das Risiko des Erschlagenwerdens in Kauf genommen wurde. Was auch eintrat. Und tatsächlich, der Blutfleck auf dem Kissen hatte eine andere Farbe als in der Nacht zuvor. Viel dunkler und vor allem meinte ich den Duft des „Goldenen Adlers" vom Weingut Wolfgang Blass zu riechen. Wahrscheinlich ein Nachfahre der deutschen Siedler aus Schlesien, die in der Gegend von Melbourne um 1850 den Weinbau in Australien begonnen hatten.

Beim Kurzbesuch am Arbeitsplatz von Valentin konnte ich mich überzeugen, dass er tatsächlich in Brisbane als Trainee einen Platz im Büro hat. Wir haben – wenn schon mal hier – noch eine Stunde abwechselnd die Monatszahlen frisiert und dabei den Jahresabschluss gerettet.

Alles sehr repräsentativ und immer mit der Gefahr verbunden, dass in solch hohen Stockwerken schnell mal der Kontakt ins Erdgeschoss verlorengeht. Dorthin, wo das Orchester die Noten aus den oberen Stockwerken spielt und die nach draußen hörbare Musik macht.

Um 7 Uhr war dann Weihnachts-Skypen mit Kathrin, Mareike und Maria angesagt. Das zweite Mal im Familienleben. Beim ersten Mal war Valentin 2009 als Sozialapostel in Torderra in Spanien und Skype musste als Verbindung dienen. Am Weihnachtsabend hatte eine Pappfigur an seiner Stelle auf der Bank gesessen und die blieb auch eine Weile sitzen.

Valentin an seinem Arbeitsplatz …

… und seine Vertretung

Weihnachten 2009 mit Valentin als Pappkamerad

Ansonsten galt es heute, die Bräunungsarbeit am Pool zu verrichten und an den Buchungen der Hotels der kommenden Tour zu feilen. Nicht ganz einfach, weil alle Hotels an der Great-Ocean-Route ausgebucht waren. Nach stundenlangen Recherchen waren wir mit unseren Nerven am Ende, dafür waren unsere Übernachtungen gebucht in der Hoffnung, dass die Schnarchattacken der Reise keinen vorzeitigen Abbruch bescheren. Die Nacht zu Silvester haben wir zwei Einzelzimmer gebucht, damit in dieser Nacht auf jeden Fall jeder zum Schlafen kommt. Und zwar in Kingston, einem Kuhdorf, 200 Kilometer vor Adelaide direkt am Meer. Und da soll trotz der tollen Lage auf der Landkarte der Begriff „tote Hose" am passendsten zutreffen. Im Vorgriff: Der Begriff lässt sich steigern.

Der morgige 26.12. steht dann im Zeichen von Zusammenpacken und Beenden einer schönen Zeit mit Valentin in Brisbane. Irgendwie hat dieser Stützpunkt bei dieser Reise dazu beigetragen, dass die Touren immer wieder unterbrochen wurden durch Ruhephasen, die mich wieder vom Erlebten runterbrachten und es mich verarbeiten ließen. Ein bisschen wie das Schiff „Aglaia" von Hongkong nach Brisbane, auf dem ich die Anreise mit dem Zug bis Hongkong verarbeiten konnte. Hier ist es eine Wohnung im 18. Stock eines Hochhauses, deren Wohnzimmer und Balkon man durchaus als Brücke betrachten kann. Auch von hier aus sieht man weit, nicht auf das blaue, aber auf das Häusermeer. Es ist 21 Uhr und ich bin total müde. Vom Essen, von Weihnachten, von Allem. Bett.

Tag 68: Dienstag, der 26.12.2017

Brisbane

Der letzte Tag in Brisbane. Packen für die Great-Ocean-Route – Packen für den Heimweg. Im Prinzip beginnt morgen die Heimreise mit der Zugfahrt nach Melbourne, die Valentin bereits früh vorgebucht hat, da wegen der Weihnachtszeit die Züge voll sind und auf der meist einspurigen Strecke bis Sydney nicht viele durchgehende Züge verkehren. Wie immer ist es ein komisches Gefühl, einen Ort zu verlassen, an den man sich gewöhnt hat, der einem eine gewisse Sicherheit gewährt und das ständige Buchen von Unterkünften unterbricht. Auch das Aneinandergewöhnen von Valentin und mir führt am Ende natürlich zu Abschiedsstimmung, wobei diese wohl erst am 1. Januar 2018 in Adelaide zu spüren sein wird, wenn Valentin mit dem Flieger nach Brisbane zurückfliegt und ich noch zehn Tage in der Gegend rumkurve, um am 8. Januar dann wieder in Melbourne einzutreffen.

Zum Weitergehen gehört auch neu zu packen. Und weil die Heimreise einen anderen Verlauf nimmt, kann auch der Rucksack anders gepackt werden. Leichter und unbeschwerter, passend zu der eigenen Leichtigkeit, die sich immer mehr einstellt. Von 10 bis 11 Uhr habe ich den Rucksack neu gepackt und zwei Tüten mit Kleidern und andere Dingen aussortiert für den Paketversand nach Hause gemeinsam mit dem Übergepäck von Valentin. Dass ich für meine alten Klamotten später noch Importsteuer in Deutschland bezahlen musste, wusste ich da noch nicht. Ich hätte es auch nicht geglaubt. Aber am Ende zahlten Valentin und ich 80 Euro Einfuhrsteuer für unsere Kleider, die wir auf unsere Reisen mitgenommen und danach per Paket nach Deutschland geschickt hatten. Hochoffiziell, dem Gesetze entsprechend und von der IHK auf Nachfrage bestätigt. Nur wenn ich meine Klamotten bereits bei der Ausreise deklariert hätte, wäre mir die Steuer erspart geblieben. Eine Regelung, die angeblich im Hirn eines Beamten des Finanzamtes in Ober-Gescheit entstanden ist.

Das Notwendigste, was ich auf den restlichen Landreisen benötige, ist dabei, auf dem Schiff reicht es ohnehin. Es fällt leicht, Dinge auszusortieren mit dem Gedanken, dass es trotzdem reichen wird. Notfalls kann ich in Singapur noch Kleidung besorgen, was ich mir aber nicht vorstellen kann. Nach einigen Wochen unterwegs sehe ich, was ich brauche. Nämlich fast nichts und wenn notwendig, wird das Wenige gewaschen. „Rei in der Tube“ macht's möglich, aber auch Shampoo oder Seife. Wenn man ohnehin die Haare wäscht, kann man auch gleich noch die Brühe für die Socken und die Unterhose verwenden oder andersrum. Das Hemd lässt man beim Duschen an und schon hat man wieder frische Wäsche. Trocknen empfiehlt sich, aber bei 35 Grad im Schatten kann man das Hemd auch gleich zum Trocknen über die Schultern hängen. Dann hilft es gleichzeitig gegen Sonnenbrand.

Packen vor dem Spiegel – Doppelte Arbeit

Der Nachmittag war kurz. Essen für die Reise besorgen, Cappu fassen und den Pool nochmal – heute bei 28 Grad – besuchen. Die nächsten Tage in der Gegend von Melbourne werden kaum wärmer als 25 Grad, nachts eher 12 Grad. Es wird quasi heimatlich, bevor es nochmals in die große Wärmekammer Äquator geht und Singapur mich das Schwitzen lehren wird. Abends nochmals Spaghetti Bolognese von Valentin genießen, ein oder zwei Bierchen trinken und dann ab zum Vorschlafen. Die kommende Nacht wird im Zug verbracht und das wird bekanntermaßen wieder die längste Nacht, aber der kürzeste Schlaf. Richtig Schlaf gibt es erst wieder in Melbourne in der darauffolgenden Nacht.

Tag 69: Mittwoch, der 27.12.2017
Brisbane – Casino – Sydney
Die Rückreise beginnt. Beim Packen wurde mir erst richtig bewusst, dass es Ernst wird mit dem „long way at home", von dem der Kapitän in seinem Weihnachtsmail geschrieben hatte. Er muss es wissen, wie lange etwa 40 Tage auf dem Meer sind. Noch kommt die Great-Ocean-Road-Tour mit Valentin, aber ab jetzt führt die Strecke nach Hause zur Wiesenmühle.

Brisbane als Fixpunkt der Reise war vorübergehend wie ein kleines Zuhause. Wehmut mischt sich mit Stolz, die Reise gewagt zu haben, dazu kommt eine nicht bestimmbare Gefühlsmischung von Freude, Glück und Unruhe vor dem, was kommen wird. Auch nach so vielen positiven Erlebnissen kommt zur Neugier auch die Vorsicht und das Hinterdenken. Keine guten Berater bei solchen Unternehmungen, wenn man dem Beratungsumfang zu großen Raum lässt und die Frage zulässt, was alles passieren kann.

Der Tag wird lang, da ich zunächst um 9 Uhr mit einem Pick-up-Bus von Brisbane nach Casino fahren muss, um den einzig möglichen Nachtzug nach Sydney zu erwischen. Dieser fährt um 19:30 Uhr los und kommt nach einer langen Nacht um 7:15 Uhr in Sydney an. Und dann nochmal von 7:45 Uhr bis 18:30 Uhr den Tagzug nach Melbourne. Dann ins Hotel, wo Valentin schon warten wird. Er fliegt am 27.12. abends und nutzt den 28.12., um die Stadt kennenzulernen. Dazu habe ich noch Zeit vor der Schiffsabfahrt. Insgesamt ca. 1600 Kilometer Bahnfahrt. Ich hätte wie Valentin fliegen können, aber solange mir das Reisen auf dem Boden besser gefällt, bleibe ich auf dem Boden. Es gibt genügend Überflieger auf dem Planeten.

Die Fahrt beginnt gleich mit einem Aufreger, weil der UBER-Taxifahrer mich am falschen Platz absetzt. Ich merke das, als ich ihn frage, ob der Platz wirklich richtig sei und er meint, ich solle im Transitzentrum fragen. Er fährt davon und ich frage einen Taxifahrer. Der kennt den Platz und schickt mich 300 Meter weiter. Dort ist Roma-Street – Bus-Station Nr. 125. Gut, wenn man ausreichend Zeit eingerechnet hat.

Im Bus ist Platz und irgendwie komme ich ins Gespräch mit Lynda, einer Frau, die es sich in der gegenüberliegenden Sitzreihe bequem gemacht hat. Ab und zu schaut sie zu mir, ab und zu schaue ich zu ihr. Ein paar Mal schauen wir beide gleichzeitig. Bevor es komisch wird, setze ich mich neben sie und frage direkt, ob sie auch auf dem Weg nach Sydney sei. Ich hätte auch fragen können, ob wir uns

schon mal gesehen haben, aber Sydney fand ich irgendwie passender. Mit 66 immer noch zu blöd, um einigermaßen normal ein Gespräch anzufangen. Danach das Übliche halt, woher, wohin ... und so stellt sich heraus, dass sie in Melbourne an der Uni arbeitet und hier über Weihnachten Freunde besucht. Da ich ab dem 8. Januar in Melbourne sein werde, lädt sie mich ein, mir die Stadt zu zeigen. Ok. Telefonnummern und E-mail getauscht. Mal sehen, ob das klappt. Wäre schön! Wenn es aber nicht klappt, würde weder die Welt noch sonst was untergehen.

Nach zwei Stunden schüttet es wie aus allen Wolken und an einer Haltestelle steigen Leute aus. Der Fahrer hat vorher irgendwas von Umsteigen gefaselt, aber ich habe ja – dachte ich – einen Direktbus gebucht. Der Fahrer ahnt wohl, dass ich die Lage nicht überblicke und fragt nochmal, ob jemand zum Zielort Casino wolle? Das war's dann, hektischer Aufbruch, Schuhe anziehen und raus in den strömenden Regen und das Gepäck ausladen. Ich höre noch, dass von innen an die Fenster geklopft wird und mehrmals das Wort Gitarre in den Regenlärm geschrien wird. Die habe ich tatsächlich vergessen im überstürzten Aufbruch. Gut, dass es Leute gibt, die mitdenken.

Auf die Idee, diese herauszureichen, kommt aber keiner von den recht jungen Leuten. Sie sind alle zu sehr mit dem Abarbeiten der Nachrichten auf ihren Handys beschäftigt. Dass es trotzdem noch zum Fensterklopfen und Schreien gereicht hat, sehe ich zumindest als Zeichen des Himmels, dass trotz dem Dauerwischen auf der Jugendbibel auffällige Gegenstände wie eine Gitarre noch wahrgenommen werden. Wenn meine Kinder in einer solchen Situation nur schreien und klopfen würden, hätte ich allerdings irgendwie das Gefühl, versagt zu haben.

Der neue Fahrer ist sehr hilfsbereit und wartet geduldig. Bis nach Casino sind es noch 50 Kilometer und der Fahrer muss in jedem Ort halten und Leute aussteigen lassen. Am Ende sitze ich allein im Bus und der Fahrer, Guiseppe, sucht das Gespräch. Er ist mit seiner Familie 1966 als Neunjähriger eingewandert, als Australien Fachkräfte suchte. Innerhalb von vier Wochen, so erzählt er, hatte sein Vater das Visum und von Genua ging es per Schiff mit allem Hab und Gut in die neue Welt mit Zielhafen Sydney. Heute lebt sein Sohn in Brisbane und seine Tochter in Köln.

Er beschreibt, wie sich Australien mit den vielen Immigranten, in der Regel Facharbeiter aller Richtungen, am Anfang anschickte, ein neues, anderes, freieres Land aufzubauen, in dem Solidarität und Gemeinschaftssinn dominierten, ganz in der Tradition der ersten Siedler am Anfang der Urbarmachung des Kontinents.

Hierzu ein Artikel von der Website: http://www.australien-reise.org/allgemeines/geschichte/

„Auch Australien ist in den 1960er-Jahren von einer revolutionären Stimmung mitgerissen worden. Der Kontinent wies eine große ethnische Vielfalt auf und Australien machte sich von Großbritannien unabhängiger.

Die Bevölkerung wehrte sich gegen den Vietnamkrieg und ein neues soziales Bewusstsein kam auf. Die überwiegende Mehrheit der Australier stimmte im Jahr 1967 einem Referendum zu, welches sich mit den Aborigines auseinandersetzte. Dieses sorgte dafür, dass das Urvolk zukünftig in den Volkszählungen berücksichtigt werden würde. Ein weiteres wichtiges Ereignis war die Wahl der Australian Labor Party im Jahr 1972. Sie löste die Koalition der Country Parteien und der Liberalen ab.

Diese neue Regierung schaffte die Universitätsgebühren ab, beendete die Wehrpflicht und implementierte eine allgemeine, kostenfreie Krankenversicherung. Des Weiteren ist der Multikulturalismus gefördert worden und eine Scheidung ohne Schuldfrage ist eingeführt worden. Ferner konnten Frauen nun den gleichen Lohn verdienen wie ihre männlichen Kollegen.

Im Jahr 1975 ist die Regierung trotz dieser bahnbrechenden Erneuerungen aufgelöst worden. Der Grund dafür waren die steigende Inflation und ein Regierungsskandal. Bis zum Jahr 1983 regierte schließlich die liberal-nationale Koalition.“

Seit den 1990ern hat sich das Land verändert und wurde den anderen Ländern immer ähnlicher. Mir fällt in diesem Zusammenhang auf, dass ab dieser Zeit die digitale Zukunft begann, in der die Informationstechnologie den weltweiten Turbokapitalismus zum Explodieren brachte. Ob es einen Zusammenhang gibt? In meinen Augen ja, denn erst die schnellen Datentransfers machten bestimmte Dinge möglich, die früher länger brauchten und deshalb anders abliefen.

Alle Einwanderer brachten ihre Religion mit. Sichtbare Zeichen aus dieser Zeit: die verschiedensten Kirchen

Auch das Thema Aborigines kommt zur Sprache. Guiseppes Credo ist eindeutig. Wer Menschen an staatliche Hilfe gewöhnt, wird Almosennehmer ernten. Die Entwicklung, die er in seinem persönlichen Umfeld sieht, bestätigt ihn in vollem Umfang. Vom Unrecht an den Ureinwohnern kann sich der Staat nicht freikaufen, weil Geld die falsche und nachweislich schlechteste Methode darstellt, auf Augenhöhe zu leben.

Zwischendurch hält Guiseppe an und zeigt uns eine Schlange am Wegesrand, die gerade ein Karnickel erwürgt. Leider bin ich mit dem Foto zu spät. Aber irgendwie passt die Symbolik zur Geschichte. England müsste eigentlich eine Schlange in seiner Nationalflagge tragen, die Australier als Rechtsnachfolger ebenso. Wen das Karnickel darstellt, brauche ich nicht explizit zu erwähnen.

Zum Schluss erzählt Guiseppe noch das Wunder von Casino, mein Abfahrtsstädtchen mit 12.000 Einwohnern. Hier wird eine kanadische Firma Cannabis anbauen und am Ort in einer Fabrik 600 Arbeitsplätze schaffen für die Gewinnung des Öls aus der Pflanze für medizinische Zwecke. Der Bedarf ist da, das Patent auch und die Farmer bekommen andere Möglichkeiten und sind dadurch weniger abhängig vom Marktpreis des Rindfleisches. Kleinere Farmer dürften davon profitieren, weil sie als Verlierer im globalisierten Rindfleischmarkt gelten und tagtäglich ums Überleben kämpfen.

Daneben wird mit einem australischen Patent Kompostrecycling betrieben, das ebenfalls 300 Arbeitsplätze schaffen wird. Insgesamt fast 1000 Arbeitsplätze mit allen dazugehörigen Vorteilen für die Region und Einnahmen in Millionenhöhe für den Geländeverkauf durch die Stadt. Ein Beispiel, wie neue Produkte die bisherige und gewohnte Agrarwirtschaft verändern können.

Am Bahnhof lässt mich Guiseppe raus und regelt mit dem Stationsvorsteher, dass dieser mein Gepäck in seinem Büro aufbewahrt, damit ich mich in Ruhe in der Stadt umschauen kann. Eine nette Geste eines Einwanderers im Geiste der Zeit von damals.

Der Ausflug wird kurz. Bei McDonalds einen Cappu und dem Treiben auf der Straße zuschauen. Eine Stadt in Flachbauversion mit überbreiten Straßen, sehr ausufernd in die Fläche gebaut, was die Fußwege lang und durch die Sommerhitze schweißtreibend werden lässt. Kirchen gibt es so viele wie Glaubensrichtungen mit den Einwanderern auf den Kontinent kamen. Immer wieder auch die „United Church“, ein Versuch, Gläubige verschiedener Richtung zusammenzubringen. Auffällig für mich ist eine private Kindertagesstätte: geöffnet von 6 bis 18 Uhr, für Kinder ab 6 Wochen. Hier scheinen die Vorbehalte gegen ein frühes Abgeben der Kleinkinder in Betreuungseinrichtungen nicht so verwurzelt zu sein wie in Deutschland. Ein sehr schönes Gebäude mit naturnahen Außenanlagen erweckt den Eindruck, dass hier eine Kinderstube arbeitet, der die Eltern ihre Kleinsten gerne anvertrauen. Der äußere Eindruck, ich höre schon die Kritiker, sagt natürlich noch nichts über die pädagogische Qualität. Hier haben die Eltern als Kunden der Einrichtung offensichtlich entschieden, dass der Ort zum monatlichen Obolus passt.

Um 19:30 Uhr fährt mein Zug nach Sydney minutengenau ab. Valentin fliegt zur gleichen Zeit parallel in Brisbane mit dem Flieger los und ist zwei Stunden später in Melbourne. Ich 32 Stunden später. Der Kontinent lehrt einen, die Zeitspannen für die Überwindung von Entfernungen einzuschätzen. Vor diesem Hintergrund wird auch klar, warum es überall Flugverbindungen und Kleinstflughäfen gibt.

Mein Fensterplatz beschert mir eine eingewanderte chinesische Familie. Der Mann ist schlank und lässt mir genügend Freiraum. Die eher vollschlanke Frau und das Kind sitzen in der Reihe daneben und benötigen auch beide Sitze, was nicht am fünfjährigen, relativ kleinen Jungen liegt. Glück gehabt, dass die Mutter das Kind bei der Reise umsorgen wollte. Im anderen Falle wäre meine rechte Seite von ausufernden Ringen umsorgt und massiert worden.

Bei der Abfahrt blendet die tiefstehende Sonne und der junge chinesische Mann schiebt bei seiner Frau den Vorhang zu. Danach zu meinem Erstaunen auch den Vorhang in der Reihe davor. Das leicht entgeisterte Gesicht der Frau spricht Bände nach dem Motto: Die Götter, die man rief … Als der Nachfahre irgendeiner Ming-Dynastien sich am Vorhang meines Fensters zu schaffen macht, weil ein Blech draußen gegenblendet, schiebe ich den Vorhang wieder zurück und deute auf meine Sonnenbrille. Die Claims sind damit abgesteckt.

Trotz dieses Kräftemessens kommt es zu einer anregenden Unterhaltung über alles Mögliche, auch über China, das er wegen des dortigen Systems vor vielen Jahren verlassen hat. Die inzwischen eingetretenen Veränderungen hat er nicht mehr mitbekommen.

Dann wieder eine längste Nacht und mit ihr der Schlaf im Waggon. Vom Gefühl her habe ich oft geschlafen oder geschnarcht. Aber nicht als Einzelner, eher im Chor, wie ich zwischendurch beim Aufwachen mit Zufriedenheit feststellen konnte. Während Valentin bereits in seinem Hotelbett schlief, hörte ich das gleichmäßige Tack-Tack der Zugachsen, das wegen des geringen Tempos und dem Schaukeln immer wieder an die Transsibirische erinnerte. Auch schon wieder neun Wochen her.

Draußen zogen im fahlen Mondlicht die Landschaften und Bahnhöfe vorbei, die ich bei meiner Jungfernfahrt nach Sydney genossen hatte, und ich träumte, Zugführer zu sein in einem Zug, der nicht von der Stelle kam und Melbourne in weite Ferne rücken ließ. Gut, dass ich mich nicht schnarchen hören musste bei diesem Albtraum. Vermutlich preußische Marschmusik.

Tag 70: Donnerstag, der 28.12.2017
Sydney – Melbourne

Sydney Bahnhof, sehr schön, aber bereits bekannt. Einfahrt um 7:25 Uhr, Zugwechsel, Abfahrt um 7:42 Uhr. Zum Kaffee to Go hat es nicht gereicht wegen der Warteschlange am Kaffeestand. Nach einer Überschlagsrechnung wäre es mindestens 7:50 Uhr geworden, also Kaffee oder Zug. Nach dem Traum von heute Nacht ist die Entscheidung einfach. Nichts wie rein in den Waggon und zielstrebig zum gebuchten Fensterplatz. Gepäck verstauen, hinsetzen, entspannen und die Gedanken neu sortieren, da sich die Kaffeesucht meldet.

Dann eben Wasser oder die Kaffeebrühe (dunkel gefärbtes heißes Wasser, das mit Inbrunst getrunken oder verflucht wird) im Zug, die neuerdings auch mit Brühbeuteln erzeugt wird.

Neben mir sitzt eine ältere Dame, vermutlich Lehrerin a. D., die offensichtlich mit letzten Checks einer Reisevorbereitung beschäftigt ist. Fünf oder mehr Listen werden nochmals abgehakt, offene Punkte fett umkreist. Wie sich im anschließenden Gespräch zeigt, ist sie auf dem Weg nach Wagawaga, einem Flughafen bei Canberra, von dem sie mit ihrem 80-jährigen Bruder zu einer zweimonatigen Asi-

Mit dem Zug Richtung Westen

enreise aufbricht. Fliegerhopping, Taxihopping, Bushopping. Beruflich war sie Managerin einer Bücherei. So falsch lag ich nicht mit meiner Vermutung einer öffentlichen Anstellung.

Sie erzählt, dass ihre Vorfahren 1840 zu den ersten Siedlern gehörten, die als Farmer aus Irland nach Australien auswanderten. Heute reist sie viel und die Länder im Osten wie im Westen Europas sind ihr bekannt von ausgedehnten Reisen.

Geschätztes Alter etwa 72 bis 75 mit einem rot lackierten großen Fußzehnagel. Dazu ein „Kindle" auf dem Schoß, das ihr wohl vorbereitete Informationen aus einem Hörbuch vermittelt. Zwischendurch frage ich sie nach ihrer Meinung bezüglich den Hauptproblemen Australiens heute. Für sie gibt es zwei wichtige Themen:

a) Die Emanzipation der Ureinwohner: Nur mit Bildung und Berufszugang ist eine Emanzipation der Aborigines möglich. Alle Geldtransferleistungen zerstören die Kreativität des Menschen. Ebenso Reservate, die vom Staat bezuschusst werden, weil damit keine Selbstständigkeit entstehen kann. Das geschehene Unrecht kann man sowieso nie wieder gut machen. Aber gesellschaftliche Gleichstellung wäre machbar.

b) Der Verkehr in den Städten macht die Städte kaputt. Keine Umfahrungen, obwohl heute die zigfache Anzahl an Autos fahren. Schuld trägt die jetzige Regierung, der sie Korruptheit und Klientelwirtschaft vorwirft.

Um 12 Uhr steigt sie aus. Ich habe Platz und stelle fest: Noch sechs Stunden Zug in Australien. Das war's dann mit der Zugfahrerei. Den nächsten nehme ich in Genua und auf jeden Fall von Achern nach Oberachern-Hanfwerke. Danach wird sich mit dem 500-Meter-Fußmarsch zur Wiesenmühle der Kreis schließen, der am 20.10.2017 begonnen hat. So ist das eben. Nach der Halbzeit der Reise denkt man schon an das Ende. Vor der Halbzeit nicht. Um 18:10 Uhr werde ich in Melbourne auf dem Bahnsteig stehen und Valentin holt mich ab. Die letzten vier gemeinsamen Tage in Australien werden beginnen.

Ab dem 1. Januar werden es noch ca. 60 Tage sein. Zeit genug, so hoffe ich, Erlebtes aufzuarbeiten, Vergangenheit einfließen lassen, Nichtverarbeitetes nochmals versuchen zu verarbeiten, aus Erinnerungen Neues entwickeln, alte Zöpfe abschneiden. Das ganze 50 Jahre lang entwickelte Beziehungsgeflecht für die Zukunft ordnen nach Wichtigem und Unwichtigem. Entscheiden, wo es sein muss und offenlassen, wo die Zeit eine Rolle spielt. Also Dinge, die man ohnehin nicht durch Entscheiden klären kann. Manches entscheidet sich von selbst. Das Maß festlegen, bis zu dem man sich reinreden lässt und das Maß, bei dem man für sich entscheidet.

Draußen ziehen sanfte Landschaften vorbei mit Schafherden, Kühen, Pferden. Erinnerungen an Spaniens Hinterland, weg von den Küstenzentren mit dem Rummel in den Sommerzeiten. Weite, abgeerntete Getreidefelder wechseln mit Weideflächen und abgefressenem Trockenland. Orte sind selten, auch hier herrschen die Gesetze des Outbacks. Nur die Temperaturen sind erträglicher und die Nähe zu größeren Städten. Canberra als Haupt- und Melbourne als Weltstadt. Mit dem „Alpin National Park“ sogar ein attraktives Skigebiet mit bis zu 2200 Meter Höhe.

Zwischen 1890 und 1900 waren weniger die Skigebiete ein Thema, sondern die auf Australien überschwappende Weltwirtschaftskrise durch den Zusammenbruch von Banken in Argentinien und England. Bereits zu dieser Zeit war ein interkontinentaler Handel mit der Nordhalbkugel in vollem Gange, weshalb Krisen dort automatisch Auswirkungen auf den Exportmarkt Australiens hatten. Die Goldfunde, andere Metalle und vor allem die Schafswolle hatten Australien zu einem der reichsten Länder der Erde katapultiert und ließen Kleinstädte im Outback wachsen und die Großstädte explodieren.

Der 100.000-fache Zuzug von Einwanderern trieb die Preise für Bauland innerhalb von fünf Jahren um das Vielfache des Wertes von 1885 in die Höhe und ließ eine riesige Giftblase entstehen, die nach 1890 ihre Schleusen öffnete. Nach der Vollbeschäftigung wachte z. B. die reiche Stadt Melbourne mit inzwischen 500.000 Einwohnern mit 20 Prozent Arbeitslosigkeit aus dem Goldboomtraum auf. Verstärkend kam

hinzu, dass Australien von 1895 bis 1903 eine bisher nie erlebte Trockenheit durchstehen musste und der Wollpreis aufgrund des höheren Angebotes und der schwächeren Nachfrage weltweit im Fallen war. Es sollte bis zur Föderationserklärung 1901 dauern, bis sich Australien allmählich von dieser Wirtschaftskrise erholte.

Eine Geschichte, die sich trotz der exakten Kenntnisse um deren Entstehung auch heutzutage jederzeit wiederholen kann, weil die Politik nicht im Stande ist oder kein Interesse daran hat, dem Turbokapital den Schalter auf Halbmast zu legen. Die letzte Bankenkrise liegt gerade mal zehn Jahre zurück. Die nächste liegt bei den derzeitigen Spekulationen an den Weltbörsen in der Luft. Zu dem mit Sach- und Ideenwerten hinterlegten Aktienkapital – mal mehr, aber meist weniger real werthaltig – kommen neue und nicht mehr beherrschbare Digitalwährungen hinzu, die Finanzmanipulationen ermöglichen, deren Auswirkungen noch niemand genau kennt, aber jeder ahnt die verheerenden Wirkungen.

Zwischendurch steigt eine Frau Mitte 30 ein und hat wohl den Platz der älteren Frau gebucht. Getreu meinem Reisemotto: „Wer nicht redet und fragt, der braucht sich über das Schweigen der anderen nicht wundern", spreche ich sie nach einiger Zeit auf die Hauptprobleme Australiens an, die sich aus ihrer Sicht stellen. Sie arbeitet in Hongkong und betrachtet deshalb die Situation Australiens von außen. Für sie ist die Umweltproblematik das Hauptproblem, weil beispielsweise das Grundwasser und die Flüsse für große Farmunternehmen ausgebeutet werden und dies mit Korruption einhergeht. Bei uns würde man hinter der Aussage die „Grünen" vermuten. Da die Frau nach dem „Interview" die Ohrstöpsel fast bis ins Gehirn einschiebt, unterlasse ich später weitere Fragen. Die Frau ist ganz einfach – auch von den hängenden Gesichtszügen her – fertig vom Arbeiten und möchte nach der Landung in Wagawaga nur noch nach Hause. Vielleicht erwartet sie dort eine Singlewohnung zum Entspannen oder um der gewollten oder ungewollten Einsamkeit zu frönen oder darunter zu leiden.

Inzwischen fahren wir hinter Albury vom Gefühl her tatsächlich mit der Transsiberia. Es rumpelt und ruckelt und neben den Schienen sind auf beiden Seiten Bäume und dahinter weites Land. Eine Nummer schlechtere Gleiskörper und der Zug läge kopfüber in der Prärie. Wir mit etwas Glück strampelnd auf der Innenseite des

Waggondachs und nicht – was wahrscheinlicher wäre – im Leichenwagen zur Obduktion und Personalienfeststellung. Bei dem Gedanken sehe ich schon Petrus an der Himmelspforte mit der australischen Flagge winken.

Ab 17:30 Uhr beginnt der Speckgürtel von Melbourne. Die letzte Stunde Zugfahrt auf dem Kontinent der „Überkopfhänger“, die zwar auf dem Boden stehen, aber rein vom Betrachten des Globus her immer mit dem Kopf nach unten hängen. Es waren tolle Fahrten mit vielen schönen Landschaften und Nächten, die man nie vergisst. Insgesamt kommen etwa 4500 Kilometer Bahnfahrt zur Statistik hinzu.

Um 18:30 Uhr rollt der Australien-Rumpel-Train auf dem Bahnhof „Southern Cross“ in Melbourne ein. Die australische Hongkongerin verabschiedet sich freundlich und wünscht mir noch viel Glück auf meiner weiteren Reise. Oha, denke ich, hat gerade noch gefehlt, dass sie mich zum Kaffee einlädt und ich Valentin über das Handy ins Hotel zurückschicken müsste.

Valentin wartet bereits am Bahnsteig und nach einem Einkauf notwendiger Versorgungsgüter für den nächsten Tag sind wir um 19:30 Uhr im Hotel. Eine lange Nacht, ein langer Tag und insgesamt 33 Reisestunden liegen hinter mir. Es war nicht nur schön, aber es war die Reise wert. Sie wird immer in Erinnerung bleiben. Um 22 Uhr liege ich flach. Ich gehe davon aus, dass ab 22:30 Uhr die Gaumensegel ausgefahren wurden und das Schiff namens Josef mit voller Kraft und hart am Wind durch die Nacht segelte. Dieses Mal ohne daran denken zu müssen, dass andere Mitbrüder und Mitschwestern vom Schlagen des Segels aus dem Schlaf gerissen werden könnten. Meine Furcht vor der Rückkehr des Zugführers aus dem Traum der vergangenen Nacht war unbegründet. Er war wohl direkt nach meinem Aufwachen mit seinem Zug entgleist.

Hauptbahnhof Melbourne

Tag 71: Freitag, der 29.12.2017
Melbourne – Colac

Der 1. Tag der Great-Ocean-Tour. Dieser Tag wird in die Geschichte eingehen als Europcar-Paps-Valentin-Drama in mehrere Akten.

Akt 1: Frohgemut fahren wir mit dem Taxi und Gepäck zu Europcar-Melbourne und stellen uns in die Reihe der Wartenden. Am Schalter angelangt lehnt Mr. Adam ab, meine Papiere anzuerkennen, weil ich neben dem Pass und dem Original des Internationalen Führerscheins den deutschen Führerschein nur als Kopie dabeihabe. Wie immer und auch wie in Sydney, als ich lediglich darauf hingewiesen wurde, dass ich Probleme mit der Polizei bekommen könnte. Das wären aber meine und nicht die von Europcar. In Melbourne ticken die Uhren anders – sprichwörtlich wegen der Zeitverschiebung – aber auch im Großhirn von Mr. Adam. Eine Schwarzwälder Kuckucksuhr hatte der jedenfalls nicht im Kopf, maximal einen oder gleich mehrere Vögel. Mir war klar, dass der keine Eva mehr zu Hause hat. Die dürfte lieber ins Irrenhaus gezogen sein. Sein geistiger Auswurf: Das Auto könne nur von Valentin ausgeliehen werden.

Akt 2: Es stellt sich schnell heraus, dass der salopp gekleidete Typ auf Vorschriften sitzt und seinen Arsch sonstwo abgegeben hat. Mein Führerschein könne ja eingezogen worden sein, weshalb die Kopie nicht mehr gültig sein muss. Dass dann der original Internationale auch eingezogen worden wäre, kapiert er nicht, trotz Klimaanlage im Raum. Valentin ist bereits auf 150, weil klar wird, dass er fahren muss und er schon weiterdenkt, dass ich dann von Adelaide mit dem Zug zurückfahren muss.

Lösungen bietet der Namensvetter unseres Urvaters Adam nicht an, seine Eva wäre vielleicht flexibler gewesen, aber die lebt bekanntermaßen im Irrenhaus. Wir schlagen vor, dass wir vom Konsulat Melbourne eine Bestätigung über die Gültigkeit der Papiere besorgen. Aber das Honorarkonsulat hat über Weihnachten/Silvester – wie könnte es anders sein – geschlossen und verweist mit einem Papier an der Tür auf die Botschaft in Sydney. Valentin ruft an und tatsächlich wäre es möglich, uns zu helfen, wenn wir die Kopien der Papiere als PDF dorthin mailen. Allerdings bis 12 Uhr, dann ist auch dort Schluss. Wir haben 11:30 Uhr.

Wir verschicken die PDFs und gehen wieder zu Europcar, um den Autoverleihpapst nochmals zu beackern, sich einen Service-Ruck zu geben. In meinem bes-

Mit Chauffeur Valentin unterwegs – ich bin zum Beifahren verdammt

ten Badenglisch verleihe ich meiner Verärgerung mit einer sehr deutlichen Sprache Ausdruck, aber der Typ würde eher in den Apfel von Eva beißen, als sich nur einen Millimeter zu bewegen. Eine Chance wäre, dass ich einen Antrag auf Ausstellung eines neuen Führerscheins in Deutschland stelle und die Kopie des Antrags vorlege. Es gibt bessere Witze, aber auch diesen Versuch werden wir organisieren. Am Freitag, den 29.12.2017 um 13 Uhr schlafen die Sachbearbeiter in Deutschland noch, denn dort ist es gerade 3:30 Uhr. Valentin ist bei 190 angekommen, unterdrückt aber seinen Frust als Businessman immer noch sehr gekonnt. Dann wäre zumindest in Adelaide das Problem gelöst: Ich könnte das Auto dort übernehmen und Valentin hätte eine Hauptsorge weniger, die ich gar nicht hatte, da ich andernfalls auf andere Vermieter gesetzt hätte.

Akt 3: Wir sitzen im Auto vor dem Europcar-Büro und kurz nach 12 Uhr bekommt Valentin die Meldung vom Handy, dass sein Mail an die Botschaft wegen Überschreitung der Datenmenge um ein MB nicht zugestellt wurde. Schlagartig verdoppelt sich das Fieber des Wutthermometers auf 380. Gut, dass unser Auto eine passable Schallisolierung hat und so die Fußgänger nicht in Panik geraten oder die „Grüne Minna" rufen, jenes ominöse Fahrzeug, von dem ich als Kind erzählt bekommen habe. Mit ihm wurden angeblich Verrückte oder Tobende abgeholt.

Die Wut ist verständlich und richtet sich jetzt gegen das Handy bzw. die dahinterstehende Digital-World-Company und natürlich auch gegen mich, da der fehlende Originalführerschein tatsächlich ursächlich zu dieser Situation geführt hat.

Für mich ist längst klar, dass diese Situation zwar in meinem Fall auf meinen bewussten Verzicht auf das Mitnehmen des Originals zurückzuführen ist, aber sich eine ganz andere Frage grundsätzlicher Art stellt. Wenn ein Urlauber seinen Führerschein verliert oder er ihm geklaut wird – beide Gründe waren der Anlass, das Original zu Hause zu lassen – was macht er dann? Ich habe noch eine zweite Kopie vom Original, aber eben kein Original dabei und der Vermieter hat keinen vernünftigen Vorschlag. Ab jetzt ist klar, Mr. Adam ist ein Korinthenkacker und kein Korinthenesser.

Es hilft alles nichts. Nach dem Abflauen des ersten Orkans wird klar: Wir fahren los, weil wir sonst die Great-Ocean-Tour im Internet mit Google Street View abfahren müssten. Geht auch, ist aber ziemlich anstrengend. Außerdem würden wir irgendwann auffallen, wenn das Auto, in dem wir sitzen, langsam dahinrostet.

Abenddämmerung in Colac

Akt 4: Valentin fügt sich in sein Fahrerschicksal und fährt los im Linksverkehr in einer Millionenstadt. Und siehe da, in kurzer Zeit läuft alles ganz normal und die traumatisierte Seele beruhigt sich nach der Auffahrt auf die Autobahn Richtung Torquay, dem eigentlichen Beginn einer der schönsten Straßen der Welt. Der Regen und das dunkle Wetter stören zwar die aufkommende Verbesserung des Stimmungsbarometers, aber der Start ist geschafft. Die Great-Ocean-Tour hat mit der Aufführung eines großartigen Sommertheaterstückes begonnen und wir durften zwei der drei Hauptrollen spielen.

Die ersten Städtchen am Anfang der Tour sind breitflächige Feriendörfer mit geparkten Autos ohne Ende. Auch der Verlauf der Straße normal und unspektakulär. Den ersten Aussichtspunkt „Bells Beach“ verlassen wir bei Regen, denn das Farbenspiel des Ozeans trägt heute die Farbe „grau in grau“ und passt sich der Stimmung an, anstatt sie mit „blau in blau“ zu ändern.

So bleibt das auch bei weiteren Aussichtspunkten, aber inzwischen fährt Valentin wie ein Profi die Kurven und regt sich auf, wenn die Sonntagsfahrer seinen Stil bremsen. Die Straße wird zum Aufheller und zum Schluss geht es noch zu Teddy's Lookout – ein wirklich wunderbarer Platz hoch oben über dem Meer mit tollem Blickfenster – aber dunkle Wolken und Regentropfen können kein Türkis produzieren. Auf dem Weg nach Colac – 60 Kilometer im Inland gebucht, da keine Zimmer am Meer frei waren – überlegen wir, vielleicht bei gutem Wetter am nächsten Tag nochmal vorbeizukommen. Der Lookout in blau wäre eine echte Sau.

Das Apartment in Colac ist ok, wenn auch nur ein Zimmer mit drei Betten mit dem üblichen nächtlichen Problem. Wer aber Mr. Korinth überlebt, überlebt auch eine Schnarchnacht.

Ich rufe um 20 Uhr das Landratsamt in Offenburg an – die Zeitverschiebung macht's möglich – und erreiche eine Frau Schweiger. Sie ist zunächst über den Anruf aus Australien völlig platt, verspricht aber, mir die Führerscheinauskunft als PDF zu mailen. Nach 15 Minuten ist diese auch da. Leider nur ein Computerauszug, aber andere Bestätigungen werden nicht ausgestellt. Valentin leitet das Originalmail mit einigen erklärenden Sätzen an Mr. Korinth. Dann gehen wir essen.

Statt Steak gibt's Thai Food, was sich bei Valentin eher als zerstörender Taifun herausstellt, was den Geschmack angeht. Mit dem Essen ist endgültig klar, dass uns heute Mr. Murphy persönlich begleitet hat. Mein Essen ist ok, aber sicher kein

Schlemmergenuss. Die Wetteraussichten für die nächsten Tage hellen die Gedanken nicht auf. Vielleicht hilft ein guter Traum oder eine durchschlafene Nacht trotz meiner nächtlichen Schnarchfanfaren, die mitten in der Nacht zum Angriff auf Korinth blasen.

Ich bin mir sicher, dass sich bis Adelaide alles geklärt hat. Valentin ist überzeugt, dass sich nichts klären wird. So verschieden kann man Situationen beurteilen. Und am Ende? Das wird noch nicht verraten. Es wird in vielen tangierten Bereichen eine richtige Überraschung.

Tag 72: Samstag, 30.12.2017
Colac – Port Fairy

Um 7 Uhr brummt das Handy „Guten Morgen". Draußen Wolken und Nieselregen. Gerade heute am Tag der Tage, an dem „the verry biggest ones of Great Ocean Road" warten.

Ein Hammertag also und es sollte einer werden in vielerlei Hinsicht. Beim Einsteigen ins Auto waren es nur noch Wolken, aber kühle 14 Grad. Vor der Abfahrt mussten noch die Vorsorgemaßnahmen gegen die Zuckerlöcher des Tages getroffen werden, d.h. Mrs Woolworth war die erste Frau des Tages, der wir einen Besuch abstatteten. Scheibenkäse, Türkisch Brot, Schinken, Trauben, Äpfel, Wasser. Alle Märkte gleich eingerichtet, also schneller Durchmarsch.

Das Wetter wird nicht besser, die Laune von Valentin dementsprechend. Trotzdem entscheiden wir, nochmals Teddy's Lookout anzusteuern. Ein Umweg von 50 Kilometer, aber falls dort die Sonne scheinen würde, dann wäre der Start in den Tag gerettet. „No risc, no fun." Valentin fährt wie der Teufel, oft etwas knapp am linken Fahrbahnrand entlang, aber nur knapp, nicht daneben. Das hat er von mir übernommen, weil ich beim Fahren auch den linken Rand bevorzuge. Das hat Vorteile, wenn einem die an der Mittellinie orientierten Angstfahrer entgegenkommen.

Wir kommen bei Teddy an und sind allein auf der Plattform und ... die Sonne bricht in diesem Moment durch und ein Stück blauer Himmel wird sichtbar. Das Meer verfärbt sich binnen Sekunden in alle Bau- und Türkistöne – der Himmel hat ein Machtwort gesprochen.

Teddy's Lookout an der Great Ocean Tour

Ungläubiges Staunen bei Valentin, ich war mir irgendwie sicher, dass es nach dem Murphy-Tag von gestern heute einen Ausgleich geben würde. Heller Sonnenschein und helles Gesicht des Zweiflers. Jetzt konnten die anderen Hämmer kommen. Ich prophezeite, dass die Sonne auch bei unserem dortigen Eintreffen scheinen wird und erntete natürlich ein Kopfschütteln über so viel Optimismus mit so wenig handfesten Argumenten.

Cape Otway Leuchtturm

Und es war beim ersten Punkt, dem Cape Otway Lighthouse, einem alten Leuchtturm genauso. Wir waren vor dem ersten Ansturm auf dem Turm und konnten drei Minuten die Umgebung genießen – und die Sonne knallte, als wenn sie uns auf dem Turm sagen wollte: „Auf euch habe ich schon Stunden gewartet!"

Der Wind auf dem Rundgang war so stark, dass man sich schief legen konnte und nicht umfiel. Minuten, die ich nie vergessen werde. Ein Drei-Minuten-Film von der Plattform sollte den Moment festhalten für zu Hause. Und dann war es soweit wie schon angenommen.

Die Flurprozession zum Turm hatte begonnen. Die ersten Busse waren gekommen und ab jetzt hieß es für den Turm nur noch: Rummel, Bummel, Klick, Klick, Klick – die Busse von gestern sind zurück.

Bei den Flurprozessionen in meiner Kindheit mussten wir beten und singen, damit meiner Erinnerung nach die Früchte des Feldes gut gedeihen und mit der Erntedankprozession der Saat-Ernte-Ring mit Gottes Hilfe und alle ernährend geschlossen werden konnte. Während der Turm zu ächzen begann, saßen wir im Auto und fuhren zum nächsten Punkt, den Gibson Stepps. In den Stein gebaute Treppen, die ca. 40 Meter an einer senkrechten Wand an den Strand führen.

Imposant und beeindruckend, wenn man als kleiner Punkt am Strand steht vor den übermächtigen Wänden und die ersten Blicke zu den Aposteln werfen kann, die sich um die Kurve rum am Strand rumlümmeln.

Gibson Steps

Als wir mit unserem Auto ankommen, werden wir bereits auf einen Ausweichparkplatz – einen Grasacker – geleitet. Dort stehen bereits ca. 200 Autos und auf der Wiese daneben starten unablässig Hubschrauber zum Zwölf-Apostel-Flug. Vermutlich zwölf Minuten. Mehr auf keinen Fall.

Wir marschieren den Weg zur Apostelbasilika, dem Touristenzentrum für die zwei Millionen Besucher jährlich. Entspricht einem Tagesbesuch von ca. 5500 Menschen im Schnitt. An Tagen wie heute, in den Sommerferien Australiens, dürften über den Tag verteilt ca. 30.000 bis 40.000 Menschen den Aposteln die Aufwartung machen. Nach Gefühl und Autos geschätzt sind mit uns 2000 bis 3000 Menschen im Auf- und Abmarschgebiet.

Nur der Uluru wird noch häufiger besucht!!! Nach der Wanderung auf dem zwei Meter breiten Steg zum Apostel-Lookout, bei der wir natürlich auch zu denen gehören, welche letztendlich die Massen bilden, fliegt mir ein ganzer Berg vom Herzen, dass ich mich gegen einen Besuch des berühmten roten Felsens entschieden habe. Solche Massenaufläufe muss man vertragen oder sogar lieben im Sinne der Völkerverständigung. Für mich habe ich bei den zwölf Aposteln endgültig entschieden, dass ich auf solche Spektakel verzichten kann. Nicht nur ich. Auch vier Apostel sind inzwischen im Meer versunken, weil ihnen wahrscheinlich beim Anblick der täglichen Menschenkolonne schwindelig wurde, was in dem tosenden Ozean das Ende bedeutet.

Twelve Apostles

Diese Abtrünnigen zählen aber auch in zusammengesunkenem Zustand noch mit, weil sonst die Zahl Zwölf nicht erreicht wird, die nun mal bei diesem Ensemble sehr wichtig ist. Acht Apostel ließen den Schluss zu, dass vier aus der Truppe vorzeitig den Herrn verlassen haben. Also Zweifler, die ein Glaube am allerwenigsten gebrauchen kann.

Einer der acht verbliebenen wird nach meiner Einschätzung auch bald die Schnauze voll haben von den vielen Blicken und dürfte fallen. Dann könnte man die Felsen als „Sieben Schwaben" bezeichnen, die als Tölpel stellvertretend für sieben Charaktertypen durchs Leben gehen und am Ende gegen ein Untier kämpfen, das sich als Hase herausstellt.

Das wäre auch eine Anerkennung der deutschen Siedler, die einst nach Australien kamen, um das Cook'sche Erbe europäisch zu verwalten. Es waren zwar nur wenige Schwaben – den meisten war die Reise zu teuer – aber bezüglich der Sparsamkeit waren die Siedler wesensgleich.

Auf dem Weg zum Lookout

Aus Wiki: „Die zwölf Apostel in Australien (The Twelve Apostles) befinden sich direkt an der legendären Great Ocean Road in der Region Süd Westen (Victoria) und sind eine der bekanntesten Sehenswürdigkeiten des roten Kontinents. Im Port Campbell National Park kann man die zwischen Princetown und Port Campbell entstandenen Naturphänomene bewundern. Knapp zwölf Kilometer fährt man vom Zentrum Port Campbells und etwa sechs Kilometer sind es von Princetown zu den zwölf beziehungsweise nur noch acht verbliebenen Kalksäulen im Südpolarmeer. Man sagt den zwölf Aposteln nach, dass sie direkt nach dem Uluru (früher Ayers Rock) die am zweithäufigsten fotografierte Touristenattraktion in Australien sind. Schätzungen zufolge schauen sich jährlich circa zwei Millionen Besucher die Twelve Apostles in Victoria an."

Nach dem Schock bei den Heiligen kam dann am „Loch Ard Gorge" der nächste und außerdem ein weiter Fußmarsch, da die Parkplätze überfüllt waren. Es handelt sich dabei um einen wirklich wunderschönen Einschnitt in die Klippenwand mit einer Bucht mit Sandstrand.

Hierher fuhren noch ca. 30 Prozent der Apostelfans, was bedeutet, dass der Wendepunkt der Busse spätestens hier angesiedelt ist. Der Rückweg nach Melbourne muss am gleichen Tag geschafft werden.

Wenige Kilometer später kommt bereits der „Arch", ein Felsbogen im Meer mit kleinem Parkplatz und überschaubarer Besucherzahl, was sich bei der „London Bridge" wiederholt. Hier hat die Natur 1990 dafür gesorgt, dass eine Felsbrücke zum großen Felsen im Meer abgestürzt ist. Die Leute auf dem Felsen mussten mit dem Hubschrauber geborgen werden. Mit etwas Pech wäre dieser Flug bereits beim Einstürzen fällig gewesen, allerdings in eine andere Richtung und anschließendem Langzeitaufenthalt auf oder über den Wolken. Also genau dort – glaubt man einem deutschen Sängerbarden – wo die Frei(Mey) heit grenzenlos sein soll.

Die Felsenformation „The Grotto" kann man nur sehen, wenn man an die 100 Stufen bis zum Meeresspiegel hinabsteigt. Eine wunderschöne Felsen-

Loch Ard Gorge

The Arch

The Grotto

grotte mit Durchgangsloch ins Meer. Beim Hinabsteigen erwartet man automatisch eine Marienstatue an der Wand. Kommt aber nicht. Muss man sich als Maria-Kenner vorstellen und das Unfassbare innerlich verarbeiten: Ein idealer Ort für eine Erscheinung wird hier unter Wert präsentiert. Hier fehlt die Anerkennung als Wallfahrtsort und die entsprechend große Wallfahrtskathedrale, direkt verbunden mit dem Flugplatz bei den acht Aposteln.

Übernachtung in Port Fairy

Größere Hubschrauber sollten allerdings beschafft werden, da bei einem guten Marketing und dem vorhandenen und kommenden Touristenpotenzial sowohl Fatima, Lourdes und Santiago de Compostela künftig als kleinere Wallfahrtsorte gelten würden.

Ein Verkehrslenkungskonzept sollte nach den Erfahrungen mit dem Nationalpark Nordschwarzwald vor dem Bau der Wallfahrtskathedrale allerdings überlegt werden. Im Gegensatz zu diesem gibt es hier bei „The Grotto“ riesige Flächen für Autoparkplätze und der Schutz der Natur in einem Nationalpark wird nicht durch den dadurch ausufernden Verkehr konterkariert. Ein deutsches Problem, das Australien so nicht kennt. Hier wäre es durchaus vorstellbar, dass die Schnellboote von „White Sunday“ direkt in die Grotte düsen und die Gäste mit ihren blauen Quallenanzügen in der Grotte nach eingespülten Korallenresten oder Fischgräten tauchen könnten. Bei diesem Vorgang wäre gegen einen entsprechenden Aufpreis auch eine spezielle „Grotto-Taufe“ für Menschen jeglichen Glaubens möglich.

Bei den beiden letzten Sehenswürdigkeiten des Tages geht es um die „Bay of Martyrs“, einen großen Felsen im Meer mit großem Naturstrand daneben und der „Bay of Island“, einer großen Bucht mit einer sehenswerten Felsformation.

Ein langer Tag mit vielen wirklich wunderschönen Naturmotiven, die meisten mit Sonne, die uns fast bei allen Punkten den Himmel öffnete und uns immer wieder freundlich den Weg wies. Aber auch die Einsicht, dass allein das Sehen dieser Punkte nicht das Feeling bringt, das hängenbleibt. Das intensive Wahrnehmen ist an Punkten schwer, wo viele Menschen gleichzeitig das Naturwunder sehen und fotografieren möchten. Man nimmt wahr, versucht zu verinnerlichen und fährt weiter. Am Abend ist man voll von Eindrücken. Hängen bleibt wohl Teddy's Lookout und der Leuchtturm. Die anderen Punkte waren mehr oder weniger Felsen und Klippen am Ozean mit wunderbaren Ausblicken. Hängen bleibt leider auch das

Jachthafen von Port Fairy

Apostel-Horror-Event. Sowas zu vergessen geht gar nicht. Für andere war es das Apostel-Top-Event.

Am Ende der Fahrt kommen wir nach Port Fairy – einer eigentlich schönen kleinen Stadt mit etwa 50 erhaltenen viktorianischen Häusern, aber fast alle beklebt mit Werbetafeln der Geschäfte. Hier dürfte mit der Zeit ein Umdenken stattfinden und der historische Stadtkern wieder rückgebaut werden. Aber dieses Bewusstsein muss sich erst noch im Land und in den Köpfen vieler entwickeln. Wenn man in einem permanent gefährdeten Hochwassergebiet lebt, stellen Werbewände an den Geschäften das geringste Problem dar. Da interessiert viel mehr, ob das eigene Haus beim nächsten Mal zum Pool wird.

Ein Spaziergang durch den ruhigen Hafen rundet den Tag beschaulich ab und die Mitnehmpizza im guten Motel-Zimmer macht satt und müde. Die Great-Ocean-Route wäre geschafft, von Valentin gefahren, von mir fotografiert als Beifahrer.

Von hier aus geht es immer der Straße nach Richtung Adelaide, aber zuallererst nach Kingston, unserem Silvesterort. Und unterwegs noch zu einem blauen Vulkansee, der nur im Sommer blau scheint und im Winter wieder grau wird, was mit den Wassertemperaturen zusammenhängen soll.

Tag 73: Sonntag, der 31.12.2017
Port Fairy – Kingston

Eine schöne Fahrt ohne viel besuchte Looks von Port Fairy über Portland, Nelson nach Mount Gambier. Bekannt wegen des blauen Vulkansees, der wirklich mehr als eindrucksvoll aus dem Krater hochschaut und uns fixiert mit seinem tiefblauen Auge. Wir fahren eine Runde um den See und ich bekomme meinen 11-Uhr-Cappu fast pünktlich.

Danach geht es weiter an der Küste entlang an verschiedenen kleineren Orten vorbei mit Looks auf den indischen Ozean – und immer wieder Sonne genau dann, wenn wir am Wasser sind.

Mount Gambier

In Portland sehe ich Containerschiffe auf dem Meer, einen Moment denke ich an den Abschied von Australien, der am 11. Januar in Melbourne zelebriert wird. Danach werde ich die ganze, mit dem Auto gefahrene Küste vom Meer aus sehen, soweit die Sicht das ermöglicht.

Am Silvesternachmittag treffen wir in Kingston ein, einem 1200-Seelen-Dorf mit etwas Tourismus. Total ruhig, kein Verkehr, direkt am Strand mit einigen alten Häusern, aber vielen neuen Häusern als Ferienwohnungen. Alles sehr gepflegt. Das Motel liegt in der 1. Reihe, kein Meerblick aus dem Innenhof, aber eine sehr gepflegte Anlage. Valentin hat zwei Wohnungen genommen, damit die Silvesternacht kein Schnarchtrauma für 2018 auslöst. Und die Zimmer haben die Nr. 1-24 und 1-25, ein witziger Zufall, denn ich habe an einem 24. Geburtstag, Valentin an einem 25. Somit ist die Zimmerverteilung klar.

In diesem Ort soll Frau Cook, Ehefrau von James, einmal an Land gegangen sein auf einem Steg, der 300 Meter in den Ozean gebaut ist, damit die Segelschiffe anlegen konnten. Angeblich hat sie hier in der heute noch bestehenden Fischbude gegessen, vermutlich einen Fischburger. Sushi gab es damals noch nicht.

Unsere Silvesterbleibe

James war wohl nicht dabei, weil sonst mindestens ein Denkmal hier stehen würde. Überall, wo er in Australien an Land ging oder gegangen sein soll, gibt es einen Lookout. Dort stehend, kann man sich mit geschlossenen Augen durchaus die Endeavour (das Expeditionsschiff von James Cook) vorstellen, wie sie in tosender See vor der Küste liegt und sich James, stehend mit dem Fernrohr am Auge, von seinen Mannen an Land rudern lässt. Dort verkündet er den Ureinwohnern, dass sie

nun englische Staatsbürger 4. Klasse sind und unter dem Begriff „Wilde“ geführt werden.

Die Frage, ob gute oder böse Wilde, war zu diesem Zeitpunkt noch nicht entschieden, hatte aber in der Folgezeit entscheidenden Einfluss auf den Umgang mit dem eroberten Volk, das selbst aus Hunderten von Stämmen bestand mit unterschiedlichen Sprachen und Kulturen. Ein interessantes Buch zu den Aborigines, ihren Sprachen, ihrem Leben und ihrem Glauben gibt viele Informationen, die als Grundlage dienen können, die Geschichte Australiens besser zu verstehen („Die Aborigines Australiens“ von Gerhard Leitner, C.H. Beck Verlag).

Kleiner Exkurs: Der Geschichte nach hat sich Mrs Cook in England später sehr negativ über die „Wilden“ geäußert und so das Denken der Engländer über die Aborigines in jener Zeit mitgeprägt. Ich kann mir vorstellen, dass dieses negative Reden durchaus persönlichen Gründen und Erfahrungen geschuldet sein könnte:

Meine beiden Thesen dazu:

These 1: James Cook hatte ein Verhältnis mit einer Aborigine und die Eifersucht trug zu dem falschen Reden über das Volk bei. Üblicherweise lässt eine Ehefrau kein gutes Haar an der mehr oder weniger und aus unterschiedlichsten Gründen geliebten oder genutzten Anderen.

These 2: Frau Cook hatte ein Auge auf einen stolzen Aborigine geworfen, aber der machte sich nichts aus der Dame, was wiederum den gleichen Effekt gehabt haben könnte. In diesem Falle wäre der verletzte Stolz der Lady die Antriebsfeder.

Landesteg Kingston – hier ging angeblich die Frau von James Cook an Land

Leider haben keine Untersuchungen in dieser Richtung stattgefunden und die beiden Thesen werden deshalb für immer Thesen bleiben.

Silvester

Um Silvester zu feiern, haben wir beim Einkauf des Pica-Pica-Silvestermenüs im daneben liegenden Alkoholladen auch eine Flasche Wein (die billigste für zehn Euro, aber trotzdem sehr gut), zwei Dosen Bier zum Anstoßen und vier kleine Cola in Glasflaschen gekauft. Damit sollte der Abend in Kingston einen würdigen Silvesterbrauch von zu Hause ersetzen können. Raclette hätten wir eh nicht zelebrieren dürfen wegen der möglichen Beweihräucherung aller Motel-Zimmer mit Käse aus der Schweiz.

Bevor die Sonne sich um 20:33 Uhr in den Ozean baden legte, ging es noch bei herrlichem Sonnenschein zum alten Leuchtturm bei angenehmen 20 Grad. Und einmal auf den langen Mrs-Cook-Steg, der uns um Mitternacht in das neue Jahr führen sollte.

Silvestermenü - dank Spiegel sehr opulent

Von 19 bis 20 Uhr gab es dann wegen dem aufkommenden Zuckerloch bei Valentin das Silvester-Schlemmer-Pica-Pica wie zu Hause. Schinken, Salami, Oliven, Käse, Toastbrot, Tomaten und Reste.

Eigentlich war ein fürstliches Essen im Gasthaus des Motels geplant, aber die hatten geschlossen. Der mögliche Ersatz waren zwei dunkle Pubs, die wir uns auch angeschaut hatten. Aber lieber Wasser und Brot im eigenen Heim, als mit biertrinkenden Silvesterbrüdern und -schwestern in einem muffigen, dunklen Pub etwas zu essen, dessen Zubereitung unter Umständen in einer dunklen Küche stattfindet, wo die Essenszutaten ertastet und deren Verwend- und Haltbarkeit durch Drücken und Schnüffeln erraten wird.

Um 20 Uhr war das Zuckerloch gefüllt, die Bäuche voll und das erste Glas Wein getrunken. Skypen mit der Heimat stand an, aber die Verbindung war so schlecht, dass es irgendwann besser war zu beenden, als stehende Bilder zu betrachten und

Um Mitternacht auf dem Landesteg

Wortfetzen falsch zusammenzuflicken, um damit bereits den ersten Streit im neuen Jahr zu konstruieren.

Um 23:50 Uhr ging es dann zum Steg und um 0:00 Uhr hatten wir es gerade noch so geschafft, weit draußen zu sein. Dann gab es eine herzliche Silvesterumarmung auf dem Indischen Ozean, ein unvergessliches Erlebnis. Mit Wasser unter den Füßen habe ich noch nie Silvester gefeiert. Im indischen Ozean wird das wohl auch eine Ausnahme bleiben. Nicht ausgeschlossen ist natürlich, dass man irgendwann Silvester trotzdem mit Wasser unter den Füßen feiert, aber halt nicht mit indischem Ocean-Water, sondern mit dem in Indien angewendeten Heilwasser.

Die Krönung des Tages war das Mail von Europcar aus Melbourne, dass ich mit den vorgelegten Papieren die Fahrerlaubnis hätte. Eine gute Nachricht und für Valentin die Erfahrung, dass man bei solchen Dingen kämpfen und an den Erfolg glauben muss. Bis zu dieser Mail hatte er starke Zweifel gehabt, ob ich mich durchsetzen würde. Silvestersieg im Europcarkrieg. Ein guter Abschluss des Jahres 2017 mit der Botschaft: „Wer sich nicht wehrt, lebt verkehrt." Ein Satz, den ich seit den 68er Jahren mit sturer Verlässlichkeit befolge, auch wenn ich deshalb oft belächelt werde.

Zum Schluss noch mit Wein angestoßen und um 1 Uhr war Silvester vorbei. Das neue Jahr hat angefangen und in Deutschland warten alle noch darauf.

Tag 74: Montag, der 1.1.2018
Kingston – Adelaide

Nach einem ausgiebigen Frühstück fuhren wir um 9 Uhr los, d.h. Valentin fuhr und ich genoss noch einmal die Rolle des Chefs mit Chauffeur. Eine wunderbare Fahrt durch Weide- und Buschlandschaften, vorbei an Binnengewässern, die vom Ozean gespeist werden.

Ein großer Salzsee mit einer Spiegelfläche war einer der Höhepunkte. Dazu zigtausend Vögel in einem als Vogelschutzgebiet ausgewiesenen Gelände. Vermutlich wäre Agrarnutzung nicht möglich. Nach dem Besuch einiger herrlicher Aussichtspunkte ging es dann Richtung Adelaide. Die Landschaften hügelig, trocken und immer breitere Straßen mit mehr Verkehr. Bekannte Zeichen, wenn man aus einer anderen Welt in die normale zurückkehrt. Das Motel in Adelaide entsprach den bisherigen, eher älter, aus den 70/80ern, aber ok und gut ausgestattet.

Von 14 Uhr bis 16:30 Uhr wanderten wird am Neujahrstag durch Adelaide. Wenig Verkehr und relativ wenig Leute. Allerdings fällt in Adelaide auf, dass auch diese Stadt auf dem Reißbrett geplant wurde und zwar großzügig. Breite Straßen mit Parkstreifen, Grünflächen, Stadtkarrees mit ca. 400 Metern Länge lassen im Inneren der Karrees Parkplätze und Grünflächen zu. Knallblauer Himmel und 26 Grad – der Sommer hat uns wieder.

Zum Schluss noch ein kurzes gemeinsames Resümee zusammengefasst von beiden Seiten: ES WAR EINE TOLLE ZEIT, alle vier Abschnitte:

- 5 Tage Brisbane nach meiner Ankunft
- 14 Tage Ostküsten-Tour
- 5 Tage Brisbane nach meiner Outback-Tour
- 5 Tage Great-Ocean-Tour

Runde 20 Tage, die uns niemand mehr wegnehmen kann. Voller Eindrücke und Erlebnisse, die man nicht alle planen kann, sondern auf sich zukommen lassen muss.

Zufälle und Zufallsentscheidungen waren tägliche Wegbegleiter, auf die man durchaus vertrauen kann und sollte. Genaues Planen erreicht vielleicht das Durcharbeiten eines Programmes, aber sich an einigen geplanten Fixpunkten entlanghangeln mit vielen kleinen Nebenentscheidungen bringt mehr, viel mehr. Auf jeden Fall befreit es von der Abhängigkeit eines Fixprogrammes, das den Tag zum Stress werden lässt.

Um 16:45 Uhr verabschieden wir uns mit zwei herzlichen Umarmungen und Valentin steigt in das Taxi. Beim Wegfahren salutiere ich spaßeshalber. Schließlich war er in dieser Zeit der General und ich der Offizier. Einer meiner letzten Empfehlungen an ihn: Sparen muss man lernen, aber ausgeben auch! Und dann den Mittelweg finden. Getreu dem Spruch meiner Mutter: „Wenn man sich etwas angespart hat, dann muss man es auch ausgeben können, um sich eine Freude zu bereiten. Man wird dadurch um ein paar oder ein paar mehr DM (bzw. Euro) ärmer, aber man wird reicher, viel reicher in der Seele."

Rückblick auf den Tag 1. der Tour mit dem Europcar-Drama: Im Nachhinein hat sich das Drama in Melbourne mit dem Auto als Fügung des Schicksals herausgestellt. Valentin hat gelernt, in Australien den Linksverkehr zu beherrschen und fuhr insgesamt 1200 Kilometer in der Stadt, auf der Landstraße und auf der Autobahn. Mehr fährt man auch nicht, wenn man den Führerschein macht.

Ich denke, der Herr in Melbourne war instruiert von einer anderen Stelle. Eben eines dieser Erlebnisse, die sich am Anfang so was von Scheiße anfühlen und im Nachhinein zum Glücksfall werden. Mit den jetzigen Fahrfertigkeiten kann Valentin bei Bedarf jederzeit ein Auto mieten und eine vollkommen flexible Tour unternehmen mit der Auflage, auf jeden Fall Motels zu mieten und sich von den Backpacker-Zeiten in Mehrbettzimmern zu verabschieden.

Für mich war es ein Genuss, mir als Beifahrer die Gegend anzuschauen und Fotos zu machen und Valentin hat nach den ersten 200 Kilometern gelernt, nicht nur die Straße, sondern auch die Umgebung bewusst zu sehen und zu genießen. Win-Win für uns beide.

Zum Schluss der Tour kommt nochmal das Thema Aborigine hoch. Grund ist die am Rathaus angebrachte Tafel mit dem Hinweis, dass man das Rathaus auf fremdem Grund und Boden errichtet hat. Diese ehrenwerten Tafeln findet man landesweit, was der Logik entspricht. Alles Land wurde nicht erworben, sondern geraubt.

Diesen Alibibezeugungen stehen die realen Lebensbedingungen der Aborigines und der bis in die 1970er Jahre praktizierte Versuch gegenüber, das Urvolk von der Bildfläche verschwinden zu lassen. Erst im Jahre 1967 erhielten die Aborigines die Staatsbürgerschaft Australiens, was den Rassismus gegenüber dem Volk aber nur vor dem Gesetz beendete. Wie tief dieser verwurzelt ist, zeigt eine Begebenheit am „Anzca-Day" (Militärgedenktag) am 25. April 2015, als ein Nachfahre eines Aborigine-Soldaten von den Feierlichkeiten ausgeschlossen wurde. Ein Einzelfall, der aber Bände über die tatsächliche verinnerlichte Anerkennung im Selbstverständnis Australiens spricht. Wie Aborigines ohne Staatsbürgerschaft überhaupt Soldaten werden konnten, bleibt ein Rätsel, dürfte aber in den Wirren des Krieges irgendwie gedeichselt worden sein. Für die Front waren auch die „Dunklen" gut genug. Und wenn einer fiel …

Soweit wurde hoffentlich nicht gedacht.

Der von staatlicher Seite zuerst gegen die „Wilden" und dann gegen alle Nichteuropäer gepflegte und legalisierte Rassismus wurde 150 Jahre offensiv vertreten und wich erst ab den 1980er Jahren einer multikulturellen Politik, die den Erhalt von Sprachen und Kulturen fördert.

Und wenn wir schon bei der Geschichte sind, wäre der in Australien verbreitete Antikommunismus zu erwähnen, der das Land ähnlich wie Amerika, England, aber auch Deutschland jahrelang in seinen Bann zog und regelrecht panische Angstvorstellungen vor den Mächten China und Russland hervorrief. Vor allem die Machtergreifung von Mao in China 1949 wurde als Bedrohung empfunden.

So war es kein Wunder, dass es in den 1970er Jahren auch in Australien eine Art Radikalen-Überwachung gab, die in Bespitzelungen und Verhören von Intellektu-

ellen gipfelte. Dass vom deutschen Radikalenerlass Betroffene ausgerechnet nach Australien auswanderten, ist eine Ironie des Schicksals am Rande.

Als ich diese Infos aus einem Buch über Australien gelesen hatte, kam die Erinnerung an meine Erfahrungen mit dem Radikalenerlass in Deutschland hoch, die mir letztendlich eine andere Lebensreise beschert hat als ich sie eigentlich vorgehabt hatte.

Als frischgebackener Sozialarbeiter der 70er Jahre wollte ich mit meinem Engagement und meinem erworbenen Wissen und mit jugendlichem Enthusiasmus die Gesellschaft verbessern. Deshalb hatte ich den dem Kapitalismus dienenden Kaufmannsberuf nach der Lehre an den Nagel gehängt und mich über den zweiten Bildungsweg mit einem dreijährigen Studium und einem Praxisjahr zum Sozialarbeiter gemausert. Ich war einer von vielen, denen die Folgen der Wirtschaftsordnung negativ aufstießen – die bei den Schwächeren der Gesellschaft für noch mehr Schwäche und bei den Stärkeren für noch mehr Stärke sorgte.

Mit dem Schwerpunkt auf Jugendbildung hatte ich mich in einer badischen Kleinstadt um die Stelle eines Sozialarbeiters in beratender Funktion für das selbstverwaltete Haus der Jugend beworben und diese Stelle nach einigem Hin und Her auch bekommen. Bereits das Hin- und Hergebaren bei der Einstellung hätte mich davor warnen müssen, dem Stadtrat dieser Stadt mehr zuzutrauen, als Misstrauen in die Jugend. Die Ausschreibung der beratenden Stelle war nur missmutig genehmigt worden. Eigentlich wollte man einen Chef im Haus der Jugend, der bestimmte, wo es langgehen sollte, weil der Besucherkreis des Hauses – schon allein vom Äußeren – vielen der Stadträte, aber vor allem dem 2. Bürgermeister nicht gefiel.

Es kam, wie es kommen musste. Die Presse fiel über alle negativen Vorkommnisse im Haus der Jugend her. Über die dort laufenden vielen Veranstaltungen, Kinderbetreuung, Jugendberatung etc. wurde lediglich am Rande berichtet. Gab es beispielsweise eine Schlägerei oder eine politische Diskussion mit linken Themen, hatten die entsprechenden Berichte fast schon BILD-Format. Schlagworte wie „Rote Brut“ oder „den roten Sumpf austrocknen“ waren nur einige der Kommentare von Stadträten und 2. Bürgermeister. Dass die Selbstverwaltung trotz aller Konflikte in diesem Freiraum von jugendlicher Bildung sehr gut funktionierte, wollte man nicht zur Kenntnis nehmen. Meinen diesbezüglichen Berichten an die Stadt wurde nicht geglaubt oder aber man war des Lesens anderer Auffassungen nicht mächtig. In der politischen Wissenschaft nennt man diese Krankheit „Intoleranz“, ein Arzt würde vermutlich von einer „fokussierten Dysfunktion des Leseauges beim Erblicken von dem eigenen Verstand widersprechendem Vokabular“ sprechen.

Den „i-Punkt“ setzte ein Plakat des KBW (Kommunistischer Bund Westdeutschland), dessen Inhalte hart an der Grenze zur Presse- und Meinungsfreiheit entlangschlitterte, aber eben noch nicht drüber. Nach einer Stadtratssitzung stürmten zwei oder drei Stadträte in das HdJ, entwendeten das Plakat und trugen es zum Amtsrichter, der es ihnen wieder zurückgab zum Wiederaufhängen. Der Aufforderung das Plakat, abzunehmen konnte ich a) als Berater und b) als Verfechter der „Jugendbildungskompetenz“ nicht folgen. Man kann schlecht Meinungsfreiheit fordern und gleichzeitig rechtlich nicht verbietbare Meinungen unterdrücken. Diese Zeiten waren 1979 eigentlich schon 34 Jahre vorbei.

Der Rest ist schnell erzählt. Die Stadt schickte eine Änderungskündigung, in der ich die Aufsicht über das Haus der Jugend übertragen bekommen sollte. Ich lehnte ab und die Stadt kündigte mir daraufhin zum 31. März 1979 und behielt beim nächsten Gehalt auch noch das Weihnachtsgeld ein. Die Klage gegen die Stadt brachte mir das Weihnachtsgeld zurück sowie die Verpflichtung der Stadt, mich wieder zu den alten Bedingungen einzustellen. Die Stadt selbst erhielt vom Richter einen ordentlichen Rüffel für das gesamte Verfahren, was mir ein ziemliches Grinsen gegenüber dem 2. Bürgermeister ins Gesicht trieb. Natürlich bestand ich nicht auf meinem Recht, weil ich grundsätzlich nicht mit Leuten zusammenarbeiten wollte, die ich für inkompetent in ihren Ämtern betrachte. Es gäbe auch andere Worte, aber warum soll man bedauernswerte Figuren auch noch beleidigen. Ihr Leid mit sich selbst ist groß genug.

An dieser Stelle kommt der Radikalenerlass ins Spiel. Alle meine Bewerbungen um Stellen als Sozialarbeiter im öffentlichen Dienst waren erfolglos. Ich war auf wundersame Weise auf die Radikalenliste gesetzt worden. Seinerzeit noch SPD-Mitglied – eingetreten unter Willy Brandt – gab ich das Parteibuch zurück, weil auch die SPD im Bühler Stadtrat das Spiel des 2. Bürgermeisters mitgetragen hatte, obwohl bei etwas mehr Menschenverstand hätte klar sein müssen, dass man als Marionette für die Vorstellungen eines Mannes benutzt wurde, der auf seinem Verwaltungshengst zu viel Hafer gefressen hatte, anstatt diesen dem Pferd zu geben.

An dieser Stelle bedanke ich mich bei allen Jugendlichen von damals für ihr tolles Engagement für die Selbstverwaltung und für ihren Einsatz, damit ich die Stelle weiterhin als Berater begleiten könne. Außerdem allen damals Engagierten in der Jugendberatung. Es war eine engagierte Zeit mit viel Potenzial für eine bessere Jugendbildung in Bühl. Eine Genugtuung bleibt: Der „Totengräber“ wurde in einer nahegelegenen Stadt zum Bürgermeister gewählt, aber bei der Wiederwahl mit Bausch und Bogen von den Wählern aus dem Amt gejagt. Merke: Wer zu viel Hafer frisst, der kann Probleme bekommen, im Amt zu bleiben.

Nach dem Gastspiel in der Jugendsozialarbeit und der Erfahrung mit Behördenwillkür sowie einiger erfolgloser Bewerbungen um eine neue Stelle war für mich klar, dass ich diesem Staat nicht als Sozialarbeiter dienen konnte. Warum sollte es in anderen Gemeinden so viel anders aussehen beim Thema unabhängige Jugendbildung? Nach sechs Monaten Arbeitslosigkeit, die ich zur Erlangung des Lkw-Führerschein nutzte, saß ich als Fahrer im Lkw einer ortsnahen Spedition.

Eine zum großen Teil von anderen gestellte Lebensweiche, die mich in eine vollkommen andere Richtung zwang, aber dadurch meinem Leben sehr viel Neues brachte, was aus vielen Schilderungen der kommenden Kapitel hervorgehen wird. Unvergessen eine direkte Folge des Rauswurfs aus dem öffentlichen Dienst: Die vielen „Stelldicheins“ mit Uli im VW-Käfer in den Rebbergen zwischen der Rückkehr von einer Lkw-Tour ins Ruhrgebiet und dem Start zur nächsten um 22 Uhr. Kleine Mosaiksteine einer langsam wachsenden, ganz großen Liebe.

Auf diesem Hintergrund „Danke“ auch an den Stadtrat Bühl. Seine Borniertheit auf der einen Seite stand Pate bei zwei wunderbaren Geschichten auf der anderen Seite. Eine Liebesgeschichte ganz besonderer und intensiver Art und eine Lebensgeschichte, deren Zick-Zack-Kurs erst möglich wurde durch die engagierte Mithilfe von Zeitgenossen, deren Wissen und Handlungsfähigkeit in den 60er Jahren steckengeblieben und durch die Verbrechen der RAF auf einer gewissen geistigen Retardierungsebene gelandet waren. Aus Stierkämpfern, die eigentlich überlegen und strategisch vorgehen sollten, wurden Stiere, die hinter einem roten Tuch herjagten, das es gar nicht gab. Insoweit auch nur bedingt schuldfähig, wie es der Jurist ausdrücken würde.

Als Sozialarbeiter hatte ich mit den Engagierten im Haus der Jugend monatelang immer wieder überlegt, wie wir im HdJ eine größere Anzahl von Jugendlichen für mehr politische Meinungsbildung interessieren könnten. Und genau zu dieser Zeit beschloss der Bühler Stadtrat nach seiner Stierwerdung und dem Anblick einer Fata Morgana „der Rot verseuchten Jugend“ in der eigenen persönlichen Geisteswüste die Schließung des im Großen und Ganzen eher unpolitischen Hauses der Jugend. Ein Bilderbuchbeispiel, wie man emanzipierte Jugendbildung zerstören und seine Hände hinterher in der demokratischen Unschuld des Sandkastens Stadtrat waschen kann.

7
Agrar-Agro-Tour

Adelaide – Barossa-Valley – Kapunda – Mildura – St. Arnaud – Bendigo – Melbourne

Exzessive Landwirtschaft mit riesigen Anbaugebieten von Wein, Getreide, Orangen etc. Zur Urbarmachung wurden ab 1850 ca. 15 Milliarden Bäume gefällt mit nachhaltigen Folgen für das Klima. – Auch der Schwarzwald war Ende des 18. Jhd. nahezu baumlos.

9 Tage | 1.150 km | 20 km

Großmarkt in Adelaide

Tag 75: Dienstag, der 2.1.2018
Adelaide – Barossa-Valley – Kapunda

Nach einer durchgeschlafenen Nacht bereits um 7 Uhr raus. Ich will mir noch den Central Market von Adelaide anschauen und die Stadt noch am Werktag bei normalem Betrieb erleben. Beides nicht berauschend, da der Central Market eine Ansammlung von verschiedenen Früchten, Fleisch, Käse, Fisch und sonstigem Essbaren bietet und gegenüber anderen Zentralmärkten großer, alter Städte einen nicht vom Hocker reißt, sofern man auf einem sitzt. Da fehlt was fürs Herz. Der Verkehr hält sich – auch ferienbedingt – in Grenzen und fällt wegen der breiten Straßen kaum auf.

Bei einem Cappu in einem Straßencafé entscheide ich mich, von weiteren sogenannten Sehenswürdigkeiten in Adelaide Abstand zu nehmen. Das kommt nicht aus heiterem Himmel, sondern ist Ergebnis vieler Gedanken, die ich mir schon die ganze Zeit bei den verschiedensten Hotspots und anderen Sehenswürdigkeiten gemacht habe:

Naturschönheiten und Sehenswürdigkeiten – wann es zu viel werden kann

Es gibt unendlich viele Sehenswürdigkeiten, Naturwunder, Tierarten, Gebäude. Manche halten sogar die für Almosen gegebenen Musik- und Tanzvorführungen von Aborigines dafür. Ich habe da allergrößte Schwierigkeiten.

Weinbaugebiet Barossa-Valley

Wichtig erscheint mir das Sehen und Begreifen von Details, die dann letztendlich übertragen werden können auf andere Dinge, die man von Bildern her kennt. Es ist nicht möglich und macht keinen Sinn, hinter jedem Baum, hinter jeder Ecke, überall nach Neuem zu suchen. Das bringt vielleicht zusätzliche Fotos, auf jeden Fall bringt es negativen Stress. Nur das Verweilen und Sehen bringt Ruhe und Gelassenheit und Freude. Man atmet sprichwörtlich den Augenblick ein und hat am Ende mehr gesehen als der alles schnell Erhaschende. So wie Landschaften erfahren werden müssen, so muss Naturschönheit ersehen und erfühlt werden. Mit einem Foto kann man sich später die Vor-Ort-Gefühle teilweise zurückholen. Durchhuschen, Fotos machen und Abhaken bringt kaum Gefühle, die hängenbleiben und sich mit dem Gesehenen verbinden. Das Foto ist und bleibt auch später reine Oberfläche, bleibt Bild und lebt nicht vor den Augen wieder auf. Da ist es einfacher, im Internet alles anzusehen, zumal dort sowieso oftmals die besseren Fotos präsentiert werden.

Stadtbrunnen in Adelaide

Ich möchte hierzu eine gewagte These in den Raum stellen: Einen passenden Vergleich gibt auch das Thema Männer- und Frauenauswahl her. Von denen gibt es auf der Welt unendlich viele schöne und begehrenswerte, zauberhafte Wesen (gegendert wahrscheinlich Wesinnen) und das auch noch für jeden Geschmack. Auch hier kommt man nicht auf den Gedanken, alle davon sehen zu wollen, sondern wird von der Natur her bereits auf individuelle optische Signale programmiert. Der Volksmund begegnet dieser oberflächlichen Orientierung mit dem Spruch: „Schönheit geht, Charakter bleibt." Wie wahr, wenn man die 40 Prozent Scheidungsquote in Deutschland sieht.

Friedhof in Seppeltsfield

Nach dem Cappu und diesen Gedanken fahre ich frisch, frei und fröhlich ins Barossa-Valley und der gute Leonhard (Cohen) darf dazu ein paar Liedchen singen. Irgendwie habe ich das Gefühl, dass der von seiner Suzanna nicht loskommt – oder ich nicht.

Die Fahrt Richtung Barossa-Valley gleicht einer Fahrt durch einen etwas groß geratenen, aber sehr kultivierten Obst- und Getreidegarten. Das ganze Land ist schachbrettmäßig mit Längs- und Querstraßen durchzogen. Die Hauptstraßen asphaltiert, die Verbindungsstraßen mit Schotter. Die großen Flächen, welche die ersten Siedler zugeteilt bekamen, machten diese Art von Aufteilung sinnvoll, da alle Felder ringsum mit Wegen erschlossen waren.

Irgendwann, fast unmerklich, beginnt es grün zu werden und dann fährt man bereits an Hügeln vorbei, die mit Reben bepflanzt sind. Große Flächen werden immer größer und mittendrin immer wieder die Winzerhöfe, viele mit Weinausschank.

Als ersten Zielort habe ich mir Seppeltsfield ausgesucht, einen Ort, der seinen Namen dem 1849 aus Schlesien eingewanderten Josef Seppelt verdankt. Der Name allein verdient einen Besuch. Seppelt war einer der ersten, der in Australien mit dem Weinbau anfing und eine ganze Weindynastie errichtete, die auch heute noch in Familienbesitz beste australische Tropfen in Flaschen verkauft.

Kindergräber – Traurige Einwandererschicksale

Die Verstorbenen ruhen alle in einem Mausoleum auf einem Hügel, von dem das Barossa-Tal überschaut werden kann. Wenn man die von Palmen gesäumten Straßen sieht, muss man davon ausgehen, dass der alte Herr Seppelt ein Fan von Palmen war. Bei dem Mausoleum wird man den Eindruck nicht los, dass dem alten Herrn wohl der

zu viel getrunkene Wein zu Kopf gestiegen ist oder der Stolz über das Erreichte. Er ruhe in Frieden nach einer solchen Lebensleistung.

Die Auswahl des Ortes hängt auch damit zusammen, dass mein Vater zwar Josef hieß, aber immer Seppel genannt wurde und ihm verdanke ich auch meinen Zweitnamen Josef. So kommen Erinnerungen hoch über das Leben meines Vaters, von dem ich wenig weiß, aber genug, um zu begreifen, wie hart er gearbeitet hat, um das Beste aus seinem Leben und uns zu machen. Ohne Handwerksausbildung und mit einer Brillenstärke von minus 20 oder mehr war er Zeit seines Lebens Hilfsarbeiter – heute Anlernfachkraft – und hat nie über sein Schicksal geklagt. Er hatte wenige Arbeitsstellen, was für seine Arbeitsqualität spricht, und eine Ausdauer, die grenzenlos schien.

Zusammen mit meiner Mutter brachte er sechs Kinder durch eine arme Zeit, die durch den Bau eines eigenen Hauses 1953 noch ärmer wurde. Die Jahre bis 1960 waren die schwersten, aber auch die Folgejahre bis Mitte 1970 waren geprägt durch Sparsamkeit und Entbehrungen. Urlaub gab es nie! Am Ende konnten beide stolz auf ihre Leistung sein und wir als Kinder stolz auf unsere Eltern. Wir hatten materiell gesehen wenig, aber dafür genügend Anstand gelernt, dass es keinem von uns einfiel, auf krumme Touren auf Kosten anderer Geld zu machen.

Nach dem Besuch in Seppeltsfield fahre ich zufällig an einem Friedhof mit Dorfkirche vorbei. Warum nicht einmal einen Blick auf die alten Grabsteine aus der Zeit vor und um 1900 werfen? Die vielen Kindergräber mit ein, zwei und drei Lebensjahren zeigen, wie groß auch bei den Auswanderern die Seelennot war und mit welchen Gebetstexten sie sich Trost schufen.

Ein Spruch auf der Kirchentafel der Lutheranischen Kirche von Seppeltsfield erinnert mich an meine engagierte Jugend in der Friedensbewegung: „Frieden ist keine Jahreszeit, es ist ein Lebensweg."

Die Ankunft in Tanunda, einem weiteren Weinort, hat diese etwas düsteren Gedanken dann schnell vertrieben.

Ein Rummel wie an den Badestränden. Ein gutes Marketing hat diesen Ort, der vom optischen her außer riesigen Werbewänden an den Häusern kaum was zu bieten hat, als Weinort schlechthin bekannt gemacht. Nach 30 Minuten im Straßencafé war mein geistiges Weinfass, oft auch Gehirn genannt, voll.

Weingut Chateau Tanunda

Der mitten im Ort stehenden Kirche bleibt die Rolle des Aschenputtels in diesem Treiben, wobei es auch hier wie andernorts immer mehrere Kirchen gibt, entsprechend den Glaubensrichtungen der einstigen Siedler, die aus ganz Europa hier landeten.

Auf der Fahrt nach Nuriootpa besuche ich noch das Weingut „Chateau Tanunda" und probiere den weit über das Tal hinaus bekannten Wein. Die Bekanntheit hat einen simplen Grund: Die Weine schmecken einfach gut. So gut, dass ich mir nach Mini-Proben drei verschiedene Flaschen zulege als Betthupferl für die Zeit bis zur Abfahrt des Schiffes. Das Weingutgebäude gleicht einem herrschaftlichen Schloss mit einem sehr ansprechenden Verkaufsraum voller Fässer und großer Theke für die vielen Besucher. Manche von denen saufen sich hier voll, um später im Reisebus auf jeden Fall die Kotzbeutel zu benutzen, die im Reisepreis inbegriffen sind.

Wie ernst die australischen Weingüter den deutschen Markt nehmen, erfahre ich von einer Weinausschenk-Dame, die in Freiburg einen zweiwöchigen Kurs zum deutschen Wein und deutschen Weinmarkt besucht hat.

Passend: Der Wein des Schlosses hat die „Berlin Wine Trophy 2017" der australischen Weinerzeuger gewonnen. Nicht zum ersten Mal.

Voller Vorfreude auf den Abend mit einem oder zwei Gläschen des Verkosteten brumme ich mit dem 4-Wheel-Drive-Hyundai in den geplanten Nächtigungsort Nuriootpa. Der Name bedeutet „Treffpunkt" und ist dem Aborigines entnommen. Solche Namensgebungen trifft man öfter in Australien. Wahrscheinlich um irgendwie zu zeigen, dass man sich der rechtmäßigen Eigentümer mancher Ländereien bewusst ist und damit Verantwortung zeigt. Wirkt auf mich, als wenn mir jemand das Haus wegnimmt und dann meinen Namen draufschreibt oder gar beide als Wiedergutmachung: „Haus Josef Wolfgang". Ich persönlich wäre damit trotzdem nicht ganz zufrieden. Mit einiger Sicherheit überhaupt nicht.

Nach 15 Kilometern kerzengerader Strecken durch die Wein- und Weizenlandschaft lande ich an der Moteladresse aus dem Internet. Sieht von außen nicht schlecht aus, also gefragt, gebucht und ins Apartment. Ein dunkles Loch wegen dem darüberstehenden Balkon und einem Baum vor dem Zimmer und vor allem muffig. Wahrscheinlich ist der letzte Gast hier gestorben und wurde vergessen. Nach dem letzten schon relativ dunklen Zimmer in Adelaide ist das der Oberhammer und sollte auch das schlechteste Motel des ganzen Aufenthaltes bleiben. Hier einen Edelwein trinken???

Mit dem dunklen Loch im Kopf entschließe ich mich, nach Kapunda zu fahren, einen Ort, an dem es angeblich ein Info-Zentrum über die Aborigines geben soll. 20 Kilometer durch eine schöne Gegend sorgen wieder für gute Stimmung und vor allem für Klarheit: Das Zimmer kommt nicht in Frage, eher schlafe ich im Auto.

In Kapunda schaue ich erst im Google nach Zimmern. Keine frei. Aber im Infocenter der Gemeinde sind dann doch viele frei – es lebe die direkte Kommunikation! Der nette Herr ruft im Tourist-Park an und schon ist ein Bungalow gebucht für 95 Dollar (rd. 65 Euro). Das Friedhofsapartment hätte 92 Dollar gekostet. Mit Hochgefühl 20 Kilometer zurückgedonnert, Zimmer storniert und 45 Minuten später in den Bungalow eingezogen. Einfach, aber einfach traumhaft! Alles da, was man braucht – und hell. Im Nachhinein hätte ich dem jungen Schnösel-Eigentümer des Lochs ein paar klare Worte sagen sollen über seine Bude und dass er sich um den Toten kümmern soll, der irgendwo da drinnen liegen muss.

Von 16 bis 18 Uhr schaue ich mir dann die Sehenswürdigkeiten des Dorfes an. Na ja, viele sind es nicht. Wenn man aber wenig hat, werden auch kleine Dinge zu Großen. Ein paar Statuen von wichtigen Siedlern und das Gelände der frühen Bergbauminen. In Kapunda wurde der erste Untertagebergbau in Australien betrieben.

Der Supermarkt am Ort hat alles, was man braucht. Er ist nur nicht da, wo mich Google hinschickt. Da war er vor drei Jahren. Eine nette ältere Dame spricht mich an, als ich suchend die Straße auf und ab gehe, und fragt nach meinem Ziel. Und siehe da, im Gespräch erfahre ich, dass ich ca. 300 Meter weiter gehen muss und schon bin ich da. Zweimal an einem Tag hat ein direkter Kontakt von Mensch zu Mensch schneller zum Ziel geführt als das Hacken und Wischen auf dem Magnifikat der Neuzeit. Also: Die neue Technik dort nutzen, wo sie einem Arbeit abnimmt, JA, aber dort weglassen, wo der direkte Weg problemlos möglich ist.

Statt mich fragen zu lassen, hätte ich auch direkt einen Passanten fragen können. Die Gefahr des Gefressen-Werdens dürfte sich in Grenzen halten. Man wäre höchstens darüber geschockt, dass es immer noch die Hilfsbereitschaft aus der Zeit gibt, als es nur in Kirchen Gebetsbücher gab mit Antworten auf umfassendere Fragen

des Menschseins. Die Suche nach dem nächsten öffentlichen WC oder einer Bäckerei oder nach beiden – wenn der Besuch des Zweiten das Erstere in hoher Dringlichkeit hervorgerufen hätte –, wäre allerdings dort ohne abschließende Antwort geblieben. Das sich aus der Not eventuell ergebende Desaster in der Hose könnte man deshalb trotzdem nicht der Kirche zuschreiben.

Ein Sonnenuntergang mit einem Himmel ohne Grenzen beschließt den Tag, der wieder einmal bestätigt hat, dass planen notwendig ist, um Zufälle zu erzielen. Ein dunkles Loch zu vermieten ist eine Sache, es zu nutzen eine andere. Dem Vermieter gehört immer noch der Hosenboden versohlt für diese Frechheit und mit diesem Gedanken schlafe ich ein. Leider ohne die Strafe zu vollziehen.

Tag 76: Mittwoch, der 3.1.2018
Kapunda – Mildura

7 Uhr, Sonne, Wolken, 14 Grad – ein frischer Anfang-Juli-Morgen wie zu Hause. Auch die Nacht war kühl und der Schlaf entsprechend herrlich. Kein Gebrumme der Klimaanlage, kein Deckenventilator, der jederzeit herunterfallen kann und mir günstigstenfalls den notwendigen Frisörtermin abnehmen würde. Getoastetes Baguette, Käse, Schinken und Tomaten, nicht schlecht für den Start und als Grundlage für den ganzen Tag. Die Mittagsbanane ersetzt die Mittagsvöllerei.

Vor der Wegfahrt aus Kapunda besuche ich noch den Keller des Infocenters. Dort wird versucht, die Siedlergeschichte anhand von Urkunden, Fotos und alten Geräten darzustellen. Auch Weinflaschen der Seppelts finden sich im Keller. Ein Zeichen für den Bekanntheitsgrad dieser Familie. Von den Aborigines ist nichts zu sehen. Vermutlich haben keine hier gelebt oder nicht lange genug überlebt und wurden vergessen. Der Ort bemüht sich, aus der Bergbautradition der frühen Jahre Kapital für den Tourismus zu schlagen. In den vergangenen zehn Jahren stieg die Zahl der Einwohner kontinuierlich von 2300 auf 2600 Einwohner. 25 Einwohner werden als Ureinwohner geführt, wovon sechs noch die Sprache der Vorfahren sprechen. War also nichts mit Ureinwohnergeschichte. Scheint hier keine Rolle zu spielen.

Danach geht es los mit Tempo 100 bis 110 über endlos gerade Straßen, durch abgeerntete Getreidefelder, Buschland, Weideflächen und Mini-Ansiedlungen an der Straße. Die Weinfelder aus dem Barossa-Valley wirken jetzt wie Felder aus der Puppenstube. Es beginnen kilometerlange Weinfelder, sobald man in die Nähe von Ortschaften kommt, die sich hier den Weinbau auf die Fahnen geschrieben haben. Seien es Blachetown oder Waikerie, da wird die Landschaft grün und die Bewässerungssysteme sichtbar. Riesentankanlagen am Ortseingang von Waikerie weisen auf eine industrielle Weinproduktion in ganz großem Stil hin.

Das Barossa-Valley scheint mit der Einzigartigkeit zu werben und hatte damit bisher Erfolg, was natürlich vor allem auf die äußerst guten Weine zurückzuführen ist. Der langfristige Erfolg dürfte damit garantiert sein. Durch seine wunderbare Lage eignet sich das Barossa-Tal für eine Vermarktung ähnlich wie bei uns, allerdings nicht mit Genossenschaften. Hier ist jeder sein eigener Genosse.

Weinanbau im großen Stil

Leitgedanke fürs Leben

Man fragt sich natürlich bei diesen riesigen Flächen an Reben, wer den Wein trinken soll, da sich Australien bekanntermaßen als Spaßbremse versteht und die Bürger nur über ein staatlich reglementiertes Verteilersystem an den Stoff ranlässt. Die skandinavischen Staaten Norwegen, Schweden, Finnland und Dänemark lassen grüßen, ohne wirklich Erfolg im Kampf gegen den Alkoholismus vorweisen zu können. Einer Statistik nach essen 75 Prozent der Australier Weintrauben, evtl. ein Grund für die Flächen. Die Rebflächen belaufen sich insgesamt auf 160.000 Hektar, aus denen 14 Millionen Hektoliter Wein produziert werden. Der Weinkonsum pro Kopf beträgt in Australien 20,5 Liter, in Deutschland 20,6 Liter. Allerdings dürfte der Weinkonsum einiger Weintrinkerköpfe erheblich höher liegen. Hier beschönigt und verharmlost die Statistik den Alkoholkonsum in gleicher Weise wie bei uns. Der Durchschnitt nivelliert alle Weintrinker auf ein gesundes Maß.

Beherrscht wird der Markt von großen Konzernen, die Weinsorten aus unterschiedlichen Gegenden in zentralen Keltereien zusammenkommen lassen, wobei das Weingesetz vorschreibt, dass mindestens 85 Prozent der Trauben aus der Gegend stammen müssen, die auf dem Etikett vermerkt wird. Nun ja, bei Konzernen weiß man ja inzwischen zwischen Gesetz und Handeln zu unterscheiden. Der Markt ist höchst innovativ und produziert im Moment fünf Prozent der Weltmenge an Wein. Tendenz steigend, wobei die Kosten der Bewässerung der Felder einen Teil des Klimavorteils wieder auffressen.

Die Straße führt durch ein Gebiet, das durch den 2500 Kilometer langen und größten Fluss Australiens durchzogen wird, den Murray River. Neben dem Darling River – den ich in Bourke kennengelernt hatte – ist er das Lebenselixier der trockenen

Einer von zig Salzseen im Outback

Landschaften. Nicht umsonst nennt sich das Gebiet „River Land“ mit Wassersport und Aquaparks inmitten einer weitgehend trockenen Gegend. Gleichzeitig dient das Land als Kornkammer des Kontinents mit einem Klima, das mit milden Wintern und erträglichen Sommern dem europäischen Klima entspricht. Allerdings nehmen die „Ausnahmen“ mit sehr trockenen Sommern ständig zu.

Eine Anzeige in einer Zeitschrift fällt mir auf, mit dem Motto: „Wenn DU liebst, was DU tust, hast du alles, was DU benötigst.“ Ein wahrlich gutes Motto, das jeder aus dem eigenen Leben kennt.

Beim Durchfahren des Landes werden mir immer mehr die Arbeitsleistungen bewusst, die von Siedlern und ihren Nachfahren seit 1840, also in 175 Jahren bzw. innerhalb von sieben Generationen seit der Besiedlung vollbracht wurden. Allerdings auch mit gravierenden negativen Folgen, die bei der Urbarmachung des Kontinents noch nicht bekannt waren, aber inzwischen wissenschaftlich belegt sind.

Australien ist weltweit der größte Verbraucher von Trinkwasser pro Kopf der Bevölkerung. Gleichzeitig ist Australien nach der Antarktis der trockenste Kontinent der Welt. Rund 75 Prozent des Wasserverbrauchs entstehen durch landwirtschaftliche Bewässerung. Davon gehen durch Verdunstung und Versickern rund 23 Prozent verloren. Ein Problem besonderer und nachhaltiger Art und eine ernsthafte Gefahr stellt die Bodenversalzung vor allem im Westen und Süden dar.

Die Gründe liegen in den ausgedehnten Abholzungen zur Weidelandgewinnung, die zu einem Anstieg des Grundwasserspiegels führen, was letztlich eine Akkumulation tausender Tonnen Salz in den oberen Bodenschichten nach sich zieht. In den so entstandenen Wüsten kann keine Pflanze mehr gedeihen. Seit der Besiedlung Australiens durch den „Weißen Mann“ wurden zur Urbarmachung und Erschließung der Landschaften schätzungsweise 15 Milliarden Bäume gefällt. Die Wurzeln dieser Bäume kontrollierten jedoch maßgeblich den Grundwasserspiegel, indem sie Millionen Liter Wasser aufsaugten, welches dann über das Blattwerk verdunstete.

Ohne diesen simplen Mechanismus steigt der Grundwasserspiegel bis zur Bodenoberfläche und die enthaltenen Salze scheiden sich bei der Verdunstung im Boden ab – die Böden versalzen. Experten vertreten die Ansicht, dass nur ein sofortiges umfassendes Baumpflanzungsprogramm Abhilfe schaffen kann. Auf dem

Bin mal wieder vom Navis reingelegt worden

Foto erkennt man leichte Staubwolken, die bei starkem Wind zu einer extremen Sichtbehinderung führen können (Staubstürme). Die Nachfahren der Landräuber müssen sich also überlegen, wie sie mit den Folgen der Urbarmachung der Vorfahren umgehen sollen, um nicht selbst zu versalzen.

Um 15 Uhr komme ich in Mildura an. Die Anfahrt zur eingegebenen Anschrift im Navi gestaltet sich problematisch, weil mich die Frau in der für mich zuständigen Navi-Zentrale auf einen Feldweg am Fluss entlang schickt, der sich immer mehr zwischen Bäumen hindurch schlängelt und Bodenlöcher aufweist, in die eine gemästete Sau passen würde. Viele Spuren gibt es nicht, aber es ist ein Weg und das Navi schweigt sich aus. Immer noch besser als der ständige Satz „wenn möglich, bitte wenden". Hier ginge nur noch rückwärtsfahren. Vermutlich musste die Dame aufs WC und hat mich auf Autopilot gestellt. Nach 15 spannenden Minuten komme ich auf die Straße, auf die ich eigentlich wollte. Wahrscheinlich war der Feldweg kürzer oder diese Dame wollte mich einfach nur ärgern, weil ich sie seit der Abfahrt schon mehrere Male direkt beleidigt hatte.

Der geplante Übernachtungs-Bungalowpark ist voll besetzt und bei der Fahrt zu einem anderen komme ich am Best Western Motel vorbei. Ich buche und bin 15 Minuten später eingerichtet und weitere 15 Minuten später sitze ich am Murray River und trinke meinen Kaffee zu den Bröselkeksen von Valentin. Pelikane schauen mir zu und ich ihnen. Aber Brösel bekommen sie keine! Hätte ich deren Schnabel, wäre es allerdings leichter, die Bröselpackung in den Mund zu schütten. So landet die Hälfte der Brösel im Hemd und ein Teil davon wiederum in der Unterhose, wo sie sich als dauerhafte Störenfriede bemerkbar machen. In der Öffentlichkeit kann man dieses hausgemachte Problem nicht lösen, sondern nur lernen, damit solange zu leben, bis ein großer Busch als Sichtschutz gefunden ist.

So speist man im Best Western Hotel in Mildura

Nach zwei Stunden Murray-River-Erholungszeit geht's zurück ins Motel und um 20:30 Uhr lasse ich mir ein Filetsteak aufs Zimmer bringen. Für das Restaurant wäre ich nicht fein genug angezogen gewesen. Ein Gaumenschmaus beschließt den Tag und zwei Gläser vom mitgebrachten Riesling aus dem Chateau Tanunda.

Ich schaue in den Spiegel an der Wand und stelle fest, dass ich das gleiche Hemd anhabe wie schon die letzten Wochen. Eine Gelegenheit zu betonen, dass dieses Superhemd von Jack Wolfshaut schon mehrmals gewaschen wurde. Der tägliche Hemdstehtest auf dem Tisch entscheidet über Waschen oder nicht waschen. Bleibt das Hemd stehen, geht es ihm an den Kragen mit der Schwabenmethode beim Fehlen einer Waschmaschine: Ich lasse das Hemd während dem Duschen an, seife mich bzw. das Hemd mit dem Haarshampoo ein und spüle es später gründlich aus. Getrocknet wird über Nacht und am Morgen habe ich ein frisches Hemd mit jeweils motelspezifischer Duftmarke. Ist alles schmutzig, geht es mit kompletten Klamotten unter die Dusche inklusive der Socken. Die Waschmaschine macht auch nichts anderes. Bei mir haben es die Klamotten auf jeden Fall besser, weil sie keinen Drehschwindel fürchten müssen.

Jedenfalls müssen die Kleider – es sind ja immer die gleichen – auch nach inzwischen sechs Wochen immer noch menschenverträglich sein, da sich bisher noch keine Menschenansammlungen auflösten, wenn ich an ihnen vorbeispazierte. Der letzte Beweis war unser Besuch bei den acht Aposteln.

Landflucht – von Menschen und allen guten Geistern verlassen

Nicht eine der 3000 direkten Begegnungen, teilweise mit körperlicher Berührung führte zur Massenpanik. Einzelne bleiche Gesichter bringen meine Theorie nicht zum Einsturz, weil es viele Gründe geben kann, bleich zu werden oder sich zu übergeben. Diese Abschweifung sei erlaubt, um evtl. entstandenen Vermutungen ob des blauen Hemdes auf allen Bildern entschieden entgegentreten zu können.

Eine weitere Abschweifung betrifft den Umgang Australiens mit der Umwelt in den 1950er Jahren, als man England erlaubte, Atomtests auf den Montebello-Inseln durchzuführen und diese dadurch unbewohnbar machte. Die dort tätigen Perlenfischer mussten verschwinden.

Danach wurden die Tests in die Great Victoria Desert in Südaustralien verlegt, wo am 19. Februar 1952 der erste Oberflächenatomtest stattfand. In einem Territorium, in dem noch umherziehende Aborigine-Clans unterwegs waren. Sie waren in Friedenszeiten die ersten Atomopfer Australiens. Die Tests mit Wasserstoff- und Thermonuklearbomben wurden bis 1960 durchgeführt.

Die Öffentlichkeit wurde über die Gefährlichkeit der radioaktiven Strahlung im Dunkeln gelassen, wie auch in anderen Staaten, die sich dieser Verbrechen schuldig machten. Nach der Anerkennung der Staatsbürgerschaft der Aborigines 1967 kam es zu einer Entschädigungszahlung für die Opfer in Höhe von 500.000 Aussi-Dollar. Künftige Zivilklagen waren mit dieser Zahlung weitestgehend ausgeschlossen. Das Thema musste vom Tisch. Solche Geschichten erscheinen nicht in den Hochglanz-Tourismusprospekten, aber sie sind eben auch Teil der australischen Geschichte.

Tag 77: Donnerstag, der 4.1.2018
Mildura – Sea Lake – Donald – St. Arnaud

Gestern hatte ich mir noch die Probleme Australiens im Wasserbereich durchgelesen. Heute Abend weiß ich, von was hier gesprochen wird. Für die 300-Kilometer-Fahrt heute hatte ich mir nur Nebenstrecken ausgewählt, weil man auf diesen langsamer fahren und für ein Foto auch problemlos stoppen kann, ohne dass einem gleich die Ohren mit einer Hupe vollgedröhnt werden.

Ich fuhr ab Mildura durch Landschaften, die mit der ursprünglichen wohl nichts mehr zu tun haben. Weinbau auf kilometerlangen Streifen, Obstanbau, Zitrusfrüchte im ganz großen Stil. Das sind keine Farmer mehr, das sind Agrar-Giganten. Und überall werden neue Flächen bebaut, während alte Felder aufgrund der mangelnden Wasserversorgung bzw. einer alten Technik aufgegeben werden. Dann ragen plötzlich zwischen leuchtend grünen Rebanlagen dürre Rebstöcke in den Himmel wie Mahnmale. Entweder der Farmer hat sich übernommen oder die Neuanlage wur-

Salzseen bei Sea Lake

Bewässerungskanäle

de noch nicht begonnen. Irritierend fallen die zwischendurch noch vorhandenen ursprünglichen Wälder auf, die vermutlich einmal die ganze Landschaft bedeckt haben. Sie standen dem neuen Australien im Wege, aber vor allem den Agrarinvestoren, bei denen der Profit von heute zählt und nicht die Horrorszenarien einiger Wissenschaftler, die wahrscheinlich nur vom Neid getrieben werden.

Ein besonders krasses Beispiel im Umgang mit der Umwelt bei der Agrarlandgewinnung war das Snowy-Mountain-Projekt nahe Canberra. Dort wurden in der Zeit von 1949 bis 1974 16 Staudämme, sieben Kraftwerke, ein Pumpwerk und 225 Kilometer Tunnel, Rohrleitungen und Aquädukte gebaut, womit eine der größten hydroelektrischen Anlagen weltweit entstand. Am Ende verbrauchte die Superanlage nahezu das gesamte Wasser des Snowy Rivers. Inzwischen wird gegengesteuert, damit der Fluss wieder genügend Wasser bekommt, um eine halbwegs geordnete Ökologie zu erhalten bzw. wieder entstehen zu lassen.

Orientierungstafel für Weltreisende

Positiv wird aufgeführt, dass an diesem Projekt über 100.000 Migranten aus 30 Ländern beschäftigt waren, in deren Gefolge der Familiennachzug zu Siedlungen führte und das Projekt als Facette einer Neuausrichtung der australischen Einwanderungspolitik im Sinne einer multikulturellen Ausrichtung gesehen werden könne.

Die Zahl von 15 Milliarden gerodeten Bäumen bekommt hier draußen ein Gesicht. Ich bin jedenfalls schockiert über diese Riesenflächen, die man im Laufe der Zeit zu Agrarland umgewandelt hat – in einem Land, das mit der zunehmenden Problematik der Versalzung des Grundwassers kämpft. Sichtbar an vielen Stellen, wo das Grundwasser so weit nach oben gekommen ist, dass es kleine und große Seen bildet, deren Oberfläche aus reinem Salz besteht. Ein Naturwunder der besonderen Art, bei dem es einem bei 35 Grad im Schatten friert. An diesen Flächen zu stehen, hat viel mit dem Stehen auf einem Friedhof zu tun. Dort wird die Trauer

Wasserpumpwerk am Murray River

immerhin von vielen schönen Blumen aufgehellt. An diesen Salzflächen ist alles, bis auf ein paar Kriechtiere und spezielle Salzgewächse, tot.

Sea Lake, mein eigentliches Ziel, liegt am größten Salzsee des Bundesstaates Victoria. Nach dem Besuch des Lookout-Points ist für mich klar, dass ich hier weg muss. Mir schlägt das „Naturwunder" aufs Gemüt. Auch der alte Jonny Cash kann mich mit seinen Balladen nicht fröhlich stimmen. Vielleicht, weil ich mich auch über die Folgen solcher Naturwunder informiert habe. Natürlich sind diese großen Seen uralt und wurden nicht von Menschenhand geschaffen. Das war die Natur selbst. Aber alle wissenschaftlichen Untersuchungen sprechen bezüglich der Bodenversalzung eine eindeutige Sprache und diese Mahnungen haben sich beim Blick auf den Riesensee durchgesetzt.

Jeder fragt sich natürlich: Wo bekommen solche riesigen landwirtschaftlich neu angelegten Gebiete das Wasser her? 70 Prozent des gesamten Wasserverbrauchs in Australien fließen in die Landwirtschaft, wobei es zwei Grundbewässerungssysteme gibt:

a) Das Grundwasser wird mit großen Pumpen in künstlich angelegte Seen gepumpt und von dort über Leitungen etc. auf die Felder gebracht.
b) An den großen Flüssen, z.B. den Murray River oder Darling River entlang, stehen große Pumpstationen, welche das Wasser dem Fluss entnehmen und auf die Felder bzw. in künstliche Seen pumpen. Der Eingriff in das Ökosystem des Flusses dürfte gewaltig sein und einem deutschen Beamten aus der Abteilung Flussökologie des Umweltamtes alle Haare ausfallen lassen. Mindestens. Dem Begriff „Flussökologie" hat man hier den Begriff „Geldfluss-Ökonomie" vorgezogen.

Mit den Bildern von den Pumpstationen an einem träge dahinfließenden Fluss fahre ich – ziemlich desillusioniert über Australiens Umweltpolitik – zwischen Orangen- und Olivenplantagen weiter. Dass es in anderen Ländern, z.B. im Süden Spaniens, den gleichen skandalösen Umgang mit der Umwelt

Liebevoll gepflegtes Grün vor den Geschäften

gibt, lässt die Sache in keinem besseren Licht erscheinen, sondern senkt sie auf das gleiche tiefe Niveau von Verantwortungslosigkeit kommenden Generationen gegenüber. Ca. 40 Kilometer vor Sea Lake werden die Agrarflächen wieder zum Outback für Vieh und Getreide, das bekanntermaßen mit weniger Wasser auskommt. Hier dürfte in normalen Sommern der in dieser Gegend fallende Regen ausreichen, um eine ordentliche Ernte einzufahren.

Nach meiner Entscheidung, Sea Lake zu verlassen, fuhr ich in die nächste Kleinstadt Donald, die ich ausschließlich wegen eines mir bekannten Namensvetters ausgewählt hatte. Das Ortschild gibt die Neujahrskarte für ihn.

Leider gab es aber in diesem gottverlassenen Ort kein freies Bett mehr, aber immerhin den Tipp, dass in St. Arnaud, 35 Kilometer weiter, sicher Betten frei seien. Also nochmal in die Karre und durch trockenes Land in diese ehemalige Goldgräberstadt gefahren. Schöne Fassaden mit wenig Reklame. Hier hat bereits ein Bürgermeister oder ein historisch bewanderter Bürger dafür gesorgt, dass die historischen Gebäude die Hauptrolle spielen und nicht die Werbeschilder.

Es war reiner Zufall, aber auf jeden Fall richtig, hierher zu fahren, zumal auch das Motel sauber und ordentlich war. Im Internet hatte ich mir die Anschrift besorgt und dann direkt gebucht. Das geht tatsächlich noch, weil die Besitzer der Motels noch des Sprechens mächtig sind und sich nicht mit wischenden Bewegungen mit einem unterhalten wollen.

Der Preis lag bei Booking.com bei 133 Dollar. Vor Ort direkt kostete es nur 92 Dollar. Beim nochmaligen Nachsehen bei booking.com nach der Buchung lag dort der Preis bei 115 Dollar und es war plötzlich nur noch ein Zimmer frei.

Der Hintergrund ist einfach. Die Software merkt sich die IP-Nr. des PCs und versucht über verschiedene Maßnahmen, den Kunden zum Buchen zu bringen. Diese

Ein „normaler" Lkw: 2 Auflieger, 9 Achsen, 16 Doppelreifen und 2 Einfachreifen

Firmen sind in meinen Augen Halsabschneider mit fast krimineller Energie. Sie lügen, täuschen und bauen Druck auf durch das Vorgaukeln von z. B. nur noch einem freien Zimmer. Tatsächlich waren nämlich fünf Zimmer frei und der Preis vor Ort war noch nie bei 133 Dollar. Die Preissenkung ist reine Masche. Ich nutze die Portale nur noch wegen der Anschriften, so dermaßen kotzen sie mich an.

Tag 78: Freitag, der 5.1.2018
St. Arnaud – Ballarat – Bendigo

Das Motel war gut, super Bett, alles einwandfrei. Kann man empfehlen. Nach dem Auschecken gegenüber an der Tankstelle Sprit gefasst und dabei auf einen Lkw-Fahrer getroffen, der mit einem MAN vor der Tankstelle stand. Für australische Begriffe also ein Fremdgeher. Ich fragte, ob ich ein paar Fragen stellen könne, was er bejahte und so erfuhr ich aus berufenem Munde Folgendes:

- Hatte früher einen eigenen Lkw – Mack – aber die ständig wechselnden Frachtraten haben ihn zum Aufgeben gezwungen. Jetzt fährt er für eine Spedition.
- Sein Chef schwört auf MAN und er sieht den MAN als besten Lkw der europäischen Marken. Von Mercedes hält er nichts, weil zu weich. Die anderen Marken hat er noch nicht gefahren.
- Die Leistung seines Brummers mit 540 PS liegt hinter denen der amerikanischen mit 650 PS zurück. Was aber auf der Ebene keine große Rolle spielt. Den 100 PS trauert er trotzdem ein bisschen nach. Die Kabine sei zwar etwas kleiner, aber bequemer zu fahren.
- Sein Lkw hat Automatik-Getriebe, was er bei den Gewichten sehr gut findet.
- Die Preise für die europäischen Lkw seien nicht viel höher als die amerikanischen, was ich noch nachprüfen muss.

Er erzählt noch von seiner Arbeit und davon, dass sich die europäischen Lkw immer öfter auf den Straßen sehen lassen und junge Spediteure und Selbstfahrer verstärkt auf diese Marken setzen, auch wenn die amerikanischen Trucks einfach besser aussehen und besser zum Geschäft des Truckers passen. Ich mache noch ein Foto vom Lkw mit ihm am Fenster, ein kurzer Gruß und er fährt los.

Nach diesem ungeplanten Spontankontakt geht's nach Stuart Mill, einem Goldgräberdorf während des Goldrausches um 1870. Heute liegen auf dem Friedhof dort viele alte Grabsteine und erzählen wie überall in diesen Dörfern Geschichten von Siedlerfamilien mit Unfällen, Kindersterben, Frauensterben bei der Geburt, aber auch von Menschen, die hier alt wurden. Europa konnte man in den armen Zeiten den Rücken kehren, aber den Schicksalen nicht. Die waren hier wie zu Hause immer die gleichen und wurden durch noch so viel Glauben nicht besser.

Der Ort hatte 120 Einwohner, während der Goldgräberzeit wurden es 800 und heute sind es wieder um die 150. Und einige Hunde, von denen wiederum einige begraben sein müssen, wenn man sich hier umschaut bei 35 Grad, trockener Luft und dürrem Gras.

Fred mit seinem MAN gab mir viele Infos zu den Lkws in Australien

Von Stuart Mill geht es Richtung Zivilisation, d. h. die Straßen werden breiter, der Verkehr wird zunehmen, die Musik meiner Begleiter wird nicht mehr 100 Prozent passen bzw. es müssen andere Musiker her, die sich auf dem Stick des Kapitäns anbieten. Nach Stuart Mill sitzt ein weißer Kakadu am Straßenrand und als ich vorbeifahre, fliegen einige der Vögel vor mir her, um sich dann in die Bäume zu setzen. Das war wohl der Abschied aus dem Outback, denn in den Blue Mountains wurde ich von Kakadus am Wasserfall begrüßt und das war seinerzeit der Beginn der ersten Reise ins Outback. Ein Kreis schließt sich.

Auf der weiteren Fahrt sehe ich viele Windräder auf Hügeln stehen und durch einen Info-Stand an der Straße erfahre ich, dass es sich um die größte Windfarm in Australien handelt. Die Daten gebe ich in das Handy ein und siehe da, es gibt einen Standort mit einem Info-Zentrum. Nach 10 Minuten Zick-Zack-Fahrt – immer von meiner Navi-Dame dirigiert – bin ich am Ziel. So viel Zeit muss sein. Hier muss ich ganz klar eingestehen, dass die Frau des Herrn Google mich bestens zur Station geleitet hat.

Friedhof in Stuart Mill

Ich klingle an einem kameraüberwachten Eingang und betrete nach dem Einlass direkt den Arbeits- und Info-Raum. Der Leiter der Technik empfängt mich und erklärt mir nach einer kurzen Vorstellung meinerseits den Windpark, seine Entstehung und die derzeitige Situation. 2008 in Betrieb genommen, drehen hier 128 Wind-Turbinen mit jeweils 1500 kwh am Rad der Energiewende. Mit 192 Megawatt werden 143.000 Menschen mit Strom versorgt.

Die Zusammenarbeit der weltweit tätigen Firma Acciona mit Firmen aus anderen Ländern wird am Beispiel der Windräder deutlich. Während die Ständer in Australien produziert werden, kommen die Turbinen aus Pamplona in Spanien und die Rotorblätter aus Brasilien und den USA. Weltweite Logistik für den Strombedarf einer Region mit 150.000 Menschen. Der Gedanke an 1,5 Millionen Menschen und

Australiens größter Windpark in der Nähe von Ballarat

den damit zusammenhängenden Logistikbedarf liegt nahe und kann ganz einfach beantwortet werden: Mit Wind ist die Energiefrage nicht zu beantworten, sondern nur tendenziell einfacher zu gestalten. Ganz davon abgesehen, dass auch die Produktion der Windräder in die Gesamt-Umweltbilanz miteinbezogen werden muss.

Der unmittelbare Vorteil des Windparks liegt in der Beteiligung der Farmer für die Zurverfügungstellung des Geländes für die Windmaschinen. Sie erhalten so ein zweites Einkommen, das ihr Überleben sichert. Mit ihren Agrarprodukten stehen sie im permanenten Wettstreit auf dem Weltmarkt und kleinere Farmer werden diesen nicht überleben. Nicht ohne Grund gibt es in Australien eine Stiftung, die in Not geratenen Farmer hilft. Im Falle Windpark sind es keine Almosen, sondern erwirtschaftete finanzielle Mittel aus Landbesitz. Und da sind 14 mal 14 Meter verlorene Anbaufläche für das Fundament des Windrades besser zu verkraften als global gesteuerte Preisspiele der Rindfleischgiganten und Marktketten. Die Webseite der Wind-Company Acciona mit all ihren Projekten: www.acciona.com.au

Was ich gehört und gelesen habe, hört sich nicht danach an, dass es sich hier um eine windige Angelegenheit handelt. Ein Besuch der Website lohnt sich, weil es sich hier um einen weltweit führenden alternativen Energieerzeuger handelt. Noch interessanter sind Führungen, die auf Anmeldung kostenlos angeboten werden. Aber nur wegen den Windfarmen nach Australien zu reisen, halte ich für keine gute Energie-Idee, meine Reise ist ja bereits grenzwertig, wenn ich mir meine Kilometer-Bilanz ansehe, die am Ende um die 58.000 betragen wird.

Allerdings kommt mir zugute, dass kein einziger geflogen wurde. Die Ökobilanz insgesamt im Vergleich zur Flugreise könnte zu meinen Gunsten ausfallen, falls sich jemand findet, der Zeit und Muße hat, das auszurechnen. Zu den 600 Meter Fußmarsch ganz zu Beginn und am Ende der Reise kommen noch viele, viele Kilometer Fußmärsche dazu, mit denen ich sogenannte Walks durch Wälder, Buschland und Städte unternommen habe, um diesen Bericht überhaupt schreiben zu können. An dieser Stelle meinen herzlichen Dank an den Bühler Schuhladen, der mir hervorragende Schuhe verkauft hat.

Nach dem nicht geplanten Ausflug auf die Windfarm lande ich in Ballarat, einer ehemaligen Goldgräberstadt mit entsprechenden Gebäuden. „Klotzen – nicht kleckern“ war auch schon zu Zeiten des Goldrausches in Australien von 1860 bis 1870 die Devise. Heute wird versucht, aus der Geschichte mit Shops, guter Wohngegend im weiteren Speckmantel von Melbourne Kapital zu schlagen. Auch noch 1970 brachten technisch avisierte Goldgräber mittels Metallsonden Nuggets an den Tag.

Berühmt wurden Bendigo und die Nachbarstadt Ballarat nicht nur wegen des Goldes, sondern auch durch die ersten Arbeiterbewegungen 1854, die sich allerdings nicht gegen die Arbeitsbedingungen richteten, sondern vor allem gegen die eingewanderten Chinesen in den Goldgräbergebieten. Ein Beispiel für den in Australien von Anfang an herrschenden Rassismus gegen andersfarbige Menschen, vor allem gegen Chinesen. Dieser zog sich durch alle Gesellschaftsschichten und hatte auf dem Hintergrund der von oben verordneten und bereits gelebten Vernichtungsstrategie gegenüber den Aborigines ein stabiles Fundament. Die 1901 von der gerade gegründeten Föderation aller australischen Kolonien eingeführte „White-Australia-Politik“ war bis in die 1960er Jahre Richtschnur politischen Handelns. Die Aborigines erhielten z. B. erst in den 1960er Jahren das Recht auf eine Staatsbürgerschaft. Vorher waren sie Wilde.

Mahnmal für die Vertreibung der Aborigines

Der Eintritt in die Empfangshalle stellt sich für den Normalbesucher als höchst interessant dar, weil er von historisch gekleideten Herren und hübschen Trachtenmädels begrüßt wird, die ihm gerne den Weg zum Goldmineneingang der Investoren, auch Kasse genannt, weisen. Auf Wunsch wird der Kunde bei einem eventuellen Schwindelanfall wegen der Preise auch zur elektronisch gesteuerten Freizeitpforte geführt.

Es ist geradezu eine Ironie des Schicksals, dass heute Millionen von Chinesen als Touristen kommen, um das Land mit Geld zu füttern, das ihre Väter, Mütter und deren Kinder als Menschen 3. und 4. Klasse behandelte. Auf den Goldfeldern in Ballarat und Bendigo und der Umgebung arbeiteten um 1890 zeitweise über 100.000 chinesische Arbeiter unter unwürdigsten Bedingungen für englische Goldminenfirmen, welche das Gold aus dem abgebauten Erz mit maschineller Technik gewannen.

Ab 1840 – zu Beginn des manuellen Goldschürfens – waren um die 60.000 Europäische und 10.000 amerikanische Goldträumer ins Land gekommen.

Nach diesem Ausflug ins Geschichtsbuch Australiens jetzt wieder zu Ballarat: Ein zweites Mekka für den verblichenen Goldrausch bildet ein nachgebautes Goldgräberdorf. Als Freizeitpark, ähnlich wie Rust, nur kleiner. Ich besuche zumindest das Empfangsgebäude, obwohl die Parkplätze bereits überfüllt sind und mein Parkplatz auf dem letzten Ersatzparkplatz auf der dürren Wiese liegt. Vor der Eingangshalle wird mit einer 30 x 15 Zentimeter großen Metallplatte darauf aufmerksam gemacht, dass man auf fremdem Land gebaut hat.

Für mich als Hotspot-Geschädigtem das sofortige Aus zum Weitergehen. Obwohl es mir hätte klar sein müssen, verlasse ich fast panisch den Raum aus Angst, einer der Herren könnte mich verfolgen und mich zwingen, im Freizeitpark den Goldwäschern zuzuschauen oder den Henkern, wenn sie einen habgierigen, glücklosen Goldgräber hängen.

Ich flüchte geradezu in das daneben gebaute Gold-Museum und treffe den Frieden in einer goldenen Umgebung, in der ich zumindest ansatzweise Menschenansammlungen vermutet hatte. Nichts davon hier. Ich kann in Ruhe die Fotos und die dargestellten Originalwerkzeuge betrachten, Filme anschauen und nachgebildete Nuggets bewundern. Hier in Ballarat war echt was los in den Jahren 1860 bis 1890. Hier wurde die Technik des Goldsuchens industrialisiert, indem man Maschinen für das Waschen des Gesteines einsetzte, das von den unter Tage arbeitenden Menschen unter menschenverachtenden Bedingungen aus den Felsen gemeißelt wurde. Der Begriff Elend greift hier zu kurz. Es war eigentlich Sklaverei für alle, die keinen eigenen Claim erhielten oder aber glücklos irgendwie satt werden wollten.

Die Plakate der Goldminengesellschaften sprechen hier eine klare Sprache. Ausbeutung pur! Ohne Rücksicht auf Gesundheit und Menschenrechte, mit denen man es sowieso nicht so genau nahm. Die Aborigines als eigentliche Eigentümer des gesamten Gebietes werden im Eingangsbericht als Naturvolk erwähnt, es geht aber primär um die Leistungen der Siedler und Goldgräber. Im weiteren Verlauf des Museumsdurchgangs verliert sich ihre Spur völlig. Aufarbeitung auf australisch. Könnte auch anders aussehen.

Ich entschließe mich kurzfristig, diese Stadt zu verlassen und in die nächste Goldgräberstadt umzusiedeln, deren Namen Bendigo auf der Landkarte vermerkt ist. Laut Reiseführer des ADAC stehen hier ebenso Prunkbauten. Hier kann man mit einer historischen Tram an den Prunkstücken der Vergangenheit der Stadt vorbeifahren und sich ein eigenes Bild über die vergangene Zeit machen nach dem Motto: Früher war zwar alles älter, aber nicht unbedingt besser. Die letzte Goldmine machte hier 1954 ihre Tore zu. Wer Lust hat, kann sich in Führungen durch einige alte Stollen quälen, in denen vor 150 Jahren viele Chinesen auf der Flucht vor den Kriegen in ihrer Heimat versuchten, sich ein normales Leben aufzubauen. Elend und Leid inbegriffen. Der Film im Museum zu diesem Thema ist sehenswert.

Den Film über den Umgang mit den Ureinwohnern habe ich nicht gesehen. Möglicherweise war ich zum falschen Zeitpunkt im Museumskino.

Wenn man so dahinfährt, gehen einem alle möglichen Gedanken durch den Kopf. Mal sind es persönliche Geschichten und Fragen, dann wieder allgemeine und grundsätzliche Fragen oder aber rein philosophische Gedanken, die dann schnell dem Erdachsenölen gleichkommen. Hiervon sollte man vor einer tiefsinnigen Auseinandersetzung Abstand zu nehmen, da keiner der führenden Ölkonzerne bisher ein Öl erfunden hat, mit dem man die Erdachse dauerhaft so schmieren kann, dass sie immer rund- und nie festläuft.

Pragmatische Betrachtung der Geschichte der Aborigines

Die Besetzung Australiens durch die Landung von James Cook und die Ausbreitung und Landbesitznahme durch die Siedler könnte man vereinfachend vergleichen mit der Besetzung von Deutschland durch die Römer etwa 50 Jahre v. Chr. bis 500 Jahre n. Chr. Das bereits höher zivilisierte Rom marschiert ein in ein Land, in dem die Germanen mit ihren Stämmen und Religionen, verteilt auf das ganze Land und uneins unter sich leben. Mit jeweils eigenen Gesetzen, Ritualen und Religionen. Ähnlich der Vielzahl an Stämmen der Aborigines in ihren jeweils eigenen Gebieten, ihren Religionen und Fehden untereinander.

Der Einmarsch der Römer hatte langfristig keinen Erfolg, da sich die Germanen im Laufe der Jahrhunderte immer mehr als ein Volk verstanden, das mit unterschiedlichen Führern den Römern das Leben schwer machte, wobei der Süden und Westen Deutschlands unter den Römern durchaus in ein anderes Zeitalter katapultiert wurde. Ohne den römischen Einfluss wäre die Entwicklung weit langsamer und wahrscheinlich auch ganz anders verlaufen. Ob gut oder schlecht, sei dahingestellt. Es war jedenfalls eine von außen aufoktroyierte Beschleunigung.

Um 500 n. Chr. hatten die Römer die Besetzung Germaniens weitgehend aufgegeben. Der errichtete Schutzwall Limes versank in der Geschichte. Die Germanen hatten sich der römischen Kaiser verweigert und machten sich daran, ihre eigene Geschichte zu schreiben. Dies alles auf dem Hintergrund der Entfernungen England-Australien, Rom-Germanien. Rom konnte relativ problemlos jederzeit und schnell Truppen und Material nach Germanien entsenden.

Die Aborigines wurden im Gegensatz zu den Germanen verdrängt, getötet oder kamen durch eingeschleppte Krankheiten der Strafgefangenen und später der Siedler zu Tode. Eine Gegenwehr der Ureinwohner als Volk konnte nicht stattfinden, da sich die Aborigines selbst nicht als Volk sahen. Eine Gegenwehr hätte auch wenig Erfolg gegenüber der Waffentechnik der Kolonialisten gehabt. Dies, obwohl die Kolonialmacht 20.000 Kilometer entfernt residierte und nur mit langen Schiffsfahrten den Kontinent mit Material und Menschen erreichen konnte. Das Zusammentreffen einer auf Naturintegrität basierenden Kultur mit einer Kultur der Kolonialisierung und Christianisierung konnte keine Zusammenarbeit auf Augenhöhe hervorbringen. Die sich als Wissende gebenden neuen Herrscher hatten es in ihren Augen mit Wilden zu tun, die es zu beseitigen, im besten Falle umzuerziehen galt. Die Gegenwehr war eher symbolischer Art und wurde im Keime erstickt.

Ab 1920 bis 1970 wurden ca. 50.000 Kinder von Aborigines zwangsweise den Eltern weggenommen und in weiße Familien zur „richtigen Erziehung“ gegeben. Viele lebten in geschlossenen Internaten und in Missionen. Eine Kultur wurde nahezu ausgelöscht mit eisernem und christlichem Besen.

Die Aborigines selbst lebten bis zur Kolonialisierung im Einklang mit der Natur in einer eigenen Glaubenswelt. Sie waren deshalb keine Heilige, wie man manchmal bei Vorträgen heraushören könnte. Auch dieses Volk litt an allen menschlichen Schwächen und den dazugehörigen Folgen, d.h. ihr Leben bestand nicht nur aus dem Paradies, sondern vor allem im Überlebenskampf bezüglich der Ernährung, der Gesundheit und dem Verteidigen der eigenen Jagdgründe. Tödliche Streitereien mit anderen Stämmen gehörten wahrscheinlich ebenso zur Tagesordnung wie die Kriege unter den Germanenstämmen in Europa und später ganzer Staaten.

Deshalb immer Vorsicht bei der „Fast Heiligsprechung“ von Naturvölkern. Auch wir als Deutsche waren einst Naturvölker, die sich aus Wölfen und Schafen zusammensetzten und auch seinerzeit dürfte die Zahl der Gutmenschen überschaubar gewesen sein.

Sieht man den Zeithorizont der Germanen als Zukunftstheorie, dann haben die indigenen Stämme noch über 300 Jahre Zeit, sich ihr Land zurückzuholen. Oder es wird ihnen von der Natur zurückgegeben, die sich mit dem wenig nachhaltigen Umgang nicht einverstanden erklärt und sich mit Flächenbränden, Sandstürmen und Wassernot gegen die neue Art von Zivilisation wehrt. Wenn allerdings die Traditionen über diesen langen Zeitraum weitergegeben werden sollen, dann müssten sich beide Seiten ein Mehrfaches von dem überlegen, was bisher zuwege gebracht wurde. Australiens Umwelt heute ist von Menschen gemacht, von dahergelaufenen Menschen, wie meine Mutter sagen würde.

Tag 79: Samstag, der 6.1.2018
Bendigo

Bereits gestern Abend hatte ich mir überlegt, ob es sinnvoll ist, bereits nach Melbourne zu fahren, da ich dort ohnehin bis einschließlich 10. Januar Zeit haben werde. Die Abfahrt ist für den 11. Januar geplant. Die Entscheidung fällt das Handy, dessen Wettervoraussage für Melbourne und Bendigo 40 Grad meldet. In der Stadt gebacken werden oder bei 40 Grad in Bendigo im Motelpool entspannen.

Mein Domizil entspricht zwar nicht dem Goldstandard Bendigos, aber meckern kann ich sicher nicht. Außerdem bin ich in einer Stadt, die sich ab 1865 wegen der

Goldminen bis zur Jahrhundertwende zur reichsten Stadt der Welt gemausert hatte. Heute sicher nicht mehr, aber immer noch eine stolze Braut. Das merkt man, wenn man die Werbeschriften anschaut und liest. Man war ETWAS und man ist ETWAS und diese Butter lässt man sich nicht vom Brot holen. Entsprechend hat sich hier eine Kulturszene entwickelt, die ergänzt wird um Weinfarm-Events und dem ganzen Drumherum, das bestimmte Bevölkerungsgruppen heute zu einem erfüllten Leben brauchen und Touristen für das allgemeine Wohlbefinden nicht vermissen möchten.

1860 bis 1890 – Goldrausch in Australien

Die Bevölkerung wuchs seit 2001 von 62.000 bis 2016 auf 92.000 an. Ein Zeichen, dass es sich hier gut leben lässt. Die relative Nähe mit 100 Kilometern zum teuren Melbourne lässt grüßen. Unter der Gesamtbevölkerung leben noch 1600 Ureinwohner bzw. deren Nachkommen. Elf davon sprechen laut der australischen Statistik im Internet noch die Ursprache.

Umweltpoltisch scheint Bendigo eine der Kommunen sein, die für sich entschieden hat, der zunehmenden Umweltzerstörung mit gezielten Programmen entgegenzutreten, die auf der Internetseite der Kommune beschrieben werden. Andere Kommunen werden folgen müssen. Die Frage bleibt, ob es Fünf vor Zwölf oder Fünf nach Zwölf ist. Jedenfalls eine Stadt, die kapiert hat, wo es lang gehen muss. https://www.bendigo.vic.gov.au/ Kompliment!

Die 40 Grad und die tropfende Stirn bei einem kleinen Ausgang erinnern mich an meine inzwischen Drei-Monats-Haardichte und -länge. Auf Anraten des von mir befragten Motelbesitzers mache ich mich auf den Weg und steuere im 500 Meter entfernten Einkaufszentrum ein Frisörgeschäft an. Nein, nicht wie man denken sollte, zu Fuß. In solchen Situationen muss man auch an die Frisöre/innen denken, die nah an einem ihr Handwerk verrichten und nicht gerade erfreut sind, wenn aus den Tiefen des nassgeschwitzten Hemdes ganze Transpirationswolken steigen und womöglich die Sicht auf den Kopf versperren. Ruckzuck fehlt einem da ein Ohr. Also mit dem Auto und voll aufgedrehter Klimaanlage auf den Großparkplatz, dort noch fünf Minuten mit laufendem Motor die Tiefkühlung laufen gelassen, ausgestiegen und dann mit einem Sprint in das klimatisierte Einkaufszentrum geflitzt.

Das erste Mal seit ca. 35 Jahren lasse ich mir die Haare von jemand anderem schneiden als von Gerlinde, der Frau meines ehemaligen Fernfahrerkollegen Michael, der mir das Lkw-Fahren beigebracht hat. Die Luft ist um 10 Uhr schon bei 36 Grad. Da vergehen einem die Bedenken unter dem Pelz und tatsächlich bekomme ich einen Termin mit 15 Minuten Wartezeit. Ich hole mir einen Cappu als Belohnung für meinen Mut und sitze dann tatsächlich im Frisörsalon. Die Frisörin heißt immerhin Linda, was ja einem Teil von Gerlinde entspricht, und dürfte die gleiche Kleidergröße tragen.

Um mich später noch im Spiegel zu erkennen, hole ich mein Handy aus der Tasche und zeige ihr das Bild nach dem Schnitt vor der Reise, das ich für diesen Moment extra hinterlegt habe. Sie wirft einen Blick darauf, lacht und legt los. Aber wie!!! Affenzahn wäre die passende Beschreibung der Arbeitsgeschwindigkeit, bei der die Späne, äh, die Haare durch die Luft fliegen mitsamt dem elektrischen Handgerät und einer Schere, deren Flug ich über meinem Kopf genau beobachte. Und trotz dieser Akkordenthaarung unterhält sie sich mit mir über meine Herkunft, über meine Reise und wie ich Australien sehe. Und ich stelle fest, dass mein Englisch tatsächlich immer besser und wortreicher wird, weil ihre Antworten auf meine Fragen passen. Nach zehn Minuten ist der Spuk vorbei, kostet 25 Dollar, also etwa 17 Euro. Das passt auf jeden Fall, denn Linda hat ziemlich exakt das Bild getroffen, ohne mich zu verletzen.

Irgendwie erinnerte mich das Tempo an das Schafscheren auf dem Lorenzenhof in den Jahren 1981 bis 1992. Dort kam jedes Jahr ein Nebenerwerbsscherer und nahm den Tieren für fünf oder sechs Mark das Fell ab. Danach war immer ein wahnsinniges Geblöke, weil die Jungen ihr Mütter nicht mehr erkannten. Nicht wegen dem Aussehen, wie der Laie jetzt vermuten wird, es war der Geruch der dicken Wolle, die jetzt fehlte.

Diese Erinnerung bringt mich zu der Annahme, dass die gute Linda die Tochter eines ehemaligen Schafscherers sein muss. Früher ein sehr gefragter und ehrbarer Beruf. Heute wird automatisch geschoren und Neuseeland hat die Führungsrolle übernommen. Aber die Siedlergeneration hat nach meiner Einschätzung bereits eine Genmutation in Bezug auf Haare schneiden hervorgebracht und damit die Fellschneidekunst in einen Beruf mit Zukunft transferiert. Aber wer weiß, wie lange es noch geht, bis es Haarschneideautomaten gibt, die nach einem vorgelegten Bild oder einer ausgewählten Frisur ihr Werk verrichten. Natürlich nur gegen Unterschrift, dass man technische Pannen akzeptiert, die von Schneidspuren in der Kopfhaut über Schlagaderverletzungen bis zu Ohrkürzungen gehen können. Vermutlich werden in der Einführungsphase die ersten dieser Hair-Cut-Dressing-Pubs direkt neben Krankenhäusern oder chirurgischen Ambulanzen eingerichtet.

Nach diesem Ausflug in die Haarschneiderei schaue ich mir das wirklich liebevoll herausgeputzte Städtchen an, d.h. die schönsten Gebäude und den Rosalinden-

Park. Eigentlich mit Wasserarkaden und durchlaufendem kleinen Bach. Aber der beginnende Hochsommer von Januar bis Februar in Kombination mit einem trockenen Frühling von September bis November hat hier alles trockengelegt. Die Umweltprojekte der Stadt dürften noch ein paar mal zehn Jahre brauchen, bis sie greifen.

Bei inzwischen 39 Grad steige ich trotzdem die 120 Stufen auf den Aussichtsturm und werde mit einem herrlichen Blick auf die flachgebaute Stadt belohnt und daran erinnert, dass ich mich um Wasser kümmern muss. Von den in Australien üblichen öffentlichen Anti-Dehydrations-Stationen finde ich keine oder mein Wasserspiegel ist bereits unterhalb der Augen gerutscht. Dann sieht man ja bekanntlich nicht mehr viel. Immerhin finde ich das Auto und trinke, bis mir die Augen überlaufen.

Der Vergleich kommt mir wegen meiner Augen-OP im vergangenen August, die wegen einer Von-jetzt-auf-nachher-Netzhautablösung notwendig wurde. Man meint, man hätte was im Auge, was die Sicht behindert. Geht zum Augenarzt und der schickt einen in die Klinik nach Freiburg mit dem Hinweis: EILT. Und zwölf Stunden später liegt man auf der Krankenstation mit einer Augenklappe und einer netten Krankenschwester, die fragt, wie es uns geht, obwohl ich allein im Bett liege. Wahrscheinlich meinte sie aber mit „uns" mich und mein Auge. Geräuscheinzelheiten der OP erspare ich mir. Aber so viel: Es tut nicht weh, aber man bekommt alles mit und wird während der OP ständig über den Fortgang informiert, d.h. es wird erläutert, wie der Ablöseprozess der Netzhautteile mittels Kälte gestoppt und verödet wird. Das Ganze passiert natürlich im Auge drin, was

Hinter Palmen: der Aussichtsturm mit Blick über Bendigo

man sich besser nicht vorstellt. Ist aber so. Natürlich alles über den Bildschirm – für die beiden Docs – sichtbar. Dauerte 60 Minuten, nicht angenehm mit fixiertem Kopf und kalten Füßen, aber bei Gelingen sollte wieder Ruhe sein. Immerhin wusste ich hinterher, was die beiden Augentieftaucher und ihre Assistentin für die Gefriermittelsteuerung am Wochenende alles vorhaben. Geht sehr privat zu.

Zum Abschluss wird das Auge wieder mit einem Gas gefüllt, das die vor der OP abgesaugte Flüssigkeit im Auge ersetzt. Die verflüchtigt sich binnen vier Wochen und wird durch neue Augenflüssigkeit des Körpers ersetzt. Muss man alles glauben und nicht nachdenken wie in der Kirche, ob es den Hergott wirklich gibt. Und hier kommen wir zurück zum Wasserspiegel im Auge. Während das Gas nicht sichtbar ist, steigt nach und nach die Flüssigkeit im Auge an und man hat tatsächlich einen Wasserspiegel vor Augen, allerdings im Auge drin. Eigentlich lustig, weil man immer das Gefühl hat, dass man mit einem Auge teilweise unter Wasser schwimmt. Nach vier Wochen ist der Spuk vorbei, auch wenn man nicht dran geglaubt hat. Jetzt wäre es spätestens Zeit, einen kurzen Blick Richtung Firmament zu werfen.

Am Tag nach der OP wird einem ein Buchstabe mit einer Größe von mindestens 50 Zentimetern vor die Augen gehalten, den man erkennen soll. Ich habe nur etwas Dunkles gesehen. Sei aber normal, beruhigt die Schwester mich, morgen wäre es schon besser. War es auch und nach drei Tagen konnte ich mit Augenklappe das Haus der zigtausend operierten Augen verlassen. Sechs Wochen nichts lesen und nichts schreiben war die Auflage. Gut, dass ich zufällig eine Sekretärin im Hause hatte. Dann halt sechs Wochen diktieren und den Herrgott einen guten Mann sein lassen.

Weiter mit Bendigo: Frisch gewässert irre ich mittels Navi zur Oldie Tram Station an der ehemaligen größten Goldmine. Nach zig Umwegen, während denen ich die Navi-Dame als naives Flittchen beschimpfe und verfluche, treffe ich ziemlich genervt bei der Oldie Tram Station ein. Irgendwie scheint die für mich zuständige Dame im Navi-Zentrum häufiger zu müssen. Oder sie tratscht nebenbei. Wahrscheinlich beides gleichzeitig: quatscht auf dem WC mit einer anderen Navi-Dame, die einen anderen Zielsuchenden im Stich gelassen hat.

Glück gehabt. Es ist 13:55 Uhr, um 14 Uhr fährt die letzte Tram. Karte lösen, einsteigen und die Tram rumpelt laut quietschend los. Eine schöne Abwechslung, durch die besterhaltenen Straßen an den nach Reichtum riechenden Prunkbauten vorbeizufahren, um am Endpunkt noch das Tram-Museum anschauen zu können. Die Hitze hat was Gutes. Wir sind vier Passagiere, von denen einer, eine Engländerin, von ihrem Freund mit Wassermassagen betreut werden muss. Da hat die Hitze ihre Spuren in Form eines roten Kopfes hinterlassen. Vermutlich sind die Bedauernswerten zu lange bei 40 Grad in der prallen Sonne durch die Stadt gezogen.

Die Nostalgie-Straßenbahn von Ballarat

Die Bahn kehrt am Endpunkt nicht um, sondern der Zuführer geht an das andere Ende der Tram und fährt wieder los. Bewährte Technik aus alten Zeiten. Eine wirklich schöne Fahrt für alle, die noch ihre Originalzähne besitzen. Gebissträgern würde ich empfehlen, dieses vorher ins Schälchen zu packen oder sich einen Mundschutz als Auffangbehälter zuzulegen. An Tagen wie heute ist dies ein großer Vorteil.

Der Zugführer hüstelt schon eine ganze Weile, bis er uns erklärt, dass in der heißen Luft ein ganz feiner Staub zu spüren sei, der von den umliegenden Feldern mit dem Wind in die Stadt getragen wird. Jetzt wird mir auch klar, warum ich immer wieder den trockenen Mund spülen muss, was mir bislang komisch vorkam, weil ich das von mir nicht kenne. Und die trockenen Augen sind dann wohl mit etwas Rinderweiden-Staubschlamm beschäftigt. Klar, dass sich in diesem Staub auch verdaute Graspartikelchen verstecken. Rinderscheiße in den Augen, das kannte ich bisher nicht.

Die Oldie Trams zeigen in Form von Bildern und Texten australische Geschichte für Jedermann. Australien war wegen der Zugehörigkeit zu Englands Krone an allen Kriegen beteiligt, mit denen England zu tun hatte. Entsprechende Opfer gab es bei den Soldaten des Landes. In der Oldie Tram wird über verschiedene besondere Geschichten informiert, um die Erinnerungen an die Grausamkeit des Krieges wachzuhalten und damit ein Zeichen zu setzen. Wenn man selbst in der Verwandtschaft mit Menschen zu tun hatte, deren Söhne oder Brüder gefallen

sind, dann berühren einen solche Geschichten natürlich besonders. Für mich persönlich bringt diese Art des Erinnerns mehr als Gedenkstätten irgendwo in einem Park.

Die große Goldmine der Stadt, die bis 1954 hier Gold aus bis zu 1400 Meter Tiefe geholt hat, habe ich mir nicht mittels angebotenem Stollenabenteuer reingezogen. Die Führung geht durch restaurierte Stollen in ca. 14 Meter Tiefe und ist für Kinder und Interessierte sicher ein Erlebnis. Da ich aber den Silberstollen in Seebach kenne, habe ich mir kein so gigantisches Erlebnis ausmalen können, das mich zur Teilnahme an den zweistündigen Führungen gedrängt hätte.

Motelpool – mit Spielente für Kindsköpfe

Um 14:30 Uhr bin ich wieder im Apartment, mit schön klimatisierten 25 Grad und kühlem Wasser. Dazu noch ein paar Poolgänge und die Begrüßung durch eine aufblasbare Ente – das Markenzeichen der deutschen Firma „Ideen für Kinder". Sie liegt tatsächlich auf dem Poolrand und bittet mich, sie in den Arm zu nehmen. Außerdem meine ich den Satz zu hören: „Alter, es wird Zeit, wieder zu arbeiten." Ich war platt. Nicht von der Hitze.

Ein schöner Platz hier. Vielleicht bleibe ich noch einen Tag, bevor ich nach Melbourne fahre. Allerdings wäre der Sonntag ein guter Tag zu fahren und morgen wird es in Melbourne wieder angenehme 25 Grad haben. Die Hitze heute war eine Ausnahme, ausgelöst durch heiße Inlandswinde. Meine Vermutung hätte in den Nachrichten auf Englisch wohl wie folgt gelautet: „Hot winds with cowdust in the air." Eigentlich müsste das richtigerweise „Cowkacke" heißen.

Tag 80: Sonntag, der 7.1.2018
Bendigo – Melbourne

Zeit, um Abschied zu nehmen vom Outback. Ich habe die Alternativroute mit den B-Straßen gewählt, aber im Einzugsgebiet von Millionenstädten geht es nicht mehr um wenig Verkehr, sondern nur noch um fließenden oder ruhenden Verkehr. Es geht nur noch um das Ankommen in einer akzeptablen Zeit. Ich habe Zeit und bei mir geht es nur um das Ankommen in der Europcar-Station, möglichst komplett ohne fehlende Autoteile oder Beulenpest.

Vor der Abfahrt habe ich mich noch mit Frau Eagle, Mitbesitzerin des Motels, über die Frage unterhalten, wo sie die größten Probleme in Australien sieht und siehe da, sie bestätigt, was ich in meinen Berichten schon für mich gesehen habe. Die Umweltschäden wegen der Landwirtschaft und den damit zusammenhängenden Folgen, wie Staubstürmen, die auch schon in Bendigo für gelblich-rötliche Autos sorgten – um nur eine der mildesten Folgen beispielhaft zu erwähnen. Dazu die Tourismusexplosion der letzten Jahre, die auf Kosten der Qualität gehen würde, d.h. billige Zimmeranbieter drücken die Preise mit nicht vergleichbarem Angebot. Der durchreisende Tourist ist dann vielleicht verärgert, aber er zieht weiter und es hat keine Folgen für den Vermieter, es sei denn alle Internetbewertungen fallen schlecht aus. Aber wenige werten tatsächlich und gute Bewertungen bekommt man schnell zusammen über Bekannte oder möglicherweise sogar gegen Bezahlung von entsprechenden Internet-Fake-Anbietern.

Sie betont, dass die Stadt im Umweltmanagement viele Projekte angestoßen hat, z.B. ein Baumpflanzprogramm oder ein Wasserressourcen-Programm. Alles auf der Internetseite dargestellt, wie ich das selbst gesehen hatte, aber alle Projekte laufen erst kurze Zeit. Auch im Tourismus möchte man Nachhaltigkeit, was in dieser Stadt durchaus gelingen könnte. Schöne Parkanlagen, einige wenige Attraktionen, ein interessantes kulturelles Programm dürften diesem Ziel entsprechen. Allerdings fehlt der Stadt auch ein wirklicher Hotspot. Die Goldmine ist zwar interessant, aber die Zahl der möglichen Touristen für Bergwerksführungen ist platzbedingt sehr begrenzt. Man könnte natürlich alle ehemaligen Goldminenstollen wieder begehbar machen, aber auch dann würden sich die acht Apostel biegen vor Lachen und die Three Sisters in den Blue Mountains würden dort mit den Kakadus um die Wette kreischen. Hunderttausende bekommt man nicht in die Stollen. Gut so.

Am Ende stellt Frau Eagle noch fest, dass mein Englisch sehr gut wäre, obwohl mir immer noch viele Worte und grammatikalische Feinheiten fehlen. Wahrscheinlich meint sie meine „Pronunciation", die uns auf der Handelslehranstalt von 1966 bis 1968 vom Englischlehrer Herr Grein, selig sei er, beigebracht wurde. Der sprach reines Hochenglisch und legte verdammt viel Wert auf die Betonung. In Australien muss ich ihm jetzt noch einen Dank gen Himmel schicken, wo ich ihn mir aufgrund seiner feinen Art als Sänger in einem Gospelchor vorstellen könnte. Oder als Hand- und Fuß-Dolmetscher für die vielen englischsprechenden Ankömmlinge an der Himmelpforte bei Petrus, da dieser ja bekanntermaßen nur des Hebräischen mächtig ist.

Die Fahrt Richtung Melbourne war begleitet von viel Verkehr trotz der B-Strecke. Man weiß das zwar, aber wenn es dann soweit ist, überkommt einen doch noch mal eine kleine Sehnsucht nach den verkehrsfreien Routen. Und an einer Tankstelle 40 Kilometer vor Melbourne werde ich zurückversetzt in die Zeiten, als es noch Tankwarte gab. Ich halte und beim Aussteigen steht der Tankstellenbesitzer vor mir und fragt, ob er den Wagen betanken darf. Ich bin platt und meine in bestem Ochsfort-Englisch, dass ich mich in eine frühere Zeit versetzt fühle. Er lacht und meint, für ihn gehört das Betanken zum Service. Wow! Dann erzählt er mir noch, dass seine Großeltern Deutsche sind und in Deutschland wohnen, aber regelmäßig zu Besuch kommen. Deutsch kann er nicht oder hat es einfach nicht versucht aus Angst, er könne sich blamieren. Das kennt man ja von sich.

Nach 1150 gefahrenen Kilometern seit Adelaide begrüßt mich Melbourne zuerst mit einem netten Willkommensschild und kurz danach mit einem Stau. Das Navi hat nicht die Schnellstraße in die Stadt gewählt, sondern die kürzere Diagonale, was mir endgültig klarmacht, dass die Navi-Dame dringend zum Urologen muss. So oft, wie die in ihrer durchaus verständlichen Not vor dem Toilettengang die falschen Befehle herauspresst, gibt es keine andere Erklärung. Ärgerlich, aber trotzdem ganz unterhaltsam, weil ich so durch „Coburg" fahre, einen Stadtteil von Melbourne, offensichtlich von Franken gegründet. Und während ich durch die kilometerlange viktorianische Hauptstraße im Stau zuckle und ruckle, mit zig Ampeln und der Straßenbahn vor mir, kommt mir einer unserer Firmenkunden, die Firma Wehrfritz aus Rodach bei Coburg, in den Kopf. Als wollten sich langsam alle melden und mir deutlich machen, dass ich mich endlich auf die Socken machen soll Richtung Deutschland und mir sagen „Alter, es wird Zeit wieder zu arbeiten!"

Um 13 Uhr bin ich bei Europcar in der Tiefgarage und gebe das Auto unfall- und beulenfrei ab. Um den Stick meiner Minnesänger nicht zu vergessen, hatte ich mir ein Blatt auf den Beifahrersitz gelegt. Das war auch gut so! Den hätte ich glatt vergessen. Mit dem Abnahmeschein „All ok" ins Büro, aber leider war der „Bücherstatt-Hintern-in-der-Hose-Mann" von Eva, also Adam (für die nicht bibelfesten Leser), nicht da. So konnte er kein Lob einheimsen für seine Weitsicht, mir das Auto zu verweigern. Die Vertretung hinter dem Tresen bestellte im Schnellverfahren ein

Taxi und der indische Fahrer fuhr mich in einem alten, hochpolierten Mercedes anno Tobak in wenigen Minuten zum gebuchten Hotel, vor dessen Eingang allerdings ein absolutes Halteverbotsschild stand. Nur mit einem strengen badischen „Ooohhalde" konnte ich den Fahrer von der Ungültigkeit des Schildes für badische Landsleute überzeugen. Die Droschkenfahrt hatte mir 30 Minuten Fußmarsch mit Gepäck erspart. Die 8 Euro für den Inder hätte ich hinterher in der Wäscherei an einen Pakistani bezahlt für das durchnässte Hemd.

Der Hotelname „Pensione Hotel" hat nach einem ersten Überblick nichts mit deutschen Beamten mit zu hohen Pensionen zu tun. Es laufen hier bunt gemischt alle Alters-, Geschlechts- und Nationalfarben in einem Tempo rum, dass Beamte sofort auffallen würden. Spätestens wenn sie beim Einchecken oder Fahrstuhlfahren einschlafen und die Nationalhymne schnarchen.

Das Zimmer ist tatsächlich ein Einzelzimmer und relativ klein, aber sauber mit Fenster in den Hinterhof wie in Jiaxing. Rote Backsteine als Gegenüber sind immer noch besser als der Bahnhof, der auf der anderen Straßenseite liegt. Die Zimmer dort haben Straßenblick und Zuggeräusche, die sogar noch bei mir ganz leise zu hören sind. 65 Euro die Nacht mitten in Melbourne, da kann man nicht murren.

Ich packe aus und verteile die benötigen Dinge für die nächsten drei Tage und dann bemerke ich, wie sich in mir eine Ruhe breitmacht, und mit dieser inneren Gelassenheit gehe ich erst einmal spazieren am drei Minuten entfernten Fluss Yara. Ich habe dort sicher eine Stunde auf einer Parkbank gesessen und dem Wasser zugeschaut, ohne bewusst an etwas zu denken.

Keine Überlegung, was ich noch machen wollte. Einfach nur „Nichts".

Es gäbe hier einiges zu sehen, aber ich habe festgestellt, dass ich mehr fühle, begreife und tiefer erlebe, wenn ich mich um weniges intensiv kümmere. Ich freue mich auf diese Tage, weil sie ganz anders werden als die bisherigen. Irgendwie bin ich entspannt, weil das große Abenteuer Australien mit den vielen Fahrten gut, gesund, unfallfrei und mit so vielen Eindrücken und Erlebnissen für mich erfolgreich verlaufen ist. Viel besser und intensiver, als ich mir das vorgestellt habe.

Beim Weitergehen begrüßen mich die bekannten, breiten Promenaden mit vielen Sonntagsbesuchern, Cafés, Restaurants, Sightseeingschiffe etc. Der ganze bekannte Bummel-Rummel in den großen Städten mit der gleichen Kulisse wie überall. Die neuen Glaskästen spiegeln sich in den Sonnenbrillen der Fußgänger wider. Ich bin endgültig zurück in der Millionen-Stadt-Zivilisation, die mit der Bereitstellung einer riesigen Freizeit- und Verkehrsinfrastruktur dafür Sorge tragen muss, dass den hier lebenden Menschen nicht die Decke ihrer Wohnung auf den Kopf fällt.

Das Leben spielt hier auf der Straße und das Angebot ist so breit gefächert, dass nahezu für alle Interessen und für jedes Alter etwas abfällt. Selbst die Bettler profitieren von den großzügigen Anlagen, da sich unter den vielen Brücken immer eine Nische für die Nacht findet in allerbester Lage, solange die Polizei nicht fündig wird.

Wer ohne Windeln unterwegs ist, hat in Australien kaum Probleme, weil das öffentliche Netz der WC-Anlagen offensichtlich von Menschen geplant wurde, die öfter müssen müssen.

Den absoluten Tagesclou erlebe ich an der Ecke neben dem Hotel in einem Mini-Laden für Snacks, Getränke und Zigaretten. Da hole ich mir ein nach einer Schneckennudel aussehendes Gebäck und beiße rein: Ich stehe in Seebach beim Bäcker Orlemann, so ähnlich schmecken die Dinger. Da werde ich wohl in den kommenden Tagen noch mehrmals sündigen.

Fazit einer Reise durch einen Teil der Wein- und Agrarregion
Erntebilanz Trauben 2017: 1,93 Millionen Tonnen Trauben, der höchste Wert seit über zehn Jahren. Durchschnittspreis pro Tonne für Trauben: 565 AUD, der höchste Wert seit 2008. Produktionsanteil Rotwein: 55 Prozent.

Die australische Wein-Industrie ist der weltweit viertgrößte Weinexporteur. Die Einfuhr von australischem Wein nach Deutschland stieg von Juli 2016 bis Juni 2017 im Vergleich zu den zwölf Monaten zuvor um 5,1 Prozent in der Menge und zehn Prozent im Wert. Insgesamt wurden 438.000 hl im Wert von 55 Millionen Euro eingeführt. Der durchschnittliche Preis pro Hektoliter eingeführtem Wein aus Australien lag bei 126 Euro und damit vergleichbar zum Durchschnittspreis von Weinen aus Chile und deutlich über denen aus Südafrika und Spanien. Australien liegt auf Platz 8 der Herkunftsländer der Weinimporte in Deutschland.

Als These würde ich in den Raum stellen: Australien hat sich im ersten Zug an den Ureinwohnern versündigt und im zweiten Zug an der Natur des Kontinents. Im ersteren Fall mag es die Zeit und die fehlende Bildung gewesen sein, ein Volk auszurotten oder dem eigenen Denken gleichzuschalten. Sowohl politisch als auch religiös.

Tag 81: Montag, der 8.1.2018

Melbourne

Zimmer gut, Wetter bewölkt mit sonnigen Abschnitten am Mittag, kühl, 20 Grad um 12 Uhr. Morgens leichte Regenschauer, die es mir leicht machen, einige Mails zu erledigen, mich um das Zusammenstellen meiner Reisepapiere zu kümmern und Daten zu den Schiffen „Chopin“ und „Centaurus“ einzuholen, die mich auf meinen beiden letzten Reiseetappen mitnehmen. Ein Blick auf die Finanzen zu Hause und dabei einen heißen Kaffee von Roberts Kaffeebeutel genießen. Den Cappu gibt es vielleicht später in einem Straßencafé am Yarra-Walk, auf Deutsch: an einem Fußgängerweg am Fluss entlang.

Statt Fluss-Wanderung wende ich mich dann aber in Richtung Info-Zentrum der Stadt Melbourne und erlebe so das ganz normale Leben eines Touristen in einer

Millionenstadt. Gehwege voll, Fußgängerüberwege voll, alles voll, auch das Touristenzentrum. Dann eben Selbststudium der Melbourne-Karte und Punkte für den nächsten Tag markiert, ohne Schlange zu stehen. Diese Tätigkeit ist ein absolutes Trauma bei mir. Kommt vom tagelangen Warten an den Grenzen mit dem Lkw. Wahrscheinlich durch irgendeine Therapie heilbar, aber ich bin bis jetzt gut damit klargekommen, auch wenn ich damit manches Schnäppchen verpasst habe.

Skyline von Melbourne

Wichtiger ist noch die Erledigung von Punkt 1 jeder Reise: Essen besorgen. Schlafen und Entsorgen sind ja mit dem Hotel erledigt. Ich finde unter den vielen Fressbuden, Thai-Restaurants und Schmuckläden tatsächlich auch einen Supermarkt, der sich „Metro" nennt. Kleiner als die Metro-Märkte in Deutschland oder besser gesagt, so groß wie deren Bäckereiabteilung. Ich finde trotzdem alles, auch Kaffee und Filtertüren. Der Abschied von Robert Timm, 160 Burwood Road, 2137 Concord NSW/Australia steht vor der Tür. Die Kaffeebeutel sind gemeint. Ich kenne den Typ nicht persönlich.

Der Abend steht dann im Zeichen der Texte für den Blog und der Auswahl der Fotos. Ein ganz anderer Tag als bisher, aber total entspannt. Heute hat sich auch Lynda gemeldet. Jene Frau, die ich im Bus von Brisbane nach Casino kennengelernt hatte. Eigentlich wollte sie mir nach ihrer Rückkehr nach Melbourne ihre Heimatstadt zeigen. Aber wie das eben so ist beim spontanen Kennenlernen: Sie schreibt, dass sie sich in mich verguckt hätte und ein Treffen für sie nicht so gut wäre, weil ich ja in wenigen Tage schon wieder weg sei. Aha. Bedeutet für mich, die Stadt halt selber zu durchstöbern. Anders hätte mir das besser gefallen, weil man sich dann um

Kostenlose Nostalgie-Straßenbahn

nichts kümmern muss. Aber verguckt ist verguckt. Und wer weiß, ob ich mich nicht auch noch in sie verguckt hätte? Dann hätten wir kurze Zeit später beide komisch aus der Wäsche geguckt, wenn ich den Kahn bestiegen hätte. Sie war mir jedenfalls sehr sympathisch, 56 Jahre alt und Projektleiterin an der Uni Melbourne. Das Alter weiß ich, weil sie mich nach der Bedeutung des Symbols auf meinem Poloshirt gefragt hatte und auf meine Erklärung dann meinte: „I'm ten years younger." So einfach erfährt man das Alter einer Frau, denn danach fragen wäre ja total unhöflich und indiskret und das liegt mir schon gar nicht. „Nüchtern schüchtern", trifft bei vielen zu, bei mir bleibt's auch „nicht nüchtern" beim „schüchtern".

Parlamentsgebäude des Staates Victoria in Melbourne

Tag 82: Dienstag, der 9.1.2018
Melbourne

Da die Reiseleitung ausfällt, stehe ich um 8 Uhr als mein eigener Reiseleiter auf. Draußen blauer Himmel, Sonnenschein, 20 Grad – beste Voraussetzungen für eine Stadtrundfahrt. Ich entscheide mich für den Circle mit der Oldie Tram, welche die gesamte Innenstadt umkreist und alle 200 bis 300 Meter stoppt und obendrein kostenlos genutzt werden kann. Tolles Angebot der Stadt. Wäre ein gutes Beispiel für den öffentlichen Nahverkehr. Natürlich eine riesige Konkurrenz für die Sightseeing Busse, wie man an deren vielen leeren Sitzen sieht. In der Tram gibt es allerdings an vielen Stationen keine Sitze mehr. Körperkontakt ist gefragt und damit auch der Hemdentest. Niemand verlässt die Bahn fluchtartig, also bestanden.

Ich steige sechsmal aus, um mir die baulichen Sehenswürdigkeiten Melbournes anzuschauen, also wie überall das Rathaus, das Parlamentsgebäude, das Edelhotel Windsor und den Central Viktoria Market. Dazu noch zwei Parkanlagen, die wirklich wunderschön sind. Den 3. Park passiere ich mit der Straßenbahn, da sich dort die Bäume, die Wege und der Rasen wiederholen.

Nur die auf dem Rasen sich lümmelnden Menschen sind tatsächlich andere. Vermutlich Touristen, Studenten oder Arbeitslose um diese Zeit. Oder Backpacker aus Deutschland, die auf ihrem Gebetsbuch die Anschriften der nächsten günstigen Pack-together-Motels suchen. Das „Hotel Windsor" ist aber offiziell nicht als „Pack-together" gelistet, da es keine Zimmer mit vier bis sechs Betten bieten kann.

Während das Menschenaufkommen in den Parks sehr überschaubar bleibt, ist die Stadt prall gefüllt. Wo viele sind, scheinen alle hinzuwollen. Den Cappu trinke ich deshalb in einer fast menschenleeren Straße, um mich dann im Viktoria Market in der Menge schieben zu lassen. In den offenen Markthallen verkaufen vor allem asiatische Händler alles, was man braucht und nicht braucht. Im geschlossenen Markt bieten die „Handwerker" der Fische, des Fleisches und der Milch jeweils in ihren Bereichen alles an, was man aus diesen Grundsubstanzen herstellen oder gleich roh essen kann.

Immer gleich mehrere Stände mit ähnlichem Angebot bewerben ihre Produkte. Einige mit Marktschreiern, die geschickt Fische in eine Tüte packen und einen hohen Preis nennen und dann immer noch einen weiteren Fisch reinpacken oder wieder rausnehmen, bis ein Kunde zuschlägt. Wer hier nicht aufpasst, macht kein Schnäppchen, sondern wird geschnappt.

Zum Schluss lande ich im neuen Jachthafen und sehe von hier auch bereits die Ladekräne des Containerhafens. Hier wurde in den vergangenen 20 Jahren alles neu gebaut. Vor allem Luxuswohnungen an den Hafenanlagen entlang. Der Fußweg für die Jachtbesitzer ist so kurz genug und von ihren Loggias können sie immer wieder auf ihre Jacht schauen und sich daran erfreuen.

Hier stehen glitzernde Hochhaus-Fassaden neben kleineren kubischen Wohneinheiten, deren Wände ausschließlich aus Glas bestehen. Wie in allen neuen „Doclands" gibt es hier nur eine Richtung: Luxus pur.

Dazu kommen weitläufige Promenaden und viele leerstehende bzw. aufgegebene Lokale in den Erdgeschossen. Die Verlierer im Spiel um das große Geld. Wer sich in einer solchen Gegend ein Ladenlokal mietet, der braucht vor allem eine Geschäftsidee, mit der er die Kunden in dieser Gegend melken kann, deren Bedürfnisse sich weit weg von dem bewegen, was der Otto-Normalverbraucher benötigt. Einige Geschäftsräume haben sich auf „Events" spezialisiert, wobei das durch die abgedunkelten Scheiben sichtbare Interieur auf Events der oberen Schichten schließen lässt. Unter goldenen Handläufen geht hier nichts.

Am Dienstagnachmittag jedenfalls scheinen die Melbourner nicht in diese Gegend zu kommen. Möglicherweise sind das Abendtreffpunkte oder Wochenendausflüge. Jedenfalls bin ich fast die einzige Person, die sich mit den Wanderboots und wenig eleganter Kleidung auf den meterbreiten Flaniermeilen des Hafenviertels bewegt.

Während meines Rundganges stoße ich innerhalb einer Stunde auf maximal zehn Personen, davon fünf Backpacker aus Deutschland (man hört's halt). Zwei davon spreche ich an und frage sie aus einem plötzlichen Entschluss heraus nach ihren Gründen, nach Australien zu kommen – so wie weitere 60.000 Backpacker aus Deutschland. Die Antworten sind einfach. Weil das Land am anderen Ende der Welt liegt und man hier frei durch das weite Land ziehen kann, auch mit Wohnmobil, wenn man ordentlich gespart oder finanzkräftige Eltern hat. Und was wurde besucht? Es kommen alle Hotspots als Antwort, wie Fraser-Island, White Sunday, Cairns, Airlie Beach, Noosa, Stratebroke Island etc. eben alle Punkte, die in den bekannten Backpacker-Communities gelikt werden.

Outback ist zu uninteressant – trotz der Angabe des freien Ziehens durch die Lande – weil die Strecken so weit sind und man nichts zu sehen bekommt. Ausnahme ist der Uluru, weil man da gewesen sein muss, um das Selfie mit dem Heiligen Berg dahinter zu posten. Vielleicht noch ein Bild von einem tanzenden Original-Aborigine fürs Album zum Thema Völkerverständigung. Umweltprobleme – wel-

Noch eine Skyline von Melbourne

che? Falls welche bekannt sind, wird Amerika als viel schlimmer angesehen, aber auch Deutschland mit dem Dieselskandal. Eine Antwort war, dass in Australien die Mülltrennung (!) eingeführt wurde und ganz gut klappen würde. Nun ja, immerhin ein Grundwissen scheint vorhanden zu sein, wenn die Mülltrennung bereits als Highlight der australischen Umweltpolitik genannt wird.

Zur Geschichte Australiens befragt, kommen nicht viele Detailkenntnisse. Und wenn man die Vernichtung der Aborigines anspricht, wird Amerika mit den Indianern dagegengehalten.

Der Vergleich dient fast schon als Rechtfertigung nach dem Motto: „Wenn die anderen das auch getan haben, dann muss Australien kein schlechtes Gewissen haben, wenn hier das Gleiche passiert ist." Das Wissen beschränkt sich vor allem auf die Treffpunkte und den Fun, der in den sozialen Medien kommuniziert wird.

Allerdings: Es dürfte heute wahrscheinlich normal sein bei jüngeren Reisenden, die vor allem eines wollen: Spaß haben an der Reise, sich treffen, sich vergnügen und einen tollen Aufenthalt in Australien haben. Durchschnittlich beträgt der Aufenthalt von Backpackern aus Deutschland 70 Tage. Eigentlich Zeit genug, um sich mit dem Land näher zu beschäftigen. Irgendwie habe ich den Eindruck, dass viele der Backpacker sich die zu Hause geschürten Illusionen über das Traumland Australien nicht wegnehmen lassen wollen. Also Vorsicht: Hier wird man schnell zum Miesepeter, wenn man andere Wahrheiten anspricht als die der Backpacker-Werbung. Andererseits: Es war schon immer das Recht der Jugend, spontan und frei von irgendwelchen „schwereren" Überlegungen loszulegen und Erfahrungen zu sammeln. Das passiert hier auf jeden Fall und ist allemal besser, als zu Hause zu bleiben. Der eine oder die andere wird später die Erfahrungen der Reise mit der Realität ergänzen und nachträglich dem Wort Traumland, „aber auch Schaumland" hinzufügen. Ein Klick auf ihr Magnifikat würde die geneigten Backpacker/innen in Sekunden über die wichtigsten Themen informieren. https://www.umweltnetz-schweiz.ch/themen/bildung/2736-einleitung-australien.html.

Der Rückweg führt am träge fließenden Yarra River entlang bis zur Schneckennudelbude. Um 17 Uhr stehen der frisch gebrühte Kaffee und Orlemanns Beste auf dem Tisch. Insgesamt ein guter Tag. Melbourne ist tatsächlich eine schöne Stadt, die mit ihrer Offenheit in der Gestaltung und ihrer Weitläufigkeit durchaus Charme hat, ähnlich Adelaide, nur insgesamt größer und durch den Hafen in der Stadt auch attraktiver. Dass auch hier wie in Moskau, Peking, Shanghai, Hongkong, Brisbane und Sydney die jeweiligen Skylines das Stadtbild von Weitem prägen, ist klar. Damit möchte ich nicht die Architekturkunst und die Ideen schmähen, die hinter diesen Gebäuden stecken. Aber es sind und bleiben Protzbauten für mich, die sich weltweit gegenseitig hochschaukeln, bis es irgendwann einem Architekten gelingt, ein schwebendes Hochhaus zu konstruieren, das ohne Fundamente auskommt und nur auf Luft- und/oder Wassersäulen steht, die mittels riesigen Kompressoren den XXXL-Protzling in der Luft halten.

Nach diesem Tag wird nur noch das Bauen auf anderen Planeten als etwas Besonderes betrachtet werden. Alles andere ist Normalität. Ich hoffe, ich habe damit nicht einen Architekten auf eine dumme Idee gebracht.

Nach diesem etwas skurrilen Ausflug in die Bauchtechnik ein paar interessante und brutale Fakten. Bei einem kleinen Rückblick auf die Stadtentwicklung geben nüchterne Zahlen einen Einblick in die Dynamik der Siedlungsgeschichte. Während 1841 nur 4500 Einwohner in der neuen Stadt lebten, waren es 1854 bereits 140.000, davon 10.000 Deutsche. Um 1890 war die Zahl auf über 500.000 gestiegen, 40 Prozent davon Einwanderer. Der Goldrausch und die Werbung für Australien als Land der Träume zog Menschen aus allen Kontinenten magisch an und damit alle Berufe, um die notwendige Infrastruktur und Versorgung zu sichern. Die in Europa herrschende Not und Aussichtslosigkeit in den unteren Klassen und auf dem Land, z. B. dem Hochschwarzwald, waren ideale Nährböden für den Auswanderungswillen vieler Europäer Richtung Amerika und nach Australien. (Lesetipp: „Beim Morgenrot in Sydney“, historischer Auswanderungsroman nach wahren Schicksalen aus dem Schwarzwald ab 1844, Simone Veit, Hugendubel-Verlag).

Gesamtaustralien mit 7,7 Mio. km^2 Fläche – 21-mal größer als Deutschland – wuchs von 1861 mit knapp 1 Mio. Einwohner bereits 1880 auf 2 Mio. Zum Jahrestag der Gründung der Föderation Australien am 1.1.1901 war die Bevölkerung bereits auf 3,5 Mio. Menschen gestiegen. 1949 hatten auf dem Kontinent 7 Mio. Menschen ihre Heimat gefunden. Nach dem 2. Weltkrieg kamen weitere 2 Mio. europäische Einwanderer ins Land und die Bevölkerung wuchs bis 1975 auf 15 Mio. an. Durch die ab 1975 mögliche Einwanderung von Bürgern des asiatischen Raumes wurde

Schickes neues Wohnviertel am Hafen

die Gesellschaft automatisch bunter und vielfältiger. Heute leben in Australien etwa 24,5 Mio. Menschen, wovon 92 Prozent europäischer und acht Prozent asiatischer Abstammung sind.

Die Zahl der Aborigines war seit der Entdeckung von James Cook von ursprünglich 315.000 als niedrigste Schätzung auf zwischendurch 67.000 gesunken. Die Politik der Ausrottung hatte durch gezielte Maßnahmen und vor allem durch mitgebrachte Krankheiten aus Europa, denen die Aborigines keine Abwehrstoffe entgegensetzen konnten, große „Erfolge". Trotzdem wehrt sich Australien und das Mutterland England, diese Geschichte als Genozid zu bezeichnen. Als Einzelmaßnahmen seien erwähnt:

1883: Verbot für reinrassige Aborigines, Kinder zu bekommen.

1890–1912: Zwangsdeportation der noch frei lebenden Gruppen und Stämme in Lager und abgelegene Gebiete, die nicht verlassen werden durften.

Ab 1886: Mischlingskinder werden den Eltern entzogen und in weiße Familien gegeben oder sie kommen in eine Mission zur Aufzucht durch kirchliche Träger.

Solche Maßnahmen wurden als soziale Glanzleistungen verkauft, da sie zumindest das physische Überleben ermöglichten. Ziel war auf jeden Fall, die der Assimilierung entgegenstehende kulturelle Geschichte und Lebensweise dieses Volkes zu beseitigen, um auf diese Weise längerfristig ein weißes Australien zu bekommen.

Die Geburtenrate und die Zahl der Aborigines bzw. von Menschen mit der ursprünglichen Abstammung stieg nach dem Politikwechsel in den 1960/70er Jahren von 1976 bis 2011 von 156.000 auf 670.000.

Durch den Politikwechsel in den 1960er und 1970er Jahren und die Anerkennung als Staatsbürger änderte sich die Situation für die Aborigines zunächst nur auf dem Papier. Später folgten praktische Maßnahmen mit Landrückgabe, Förderprogrammen und Anerkennung der kulturellen Vergangenheit und deren Pflege, was gleichzeitig das Ende der „Terra-Nullius-Doktrin“ bedeutete (in etwa: „das Land gehörte bei der Entdeckung niemandem“). Das MABO-Urteil von 1992 sprach nach einem zehn Jahre dauernden Rechtsstreit in einem Musterprozess dem Aboriginestamm „Meriam“ mit dessen Führer Eddie Mabo die Landrechte an der Insel „Mer“ der Torres-Strait-Inselgruppe zu. Das offizielle Ende einer jahrhundertelangen Fehlentwicklung in der Politik und der Rechtsprechung.

Die Olympischen Spiele von 2000 in Sydney sollten der Welt zeigen, dass Australien sich von einem restriktiven und rassistisch geprägten zu einem weltoffenen Land entwickelt hatte. Das gesamte Programm war durchzogen mit multikulturellen Veranstaltungen. Das „Festival of Dreaming“ wurde den indigenen Kulturen der Welt gewidmet, was vor allem die bereits erzielten Fortschritte im Umgang mit den Aborigines hervorheben sollte. Als weltweites Zeichen mit großer Symbolkraft für die neue, interethnische Kultur durfte die Aborigine-Kurzstrecken-Läuferin Cathy Freeman die olympische Flamme im Station entzünden.

Die Notwendigkeit solcher symbolhaften Schritte nach außen bleibt unbestritten. Der Negativ-Effekt solcher großen Gesten besteht darin, dass vielen internationalen Gästen mit diesen Bildern im Kopf der Eindruck vermittelt wurde, in Australien stehe alles zum Besten im Umgang mit seiner Geschichte. Realistisch betrachtet wurden die Weichen gestellt für den Zug aus der Vergangenheit auf eine neue Trasse, die allerdings erst noch mühsam gebaut werden muss. (Quelle: Spiegel online 15.9.2000)

Tag 83: Mittwoch, der 10.1.2018
Melbourne

Letzter Tag in Melbourne, letzte Übernachtung in einem australischen Hotel, alles irgendwie das letzte Mal. Wehmut kommt trotzdem keine auf, es ist einfach an der Zeit für Neues. Nach einigen Mails wird sich der Tag morgen so abspielen, dass ich um 11 Uhr das Hotel verlasse und um 12 Uhr nach einer Taxifahrt mit Uber – meine erste selbst organisierte – hoffentlich im Zollgebäude im Containerhafen lande. Danach Fußmarsch zum Schiff und dort Gepäck an Bord bringen und Kabine beziehen. Die Owner-Kabine ist nicht frei, sondern schon belegt von einem Paar oder zwei Personen. Das habe ich vom Hafenagenten erfahren und es entspricht der Logik, dass ich als Single gegenüber den anderen beiden – egal wie verbandelt – die kleinere Kabine bekomme. Bin gespannt, wie meine Kabine aussieht. 45 m^2 wird sie nicht haben und allein als zahlender Passagier auf dem Schiff bin ich auch nicht mehr. Gut so, dann lernt man nämlich noch was anderes kennen als die Kajüten-Einsiedelei.

Nach der Klärung dieser nicht ganz unwichtigen Dinge für die nächsten 18 Tage steht der Südhafen-Walk auf dem Plan. Ähnliches Bild wie gestern, aber alles noch

Fast so schön wie von uns

eine Nummer größer, breiter und für mehr Menschen ausgelegt. Was ich gestern vom anderen Ufer gesehen habe, sehe ich jetzt direkt vor mir. Luxus pur, Premium XXXL. In den Erdgeschossen gibt es neben mondänen Cafés und Restaurants allerdings ein paar Geschäfte, deren Inhaber immer der gleiche zu sein scheint. Es ist die Firma „For Lease", die hier offenbar kräftig investiert. Die Glasfronten verklebt sie von innen mit Papier, so als wäre das Innere nicht für das Auge des Normalbürgers bestimmt.

Wäre interessant zu erfahren, was diese Firma in den vielen Läden lagert. Vielleicht staubfreie Luft für die Asiaten? Die könnte tatsächlich einmal teuer werden, wenn die Bäume in Australien nicht schnell genug wachsen. Allerdings hat Melbourne mit diesem Problem nicht so zu kämpfen wie andere Städte, weil es hier mehr regnet und die Temperaturen eher Mitteleuropa entsprechen. Aber in Anbetracht des Klimawandels trotzdem eine interessante Spekulation.

Und dann sehe ich zwischen den Glaskästen mit den aufgetakelten Ladies plötzlich eine Affenwald-Kletteranlage der Firma Richter aus Deutschland. Wie gesagt, hier kann nichts teuer genug sein. Da muss ich ein paar Fotos machen, auch von den rissigen Oberflächen, die uns in Deutschland um die Ohren geschlagen würden. Ich werde dem Importeur unsere Unterlagen zukommen lassen.

Was Richter hier bietet, können wir schon lange. Ich merke, dass die Heimat mit der Ente im Pool, dem Ortsteil Coburg in Melbourne und jetzt mit dem Affenwald gedanklich näher rückt, verdammt schnell näher rückt.

Hafenpromenade in Melbourne

Und das zwischen den Luxusglaskästen in Australiens Hauptstadt von New South Wales. Gut, dass morgen erst einmal 40 Tage Schiff anstehen.

Auf dem Indischen Ozean dürften die Wiedererkennungsmerkmale seltener werden, höchstens in Form von Träumen nach seligen Weinrunden mit den anderen Passagieren. Könnten ja durchaus trinkfeste Engländer oder Schweden sein. Da geht es dann darum, die Ehre meines Großvaters hochzuhalten, der in seinen Zeiten als Holzfäller bekannt dafür war, dass er alle anderen unter den Tisch gesoffen hat. Als Kind habe ich noch die Geschichten mitbekommen, wie die Holzfäller bei Regenwetter in Hundsbach in einer Kneipe auf besseres Wetter gewartet und in dieser Zeit das Bier aus dem weitergereichten Eimer getrunken haben. Quasi ein Gentest der besonderen Art, der von meinen eigenen Kindern äußerst kritisch gesehen würde. Was mich aber nicht davon abhalten würde.

Auch weil mir ein Saunagang in Finnland in Erinnerung bleibt. Dort wurden wir von der Gastfamilie zum Saunagang eingeladen und der Hausherr wollte uns zeigen, bis zu welchen Temperaturen man in der Sauna ausharren kann. Mein Jugendvorteil sorgte dafür, dass der gute Mann halb ohnmächtig aus der Sauna taumelte und von seiner Frau mit Alkoholumschlägen wiedererweckt wurde, während ich noch – mit leichtem Schwindel – in der Sauna die Anstandsminuten ausharrte. Im Nachhinein war das keine gute Aktion von mir, weil die Regeln der Gastfreundschaft hier automatisch den Hausherren als Sieger hervorgehen hätten lassen müssen. Aber mit gerade mal 22 Jahren wollte ich wohl zeigen, wo der Hitze-Bartel den

Most holt. Sorry Jirinki. Auf dem Schiff würde das vermutlich auch so sein. Einfach Kind geblieben, was sowas angeht.

Ach so, ich war ja an der South-Bank. Hier ist alles breiter und für Menschenmassen ausgelegt, die wohl abends oder am Wochenende in Sechserreihen gehen, also sechs nebeneinander in eine und sechs nebeneinander in die andere Richtung. Für eine Zwölferreihe sollten die Boulevards reichen. Wie gesagt, Melbourne ist eine schöne Stadt für Städter und für Bauern, die mal sehen wollen, wie Stadt funktioniert. Am Ende geht der Bauer wieder aufs langweilige Land und der Städter bleibt in der für ihn meist ebenso langweiligen, weil gewohnten Stadt und freut sich, dass er Städter ist und kein Bauer.

Am Bahnhof gibt es den 2. Cappu. 30 Minuten nochmals der Hektik zuschauen, dem Rennen und Hetzen, Rufen, Schreien und dazwischen ein Bettler mit einem Einkaufswagen voller Plastiktüten. Der Abschied fällt leicht.

Mehr als vorher weiß ich jetzt, dass ich ein Landmensch bin und nehme die bekannten, abschätzenden Kommentare der Städter gerne in Kauf. Jedem das Seine.

Ich kaufe noch ein Kilo Peru-Original-Arabica-Kaffee für die Schiffszeit und beende damit endgültig die Anwesenheit von Robert Timms in meiner Kaffeeküche. Die Beutel sind zur Not eine wirklich gute Sache, aber Filterkaffee bleibt Filterkaffee und Robert bleibt Robert.

Die Interessenten für die Nobelwohnungen am Hafen werden im Golf Cart kutschiert

Lehrwerkstatt für Schiffsbau

Im Hotel hole ich mir noch zur Happy-Hour-Zeit von 16 bis 19 Uhr zwei Gläser Rotwein und stoße auf Australien an. Dem Land, das mich vom 21. November 2017 bis zum 11. Januar 2018 acht Wochen begeistert und entgeistert hat.

Es war eine gefühlt lange Zeit, eine volle Zeit, eine tolle Zeit, bei der es Zeit wurde, sich diese Zeit zu nehmen. Die Wochen mit Valentin bleiben unvergessen und die bisherige Reise ebenso. Ich kann nur jedem raten, wenn es passt, eine solche Reise – egal wohin – zu unternehmen. Allein oder zu zweit, je nachdem, was man von einer solchen Reise für sich gewinnen möchte. So was geht nicht ohne Unsicherheit und Ängste, aber im Laufe der Zeit lernt man mit allem so umzugehen, dass es sich zum Positiven wendet, ganz nach dem uralten Spruch: „Wer eine Reise tut, der kann was erleben." Genau! Meine Mutter würde mich bei meiner Rückkehr mit den Worten empfangen: „So, bisch widder do?" Auch nach fünf Monaten. Und danach könnte ich das erzählen, was ich erzählen will und das Nichterzählte hätte sie sich an zwei Fingern selbst zusammengezählt.

Am Rande bekomme ich noch mit, dass sich die Zimmer-Magnetkarte bei Kontakt mit dem Mobil entlädt und nicht mehr funktioniert. Jetzt wird mir im Nachhinein klar, warum ich öfter zur Rezeption musste. Wenn man's nicht weiß, erlebt man halt einen Scheiß.

8
Containerschiff „Chopin"

Melbourne – Adelaide – Fremantle/Perth – Singapur

Wieder an Bord = 100% Versorgung! Lesen, Genießen, Bordwandern, Sternenhimmel, Sonnenauf- und untergänge. Aber vor allem: Zeit haben für mich.

16 Tage | 7.150 km | 25 km

Tag 84: Donnerstag, der 11.1.2018
Melbourne – Ankunft auf der „Chopin“

Die letzte Nacht auf dem Festland endet um 6 Uhr morgens. Nicht weil ich müssen muss, sondern weil ich wollen will. Das Boarding heute bringt den Kopf bereits am frühen Morgen in Schwung. In Ruhe einen Selbst-Gebrühten, dazu inzwischen mittelschwer trockenes Körner-Gesund-Brot mit Käse, Salami und spanischem Schinken und als Feuchtigkeitsgarant für das Brot die australischen Cherrytomaten. Leicht zu schneiden, fast kein Geschmack, aber eben besser als Wasser auf das Brot schütten. Schließlich reise ich nicht bis Australien, um dann bei Wasser und Brot im Hotel zu frühstücken.

Zwischendurch sehe ich nochmal genauer in die Fenster an der Backsteinwand gegenüber. Dahinter kann ich Stockbetten erkennen und Kleider. Schuhe stehen am Gitter vor dem Fenster, vermutlich Backpacker. Die Vermieter dieser Spezialhotels für die Hundertausende von Backpackern machen richtig Kasse. Die Übernachtung kostet zwar nur um die 20 Dollar, aber mit sechs Leuten in der Bude sind das auch 120 Dollar für einen Raum bei geringstem Aufwand. Hauptsache Bett und Etagen-WC. Jedes normale Hotel hat eine geringere Gewinnmarge und muss sich mehr Kritik an den Zimmern anhören als die Schlausten der Branche, die Backpack-Hotel-Winners. Selbst meistens nicht mehr im täglichen Betrieb tätig – da arbeiten vorübergehend hängengebliebene Backpacker – sondern an anderen Orten, wo die Zimmer erheblich größer sind und man den Luxus als Belohnung für die geniale Idee der „Pack-together-Hotels“ (zu Deutsch: „Pack-die-Backpacker-zusammen-Hotels“) erleben kann.

Nach dem Rucksackpacken geht's auf die Straße zum UBER-Test und nach dessen Bestehen steige ich 30 Sekunden später in das Taxi ein. Für den Fahrer eine nie gefahrene Strecke, aber mittels Navi kein Problem. Um 10:15 Uhr stehe ich im Security-Büro zur Pass-Kontrolle, fünf Minuten später auf der anderen Seite des Zaunes auf dem gesicherten Hafengelände. Ich werde mit einem Kleinbus zum Schiff gefahren, da Gehen auf diesen Strecken strengstens verboten ist. Es geht mit Rucksack, Kleinrucksack und Gitarre ca. 70 Stufen hoch. Das ist zwar keinerlei Problem, aber dass die vor mir hochsteigenden Jung-Zöllner nicht einmal anbieten zu helfen, erinnert mich an die Geschichte mit der Gitarre im Bus. Hilfsbereitschaft scheint hier bei der Jugend eine Art

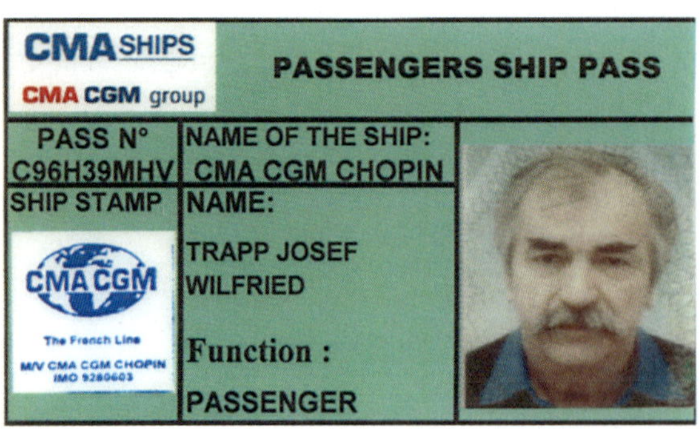

Kabine auf der „Chopin“

Fremdwort zu sein. Möglicherweise wurde es auch als veraltet in den sozialen Medien „down“ gelikt. Oder ich habe so eine dynamische Fitnessausstrahlung, dass sich niemand traut, mir Hilfe anzubieten. Nach den vielen Walks und den Städtewanderungen sehe ich wohl aus wie ein durchtrainierter Alt-Surfer aus Hawaii, nur halt ohne den Langhaarschopf im Wind. Das wird es wohl sein.

Von oben kommt mir ein Besatzungsmitglied entgegen und übernimmt den kleinen Rucksack. Kurze Begrüßung als „Passenger“ und schon stehe ich im 1.-Officer-Raum fünf Zöllnern und der Chefinspektorin gegenüber. Kurze Verwirrung, weil ich zunächst für den Kapitän gehalten werde, wie ich so ohne Gepäck im Raum stehe. Der meldet sich aber dann sofort zu Wort und stellt die Rangfolge klar.

Offensichtlich gilt ein älterer Herr mit ergrauten Haaren und seriösem Aussehen beim Zoll als der Kapitän auf dem Schiff. :) Die Uniform des Kapitäns ist zunächst offenbar nicht bemerkt worden, sonst hätten die Sterne auf der Schulterklappe alles geklärt. Um solche Verwechslungen zu vermeiden und um den Rang des Gegenübers zu erkennen, sind die Schulterklappen mit Symbolen – Sterne und Streifen – vor Urzeiten eingeführt worden. Je mehr Sterne oder Streifen, desto tiefer die Verbeugung des Gegenübers. Bei fünf Sternen empfiehlt es sich der Ehrerbietung wegen, mit der Schaufel noch ein Loch zu graben, damit der Kopf noch tiefer sinken kann. Diese Maßnahme erspart einem unter Umständen das Stiefellecken, was manchen der Sterne- und Streifenpförtner noch lieber wäre. Die Allertollsten unter diesen Machtkreaturen vertragen neben sich keine Menschen mit Selbstachtung und Selbstbewusstsein, sie haben hinten immer alles offen für ihre Untergebenen.

Folgende Zeichen sollte man sich merken, bevor man aufs Schiff geht: Der Kapitän hat vier Streifen und einen Stern oder ein nautisches Symbol. Der Chief Engineer (Leiter der Maschine) hat 3,5 Streifen und ein Zahnrad o. Ä. Der 2. Engineer hat zwei Streifen, der 3. Engineer einen. Der Chief Mate, also der 1. Offizier und

Melbourne Containerhafen

Vertreter des Kapitäns sowie Ladungsoffizier, hat drei Streifen. Der 2. Mate/Offizier und Navigationsoffizier hat zwei Streifen und der 3. Mate/Offizier, der auch Schiffsicherheitsoffizier ist, hat einen Streifen.

Das hilft am Anfang, die Mannschaft besser kennenzulernen und beugt Verwechslungen vor, falls mehrere ältere, ergraute Herren an Bord rumlaufen. Nicht immer ist der Gebräunteste oder ins Kapitänsklischee passendste Traumschifftyp auch wirklich der Kapitän. Ich verweise auf die beiden Verwechslungen in meinem Falle, wobei das mit der Bräune tatsächlich stimmte. Für den Traumschifftyp fehlen das ständige freundliche Gesicht, die weißen Zähne und die immer an allen Frauen interessierten Augen. Bei mir reagieren die Augen sehr stark typabhängig, dann aber durchaus interessiert.

Zurück zur Australia-Ausreiseprozedur: Sie prüfen meinen Pass, vergleichen die Daten mit der Eingangsstelle Brisbane. Alles klar. Die inzwischen über das ganze Gesicht strahlende Dame fragt noch nach meinen Gründen, auf diese Weise zu reisen und lässt sich die ganze Geschichte erklären und die fünf Kollegen hören tatsächlich die ganze Zeit interessiert mit. Ich denke immer an mein Englisch und hoffe, dass zumindest 50 Prozent verstanden wurden. Dann sollten sie auf jeden Fall mitbekommen haben, dass ich aus Deutschland komme, noch lebe und mit vollem

Bewusstsein auf dem Schiff gelandet bin. Handschlag, ein „Good luck", nochmals das strahlende Lächeln und Australien hat mich ausgecheckt.

Immerhin mit einem Lächeln und nicht so wie bei der Begrüßung in Brisbane mit sturen Blicken. Hätte ich eine Begleiterin dabeigehabt, wäre sie stolz gewesen auf ihren Typen. Oder aber eifersüchtig nach diesem umwerfenden Lächeln und den strahlenden Augen der Inspektorin.

Ich werde zur Kabine gebracht, 20 m^2, zwei Einzelbetten, Schreibtisch, Sanitärzelle, Sofa und Tisch. Zwei Fenster, allerdings auf dem E-Deck, was bei voll beladenem Schiff die Aussicht auf das Meer reduzieren könnte. War aber dann doch nicht der Fall.

Die Owner-Kabine ist von einem englischen Paar belegt, das in Adelaide aussteigt. Vielleicht gibt es da noch Möglichkeiten zum Wechseln. Beim Abendessen sitzen wir uns dann gegenüber. Er ist Spezialist für Transportwesen und Lehrbeauftragter an der Uni, speziell im Bereich Containerlogistik und Konstruktion mitsamt den dazugehörenden Anlagen und kennt sich bestens aus mit den verschiedenen Reedereien und ich bin froh, dass ich über die Verkehrsrundschau auch alle führenden Firmen und deren Konzepte kenne. So kann ich ganz gut mitreden, auch über Fusionen und einige Spezialitäten im Containergeschäft.

Leider hat er nicht das klare Englisch drauf, sondern schnuddelt ziemlich schnell, sodass ich mir immer wieder Brücken bauen muss für die Gesamtaussage. Immerhin sind wir uns einig, dass der Bau immer größerer Containerschiffe ein Irrweg sein dürfte und stark von den riesigen Konzernen betrieben wird, bei denen jeder das größte Schiff haben möchte. Vermutlich entscheiden hier Männer und die spielen nun mal gerne im Sandkasten und wollen immer zeigen, wer der Größte ist. Nicht immer sind es Gedanken an die Gewinnmargen, manchmal – wie man an diesem Beispiel sehen kann – sind es ganz einfach Machogedanken.

Die Ruhe ist wieder eingekehrt. So wie in Hongkong nach der 10.000 Kilometer langen Fahrt ab Deutschland, so jetzt nach den Fahrten über 6000 Kilometer durch Australien. Nichts mehr organisieren müssen, 16 Tage und Nächte an einem Platz und alles drum herum läuft und gleichzeitig werden die ersten 10.000 Kilometer der Heimreise von 25.000 Kilometern kräftig angeknabbert. Ich werde die Zeit nutzen, um mit dem Reisebericht voranzukommen und die Fotos zu sortieren. Mir schwant Übles.

Zunächst 16 Tage von insgesamt 42 Schiffstagen, um dort weiter zu überlegen, wo nach der Transsibirienfahrt und nach den ersten elf Tagen Containerschiff das Organisieren und Reisen die Oberhand gewonnen hatte. Ich werde den Tagen Struktur geben, damit sowohl das freie Denken als auch das Arbeiten am Reisebericht vorankommen und nicht ein Trott anfängt, den ich am Ende mit Sicherheit bedauern würde. Aber dann wäre es zu spät. So schnell werde ich keine 42 Tage mehr auf einem Schiff sein. Vielleicht auch nie mehr, denn nur bis zum 70. Lebensjahr wird man auf Containerschiffen mitgenommen und so lange ist das bei mir nicht mehr hin. Allerdings gibt es einen Hoffnungsschimmer. Die Reederei CMA möchte das Alter auf 77 anheben, vermutlich weil die alten Reise-Verrückten immer gesünder älter werden und an Bord die wenigsten Probleme machen.

Tag 85: Freitag, der 12.1.2018

Tag 2 auf der „Chopin“ – Wartetag in Melbourne

Schiffstage haben ihre eigenen Gesetze und wenn das Wetter noch grau in grau spielt, dann bleibt man am besten in der Kabine und erledigt dort Dinge, die man bei gutem Wetter lieber vor sich herschiebt. Dem „Vor-mir-herschieben“ habe ich allerdings gleich einen Riegel vorgeschoben. Dazu kenne ich mich zu gut. Es gibt einen Tagesplan, der als Orientierung dient, wobei drei fixe Zeiten für das Essen vorgegeben sind. Außerdem der Frühsport ohne Wenn und Aber. Die Zeiten dazwischen gilt es zu füllen, nicht dogmatisch, aber eben nicht nur rumlümmeln. Ohne dranhalten gibt es am Ende das übliche Zeitchaos und die damit verbundene Unzufriedenheit.

Uhrzeit	Tätigkeit	Bemerkung
6:30/7:30	Frühgymnastik	täglich
7 bis 8	Frühstück	täglich
8 bis 9	Wandern / Sonnendeck	wetterabhängig
9 bis 11/11:30	Bericht / Lesen	täglich
11/11:30	Kaffeezeit auf der Brücke	täglich
12 bis 13	Mittagessen	täglich
13 bis 13:30/14	Nickerchen	je nach Müdigkeit
14/14:30 bis 15/15:30	Wandern / Sonnendeck / Pool	wetterabhängig
15/15:30 bis 17/17:30	Bericht / Lesen	täglich
17:30 bis 18	Brücke	täglich
18 bis 19	Abendessen	täglich
19 bis 23	Brücke, Kabine, Gymnastik, Lesen	täglich

Sieht stur und langweilig aus, wird aber nicht stur werden. Bin schließlich selbst der Prüfer. Und langweilig schon gar nicht, weil die nach außen scheinende Langeweile ganz einfach die Zeit ist, die man braucht für sich und die man nur bekommen kann, wenn man sich auf das „Zeithaben“ einlässt.

Nach dem Plan gehe ich an das Übertragen des Rohberichtes von Teil 1 – Zugfahrt bis Peking – in den Berichtsmodus. Alles nochmals lesen und verbessern, Fehlendes einfügen und Dinge streichen, die im Nachhinein unwichtig sind. So vergehen die Stunden, aber auch die Seitenanzahl wächst. Zur Motivation ab und zu ein Blick durchs Fenster mit dem Regen draußen und ein frisch Gebrühter als Muntermacher.

Am späten Nachmittag habe ich dann die Zugreise zusammen, sogar mit ein paar Fotos. Heute ist der 12. Januar und mir fällt ein, dass Uli morgen 60 Jahre alt geworden wäre. 25 Jahre ist es her, seit sie mir und den Kindern genommen wurde. Ich kann und werde das wohl nie begreifen. Auch auf der Reise merke ich immer mehr, dass der von ihr einmal eingenommene Platz im Herzen besetzt bleiben wird. Daneben möchte ich offen und ehrlich einen Raum frei machen, über den ich ohne Wenn und Aber verfügen kann und bei dem von vornherein klar ist, dass es eben noch diesen anderen Platz gibt. Auch nach 25 Jahren. Tiefe Liebe dauert. Manche ewig.

Von Mareike erfahre ich, dass ihr die Kur wegen ihrer Nackenprobleme bewilligt wurde. Pünktlich zum Geburtstag von Mama. Wir haben so vieles unternommen, jetzt hat sich Mama eingemischt, die Kur verordnet und mich mit der vom 11. auf den 13. Januar verzögerten Abfahrt gleichzeitig auf den Heimweg geschickt. Solche Verzögerungen hatte sie oft genug während meiner Lkw-Fahrerei ertragen müssen.

„Alles Zufälle“, werden und dürfen die meisten sagen. „Vielleicht“, werde ich antworten, weil ein Gegenbeweis nicht möglich ist. Für mich selbst ist klar, es sind kleine Erinnerungen an die Macht der Liebe, an das Vorhandensein einer Seele, die bleibt.

Tag 86: Samstag, der 13.1.2018

Tag 3 auf der „Chopin“ – die Fahrt beginnt

Um 3:30 Uhr wache ich auf, das Schiff vibriert. Ein Zittern des Schiffskörpers, das ich kenne. Im Lichte der Tageslichtstrahler sehe ich mindestens 20 Männer in Schutzkleidung, die die letzten Container mit Zugstangen befestigen. Es herrscht Hektik, ein Zeichen für Abfahrt.

Trotz der schmerzhaften Uhrzeit rein in die Jeans, Hemd, Flanelljacke, Schuhe und auf die Brücke. Aufstehen zu jeder Tages- und Nachtzeit gehörte jahrelang zum Beruf und jahrelang zur Vater-/Mutterrolle.

Der Containerhafen bei Nacht – hier ist immer Betrieb

Das Ablege-Manöver beginnt gerade. Der Lotse ist vor wenigen Minuten eingetroffen, die letzten Arbeiter verlassen die Containerplattformen. Nach einer Stunde Stille auf der Brücke und konzentriertem Steuern des 300 Meter langen Schiffes über die Befehle des Lotsen erreichen wir die offene See. Der Lotse geht von Bord, der Kapitän kommt mit Kaffee und Zigarette auf die Außenbrücke, von wo ich das Ganze beobachtet habe. Man stört drinnen durch die pure Anwesenheit, weil die Anspannung trotz der Routine in der Luft zum Greifen nahe ist.

Er beginnt mit dem Hinweis, dass er davon gehört hat, dass ich früher Trucker war. Er ist Bulgare und sein Vater war Trucker im Nah-Ost-Verkehr nach Iran, Irak und Syrien. Und das Tollste, er war auch oft auf den schwedischen Lkw-Fähren zwischen Griechenland und Syrien in der gleichen Zeit wie ich. Sein Vater hat ihm auch von einer Überfahrt erzählt, bei der sich im Sturm Lkws losgerissen hatten. Beim Entladen dieser Fähre in Griechenland habe ich das Ausladen bzw. das Herauszerren der beschädigten Lkws verfolgen können, weil ich als dritter Lkw in der Warteschlange stand, die seit Stunden auf die Einfahrt des Schiffes wartete. Sein Vater muss also an mir vorbeigefahren sein, da sein Lkw nicht beschädigt wurde. Zufälle gibt es ja bekanntlich nicht. Bei der Begrüßung im Schummerlicht der Offizierskabine hatte ich den Kapitän auf 40 bis 45 Jahre geschätzt. Auf der Brücke im hellen Licht tippe ich eher auf 30, maximal 35, und dann passen die Zeitschienen zusammen.

Good Bye Melbourne

Es tut gut, wieder auf dem Meer zu sein und auch, täglich an den 25.000 Kilometern zu knabbern, die noch bis zur Endstation Hanfwerke-Oberachern fehlen. Möglicherweise gehe ich nochmals an Land in Adelaide und Perth, wo das nur zu 50 Prozent beladene Schiff Zwischenstopps einlegt. Ein mögliches Zeichen dafür, dass Australien mehr Produkte importiert als exportiert. Bei 7,5 Mio. Touristen und einer Verweildauer von durchschnittlich 30 Tagen kommen beim Import noch ca. 225 Mio. Kilogramm anderes Material dazu :), das sich – biologisch bedingt – von selbst auf den Weg macht. Es gibt viele Plätze zum Rätsel lösen. Dieses löst man am schnellsten auf dem WC. Garantiert.

Nach dem Gespräch lege ich mich wieder ins Bett und penne bis 8:30 Uhr. Hunger habe ich sowieso keinen, weil die Esserei mittags und abends gut füllt. Um 10 Uhr bekomme ich die Sicherheitsunterweisung auf dem Schiff bezüglich Feuermelder, Rettungsboote, Atemmasken, Signalsender, Verhaltensunterweisung bei Notfällen etc. Eine Stunde mit Fragebogen hinterher und daneben liegendem Antwortbogen. Aber auch ohne hätte ich 15 der 20 Fragen beantworten können. Das Hauptproblem waren die englischen Fachausdrücke.

Zum Essen gibt es gefüllte Paprika und Fleischbrühsuppe und Ofenkartoffeln. Balkantypisch würde ich diese Gerichte nennen, bäuerlich, gut, eigentlich wie zu Hause. Schmeckt wie vor 35 Jahren auf den Touren Richtung Türkei, wenn die 380 Pferde frisches Futter verlangten und man sich bei einer R+T-Tankstelle (Ross- und Reiterbedarf) während dem Tanken noch ein schnelles Essen reingeschoben hat. Der Diesel war günstig in Bulgarien, dafür dauerte das Tanken bei den veralteten Tankstellen schon mal 30 Minuten. Eigenfütterung ohne Zeitverlust – das Schiff in Griechenland wartete nicht.

Die Wanderung auf dem Schiff muss wegen stärkerem Seegang ausfallen. Auf diesem Schiff sind die Regeln straffer, d. h. man muss sich auf der Brücke aus Sicher-

Blick auf die Great Ocean Route

heitsgründen abmelden, wenn man spazieren geht. Dann ist auf den verschiedenen Überwachungskameras gleich klar, wer durch die Gegend irrt. Und wenn derjenige abends nicht am Tisch sitzt, weiß man auf jeden Fall, wo in etwa der Gang über Bord stattgefunden hat und kann die Fischerei informieren. So kommt man unter Umständen und etwas Haifischglück gratis auf eine Fischfangtour, die sonst für einen Haufen Geld an den Tourismusagenturen gebucht werden muss.

Stattdessen habe ich mir einen Campingstuhl geschnappt und die Sonne auf dem Außenbalkon meines Decks genossen. Dazu die vorbeiziehende Küste, die ich mit Valentin vom 28. Dezember bis zum 1. Januar abgefahren bin. Manche Stellen konnte ich sofort an deren spezieller Kontur und Landschaftsbeschaffenheit erkennen. Die Great Ocean Straße dort, wo sie im Prinzip in die steilen Küstenhänge gesprengt wurde.

Das Rollen des Schiffes macht mir Gott sei Dank nichts aus. Die Engländer hatten damit in den ersten Tagen von Singapur Richtung Australien wohl größere Probleme, wenn man ihre Gesichter anschaute, wenn sie darüber redeten. Die Frau scheint mir auch heute Morgen etwas blass und hinsichtlich der Essensaufnahme eher zurückhaltend.

Mit ihrem Mann klappt das jetzt mit den Unterhaltungen wunderbar. Heute Mittag hat er mir erzählt, dass es in Deutschland eine neue Regierung gibt. Und das muss ich von einem Engländer erfahren. Für ihn war die Dauer der Regierungsbildung auch nicht verständlich in einem Land, dem es bestens geht. Die Streitpunkte der Parteien seien nichts Grundsätzliches, sondern nur Geplänkel um die Verteilung einiger Beruhigungspillen für den Normalbürger. Grundsätzlich würde uns in

Blick auf die Tiefen des Ladeschachts im Schiffsbauch …

… und so weit geht es in die Höhe

Deutschland ja nicht wie in England mit der Frage des Brexits eine Schicksalsfrage trennen.

Technisch habe ich Privatunterricht bekommen. Einmal bezüglich der Rentabilität von Containerschiffen, zum anderen zu Ladekapazitäten. Der bisher von mir nicht beachtete „Keller“ im Schiff kann immer die gleiche Anzahl Container aufnehmen wie über Deck. Im Falle der „Chopin“ sind das fünf Stück übereinander im Keller, weitere fünf Stück über Deck. In der Breite nimmt die „Chopin“ 16 Container auf, die großen Kähne 20 Stück nebeneinander und mindestens acht im Keller und acht obendrauf. Sieht man den Schiffen nicht an, muss man aber wissen. 35 Mio. Container gibt es weltweit im Umlauf. Jeder Container hat eine ID-Nr., die ihn überall auffindbar macht.

Beim Abendessen waren wir kommunikativ dann schon etwas weiter und so erfuhr ich, dass beide ihre Lehrtätigkeiten Ende 2017 beendet haben und nach 20 Jahren Fern-Ehe mit dem verdienten Geld jetzt mehr zur Ruhe kommen und reisen möchten. Sally will die nächsten Jahre eher zu Hause verbringen, weil sie für ein chemisches Industrieunternehmen seit 20 Jahren weltweit, meistens im asiatischen Raum, Schulungen durchgeführt hat.

Das Thema Berufsabschied wurde tiefer erörtert mit der Frage, ob Ruhen und Reisen auf Dauer nach einem so langen geistig produktiven Leben zufriedenstellt. Verrückt, wen man unterwegs trifft, mit gleichen Fragestellungen. Allerdings werden die beiden, denke ich, die erste Zeit brauchen, um sich aus einer 20-jährigen Fernbeziehung in eine Daueranwesenheits-Beziehung zu finden. Nur Holliday-sen

(Wortverbindung von Holliday und Reisen) und sich’s gutgehen lassen, heißt nicht automatisch Honeymoon, sondern ganz schnell auch Going-soon.

Ehemalige Fernfahrerkollegen können ein Lied davon singen beim Einstieg in die Rente. Aber auch Schulkameraden, die das ganze Jahr über im Job und abends sowie samstags schwarzgearbeitet hatten, waren nicht nur glückselig nach dem Eintritt in den „Ruhe-in-Frieden-Erwartungsstand“.

Der eine hat angefangen, seinen Garten zu trimmen wie englischen Rasen und am Ende war alles Rasen, weil das Gemüse optisch nicht mehr gepasst hat. Der andere hat die Winternöte der Singvögel erkannt und verbaut in sechs Monaten einen Lkw Holz zu Vogelhäuschen. So schön, dass er sie abschließen muss, weil ihm die singenden Lieblinge reinkacken. Beim zweiten Holz-Lkw werden dann in drei Monaten einfachere Häuschen aus Billigholz gebaut mit Reinigungsautomatik. Sieht zwar nicht mehr schön aus, aber die Kacke kann mittels Schiebemechanik entfernt werden. Jetzt steht die elektronische Nachrüstung ins Haus, also Arbeit für weitere sechs Monate Renten-Freizeit. Danach müssen die ersten Häuschen hoffentlich wieder neu gestrichen werden.

Hier mal die Kurzzusammenfassung von Redebeiträgen auf einem Klassentreffen: Das Störendste an der ganzen Rentenzeit sind die fehlenden Sonn- und Feiertage und natürlich der Urlaub, auf den man sich immer das ganze Jahr gefreut hat. Man könnte zwar schön verreisen mit dem zurückgelegten Geld, aber die Kinder und die Enkel sollen es einmal besser haben. Mit ihren regelmäßigen Besuchen an Ostern, Weihnachten und zu den Geburtstagen haben sie sich das auch verdient. Außerdem ist es zu Hause sowieso am Schönsten.

Mit dem Letzteren könnten sie sogar in vielen Fällen recht haben, wenn ich an die schockierenden Tourismuserlebnisse in Australien denke ... Twelve Apostles, Three Sisters, Noosa, White Sunday, Airlie Beach, Fraser Island etc. Allerdings: Die Bilder davon bleiben in Erinnerung!

Zu Hause gibt’s als Ersatz schöne Bilder von den Tomaten und Gurken, den Erdbeeren und den Kirschen, die wie jedes Jahr wieder voller Läuse sind und von Oma gewaschen werden. Dazu noch Fotos von den spielenden Enkeln mit Windel im Waschschüssel-Pool. Meist sind es jedoch diese kleinen Dinge, die innere Zufriedenheit schenken. Sie passieren weitgehend ungeplant, man muss sie nur bemerken und nicht als Trampel darüber hinwegmarschieren.

Der Kapitän hat die Flasche Wein nicht mehr vorbeigebracht. Also gibt es jetzt die letzte Original-Coke in der Glasflasche, die ich von Valentin seit unserer Great-Ocean-Tour durch die Gegend schleppe. Die passt gut zu den letzten Trauben aus Mildura, die seit Tagen aus dem Kühlschrank um die Essgnade betteln. Ich erlöse sie und so werden Cola und Weintrauben im Laufe der Nacht im Magen zu Wein gären. 13.1.18 – es ist, wie es ist.

Land in Sicht ...

Tag 87: Sonntag, der 14.1.2018
Tag 4 – die „Chopin" erreicht Adelaide

Eine sprichwörtlich „rollende" Nacht ist vorüber. Der Kahn hat tatsächlich so geschaukelt, dass man im Bett hin und her gewiegt wurde. Besser gerollt. Kaum eingeschlafen, machten einige Gegenstände durch lautstarkes Fallen auf sich aufmerksam. Also nochmal raus und alles eingesammelt und unter die Bettdecke des zweiten Bettes gepackt. Mögliche weitere Absturzkandidaten/innen gleich dazu. Wieder Eingewöhnungszeit und dann mit einigen Unterbrechungen bis um 6:30 Uhr geschlafen. Die Sonne schien, Land in Sicht, wir waren bereits in der Nähe von Adelaide.

Beim Frühstück sah Sally gar nicht gut aus. Ihr war die Roll-over-Nacht nicht gut bekommen und sie freute sich darauf, endlich von Bord gehen zu können, um wieder festen Boden unter den Füßen zu haben. Da sie zwischendurch von guten Weinen gesprochen hatten, hatte ich ihnen noch den Besuch des Barossa-Valleys

Einfahrt nach Adelaide

empfohlen, speziell das Chateau Tanunda. Der Plan war aber bereits fix für die nächsten sieben Tage. Zwei Tage Pinguine schauen auf Kangaroo Island, ein Tag Adelaide und vier Tage Sydney. Alle Hotels gebucht. Ich hatte meine Hilfsbereitschaft gezeigt.

Vielleicht war mein Englisch nach der durchrollten Nacht in Verbindung mit der blassen Sally auch falsch verstanden worden. Ihr war mit Sicherheit nicht nach Wein zumute, eher nach dem gleichen Wort aber mit der Endung „en“.

Der Nachmittag stand im Zeichen eines Ausfluges. Der Hafenagent holte die Engländer um 15 Uhr ab und nahm mich gleich mit. Das Paar stieg in einem noblen Hotel ab – wie erwartet in viktorianischem Stil gebaut – und mich fuhr der Agent laut seinen Angaben zur schönsten Stelle des Strandes. Er wollte es richtig machen, aber er kannte meine Vorlieben nicht. Was sich mir nach dem Aussteigen bot, würde ich als Rummelplatz in einem Seebad bezeichnen. An der Hauptstraße Fressbuden ohne Ende, dazwischen Boutiquen, Eisdielen, Shops über Shops. Erinnerte stark an Cairns oder Noosa. Wer dort war, braucht nicht hierhin, es sei denn, er sucht lange Naturstrände, die gibt es nämlich auch. Gleich daneben. In Zelten spielte russische Balalaika-Musik mit einem Einpeitscher, der wohl vom Oktoberfest ausgeliehen wurde. Der Bär steppte, der Mann schrie immer lauter und die ersten Tische wurden bestiegen. Dazu draußen die Rummelmusik von zwei Karussells mit Abenteuerfeeling. Echt gut gemeint vom Agenten.

Da ich nun mal da war, habe ich mir noch Trauben gekauft und eine Flasche Rotwein aus dem Barossa-Valley, dessen Etikett ich fotografiert hatte. Punkt für das Handy. Der Kapitän hat keinen Wein mehr, also werden heute Abend ein Glas oder zwei aus der „Agenten“-Flasche getrunken. Ich wäre niemals an diesen Ort gefahren und hätte folgerichtig niemals den Wein gefunden bei meiner Lonesome-Rider-Tour.

Sonntags am Strand von Adelaide

Den Rückweg habe ich am Strand angetreten und bin zunächst drei Kilometer barfuß am Ozeanstrand entlanggelaufen. Das Wasser tat gut, das Laufen tat gut, die Luft tat gut und vor allem die Ruhe an diesem Naturstrand. So verschieden können Empfindungen sein. Dem einen kann es nicht laut genug sein, wenn er seine Fritten verschlingt, dem anderen kann es nicht ruhig genug sein, wenn er seine Landschaft mit den Augen verschlingt oder das letzte Hanuta knabbert. Beides möglich, alles gut.

Für den Rest des Weges forderte ich ein UBER-Taxi an. Eine echte technische Internet-Raffinesse der neueren Taxigeschichte. Hat alles geklappt, nur das Uber-Navi lotste den Fahrer an einen falschen Hafeneingang. Mit dem eigenen System des Fahrers klappte es dann. UBER will für den entstandenen Schaden aufkommen, aber das System ist recht kompliziert für sechs oder acht Dollar Erstattung. Mal sehen, ob ich da überhaupt dranbleibe. UBER ist für mich in Deutschland kein Thema. Es bleibt aber das Grundsätzliche, das mich bei solchen Firmen interessiert.

Der Sonnenuntergang auf dem Schiff war phänomenal für mich. Weniger für die späteren Bildbetrachter, weil ein Naturphänomen zum zigsten Male abgelichtet. Thomas Mann hatte mit seiner rein physikalischen Betrachtung Recht. Ein glühender Planet rutscht ins Wasser und verglüht logischerweise. Und trotzdem, immer wieder das Brimbamborium, wenn die Sonne wieder einmal ins Wasser oder hinter einen Felsen oder hinter den Horizont fällt.

Am Uluru, dem heiligen Berg der Aborigines, stehen jeden Morgen und jeden Abend Tausende, übers Jahr angeblich 2,5 Mio. an den besten Fotostellen. Wenn es dann soweit ist, strecken diese Tausende ihre Foto-Degen wie ein gegen die Sonne marschierendes Heer in die Luft. Ein Bild dieser Degen im Licht der unter- oder aufgehenden Sonne dürfte das Foto vom Uluru bei Weitem übertreffen. Das wäre vielleicht ein Grund gewesen, hinzufahren. Leider fällt er mir jetzt erst ein, obwohl so logisch.

Der Abend schloss mit dem Genuss der Weinflasche. Durch die Zeitverschiebung nur einen halben Tag nach dem Geburtstag von Uli. Genuss ohne Verdruss, wie ich am nächsten Morgen bemerkt habe. Die halbe Flasche hätte mir eigentlich gereicht, aber ich musste – wenn schon Geburtstag – ja immer beide Gläser leeren.

Ein Glas auf Uli

Tag 88: Montag, der 15.1.2018
Tag 5 – die „Chopin“ verlässt Adelaide

Um die Gewichtszunahme zu beschränken, habe ich beschlossen, nicht mehr regelmäßig zu frühstücken. Zwei Essen am Tag sind sowieso schon viel zu viel und dann auch noch Balkan. Fleisch, Gemüse, Kartoffeln und dazu immer diese guten Suppen. Draußen immer noch Hochbetrieb beim Laden und Abladen. Um 10 Uhr soll das Schiff ablegen. Da ich mich an den Bericht gesetzt habe, bemerke ich nicht, wie wir ablegen. Erst ein Vibrieren des Bodens erinnert an den Schiffsmotor. Ein Blick zum Fenster geht aufs Wasser, beim Blick aus der offenen Kajütenluke stelle ich fest, wir sind bereits ein gutes Stück weg vom Hafen. Auch gut, Hauptsache es geht weiter. Nächste Station ist Perth/Fremantle, das wir am 18. Januar gegen 22 Uhr erreichen sollen. Am 19. oder 20. Januar soll es dann weitergehen Richtung Singapur.

In Perth ist auch Kapitänswechsel. Nach dem heutigen Gespräch weiß ich, dass sein Vertrag abläuft und er sich einen neuen Kontrakt sucht. Zuerst sind aber vier Wochen Urlaub angesagt. Von ihm erfahre ich auch, dass die „Chopin“ 5500 Stück 20-Fuß-Container laden kann und 75.000 Pferde unter Vertrag hält. Bei der „Aglaia“ waren es 4200 Container und 50.000 Pferde. Das nächste Schiff ab Singapur, die „Centaurus“, gehört mit einer Länge von 360 Metern zu den größeren Schiffen und lädt 11.400 Container. Sie besitzt einen der weltweit größten Pferdeställe mit 100.000 Pferden und einen Flüssighafertank für 80 Tage. Je nach Kutschengeschwindigkeit erleichtert das Herz des Schiffes den Vorratsspeicher um täglich zwischen 100 und 200 Tonnen.

Containerhafen Perth

Die ganz Großen sind inzwischen 450 Meter lang und laden 20.000 Container, mit gleichem Motor. Inzwischen streiten sich die Hafenbetreiber und die Reeder wegen den unterschiedlichen Belastungen. Der Reeder lässt sich ein immer größeres Schiff bauen und die Hafenanlagen müssen für wenige Schiffe extrem teuer verändert werden. Wer mehr wissen möchte, für den ist die Statistik des Hamburger Hafens sehr interessant: https://www.hafen-hamburg.de/de/schiffe

Eine Planung für die Zukunft in zehn bis 15 Jahren sieht Großschiffe vor, die nur noch wenige geeignete Häfen anfahren, in denen dann auf die kleineren Containerschiffe umgeladen wird. Singapur baut bis zum Jahr 2020/22 einen solchen Hafen, obwohl 2010 gerade ein neuer Hafen in Betrieb genommen wurde, der inzwischen zu klein geworden ist. Noch sind es Pläne, aber die bisherige Beschleunigung in diesem Markt dürfte womöglich noch schneller Realität werden.

Seit 1970 hat die Umstellung der Transportwirtschaft auf Container das Transportwesen revolutioniert und den globalen Welthandel maßgeblich mitbeschleunigt. Die nächste Stufe wird die weitgehende Digitalisierung der Containerlogistik mit sich bringen, die heute schon in der Transportplanung weitgehend IT-gesteuert ist.

Der nächste Schritt wird die Hafenlogistik betreffen, wenn Transportfahrzeug und Kran die Container im Hafenlager ohne Fahrpersonal finden und das Schiff entsprechend der Abladestellen ausladen. Das System wird lediglich überwacht, alles andere läuft, sensorgesteuert, automatisch. Ähnlich wie das vollautomatische Hochregallager, nur zig Nummern größer. Die ersten Systeme dieser Art befinden sich bereits im Einsatz. Die zweite Revolution nach der Einführung des Containers vor ca. 50 Jahren hat bereits den Fuß in der Tür. Kran- und Staplerfahrer werden umlernen müssen.

Ich nehme mit dem Agenten in Singapur per E-Mail Kontakt auf wegen des Wechsels der Schiffe und der Kabine. Nach heutigem Stand kann ich von Schiff zu Schiff im Hafen wechseln, weil die beiden Schiffe am selben Kai liegen werden. Singapur könnte ich dann vom Hotel „Centaurus“ aus besuchen. Es soll dann aber doch anders kommen.

Die Wanderung muss ausfallen, weil laut Kapitän überall Streicharbeiten stattfinden und während Reparaturarbeiten Passagiere nicht auf dem Schiff spazieren gehen können. Soweit ok. Außerdem wäre das freie Bewegen überhaupt nicht möglich. Das wäre eine Vorschrift der Reederei und er müsse sich aus Sicherheitsgründen daran halten. Komisch. Beim 2. Offizier war es kein Problem, nur an- und abmelden sei erforderlich. Nun ja, das Bild passt irgendwie zu seiner Aussage, dass er die Fotos der „Zenobia“ nicht sehen möchte, weil es Bilder von einem untergehenden Schiff wären. Ob die Hose mit Vorschriften halb gefüllt ist oder ob sich der Kopf bereits auf der Heimreise befindet? Zwei Fragen, die unbeantwortet bleiben werden.

Das Risiko eines Bordspaziergangs ist nicht größer als das Treppensteigen im Schiff. Über Bord fallen kann man nicht, es sei denn, man will es. Möglicherweise ist es auch ein sprachliches Missverständnis und es geht tatsächlich nur um momentan größere Reparaturen an den Fußwegen. In diesem Fall müsste er selbst einschätzen, wie der Passagier mit solchen Reparaturarbeiten umgeht. Es geht ja nicht um Kinder, die dann den Pinsel schwingen oder sich mit dem Sandstrahlgerät das Gesicht reinigen.

Der Pool – leider außer Betrieb

Der Zustand des Pools stimmt mich nachdenklich und erklärt zusätzlich, wo es hapert. Da fehlt die Vorschrift, dass der Pool gereinigt werden muss und der Vorschriftsanhänger sieht den Dreck nicht mehr, weil's dazu keine Vorschrift gibt.

Bleibt das Balkonwetter. Auch gut, aber nicht so gesund. In Perth geht der junge Kapitän, Jahrgang 1980 von Bord. Mal sehen, wer danach kommt. Der junge Kapitän hat offensichtlich noch Probleme mit seinem Selbstbewusstsein. Mir ist erst jetzt wieder die verwirrende Situation beim Einchecken auf dem Schiff eingefallen, als ich kurz für den Kapitän gehalten wurde. Das nagt natürlich an den jungen Burschen.

Vielleicht musste daher das Verhältnis auf normalem Niveau, wie unter Geschäftsleuten, bleiben, und mit irgendeinem Verbot konnte er auch noch zeigen, wer hier der Kapitän an Bord ist. Auf der „Aglaia“ war ich gerade im Moment des Erscheinens des Kapitäns beim Auschecken auch gefragt worden, ob ich der Kapitän sei. Der musste herzhaft darüber lachen. Es scheint wohl auch eine Frage des Alters zu sein, für wen man gehalten wird. Und noch mehr, wie man damit umgeht und wie schnell man sich in seinem Kapitänsstolz verletzt fühlt.

Tag 89: Dienstag, der 16.1.2018
Tag 6 auf der „Chopin“

Eine durchgerollte Schiffsnacht bedeutet immer wieder Unterbrechungen beim Schlaf. Nicht weil man sich irgendwelche Sorgen macht, das Wiegen ist eher einschläfernd. Aber bei stärkerer Seitenlage fängt der Körper an, sich tatsächlich zu drehen bzw. er kommt in eine Vorstufe des Rutschens, d. h. man versucht wohl im Schlaf dagegen zu steuern. Es soll heute den ganzen Tag weiterrollen, womit sich auch die Wanderung erledigt hat.

Ein kühler Wind und viele Wolken machten auch den Balkon nicht wirklich interessant. Also habe ich angefangen, die Hunderte Fotos durchzusehen und auszumisten. Eine Fleißarbeit, aber auch höchst interessant, weil zu den Bildern tatsächlich die Tagesgeschichten im Kopf auftauchen oder Menschen, mit denen ich zu tun hatte. Jedenfalls werde ich ein paar Tage damit beschäftigt sein. Das Internet ist komplett weg – Zeit ohne den digitalen Tages-Terror, den ich von zu Hause viel zu gut kenne.

Im Zusammenhang mit den Fotos trage ich in den Reisekalender alle Fahrten und Unternehmungen bei den einzelnen Daten ein. Somit kann ich problemlos Fotos zu den Tagen aus dem Fotoordner entnehmen. Für den Reisebericht eine große Erleichterung.

Zwischendurch habe ich noch mit den übermittelten Zählerständen die Jahresabrechnung unserer Eigentümergemeinschaft „Wiesenmühle" erledigt. Das wäre zwar nicht unbedingt notwendig gewesen, aber warum sollte ich das unbedingt verschieben, wenn ich hier Zeit und Lust habe, die Arbeit in Ruhe zu erledigen? Eine Abwechslung zum Tagebuch.

Man könnte das auch anders sehen. Urlaub ist nur Urlaub, wenn ich nichts vom normalen Leben sehe oder spüre. Für mich wäre das dann Uhr-Laub. Eine Zeit ohne normales Leben, also Leben in anderem Gewand, das ich nach der Uhr ablebe, um später wieder das normale Laub für den Rest des Jahres anzuziehen. Jeder hat eben seine Vorlieben.

Tag 90: Mittwoch, der 17.1.2018
Tag 7 auf der „Chopin"

Nachdem heute Nacht die Uhr wieder eine Stunde nach vorne gestellt wurde und in der kommenden Nacht nochmal, wird es Zeit, sich mal die Tag-Nacht-Geschichte genauer anzusehen, was sich mit Hilfe des Internets recht einfach darstellt. In Perth

Auf dem Indischen Ozean Richtung Singapur

werde ich 2,5 Stunden von Melbourne aus zurückgestellt sein. Die Reise geht Richtung Westen zurück zur europäischen Zeit. Ich bekomme die Stunden zurück, die ich auf der Hinreise verloren habe.

Der Tag ist morgens mit Fotos sortieren gefüllt, nachmittags mit Sonnendeck und Mittagsschlaf. Die letzte Nacht war eine richtig starke Roll-Nacht, sodass ich durch das Hin- und Hergeschiebe im Bett aufwachte. Sich öffnende und schließende Schubladen deuten auf starke Schieflagen des Schiffes hin und produzieren beim Reinfahren jedes Mal ein „Klack". Und das merkt sich das Gehirn schnell und wartet auf das Anschlagen, um dann schnell einzuschlafen, was aber natürlich in der kurzen Zeit nicht funktioniert. Also doch aufstehen und Schublade festklemmen. Jetzt aber Ruhe.

Nach dem Essen nochmals Fotos sortiert und es sind noch viiiiieeeeele. Hätte ich nur mehr Abstinenz beim Fotografieren geübt. Hätte, hätte …

Für alle Enthusiasten von Sunrise- und Sunset-Erlebnissen folgender Link: http://www.sunrise-and-sunset.com

Nie mehr einen Sonnenauf- oder -untergang verpassen, nirgendwo auf der Welt. Die ewige Warterei und das Rumstehen mit der Frage „Wann ist es denn soweit?" hat ein Ende.

Ach so, und die Nacht und der Tag. Nachfolgend alle Infos selbsterklärend: Link zur Tag- und Nachtzeitbestimmung weltweit: https://www.timeanddate.de/astronomie/tag-nacht-karte

Tag 91: Donnerstag, der 18.1.2018
Tag 8 auf der „Chopin"

Wieder eine Stunde jünger, die Zeit an der Schiffsruhr zeigt 5:30 Uhr beim Aufwachen. Irgendwie hat man sich in den Wochen an die andere Zeit gewöhnt. Eigentlich wäre es jetzt 7:30 Uhr. Eigentlich?

Der Schlaf hat sich bereits in den Bettkästen verkrochen und ich denke ans Aufstehen. Beim nächsten Blick auf die Uhr wird 6:45 Uhr angezeigt, also doch noch mal eingeschlafen. Frühsport mit erhöhten Schlagzahlen, d.h. alle Übungen um zehn erhöht. Frühstück auf Rührei begrenzt, um der Schiffsmästung entgegenzuwirken. Dann wieder Bilder sortieren, was inzwischen richtig Spaß macht, weil mir zu vielen Bildern lustige und weniger lustige Geschichten einfallen.

Offiziersmesse der „Chopin"

In einer Unterhaltung mit dem 2. Officer, einer von zwölf Filipinos an Bord, ist jetzt auch geklärt, wie die Regeln auf der „Chopin" bezüglich der Passagiere ausgelegt werden.

1. Der Kapitän kann Alkohol in der Kabine der Passagiere erlauben oder verbieten.

Die Gründe für ein Verbot sind dem 2. Officer nicht bekannt. Der jetzige Kapitän hat Alkoholverbot in den Kabinen erteilt. Beim Essen kann Wein getrunken werden, der vom Stewart auf den Tisch gestellt wird. Danach soll er angeblich in der Küche in den Kühlschrank kommen bis zum nächsten Abend. Diese Regelung erscheint gegenüber der „Aglaia" ein Konstrukt zu sein, bei dem ich mir nicht sicher bin, ob da richtig übersetzt wurde. Schlecht vorstellbar, dass die Reederei dem zahlenden Passagier das Bier oder den Wein in der Kabine verbieten kann, solange daraus für das Schiff keine Gefahren entstehen. Mit dem Argument, dass bei einem Notfall alle fit sein müssen, wären die Kreuzfahrtschiffe am Ende. In der Praxis bedeutet dies, dass auf jedem Schiff eine andere Regelung gelten könnte. Mal sehen, welche Regelung der nächste Kapitän in Perth an Bord anordnet. Vermutlich wird er das Rauchverbot auf der Brücke wieder in Kraft setzen, dass der jetzige Kapitän wegen seiner Zigarettensucht außer Kraft gesetzt hatte.

Beim Rundgang

2. Wanderungen auf dem Schiff sind grundsätzlich möglich. Auch bei Reparaturen an Bord, wenn diese nicht direkt in den Fußwegen stattfinden und mit Schweißarbeiten zu tun haben. Der Passagier muss darauf achten, dass er die Arbeiten nicht behindert.

Bei dem Gespräch erfahre ich noch vom 2. Officer, dass er des Geldes wegen zur See fährt und weil er einen Studienplatz als Ingenieur nicht bekommen hatte. Daraufhin hätte sein Vater ihn aufgefordert, etwas zu tun und nicht nur rumzuhängen und zu jammern. 14 Tage nach Einchecken an Bord kam die Zulassung zum Studium, aber der Vertrag war unterschrieben. Inzwischen gefällt es ihm auf der Südroute, mit acht Stunden als 2. Officer auf der Brücke und 16 Stunden frei. Lesen, Denken, Faulenzen – ein schönes Leben an Bord. Ob er noch studieren wird? Er ist sich nicht sicher, schließt es aber nicht aus.

Mit dem Kapitän hatte ich auch noch ein Gespräch allgemeiner Art. Er ist 37 Jahre, fährt seit elf Jahren zur See, hat das Kapitänspatent seit fünf Jahren und fährt seit zwei Jahren als Kapitän. Er kennt auch Kapitäne, die jünger als 30 sind, hält aber nichts von den Youngsters. Ohne mehrjährige Seeerfahrung fehle die Grundlage für eine gewisse Autorität und die Sicherheit, mit brenzligen Situationen in Ruhe umzugehen. Der Lohn auf See betrage ein Vielfaches wie in Bulgarien in der Industrie. Ein verständlicher Grund zur See zu fahren, trotz Frau und Kindern zu Hause. Bevorzugte Routen hätte er nicht. Das wichtigste wäre immer die Crew. Ist die gut und bildet ein Team, ist jede Route gut. Ist die Crew schlecht, ist es egal, welche Route. Er geht sogar so weit zu sagen, dass ein Containerschiff zuallererst aus Crew besteht und erst in zweiter Linie aus Schiff und Containern. Die Kontrakte der Kapitäne sind unterschiedlich lang und verhandelbar. Altersbeschränkungen hängen von den jeweiligen Ländern ab.

Bug der „Chopin“

Ich frage noch nach einem möglichen Kabinenwechsel und bekomme die erwartete Antwort. Er wäre zwar noch Kapitän, aber das solle der nächste Kapitän

So wie fast jeden Abend

entscheiden. Meine Einschätzung bezüglich der Hosenfüllung war nicht ganz verkehrt. Ein anderer hätte vielleicht kurz überlegt und entschieden bzw. die Reederei kontaktiert, ob die Kabine ab Perth frei ist. Das sind die Unterschiede, die man auf Reisen an allen Ecken und Enden erfahren kann. Du triffst engagierte, zuvorkommende Menschen, die sich alle Mühe geben und andere, die ihren Job machen. Ihren Job und sonst gar nichts. Eigentlich trifft man in der Fremde die Heimat, was diese Sache angeht.

Der Walk zum Bug war natürlich wieder herrlich. Da vorne herrscht Ruhe, kaum Windgeräusche, Zeit, um einen Becher Kaffee in aller Ruhe zu genießen, den Wolken zuzuschauen. Beim Rückmelden auf der Brücke gibt es als Sahnehäubchen noch springende Delphine. Meinen Fotoapparat habe ich nicht dabei, also im Kopf „Klick, Klick, Klick". Beim späteren Gang zur Brücke sind die Delphine natürlich längst unterwegs zu anderen Ufern.

Tag 92: Freitag, der 19.1.2018
Tag 9 auf der „Chopin" – Ankunft in Perth/Fremantle

Um 5:45 Uhr aufgewacht und am Horizont den beginnenden Sonnenaufgang bemerkt. Aber natürlich nicht vor der Luke, nein, auf der Steuerbordseite (rechts). Schon so oft gesehen und doch immer wieder ein Naturschauspiel auf dem Meer mit den unendlichen Flächen. Nur ein Foto, habe ich mir geschworen, es werden zwei, weil ich noch ein Panoramabild machen musste aus innerem Antrieb. Es ist verdammt kühl, gefühlt 10 Grad, und ein beißender Wind aus der Antarktis jagt mich wieder zurück. Während ich mir meinen Kaffee brühe, dreht das Schiff nach Osten und die gleißende Sonne macht die Fenster auch nicht sauberer. Wischen angesagt.

An dieser Stelle noch ein Tipp für Kaffee- und Teetrinker: kleinen Kocher mitnehmen, stabilen Plastik- oder Porzellanfilter, Teebrühnetz, Filtertüten und Kaffee/Tee mit an Bord nehmen. Dann kann man sich jederzeit einen selbst Gebrühten ansetzen. 220-V-Normalsteckdosen sind vorhanden. Auf der Brücke kann man sich zwar auch bedienen, aber dann sollte man den Kaffee auch dort trinken und nicht gleich wieder verschwinden.

In den Hotels im asiatischen und australischen Raum findet man überall Kocher, fast immer mit Teebeuteln, Zucker und Instantkaffee (igitt, igitt). Auf dem Schiff aber nicht.

Der Lotse soll um 10 Uhr an Bord kommen, wird er aber nicht. Wir liegen vor Anker und warten. Zeit für ein Gespräch mit dem 2. Offizier namens Godaliyanage Don Subhash Madhava Perrera. Das versuche ich lieber nicht auszusprechen. Ich erfahre, dass für das Laden und Entladen der Container ausschließlich der Hafen zuständig ist. Die Kontrolle liegt dann beim Kapitän bzw. der Crew. Auf die Frage, ob die Crewmitglieder in den Häfen immer von Bord gingen, lächelt er verschmitzt und meint, sie müssten von Bord gehen, „Girls, if you understand?". Ich verstehe und mir fallen spontan die Bars mit den zwei Türen in Tarragona ein. „Yes, I know this from my life as trucker." Ich habe nicht erzählt, dass ich das nur von den Erzählungen und Beobachtungen kenne. Er hätte sicher nur gelacht. Ich auch, wenn mir jemand so was erzählen würde.

Um 11:30 Uhr kommt der Lotse an Bord und um 12:30 Uhr liegen wir im Hafen am Kai. Um 13 Uhr fahren die Kräne und beginnen mit der Ent- und Beladung. Alle Containerplätze sind vorbestimmt, d.h. jeder Container kommt nach dem Abladen an einen vorher bestimmten Platz und jeder geladene Container hat an Bord seinen fixen Platz. Ziel der Logistik ist eine kranführer-freie Be- und Entladung,

Das Lotsenboot dockt an

Central Market in Fremantle

um Kosten zu reduzieren und Computergenauigkeit bei den Bewegungsprozessen einzuführen. Sieht nach einem langen Weg aus, aber diese Automatik gibt es bereits in Rotterdam im Hafen.

Den Nachmittag nutze ich für einen Ausflug nach Fremantle, der kleinen Hafenstadt vor Perth. Nach der üblichen Ausgangskontrolle bestelle ich ein Uber-Taxi und nach zehn Minuten bin ich bereits im Zentrum. Ein Städtchen, wie ich schon einige gesehen habe, mit viktorianischen Häusern und dem typischen Schachbrettmuster. In Fremantle hat man sich den Luxus von schräg verlaufenden Straßen gegönnt. Vermutlich haben hier Studenten ein neues Diagonalsystem ausprobiert. Logisch erscheint mir die Straßenführung nicht.

Containerhafen Fremantle

Sonnenaufgang über Fremantle

Der Central Market als Touristenpoint hält, was er verspricht. Einen Haufen Krimskrams und Nippes wie bereits in Adelaide, Sydney, Melbourne oder Brisbane. Viel Obst und Gemüse, aber ohne Marktatmosphäre. Die Trauben sind teurer als im Supermarkt und dazu bereits in die Tage gekommen. In einem Shop kaufe ich mir einen Shiraz für den Abend und lasse mich dann mit Uber zurückfahren. Gerade rechtzeitig zum Abendessen. Die Haut im Gesicht zieht etwas. Zu viel Sonne für's Gesicht heute.

Ein herrlicher Sonnenuntergang mit einem noch herrlicheren Shiraz beenden den Tag und läuten eine ruhige Nacht fern des Rollens auf der See ein.

Tag 93: Samstag, der 20.1.2018
Tag 10 – die „Chopin" verlässt am Abend Fremantle

Um 6 Uhr auf dem Balkon gestanden. Einen Sonnenaufgang über Fremantle fehlte noch in der Sammlung des Sunset-Sampler. Vielleicht was ganz Neues. War es aber nicht. Nach drei Fotos lag ich wieder im Bett bis nach 8 Uhr. Das Frühstück fiel wegen Übermästung aus.

Dafür ging ich auf die Brücke, um mich beim neuen Kapitän vorzustellen und hatte mit meiner Vermutung Recht. Der war damit beschäftigt, sich ein Bild auf der Brücke zu verschaffen und da sind ihm sicher die Aschenbecher aufgefallen und der kalte Rauchgeschmack in den Kopf gestiegen. Die Brücke war von einer Stunde zur anderen von der Raucherbude zur Reinluftkabine umgewandelt.

Ebenfalls junger Typ, Bulgare, weshalb ich nach einem herzhaften Händedruck zum Start einen Kalauer verwendete: „You are the new capitain, I'm the old passenger." Die Formulierung hatte bereits gereicht, dass ein Funke Sympathie übersprang. Er erzählte auch sofort, dass dies sein zweiter Kapitänsauftrag wäre und die Fahrt nach Singapur laut Wettervorschau etwas stürmisch werden könnte. Es scheint so zu sein, dass die boomende Containerschifffahrt auf immer jüngere Kapitäne zurückgreifen muss. Auch der Bulgare war zunächst Fernfahrer wie sein Vater. Wir unterhielten uns 15 Minuten über alles Mögliche. Ein offener Typ nach dem ersten Eindruck.

Rettungsbootübung

Im Innern des Rettungsbootes

Draußen schönstes Wetter, also nachmittags an den Strand, davor aber noch harte Arbeit: Fotos sortieren. Eigentlich sollte ich zu Hause alle Aufnahmen zeigen und dann von der Verwandtschaft in mehreren Wochenend-Bildvorträgen abstimmen lassen, welche Fotos weiterleben dürfen. Im Moment entscheide nur ich mit meinem Geschmack ohne jegliche Teilhabe der Mehrheit. Von der habe ich aber den Fotografier-Auftrag, was auf jeden Fall ein Mitspracherecht ergeben würde. Bei ca. 5000 Fotos wären das etwa acht Wochenenden. Am Ende des mehr oder weniger erfolgreichen Verwandtschafts-Selbsterfahrungsprozesses hätten wir ausschließlich demokratische Reisebilder und die Verwandtschaft würde in Zukunft vermutlich einige Jahre Ruhe voreinander haben. Zu enges Zusammensitzen der Verwandtschaft ist immer hilfreich, wenn man die Nähe reduzieren möchte. Der Expeditionskoller lässt grüßen, den es an-

Lichtspiel im Hafen von Fremantle

Fremantle – Landungssteg und Strandzugang

geblich auch in Familien oder bei Paaren geben soll. Da heißt er dann Beziehungskonflikt und meistens wird Großes mit kleinen Dingen losgetreten und es kommt nach wenigen Ziel- oder Bauchäußerungen zum Showdown.

Ganz dumm dran ist das ganze Geschwader der pädagogisch Vorgebildeten. Die versuchen, den aufkommenden Konflikt auf einer transparenten und verstehenden Ebene auf der Chaosklippe der Bauchindianer entlangzujonglieren, was diese wiederum fuchsteufelswild macht. Der Bauchmensch will den Bauch leeren und das geht meistens nur über den Mund. Wie bei der bekannten anderen Entleerung des Bauches über den Mund weiß man nie genau, was da im Schwall alles daherkommt. Und der Pädagoge gibt sich als verstehend und nachsichtig. Damit stellt er sich auf eine höhere Ebene. Sollte er besser nicht tun. Warum nicht den gleichen inneren Kotzbrocken loslassen und ordentlich was kübeln? Der Bauchmensch versteht in solchen Momenten am besten Bauchisch und nicht Kopfisch. Einfach mal testen, wenn Sie sich die kopfische Sprache angewöhnt haben. Der Bauchist kann nicht testen, weil der Bauch bei ihm vor dem Gehirn kommt. Hat in einigen Bereichen des Menschseins auch große Vorteile.

Ganz dumm und ziemlich bauchisch dürfte es auch im Ernstfall zugehen, wenn das Schiff aufgrund eines Ausfluges auf den Meeresgrund sein Rettungsboot ein-

setzen muss. Da wird's eng, in jeder Beziehung. Wie in einem solchen Fall letztendlich gehandelt wird, dürfte von den Personen an Bord abhängen. Bei meiner Teilnahme am Untergang der Zenobia ging es relativ kopfisch zu. Von 150 Fernfahrern war nur einer als panisch schreiender Bauchist aufgefallen, der mittels kräftigen Ohrfeigen oder Ohrdatteln von seinen Landsleuten ruhiggestellt wurde. Nach diesen wahrscheinlich sinnlosen Abschweifungen über ein Thema, dessen menschliche Abgründe sich nie werden ändern lassen, wieder zurück zum Tagesverlauf.

Um 13:30 Uhr melde ich mich ab und habe das Glück, dass ein Shuttlebus gerade zwei Crewmitglieder in die Stadt bringt, wahrscheinlich in die berühmte Freddy-Quinn-Spelunke, wo die La Paloma drauf wartet, die Matrosen verrückt zu machen. Ich werde vom Fahrer freundlicherweise am Strand abgesetzt, der drei Kilometer entfernt liegt. La Paloma hat mich noch nie interessiert, was auch ein Fehler ge-

wesen sein könnte. Geschichten über die Erlebnisse von Kollegen habe ich genug gehört.

Ein wirklich schöner Strand mit weißem Sand, türkisfarbenem Wasser und ca. 22 Grad Ozeantemperatur. Da ich vergessen hatte, die Badehose anzuziehen, beließ ich es bei einem Strandwalk im Wasser. Sehr schön, eigentlich wie Spanien – mit einer wunderbaren Gaststätte nach einem Kilometer. Auf der Düne, Glasfront zum Meer. Zeit für Pause und ein Bier, das eisgekühlt serviert wird, aber bei meinen Träumereien zu einem Drittel nach einer Stunde eingeschlafen und gut temperiert war. Ich schaue ins Handy, um meine Röte im Gesicht einzuschätzen. Einen Tick dunkler, kein Rot dank meiner Mütze, die durchaus mit einer kleinen Markise verglichen werden kann. Also Selfie mit Strand im Hintergrund für die Lieben daheim. Direkt geschickt mit der heutigen Technik und damit auch erledigt. Im Januar am Strand, das lässt sich sehen.

Um 16 Uhr war ich wieder auf dem Schiff, die 34 Grad und die stechende Sonne trieben mich automatisch an einen kühleren, schattigen Ort. Nur Schauspieler der Karl-May-Festspiele in Bad Segeberg dürften oder müssten es länger aushalten.

Und nach dem Abendessen wieder Bilder sortiert, antidemokratisch zwar, aber die eigentlich notwendigen acht Wochenenden mit Bilder- und Videovorführungen habe ich mir abgeschminkt. Die wären ja bei mir in der Wohnung und ich kenne die Verwandtschaft und deren Verbrauch an Nahrung und Getränken. Am Ende hätte ich einen Fotografen die Reise machen lassen können inklusive Bildband. Es wäre günstiger geworden und ich hätte nicht monatelang mit zwei Fotoapparaten in der Hand leben müssen.

Es ist 22:30 Uhr und ich bemerke gerade, dass sich das Schiff bewegt. Ein Blick aus dem Fenster macht klar, wir sind längst aus dem Hafen draußen. Ein letzter Blick zurück zur Küste von Fremantle. Tschau Australien! Mit 16 davon geträumt, mit 66 hier gewesen. Es war wunderschön und wunderbar frei. Wenn ich nochmals eine solche Reise unternehme, dann mit Ankunft in Adelaide oder Fremantle und an der Küste entlang nach Darwin und von dort mit einem Schiff in die Südsee. Es gäbe noch einiges zu tun. Und vielleicht mit der Transsibirischen im Winter zurück?

Abschied von Australien

Lichtspiel in mehreren Etagen

Tag 94: Sonntag, der 21.1.2018
Tag 11 auf der „Chopin"

Es rollt beim Aufwachen, nicht stark, aber die Wiege funktioniert. Wolken am Himmel und trübe Sicht auf dem Meer. Das Äquatorwetter wirft seine Schatten voraus. Draußen ist es bereits warm und schwül. Sonntagsfrühstück heißt Spiegelei und Käse auf Vollkorntoastbrot. Jeden Sonntag.

Ich mache mich wieder an die Arbeit und sortiere Bilder. Bilder, Bilder, Bilder! Und zwischendurch mache ich mich etwas schlauer bezüglich der Containerschifffahrt.

Wissenswertes: Ihr Start: 26. April 1956 – ein umgebauter Tanker verlässt als „Ideal X" mit 58 Stahlkisten in New Jersey den Hafen und fährt nach Texas.

https://www1.wdr.de/stichtag/stichtag-erstes-containerschiff-100.html

Heute sind weltweit ca. 38 Mio. Container unterwegs oder auf Lager. Der Trend geht zu immer größeren Schiffen. Während der Schnitt 1990 bei 1250 TEU lag, stieg dieser bis 2016 auf 3760 TEU. 452 Schiffe haben bereits Ladekapazitäten von 8000 TEU. Ziel sind Schiffe von 20.000 TEU und noch größer. Allerdings müsste – wie bereits erwähnt – die Hafeninfrastruktur entsprechend weiterentwickelt werden, was nur den größten Häfen gelingen wird. Die Entwicklung zu Seecontainer-Hubs zur Weiterverteilung mittels kleinerer Schiffe dürfte nicht mehr aufzuhalten sein.

Die Linie CMA-CMG (z. B. „Chopin" und „Centaurus")

Der Firmengründer Jacques Sade startete am 13. September 1978 mit vier Partnern eine Linie zwischen Marseille nach Livorno (Italien), Latakia (Syrien, mein Zielhafen mit dem Lkw auf dem Weg nach Saudi-Arabien) und Beirut (Libanon). Er hatte

Die rollende „Chopin“ – in deutlicher Schräglage

erkannt, dass die Einführung der Seecontainer das gesamte Transportwesen revolutionieren würde. Nach 40 Jahren arbeiten 29.000 Mitarbeiter in 160 Ländern mit ca. 550 Schiffen (eigene und Charterschiffe). Die Firma gehört zu den größten Containerseefrachtgesellschaften der Welt und steht mittlerweile an dritter Stelle hinter MAERSK und MSC. Zusammen stellen diese drei Firmen mit ca. 7,5 Mio. TEU fast 40 Prozent der Containerstellplätze auf Schiffen.

Linie Cosco (z. B. „Aglaia“)
Diese Linie steht an 6. Stelle der Containerfrachter und verfügt über ca. 900.000 Containerstellplätze auf insgesamt 160 eigenen und gecharterten Schiffen. Mehr Infos zu Zahlen und Hintergründen unter: https://de.statista.com/statistik/daten/studie/28570/umfrage/anzahl-der-schiffe-der-globalen-containerschiffsflotte/

Bei all den Plänen der Reedereien darf eines nicht vergessen werden. Kein Schiff fährt ohne Personal aus dem Hafen. Auch die neuesten weitgehend automatisch gesteuerten Schiffe brauchen eine Crew zur Überwachung der Technik, aber auch für Reparaturen an Bord oder sonstige Arbeiten. Den Robotermatrosen gibt es noch nicht.

Da Personal gleichbedeutend mit dem Faktor Kosten einhergeht, werden die Arbeitskräfte für den Normalbereich aus asiatischen Ländern rekrutiert. Die Philippinen stellen den größten Anteil. Die Teams der Offiziere, Ingenieure und Kapitäne werden stark von osteuropäischen Ländern dominiert. Noch.

Der Übergang zu Fernostmannschaften hat aber bereits begonnen. Die Ausbildung zum Matrosen dauert ein Jahr und besteht im Prinzip aus dem Anlernen der an Bord notwendigen Tätigkeiten im Service-, Reparatur- und Überwachungsbereich.

Nach einem Jahr weiterer Tätigkeit an Bord kann man sich schulisch und durch Tätigkeit an Bord innerhalb eines Jahres zum Offizier hocharbeiten. Natürlich nur nach bestandener Prüfung. Mit einem weiteren Jahr an Bord und einem Jahr College kann die Chief-Officer-Lizenz erworben werden. Der Weg zum Kapitän führt über ein weiteres Jahr als Chief Offizier an Bord und eine einjährige schulische Ausbildung. Besteht man die Prüfung, erhält man die Kapitänslizenz.

Danach heißt es, Erfahrungen sammeln, um eine Anstellung als Kapitän zu erhalten. Im Prinzip ist der Kapitän vergleichbar mit einem Meister in einem 20- bis 30-Mann-Betrieb. Er ist verantwortlich für den Betrieb des Schiffes in allen Belangen und statt einem Handwerk manueller Art muss er alle Tätigkeiten und Fähigkeiten beherrschen, die notwendig sind, um mit dem Containerschiff industrielogistische Frachtdienstleistungen möglichst kostenoptimiert zu produzieren. Die Qualität seiner Personalführungsfähigkeiten dürfte der Schlüssel zum erfolgreichen Kapitän darstellen.

Auf dem Schiff kann man ab dem Alter von 18 Jahren anheuern. Mindestalter für Offiziere und Kapitäne gibt es nicht. Wer die Ausbildungsschritte hinter sich hat, hat den Rang, der damit erworben wurde. Eine Anstellung in diesem Rang erfordert aber im Anschluss das Sammeln von Erfahrungen durch jahrelange Seefahrt. Die obere Altersbeschränkung legt jedes Land fest. Ebenso die Dauer der Arbeitsverträge auf den Schiffen und die notwendigen Pausen dazwischen. Beispiele:

Land	Arbeit an Bord	Pause = unbezahlt
Sri Lanka	9 Monate	
Rumänien	4 Monate	2 Monate
Bulgarien	6 Monate	

Arbeitsrechtlich gelten immer die Bestimmungen des Landes, in dem das Schiff im Schiffsregister gemeldet wird.

Tag 95: Montag, der 22.1.2018
Tag 12 auf der „Chopin“

Heute Mittag habe ich endgültig den australischen Kontinent auch hinsichtlich des Breitengrades verlassen. Wir sind auf dem offenen Indischen Ozean auf der Reise nach Singapur. Die Temperaturen liegen bereits heute Morgen um 9 Uhr bei 28 Grad, schwül warm. Die Fahrt mit der „Aglaia“ vom 9. bis 21. November 2017 lässt grüßen. Das Bordwalking fällt wieder aus, weil auf dem Schiff mit Dampfstrahler und Rostfräser gearbeitet wird. So verlangen es die Vorschriften der Reederei und überall, wo es Vorschriften gibt, werden diese entsprechend den dafür zuständigen Personen angewendet. Streng oder lockerer. Während mir auf der „Aglaia“ der Cosco-Linie zugetraut wurde, Arbeitsbereiche zu meiden und notfalls zurückzugehen, werden die Regeln auf der „Chopin“ der MCA-Linie enger angewendet.

Ein typisches Merkmal großer Firmen. Die Direktiven von oben degradieren den Mann vor Ort zum Erfüllungsgehilfen. Die vom Schreibtisch im schicken Büro des Reederei-Hochhauses ausgearbeiteten Vorschriften werden buchstabengenau angewendet. Selber denken und in diesem relativ unspektakulären Bereich individuell entscheiden – geht nicht mehr. Der neue Kapitän hatte zwar sein OK gegeben, aber der Chief Officer ist für die Arbeiten an Deck zuständig und damit war die Sache entschieden. Als neuer Kapitän würde er sich einen Bärendienst erweisen, hier in irgendeiner Weise etwas zu unternehmen. Immerhin soll ich Bescheid bekommen, wenn mal keine Reparaturarbeiten stattfinden, was auf diesem Schiff mit dem Baujahr 2004 sicher nur selten der Fall sein wird. Es rostet überall vor sich hin und die Entrostungs- und Streicharbeiten dürften immerzu im Kreise herum fällig sein, wie die Reparaturarbeiten am Kölner Dom. Sich darüber ärgern wäre eine Möglichkeit. Sich's gutgehen lassen eine Alternative. Also auf den Balkon in den Campingstuhl, Kaffee daneben und Sonnenstunde eingelegt. 30 Grad, schwül warm, aber mit Wind. So lässt es sich aushalten. Irgendwann bin ich sogar eingeschlafen.

Und dann ging's wieder ans Foto sortieren, das Ende ist in Sicht, wenn ich mich heute richtig ranhalte. Essen, 1,5 Stunden Mittagsschlaf, sortieren. Abendessen um 18 Uhr, sortieren. Um 21:30 Uhr sind alle Bilder durchsortiert. Viele vernichtet, verschiedene in Spezialordner geparkt. Ab jetzt kann ich wieder anfangen, das Reisetagebuch ins Reine zu schreiben. Die gute alte Zeit mit den Fotorollen zum Entwickeln kommt mir in Erinnerung. Da hatte ich mir immer genau überlegt, was ich fotografiere. 36 Bilder kosteten um die 20 DM, also von wegen 1000 Fotos machen!

Tag 96: Dienstag, der 23.1.2018
Tag 13 auf der „Chopin“

Zusammengefasst in einem Zweizeiler eines unbekannten Seefahrers:
„Chillen, Sonne, Schlafen, See –
Zu viel gegessen, Bauch tut weh!“

Tag 97: Mittwoch, der 24.1.2018
Tag 14 auf der „Chopin“

Schiffstage sind ruhige Tage, vorstrukturiert durch die Essenszeiten. Mehrere Schiffstage hintereinander bringen Ruhe ins Getriebe und der Kopf wird freier und heute war so ein Tag, an dem ich mich mit dem Thema: „Der Platz von Uli in meinem weiteren Leben“ beschäftigt habe. Auslöser war ein Gespräch mit dem Kapitän über die Probleme, die eine ständige längere Abwesenheit für eine Beziehung mit sich bringt.

Mir ist in dem Gespräch klargeworden, welches Glück ich hatte, dass ich mit Uli so viel Zeit gemeinsam erleben durfte. Wir mussten nicht Abschied nehmen von einander, sondern konnten immer gemeinsam von unserem Zuhause, dem Lorenzenhof, losziehen. Unvergessen unsere Drei-Wochen-Tour nach Bagdad. In den elf Jahren unseres gemeinsamen Lebens haben wir so viel Zeit miteinander verbracht wie andere vielleicht in 50 Ehejahren, wenn ein oder beide Partner arbeiten und noch in Vereinen aktiv sind. Vielleicht war es diese Dichte der Zeit, die uns so zusammengeschweißt hat und der Riss ist deshalb so schwer zu verkraften.

Die Reise sollte für mich Zeit bringen, Ulis Rolle in meinem künftigen Leben zu klären. Und sie ist geklärt. Ihren Platz in meinem Herzen kann niemand einnehmen. Da gehört sie hin, das weiß ich jetzt. Ich hatte aber während der Reise endlich einmal genug Zeit, mehr innere Ruhe zu finden, weil mir klar wurde, welch großes Glück ich mit Uli erleben durfte. Wir haben drei Kindern das Leben geschenkt, ganz bewusst und mit der ganzen Liebe von Partnern, und die Kinder haben uns über viele Jahre mit ihrem Dasein Freude im Überfluss geschenkt. Das bleibt. Aber daneben ist genug Raum für eine andere Beziehung, die mit diesem Hintergrund bedingungslos umgehen können muss. Mir ist klar geworden, dass dies nicht einfach ist, aber für mich wird es solange so sein, bis eine Demenz mir die Gedanken an früher raubt.

Ich beginne, mich über die gemeinsam erlebte Zeit zu freuen und höre damit auf, dieser Zeit nachzutrauern. Wenn mir das auch nach der Reise gelingt, war es die Reise wert und höchste Zeit dazu.

Wöchentliche Rettungsübung

Dass ausgerechnet an diesem Tag die Übung mit dem Rettungsboot durchgeführt wurde, war wohl ein Zufall, aber er passt.

Tag 98: Donnerstag, der 25.1.2018
Tag 15 auf der „Chopin“

Ich wache nach einer durchträumten Nacht auf, vier Tage See haben die Gedanken- und Traumschleusen wieder weit geöffnet. Es strömt wieder durch und durch und die Aussicht auf noch viele solcher Tage stimmt mich heiter. Zeit! Zeit für mich! Zeit, die ich mir schon viel früher hätte nehmen müssen.

2018 sind es 25 Jahre ohne Uli. Als sie noch lebte, habe ich mir ein Leben ohne sie gar nicht vorstellen können. Ob ich es ohne Kinder geschafft hätte, ich weiß es nicht. Die Zeit vor dem Tod war eine Zeit des Hoffens auf ein Wunder und eine Zeit des Kampfes gegen die heimtückische Krankheit Krebs. In dieser Zeit versucht man, die Endgültigkeit beim Verlieren des Kampfes auszuklammern. Der Funke bleibt bis zum Schluss. Erst danach beginnt das Begreifen dessen, was geschehen ist.

Es geht lange, bevor man die ganze Tragweite begreift und nach und nach in allen möglichen Bereichen erkennt, plötzlich ohne den Partner leben zu müssen. Ich wollte lange Zeit gar nicht an diese Endgültigkeit denken, weil sie mich schlichtweg überfordert hätte und ich mit Sicherheit in einer Depression gelandet wäre. Verdrängen und weiterhoffen auf irgendwas. Und immer im Kopf „ein Trapp gibt niemals auf".

In dieser Zeit entwickelte sich eine Beziehung zur Schwester von Uli. Wir haben uns nicht gesucht und haben uns auch nicht gefunden. Wir wurden einfach zusammengeworfen, um einen halbwegs geordneten Familienhaushalt mit all den dazu notwendigen Dingen bei drei Kindern von drei, sechs und neun Jahren auf die Reihe zu bekommen. Die Schwester brachte noch ihren 15-jährigen Sohn mit, was alles nicht einfacher machte, aber letztlich war das in dieser Zeit egal. Ich robbte sprichwörtlich jeden Tag einen Tag weiter. Keine Zukunftsgedanken, nur das „Heute" schaffen zählte, jeden Tag das „Heute" rumbringen, irgendwie. Und den Kindern gegenüber immer ein verstehender, gerechter und liebevoller Vater sein, die Mördergrube immer in mir. Die ersten zwölf Monate nach dem Tod von Uli waren mehr als die Hölle im Kopf. Nur wenige werden das bemerkt haben, Schauspielkunst war gefragt. Aber gute.

Da half auch die wachsende Beziehung nicht viel. Mein Problem war meine Sprachlosigkeit allen gegenüber. Egal, ob Personen in Partnerschaften oder Personen, die allein lebten. Ich hatte einfach kein Vertrauen in diese Menschen, weil ich bei einigen Anfangsversuchen gespürt habe, dass sie meine Hölle nicht begreifen würden. Heute weiß ich, dass dies auch so ist. Sicher kann man versuchen zu verstehen, aber ohne eigenes Erleben eines solchen Schicksalsschlages fehlt es an Einfühlungsvermögen. Gute Worte und Allgemeinplätze sind eher eine Hilfe für die Helfenden.

Der verstehende Blick eines/r Leidensgenossen/in hilft mehr, viel mehr, weil man sich tatsächlich verstanden fühlt, nicht nur mit dem Kopf, sondern mit dem Herzen.

Eine Bekannte hat wenige Jahre später ihren Mann von heute auf morgen verloren. Wir mussten beim ersten Treffen nicht reden. Eine Umarmung reichte. Später haben wir uns dann über unsere Erfahrungen im Umgang mit gutgemeinten Ratschlägen ausgetauscht und alles, was die Bekannte dazu sagte, hat mich entlastet. Es scheint für Außen- und Nahestehende ohne gleiches Schicksal nicht möglich zu sein, so zu verstehen, dass der Leidende sich im Herzen verstanden fühlt. Das ist nicht Schlimmes, der „Möchtegernhelfer“ muss es sich nur eingestehen und nicht denken, wenn er in einem Gespräch getröstet hat, er hätte geholfen. Tatsächlich hat er wohl nur sich geholfen.

In dieser Zeit war es Bernd, mein Freund und Arbeitgeber, der mir ohne viele Worte alle Möglichkeiten gab, die Arbeit im Betrieb zeitlich so zu regeln, dass zu Hause alles lief. Er wusste um meine Not und wir verstanden uns ohne große Worte. Er half, wo er konnte und hat sicher einen großen Anteil daran, dass ich in dieser Zeit nicht verzweifelte. Er hat erst gar nicht versucht so zu tun, als würde er das, was mich bewegte, verstehen. Mein Gesichtsausdruck reichte ihm, um mich ab und zu mit einer kleinen Geste auf andere Gedanken zu bringen. Unaufdringlich, wie nebenbei. Oft habe ich es erst hinterher bemerkt.

Nach 25 Jahren ist vieles anders geworden. Ich habe mich weiterentwickelt, habe gelernt mit der Ewigkeit des Zustandes zu leben und doch überkommt mich immer wieder eine tiefe Traurigkeit, wenn ich gleichaltrige Paare treffe, die in den letzten 25 Jahren das Leben miteinander teilen konnten. Ja, da werde ich eifersüchtig, richtig eifersüchtig und wünsche mir sogar, dass in der Beziehung nicht alles rund läuft und das nach außen gezeigte Gold am Ende doch nur rostendes Eisen ist. Nicht immer, aber wenn ich gerade aufgrund eines Ereignisses wieder mal ganz komisch drauf bin. Beispielsweise am Geburtstag von Uli oder am Sterbetag oder an den Geburtstagen der Kinder oder an Weihnachten und Ostern. Verdammt viele Tage im Jahr ... So ist das eben und deshalb kann ich das auch so nennen: Ja, es ist die reine Eifersucht auf das Glück anderer!

Der Agent aus Singapur fragt per E-Mail, wohin er die Abholung vom Schiff organisieren soll und ich regle bei der Gelegenheit noch die Buchung im Hotel Amara zum Haustarif von CMA. Statt 1943 Singapur Dollar (1215 Euro) bei einer Buchung über HRS, bezahle ich 1170 Singapur-Dollar (730 Euro). Nicht ganz billig, aber zum Abschluss des Abenteuers Australien und vor dem Beginn des letzten Reiseabschnitts gönne ich mir nach all den vielen Motels in der Pampa etwas Luxus mit einem Room-Typ „Deluxe King“. Auch auf die Gefahr, dass mir der Graf von Eurohausen an den Kopf geworfen wird. Mit etwas badischer Bauernschläue habe ich 435 Euro über die Buchung als CMA-Mitarbeiter gespart. Von den Schwaben würde ich für die Ersparnisse die Ehrenbürgerschaft angetragen bekommen.

Der Kapitän schlägt vor, am 27. Januar nach dem Mittagessen um 13 Uhr von Bord zu gehen und klärt mit dem Agenten die Abholung per Fahrer, wie sich das für einen VIP-Passagier eines Frachters gehört.

Die kurzfristige Rechnung mit der Parallelität der Schiffe ist durch die frühe Landung des einen und durch die verspätete Landung des anderen Schiffes sprichwörtlich in die Hose bzw. ins Hotel gegangen. Auf jeden Fall ist die Übernachtung geregelt und dann werde ich sehen, was ich in Singapur alles anstellen kann oder ob ich noch einen Ausflug auf die Philippinen unternehme oder einfach vier Nächte im Rotlichtmilieu untertauche und mich nach La Palomas umschaue.

Bei einem wolkigen und teilweisen Nieselwetter war wieder Drinnen angesagt, aber ohne Langeweile. Die Fotos sind durch, der Bericht macht Fortschritte. Morgen soll die Sonne scheinen.

Tag 99: Freitag, der 26.1.2018
Tag 16 auf der „Chopin“

Ein weiterer Reiseabschnitt geht zu Ende. Zeit für ein Gesamtresümee der „Chopin“-Reise. Es war die zweite Reise auf einem CC und viele zuvor einmalige Erlebnisse wiederholten sich. Für den Reiz des Neuen gibt es kein Rezept der Wiederholung, das erste Mal bleibt das erste Mal. Kennt man ja auch von anderen Bereichen des Lebens. Und es war wohl Fügung, dass mir für mein erstes Mal das Containerschiff „Aglaia“ mit seinem Kapitän Dariusz und seiner Mannschaft geschickt wurde. Da passte alles und so war das wohl auch gedacht mit dem „Zufall“.

Die jetzige Etappe gehört bereits zu meiner Rückreise, d.h. Erlebtes ist zu verarbeiten, Reiseberichte sind zu verbessern, Fotos zu sortieren, eben Arbeiten, die zu Hause nie und nimmer in Ruhe erledigt werden könnten. Auch wenn immer noch Neues dazukommt, ist mir klar, dass die Rückreise sich mehr auf die Gedanken um die Zukunft konzentrieren wird und die Vergangenheit, wie das einst große Reiseziel Australien, in gleichem Maße zurücklässt.

Durch die Erfahrungen mit der „Aglaia“ stelle ich automatisch einen Vergleich der beiden Schiffe und deren Besatzungen an, wobei ich nach bestem Gewissen versuche, Emotion und Sache zu trennen.

Zum Schiff und zur Besatzung

1. Die „Chopin“ ist mit Baujahr 2004 acht Jahre älter als die „Aglaia“, was zur Folge hat, dass permanent die Oberflächen auf den Gängen und Plattformen entrostet und gestrichen werden. Durch die strenge Auslegung der Sicherheitsrichtlinien waren deshalb Rundgänge kaum möglich. Dass es doch ab und zu klappte, lag an Missverständnissen innerhalb der Crew, wie sich herausstellte – nach dem Eltern-Oma-Prinzip: Der eine erlaubt es, der andere nicht. Der Balkon auf beiden Seiten des E-Decks entschädigte, weil ich mir manchmal doof vorkam, jeden Tag zu fragen, ob oder ob nicht. Im Campingstuhl das Dahingleiten genießen, einfach wunderbar. Dafür das Fitnesstraining nicht nur einmal, sondern zweimal am Tag erledigt. Das passt auch. Das schwül-warme Wetter mit Regengüssen ließ die Aufenthaltsdauer draußen ohnehin schmelzen. Dann nutzt man umso lieber die Kajüte für die anstehenden Sortierarbeiten.

2. Beide Kapitäne der „Chopin“ waren ca. 35 Jahre alt, also noch sehr junge Kapitäne. Wie in jedem Betrieb spielt es immer eine Rolle, wie der Chef mit dem Ganzen umgeht. Beide hatten noch nicht sehr viele Kapitänseinsätze hinter sich, d. h. sie müssen sich die Sicherheit im Umgang mit Regeln erst noch erarbeiten. In dieser Zeit wird auf die Einhaltung von Vorschriften strenger geachtet, weil man damit auf der sicheren Seite steht. Bis man sich aber eine eigene souveräne Sicherheitsbeurteilung von Situationen und deren möglichen Gefahren angeeignet hat, dauert es ein paar Jährchen. Um diese Vermutung bestätigt zu bekommen, hätte ich noch eine lange Zeit mit den beiden mitfahren müssen. Keine so angenehme Vorstellung.

3. Was die Kommunikation gegenüber der „Aglaia“ schwieriger machte, war die Sitzordnung im Speisesaal. Bei der „Aglaia“ saß der Kapitän neben den Passagieren am Esstisch, auf der „Chopin“ nicht, d. h. die Zeit für ein längeres Gespräch war gar nicht da, weil auf der Brücke natürlicherweise andere Dinge Vorrang hatten. Dieser Umstand dürfte alles in allem einen entscheidenden Unterschied darstellen.

4. Die Brücke auf der „Chopin“ war bis auf den Kapitän mit Filipinos besetzt und irgendwie wurde ich das Gefühl nicht los, dass sich einige durch die Besetzung des Kapitänspostens mit einem Europäer zurückgesetzt fühlten. Ein Beispiel zur Verdeutlichung: Der 2. Officer war zu Beginn sehr freundlich und wir haben einige Male über seine Situation, sein Land und seine Karriere gesprochen. Auch über den 30-jährigen Krieg in Sri Lanka, über den er ein dickes Buch auf der Brücke dabeihatte.

Als ich am zweiten Reisetag auf die Brücke kam, war der 2. Officer nicht zu sehen. Der neue Kapitän stand an der Fensterbrüstung, was mir gerade recht kam, weil ich an ihn speziell ein paar Fragen stellen wollte, aus denen sich ein kurzes Gespräch entwickelte. Als der 2. Officer nach ein paar Minuten aus dem Bürobereich herauskam, sah ich beim „Good morning“ sein Gesicht und wusste sofort, dass er sich quasi übergangen fühlte nach dem Motto, nach meinem Gespräch mit dem ranghöheren Kapitän wäre er jetzt wohl nicht mehr gut genug für ein Gespräch. Verstärkt durch den Umstand, dass da jetzt ein Weißer mit einem Weißen gesprochen hatte. Eigentlich Kindereien, könnte man sagen, aber leider war es ernst. Jeder kennt das Gefühl bei sich selbst, es kommt aus dem Bauch und entbehrt meist jeglicher Vernunft und Grundlage.

So wird man ungewollt in grundsätzliche Konflikte der Gleichwertigkeitsgefühle oder besser Unterlegenheitsgefühle von Nationen gezogen. Ob auch Missgunst zumindest der höheren Ränge gegenüber den Passagieren aus dem Westen eine Rolle spielt, ist schwer zu sagen. Eine kleine Rolle wahrscheinlich, weil wir es uns auf der Fahrt gutgehen lassen und sie sich als die „Dummen“ fühlen, die arbeiten müssen. Bei den Filipinos der unteren Ränge war immer die gleiche Freundlichkeit und Herzlichkeit vorhanden. Da gehört die Unterschiedlichkeit von Rängen und Stellungen auf dem Schiff zur Normalität des Lebens. Sobald jemand am Aufsteigen ist, wird die Normalität hinterfragt und Neid wird dann oft ein gemeiner Lebensbegleiter, weil ein anderer immer noch ein Stückchen weiter oben steht. Da gilt der Spruch: „Bist du neidisch, dann bist du nicht zu beneiden.“

5. Die Erfahrungen auf der „Chopin“ waren sehr hilfreich und vielfältig und bestätigen meine Gesamteinschätzung meiner Reise mit der „Aglaia“. Manchmal passt alles und manchmal nur manches. Solange es für eine schöne Reise reicht, passt es trotzdem bestens.

6. Wichtig zu wissen: Durch die Praxis der 3-, 6- und 9-Monatskontrakte ändern sich die Besatzungen laufend. Bei der „Chopin“ gehen 70 Prozent der Crew in Singapur von Bord und werden durch neue Leute ersetzt, z. B. auch der Schiffskoch. Dieser ständige Wechsel dürfte auch der Grund dafür sein, dass es nach einem größeren Personalwechsel wieder eine Zeit dauert, bis sich ein Team bildet, das wirklich zusammenarbeitet und wo nicht nur jeder seine Aufgaben erledigt. Es wäre durchaus möglich, dass sich inzwischen die Mannschaft auf der „Aglaia“ zu 50 Prozent geändert hat und schon kann alles ganz anders aussehen. Für den Passagier ist die Brückenmannschaft und der Steward der Kern für seine Kommunikation. Dieser wird seinen philippinischen Kollegen durchaus ein paar Infos über den Passagier geben, wenn die danach fragen.

7. Der „Chopin“ fehlte es mangels Personal, nicht vorhandenem geeigneten Pflegegerät oder Organisation an Deckpflege. Der schwarze Dreck der Schwerölverbrennung fand sich an vielen Stellen und dürfte sich dort auch schon seit einiger Zeit heimisch fühlen. Die V2A-Geländer am Pool waren angerostet, was auf mangelnde Pflege oder das Fehlen geeigneter V2A-Paste hinweist. Der Pool selbst dürfte schon längere Zeit nicht mehr gefüllt worden sein, wenn man sich die Verschmutzung des Beckens und der daneben liegenden Dusche anschaut. Eine britische Hausfrau wäre über diesen Bereich „not amused“, eine deutsche Hausfrau

würde noch etwas kräftigere Worte finden. Wir sind aber nicht in Deutschland und Schweine werden auf dem Schiff auch nicht gehalten.

Ein Beispiel über den Deckreinigungsvorgang. Dem neuen Kapitän waren wohl die Außendecks der Brücke zu schmutzig. Jedenfalls fingen dort Matrosen mit dem Wasserstrahlgerät an, den Boden zu reinigen, was zwar den Schmutz löste, aber durch den hohen Druck auch gut verteilte, auch auf die Wände und unteren Decks. Offensichtlich hat hier noch niemand daran gedacht, eine Kreiselbürste mit sofortiger Absaugung einzusetzen bzw. auf den Decks einen Putz-Saug-Reiniger. Das Abwasser müsste allerdings im Hafen als Sondermüll entsorgt werden, weil der Schwerölruß mit Sicherheit das Wasser in eine Giftbrühe verwandelt.

8. Die Verpflegung war überreichlich. Zwei Drittel der Reise habe ich das bulgarisch-europäische Essen mit täglicher Gemüse-, Huhn- oder Rindfleischsuppe, Kartoffeln, Reis, Gemüse, Fleisch von Rind, Schwein oder Huhn genossen. Danach habe ich auf „Sri Lanka“-Essen umgestellt. Genauso reichlich mit stärkerer Reisorientierung und schärferer Würzung, Huhn (kein Hund), Fisch und Gemüse. Jedenfalls immer zu viel, aber es schmeckte immer zum „Teller-leer-essen“. Neben Obstsäften und Wasser gab es für mich als Passagier zum Abendessen immer eine Flasche Wein und eine Dose alkoholfreies Bier auf den Tisch. Vom Wein trank ich ein Glas zum Essen und ein Glas nahm ich regelwidrig, aber immer gut sichtbar mit in die Kabine. Komischerweise stand am nächsten Abend wieder eine neue Flasche auf dem Tisch, was mich zugleich stutzig und neugierig machte. Vermutlich wird auch auf dem Schiff mit Wein gekocht oder die physikalischen Gesetze über die Verdunstung von Wein in Flaschen werden auf der Südhalbkugel der Erde tatsächlich auf den Kopf gestellt.

9. Ein Tipp zum Schluss: Auf der Brücke hängen die Schichtpläne der gesamten Mannschaft und auf dem Kabinenplan findet man die Namen seiner Kabinennachbarn. Wenn man sich den Schichtplan fotografiert, kann man sehen, wann der Kabinennachbar Schicht hat und wann er sich in der Kabine aufhält. Da die Kabinen keine Musterschalldämmwerte aufweisen, kann man Rücksicht nehmen bzw. während der Nachbar Schicht hat, in der Kabine etwas sorgloser mit der Lautstärke umgehen. Sei es Musik hören, Musik machen – ich hatte meine Gitarre dabei – oder wenn man als Paar unterwegs ist. Ok?

Grundsätzlich werden wohl nach und nach die Brücken von billigeren, philippinischen Nachwuchskapitänen und -offizieren übernommen werden. Die machen den Job auf der Brücke genauso gut wie ihre weißen „Vorfahren“, die sich nach und nach an ihr Abwracken gewöhnen müssen. Durch die weitere Digitalisierung der Transportwelt werden die großen Containerschiffe ohnehin weitgehend automatisch über Satellit, Umgebungssensoren, Seekarten-Navi und Radar gesteuert. Der Auto-Pilot ist heute schon eine Selbstverständlichkeit. Für die Filipinos und die Reederei-

Singapur bei Nacht – dunkel ist anders

en wird es ein Win-Win-Projekt. Für die osteuropäischen Kapitäne bedeutet es das Ende ihrer Dienstfahrt. Meinem Freund Dariusz von der „Aglaia" könnte es gerade noch bis zur Rente reichen.

Zur Reise auf der „Chopin": Es war wieder eine äußerst erholsame Reise, unterbrochen von den zwei Häfen Adelaide und Fremantle. Eine wichtige und neue Erfahrung, von Bord zu gehen, etwas anzuschauen und am späten Nachmittag wieder im Hotel „Schiff" zu sein. Das verkürzt die Reise rein gefühlsmäßig, weil die Tage an Bord unterteilt werden in Etappen: vier Tage Melbourne – Adelaide, fünf Tage Adelaide – Fremantle, sieben Tage Fremantle – Singapur.

Und es gibt einem irgendwie das Gefühl, irgendwo zu landen um dann wieder weiterzuziehen. So fühlt es sich wohl an, wenn man irgendwann zum Weltenbummler geworden ist. Reisen, ankommen, weiterziehen. Eigentlich wie das gesamte Leben, nur eben ohne große Verantwortung für alles Mögliche. Das ist der kleine, aber wichtige Unterschied, was den Genuss der Reise ausmacht.

Persönliches Fazit der Containerreisen

Nach insgesamt elf Tagen „Aglaia" und 17 Tagen „Chopin" kann ich für mich sagen, dass diese Art von Reisen eine ideale Gelegenheit darstellt, runterzukommen. Auch um sich Gedanken über den Tag hinaus zu machen, die sich nach einigen Tagen Schiff automatisch einstellen. Nur ein bisschen warten darauf, das musste ich lernen. Mit zwanghaften Versuchen, sein Inneres zu erkunden, stellten sich erst einmal Enttäuschungen ein. Was jahrelang nach unten gepresst wurde, fliegt nicht innerhalb eines Tages in das Gehirn zurück, das bisher für das Pressen zuständig war.

In gleichem Maße löst man sich von der digitalen Informationsbesessenheit. Zwangsweise, weil die Internetverbindungen auf dem Ozean nicht immer, und wenn, nur teuer zu haben sind. Mir ist natürlich klar, dass der Begriff „teuer" dehnbar ist. Jede Sucht definiert den Begriff „teuer" für sich.

Und man lernt im Laufe der Zeit, mit sich umzugehen, sich einzuteilen, „Zeit haben" nicht als Langeweile zu bezeichnen, sondern als Genuss. Im Campingstuhl auf dem Außendeck sitzen, sprichwörtlich über das Wasser dahingleiten und den Gedanken freien Lauf lassen. Wenn dieser Punkt erreicht ist, wird einem bewusst, was einem immer gefehlt hat. Zeit für sich.

Nach den eher philosophischen Ausflügen in die maritime Containerschifffahrt und die Gedankenwelt eines Reisenden folgt für Wissenshungrige noch ein Hinweis zum höchsten Sonnenstand im Norden und Süden inklusive des Äquators. Nicht ganz unwichtig, wenn man sich Sommer und Winter auf beiden Halbkugeln der Erde vorstellen will. https://www.timeanddate.de/zeitzonen/

Die letzte Nacht auf der „Chopin". Nochmal die Kabine genießen, Frühstück und Mittagessen. Morgen gegen 13 Uhr die Schiffsaußentreppe 55 Stufen nach unten und Abfahrt ins Hotel. Der letzte Reiseabschnitt steht bevor. Wehmut? Ein bisschen. Es liegen noch 30 Tage vor mir, um mich mit den Dingen zu beschäftigen, die bisher zu kurzgekommen sind oder noch nicht genug im Kopf gearbeitet haben. Aber immer wieder fügen sich Dinge zusammen und aus diesen Dingen wird dann das Gesamtbild entstehen von dem, was ich in Zukunft will und was ich nicht mehr will. Es wird kein fertiges Bild geben, aber eine relativ feste Struktur haben, mit bereits farbig festgelegten Feldern, aber auch weißen Flecken, die das tägliche Leben und die fortlaufenden Entscheidungen einfärben werden. Bewusst oder unbewusst.

Rückblick auf Australien

Im Verlauf der Reisen in Australien ist mir vieles aufgefallen, vieles werde ich auch übersehen haben. Um das Bild über das Land insgesamt etwas abzurunden, nachfolgend einige Fakten und Entwicklungen in wenigen Sätzen zusammengefasst.

Seit den 1970ern hat sich Australien unter verschiedenen Premiers geöffnet hin zu einem multikulturellen Staat, der auch offiziell die Verschiedenartigkeit der Migranten/innen sowie der Aborigines anerkennt und deren jeweilige Sprache und Kultur als Entwicklungspotenzial für Australien definiert und diese sogar fördert. Vor allem die „Baby Boomer" aus den 1960ern führten ab den 1990ern zu einer Beschleunigung der Veränderung in der Gesellschaft, da sich in ihrer Jugend die Welt veränderte. Vergleiche mit den 68ern in Deutschland liegen auf der Hand.

Containerhafen Singapur

Die westliche demokratisch organisierte Welt war

im Aufbruch aus den Verkrustungen der Nachkriegszeit, die alle Kräfte in den Wiederaufbau gesteckt hatte und bei der kulturellen und Gesetzesentwicklung den Status quo bevorzugte. In diese Zeit fallen die weltweiten Proteste gegen den Vietnamkrieg, bei dem auch Australien auf Bitten der USA bis zum Ende mit 8000 Soldaten beteiligt war. Das Bild des bevorzugten weißen Einwanderers hatte sich ohnehin im Laufe der Jahre immer mehr schattiert, da sich aus ganz Europa auch dunklere Hautfarben unter die Australia-Whites mischten.

Sowohl das Ende des Kalten Krieges in den 1970er und 1980er Jahren als auch die Globalisierung des Informations- und Kulturmarktes brachten neues Denken und neue Ideen in Gang. Der über 150 Jahre lang gepflegte Rassismus vor allem gegen Asiaten war nicht mehr hoffähig und stand vor allem auch den wirtschaftlichen Interessen Australiens im Wege. Der Eintritt von Großbritannien in die EWG 1973 veränderte die Exportströme innerhalb weniger Jahre grundlegend. Waren es vor dem 2. Weltkrieg und lange danach um die 40 Prozent, so sank die Zahl bis 1979 auf vier Prozent. Der Außenhandel mit Asien stieg in den Folgejahren auf 50 Prozent in 2000 und auf über 70 Prozent in 2015.

Der Zuzug asiatischer Einwanderer konnte in einer solchen Situation nicht mehr geblockt werden. Per Gesetz wurde 1973 die alte Doktrin in eine neue, offene Migrationspolitik umgewandelt. Nur mit diesem Schritt konnte die Wirtschaftsentwicklung positiv gefördert werden. Schwerpunkt für die asiatischen Neubürger wurde Sydney, für die europäischen „Stadt-Siedler“ waren Melbourne und Brisbane bevorzugte Ziele.

Der frühere Erzfeind Japan wurde zweitgrößter Exportmarkt. Noch dynamischer sieht die Entwicklung mit China als größtem Zukunftsmarkt aus. Der Export stieg von fünf Prozent in 2013 auf 25 Prozent in 2015. Die dort zu Wohlstand kommenden Familien lieben die australischen Produkte, da sie diesen Produkten eine bessere und gesündere Qualität zurechnen. Vor allem Obst kommt auf relativ kurzem Wege aus Australien in die luxuriöseren Märkte, wie ich beim Bereisen der drei Metropolen Peking, Shanghai und Hongkong feststellen konnte.

Eine weitere kulturell verbindende Einrichtung sind sogenannte „Offshore Campuses“ im asiatischen Raum, in denen Studierende dieser Länder Wissen und Abschlüsse erwerben können. Diese Campuses in allen großen Städten Asiens bringen etwa ein Drittel der australischen Devisen ein. Ein Riesenmarkt und gleichzeitig ein Modellprojekt für Kulturtransfer.

Der erst 20 bis 30 Jahre alte „neue“ Weg Australiens scheint Früchte zu tragen hin zu einem offenen Land mit vielen Kulturen, vereint unter einem multikulturellen Staatsgebilde. Der weit schwierigere Teil des Abbaus von Ressentiments gegen Asiaten dürfte der mentale Bereich in den Köpfen der älteren Generationen darstellen. Wie lange hat es gedauert, bis die Erzfeindschaft zwischen Deutschland und Frankreich in eine Völkerfreundschaft umgewandelt wurde?

Umwelt

Auf verschiedene umweltrelevante Fragen und Beobachtungen habe ich in einigen Passagen hingewiesen. Das bis in die 2000er Jahre nahezu ausschließlich auf Profit ausgerichtete australische Dollarauge scheint beim Studieren einiger Programme auf den Webseiten von Städten grüne Schattierungen zu bekommen. Die Förderungen von Wind- und Sonnenenergie gehört ebenso dazu, wie der Versuch, Umweltsünden größerer Art zu korrigieren. Die Baumpflanzprogramme sind ein Eingeständnis der Fehler der Vergangenheit und sollen helfen, deren Folgen zu reduzieren. Die kommenden 20 Jahre werden zeigen, ob diese Projekte die gewünschten Früchte tragen oder nur Augenwischerei-Fallobst produzieren.

Die vielen Nationalparks und Grünanlagen in den Städten werden in allen Prospekten der Tourismuswerbung hervorgehoben und lassen einen beim Wandern und Spazierengehen sehr schnell zum Schluss kommen, dass Australien als Synonym den Titel „Bewahrer der Schöpfung“ tragen könnte. In diese Richtung gehen auch die Äußerungen, die man bei Touristen aufschnappt, die auf solchen Pfaden unterwegs sind.

Das gesamte Outback, die Tagebau- und Untertagebauminen mit ihrem wenig verantwortlichen Umgang mit Giften jeglicher Art erscheinen in der öffentlichen Wahrnehmung nur dann, wenn diese Bereiche durch Unfälle oder Naturphänomene auf sich aufmerksam machen, wie beispielweise der Staubsturm über Sydney 2011, Flutkatastrophen im Inland, Zyklone im Norden, Trockenzeiten über Jahre hinweg, Versalzung der Böden. Weltweit bekannt werden nur Katastrophen wie beispielsweise der Zyklon „Tracy“ vom 24. bis 25. Dezember 1974, der 90 Prozent der Stadt Darwin verwüstete, oder die großen Waldbrände im März 2018 in Victoria und New South Wales, die 40.000 Hektar Land und viele Häuser zerstörten. Einhergehend damit der Zyklon „Marcus“, der wiederum Darwin mit voller Härte traf.

Vieles ist zu verstehen vor dem Hintergrund, dass 90 Prozent der Bevölkerung an den Küsten und in Städten wohnen und gar nicht mitbekommen oder auch nicht mitbekommen wollen, was sich 1000 oder mehr Kilometer im Inland abspielt, da sie momentan noch nicht direkt davon betroffen sind. Vielleicht beim Lebensmittelkauf oder wenn das Auto vor dem Haus über Nacht eine Staubschicht bekommen hat. Alle längerfristigen Prognosen mit düsteren Bildern werden ausgeklammert und als Katastrophenmalerei bezeichnet.

Die Landwirtschaft mit ihrem hohen Wasserverbrauch wird ein permanentes Problem mit nicht absehbarem Ausgang bleiben. Hierzu fehlen Erfahrungen der Vergangenheit, wie sie anderweitig in europäischen Ländern bereits gemacht wurden. Weder die Zukunft der Wasserhaushaltsentwicklung noch die Wirkungen der Spritzmitteleinträge auf das Grundwasser sind nachhaltig erforscht. Produktion und Landgewinnung erfolgen nach dem Prinzip „Try and Error“, wie bereits seit über 150 Jahren.

Tourismus

Das Top-Devisen-Pferd schuf bisher 500.000 direkte und indirekte Arbeitsplätze für die in 2017 gezählten 7,5 Mio. Touristen, deren größter Teil sich den bekannten Tourismus-Hotspots zuwendet. Hierfür wurde eine komplette Infrastruktur an Hotels, Ferienhäusern, Busbetrieben, Restaurants, Märkten, Shops jeder Art und tausenden Firmen mit unterschiedlichsten Angeboten an Freizeitaktivitäten geschaffen.

Die Art der Freizeitaktivitäten ist weit gestreut und geht vom einfachen Wandern, Lockout-Besuchen oder Am-Strand-liegen über Segeltörns, Wasserflugzeugflüge, Schnellbootfahrten in die Korallengebiete bis zum Bus- und Pick-up-Tracking durch Naturschutzgebiete und über Strände. Für den umweltbewussten Reisenden ein surrealistisches Erlebnis, das man sein Leben lang nicht vergessen wird. In Australien macht man sich beim genaueren Hinsehen weniger Gedanken, weil die Dollarbrille nur Dollars sieht und nicht den Umwelteingriff. Es gibt von allem mehr als genug, da kommt es nicht drauf an. Vermutlich werden 95 Prozent der Teilnehmer solcher Freizeitaktivitäten zu Hause begeistert von ihren Abenteuern erzählen. Diese finden in einem anderen Bewusstseinszustand statt, in dem ausschließlich der Spaß gesehen und erlebt wird und Bedenkenträger sich in die Gefahr begeben, von den Enthusiasten an die Wand genagelt zu werden.

Die Hotspots wiederum sind für den Massentourismus ausgerüstet, sowohl was die Pfadbreite als auch die Lookout-Plattformen und die Shops und WCs angeht. Hier geht es an guten Besuchstagen um die effektivste Methode, die riesigen Menschenherden möglichst schnell auf die Plattform und von dort wieder runter zu bekommen, wobei hier die Herde selbst den besten Treiber abgibt. Mehr als zwei Minuten an vorderster Front überlebt nur, wer sehr gut gebaut ist und äußerst standhaft gegenhalten kann. Das ausführliche Fotografieren kann man vergessen. Die gewährte Zeitspanne reicht genau für zehn Schnellaufnahmen der Umgebung und für zehn Selfies mit unterschiedlichem Lächeln sowie zwei Selfies mit dem realen Gesicht, dem das Lächeln anlässlich des Gedränges vergangen ist.

Nach meinen Erfahrungen dürften diese Punkte an Wochentagen und außerhalb der Ferienzeiten eher mit normalen Besuchszahlen aufwarten. Aber trotzdem müssen z.B. an den Twelve Apostles (von denen nur acht noch „leben“) jährlich zwei Mio. Besucher über die Lookout-Terrasse geschleust werden. Am Uluru, den ich aus anderen Gründen nicht besucht habe, sind es 2,5 Mio., die sich am Morgen oder Abend vor dem heiligen Berg der Aborigines bei Sunset oder Sunrise in einem Bild für die Ewigkeit sehen wollen. Wer solche Massenauftriebe liebt, der findet hier sein Glück.

9
Zwischenstation

Singapur

6 Tage Singapur – ein Stadtstaat zum Wohlfühlen. 1965 von Großbritannien als bettelarmes Land in die Selbständigkeit entlassen. 2018 einer der reichsten Staaten der Welt mit dem zweitgrößten Containerhafen. Eine wunderbare Zeit an Land.

6 Tage | 30 km | 4 km | 20 km | 20 km

Tag 100: Samstag, der 27.1.2018

Singapur

Zu Beginn des 100. Reisetags komme ich in Singapur an! Sehr zu Beginn des Tages. Statt um 22 Uhr war es 1 Uhr heute Nacht, bis der Kahn den Kai küsste oder der Kai den Kahn. Die Formulierung ist bewusst gewählt, weil die über 5500 Containerkähne geradezu süchtig auf die Kais sind und andersrum genauso. Jede Bewegung bringt Geld in die Kaikasse auf der einen und in die Reedereikasse auf der anderen Seite. Der Kunde bezahlt und die Preise werden über den Markt geregelt, der in regelmäßigen Abständen Höhen und Tiefen erlebt. (Nachtrag aus Corona-Zeiten: So schwankt der Preis für einen 40"-Standardcontainer zwischen Europa und Asien zwischen 2000 und 9000 US-Dollar. Eine immense Summe, die es zu gewinnen oder zu verlieren gilt.)

Im erst sieben Jahre alten neuen Containerhafen von Singapur wird das besonders deutlich. Hier gibt es – bereits nach so kurzer Zeit – auf jeden Fall zu wenige Kais für die vielen Kähne, wenn man sieht, was da noch vor dem Hafen vor Anker liegt und wartet.

Auch die „Chopin" musste zwei Stunden warten, bevor sich ein Kai von einem anderen Kahn verabschiedete und Platz machte für die Begegnung mit dem Komponistenschiff. Dieses hätte nach meinen Beobachtungen dringend den Besuch des Komponisten nötig, um sein Schiff neu zu stimmen.

Der Hafen von Singapur ist der drittgrößte auf der Welt und hier erlebe ich die Dynamik des Zwergstadtstaates. Zig vor Anker liegende Schiffe als Lichterparade im Meer, die auf einen Liegeplatz warten. Ständige Abfahrten von riesigen Containerschiffen und Tankern. Das weitaus schnellere Abladen durch die Ladekräne gegenüber Australien, wobei mir nicht klar ist, ob die Australier langsamer oder geistig oder technisch nicht auf der Höhe der Zeit sind. Pro Kran schwebt hier alle 90 Sekunden ein Container in den Schiffsbauch – 300 Sekunden dauerte es immerhin in Melbourne. Dieser Staat hat in kurzer Zeit die Globalisierung für sich genutzt. Mit entsprechenden Konditionen kann man überall auf der Welt Investoren locken oder selbst investieren.

Ein neuer Milliardenhafen ist übrigens bereits im Bau, der 2020 in Betrieb gehen und laut Planung 66 der weltgrößten Containerschiffe mit 20.000 Containern gleichzeitig be- und entladen können soll, zur Weiterbeförderung auf kleineren Frachtschiffen. Diese Zahlen nur, um die Dimensionen zu verdeutlichen, um was es hier geht. Wer in diesem Bereich nicht investiert, verliert.

Ich würde mal sagen, ein Bienenhaus im Turboflug. Einfach ein, zwei oder drei Gänge schneller als anderswo. Die Skyline habe ich heute Nacht fotografiert, leider bei Äquatorwetter in der Regenzeit. Aber im Prinzip wird auch Singapur sich in die Reihe stellen mit anderen Millionenstädten. Verkehr, hohe Glaspaläste, Parks und vor allem viele Menschen auf engem Raum. Der Stadtstaat hat 5,7 Mio. Einwohner

Wartende Schiffe vor dem Hafen Singapur

auf einer Gesamtlandfläche von 719 km², d. h. 7800 Menschen pro Quadratkilometer. Hinzu kommen 1,2 Mio. Gastarbeiter. Da müssen die Menschen übereinander gepackt werden.

Aber vielleicht ist es auch eine wirklich andere Stadt, wenn man liest, dass die Menschen hier eine der höchsten Lebenserwartungen auf der Welt haben. Dazu noch ein paar Zahlen: Die Lebenserwartung für Männer liegt bei 80,1 Jahren, für Frauen bei 84,5 Jahren. Die Bevölkerung hat sich von einer Mio. 1950 bis auf die bereits erwähnten 5,7 Mio. Ende 2017 vermehrt. Die Geburtenrate ist mit 1,2 Kindern pro Frau extrem niedrig und sinkt seit 2010 stetig, was auch mit den weltweit höchsten Lebenshaltungskosten zu tun hat. Ein bisschen Statistik ist nicht ganz unwichtig, um zu verstehen, wie sich ein solcher Staat nach seiner Unabhängigkeit von Großbritannien 1965 innerhalb von 50 Jahren vom Entwicklungsland zur Industrienation und zu einem der wichtigsten Finanzplätze der Welt entwickeln konnte. Nicht umsonst heißt das Staatsmotto: „Majulah Singapura" malaiisch für „Vorwärts, Singapur". Weitere Infos unter https://de.wikipedia.org/wiki/Singapur

Mit dem Genießen der letzten Nacht wurde es nichts, aber überhaupt nichts! Ich legte mich wieder ins Bett, um noch einzuschlafen, bevor hier der Kranbär anfängt zu tanzen. War aber bereits zu spät. Kurz nach dem Wiedersehen mit dem Kai griffen sich die Pranken von gleich drei Bären die ersten Container. Statt wiegender Wellen auf wogender See gab es rumpelnde Kräne und fliegende Container. Aber auch dabei schläft man bei entsprechender Müdigkeit ein.

Im tiefsten Schlaf klingelt um 2:30 Uhr mein Kabinentelefon. Beim ersten Mal lasse ich es klingeln, weil ich auf „verwählt" tippe. Fünf Minuten später klingelt es nochmal. Also doch für mich. Wahrscheinlich im Lotto gewonnen oder mein Zuhause, die Wiesenmühle, wurde überflutet. Mehr kann ich mir nicht vorstellen, wenn mich um die Zeit in Singapur jemand anruft. Doch weit gefehlt. Der Staat Singapur hatte sich gemeldet, um mich vor der Einreise kennenzulernen. Deshalb beorderte mich der Chief Officer in sein Büro. Schon eine Klasse für sich, dass man mitten in der Nacht von einem Staat begrüßt wird, der einen gar nicht kennt. Aber mir war diese Gastfreundschaft fast zu aufdringlich.

Also anziehen, Kurzwäsche, Frisur richten, Hosenladen zu, Augenlider nach oben und unten ziehen, um das asiatische Aussehen aus dem Gesicht zu bekommen und die 66 Stufen runter. Auch eine feine Sache, wenn das Alter mit der Stufenzahl übereinstimmt.

Der Zoll ist bereits am Werk und stempelt die Pässe der Crew und das um halb drei nachts. Wie gesagt, hier ist alles durchorganisiert wie im Bienenhaus, auch wenn hier leider keine Biene bei den Zöllnern dabei war wie in Australien. Möglicherweise gibt es hier lukrativere Beschäftigungen. Und auffallend: Es waren nur zwei Beamte, jung, dynamisch, Frühaufsteher. In Australien immer sechs Beamte! Auch hier die Frage zur Arbeitsmoral der Australier. Als Entschuldigung könnten diese vielleicht geltend machen, dass es in Australien keine oder weniger Bienenjobs gibt. Nach zehn Minuten hatte ich meinen Pass mit Visa und eine sogenannte White Card. Diese brauche ich, wenn ich das Land verlasse. „Nicht verlieren", wurde ich noch ermahnt, wahrscheinlich, weil mir die Müdigkeit im Gesicht stand. Aber es sollte – wie immer, wenn ein Tag so murphymäßig anfängt – noch ganz anders kommen. Und das ausgerechnet am 100. Tag meiner Reise.

Mittags um 12:30 Uhr verabschiede ich mich beim Kapitän und gehe zum Chief Officer auf das Upperdeck, um mir den Pass zu holen. Das Auto sollte um 13 Uhr am Gate warten. So hatte ich das vom Agenten verstanden, weil das bei jedem Verlassen des Hafens in den anderen Städten so war. Ist hier aber nicht so. In Singapur gibt es Taxis mit Lizenz, um in den Hafen fahren zu können. Also Abholung direkt am Schiff. Eine organisatorische Kleinigkeit, die aber einen Kontroll-Hintergrund hat, wie sich noch herausstellen sollte.

Der Officer ist genervt, weil er natürlich andere Dinge zu tun hat. Außerdem dürfte er noch meinen Gesichtsausdruck im Kopf haben, als ich zu seinem Rundgangverbot die Bemerkung machte, dass es andere Schiffe gibt mit nachvollziehbareren Regeln und ich mit 66 Jahren durchaus fähig bin, Gefahren zu erkennen, sonst würde ich nicht mehr leben. Zwei Singapurer von der Verladefirma erkennen sofort die Situation und übernehmen die Koordination, freundlich und hilfsbereit. Um 13 Uhr steht das Taxi am Schiff und ich fahre kilometerweit durch Containergassen mit hunderten tanzenden Kranbären.

Die Fahrt endet dann vorläufig und für längere Zeit am Gate, sprich am Immigrationsschalter. Bereits beim Reingehen sehe ich ein großes Plakat, auf dem steht, was alles verboten ist mitzubringen und auf welche Produkte Zölle erhoben werden. Die Masse an Bildern gibt einem das Gefühl, dass man auf jeden Fall irgendwas Verbotenes im Gepäck haben muss. Bei Drogen kennen die sowieso kein Pardon, aber Gummibärchen und Muschelschalen dürften nicht darunterfallen.

Ein Beamter und eine Beamtin erhalten von mir den Pass und die White Karte für die spätere Ausreise. Reicht aber nicht. Sie wollen partout ein Schreiben vom Kapitän, dass ich von der „Chopin" bin und hier aussteige. Ich zeige meine Schiffs-Ident-Karte – die reicht auch nicht, weil da ja nicht draufsteht, dass ich das Schiff verlasse. Die internationale und von mir gehasste Grenz-Tollhausmaschinerie fängt an auf Touren zu kommen. Vor allem die Dame fühlt sich berufen, den ganz großen Auftritt vorzubereiten, während der ältere Herr lächelt und mir ab und zu beruhigende Gesten zuwirft und einen Stuhl anbietet. Wahrscheinlich möchte er einem Herzinfarkt vorbeugen, weil er sieht, dass ich unter den Achseln schwitze. Nach einer halben Stunde bei 33 Grad schwüler Luft hatte ich die Ursache eher den Temperaturen zugeschrieben.

Ein Blick vom Kabinenbalkon auf die Containeranlieferung

Zwischendurch Gepäckkontrolle durch kurzes Reinschauen in die Gepäckstücke. Leider hatte ich die Socken am Vortag gewaschen, sonst hätten sie mit gerümpfter Nase den Pfeifentabak nicht gesehen. War aber ohnehin zu wenig, um Steuern von max. 50 Cent zu erheben. Dann den großen und kleinen Rucksack inklusive Gitarre in den Hochsicherheitsröntgenapparat. Weitere Durchsuchungen erfolgen nicht. Allerdings hatten sie im kleinen Rucksack etwas gesehen – wahrscheinlich die große Muschel oder die Flasche Meerwasser gegen meinen Schuppenflechten-Heilversuch – und sich Notizen gemacht. Der Taxifahrer sagt mir später, dass bei der Ausreise geprüft wird, ob diese Gegenstände noch in meinem Besitz sind. Werden sie. Dann noch die obligatorische Abnahme der Fingerabdrücke mit sofortiger Durchprüfung weltweiter Daten. Ein kostenloser und weltweiter Check über die eigene Verbrecherkarriere, die offensichtlich sehr kurz ist. Ich bin nicht als Terrorist bekannt.

Der freundliche Beamte kommt zu mir und erzählt, dass er auch 66 Jahre alt ist, aber im April 67 wird und mit dem Alter hadert. Ich gebe ihm zu verstehen, dass er doch genau in dem Alter ist, wo es Spaß macht, noch was zu unternehmen. Er lacht und schlägt mir auf die Schulter, während er immer wieder die bienenfleißige junge Beamtin beobachtet, wie sie diverse und ihrem Gehabe nach hochwichtige Telefonate führt. Nach 40 Minuten Check-over-all und vermutlich einem E-Mail vom Kapitän im Hintergrund bekomme ich die Freigabe. Der junge Kapitän hatte ganz einfach vergessen oder nicht gewusst, dieses Schreiben anzufertigen. Verabschiedung mit Handschlag, draußen wartet das Taxi bereits auf der Erlösungsseite. Ich darf den Zwergenstaat besuchen. Irgendwie erinnert mich das ganze Gehabe an die Beamten an der Schweizer Grenze und mir wird klar, dass diese Zöllner dort ausgebildet worden sein müssen. Nicht umsonst sind die Grundfarben des Staatswappens von Singapur rot und weiß.

20 Minuten später bin ich im Hotel, zusammen mit vielen anderen in der Hotelhalle. Der Taxifahrer bleibt so lange bei mir, bis die Dame an der Rezeption bestätigt, dass ich hier ein Zimmer gebucht habe. Vermutlich gehören solche Serviceleistungen zur Pflicht, wenn man die Hafenlizenz dauerhaft behalten möchte. Er kann jetzt auf seiner Liste bestätigen, dass der Freigänger im Hotel eingebucht hat. Ich hoffe jedenfalls, dass ich nicht so dumm aussehe, dass er mich nicht des selbstständigen Eincheckens für mächtig gehalten hat.

Immerhin habe ich sehr schnell mitbekommen, dass es im Hotel auch die Möglichkeit gibt, sich telefonisch Dienste aufs Zimmer zu bestellen. Nicht nur den Schampus, sondern auch zwei Gläser.

Das Königsbett im Hotel „Amara“ – eine gute Adresse

Das Bad mit WC-Telefon

Nach einem ersten Rundgang in der Gegend des Hotels muss ich feststellen, dass diese Stadt etwas Angenehmes hat. Ich fühle mich wohl. Dass es nur am Socken- und Unterhosenwechsel liegt, glaube ich nicht. Das Hotel „Amara" liegt mitten in einem Viertel, das alles bietet, d.h. Shops, Läden und Fressbuden jede Menge. Die auffallend vielen Lampions und Lichterketten irritieren mich etwas, weil Weihnachten in solchen Ländern von der Religion her nicht zu Hause ist. Das Rätsel löst das Internet: Der 31.1.2018 ist der erste Neujahrstag im chinesischen Kalender und das Fest dazu findet dieses Jahr in Singapur statt. Wahrscheinlich sehenswert. Außerdem ist am gleichen Tag noch eine totale Mondfinsternis für Singapur vorhergesagt. Dann sind die Lichterketten eigentlich ganz geschickt für Kurzsichtige und Nachtblinde.

Um 23:45 Uhr liege ich im Kingsize Bett im Kingsuite Room und spiele den King of Silent. Und tief in der Nacht, von mir unbemerkt, werde ich zum King of Snoring, egal ob Kingsize Bett oder Kokos-Latex-Matratze zu Hause.

Die beiden sexy Mäntel oder Kimonos oder wie diese halb durchsichtigen Bettmäntel heißen, hatte ich nicht bestellt. Die gehören wohl zum Standard in solchen Hotels. Vermutlich wären in einer Seitentasche die Telefonnummern entsprechender Rufbereitschaften zu finden gewesen. Die Stoffschlappen habe ich kurz probiert und wäre fast auf der Nase gelegen, weil die sich selbstständig vorne hochbiegen und dann heißt es, sich irgendwo halten oder irgendwo hinfallen. Hat man dann keine Rufbereitschaft zur Hand, muss man schauen, wie man wieder auf die Füße kommt oder auf den Zimmerdienst am nächsten Morgen warten.

Die Gründe für das Telefon im Bad haben mich jedenfalls ziemlich beschäftigt. Nicht weil ich wollte, sondern musste. Und zwar im doppelten Sinne des Wortes. Als leidenschaftlicher Zeitschriftenleser graut mir vor jedem Bad oder WC ohne Lesestoff. Für mich wie eine Bibliothek ohne Bücher. Die geistige Beschäftigung mit dem Telefon und der Frage nach den Gründen für diesen Standort war geradezu ideal für das Anwerfen meines noch schlafenden Gehirns während den laufenden organischen Prozessen. Nach etwa 30 Minuten wechselnder

Konzentration auf das eine und auf das andere hatte ich verschiedene Erklärungen gefunden.

a) Der hinter der Badewanne befindliche 2 mal 2,50 Meter große Wandspiegel lässt keine Schwarte verschwinden und zeigt brutal, wie man körperlich drauf ist. Durch die Breite des Spiegels können sich auch die stattlichsten Adiposi-Tanten und Adiposi-Onkels komplett betrachten. Je nach seelischer Konstitution kann ein direkter Draht zur Telefonseelsorge dumme Gedanken vertreiben.

b) Bei Herzattacken vor dem Spiegel – hervorgerufen durch nicht altersentsprechende Verrenkungen – kann ein schneller Telefonanruf die Rettung in die Wege leiten oder zumindest den nächsten Angehörigen die Situation so erklären, dass keine falschen Gerüchte aufkommen.

c) Die einfachste, aber schlimmste und häufigste Ursache: Das Klopapier ist alle! Telefonhörer in die nicht benutzte Hand und über den Zimmerservice eine Rolle kommen lassen. Oder auch zwei, wenn einem das fernöstliche Essen die Darmprozesse durcheinandergebracht hat. Das zu Hause übliche Herumschreien mit dem Notruf „Paapiiiiieeer" würde in einem Hotel viel zu viel Unruhe verursachen.

Man stelle sich nur vor, es würde gleichzeitig in mehreren Räumen zu dieser Notlage kommen. Diskretion beim Überreichen ist in solchen Häusern üblich. Das Personal schließt die Augen und der Papier-Notleidende ruft so lange mit ruhigem und immer gleichem Tonfall „Piep", bis der Überbringer in Reichweite die Rolle übergeben kann. Wegen eventuellen Geruchsbelästigungen braucht sich niemand Sorgen zu machen. Das Personal trägt bei solchen Einsätzen grundsätzlich ABC-Masken mit Sauerstoffflaschen.

Weitere Gründe für das WC-Telefon mag es geben, aber nach Abschluss aller Prozesse wollte ich mich nicht den ganzen Tag auf der Schüssel mit solchen zwar grundsätzlich lebenswichtigen, aber für mich nicht aktuellen Fragen rumplagen. Eigentlich wollte ich nur die Vorteile hervorheben, die die Literatur-Kloisten gegenüber den Business-WCisten genießen.

Tag 101: Sonntag, der 28.1.2018
Singapur

Nach einem wahrlich königlichen Schlaf finde ich mich morgens nicht in der Mitte des Riesenbettes, sondern am Rand. Ein Schwabe würde sagen: „Die Hälfte vom Bett umsonst bezahlt". Vielleicht wartet man auch im Schlaf automatisch und räumt schon mal den Platz. Wie dem auch sei, auch bei näherem Untersuchen fand sich unter der Riesenbettdecke keine weitere Person oder diese muss extrem dünn gewesen sein. Um 9 Uhr dampft der Kaffee, das Käse-Schinken-Sandwich liegt bereit und ich lese die Berichte in der FAZ am Mobil. Vorbereitungen für die Zeit danach. Ich sollte zumindest die gröbsten Entwicklungen auf der Welt kennen, damit mir auf dem Schiff im Falle von Mitreisenden niemand den Schulz als neuen Bundeskanzler unterjubeln kann. Im Sandkasten-Demokratie-Spiel kann bekanntlich auch ein Sandkorn König werden.

Neujahrsfesttrubel

Um 11 Uhr geht's in die Stiefel und um 12 Uhr stecke ich fest in einer Menschenraupe, die sich durch eine festlich geschmückte, nur aus alten Häusern bestehende enge Straße drückt und schiebt. Zurück geht nicht, vorwärts im Tempo der Raupe. Stadtfest Achern oder Bühl, ganze Alpträume kommen hoch. Man muss nicht gehen, man wird geschoben und ich denke an das frisch gewaschene Hemd und weiß genau, so hält niemand Abstand. Jeder möchte wahrscheinlich ein bisschen „Rei in der Tube" schnuppern und hinterher stehe ich wieder am Waschbecken. Das Neujahrsfest wirft seine Massen voraus. Nicht nur in dieser Gasse, in allen Gassen der Chinatown im Stadtteil „Outram" und in allen Märkten. Es dampft und mampft an allen Ecken und Enden und bei 33 Grad schwüler Luft tropft es auch noch anständig von den Nasenspitzen. Eine solche Veranstaltung wäre ein echter Test für Deos frei nach dem Motto von Rainer Maria Rilke: Wenn da kein Achselfleck kommt, dann kommt er nimmermehr.

Der Lorenzenhof in Seebach in den 1980er Jahren

Störend während der ganzen Zeit war ein teilweise recht strenger Geruch, der immer wieder die Nase terrorisierte, der aber unmöglich von den vielen Leuten kommen konnte, da man in der Menge eher ein Potpourri der einfachen Geruchsfabriken riechen konnte. Nicht gleich Chanel

Nr. 19, aber öfter verschiedene Hotelmarken. Das Rätsel löste sich beim Passieren der Verladestelle von Müllcontainern. Mir blieb der Atem weg, weil die permanente Wärme die Essensreste in den Containern vermutlich zu neuem Leben erweckt. Alles, was ich vorher in der sich ständig rümpfenden Nase roch, wurde bei dieser Geruchsexplosion apokalyptischen Ausmaßes zum wohlriechenden Markenparfum der Marke China-Nosedown.

Die Gerüche solcher biologisch durchaus sinnvollen Prozesse kannte ich noch von den Schlachtungen während des Wohnexperiments „WG-Leben auf dem Bauernhof" in der Zeit von 1980 bis 1992. Da ich in meinen sechs Jahren „Auslandsaufenthalt" bei den Rheinländern nur in WGs gewohnt hatte, kam für mich auch nur diese Wohnform in Frage, bei allen Vor- und Nachteilen, die ich kennengelernt hatte. Ich war also vorbereitet, Uli durch ihre Zweier-WG auch. In wechselnden Besetzungen funktionierte die damals als alternative und anstrebenswert gesehene Lebensform mal besser, mal schlechter. In einer WG kommen nun mal verschiedenste Charaktere mit verschiedensten Ansprüchen zusammen und bei so vielen Unbekannten erscheint es eher normal, dass die Statistik siegt.

Da auf einem Bauernhof mit Schafen, Ziegen, Gänsen, Schweinen, Enten und Hühnern auch noch die damit verbundenen landwirtschaftlichen Arbeiten zu erledigen sind, kommt auch noch die Arbeitsmoral der Einzelnen zutage. Ein Riesenproblem: Die Sonne scheint und das Heu muss in den Speicher und auf der anderen Seite wartet der Baggersee, auf den man als Individuum Anspruch hat, schließlich möchte man sich nicht dem Diktat der bäuerlichen Notwendigkeiten unterwerfen.

Unter Berücksichtigung der Tatsache, dass in diesen Jahren auch die Festlegungen im Partnerbereich und das Erben der besser Betuchten losgeht, muss eine solche zusammengewürfelte WG zwangsläufig ins hundsnormale bürgerliche Leben zurückfallen. Es sei denn, man findet einen anderen Weg des Zusammenlebens. Am Ende war der Hof aufgeteilt in einen unteren und oberen Stock und jedes Paar hatte seinen Haushalt. Im Nachhinein eine wunderbare Geschichte, weil wir gleichaltrige Kinder hatten, die immer einen Spielkameraden auf dem Hof hatten. Diese Wohnform wurde beim Kauf der Wiesenmühle einfach weiter gepflegt mit gewissen Grundsätzen, ohne die eine dauerhafte gute Beziehung nicht denkbar ist. Es waren meine bis dahin gemachten Erfahrungen in meinen fünf WGs, aus denen ich einige Schlüsse zog.

Die wichtigsten: 1. Kontakte und Gemeinsamkeiten auf wenige Anlässe beschränken. Auf Jahre gesehen gibt es zahlenmäßig trotzdem jede Menge. 2. Einen regelmäßigen Treffpunkt festlegen, z. B. den Samstagmorgen als Frühstückszeit zum gemeinsamen Besprechen der anstehenden Punkte, die alle betreffen. Da saßen dann vier Erwachsene und sechs Kinder am gemeinsamen Tisch und veranstalteten in der Regel eine lustige Stunde, während die Kleinsten nebenbei gestillt wurden. Diese Frühstücke bleiben unvergessen und sie bestärken mich darin, diese Wohnform allen zu empfehlen, die sich gut verstehen. 3. Ein Paar oder eine Familie braucht die zur Verfügung stehende freie Zeit vor allem für sich und nicht für die Nachbarn. Alle Erfahrungen und Erzählungen von gescheiterten Wohnformen bestätigen mich. Zu viel Kontakt heißt Knatsch, zu viele Familienangelegenheiten vertratscht bedeuten das Gleiche. 4. In schwierigen Zeiten hilft man sich soweit irgend möglich und stellt persönliche Dinge zurück.

Meine Haltung bei diesen Punkten wurde nicht von Anfang an verstanden oder geteilt. Die gemeinsame Geschichte von 30 Jahren im gleichen Haus spricht letztlich aber dafür, dass diese Grundsätze nicht ganz falsch sein können.

Der Tod von Uli war für die Gemeinschaft auch der Tod der gewachsenen herzlichen Verbundenheit zwischen Uli, meiner Schwester und ihrem Mann. Etwas in zehn Jahren gewachsenes, ganz Wertvolles war plötzlich nicht mehr da. Die zwei wichtigsten Sozialbindungen in ihrer gewachsenen Struktur waren plötzlich für mich nicht mehr existent. Eine neue Gemeinschaft musste sich unter ganz anderen Bedingungen finden und die Erfahrungen aus WG-Geschichten wiederholten sich. Viel hat nicht gefehlt, dann wäre das ganze Projekt Wiesenmühle wegen persönlicher Eigenheiten den Bach runtergegangen. Für mich ein Paradebeispiel, an dem man erkennt, dass eine Kleingruppe extrem

Sanierte Altbauten in der Gegend von Chinatown

„Hawker Stalls“ – Straßenrestaurants: vielfältig und gut

abhängig ist von den Persönlichkeiten und deren Art, mit den Stärken und Schwächen der anderen umzugehen.

Für den Erfolg müssen die einzelnen Personen in keiner Weise in ihren Charakteren gleich sein. Das Geheimnis liegt in der Akzeptanz des Gegenübers und dem Umgang mit dessen Einzigartigkeit, dessen Stärken und Schwächen. Der Versuch diese Einzigartigkeit zu verändern, führt zum Dauerfrust, auch wenn manche Macken durchaus störend sein können. Solange diese Verhaltensweisen keinen nennenswerten Einfluss auf die Gemeinschaft oder auf sich stellende Aufgaben haben, muss man für sich einen Weg finden, diese mit einem lachenden Auge zu sehen. Oder eben gehen, bevor man schwarz wird vor Ärger, als Afrikaner angesprochen wird und weder in Englisch noch in Afrikaans antworten kann.

Nach einer Stunde sprichwörtlichem Schweißbad in der Menge schlüpfte ich im geeigneten Moment aus dem Wurm auf eine weniger belebte Straße und tappte direkt in das Fettnäpfchen, auf das ich schon seit meiner Ankunft gewartet hatte. Nachdem die Fahrt mit dem Fahrstuhl geklappt, das Wifi im Hotel und sogar die Bargeldabhebung an einem Automaten funktioniert hatte, war klar, dass der guten Dinge eben nur Drei sind. Zum Verhängnis wurde mir der Buddha Tooth Relic Temple, in dem meine frisch-fromm-fröhlich freien Schritte von hysterischen Schreien gebremst wurden.

Zunächst dachte ich, dass sich jemand beim Aufbrühen eines heiligen Tees oder beim Übergießen des Pipimännchens (siehe Tag 13) kochendes Wasser über die Finger gegossen hätte. Erst als sich die Schreie in die allerhöchsten Arientöne erhoben, schaute ich in die Ecke, wo ich das Teedesaster vermutete. Und tatsächlich stand in einem kleinen Raum hinter einem Fenster ein schreiender Mann, der mit den Armen wild gestikulierte. Ojemine, der hat sich aber ordentlich die Hände verbrüht, dachte ich noch, bis seine Hände auf den Boden zeigten und ich aus den gutturalen Lauten das Wort „No Boots" heraushörte. Schlagartig war alles klar. Nicht der Kerl hatte sich verbrüht, sondern ich mich, weil meine Schuhe den heiligen Boden berührt hatten. Altes Wissen aus irgendwelchen Buddha-Geschichten leuchtete mir den Weg zurück und öffnete mir die Augen für zwei große Schuhregale vor dem Eingang. Ein prüfender Blick sah nur alte Sandalen und Slippers und irgendwie war mir nicht wohl, meine Edelboots hier abzustellen, um später womöglich mit alten Slippers dem neuen Boots-Besitzer als Eigentümer hinterherzurennen, womit wieder einmal die Begriffe „Eigentümer" und „Besitzer" erklärt wären.

Besuch im Buddha-Tempel

Singapur ist bekannt dafür, dass es mittags oft schlagartig zumacht und kurz wolkenbruchartig regnet. Wegen dem Schatten, aber auch deshalb haben hier alle alten Häuser einen Vorbau, unter dem man trockenen Fußes auch bei Regen weiter an den Geschäften vorbeiziehen kann. In den neuen Vierteln gibt es das nicht und genau in einem solchen Viertel kam der Kübel von oben und erinnerte mich daran, dass mir die Singapurtaufe noch fehlte. Mein Glück war, dass zwischen neueren Gebäuden ein altes Restaurant stand, bei dem meine Flucht endete und das mir gleichzeitig eine Cappu-Tränke bescherte. Im Freien unter dem Vorbau im Korbsessel. Auch andere Wanderer suchten den Unterstand, allerdings die meisten ziemlich durchgetauft nach einer Minute ohne Dach über dem Kopf.

Nach einer halben Stunde war alles vorbei und um 16 Uhr war ich nach dem Besuch einer Sandwich-Bude der Marke „Subway" – ever fresh – wieder im Hotel. Und mit mir der Müllkübelgestank immer noch in der Nase.

Mein Gefühl vom ersten Tag hat sich verfestigt. Singapur ist anders als andere Städte. Jünger auf jeden Fall, wenn man die Alterspyramide anschaut. Die sieht fast so aus wie im Deutschland der 70er Jahre. Die Veränderung der Alterspyramide der westlichen Nationen wird auch das stolze Singapur bei der Geburtenrate von 1,2 pro Frau vor die gleichen Probleme stellen. Aber heute ist heute und morgen ist morgen. Die deutsche Sozialpolitik hat in den 70er Jahren auch noch keine Gedanken daran verschwendet, was die Pyramide bedeutet, obwohl jedem das kommende Problem klar war. Aber eine Lösung in dieser Zeit zu suchen, hätte seinerzeit automatisch zu einem neuen Renten- und Pensionssystem führen müssen, das bestimmte, heute erkennbare Auswüchse verhindert hätte. Betroffen gewesen wären dabei alle Besserverdienenden, Beamten und Selbstständigen, also genau die, welche Einfluss gehabt hätten, eine nachhaltige Rentenpolitik einzuführen. Der Volksmund fasst es kurz: „Keine Krähe hackt der anderen ein Auge aus!" Wobei der Begriff „Krähe" in diesem Zusammenhang sogar sinngemäß passt, weil Krähen als Diebe verschrien sind.

Ein guter Tag in einem guten Hotel mit schönem, hellem Zimmer und natürlich mit dem Kingsize Bett mit absoluter Spitzenmatratze. Im Raum schwebt allerdings immer noch das Rätsel der beiden Kimonos.

Tag 102: Montag, der 29.1.2018
Singapur

Eigentlich wollte ich heute mit dem Sightseeing-Bus fahren, aber die Haltestelle war nicht da, wo sie laut Plan des Busunternehmens sein sollte. Wahrscheinlich verlegt und den Plan nicht geändert. Das hatten wir schon ein paar Mal. Da ich aber dem Glauben anhänge, dass nichts ohne Sinn passiert, hat mich das nicht geärgert, sondern eher gespannt gemacht, was jetzt wohl kommt. Beim Dahinwandern durch leere Gassen, die am Sonntag noch brechend voll waren mit dampfenden Menschen, bin ich irgendwie an den Singapur River gekommen und dort wiederum direkt an eine Anlegestelle der Touri-Fluss-Boote.

20 Minuten später war ich für 40 Minuten unterwegs im gesamten alten Hafenviertel, das übergeht in das neue Marina Bay Zentrum. Ein Hightech-Viertel, bei dem einem die Klappe runterfällt und dort auch einige Zeit hängenbleibt.

Das neue Wahrzeichen „Sands Skypark" von Singapur – drei Türme mit draufgelegtem „Schiff" – beherbergt in den oberen Stockwerken ein Hotel und Wohnungen. Ganz oben wurde eine große Public-Terrasse angelegt, direkt neben dem

Hotelbereich mit Pool und Palmen – im 57. Stock.

Der Sands Skypark – mit 60 Restaurants, 300 Boutiquen und über 2500 Hotelzimmern

Wer auf diese Design-Bauidee gekommen ist, dürfte ein Genie sein, ebenso die Planer und Statiker. Immerhin liegt Singapur auf der jährlichen Rundreise der Familie Zyklon, die jedes Mal mit viel „Wind-Regen-Bumms-Boria" die Stadt besucht. Ich wollte jedenfalls nicht als Palme auf dem „Oberdeck" mein Leben fristen und womöglich bei einem Super-Zyklon runtergeschmissen werden.

Alles ein bisschen „noch größer" als die anderen und noch exklusiver für die Betuchten. Nackte sind auf der Großleinwand mit dem Foto des Gebäudes jedenfalls nicht zu sehen.

Also wanderte ich entsprechend den Hinweisschildern den gesamten Singapur-River-Walk, der immer am neu angelegten Marina-Bay-Hafen entlangführt. Breite Promenade, alles barrierefrei, bestens gelungen. Natürlich wurde an solch exklusiven Plätzen auch ein „Starbucks" für mich gebaut, in dem ich meinem Cappu-Laster frönen durfte. Gewohnte Qualität, Außentisch, direkt gegenüber dem neuen Babylon-Tower von Singapur. Erst hier kam die runtergefallene Kinnlade wieder langsam hoch. Musste sie auch unbedingt, da Trinken mit runtergefallener Klappe automatisch zur nassen Hose oder zum verschmierten Tisch führt. Es war warm. Schwülwarm. 33 Grad und kein Schatten.

Trotzdem, Mütze auf und losmarschiert mit dem Ziel, die Aussichtsplattform auf dem Three Tower zu erobern. Auf dem Weg dorthin sehe ich Schirme, unter denen Riesenventilatoren dem Erschöpften frische Luft auf dessen Körper fächeln. Luxus? Bei den Temperaturen dürften ältere Menschen froh sein, eine solche Abkühloase zu finden.

Mein Ziel, die Aussichtsplattform, verfehle ich beim ersten Anlauf und lande in dem neuen Hightech Garden mit nachts beleuchteten Stahlblumenschirmen, eine überall angepriesene Licht- und Sinnessensation. Gut, dass andere auch mit mir da landen. Offenbar gehen viele Bauern aus vielen Ländern der Welt auf Reisen. Rheinländer würden sicher alle hier landen, weil sie vor lauter Dahinplappern überhaupt keine Schilder sehen würden.

Also zurück und nach einigem Hin und Her finde ich – bereits leicht genervt – den richtigen Eingang, an dem ich vorhin vorbeigelaufen bin. Ich war der Masse

gefolgt im Vertrauen darauf, dass sich so viele nicht irren können. Es waren Rheinländer. Die Geschichte hat auch andere Beispiele parat, aber in Singapur am Three Tower wollen wir jetzt nicht mit politischen Abschweifungen von politisch Verführten der Vergangenheit und der heutigen Zeit anfangen.

In Singapur regiert seit der Unabhängigkeit 1965 eine Mehrheitspartei, d. h. hier kann man nicht von einer Verführung durch seltsame politische Thesen sprechen, sondern eher von einer Verführung durch Schaffung von Wohlstand für die Mehrheit. Kurz gefasst: „Dessen Brot ich fress', dessen Lied ich sing'."

Ich komme in die Halle und die gibt mir den Rest. Hell, hoch, mächtig – eine Kathedrale, kommt es mir in den Kopf. Der Begriff Singapur-Dollar-Dom fällt mir ein. Münster wäre zu klein. Dom eigentlich auch, wenn ich den Bau mit dem Petersdom vergleiche. Aber wo liegt die Steigerung? Vielleicht wäre Singapur-Babel-Tower der zeitgemäße und möglicherweise auch zukunftsweisende Ausdruck.

Jetzt den richtigen Aufzug im richtigen Turm finden. Ein Rätsel, das ich zunächst auf die klassische Denkweise löse und den mittleren Turm als den richtigen festlege. In den Fahrstuhl und auf die 55 gedrückt. Die Türen schließen sich, zwei Inder springen noch rein. Die drücken die 50, was mich irritiert, aber es ist eh zu spät.

Der Aufzug saust in einem Affentempo auf die 50, die beiden steigen aus, weiter zu 55 und ich stehe an einer Hotelrezeption. Gott sei Dank noch ein paar andere Unwissende, sodass ich mich unbemerkt in die andere Richtung davonmachen kann. Da gibt es zwei Aufzüge für die Weiterbeförderung in Stock 56 und 57. Nachdem einige Leute an mir vorbeigehen und in die Aufzüge steigen, frage ich sicherheitshalber eine Fahrstuhltesse – wenn man das sagen darf, – ob dies die Aufzüge für die Publik-Terrasse wären. Sie lächelt mich gnädig an. „No, this is only for the guests from the hotel, which going to the pool" oder so ähnlich. Als in diesem Moment ein älteres Paar mit weißen Bademänteln aus dem Fahrstuhl kommt, ist mir klar, dass ich auch hier falsch bin. Mit etwas mehr Mut wäre ich mit meiner Bekleidung wahrscheinlich zum Gelächter aller Betuchten am Poolrand gelandet. Günstigstenfalls hätte ich mich hinter einer Palme verstecken können oder einfach ins Wasser springen, damit man nur noch meine Mütze schwimmen sieht.

Meine verzweifelten Gedanken bemerkt auch die gnädig Lächelnde und erklärt mir: „You have to go in the first floor and then to the third tower reception." Ohne Englisch hätte ich jetzt wahrscheinlich verstanden, dass ich zuerst meine Haare schneiden lassen muss und dann mit 3-fach-Power runter fahren soll in den ersten Stock.

Wenn mich die Terrasse nicht so interessiert hätte, an diesem Punkt hätte ich den Wallenstein zitiert und hätte Babel verlassen. Aber die Fern-Seh-Lust auf der Terrasse ist zu groß. Also runter in den ersten Stock bzw. den ground floor für Fremdsprachenunkundige und zur Rezeption des 3. Towers gehechelt. Leider auch eine Hotelrezeption für den 3. Turm. Eine weniger gnädig, eher schon tröstend dreinschauende Dame mittleren Alters erklärt mir, dass ich nach der Ausgangstür links die Treppe runter müsse. Dort wäre die Kasse für den Turmaufzug. Aha. Der Pöbel muss in den Keller, denke ich mir im aufkommenden 68er-Fieber, sauber getrennt von den Hotelgästen. Ist mir aber egal, und an dieser Stelle mit der roten Fahne eine Revolution anzetteln für irgendeine Idee, ist mir zu viel, zu sinnlos und scheint ob der vielen glücklichen Hotelgäste auch nicht in die Zeit zu passen.

Mit der Gitarre ein Liedchen vom seligen Franz Josef Degenhard zu spielen, wäre noch eine Idee gewesen. „Spiel nicht mit den Schmuddelkindern" oder eines vom Reinhard „Über den Wolken". In beiden Fällen hätten mir alle mit Applaus oder mit „Raus" geantwortet oder die reichlich vorhandene Security mit ihren Maschinenpistolen hätte mich kassiert.

Also runter in den Keller und in die Viehgänge rein, nur vier Personen vor mir. Bei fünf hätte ich mich schon an der syrischen Lkw-Zollgrenze gesehen. Nach fünf Minuten bin ich durch und stehe im Aufzug, zusammen mit einem englischen, leicht adipösen Ehepaar. So verschwitzt wie die aussehen, sind die auf jeden Fall auch irrtümlich in den elektrischen Garten gelaufen und dann – wie ich – sechs Stockwerke die Treppe rauf, weil der Fahrstuhl nicht funktioniert. Alles bei ca. 35 Grad!

Oben dann Präsentation eines Fotos mit mir auf dem Turm. Äh, wie? Jetzt fällt mir ein, dass mich unten jemand vor eine grüne Wand gestellt hat, um ein Foto zu machen, was ich nach allem, was ich mit dem Zoll erlebt hatte, als Terrorbekämpfungsmaßnahme angesehen hatte. Man kennt die Gesichter der Besucher und kann nach einem Terroranschlag an den Verletzungen der Toten erkennen, wer die Bombe gezündet hat. Warum? Der sieht auf jeden Fall am schlechtesten aus. Oder mit den Resten des Gesichts wird das Original rekonstruiert. Ich verzichte auf das Foto, zumal der Typ auf dem Foto eher einem Trottel gleicht als einem Terroristen und obendrein auch noch doof daher lächelt.

Die Aussichtsterrasse – der obere Bereich ist den Hotelgästen vorbehalten

Dann ist der Weg frei auf die Terrasse und das muss ich ehrlich eingestehen: Da bleibt mir die Spucke weg. Und das nicht nur wegen der längst eingetretenen Dehydration. Der Ausblick und die Rundumsicht bekommen den Wert: fantastisch hoch zehn. Ich sehe die vor Anker liegenden Schiffe, den eben besuchten elektrischen Garten, die ganze Häuser- und Hochhauswelt von Singapur in einem einzigen Panoramablick. Sony und Samsi haben ihre Freude mit sich und mit mir. Ich genehmige 100 Bilder und zwei Videos. Dazu ein paar Fotos von der höher liegenden Hotelterrasse, auf der sich die Hotelgäste drei Meter über dem Pöbel fühlen können. Haben ja auch mehr bezahlt für ihren Aufenthalt. Das Betreten des „Roten-Sonnenschirm-Territoriums" ist nur Hotelgästen erlaubt. Der Eingang wird überwacht von einem Terrassen-Bodyguard. Wäre er nicht so präsent aufgetreten, hätte ich mich zu den sich sichtlich Überallenfühlenden gesetzt. Die höflichen, aber eindeutigen Gesten und das offiziell nicht sichtbare Schild „Pöbel muss draußen bleiben" ersticken das Vorhaben im Keime. Auch hier wäre das Auspacken der roten Fahne nicht gut angekommen, zumal diese bei den vielen roten Sonnenschirmen überhaupt nicht aufgefallen wäre. Wahrscheinlich hätte man mich als armen Schlucker betrachet, der sich keinen richtigen Sonnenschirm leisten kann.

Abgesehen von den atemberaubenden Aussichten von allen Stellen der Plattform kann man auch auf einen Teil der Hotelterrasse schauen. Dort planschen ältere Hotelgäste in der Nähe des Poolrandes um die Wette und jüngere Models und Dressmen zeigen sich mit ihrer ganzen Schönheit und Muskelmasse den sich in den Liegen räkelnden Dauerpartnern/innen oder Stelldichein-Bekanntschaften. Und dies alles unter den sich im Wind wiegenden Palmen. Unter diesen Umständen und bestimmten Vorstellungen zu den Räkel/innen ist es zu überdenken, ob man nicht doch Palme sein und das Risiko des Zyklontodes in Kauf nehmen sollte.

Ich verstehe die Blickmöglichkeit von der Public-Terrasse zu den Palmen so, dass man angefüttert wird, um auch einmal zu den Durchlauchten zu gehören, die im 57. Stock in einen Pool hoch über der Stadt steigen und sich damit einen Platz im Himmel der Babylonier sichern können.

Statt dem Poolgenuss gönne ich mir ein kleines Tiger-Hell und stoße auf mein Durchhaltevermögen an. Fünfzig Jahre früher und ich hätte spätestens beim Gang in den Keller die Flinte ins Korn geschmissen und die rote Fahne aus dem Rucksack geholt.

Der Hotel-Swimmingpool im 53. Stockwerk

Nach 30 Minuten – so lange ist das Ticket gültig – zieht mich der Aufzug genauso schnell runter, wie er mich hochgeschossen hat und ich sage klipp und klar: Der Besuch der Terrasse ist ein Muss, falls ein Leser des Berichtes einmal nach Singapur kommen sollte. Muss ja nicht wegen dem Abholen einer im Katalog bestellten Südseeschönheit sein. Rote Fahne zu Hause lassen, auch wenn einem bei den Unterschieden der hier lebenden Klassen schwindelig wird. Ist bei uns genauso, möglicherweise nur nicht so nach außen geprotzt.

Zufrieden nehme ich den Abzweig Richtung Casino, das ich mir als Orientierung beim Eintritt in diese neue Welt gemerkt hatte. Es geht erst einmal eine Rolltreppe bergab. Was ich dann zu sehen bekomme, übersteigt mein bisheriges Vorstellungsvermögen über Ausnutzung von Flächen. Der gesamte Bereich unter den Türmen und große Teile der gesamten davorliegenden freien Fläche ist zweistöckig unterkellert mit Shops und Casinos inklusive Messehallen. Ich habe jetzt schon vieles gesehen, aber das ist die absolute Krönung an Ingenieurkunst in Verbindung mit absolutem Protzertum. Dass hier alle Edelmarken – Ledertaschen, Kleider, Uhren, Schmuck etc. auf allen Gebieten vertreten sind, ist mir spätestens klar, nachdem mir die Marke „Gucci" aufgefallen ist. Wo Gucci ist, sind alle, ob Armani, Boos, Chanel, Rolex etc.

180.000 Euro – waren mir dann doch zu viel

Security mit Maschinengewehren

Ich war nahe dran, mir eine Rolex für 270.000 SGD (der Singapur Dollar ist bei etwa 65 Prozent vom Euro, also ca. 180.000 Euro) zu kaufen, wo ich schon mal hier war. Aber meine VISA-Karte hat nicht funktioniert. Kam immer eine Meldung am Lesegerät: „Not for poor people." Die Meldung ist noch in keiner Bäckerei und in keinem anderen Geschäft auf der Reise gekommen.

Nach diesem Erlebnis war mir klar, dass ich hier nur Zuschauer bin. Die Kunden in den feinen Geschäften waren ausnahmslos bestens gekleidet, die Damen eher wespenhaft dünn und nicht in einem einzigen Falle hatte jemand kurze Hosen an und eine Dätschkapp auf dem Kopf.

Ich bin mir aber sicher, dass ich mit feinem Tuch und ohne Dätschkapp, gut gekämmt, durchaus Chancen hätte, einen Verkäufer mit Dollarzeichen in den Augen laufen zu lassen. Erst an der Kasse würde er an der Meldung von Visa merken, dass ich als Münchhausen aufgetreten bin.

Das Wunderbare an Singapur sind die noch erhaltenen Altstadtviertel mit ihren Gassen und Vordächern, die – wie schon erwähnt – bei der stechenden Sonne und den plötzlichen Äquatorwolkenbrüchen aus dem Nichts sehr nützlich sind. Die Sauberkeit der Stadt ist beeindruckend. Hunde habe ich – bis auf drei, natürlich Pudel – noch keine auf der Straße gesehen und auf den Speisekarten erkennt man sie nicht.

Die jungen Leute verdienen sich offensichtlich mit dem Ausführen von Damenhündchen ein paar Dollar, während die Hündchen-Damen beim Juwelier ein neu-

es Goldhalsband für ihr Hündchen aussuchen. Die andere Möglichkeit, dass die Hunde in die Restaurantküche geführt werden, halte ich bei dieser Art von Hunden für abwegig, zumal das Schlacht- und Verzehrgewicht nicht einmal eine Wespentaille sättigen würde.

Drei Hündchen auf einen Streich

Das Negative an diesen großen Städten sind die großen Strecken, die man wandern muss. Da kommen dann ruckzuck sechs bis zehn Kilometer zusammen. Für einen erklärten Nichtwanderer wie mich also grenzwertige Entfernungen. Am Ende war dann das Handy leer und ich musste mich an einem Hochhaus orientieren, um mein Hotel zu finden. Mein Touri-Stadtplan ist mir wohl aus der Hand gefallen, als ich die Preise für die Rolex-Uhren gesehen habe. Jetzt weiß ich stattdessen, warum Hochhäuser gebaut werden. Taxi wäre zwar möglich gewesen, aber warum war man jahrelang Pfadfinder und Trucker? „Selbst ist der Bauer", oder so ähnlich, meinten schon unsere Vorfahren, als sie die Römer aus dem Teutoburger Wald jagten.

Morgen, Mittwoch, gehe ich um 10 Uhr zum Frühstück in den Deutschen Club Singapur, um mich auf zu Hause vorzubereiten. Ich teste dort, ob man mich versteht. Falls nicht, kann ich beruhigt nach Hause reisen. Man weiß ja von sich selbst, wie man über eine Person denkt, wenn diese längere Zeit weg war und nach der Rückkehr hochdeutsch spricht.

Am Mittwoch beginnt hier auch das „Thaipusam", das Fest zu Ehren einer indischen Gottheit in Little India, vier Kilometer von hier. Das werde ich mir nachmittags ansehen: http://thaipusam.sg/

Und nachts um 22 Uhr ist dann hier noch eine Mondfinsternis, sofern der Mond scheint und nicht ein Gewitter vorüberzieht. Ob ich noch Bus fahre, weiß ich nicht, schöner wird's nicht mehr und durch die Straßen fahren ist längst nicht so schön wie mit dem Kahn, weil man vom Kahn alles viel besser sieht.

Der Tag endet mit einer Flasche aus dem Barossa-Valley und Australien rüttelt nochmals Erinnerungen an eine schöne Outbacktour wach. Heute schließt der Tag mit fünf Sternen plus einem Sonderstern für „Wolf Blass, 2016 Shiraz, South Australia".

Tag 103: Dienstag, der 30.1.2018
Singapur

Ausruhtag nach der gestrigen Marathonwanderung und erst einmal ausgiebig in der FAZ, dem Spiegel und der ZEIT rumgeschmökert, um mich wieder auf die Höhe der Unzeit zu bringen.

Neue Stars am grünen Politikerhimmel und alte Stars, deren Sterne am Sinken sind, wenn ich an die drei Unglücksraben Horst, Martin und Cem denke. Der letztere hatte bei seinem Aufstieg in der Partei seine Herkunft als Pluspunkt. Endlich ein Vorzeigetürke bei den Grünen weit vorne. Die dadurch nicht zum Zuge gekommenen Nichtmigrationsbegünstigten werden jetzt wieder ihren Seelenfrieden gefunden haben. Auch die Art des Abservierens, alle Achtung. Gut gelernt beim Studium der anderen Parteien. Wer bei den Grünen nicht so hoch steigt wie es Joschka Fischer gelungen ist in den Anfangszeiten der Grünen, der fällt spätesten dann vom Baum, wenn sein Gesicht zu oft in Talkshows auftaucht und die ewig grünen Neidhammel in der Partei für die Zurechtstutzung auf Mittelmaß sorgen.

Für mich war es ein Grund, bei den Grünen nicht mitzumachen, weil sie sich für mich zu der Zeit wie eine Abiturientenklasse verhielten, die den primus inter pares nicht leiden konnten, weil er besser war als sie oder weil er sich zu offensichtlich mehr ins Zeug legte. Deshalb auch die Sehnsucht nach dem Grundeinkommen für jeden, vermute ich. Wären ja schöne Aussichten für jeden, der meint, dem Sozialstaat alle Belastungen zumuten zu können. Auch das ganze Gerede vom Umverteilen finanziert kein nachhaltiges Grundeinkommen. Wer beurteilt die Leistung, die hinter einem Vermögen steht? Es müssen nicht alles Erben von hohen Werten sein, sondern es gibt auch die Möglichkeit, durch der Geist und Hände Arbeit unter Verzicht auf vieles über Jahrzehnte hinweg ein kleines Vermögen anzusammeln. Soll derjenige dann beim Umverteilen zu denen, die in der gleichen Zeitspanne ihr verdientes Geld für nicht lebensnotwendige Annehmlichkeiten ausgegeben haben und jetzt den Finger heben, zum Doofen gestempelt werden? Wenn die Umverteiler diese Frage ordentlich beantworten können, diskutiere ich gerne über Lösungen des Konfliktes der sich immer weiter öffnenden Schere. Auch ich finde diese Scherenautomatik, beispielsweise durch prozentuale Lohn- und Rentenerhöhungen zum Kotzen. Warum nicht Geringverdienern/innen und Geringrentnern/innen ein paar Jahre lang die Bezüge erhöhen und die Hochverdiener/innen und Hochrentner/innen auf dem bisherigen Stand lassen? Nur weil dann das Erbe für die Nachkommen geringer werden könnte? Diese Klasse von Verdienern/innen benötigt das Geld nicht zum Leben, sondern ausschließlich zum Ansparen. Spätestens bei der überfälligen Rentenreform für die Zeit nach dem Renteneintritt der Babyboomerjahre müssen solche Fragen gestellt und beantwortet werden.

Um 13 Uhr war das Handy leergelesen und der Buddha-Tempel wurde zum Ziel. Diesmal die Schuhe in den Rucksack und rein in die Bude, in der eifrige Vorbereitungen getroffen wurden für das Thaipusam-Fest. Sehr speziell an diesem Fest sind die Nadeln und Haken, mit denen die eigene Haut traktiert wird, was im Zustand des geistigen Versinkens schmerzlos sein soll. Vorstellbar ist das auf jeden Fall, denn wenn wir uns bei einem Fest mit zu viel alkoholischem Geist birnen, werden auch wir schmerzloser und sinken irgendwann in die Bewusstlosigkeit. Wahrscheinlich dürfte das indische Versinken die gesündere Variante darstellen. Auf jeden Fall für den nächsten Tag.

Buddha-Tempel in Chinatown

Heute Morgen kam auch das erste Mail vom Agenten bezüglich der „Centaurus“. Momentan werde ich am 1. Februar abends um 22 Uhr am Hotel abgeholt. Am Mittwoch wird endgültig der Termin festgelegt.

Eigentlich wollte ich heute noch die Bilanz nach 100 Tagen Reisezeit ziehen, was ja durchaus den Gepflogenheiten von Politikern/innen entspricht, wenn sie sich in irgendeiner Regierung zusammengefunden haben und die ersten 100 Tage im Demokratiesandkasten geschaufelt haben. Ich habe es da wesentlich einfacher, weil ich allein gereist bin und meine Bilanz nicht mit dem Koalitionspartner abstimmen muss. Die Bilanz fällt äußerst positiv aus, unabhängig welcher Teil der Reise, welches Beförderungsmittel und welche Ziele. Es war bisher eine Zeit mit mehr Eindrücken und Erlebnissen als ich mir das vorgestellt hatte. Vor allem ganz anders, nachdem der Kopf sich von zu Hause gelöst hatte und immer der Tag, den man gerade erlebte, das bestimmende Element wurde.

Fast bekomme ich ein schlechtes Gewissen, dass zu Hause irgendwann so weit weg war, dass es mir tagelang nicht in den Sinn kam. Weder die Familie noch die Wiesenmühle noch die Turbine noch das Geschäft. Einfach weg. Das hätte ich nie geglaubt, aber mit zunehmender Dauer der Reise wird Zuhause zum Irgendwo. Bei mir! Muss nicht bei jedem so sein. In manchen Fällen wird es vielleicht sogar zum „Muss-schnellstens-wieder-dahin-Ort“.

Ich wollte Zeit für mich und die habe ich bekommen und bekomme sie noch in den kommenden rund 30 Tagen. Ich wollte mit der Vergangenheit Frieden schließen und bin ein gutes Stück weitergekommen, und noch sind es viele Tage auf dem Meer, die auf mich wirken werden. Ebenso, um mir Gedanken zu machen zum Thema, was ich in den nächsten Jahren tun will und vor allem, was ich nicht mehr tun will – genug Stoff für die Schiffsreise.

Trotz dieser offenen Fragen übertrifft die Zwischenbilanz die Erwartungen bei Weitem. Vielleicht gerade deshalb, weil sich auf der Reise sehr viele Dinge ergeben haben oder gelenkt wurden von einer anderen Seite, von deren Existenz man vielleicht nicht gerne spricht, die aber nach allem, was ich erlebt habe, einfach da ist. Wie man das nennt, ist vollkommen egal, wenn man an die Existenz dieser Kraft glaubt.

Am Abend habe ich Torben, einen Studienkollegen von Valentin, getroffen, der momentan in Singapur sein Traineeprogramm absolviert. War gut und interessant, auch vor dem Hintergrund, dass 40 Jahre Altersunterschied und die Sprachbarrieren von Hochdeutsch und Badisch zwischen uns lagen. Es hat trotzdem für eine Verständigung gereicht und war für mich eine kleine Rückschau auf meine Zeit im Alter von 27 Jahren. Da war ich gerade noch Sozialarbeiter im Haus der Jugend in Bühl. Voll engagiert und mit der Überzeugung, dass es Zeit sei, die eingefahrenen Nachkriegsschienen wieder auf Vordermann zu bringen über Bildungsprojekte mit der Jugend. Singapur lag damals noch in den Anfängen seiner wirtschaftlichen Entwicklung und war gerade mal 13 Jahre vorher von Großbritannien in die Selbstständigkeit entlassen worden. An diesem Beispiel wird Geschichte zeitlich begreifbar über das praktische Beispiel der Generationen.

Tag 104: Mittwoch, der 31.1.2018
Singapur

Heute habe ich das Deutsche Haus besucht, dort residiert die German Association als Anlaufpunkt für Deutsche, die dauerhaft oder vorübergehend in der Stadt leben. Gibt es in allen großen Hauptstädten der Welt. Unterschiedlich strukturiert, wie man den einzelnen Web-Seiten entnehmen kann. Neu in einer fremden Stadt kann man auf jeden Fall diese Anlaufstelle nutzen und dann selbst entscheiden, ob einem die Leute dort liegen oder nicht.

Kennengelernt habe ich den Noch-Präsidenten Dieter Gumpert, der seit 1962 in Singapur lebt und für Glöckner-Humboldt-Deutz die Vertretung aufgebaut hat. Ein sehr angenehmer Mittsiebziger. Dazu gesellte sich ein Mittfünfziger, der zunächst an meiner Reise interessiert war, aber dann doch sehr viel von sich und seinen diversen Auslandsaufenthalten erzählte. Insgesamt aber interessant, weil wir unsere Meinungen zu den einzelnen Ländern austauschen und ich zu meiner Zufriedenheit feststellen konnte, dass ich ziemlich up-to-date bin, was die Beurteilung der Länder angeht. In einigen Punkten wesentlich up-to-dater und am Beispiel Australien durch die Inlandstouren wesentlich besser informiert über Hintergründe.

Der Verein existiert um die 150 Jahre und dürfte in Singapur vor allem für Familien interessant sein, da immer mittwochs zum Coffee-In auch eine Krabbelgruppe angeboten wird, damit sich die Frauen untereinander austauschen bzw. tratschen können. Darf man tratschen überhaupt noch ohne Klagegefahr aussprechen?

Extravagant – der Singapur-Stil

Der Nachmittag war dann Sentosa, der vorgelagerten Insel von Singapur, gewidmet. Eine Mischung aus Naturpark, Reichenviertel, Golfclubs, Freizeitpark und Strand. Im 2. Weltkrieg war die Insel Schau- und Vaterlandssterbeplatz beim Angriff der Japaner auf Singapur und hat von daher eine eigene Historie. Der Taxifahrer am Morgen hatte mich auf diesen Teil der Geschichte von Sentosa aufmerksam gemacht. https://de.wikipedia.org/wiki/Sentosa

Ich habe mich direkt vom Deutschen Haus zum Strand fahren lassen und 2,5 Stunden Beach pur genossen. Umkleidekabinen, WCs, Cafés, alles vorhanden. Außerdem fahren vom „Inseleingang" kostenlose Busse alle 15 Minuten um die Insel herum zu allen wichtigen Punkten. Die Strände sind alle künstlich und südseemäßig angelegt und waren heute so gut wie leer. Wassertemperatur: äquatorianische 28 Grad. Direkt vor dem Strand die auf Reede liegenden Schiffe vor dem Hafen, die ich beim Einlaufen bereits nachts gesehen hatte. So dicht liegen in diesem kleinen Land Großschifffahrt und Beachfeeling zusammen. Der Besucher sieht vor seinen Augen, wo das Geld für eine solche öffentliche Anlage herkommt, sofern er die Zusammenhänge von internationaler Containerlogistik und der Abhängigkeit des Landes von der Dynamik dieses Marktes überhaupt kennt. Hauptsache vorhanden, ist auch eine Lebenseinstellung.

Nach 2,5 Stunden Strand-Wasser-Strand-Wasser-Bewegung ging's mit dem kostenlosen Bus an den „Ausgang" der Insel und von dort mit dem Taxi zum Hotel. Genug für heute.

Auf dem PC kam auch die definitive Bestätigung des Agenten über meine Abholung vom Hotel. Morgen Abend, 1. Februar, um 21 Uhr.

Tag 105: Donnerstag, der 1.2.2018

Singapur – Check-In auf der „Centaurus"

Es wird Zeit, merke ich, Singapur als reizvolle Stadt abzuhaken. Bei mir sind nach drei Tagen die Aufnahmekanäle voll, egal, was die Stadt vielleicht noch alles zu bieten hat. Ich buche das Zimmer um auf 18 Uhr Check out, damit ich nicht von 10 Uhr bis 21 Uhr in der Wartestellung durch die Gegend laufen oder mich irgendwo durchsitzen muss. Danach Frühstück bei Starbucks und Digi-FAZ lesen.

„Outram" – Kolonialer Baustil neben modernen Hochhäusern

Fassadenbilder – Singapur zu Gründungszeiten

Mit einem Rundgang durch das Viertel Outram, Chinatown, Kanal und Büroviertel schließe ich das Kapitel und bekomme nochmal viele Facetten der Stadt und viele Gerüche im Zeitraffer mit.

Da ich schon um 9 Uhr unterwegs bin, sehe ich auch, wie die Stadt ab 9:30 Uhr anfängt, sich innerhalb von 30 Minuten zu füllen. Um 12:30 Uhr bin ich auf dem Rückweg durchs Glasviertel und sehe Tausende Büroangestellte in feinen Kleidchen, Fähnchen und Anzügen sowohl den feinen Businesslokalen als auch den ganzen „Hawker Stalls“ zustreben, um sich dort in die langen Schlangen der hungernden und dürstenden Werktätigen einzureihen. Diese Fressbuden oder Straßenrestaurants, die in Singapur für ihre Vielfältigkeit bekannt sind, sollen von der Regierung angeblich künftig verboten werden, was ich mir bei der Vielzahl und der Notwendigkeit für die Abfütterung von Tausenden nicht vorstellen kann. Mit Torben war ich auch in einem solchen „Stall“.

Die Gehwege sind voll, die Straßen sind voll, die Hupkonzerte hinter „Schlafenden“ werden deutlicher und an einer Ecke sitzt eine alte Frau und bettelt. Sinnigerweise am Gebäude des Capital Towers, in dem Firmen wie Amazon, Morgen Stanley Citibank u Bloomberg residieren.

Um 14 Uhr bin ich zurück. Kaffee und Filtertüten bereits besorgt. Draußen inzwischen 33 Grad, schwül mit leichtem Wind, der den Schweiß trocknet und deshalb für leichte Abkühlung sorgt. Wenn man kein begeisterter Saunagänger ist, hat es Sinn, hier die Unternehmungen auf den Vormittag zu legen.

Um 16 Uhr ist gepackt, fertig für den Check Out um 17:30 Uhr. Ab 18 Uhr zahlt man den kompletten Tag. Das war Singapur. Neue Eindrücke und Bestätigungen für bereits Erlebtes. Ich werde kein Stadtmensch werden können. Eine Zeit lang in einer Stadt leben, vielleicht möglich, dauerhaft kann ich es mir nicht vorstellen. In Singapur habe ich mir – trotz allem Exotischen und Reizvollen hier – bestätigen lassen, dass ich dem Stamm der „Ländler" angehöre. Ohne wenn und aber. Die Wurzeln reichen zu tief; dabei wäre ich nach meinem Zivildienst wegen einer Liebe fast in Köln gelandet. Nur meine Anstellung in Bühl im Haus der Jugend hat diese Lebensweiche anders gestellt und mich über dieses Schienennetz mit Uli zusammengebracht.

Um 21 Uhr kommt das Bus-Taxi. Drinnen sitzen bereits ein Paar und eine alleinreisende Frau. Da sofort klar ist, dass dieser Bus nicht nach Irgendwo, sondern zum Schiff fährt, klärt sich schnell, dass ein Paar aus Finnland mitreist und eine Schweizerin aus Bern. Alle drei auf Anhieb sympathisch, wir verständigen uns auf Englisch als Schiffsprache, wenn wir zusammensitzen.

Der Check Out am Zoll von Singapur verläuft problemlos, um 21:45 Uhr liegt das Gepäck in der Kabine und 15 Minuten später stehen Frikadellen und Pommes in der Messe bereit. Das erste Kennenlernen – mehr dazu später, wenn ich mehr weiß. Der Plan, einen Fastentag vor der Vollmästung einzulegen, geht schief. Entschädigt dadurch, dass Finnen an Bord sind. Da kommen ganze Litaneien an Geschichten hoch.

Plakate an einer Fassade – Singapurs Zukunftspläne

Kabine wie vorher beschrieben. Super. Ich öffne den mitgebrachten Shiraz und stoße mit der Gitarre und mit Monika an. Ein großer Schritt von 18.000 Kilometern wird morgen Nachmittag angesetzt. Ich setze jetzt bereits an, und zwar das Glas an den Mund.

10
Containerschiff „Centaurus"

Singapur – Sues – Sueskanal

370 m lang, 45 m breit, 10.400 Container, 98.000 PS.
Eine Traumfahrt auf dem Indischen Ozean.
Nie erlebte Sonnenuntergänge mit unbeschreiblichen
Momenten zwischen Himmel und Meer.
13 Tage der Ruhe für das innere Gleichgewicht.

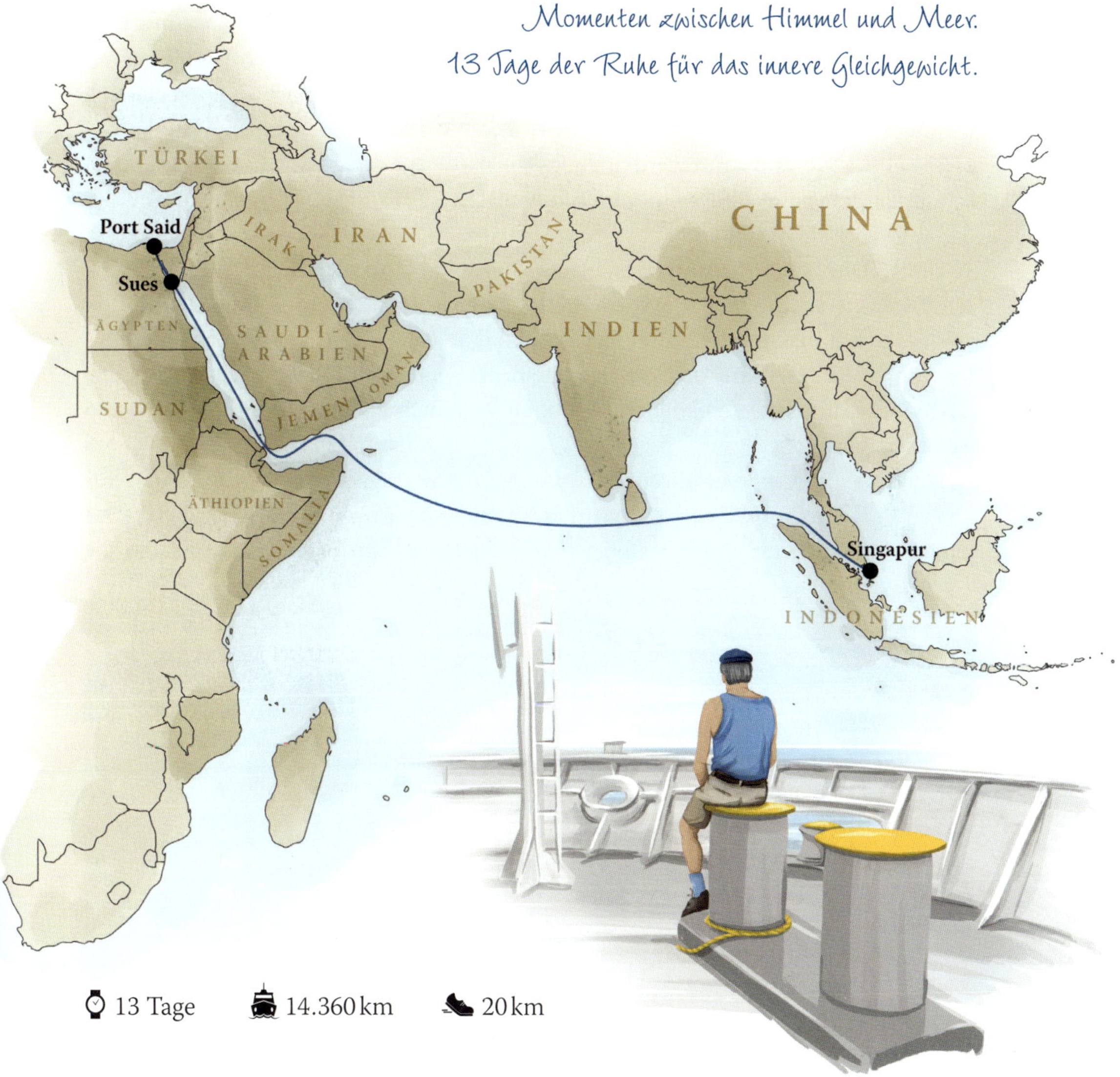

13 Tage   14.360 km   20 km

Tag 106: Freitag, der 2.2.2018

Die „Centaurus“ verlässt Singapur

Da sich meine Außenkabine neben dem Aufenthaltsraum für die Passagiere befindet, konnte ich unbeschwert noch mit Gitarre und Monika einige Melodien spielen, bis ich um 0:30 Uhr im wunderbaren Bett lag. Mit der exakt richtigen Härte der Matratze hatte sich die große Unbekannte damit für die kommenden 25 Tage als Volltreffer entpuppt. Und das Aufwachen heute Morgen beim Handyklingeln bestätigte die Qualität des Bettes. Die Reise kann beginnen. Am Bett wird es nicht liegen, wenn ich am Ende vom Schiff gehe und nicht zufrieden bin mit meinen Arbeiten an den Fotos und am Reisebericht.

Morgens dann die übliche Sicherheitseinweisung für die Fälle Feuer, Untergang und Sonstiges mit Prüfungsbogen. Dieses Mal ohne Antwortbogen, aber mit dem Hinweis, dass alles in jedem Flur an der großen Sicherheitsanweisung zu lesen sei. Wir füllen die Bögen in der Kabine von Adele (Adelheid) aus. Die Gruppe hat sich gefunden und passt ganz gut zusammen. Zwei Werktätige – leider in Finnland – zwei Rentner. Irgendwann werden die Lebensläufe auf dem Tisch liegen. Einiges ist schon klar, aber die Bilder sind noch unvollständig. Kinder haben alle, ein Punkt, der automatisch verbindet.

Um 15 Uhr legt die „Centaurus“ ab, voll bepackt bis an die „Decke“, wie die meisten Containerschiffe in Ost-Westrichtung. 370 Meter lang und 45 Meter breit. Ein riesiges Schiff im Vergleich zur „Aglaia“ und der „Chopin“ mit jeweils nur 270 Meter Länge. Koloss wäre der richtige Ausdruck. Singapur bleibt zurück und eine lange Reise durch verschiedenste Regionen und auch gleichzeitig mit den meisten Sprachen beginnt.

Ich habe am Rande erfahren, dass die „Centaurus“ Stopps einlegt in Malta, Valencia, Barcelona und Fos-sur-Mer in Frankreich, bevor sie nach Genua fährt. Das bedeutet, dass noch einige Häfen vor mir liegen und in jedem dieser Häfen die

Die „Centaurus“ – fast 400 Meter lang

Chance auf „La Palomas" (Hafenbars mit Spezialdiensten). Die Finnen – Satu-Mari und Antti – steigen in Valencia aus, die Schweizerin Adele in Fos-sur-Mer. Dann habe ich zum Schluss noch eine Solofahrt von 24 Stunden. Das passt.

Und die Kabine passt genauso. Wie von mir von unterwegs beantragt, hat „Langsamreisen" eine Doppel-Außenkabine organisiert. Mit 30 m^2, Sanitärbereich, Schreibtisch, Kühlschrank, zwei Betten, Terrasse. Die Vorsichtsmaßnahme mit der Außenkabine zahlt sich aus. Der Kutter ist zu 100 Prozent voll beladen, die Fenster nach vorne sind mit Containern verbaut und zwar bis Deck F. Durch die beiden großen Seitenfenster stört das kaum, zumal der Seitenausblick mit großen Luken ausgestattet ist. Die Einzelkabine daneben ist nicht belegt. Es wäre eine Zumutung. Auf dem Weg der Schiffe nach Asien dürfte die Auslastung bei 70 Prozent liegen, d.h. die Ebene F hat wahrscheinlich komplett freie Sicht, womit auch die Einzelkabinen ihre Belegungsberechtigung haben. Also aufgepasst, wer sich auf eine solche Reise begeben möchte.

Tag 107: Samstag, der 3.2.2018
2. Tag auf der „Centaurus": die Straße von Malakka

Auf der Karte mag es nah aussehen, aber beim Durchfahren der Straße von Malakka in der Nacht sieht man in der Ferne Lichter und möglicherweise meldet sich das Mobil, weil es gerade einen Funkkontakt hatte. Ansonsten ist es zappeduster. Tagsüber würde man in der Ferne vielleicht kleine Inseln oder Landstriche sehen, aber sicher keine Details am Strand oder welche Zigarettenmarke der Kellner in der Seitenstraße neben dem Hotel raucht.

Man denkt ja unterwegs an alles Mögliche und Unmögliche. Ein Thema hat mich einige Male beschäftigt. Wie erkenne ich Landessprachler, wenn ich einen Rat brauche? Und bei dieser Frage denke ich immer an eine Idee zurück, die mir zu Tramperzeiten in Stavanger in Norwegen in den Kopf gekommen ist. Das war kurz vor dem palästinensischen Terroranschlag auf die israelische Mannschaft am 5. September 1972 bei den Olympischen Spielen in München, von dem ich zwei Tage später in Dänemark erfuhr.

Wie oft steht man in einer Stadt, auf einem Bahnhof oder an einem anderen Ort und findet sich nicht zurecht. Bei sprachlicher Unsicherheit wird das Ansprechen von irgendwelchen Menschen zum Problem, wenn man als Badener eher zu den zurückhaltenden Zeitgenossen/innen gehört, die niemandem zur Last fallen möchten. Da haben es die drauflos plappernden Rheinländer oder Berliner anfänglich leichter. Dafür hat es der Angesprochene nach einer Weile schwerer, der Wortflut zu entkommen, um nicht darin zu ertrinken.

Es wäre viel einfacher, wenn die jeweiligen Landessprachler aller Nationen ihre Sprache und ihre Bereitschaft zur Hilfe zeigen würden. Ein kleiner Anhänger oder

Sticker würde bereits reichen. Den kann man tragen, muss es aber nicht, d.h. man bestimmt immer selbst, ob man Lust hat, sich zu unterhalten oder zu helfen.

Der Sticker oder die Anstecknadel oder sonst was könnte z.B. den Buchstaben „C" für Communikation tragen, hinterlegt mit den Nationalfarben. Die Form könnte rund sein, genauso gut aber auch als Herzform daherkommen. Eine kleine Hilfe unterwegs und für beide Seiten eine Win-Win-Situation, weil man immer frei in der Entscheidung ist.

Ob es sinnvoll ist, ein Feld mit ungewünschten Kontaktpersonen bzw. Landsleuten aufzudrucken, lasse ich mal als Idee stehen, nur damit ich sie nicht vergesse. Aber das könnte auch als regional-lingual-rassistisch aufgefasst werden. Einen solchen Aufschrei der Partei der „Sechs-sieben-Gescheiten" möchte ich vermeiden. Ich persönlich hätte nichts dagegen, wenn ein Rheinländer mit dem Aufdruck des Badischen Wappens ein solches Signal senden würde. Im Gegenteil. Es wäre mir eine persönliche Ehre, weil ich es leichter hätte, die „Großgoschs" von den normalen Rheinländern zu unterscheiden.

Ab heute gibt es zum Abendessen für die Passagiere eine Flasche Wein – Barbiere aus Spanien. Für vier Personen gerade richtig. Mehr wäre zu viel, weniger wäre etwas ärmlich. Die Runde ist inzwischen aufeinander eingespielt. Ich hatte nachmittags noch für die Decks vier Stühle – Kreuzfahrtschiff-Stil – organisiert, was man sofort sehr schätzte. Irgendwas muss ja hängen geblieben sein von meinen zwei anderen Schiffsreisen. Und zum Sonnenuntergang habe ich dann angeboten, ein paar Stücke aus meinem geübten Repertoire auf der Außenterrasse vorzutragen, falls Interesse bestehen würde. Es wurde und es hat allen ziemlich gefallen. Passt natürlich auch, Sonnenuntergang kurz vorm Tellerrand, Gitarre und Monika, sanfte Melodie und zum Schluss noch die „Zenobia" auf Englisch versenkt. Zugaben gab's – wie immer – nicht.

Dafür die Aussicht auf ein nächstes Konzert, aber mit Hut. Kostenfreie Konzerte haben die Stones auch nur eines im Hyde Park gegeben, das war 1968. Ich hatte das

am 55. Tag erwähnt. Warum soll ich das anders machen. Auf der „Chopin“ war ich nachts oft genug sowas wie ein Rolling Stone im Bett. Kein Wunder bei der Dauermästung mit der Balkanküche.

Da ich ohnehin noch ein spezielles Stück für diesen Teil der Reise schreiben möchte, kann ich in diesem Falle vier Schmetterlinge mit einem Netz einfangen. Mein Lied und die drei Mitfahrer. Dazu brauche ich Ruhe und es muss von allein fließen. Auf dem Bug des Schiffes gibt es einen Ausguck. Dort oben werde ich es morgen versuchen, mit Kaffee und mit Ruhe, aber ohne Kuchen.

Das Abendessen – Nudeln mit einer Sahnesoße – meldete sich gegen Mitternacht als Sack Blei im Magen zurück und sorgte für einen Schlaf mit zig Unterbrechungen. Kohletabletten und Tee halfen wenig. Also abwarten, bis das Blei seinen vorgeschriebenen Gang geht und keine Panik wegen einer möglichen ernsthaften Erkrankung des Magen-Darm-Traktes aufkommen lassen und dem kausalen Zusammenhang den Vortritt geben. Entsprechend der Konsistenz von Blei dauerte der Weg bis zum „Go away“ 18 Stunden, unterteilt in die Schmerzphasen: steigen, bleiben, fallen.

Vergleichbar mit einer Karriere in einem Betrieb. Ich habe als Angestellter gleich zwei Mal erlebt, wie man in einem Betrieb alle Energie in dessen Aufbau investiert, jahrelang als Typ für alles Schwierige genutzt, heute würde ich sagen ausgenutzt, und am Ende fallen gelassen wird. Am Tag 54 sind mir ja schon die ersten Gedanken dazu gekommen.

Im ersten Fall waren es die Eigentümer und früheren Freunde mit ihrer eigenen Entscheidung nach sieben Jahren Maximalengagement, im zweiten Fall war es nach 22 Jahren Betriebszugehörigkeit der Tod meines Freundes Bernd, dem der Betrieb gehörte. Seine Nachfolgerin konnte nicht mit dem Umstand umgehen, dass es jemanden im Betrieb gab, der mehr wusste als sie. In beiden Fällen konnte ich Frieden schließen mit der Vergangenheit. Ich hatte gut verdient – der Betrieb noch viel mehr – aber bei Menschen dieses Schlages ist man froh, wenn sie sich als die outen, die sie wirklich sind. Irgendwann wäre es bei den vorhandenen Charakteren sowieso zum Bruch gekommen.

Im Fall der früheren Freunde habe ich mir noch nach der Trennung sogar Gedanken über das Logo der Firma für die Zukunft gemacht und lag – 15 Jahre vor dem endgültigen Logo – gar nicht so daneben. Auf Ansprüche für die Nachahmung verzichte ich hiermit öffentlich.

Um der Unehre noch mehr zu gedenken, hatte ich sogar dem Big Boss eine Geschichte zum Logo gewidmet aus Verärgerung darüber, dass ich in finanzschwachen Zeiten jahrelang Zuschüsse aus allen möglichen Fördertöpfen – immer am Rand der legalen Klippen entlang – geholt hatte und am Ende kein ehrliches Zeugnis erhalten habe, trotz Rechtsanspruch. Das übliche Geschwafelzeugnis habe ich zurückgeschickt, weil darin wirklich nur „rumgegrunzt“ wurde. Da ich bei beiden Großeltern oft genug mit Widerwillen im Schweinestall aushelfen musste, wollte ich keine weiteren Kontakte. Der Vergleich hinkt natürlich und ich muss mich hierfür bei den Stallschweinen entschuldigen.

Im Februar endete die Zusammenarbeit bei „Schweins“, die mich allerdings bis Juni weiterbezahlen mussten, weil sie den Kündigungstermin verpasst hatten. Für diese Dinge war ich bis dahin zuständig gewesen. Hat gutgetan, weniger finanziell als emotional. Die Höhe der Abfindung habe ich nach den seinerzeitigen Arbeitsgerichtsurteilen berechnet und als Forderung präsentiert. Ich lag um das Dreifache über ihrem freiwilligen Angebot, was über das Wissen und die Gesinnung der Stall-Company Bände sprach. Meine Forderung wurde schließlich bezahlt, weil auch ein Prozess vor dem Arbeitsgericht mit der Wiedereinstellung bzw. der Zahlung der von mir errechneten Summe geendet hätte.

Parallel hatte mir Bernd bereits eine Zusage gegeben, bei ihm anzufangen, wenn es im „Stall“ zu eng werden würde. Ab April 1990 arbeitete ich dann stundenweise

für Bernd und hatte ansonsten sehr viel Zeit für die Familie, die am 25. Juni 1990, einen Tag nach meinem Geburtstag, um Valentin bereichert wurde. Es war ein sehr glückliches Jahr, trotz oder gerade wegen der Aufgabe meines Hirtenjobs. Die neue Bindung zu meinem neuen Arbeitgeber und späteren Freund Bernd war ankerkettenstark und hielt bis zum plötzlichen Tod von Bernd 2014. Sie bleibt als Erinnerung an eine schwere, aber gleichzeitig menschlich tolle und sehr bereichernde Zeit für immer erhalten.

Tag 108: Sonntag, der 4.2.2018
3. Tag auf der „Centaurus": der Golf von Bengalen

Ruhe ist eingekehrt. Eine sehr freundliche Mannschaft mit ebenso freundlichem Kapitän um die 45. Er wird in Malta das Schiff verlassen. So lerne ich auf der Reise auf drei Schiffen fünf Kapitäne kennen. Dem Wissen um die Containerschifffahrt tut's gut und es wird repräsentativer, da ich jedem die gleichen Fragen stelle. Die Crew besteht aus 27 Mann, 90 Prozent Rumänen, jeder einzelne äußerst freundlich und zuvorkommend. Das krasse Gegenteil von der „Chopin". Die Sauberkeit an Bord ist vorbildlich.

Die Regeln auf dem Schiff sind einfach und klar. Es besteht Abmelde- und Rückmeldepflicht auf der Brücke, auch telefonisch. Dann kann man tagsüber jederzeit auf den Fluren des Schiffes wandeln. Es besteht Helm- und Schuhpflicht. Ansonsten keine Einschränkung. Am Tisch werden die Suppe und das Essen serviert. Müsste nicht sein, ist aber so. Vielleicht eine neue Direktive auf den größeren Schiffen. Wahrscheinlich müsste man auch nicht abräumen und das Geschirr in die Küche stellen. Habe ich aber so vorgeschlagen, weil es auf den anderen Schiffen auch so war und dem Stewart etwas Arbeit abnimmt.

Unsere Gruppe hat sich inzwischen insoweit gefunden, dass jeder seine eigenen Wege geht. Jeder macht, was er will und was er braucht. Das finnische Paar natürlich alles zusammen. Adele liest viel und genießt ihren Balkon, ich lese, schreibe, wandere und genieße die ruhige Fahrt des so großen Schiffes. Man hat das Gefühl, man sitzt im Wohnzimmer oder im Wintergarten, der über das Wasser gezogen wird. Ganz selten eine rollende Schiffsbewegung.

Bei Wellen allerdings dürfte der Kahn mit seinem hohen Schwerpunkt einer aufgehängten Wiege gleichkommen. Eine solche hatte ich für unsere Kinder im Schlafzimmer aufgehängt und mittels Seil zum Bett konnte man die Wiege zum Schwingen bringen. Weil das wunderbar klappte, hatten wir diese Korbwiege mit der Seilaufhängung sogar in unseren Firmen-Katalog aufgenommen. Unser Lieferant, Herr Mosler von dem gleichnamigen Korbmacherbetrieb aus Bayern, verunglückte mit seiner Frau tödlich und seine als Waisen zurückgebliebenen Kinder waren zu jung, um das Geschäft weiterzuführen. Die Geschichte hatte mich seinerzeit sehr berührt, weil von jetzt auf nachher eine anständige Familie zerstört wird, während an anderen Orten die größten Gauner ihre Partys auf Kosten anderer feiern. Da habe ich mich zum ersten Mal bewusst gefragt: „Wo bleibt Gottes Gerechtigkeit?“ Ein paar Jahre später tauchte die Frage wieder auf. Bei mir selbst.

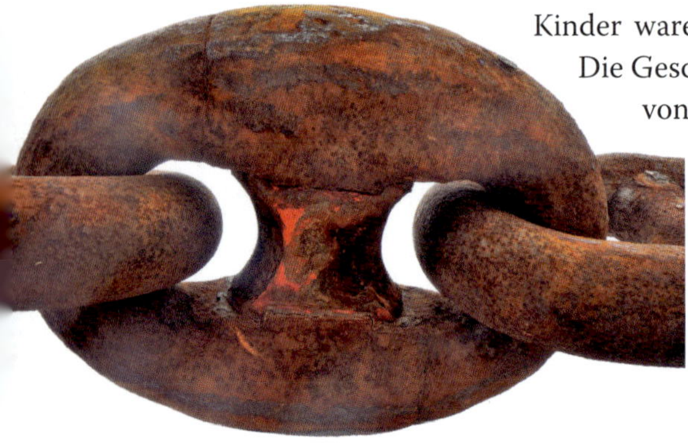

50 cm

Wieder so eine Abschweifung in alte Zeiten, aber solche kleinen Geschichten im Leben prägen einen mehr als die vielen Bildungsversuche von Kindergarten, Schule, Universitäten und irgendwelchen Fortbildungskursen. Hirnwissen bleibt Hirnwissen und wird erst zur moralischen Richtschnur des Handelns, wenn es mit dem Leben zusammentrifft. Die jeweiligen Schlüsse daraus hängen dann wieder mit dem Hirnwissen und dem zusammen, was die Charaktereigenschaften und das Zuhause einem an geistigem Entwicklungsgut mitgegeben hat.

Um Vergangenes zu verstehen und sich neu zu orientieren, tut ein bisschen Vergangenheitsforschung ganz gut. Es gibt Schlüsselszenen im Kindes-, Jugend- und Erwachsenenalter, die mehr prägen als einem das bewusst ist. Erst durch die Beschäftigung mit diesen tiefgreifenden emotionalen Ereignissen begreift man die eigenen Verhaltensmuster und kann – falls notwendig – gegensteuern. Vor allem begreift man auch seine Macken, die man sich im Laufe eines Lebens zugelegt hat oder hat zulegen lassen.

Tag 109: Montag, der 5.2.2018
4. Tag „Centaurus" auf der Route Singapur – Genua

Ich sitze auf dem Ausguck des Schiffsbugs, also zwei Meter höher als mein bisheriger Lieblingsplatz auf einem Poller. Vor mir ein Geländer, dann der endlose Horizont hinter einem Farbenspiel aus Blau, weißen Schaumkronen und Sonnenglitzern. Die Schiffe rechts und links im Gegenverkehr erinnern mich daran, dass wir uns auf der meist befahrenen Schiffsautobahn zwischen Europa und Asien befinden, wo sich Frachtschiffe jeder Art Tag und Nacht begegnen. Alle getaktet mit fester Ankunfts- und Abfahrtszeit. Die „Centaurus" wird beispielsweise am 7. März 2018 um 23 Uhr auf dem Rückweg nach Asien wieder den Sueskanal passieren. Ich werde um diese Zeit in der Wiesenmühle von der zurückgelegten Reise träumen.

Die Schiffsfahrpläne erinnern mich an Lebensläufe, die zu Beginn für die meisten recht geradlinig verlaufen. Für die weniger Betuchten über das öffentliche Schulsystem, für die besser Betuchten in Privatschulen. Bessere Grundlagen für das spätere Leben, aber noch lange kein Grund, sich nicht selbst zu bemühen, wenn man aufgrund seiner Herkunft das öffentliche Bildungssystem besucht.

Nach den verschiedenen allgemeinbildenden Schulen werden die Schafherden neu aufgeteilt in verschiedene Kategorien und Richtungen, entsprechend den jeweiligen gesellschaftlichen Erfordernissen. Erst an dieser Stelle kann man zum ersten Mal über den künftigen Weg mitentscheiden. Ich hatte mir an dieser Stelle überhaupt keine Gedanken gemacht. Der Weg auf die sogenannte höhere Handelsschule wurde durch mein gutes Volksschulzeugnis entschieden. Ich hatte mit 15 keinerlei Ahnung, was ich werden wollte. Die Grund- und Hauptschule oder Werkrealschule hieß damals „Volksschule“, was auch heute der treffendere Begriff wäre. Die Schule für die Kinder des allgemeinen Volkes. Im Gegensatz dazu die Privatschule. Klare Begrifflichkeiten mit einer klaren Aussage und keine Augenwischerei mit neuen Namen für die verschiedenen Schulen, um gesellschaftliche Realität mit wolkigen Begriffen zu kaschieren.

Nach der höheren Handelsschule hatte ich wieder ein gutes Zeugnis, wusste aber immer noch nicht, was ich werden wollte. Also ging's auf's Arbeitsamt und der Berufsberater hatte für mich den Industriekaufmann bereits herausgesucht und gleich noch eine mögliche Lehrstelle in der Glashütte Achern. Das gefiel meiner Mutter, mir war's egal und bei der Aufnahmeprüfung wurde ich von drei Bewerbern ausgewählt. Warum? Später erfuhr ich von meinem Lehrlingsbetreuer, dass es meine kritischen Sätze in dem Kurzaufsatz zur Gerechtigkeit in der Welt gewesen seien. Das exakte Thema war: „Chancengerechtigkeit in der Gesellschaft“, wozu man seine Meinung in einer Art Stellungnahme formulieren sollte. Meine war, wenn ich mich richtig erinnere, ziemlich heftig, weil ich sie auf dem Hintergrund eines Schlüsselerlebnisses als 14-Jähriger mit einem Nachbarn – Vorarbeiter einer Baukolonne mit Firmenbus – geschrieben hatte. Dieser hatte mir einmal nachgerufen, dass ich ein Taugenichts wäre und genauso wenig werden würde wie mein Vater. Anlass war die Fütterung seiner Hühner mit Maikäfern, was angeblich den Geschmack der Eier beeinflussen sollte. Die Beleidigung meines Vaters war wahrscheinlich eines der prägendsten Erlebnisse, an die ich mich noch heute genau erinnere, genauso wie an meinen Schwur, diesen Menschen zu hassen bis zu seinem Tod. Habe ich auch.

Der Rest der Ausbildung ist dann gelaufen ohne viel eigenes Dazutun. Nach 2,5 Jahren war ich Industriekaufmann, aber es war mir auch klar, dass ich mit der mir angebotenen Karriere hinauf bis ins obere Management der Firma nicht glücklich werden würde. Auch die Aussichten, im Konzernmutterwerk in Düsseldorf aufzusteigen, waren nicht verlockend. In der Zeit der Entscheidung 1968 hatten mir das gekünstelte Verhalten des damals sogenannten Establishments und die weltweiten Ungerechtigkeiten im Sozial- und Bildungssystem ebenso Zweifel an unserem Gesellschaftssystem hervorgerufen wie der seinerzeitige Vietnamkrieg der USA gegen Nordvietnam.

Über die Studentenunruhen und die Berichterstattung sowie diverse Literatur wurde ich angesteckt, mein dörflich geprägtes Weltbild zu überdenken, was zwangsläufig auch die grundsätzliche Frage im Jugendalter betraf: „Was möchte ich eigentlich auf dieser Welt?“ Am Ende landete ich als Student an der FH für Sozialarbeit in Köln, machte nach sechs Semestern Studium, sechs Monaten Praktikum beim Sozialen Dienst in Bühl und Rastatt und weiteren sechs Monaten beim katholischen Jugendamt in Bergheim/Nordrhein-Westfalen meinen Sozialarbeiter grad. Meinen Wunschberuf hatte ich erreicht, der Zivildienst folgte 18 Monate lang ebenfalls im Rheinland und wegen einer großen Liebe wäre ich fast in Köln hängengeblieben.

Kam alles anders, weil ich mich in der heimatlichen Gegend um Stellen beworben hatte, um dadurch die Heimfahrten bezahlt zu bekommen. Halb Interesse, halb Sparsamkeit, man kann ja nie wissen, ob nicht doch was Gutes dabei rauskommt. Am Ende landete ich als Sozialarbeiter und Berater der Selbstverwaltung des Jugendzentrums im Haus der Jugend in Bühl und wiederum zwölf Monate später in der Arbeitslosigkeit. Im Anschluss in der Fernfahrerei, wie bereits am Tag 8 näher beschrieben.

Habe ich das jetzt selbst entschieden oder wer hat hier eigentlich die Weichen gestellt? Einen wesentlichen Anteil hatte sicher die Politik des Radikalenerlasses. Ohne diesen Erlass wäre ich sicher weiterhin als engagierter Weltveränderer in den Sozialverwaltungen aufgestiegen. So hoch, dass ich die Welt und das Verändern als Beamter vergessen und auch die Gehgeschwindigkeit dem Beamtenstand angepasst hätte. Im Nachhinein einen herzlichen Dank an die damalige Politik. Ich hätte heute sonst vermutlich nicht allein an diesem herrlichen Platz am Bug eines Containerschiffes gesessen. Wenn auf einem Schiff, dann vielleicht mit hunderten anderen Kreuzfahrschiffern/innen am Pool oder beim Käpt'ns-Dinner. Gut gekleidet, kleiner Finger leicht abgewinkelt und freundliches Lächeln aufgesetzt für die 3500 Reisebegleiter.

Aber wahrscheinlicher wäre ich heute mit anderen ebenfalls längst pensionierten Sozialarbeitern und Lehrern aus dem Freundeskreis auf eine Schneewanderung gegangen mit gemütlichem Abschluss im Mummelseehotel. Gesprächsstoff wäre immer genug da, weil man sich ja erzählen muss, wo man überall war seit dem letzten Treffen, welche Ehrenämter man bekleidet und wie es der Gesundheit geht. Vielleicht am Rande die Frage nach dem gesellschaftlichen Wert als Pensionist bei der immer wieder auftauchenden Frage der Pensionskürzungen.

Nach so vielen geschifften Meilen sehe ich immer mehr die Ähnlichkeit des Containerschiffes mit dem eigenen Leben. Zeitweise ist man selbst Container, teilweise steht man als Mitglied der Crew an einer Position, manchmal ist man Kapitän. Nur in den Häfen besteht die Möglichkeit des Wechsels. Gehört man zur Crew, hat man viele Möglichkeiten. Bist Du als Container unterwegs, bestimmen andere darüber, ob Du ab- oder umgeladen wirst und wohin es gehen soll. Die Rolle auf dem jeweiligen Schiff sollte man deshalb immer im Auge haben. Irgendwann funktioniert die Umwandlung vom Container in ein Crewmitglied nicht mehr. Andererseits hat man als Container keine großen Sorgen, solange das Schiff einen transportiert. Angeblich soll es sogar Containerschiffe auf dem Land geben. Die nennen sich jedoch nicht „Chopin“, „Centaurus“ oder „Aglaia“, sondern arbeiten mit Abkürzungen: AFD, NPD etc. Immer auf der Suche nach Containern. Das Deck ist bereits besetzt.

Meine Mutter hatte zu allen Entscheidungen eine klare Aussage: „Reisende muss man ziehen lassen. Hält man sie auf, ist man später für alles verantwortlich, was schiefläuft.“ Womit sie nach allen Erfahrungen meines Lebens Recht hat. Den eigenen Weg muss man selbst verantworten, den empfohlenen kann man dem Empfehlenden an den Kopf werfen, wenn es schiefgeht, ohne danach zu fragen, ob man selbst das Schiefgehen zu verantworten hat.

Auf unser Schiff zurück. Der Finne Antti ist am 26. Juni geboren, seine Frau am 21. September. Adele ist am 12. Februar 1951 geboren. Also zwei Ahoi-66-ler an Bord. So erfährt man jeden Tag mehr aus einer Gruppe. Da muss ich mir für den 12.2. noch was einfallen lassen.

Erinnerungen an alte Studienzeiten werden wach. Sechs Jahre Köln werden wieder lebendig, in denen ich das 1x1 der Sozialarbeit lernte und gleichzeitig das 1x1 des Lebens außerhalb der behüteten kleinen Heimat im Schwarzwald mit den engen Vorstellungen von Moral und „was man tut und nicht tut“. Nach dem Abenteuer „London“ kam das Hineinsteigen in eine andere, fremde Welt mit allen Problemen und Fragestellungen an sich selbst. Eine Art Neugeburt mit anderem Wissen und anderen Vorstellungen, die oft genug mit dem stritten, was ich bisher mitbekommen und verinnerlicht hatte. Ich wurde „Sozialmensch“, gekennzeichnet dadurch, alles erklären und verstehen zu wollen, auf dem Hintergrund irgendwelcher psychischen und soziologischen Hintergründe. Immerhin habe ich noch mitbekommen, dass verstehen nicht heißt, etwas zu entschuldigen. Ein wichtiger Unterschied, der oft nicht begriffen wird.

Es sollte nicht mein letzter Beruf bleiben. Nach dem Lkw-Fahren war ich aufgrund des Umgangs in einem ganz anderen Arbeitsfeld wieder reproletarisiert. Anstatt immer alles verstehen zu wollen, war eine Sache oft mit einem einfachen „Halt's Maul" erledigt.

Draußen blauer Himmel mit weißen Schafen. 32 Grad. Poolzeit, Lesezeit, Auszeit Standort Nähe Sri Lanka, aber nichts vom Land zu sehen.

Tag 110: Dienstag, der 6.2.2018
5. Tag „Centaurus" auf der Route Singapur – Genua
Die Tage und Nächte verfliegen. Heute Nacht haben wir Sri Lanka passiert Eine Strecke über das Arabische Meer von ca. 4000 Kilometern liegt vor uns. Immer westwärts.

Große Entfernungen machen mir nichts aus. In der Lkw-Zeit fuhr ich jedes Jahr um die 200.000 Kilometer. Touren in den Nahen Osten bedeuteten immer zwischen 10.000 und 14.000 Kilometer. Es ist Flexibilität, Improvisationstalent und Ausdauer gefragt. Von allem hatte ich genug, sonst hätte ich nicht ab dem 34. Lebensjahr alles Erlernte und praktisch Erlebte in einen neuen Beruf zusammengepackt. Über die eigene Familie kam ich dann zur Entwicklung von Spielzeug, Kindermöbeln, Spielgeräten und Spielraumplanung. Weit gestreute Gebiete, aber kombinierbar. So entstand mit meinem Kumpel Dieter, den ich im Haus der Jugend als Sozialarbeiter kennengelernt hatte, die Firma b+t und entwickelte sich seit 1984 bis heute kontinuierlich weiter. Mit vielen Rückschlägen, aber auch sehr guten Jahren und immer begleitet von dem eisernen Willen, diese zufriedenstellende und erfüllende Geschichte zu einem guten Ende zu bringen.

Nach dem Umzug vom Lorenzenhof auf die Wiesenmühle 1992 kamen die monatlichen Tilgungen als zusätzliche Belastung hinzu, die Kinder wurden größer und kosteten mehr Geld. Uli wurde im Dezember 1991 krank und starb im Juli 1993. Wie ich diese Zeit überstanden habe, weiß ich nicht mehr. Vielleicht in einer Art Trance und mit Unterstützung vieler Helfer aus der Bekanntschaft und Familie. Mir fehlen ganze Zeitabschnitte, vieles ist bruchstückhaft noch erhalten, aber kaum kombinierbar. Mir würde es nicht gelingen, jemandem eine solche Zeit zu wünschen, selbst dem größten Arsch nicht. Eine Aussage, die bei mir sicher schwer wiegt, weil ich ansonsten beim Verteilen von negativen Wünschen nicht gerade zimperlich bin.

Es waren harte Jahre mit vielen Überstunden und sicherlich grenzwertigen Arbeitszeiten. Viele Nächte für die Gestaltung von Katalogseiten, viele Sorgen bei schlecht gehenden Geschäften. 2003 konnte ich nur mit einigen kaufmännischen Tricks und dem Verzicht auf Privatentnahmen den Konkurs verhindern. Das stundenweise Arbeiten bei Bernd rettete die Haushaltskasse. Aber der eiserne Grundsatz „ein Trapp gibt niemals auf“ wurde Richtschnur des Handelns. Ohne diesen wäre auch mein Großvater wahrscheinlich nicht mehr aus dem Krieg zurückgekommen. Die Zeit von 1991 bis um 2010 war ein anderer Krieg, nicht mit Waffen. Mit mir selber.

Heute sieht alles etwas übersichtlicher aus, die Firma läuft mal gut, mal weniger gut und ist zu einem kleinen mittelständischen Betrieb geworden. Die Ablösung von meinen Verantwortlichkeiten hat schon vor längerer Zeit begonnen und verträgt offensichtlich auch diese Reise. Eine gewisse Altersweisheit – ein Wort, das ich früher gehasst habe – gibt mehr Ruhe und weniger Aufgeregtheit beim Beurteilen und Handeln. Das Zurückgreifen auf Erfahrungen füllt die Lücke gegenüber dem schnellen Denken der Jugend.

Wie lange noch? Da muss man sich schon im Klaren sein, dass man als Rentner zum alten Eisen gehört und für die Gesellschaft eher Last als Lust bedeutet. Die Bevölkerungspyramide von heute ist nicht vergleichbar mit der von vor zehn oder 20 Jahren. Zu wenig Beitragszahler müssen einen auf Dauer zu großen Berg versorgen. Helfen würde nur eine radikale Veränderung in den Renten- und Pensionsstrukturen.

Ein Stopp für alle Empfänger von Renten über einem festzulegenden Niveau unter Heranziehung des vorhandenen Vermögens als ein weiterer Eckpunkt. Die Erhöhungen für die niedrigeren Renten erfolgen nicht mehr nach Prozenten, sondern in festen Beträgen. So wird die sich immer weiter öffnende Ungerechtigkeitsschere gestoppt. Es kann nicht sein, dass Menschen ein Leben lang gearbeitet, geschuftet und Beitragszahler großgezogen haben und am Ende mit Almosen leben müssen, während andere mit hohen Renten und Pensionen auf Weltreisen gehen, sich's gut gehen lassen und trotzdem noch mit dem Überschuss weiterhin ihr Vermögen erhöhen.

Wenn man von weit weg nach Deutschland schaut, dann sieht man dort eine Minderheit auf Wolken schweben und eine Mehrheit, die die Wolken in der Schwebe hält. Dieses Bild zu korrigieren, wäre gerechte Sozialpolitik. Dazu bedarf es keines Grundeinkommens für jeden – wogegen ich mich immer aussprechen werde, weil Leistung sich lohnen muss – lediglich einiger grundlegender Korrekturen in der Verteilung des Volksvermögens bzw. einer Neubewertung der Lebensarbeitsleistung.

Es stellt sich für mich schlichtweg als Verbrechen gegen die guten Sitten dar, was hinsichtlich der Gehälter und Einkommen in verschiedenen Bezugsgruppen, seien es Manager, Sportler, Wissenschaftler oder Autoren, weltweit tagtäglich passiert. Keiner von diesen Hochbezahlten soll sagen, er hätte das verdient und keiner der Entscheider für solche Zahlungen soll sagen, er fände das gerecht. Bei den im Spiel befindlichen Summen hat ein Sittenverfall eingesetzt, der wohl dem Zustand entspricht, dem Babel am Schluss seine Zerstörung verdanken sollte. Altersarmut ist und bleibt eine der, wenn nicht die größte, Schande für einen Sozialstaat. Wer sein Leben lang faul war und sich auf Kosten anderer durchgeschlagen, womöglich sich noch über die Zahlenden lustig gemacht hat, der muss mit Altersarmut rechnen. Die überwiegende Mehrzahl hat aber hart gearbeitet und den Wohlstand der Sittenverfaller/innen geschaffen.

Vielleicht kommen mir diese Gedanken mit der Annäherung an Saudi-Arabien, dem Zielland vieler Touren mit dem Lkw und damit verbunden mit einem grundlegenden Wechsel zurück ins Geschäftsleben. Weg von der automatischen Sozialbeamtenleiter, die mir Gott sei Dank schon bei der ersten Stufe weggezogen wurde. Bedankt hatte ich mich schon. Da fällt man nicht sehr tief.

Es war ein gewaltig großer Schritt zum Lkw-Fahrer und neun Monate später zum eigenen Lkw-Transportunternehmen, bei dem man sich besser nicht zu viel hinterdenkt. Dann wäre sowas nicht möglich gewesen. 20.000 DM Eigenkapital, 5000 DM davon vom Ersparten von Uli, 100.000 DM von der Bank, da wackelt die Hose beim Anblick des Tilgungsplans. Bedenkenträger haben in dem Job nichts zu

Der Kapitän und meine Mitpassagiere Satu-Mari, Antti und Adele

suchen. Sie kommen nicht von der Stelle und verhungern in der Wüste oder schon auf dem Weg dorthin. Denken, handeln, tun. Aber niemals grübeln, nicht handeln und stehen bleiben.

Draußen wartet der Bug-Ausguck. Wolken, Sonne, Stille – in der Sonne liegen. Vielleicht fällt mir ein Song für die Fahrt und für die Mitfahrer ein.

Heute habe ich das Gespräch mit dem Kapitän geführt mit den üblichen Fragen und die erste Einschätzung hat sich bestätigt. Sehr freundlich und offen, 51 Jahre, Kroate und seit 30 Jahren auf See mit Containerschiffen. Und seit elf Jahren bei der Firma MCA. Der 1. Offizier, auch ein sehr freundlicher Mann, ist bereits 23 Jahre bei der gleichen Firma.

Der ursprüngliche Grund auch hier die Verlockungen des Geldes und die Lage von Kroatien am Mittelmeer mit frühem Kontakt zu Schiffen. Er hat jeweils 2,5 oder drei Monate Dienst und anschließend die gleiche Zeit frei. Verheiratet, eine Tochter, die ihren einjährigen Master gerade in Manchester macht und Finanzen-Controlling studiert. Er kommt mit der Arbeitseinteilung und dem Familienleben sehr gut zurecht. Die Schiffsrouten sind für ihn egal, da er vor allem Administrator ist und vor lauter Papierebearbeiten und Personalführung zu wenig anderem kommt.

Bei seinem Einstieg hatte er sich die Kapitänsrolle nicht so vorgestellt, ist aber ok für ihn. Sein Arbeitsplatz ist seine Kabine und ab und zu auf Deck und im Schiff nach dem Rechten sehen.

Es bestätigt sich meine Einschätzung von den anderen Schiffen. Wie der Kapitän und sein 1. Offizier, so das Schiff. Das hat auch, aber nur zu einem geringen Teil mit dem ständigen Personalwechsel zu tun. Es ist allein die Führungsstärke des Kapitäns, die den Zustand des Schiffes und die Umgangsart der Mannschaft bestimmt. „Der Fisch stinkt vom Kopf her", auch eine der Volksweisheiten, die sich wieder einmal bestätigt.

Tag 111: Mittwoch, der 7.2.2018
6. Tag „Centaurus" auf der Route Singapur – Genua

Heute Nacht haben wir die Malediven in einer Entfernung von ca. 400 Kilometern passiert. Weder am Strand noch auf den Hügeln war irgendjemand zu sehen. Alles ruhig auf den Malediven, jener Insel im Indischen Ozean, von der Heiratswillige träumen, wenn sie an ihre Hochzeit denken. Er im schwarzen Anzug, sie im weißen Kleid. Zuerst am Strand Hand in Hand, dann jenes Foto, bei dem er im Wasser steht und sie in den Armen hält mit dem Kuss für die Ewigkeit. Und zum Schluss das Foto mit den klatschnassen Kleidern, die bei der Braut das Kleid als leichtes Hemdchen erscheinen lassen.

Die Insel habe ich natürlich nicht gesehen, auch kein Brautpaar, aber aufgrund der vielen Kataloge, die man unterwegs in den Hotels gesehen hat, sind einem die ganzen Bilder von den einsamen Stränden und den glücklichen Paaren ans Herz gewachsen und man vergisst, dass es an vielen Stränden neben kleinen unangenehmen Tierarten oft auch noch ein zweites Paar gibt und in einigen Fällen auch ein drittes und viertes. Und manchmal Hunderte von Menschen.

Nach den ersten Tagen auf dem Riesendampfer nimmt die Eintönigkeit ihren Lauf und damit gleichzeitig die Freiheit im Kopf. Es scheint so zu sein, als würde man in Trance geschifft, statt durch Tanzen in Trance zu kommen.

Trotzdem arbeite ich an einem ganz irdischen Problem. Und zwar an einer schon seit Jahren anhaltenden Schuppenflechte am Fuß, immer ein runder Fleck mit etwa fünf Zentimetern Durchmesser. Nach Urlauben am Meer war die Flechte fast weg, kam aber immer wieder zurück. Mein Gedanke ist nun, jeden Tag den Flecken mehrmals mit Meerwasser einzureiben oder einen Umschlag zu machen, um zu beobachten, ob diese Methode hilft.

Hilft das Wasser, gäbe es die Möglichkeit, Meerwasser in Literflaschen abzufüllen und dieses Wasser als Heilwasser zu vermarkten. Damit der optische Kaufanreiz stimmt, wäre z. B. der Name „MANAM-Vulkan-Ocean-Water" brauchbar, ein noch tätiger Vulkan vor Papua-Neuguinea. Auf dem Etikett wäre natürlich der Vulkan abgebildet. Das dortige Meerwasser ist immer leicht gelblich wegen des Schwefels, der in das Wasser gelangt. Möglicherweise sogar ebenfalls heilsfördernd. Im Prinzip kommt es darauf an, dass es sich um Meerwasser handelt, das u. U. noch mit Meersalz angereichert wird, um die Wirkung zu erhöhen.

Wo ich gerade bei Experimenten bin, fällt mir mein politisches Experiment in der Gemeinde Seebach ein, nämlich die Gründung einer Bürgergruppe als politisches Gegengewicht zur CDU und den Freien Wählern. Anlass war eigentlich die Situation, dass mangels Plätzen die Kinder erst mit 4,5 Jahren in den Kindergarten gehen konnten. Der eigentliche Grund für die Parteigründung war die Absicht des Bürgermeisters, vor der Verbesserung der Kindergartensituation erst eine Dorfhalle zu bauen. Als einer von vielen Betroffenen wollte ich mir diesen Streich nicht spielen lassen, sammelte Verbündete, schrieb ein Wahlprogramm und wir stellten uns der Gemeinderatswahl am 22. Oktober 1989. Ich erzielte das viertbeste Ergebnis und saß im Gemeinderat. Zwar allein, aber eben drin.

Für den Bürgermeister ein Schreckgespenst, für die Kollegen oft genug ein Nein-Sager. Es waren heftige Diskussionen, aber es kam nie zu persönlichen Anfeindungen. Nach dem Heißreden der Köpfe ging es immer zum Löschen. Irgendwann wusste sich der Bürgermeister nur noch mit einem Volksentscheid zu behelfen und mit einem kleinen Trick in der Fragestellung. Die Wahl ging 51 zu 49 Prozent für den Bau der Halle aus. Gebaut wurde dann trotzdem zuerst der Kindergarten, weil die ganze Geschichte durch viele Schreiben an das Regierungspräsidium und an das Familienministerium zum Politikum geworden war. Es war ein harter Kampf, aber er hat sich gelohnt, auch wenn von der Gegenseite nicht immer mit fairen Mitteln gekämpft wurde. Nach der Erkrankung von Uli gab ich den Gemeinderatssitz an den zweiten der Liste weiter und die sogenannte USB-Liste (Unabhängige Seebacher Bürger) sitzt heute noch im Gemeinderat. Und arbeitet sicher inzwischen auch mit USB-Sticks.

Der Kampf um den Kindergarten und die Tätigkeit als Gemeinderat war prägend in der Beurteilung der demokratischen Ratsarbeit als beschließendes Organ einer Gemeinde. Ich wage die Behauptung, dass maximal 50 Prozent der Volksvertreter gut vorbereitet in die Sitzungen kommen, wahrscheinlich weniger. Die Verwaltung deckt die Gewählten mit Informationen und Vorschlägen zu, die viel zu viel Zeit benötigen, um sich damit gründlich auseinanderzusetzen. Im Prinzip verlassen sich die meisten darauf, dass die Beschlussvorschläge der Verwaltung, d. h. des Bürgermeisters oder Oberbürgermeisters, Sinn machen und gut sind. Jedenfalls gut genug dafür, dass man sich damit nicht näher befassen muss. Der Hintergrund ist einfach erklärt. Jeder Rat ist berufstätig. Oft selbstständig und mit Arbeit bis an die Hutschnur zugedeckt. Da bleibt nicht viel Zeit übrig.

Ich hatte als Gemeinderat Zeit und habe mir diese auch genommen. Vor allem konnte ich das Zehn-Finger-System (siehe Tag 43) und hatte eine kaufmänni-

sche Ausbildung hinter mir, bei der das Schreiben von Briefen jeglicher Art und jeglichen Inhalts zum Alltag gehörte. Briefe an das Regierungspräsidium oder das Ministerium waren deshalb in wenigen Minuten geschrieben. Und wenn es mehrere Seiten waren, eben in einer Stunde. Als Adler-Hacker im Gemeinderat sind solche längerfristig erfolgreichen Aktionen nicht möglich. Da bleibt nur das mündliche Hacken während der Sitzung, je nach Persönlichkeitsstruktur bauchisch oder kopfisch. Doch Worte sind nach unserem alten Liedermacher Franz Josef Degenhard immer nur „Schall und Rauch". Sie verfliegen im Wind oder in den Amtsstuben.

Tag 112: Donnerstag, der 8.2.2018
7. Tag auf der „Centaurus": zwischen Sri Lanka und Dschibuti

Inzwischen kommt mir die ganze Reise vor, als wenn ich hinter mir, vor mir und neben mir her pilgere und dabei noch ganze Pilgerreisen in die Vergangenheit unternehme. Der Begriff war mir noch nie so richtig klar, aber ich begreife langsam, was damit gemeint sein könnte. Es ist die immer gleiche Erfahrung. Ohne selbst den originären Punkt zu erfahren, bleibt ein Wort ein Wort ohne tiefgreifende emotionale Wirkung.

Bereits seit einigen Tagen, ich glaube, etwa ab dem 100. Tag, kommt es mir so vor, als wenn sich Kreise im Kopf schließen, Fragestellungen sich lösen oder weicher werden. Vielleicht gibt es deshalb diese berühmten 100 Tage beim Bewerten von Leistungen in neuen Ämtern. Das anfangs forsche Herangehen mit dem Ziel, über Nacht die Welt neu zu erfinden, weicht mehr und mehr der Einsicht, dass es nicht darum geht, alles zu verändern, sondern darum, alles von weit mehr Blickwinkeln her zu sehen als bisher. Um dann Schlüsse für das Handeln zu ziehen. Irgendwoher muss der Zeitraum 100 Tage ja seine Begründung haben.

Ich habe dies zunächst an der Zeit gespürt, die man braucht, um sich in eine neue, nicht mehr alltagsbestimmte Lebensweise einzugewöhnen. Erst dann scheint es für das Gehirn möglich zu sein, runder und umfassender zu denken und nicht so eckig und immer zielgerichtet wie im Alltag. Fragen unbeantwortet lassen in der Gewissheit, dass eine Antwort kommen wird, wenn die Zeit reif ist dafür. Das scheint etwa 100 Tage zu dauern. Aufgeregtheiten werden zu Lappalien, Einzelgedanken werden mit anderen zusammengebracht, Nichtlösbares kommt in die Warteschleife ohne Zeitdruck.

Mit jedem Tag spürt man sich mehr und hat das Gefühl, dass – egal was kommt – viel von der inneren Veränderung nach der Rückreise hängen bleiben wird. Es ist kein Zufall, dass ich gestern das Gefühl hatte, den Song von der Schiffsreise fertigschreiben und den Ersttext mit dem ergänzen zu können, was an Emotionen bisher fehlte.

Over the water

A E A
You_ are_ sitting_ on_ the_ ship´s_ bug, feel freedom as fun
E A
You are seeing the ocean and the rising sun
D A E
You are feeling so good and therfore you would cry
D A E A
//:About the happyness in your Soul _ hear will only you the sky://

You´r sailing to horizon, _ silent , enjoying_, every day
You feel some changing with you, asking why?
You are seeing any wonders, you are seeing stars so bright
//: You are feeling peace in your heard _ Into the night://

You are thinking about the past years , and your live
Somethings wrong, but the most you feel right
But at the end of the travel, you´ll see some other border
//:your soul will be open weight _Over the water://

Anytime_ you_ will_ leave_ this _ paradise to go home,
and you will feel, that you lost some heavy stone
but the best you will remember, and this is so much
//: In your heard you will feel a new personal touch ://

Changing to „E"

E
//: and allways you will think,
D
and allways you will think
A E A
on this time over the water://

Tag 113: Freitag, der 9.2.2018

8. Tag auf der „Centaurus“: „High-Risc-Gebiet“ Somalische Küste

Die Gebiete im Golf von Aden haben vor einigen Jahren wegen vieler Schiffsentführungen Schlagzeilen gemacht. Inzwischen wurden internationale Streitkräfte zur Sicherung der Schifffahrt auf dieser meistbefahrenen West-Ost-Route stationiert. Alle Schiffe haben eine direkte Verbindung mit dem Einsatzzentrum und können bei verdächtigen Beobachtungen Meldung geben. Die Zahl der Überfälle hat sich seither sehr stark reduziert. Laut Kapitän gab es in den vergangenen 18 Monaten keinen Vorfall. Das Militär greift rigoros durch, d.h. jeder Pirat muss wissen, dass er mit seinem Leben spielt. Lange gefackelt wird hier nicht. Auf die praktischen Auswirkungen auf das Schiff, vor allem für die Passagiere, gehe ich morgen ein.

Einmal in der Woche ist Aufräumen angesagt

Es bleibt gleichbleibend warm auf der Route Richtung Golf von Aden und dem berühmten Piratengebiet zwischen Somalia und dem Jemen. Aber es herrscht nicht mehr diese Hitze wie am Äquator. Dass man aber ausgerechnet im Arabischen Meer vom Inari-See in Finnland träumt, hat vielleicht doch mit der nachlassenden Wärme zu tun. Der Traum handelte nämlich vom Saunagang am Inari-See auf unserem Trip mit Bernds finnischem Freund und dessen Sohn ans Ende der Welt.

Da wurde das Holz im Wald gesammelt und ein Höllenfeuer im Saunaofen entfacht, bis das Harz aus den Holzwänden kam. Wir zwei Deutsche sollten erfahren, was die Finnen alles aushalten, obwohl ich auf meine einschlägigen und siegreichen Erfahrungen aus einer anderen Sauna hingewiesen hatte (habe ich schon erwähnt). Also ließen wir die Finnen feuern und nahmen den Kampf zwischen Kindsköpfen auf. Am Ende stand es unentschieden, da keiner die Sauna verlassen hatte, außer für ein kurzes, saukaltes Zwischenbad im Inari-See. Bei diesem blieb mir sprichwörtlich die Luft weg und ich war froh, dass ich nach einer Minute mehr oder weniger blau und stocksteif zurück in die Sauna wanken konnte. Das Holz war alle und damit auch die Möglichkeit, noch höhere Temperaturen zu erzeugen. Vermutlich hätte die Sauna nach der Stufe mit dem Harzaustritt als nächstes Feuer gefangen. Unsere Standhaftigkeit wurde im Anschluss gebührend gefeiert und am nächsten Tag von jedem entsprechend seinem abendlichen Durst hart gebüßt.

Das allabendliche „Ohbasse“

Die Arbeit am Tagebuch macht Fortschritte und macht Arbeit. Beim genauen Durchlesen gibt es doch vieles zu verbessern und umzuändern, weil das tägliche Schreiben oft am späten Abend stattfindet, wenn Hirn, Augen und Finger nicht mehr zu 100 Prozent kombinieren, sondern eher gegeneinander operieren, wenn ich manche Wortstellungen und Buchstabenfolgen sehe. Manches fällt einem im Nachhinein noch ein, manches streicht man weg, weil unwichtig oder viel zu doof oder nebensächlich. Das wird mich auf jeden Fall noch bis Fos-sur-Mer beschäftigen. Ich lerne jeden Tag mehr die Vorteile eines kleinen Schreibtisches und einer Kaffeekochnische mit Kühlschrank zu schätzen. Für's Tagebuchschreiben einfach wunderbar.

Die Gruppe der Passagiere hat sich bestens entwickelt. Das „Ohbasse“ (anpassen, also gleich viel Wein in jedes Glas einschenken) der Weingläser ist jeden Abend eine Gaudi, weil jeder schon lachen muss beim Einschenken und jeder aufs Glas starrt. Auch Erwachsene können bei so etwas kindlich werden. Die Crew denkt sicher schon, dass wir besoffen sind, bevor wir trinken. Jeder kann auch über sich lachen, so dass keiner sich gleich in seiner Ehre gekränkt fühlt, wenn etwas in dieser Richtung zu einem Witz verwendet wird. Da außer der Finnin alle ein beschränktes Englisch sprechen, kommen sicher ab und zu saukomische Sätze zustande.

Heute habe ich die Geschichte mit dem „Halben Hahn“ zum Besten gegeben, einer Kölner Spezialität, die aus einer Brotscheibe mit einer dicken Scheibe Gouda besteht. Weil dieser Halbe Hahn so günstig war, hatte ich den nach einer Zugnachtfahrt nach Köln mit Heißhunger bestellt und sicher leicht speichelnd darauf gewartet. Als dann die Brotscheibe mit Käse kam, lag mein Gesicht auf dem Tisch. Und das in Englisch erzählen!

Der Hintergrund der Bahnfahrt war meine Bewerbung um einen Sozialarbeiterstudienplatz an der FH für Sozialarbeit in Köln. Da arbeitete ich bereits im Vier-Schichtbetrieb in der Glashütte Achern, um mir Geld für das Studium zu verdienen. Um keinen Urlaub nehmen zu müssen, fuhr ich um 21 Uhr abends nach der Spätschicht mit dem VW-Käfer nach Baden-Oos und mit dem Nachtzug nach Köln zur Aufnahmeprüfung an der FH in Köln. Nach dem Ende der Prüfung ging es um 15 Uhr mit dem Zug zurück und um 21 Uhr stand ich pünktlich zum Beginn der Nachtschicht wieder am Band in der Glashütte. Etwas Durchziehen ohne Rücksicht auf die Gesundheit lag mir damals schon im Blut. Der Studienplatz bei 600 Bewerbungen und lediglich 180 Aufnahmen war der Lohn für die Mühen und die Wiedergutmachung für die Enttäuschung mit dem Halben Hahn.

Tag 114: Samstag, der 10.2.2018
9. Tag auf der „Centaurus": „High-Risc-Gebiet" Somalische Küste

Die praktischen Auswirkungen im Schiffsalltag innerhalb des HRG sind einfach. Niemand darf auf die Außendecks, der nicht beruflich draußen arbeiten muss. Da ist zwar in den letzten 18 Monaten nie etwas passiert und wenn, dann nur mit kleinen Schiffen, aber die Vorsicht ist die Mutter des Containerschiffs, hieß es schon früher bei Oma. Also Zeit, am Reisetagebuch zu arbeiten und am Fenster zu warten, ob ein Fischerboot mit Bewaffneten auftaucht oder einfach nur aus dem Fenster schauen, ob das Meer noch da ist. Auch Zeit, sich wieder mal zu melden. Seit Singapur war das Internet meistens tot.

Um Angriffe abzuwehren, werden auf der möglichen Enterseite Plastikkeile aufgehängt, die ein Hochklettern ziemlich schwierig machen und das Einhaken der berühmten Enterseile verhindern. Außerdem wurden Feuerwehrspritzen mit Hochdruckaggregaten an der Reling montiert, mit denen eventuelle Angreifer „geduscht" werden. Zentral gesteuert, legen alle Spritzen gleichzeitig los. Ob heiß oder kalt weiß ich nicht. Kalt wäre auf jeden Fall eine Diskriminierung nach den Menschenrechtskonventionen. Man könnte auch eine Dusche mit Seife am Kran runterlassen mit Grohe-Automatic, weil das Duschen an Seilen irgendwie menschenunwürdig ist. Sich gleichzeitig am Seil festhalten und sich einseifen, stelle ich mir jedenfalls schwierig vor. Außerdem tropft die schmutzige Brühe dann ungeklärt ins Meer.

Die „Piratendusche" – Wer an Bord möchte, muss sich gewaschen haben

Grundsätzlich ist es lebensgefährlich, auf ein mit 32 km/h fahrendes großes Containerschiff zu steigen, da die seitlichen Wellen recht hoch sind und die Verwirbelungen am Schiffsrumpf entlang für kleine Boote nur schwer beherrschbar sind. Wenn dann noch die Duschpflicht dazu kommt, landet man bestenfalls im Wasser, aber genauso wahrscheinlich – entsprechend der Glaubensrichtung – im Himmel, in Allahs Schoß oder an einem anderen zugesagten Glücksort.

Eine rote Sonne macht dem Roten Meer alle Ehre

Tag 115: Sonntag, der 11.2.2018

10. Tag „Centaurus“ auf der Route Singapur – Genua

Die „Centaurus“ hat heute Nacht um 2 Uhr die Hauptstadt Somalias, Dschibuti, passiert und fährt am Morgen ins Rote Meer. Rechts erkennt man im Morgengrauen und dem aufsteigenden Rot des Sonnenaufganges die Gebirgsketten des Jemen. Ein gewaltiges Naturschauspiel – und ebenfalls bemerkenswert: Die „Centaurus“ fährt genau zu diesem Zeitpunkt an der richtigen Stelle vorbei, entsprechend ihrem Fahrplan. Jeder kennt das Gegenteil.

Hinter den Gebirgsketten tobt auf dem Rücken des Volkes seit 2010 der von Saudi-Arabien unterstützte Bürger- und Glaubenskrieg zwischen den zaiditisch-schiitischen Huthi-Rebellen und der offiziellen jemenitischen Regierung, die von Saudi-Arabien unterstützt wird. Wie immer profitieren einige wenige davon und halten den Kessel am Dampfen.

Mehr zum Konflikt unter:
http://www.bpb.de/internationales/weltweit/innerstaatliche-konflikte/54611/jemen
oder
https://de.wikipedia.org/wiki/Huthi-Konflikt

Wenn man zwei Tage nicht auf die Außendecks darf, merkt man, wie klein die Welt auf einem Schiff ist. Hier sind die Angebote mit Fitnessraum, TT-Spiel, TV/Video ganz gute Abwechslungen.

Auch Brückenbesuche lockern den Tag auf. Allerdings sollte man das nicht übertreiben, weil gerade in einer High Risc Zone die Nerven gegenüber dem normalen Dahingleiten auf stiller See bei der Besatzung angespannter erscheinen. Mit etwas Feingefühl spürt man die Grenze. Selbstbeschäftigung ist gefragt, sei es Lesen, Yoga, spirituelle Sitzungen mit sich und der Kabine, Tagebuch schreiben, Fotos sortieren etc. Und das Fenster nicht vergessen. Ab und zu längere Zeit aufs Meer schauen, beruhigt und lockert auf und lässt den Horizont offen, der einem sonst nach und nach verloren geht.

Überträgt man die Situation aufs Leben, merkt man sehr schnell die Übereinstimmungen, weil es im Alltag meistens genauso läuft. Du rennst in einer mehr oder weniger großen Kabine durch die Gegend und kommst nicht raus, weil Du immer irgendwelche „Piraten“ vor der Tür stehen siehst und Dich nicht traust, trotzdem nach draußen zu gehen, um die Chancen abzuwägen. Die große Freiheit der Reise beginnt sich in Normalität umzuwandeln, genau den Zustand, den Du so nicht mehr wolltest. Und das nur wegen zwei Tagen „Schiffsgefängnis“.

Eine gute Erfahrung, um mir noch ein paar Gedanken genau zu diesem Thema zu machen. Auch zu Hause stehen Piraten vor manchen Türen, die es einem schwer machen, neue Wege zu gehen ohne Angst vor dem Unbekannten. Aufgaben abgeben, ohne das Gefühl zu haben, hinterher weniger wert zu sein. Vom Bauchgefühl her wäre jetzt der ideale Zeitpunkt, viele bisherige Verantwortlichkeiten abzutreten! Jetzt, wo es so lange Zeit auch ohne mich gelaufen ist. Nach fast vier Monaten Workaholic-Entziehungskur müsste die Jahrzehnte gepflegte Sucht – auch zur eigenen Ablenkung und Befriedigung – weit genug besiegt sein. Das Argument „ohne mich geht es nicht“ hat die Praxis widerlegt.

Ein schlechtes Gewissen brauche ich nicht zu haben. Dafür habe ich vieles schon sehr lange im Hintergrund geleistet.

Der Hauptgegner dürften die schlafenden Piraten im eigenen Kopf sein, die nur auf einen geeigneten Moment warten, um ihrem Handwerk nachzugehen. Sie erkennen die Lücke zwischen Wollen und Können und setzen genau dort mit ihren Enterhaken an. Da muss ich irgendeinen Ersatz finden und mir ein paar Gehirnwasserwerfer basteln, die möglichst halbautomatisch loslegen, also halb Bauch, halb Kopf. Nur Bauch liegt mir nicht und passt auch nicht mehr zu mir. Damit hätte ich früher anfangen müssen.

Herrlicher Sonnentag, Wind, 28 Grad – Zeit zum Wandern und für 1,5 Stunden „Head go away!“ auf dem Ausguck. Wegen der starken Sonne am Morgen ähnelte der Stahlboden des Ausgucks einer Bratpfanne. Barfuß nur für starke Masochisten möglich. Also zunächst mit Schuhen auf der Plattform Fotoapparat, Schreibutensilien etc. gut verteilen, die Stofftasche auf den Boden und draufgesetzt. Danach die Schuhe ausziehen, die dampfenden Socken zur Sterilisation auf die Bratpfanne und die Füße auf die Schuhe legen. Und dann genießen mit der Dätschkapp auf dem Kopf. Ohne geht nur kurz oder für Gehirnlose.

Zwischendurch immer wieder fünf bis zehn Minuten ausstrecken, die Füße immer auf den Schuhen, den Kopf auf die Kappe und das Hemd unter den Rücken. Nicht 100 Prozent bequem, aber trotzdem wunderbar. Die inzwischen halbtrockenen Socken schiebe ich wegen dem leichten Wind etwas zur Seite. Meine Nase hat Witterung aufgenommen. Ohne die Sonne könnte man hier den Nachmittag komplett verbringen. Im Rucksack Wasser, Kaffee und Obst. Dazu ein Buch. Das reicht. Jüngere Reisende können hier nach Herzenslust mit ihren Freunden Botschaften

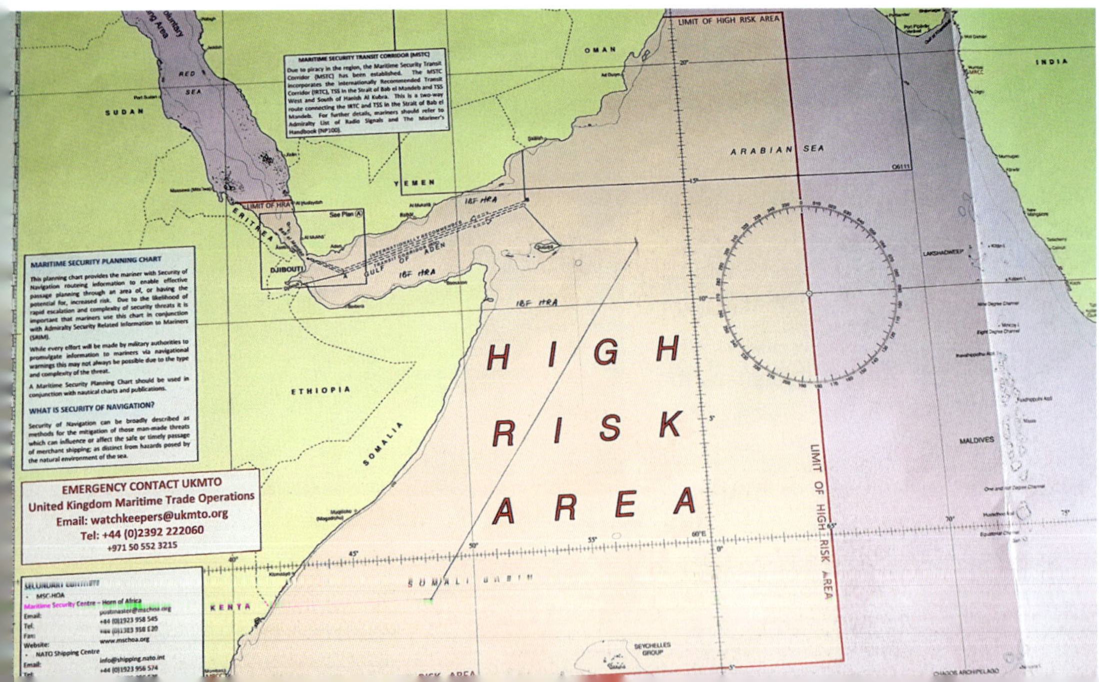

austauschen, die Anzahl der Wellen mitteilen, ob sie gerade der Darm quält oder über den Gedanken philosophieren, dass alle Reisen endlich sind. Wer genügend Kohle investiert, kann auch den ganzen Tag wischen was das Zeug hält, surfen und 1000 Fotos verschicken. Das MB kostet 10 US-Cent. Vorkasse.

Der Restnachmittag war dann gefüllt mit dem Fertiglesen des Buches: „Die Geschichte Australiens“ und der Erkenntnis, dass die Zusammenfassung des Buches meine gesamten Beobachtungen im Land bestätigt. Ob der Umgang mit der Vergangenheit, mit der Umweltproblematik, der Multikulturalität, der Migrationspolitik oder der Wirtschaft. Das Land hat viele Dinge in die Wege geleitet, vieles halbherzig und auf öffentlichen Druck hin.

Als demokratisches Land leidet die Politik wie in anderen Demokratien darunter, dass die Politiker immer auf die Stimmung in der Bevölkerung achten und entsprechend handeln. Immer mit dem Ziel der Wiederwahl. So wird Zeit verloren, eingeschlagene Wege konsequent weiterzugehen. Die Wirtschaft als Vorzeigekind entwickelte sich in den vergangenen 20 Jahren stetig nach oben, vor allem durch die wachsenden Märkte im asiatisch-pazifischen Raum. Im gleichen Maße entwickelten sich die Umweltrisiken im Bergbau und in der Landwirtschaft. Mehr dazu findet sich in anderen Kapiteln.

Der Abend stand unter dem Motto: „Käpt’ns Barbecue“. Alle Mann, bis auf die zwei auf der Brücke, feierten bei einem großen Grill, Bier und Wein und lockerer Stimmung den lauen Winterabend auf dem Roten Meer, während die „Centaurus“ in gleichmäßiger Geschwindigkeit von 16 Knoten (ca. 30 km/h) durch die See pflügte. In einem längeren Gespräch mit dem Kapitän (Renald) und seinem Chief Engineer (Nenad) – beides Kroaten – haben wir über alles Mögliche gesprochen. Zwei ziem-

Barbecue am Sonntagabend

lich schlaue Herren, bestens über alles informiert und mit dezidierten Meinungen zu politischen Fragen der heutigen Zeit. Inklusive der Verurteilung der heimischen Korruption und Vetterleswirtschaft und dem Aufbauschen der Verwaltung.

Mit einer Einladung des Chief Engineers Nenad in sein Ferienapartment für ein paar Tage endete der Abend. Er spricht relativ gut Deutsch, wie er zum Schluss zu erkennen gab. Acht Jahre in der Schule gelernt. Wahrscheinlich spricht er besser Deutsch als ich Englisch. Seit 38 Jahren auf Schiffen zu Hause, 62 Jahre alt und auch er kennt den Hafen von Tarragona und war zur selben Zeit dort wie ich mit meinem Lkw. Geboren am 26. Juni 1956. Klar, dass man sich als Krebs sofort versteht. Möglicherweise waren er, Kapitän Dariusz von der „Aglaia“ und ich sogar am gleichen Tag im selben Hafen.

Tag 116: Montag, der 12.2.2018
11. Tag auf der „Centaurus“: Im Roten Meer

Sonnenaufgang über dem Meer, immer wieder beeindruckend und doch bleibt der Fotoapparat in der Kiste. Es wäre eine Zumutung für die Daheimgebliebenen und somit zum Anschauen und Loben Verurteilten. Also genieße ich am Fenster das ewig gleiche Naturschauspiel. Wieder einmal.

Hinter dem westlichen Horizont liegt das Santiago de Compostela Saudi-Arabiens: Mekka. Das Ziel jeden Moslems ist es, einmal im Leben mit Zigtausenden um die heilige Kaaba herumzulaufen, um Mohammed seinen Glauben zu bezeugen. In Deutschland haben wir nichts Vergleichbares. Am ehesten noch das Oktoberfest in München, wo dem Gott des Bieres durch Tischtanz, Schenkelklopfen, Dirndlgriffe und Herumkotzen gehuldigt wird. Altötting wollen wir als Gegenpart nicht vergessen. Da geht es etwas gesitteter zu.

An Mekka bin ich vor ca. 38 Jahren auf neu asphaltierten Straßen ohne Markierungen mit 110 km/h vorbeigedonnert, also mit allem, was die Kiste hergab. Das war die Fahrt ins Unbekannte, weil ich eine neue Straßenverbindung gewählt hatte, die quer durch Saudi-Arabien an die Küste zum Roten Meer führte. Kollegen hatten davon erzählt, aber keiner war wirklich schon auf der Strecke gewesen, wie sich herausstellte. Die Straße endete vor einem Sandberg, den ich im letzten Moment unter den ziemlich lädierten Augenlidern hervor gesehen hatte. 100 Meter vorher hatte ich noch einen handgemalten Pfeil gesehen, der nach rechts wies, aber diesen als Hinweis für Kameltreiber interpretiert. Die roten Kreise waren die roten Tücher, ich war der Stier, der hinein galoppierte. Irgendwann nahm ich mit dem offenen Auge ein weiteres handgemaltes Schild wahr, aber die Reaktionszeiten sind nach zig Stunden Fahrt morgens gegen 4 Uhr sehr, sehr verzögert.

Eigentlich hätte ich nach der Erfahrung mit dem ersten Schild sofort reagieren müssen, aber dem rechten Auge schien dieser Anblick ohne Bedeutung. Kein Befehl an den Partner, sich vielleicht mal zu öffnen und gemeinsam die Lage zu peilen. Innerhalb von zwei Sekunden war das Peilen sowieso nicht mehr notwendig, denn die Kabine sah aus wie nach einem größeren Crash mit einer Kamelherde, nur das Blut fehlte. Gesehen hatte ich noch – kurz vor dem Chaos – wie vor mir der obere Asphaltbelag aufhörte und ich auf den zehn bis 15 Zentimeter tiefer liegenden Unterbelag donnerte und von dort wiederum zehn bis 15 Zentimeter auf die Betondecke einer Brücke, die – auch das habe ich noch registriert – Allah sei Dank schon betoniert war. Nicht selbstverständlich nach den Erfahrungen mit den Kreuzungen.

Soweit hielt sich das Gerumpel noch einigermaßen im Rahmen. Auf der anderen Seite musste der Lkw aber wieder auf die obere Asphaltschicht, das hieß, zwei Sprünge aufwärts. Alles passierte in wenigen Sekunden mit weit geöffneten Augen, und nach zwei harten Schlägen von unten und zwei vom Kabinendach rollte der Lkw wieder ruhig vor sich hin, während in der Kabine alles in der Gegend rumflog, was wenige Sekunden vorher noch geordnet im Bett gelegen hatte. Kaffeekanne, Kaffeekocher, Bücher, Hefte, Kleider, Zigaretten, Trockenlebensmittel – und Zuckerdose, die sich geöffnet hatte. Mal was anderes. Sand nach einem Sandsturm zusammenzukehren, war ja auch schon langweilig geworden. Zigmal wollte ich eine neue Dose mit festem Verschluss kaufen, weil das nicht das erste Mal war.

Gut, dass der Gefrierschrank hinter dem Fahrersitz stand. Der wäre durchs Fenster geflogen und die wunderbaren Landjäger, Salamis und ein paar Dosen mit Ravioli und Pichelsteiner wären eine willkommene Abwechslung für die durchziehenden Hirten gewesen. Sofern sie einen Dosenöffner in ihrem Gepäck gehabt hätten. Die Würste hätte der nächste Wüstenkojote in seine Höhle mitgenommen und sicher lange beschnüffelt und mit seinen Kollegen beratschlagt, ob man sich an diesen Würsten nicht das Darmsausen holt.

Diese Geschichte hätte mich mit etwas Pech direkt einen Stock höher katapultieren können. Das wurde mir eine halbe Stunde später, nach dem Absenken des Adrenalinspiegels, ziemlich klar und komischerweise merkten das meine Knie. Ich

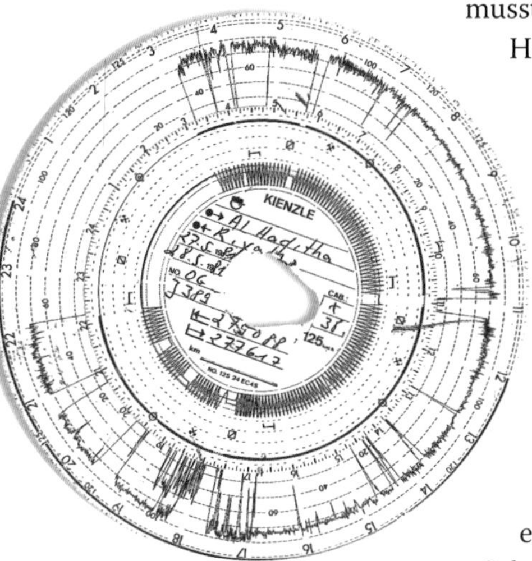

Die Tachoscheibe aus jener Nacht

musste anhalten und ihnen Zeit geben, auszuschlottern. Habe ich noch nie erlebt und danach auch nie wieder. Aber die Erinnerung an die sich selbstständig bewegenden und nicht kontrollierbaren Knie bleibt. Fehlte nur noch das Zähneklappern als Begleitmusik. Als Tonaufnahme wäre das bei D. T. Hecks Samstagsdisco ein Hit geworden. Heute wäre es auf YouTube ein Renner, obwohl nicht unbedingt lustig.

Kleine Abschweifung zu einem Erlebnis der besonderen Art, mitten im Tausend-und-eine-Nacht-Land. Es hätte Schöneres geben können in dieser Nacht, dachte ich am Anfang, erst im Morgengrauen wurde mir klar, dass ich das Schönste erlebt hatte, nämlich überlebt. Der Wachrüttelkuss der Brücke und die damit verbundene Mahnung erinnert mich immer wieder daran, sich nicht auf Aussagen von Menschen zu verlassen, denen du nicht zu 100 Prozent vertrauen kannst.

Das Schiff pflügt und pflügt, Stunde um Stunde dem Sueskanal entgegen. Und mit uns sind noch viele weitere Schiffe mit Kurs Sues unterwegs. Ebenso in die Gegenrichtung mit vielen leeren Containern, auf die vor allem in China Ware für Europa wartet. Der globale Kreislauf in nicht vorstellbaren Dimensionen läuft Tag und Nacht.

Heute hatte Adele, die Schweizer Lady, ihren 67. Geburtstag. Damit gibt es wieder eine klare Altersreihenfolge. Ich bin der Älteste an Bord, aber zum ersten Mal auf der Reise nur der zweitälteste insgesamt. Natürlich muss ein solcher Geburtstag auch gefeiert werden, weshalb ich dem Kapitän einen Tipp gegeben hatte, und tatsächlich, auf dem Frühstückstisch stand eine Geburtstagskarte mit allen Unterschriften, foliert, und am Abend hatte der Koch eine Geburtstagstorte gebacken. Ein wirklich tolles Team, das mehr tut als es tun muss, und genau das ist der Unterschied, was das Bordklima ausmacht.

Heute Abend haben wir dann im Gemeinschaftsraum der Passagiere ein bisschen gefeiert und ich habe einige Songs zum Besten gegeben auf Deutsch, da Satu deutsch gut lesen kann. Natürlich auch den extra für diese Schiffsreise geschriebenen Song. Zum Schluss noch „Gute Nacht Freunde“. Die Truppe war, auch wenn sich das nach Eigenlob anhört, begeistert. Natürlich mit Halstuch und Dätschkapp vorgetragen. Ich denke, diesen Geburtstag vergisst Adele nicht so schnell, obwohl sie den Tag geheim halten wollte. Manchmal muss man tätig werden, wenn der Bauch einem sagt: „Tu was“.

Thank You **Mr. POENARU**

CENTAURUS Singapur – Malta - Valencia – Barcelona – Fos s.M. - Genua 1.2. – 26.2.

The passengers

- Haefele Adelheid, Swizerland
- Trapp Josef Wilfried, Germany
- Kervinen Antti, Finland
- Tolonen Satu-Mari, Finland

As Chef Cook of the Centaurus, we would like to express our appreciation to you for the always good and very abundant food during the trip. In addition, we would like to thank you for your always friendly, helpful and very courteous behavior.

In addition to the good food, you have made with your birthday cake to Mrs. Haefele for a successful surprise and her and us a great joy. Such gestures make the difference when travelling with container ships and remain unforgotten.

This gesture is not self-evident and shows a high level of commitment.

Valencia, 20.2.2018

Haefele Adelheid , Switzerland

Trapp Josef Wilfried, Germany

Kervinen Antti, Finland

Tolonen Satu-Mari , Finland

Translation

Germany

Danke Herr POENARU

CENTAURUS Singapur – Malta - Valencia – Barcelona – Fos sur Mer - Genua 1.2. – 26.2.18

Die Passagiere

- Haefele Adelheid , Schweiz
- Trapp Josef Wilfried, Germany
- Kervinen Antti Pekka Tapani, Finland
- Tolonen Satu-Mari , Finland

möchten Ihnen als Chefkoch der Centaurus auf dieser Reise unsere Anerkennung für die stets gute und überaus reichliche Verpflegung während der Reise aussprechen. Außerdem möchten wir uns ganz herzlich für Ihr stets freundliches, hilfsbereites und sehr zuvorkommendes Verhalten bedanken.
Neben dem guten Essen haben Sie mit Ihrer Geburtstagstorte an Frau Haefele für eine gelungene Überraschung gesorgt und ihr und uns eine sehr große Freude bereitet. Solche Gesten machen den Unterschied bei Reisen mit Containerschiffen und bleiben unvergessen.

Diese Geste ist nicht selbstverständlich und zeigt ein hohes Maß an Engagement.

Valencia, 20.2.2018

Finland

Matkustajat

- Haefele Adelheid, Swizerland
- Trapp Josef Wilfried, Saksa
- Kervinen Antti, Suomi
- Tolonen Satu-Mari, Suomi

Centauruksen pääkokkina teit aina erinomaista ruokaa. Lisäksi haluaisimme kiittää sinua aina ystävällisestä, avuliaasta ja erittäin kohteliaasta käyttäytymisestä.

Hyvän ruoan lisäksi yllätit kaikki tekemällä hienon syntymäpäiväkakun rouva Haefelelle. Tällaiset eleet erottavat rahtilaivalla matkustamisesta unohtumattoman kokemuksen. Tämä ele ei ole itsestään selvää ja osoittaa suurta sitoutumista.

Valencia, 20.2.2018

Das Zertifikat für das besondere Engagement des Schiffskochs

Tag 117: Dienstag, der 13.2.2018

12. Tag auf der „Centaurus“: zwischen Ägypten und Saudi-Arabien

Seit einigen Tagen habe ich das Gefühl, die Tage verfliegen. Morgen Abend passieren wir den richtigen Sueskanal und fahren Richtung Malta. Europa hat mich wieder oder ich Europa. Ich bin gespannt, wie weit ich mit dem Tagebuch komme. Ohne Ranhalten wird das nichts. Und zwischendurch warten die Pausen draußen auf der Außenterrasse und der Bug mit seinem Ausguck. Das Schlimmste: Alle vier bis fünf Stunden essen, essen, essen. Da geht nicht nur ein Haufen Zeit, sondern auch die Figur drauf. Letzteres ist das Schlimmere, weil man bei den Fotoaufnahmen aufpassen muss, dass man keine „unglückliche Figur“ abgibt.

Heute Nacht wurde die Uhr wieder eine Stunde zurückgestellt. Der Morgen riecht bereits europäisch.

Der Wind ist kühl, zum ersten Mal seit vielen Wochen. Erste zarte Grüße vom Winter in Deutschland. Nach dem Geburtstagsfestchen hatte ich gestern Abend zum ersten Mal ein tieferes Gefühl, dass die Reise dem Ende entgegengeht. Wahrscheinlich hätte ich den Song „Gute Nacht Freunde“ nicht singen sollen. Das ist nun mal immer der letzte Song an einem Abend.

Aber – immer das Positive im Auge behalten – zu Ende gehende Dinge sollen bekanntlich neue Ideen gebären. Und noch sind es 14 Tage, also die gleiche Zeit, wie meine normalen Jahresurlaube am Stück in den letzten 30 Jahren. Und wenn der Tag lang und der Kopf frei ist, kommt man schon mal neben die Spur und überlegt, wie man der Welt als angehender Rentner helfen kann. Es muss ja nicht gleich eine Weltrevolution angezettelt werden. Die banalen Dinge des Tages sind es, die den meisten Ärger verursachen. Z. B. wie man eine Kiwi oder einen gefüllten Berliner isst, ohne triefende Finger und Flecken auf dem Hemd zu haben?

Auf der Suche nach einem nach einer Lösung schreienden tagtäglichen Problem waren mir diese Fragen – im Anblick des weiten Horizontes im Roten Meer – dann doch zu einfach. Ich versank geradezu – während meine Hand unablässig die Glasscheibe meines Mobiles rauf und runter wischte – in der neuen digitalen Welt und landete bei den nicht unbedingt nur heilsbringenden Entwicklungen. Durch das mir für die Reise verordnete neue Mobil hatte ich Gelegenheit, die Verführungskünste dieses Gerätes am eigenen Geist zu erleben.

Es handelt sich tatsächlich um eine heimtückische Verführung, ähnlich dem Zucker, den die Industrie der Nahrung beifügt. Neben den zweifelsfrei vorhandenen Vorteilen, z. B. ein UBER-Taxi zu bestellen oder die Zeit in Berlin abzufragen, entfaltet dieses „Fastkörperteil“ eine geradezu magische Anziehungskraft, der sich Kinder und Jugendliche in Verbindung mit dem sozialen Umfeld nicht entziehen können, selbst wenn sie es wollten.

Es wäre eine Umfrage wert, ob man lieber auf das Mobil oder die Freundin/Freund verzichten wollte. Ich befürchte … Die Frage Mobil oder Freiheit wäre mir schon zu gefährlich, weil das Mobil die Freiheit schlechthin darstellt. Menschen ohne Mobil können jedenfalls nicht mehr als frei gelten, ob sie noch als Mensch gesehen werden können, fraglich. Da es sich ohnehin meist um ältere Personen handelt, würden diese als Relikt aus vergangenen Zeiten besser ins Museum passen und wären dort auch besser aufgehoben. Da könnten sie auch nicht massenweise von den E-Bikes runterfallen, wie man dies neueren Polizeiberichten entnehmen kann.

Die Ursachen sind vielfältig, aber neuere wissenschaftliche Erhebungen lassen darauf schließen, dass die E-Biker der älteren Generation oft in Unfälle verwickelt werden, weil sie sich – um wieder zur Gesellschaft zu gehören – ein Mobil auf den Lenker montiert haben. Mit einem halben Auge wird der Verkehr grob registriert, mit eineinhalb Augen wird unablässig der digitale Straßenplan beobachtet und

Der Pool wird mit Meerwasser gefüllt

gleichzeitig die Werte von Puls, Herzfrequenz und Sauerstoffgehalt im Blut abgelesen. Gefahrenverstärkend kommt das Betrachten der Fotos von der letzten Kreuzfahrt hinzu. Erscheinen auch noch die letzten Fotos vom Kindergeburtstag der Enkel, liegt das E-Bike auf der Straße, weil man die Hände vom Lenker genommen hat, um die lauten Freudenschreie mit den Händen vor dem Mund etwas zu unterdrücken. Sitzt man danach noch auf dem Rad, wird zum Schluss noch die App angeworfen, mit der man direkten Kontakt zu den Kindern bekommt, um ihnen zu berichten, dass man schon unterwegs sei zum Babysitten. Bei all diesen vielen geistigen Beschäftigungen kommt noch das Winken zwischendurch hinzu, wenn Bekannte entgegenkommen oder überholen. Kommt noch eine Hundeleine am Lenker hinzu, braucht man keine Phantasie mehr. Kein Wunder, wenn die Fahrt nicht auf der Sitzbank im Park oder beim Babysitten, sondern auf dem OP-Tisch der chirurgischen Ambulanz endet.

Genug der einleitenden Worte auf der Suche nach einer Geschäftsidee für die Zeit nach der Reise. Nach der näheren Beschäftigung mit dem Thema „Digitale Informationsabhängigkeit" war sie geboren, die Geschäftsidee mit Investitionspotenzial:

Der wissenschaftliche Befund, dass dieser Krankheit heute fast alle unterliegen, dürfte unbestritten sein, allerdings in den unterschiedlichsten Härtegraden. Sucht fängt ja bekanntlich da an, wo man Probleme hat, auf etwas zu verzichten. Das ist noch keine Sucht, aber ein Warnhinweis, die Dinge im Auge zu behalten, egal, um welche Suchtmittel es sich handelt. Ich habe bei mir selbst festgestellt, dass mir in den ersten Tagen auf dem Schiff irgendwie etwas fehlte und dass dies mit der Nichterreichbarkeit und dem Umstand, niemand erreichen zu können, zusammenhing. Nach zwei bis drei Tagen was dieses Gefühl aber weitestgehend über Bord gefallen und ein fast gegenteiliges Gefühl stellte sich ein. Nun gibt es aber Menschen, deren digitale Abhängigkeit längst als Suchtkrankheit gilt und in solchen Fällen wird alles Mögliche versucht, der Abhängigkeit entgegenzuwirken.

Ohne mir weitere Gedanken zu machen, ließ ich die Sache auf sich beruhen, bis mir vor zwei Tagen die Schuppen von den Augen gefallen sind: Die Containerschifffahrt lässt sich als großes Entzugs- und Heilkliniksystem nutzen.

Warten auf die Einfahrtsgenehmigung in den Sueskanal

Ziel: den Abhängigen aus der gewohnten Umgebung an einem Ort unterbringen, der digital meistens nur schlecht erreichbar oder abstellbar ist und der gleichzeitig durch die Gleichmäßigkeit des Lebens an Bord zur inneren Ruhe zurückführt. Dass man nebenbei noch in andere Länder kommt, dient der kulturellen Bildung und der Festigung der Heilungserfolge. Der Abhängige bekommt wie bei anderen Erkrankungen eine Schiffskur verschrieben, deren Länge abhängig ist von dem Grad der Abhängigkeit. Unter drei Wochen wären zwecklos und nicht erfolgversprechend. Für ganz harte Fälle wäre eine Entzugskur nach Australien und zurück als Maximalkur zu sehen mit einer Dauer von ca. 80 Tagen auf mehreren Schiffen.

Vor dem Einchecken auf dem Schiff wird mit der Reederei geklärt, dass der Patient vom Kapitän nur in vorher festgelegten Fällen informiert wird. Beispielsweise beim Tod naher Verwandter oder Freunde, dem drohenden Konkurs der Firma, falls vorhanden, oder dem Abtauchen des Ehepartners, Verlobten oder Lebensabschnittspartners wegen der Schiffsreise. In diesem Falle wäre es ohnehin höchste Zeit gewesen für die Reise.

Weitere Ausnahmen bis zu einer Maximalzahl von zehn können festgelegt werden, für den Fall, dass beispielsweise mehrere Beziehungen im Spiel sind oder aber mehrere Firmen oder Hunde und Katzen zu den nahen Verwandten gezählt werden. Diese Regelung gibt dem Betroffenen die Sicherheit, dass er über das Allerwichtigste informiert wird, ohne dass er sein Suchtmittel bei sich trägt.

An Bord hat der Patient Zeit für sich und kann sich vielem widmen, was ihm im Laufe des Suchtprozesses abhandengekommen ist. So wäre das Wiedererlernen von Kommunikationsmöglichkeiten verbaler und nonverbaler Art eines der Hauptziele. D.h. der Patient lernt wieder, mit jemandem von Angesicht zu Angesicht zu reden oder aber einer anderen Person, statt der Glasscheibe, ein Lächeln zu schenken. Auch der Handschlag oder eine Umarmung wären Ziele der digitalen Entzugskur, an deren Ende wieder ein ganz normaler kommunikativer Umgang Bestandteil des persönlichen Verhaltensspektrums sein sollte.

Die Reedereien könnten ihre Kabinen entsprechend belegen und diesen Markt durch eine spezielle Agentur bewerben lassen. Z. B. Agentur „Über-Bord-damit", was Erweiterungen des Geschäftsmodells ermöglicht und keine Stigmatisierung mit sich bringt. Also auch Menschen mit Adipositas könnten unter diesem Motto eine Fastenkur auf dem Schiff antreten bei gleichzeitigem Fitnessprogramm im bordeigenen Studio. Die ersten Pfunde würden bei vielen schon nach den ersten Tagen automatisch und sprichwörtlich über Bord fliegen.

Die Investitionskosten wären gering, da auf den Containerschiffen ohnehin meistens Kabinen leer stehen. Die Verpflegung für ein paar Leute mehr an Bord wäre logistisch kein Problem. Eine ärztliche Betreuung ist nicht erforderlich, da für die Entgiftung jeder seinen Leidensprozess durchmachen muss. Da helfen Gespräche nicht, weil auch sie nicht das geben können, nach dem der Süchtige in den ersten Tagen schreit. Auf dem Schiff könnte ein Außenbalkon als Schrei-Balkon eingerichtet werden mit einem Spiegel an der Wand. Auch der Maschinenraum wäre sehr gut geeignet, da dort ein Super-Hörschutz getragen werden muss, durch den die eigenen Schreie nicht hörbar sind. Eine Satelliten-Telefonseelsorge auf Kosten von extremen Schreiern wäre zu überlegen, damit am Ende der Kur die Stimmbänder noch brauchbar sind. Folgekosten dieser Art wären den Beitragszahlern nicht zu vermitteln. Für nicht mehr Heilbare gäbe es eine – nicht ganz billige – Hubschrauberrettungsmöglichkeit oder aber der Sprung von Bord. Mit oder ohne Rettungsweste.

Bei über 5000 Containerschiffen und einer Teilnahme von 20 Prozent der Schiffe am diesem, auch sozialpolitisch interessanten Modellversuch, würden 1000 Schiffe mit zwei bis drei Patienten viele deutsche Suchtkliniken entlasten. Bei einer durchschnittlichen Reisedauer von einem Monat hätten pro Jahr zwischen 30.000 bis 40.000 Digitalstrauchler eine Chance auf Heilung. Das wäre eine große sozialpolitische Leistung der deutschen Seeschifffahrt und eine Win-Win-Situation für beide Seiten.

Projektkontrolle: Das Projekt und die Rückfallquote müssten wissenschaftlich ermittelt werden, um langfristige Prognosen geben und das Projekt nachjustieren

Ein 20.000-TEU-Containerriese auf dem Weg in den Sueskanal

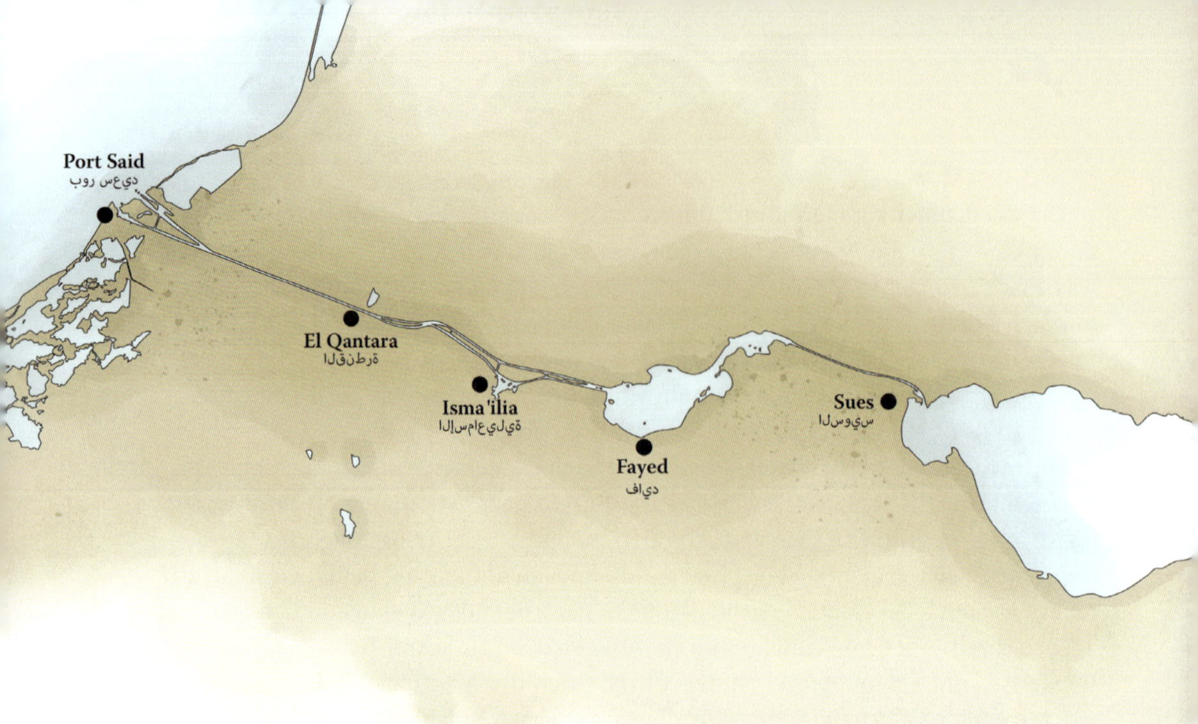

Sueskanal: 164 km, 8 Stunden Fahrt mit dem Containerschiff

zu können. In dem Gremium müssten auf jeden Fall sowohl Geheilte als auch Rückfaller vertreten sein.

Tag 118: Mittwoch, der 14.2.2018
13. Tag auf der „Centaurus“: Im Sueskanal

Europa steht vor der Tür. Hinter dem Sueskanal wartet das Mittelmehr mit der für mich unerwarteten Kreuzfahrt: Malta, Valencia, Barcelona und Marseilles/Fos-sur-Mer sind die Stationen mit jeweils einem Tag Aufenthalt. Am 26/27. Februar ist dann zum Schluss Genua an der Reihe. Aber noch sind es zwei Wochen, die mir gehören.

Blick von der Brücke auf Sues

Draußen ziehen Wüstenlandschaften vorbei, wir fahren mit einem Abstand von vielleicht zwei Kilometern im Konvoi. Sieht irgendwie etwas bizarr aus, wie diese Riesenschiffe in dem gegenüber den anschließenden Landflächen kleinen Kanal durch die Wüste fahren.

Die „Centaurus“ trifft um 23 Uhr im Wartesaal des Sueskanals ein. Hier treffen sich alle Vagabunden der Meere mit dem gemeinsamen Ziel Mittelmeer,

Einfahrt in den Sueskanal bei Port Sues

um sich von der ägyptischen Kanalbehörde für einen Konvoi registrieren zu lassen. Und hier sieht man viele „Kollegen" wieder, die im Laufe der letzten zwei Tage die „Centaurus" überholt haben. Sie hatten gehofft, mit etwas mehr Tempo noch den Anschluss an den vorangegangenen Konvoi zu bekommen. Außer Spritspesen nichts gewesen, würde man in Baden sagen. Und das sind dann schnell mal ein paar Tausend Euro.

Der Anker wird geworfen, der Pott steht. Die ganze Nacht und auch noch lange in den Vormittag hinein. Wir sind in Ägypten, nicht in Singapur, wo der Zoll nachts um 2:30 Uhr an die Tür klopft. Hier gilt die arabische Zeitrechnung: One minute = eine Stunde, five minutes = einen Vormittag, one hour = ein Tag. Bei two und more hours kann man sich überlegen, ob man auf den Zollhof einen geräumigen Wohnwagen stellt oder gar ein Weber-Fertighaus baut.

Habe ich am Zoll in Haditha, der Grenze zu Saudi-Arabien gelernt. Bei der ersten Lkw-Tour hatte der Zollspediteur nach Abgabe der Papiere auf meine Frage nach der Abholzeit mit „one minute" geantwortet. Ich hatte mich gewundert, weil das ja schneller wäre als an den europäischen Grenzen.

Im Hintergrund die Einfahrt in den Sueskanal

Im Konvoi durch den Kanal

Zum Lkw zurückgehen wäre Blödsinn wegen einer Minute. Nach einigen Minuten reichte mir der Spediteur einen heißen Tee, in dem der Löffel eigentlich senkrecht hätte stehen müssen, so süß war er. Das war der Wink mit dem Teepfahl und sollte wohl bedeuten „abwarten und Tee trinken“. Nach einem weiteren Tee meinte Yamuk – so hatte er sich vorgestellt –, dass es wohl doch noch „five minutes“ gehen würde, zeigte aber auf seiner wahrscheinlich unechten Rolex auf die 12 Uhr. Ich hatte den ersten Teil der arabischen Zeitrechnung verstanden. Um 12 Uhr dann den zweiten Teil. Da sollte es noch „one hour“ dauern. Losgefahren bin ich dann am nächsten Mittag.

Jetzt war mir auch klar, warum die Kollegen seelenruhig ihren Kaffee getrunken hatten und keinerlei Stress mit der Abfahrt hatten. In der Folgezeit habe ich dann ohne Stress den Zollhofaufenthalt verbracht und neuen Kollegen zugeschaut, wenn sie durch die Gegend rannten, um pünktlich nach fünf Minuten oder einer Stunde bei Yamuk einen Tee zu trinken.

Im großen Bittersee des Sueskanals

Unter acht Stunden fuhr keiner vom Platz, da die komplette Ladung kontrolliert wurde, d. h. wenn diese unübersichtlich auf der Pritsche zusammengepackt war, wurde abgeladen mit Bagger und Stapler. Nach dem Aufladen blieben meistens Teile zurück, die nicht mehr auf die Pritsche gepasst hatten oder beschädigt und deshalb wertlos waren.

Wenn ich schon dabei bin: Um überhaupt in den

Zollhof zu gelangen, musste man sich der Kontrolle der Lkw-Kabine unterziehen. Gesucht wurde immer nach Alkohol, Porno-Heften und Drogen. Der Randstreifen in der Grenzzone von Jordanien zu Saudi-Arabien war eine Art Alt-Porno-Papier-Lager, weil jeder seine Zeitungen und alles, was nur irgendwie mit Frauen zu tun hatte, aus dem Fenster geworfen hatte. Den „Spiegel" musste ich jedes Mal an dieser Stelle opfern. Und ein Kontrolleur wollte wissen, was ich in den 24 Cola-Dosen hätte. Meine Antwort: „Coca-Cola", seine Antwort „open one". Ich opnete. Er roch rein. „Ok, once more", ich opnete, er roch rein. „Ok". Beim nächsten „once more" hätte ich ihm schon an die Gurgel springen können, da ich ahnte, was kommen sollte. Am Ende waren dann alle Dosen offen, der Zöllner war zufrieden und ich durfte in den Zollhof fahren und zur Coca-Party einladen.

Gegen 11 Uhr kommt die Information, dass sich ein Containerschiff im Kanal festgefahren hat und erst freigeschleppt werden muss. Der Kapitän meint, das käme

Kanal-Überwachung am Rande einer Oase

ab und zu vor, würde aber in der Regel nach ein paar Stunden erledigt sein. Das maschinelle Equipment würde immer bereitstehen. Also Zeit für eine ausgedehnte Wanderung mit den drei anderen Genussgenossen/innen und ein Sonnenbad in der merklich kühleren Luft. Im Schatten ist der Pullover gefragt, seit Wochen das erste Mal.

Im Hintergrund arbeiteten der Zoll und die Kanalbehörde und stellten den nächsten Konvoi zusammen, da nur im Konvoi gefahren werden darf. Am Ende fuhren sechs dicke Pötte im Abstand von ca. einem Kilometer in den Kanal. Zwei davon mit der doppelten Containermenge an Bord wie die „Centaurus", nämlich mit um die 20.000 Stück.

Um 15 Uhr setzte sich das erste Schiff in Bewegung, wir fuhren als zweitletztes in die Halbröhre, die relativ schmal wirkt und es nach der Einfahrt auch ist. Ein ägyptischer Lotse gibt Anweisungen und das dauert dann bis um 4 Uhr am nächsten Morgen.

Nach einem herrlichen Sonnenuntergang wird es gegen 20 Uhr dunkel. Ein Lichterspiel auf der ägyptischen

Am 23. März 2021 hatte sich das Großcontainerschiff „Ever Given" festgefahren und blockierte sechs Tage den Kanal. Ca. 370 Schiffe warteten beidseits des Kanals auf die Durchfahrt.

Die „gelbe Flotte", rechts die „Münsterland"

Seite beginnt, da am gesamten Kanal entlang Siedlungen und Militäreinrichtungen entstanden sind.

Von 1967 bis 1975 haben hier Israel und Ägypten Krieg geführt, sich aber am Ende wieder auf den ursprünglichen Grenzverlauf geeinigt Der Kanal war in dieser Zeit geschlossen, 14 Schiffe saßen für einige Jahre im großen Bittersee fest und bekamen den Namen „gelbe Flotte", weil sie von den Sandstürmen regelrecht gelb gefärbt wurden. Zwei deutsche Schiffe schafften es nach dieser Zeit, aus eigener Kraft im Mai 1975 in ihren Heimathafen Hamburg zurückzukehren. Handgemalte Briefmarken der Matrosen wurden in dieser Zeit von der ägyptischen Post anerkannt.

Mehr zu der gesamten Geschichte des Sueskanals gibt es zusammengefasst unter dem Link: https://de.wikipedia.org/wiki/Geschichte_des_Sueskanals

Die ungefähr drei Kilometer südlich von Al-Qantara liegende Sueskanal-Brücke passieren wir um 23:30 Uhr, eine vierspurige Schrägseilbrücke mit 70 Metern Höhe, zwei Meter höher als die zulässige maximale Schiffshöhe von 68 Metern. Die größte Spannweite der 3,9 Kilometer langen Brücke beträgt 404 Meter. Die Pylone sind 154 Meter hoch. Das Bauwerk wurde mit japanischer Unterstützung errichtet und am 9. Oktober 2001 von Präsident Mubarak eröffnet. Sie ist Teil eines größeren Projektes zur Entwicklung des Sinai.

Ungefähr zwölf Kilometer nördlich von Ismailia steht seit 2001 auch wieder eine Eisenbahn- und Straßenbrücke. Die El-Ferdan-Brücke ist mit 340 Metern Spannweite die längste Drehbrücke der Welt.

Eine Durchfahrt bei Tag dürfte wesentlich interessanter sein, aber hier bestätigt sich eben, dass ein Containerschiff kein Ersatz für Kreuzfahrtschiffe sein kann, wenn es um die idealen Zeitpunkte für den optischen Genuss von Länder Highlights geht, die in den Tourismusprospekten als „muss man gesehen haben" angepriesen werden.

Der Kahn fährt, egal an welchen kulturhistorischen Welt- oder Naturwundern er nachts vorbeischrammt. Um 0:30 Uhr habe ich genug Lichter an Land und Lichtspiele im Wasser gesehen und haue mich aufs Ohr. Die erste und wahrscheinlich die letzte Nacht im Sueskanal. Bevor ich einschlafe, muss ich noch schmunzeln bei der Frage: „Wer kann sich schon den Luxus leisten, den Sueskanal zu verschlafen?" Mit dem leisen Brummen der Riesenmaschine schlafe ich ein. Der Konvoi schifft mit 10 Knoten (ca. 18 km/h) dahin.

Freie Fahrt nach Europa

Konvoi fahren war noch nie mein Ding. Hat wahrscheinlich mit mir zu tun, weil es mir schon immer schwergefallen ist, mit Herden zu ziehen oder mich anzupassen an geltende Gruppen-Normen. In Saudi-Arabien bin ich ein einziges Mal mit Kollegen im Sechser-Konvoi gefahren. Wenn einer „musste", mussten die anderen fünf stoppen. Nie mussten alle gleichzeitig, also haben wir öfter gestoppt. Als Nächstes ging es um die verschiedenen Schlafbedürfnisse und danach kam der Hunger, der a) unterschiedlich groß war, und b) auf verschiedenste Weise gestillt wurde. Einer oder zwei mussten immer kochen, weil sie ohne was „Warmes im Bauch" nicht über den Tag kamen.

Ich habe mich dann irgendwann mit „Gute Nacht" verabschiedet. Von der Grenze nach Riad dauerte es 16 Stunden, wenn man sich ranhielt. Im Konvoi mit diesen Kollegen würden es 32 Stunden werden. Hin! Zurück dann 28, weil die Lkws auf dem Rückweg bis Griechenland immer leer fuhren und man deshalb insgesamt kürzere Fahrzeiten hatte.

Kein Wunder, dass ich den Konvoi in der Wüste nochmal getroffen habe. Ich war auf der Rückfahrt, der Konvoi machte gerade auf der Hinfahrt eine Essenspause. Zwei Wochen später stand ich in Volos, Griechenland, mit dem in Deutschland neu beladenen Lkw vor dem Schiff, aus dem gerade die Kollegen vom Konvoi herausfuhren. Sie hatten wegen ihrer „Trödelei" ein Schiff verpasst und standen dann vier Tage in Syrien, um den herumlaufenden Eseln auf dem Zollhof fünf weitere hinzuzugesellen.

11
Mittelmeerkreuzfahrt auf einem Containerschiff

Port Said – Malta – Valencia – Barcelona – Marseille – Genua //
Genua – Achertal

Eine „Mittelmeerkreuzfahrt“ über Malta, Valencia, Barcelona, Marseille bis Genua mit stürmischem Finale vor Genua. Die Centaurus driftete 4 Tage im Golf von Genua und ich bekam länger Zeit für den Abschied von einer Reise zu mir selbst.

20 Tage | 3.500 km | 500 km | 30 km

Tag 119: Donnerstag, der 15.2.2018

14. Tag „Centaurus“: die Mittelmeer-Kreuzfahrt beginnt

Um 6 Uhr ist die Nacht vorbei und der Blick aus dem Fenster lässt keinen Zweifel: Wir sind im Mittelmeer. Aber nicht nur die Aussicht, auch die kühle Luft weckt in mir die Erinnerung daran, dass ich den Winter schlichtweg verpasst habe. Nicht aber die letzten Boten aus dem Norden, die zu dieser Jahreszeit noch tief in den Süden dringen.

Die Kreuzfahrt beginnt mit zwei Tagen Kerzengeradeausfahrt bis Malta. Da gibt es außer Horizont nicht viel zu sehen, aber zu genießen. Noch mal Sonne pur auf dem Deck mit frischer Luft im Kreuzfahrtstuhl. Nach einer Stunde UV-Tankstelle geht's an den Schreibtisch, Tagebuchberichte korrigieren und Fotos zuteilen. Vier Stunden am Morgen und drei Stunden am Nachmittag. Immerhin Teil 7 wird weitgehend fertig. Und dann auch noch die Maschinenraumbesichtigung.

Führung durch den Maschinenraum

Zwischendurch natürlich noch das Mittag- und Abendessen, Gitarre spielen, eine Bordwanderung mit Pollersitzung, weil der Wind auf dem Ausguck nicht nur scharf pfeift, sondern auch winterliche Ahnungen hochkommen lässt. Jedenfalls ist es ruckzuck Abend und ein Seegewitter mit Sandsturm macht eine Balkonsitzung unmöglich und sorgt wieder für schmutzige Fenster.

Ich beende noch die Geburtstagskarte für ein rumänisches Crewmitglied, das am 17. Februar auf Malta 52 wird. Dank Google und einem Kollegen bekomme ich den rumänischen Text auf die Reihe. Basis der Karte bildet die bereits für Adele gestaltete Karte. Ich habe mich dem rationellen Arbeiten auf dem Containerschiff angepasst. Da wird auch nicht jeder Container verschieden behandelt.

Und um 23:30 Uhr erinnern die müden Augen an die kurze Nacht im Sueskanal. Nur wegen ein, zwei Brücken, ein paar Fotos und 100.101 Lichtern – wenn ich richtig gezählt habe – die halbe Nacht um die Ohren geschlagen. Und dann kann ich mir noch das Wehklagen der Verwandten anhören, wenn die Fotos vom Sueskanal an einem lauen Sommerabend noch unbedingt vorgeführt werden müssen, auch wenn die mitternächtliche Stunde bereits angebrochen ist. Aber da müssen sie durch, nur so kann ich die nächsten drei Wochenenden für die Mittelmeer-Kreuzfahrt frei bekommen. Allein Malta dürfte uns ein Wochenende kosten.

Um 14 Uhr ist die wegen den Temperaturen ins Mittelmeer verlegte Maschinenraumbesichtigung angesagt. Ich kannte von der „Aglaia" den Motor und war seinerzeit schon schlichtweg baff über die Größe des Zentrums des Schiffes. Während ich dort ein Einfamilienhaus geschätzt habe, ging es hier um ein Zweifamilienhaus, mindestens. Dimensionen, die man sich nicht vorstellen kann, selbst wenn man die Fotos betrachtet. Mit ca. 30 Meter Länge und ca. acht Meter Höhe inklusive der Kurbelwelle ein mehr als beeindruckendes Bild. Für den Laien grob zusammengefasst: ein Pferdestall mit 100.000 Pferden und einem Futterlager für 80 Tage bei täglichen Rationen von 100 bis 120 Tonnen Flüssighafer.

Auf den letzten paar hundert Meilen fallen mir dann doch noch ein paar Geschichten aus der Jugend ein, die sicherlich prägend waren für das spätere Leben. Die Bodenseetour mit meinem Freund Manfred auf dessen Zündapp-Moped ist eine solche und bleibt auch wegen ihrem Ende mit Quark auf dem Rücken unvergessen. Wir waren an fast jedem Wochenende unterwegs, meistens am Samstagabend oder am Sonntagnachmittag nach unseren Fußballspielen im Verein. Irgendwie hatte uns der Hafer gestochen und wir beschlossen, auf dem Zündapp-Moped an einem Freitag an den Bodensee zu fahren. Eigentlich die gleiche Strecke wie Jahre vorher mit dem Fahrrad in der Gegenrichtung. Also gepackt und los und tatsächlich fanden wir mit einigen kleineren Umwegen abends den Bodensee und einen

Zeltplatz. Heute fast nicht vorstellbar, mit einem solchen PS-Zwerg zu zweit mit Gepäck über den Schwarzwald zu hecheln und dem Kleinmotor fünf Stunden und 170 Kilometer abzuverlangen.

Abends mit anderen Jugendlichen auf dem Zeltplatz noch ordentlich gefeiert, bis der Zeltplatzwart uns um 1 Uhr ins Luftmatratzenbett schickte.

Samstag tolles Wetter, volle Sonne, volle Luftmatratzen, voll gut drauf, müde, aber bereit, den See zu erobern. Auf die Matratzen und raus auf den See. Ein bisschen dösen und die Sonne genießen war das Ziel, einschlafen und nach einer Stunde aufwachen das vorläufige Ergebnis. Nach dem Essen nochmal eine Runde auf den See. Abends beim Schickmachen für die Mädels hatte ich vor dem Taschenspiegel schon bemerkt, dass mein Teint sich dramatisch verändert hatte. Im Gesicht in ein indianerbraun, auf den Schultern eher rötlich-schweinsfarben. Dazu kam ein ganz komisches Ziehen auf der Haut. Ich war froh, dass Manfred über die gleichen Erscheinungen berichtete, was eine Allergie weitgehend ausschloss. Beim Anblick nach dem Sonnenuntergang waren wir uns von der Hautfarbe her fremd geworden. Drei Stunden später saßen wir als Rothaut-Brüder im Zelt. Mindestens so schmerzhaft wie eine Blutsbrüderschaft, wahrscheinlich übler. Wiederum drei Stunden später saßen wir als Moped-Indianer auf der Zündapp und galoppierten mit den paar Ponys Richtung Heimat.

Manfred und ich – damals

Sechs Stunden später war ich zu Hause und stellte mich als Nachfolger von Winnetou meiner Mutter vor, der allerdings bei meinem Anblick nicht zum Lachen zumute war. Der Winnetou, den sie von den Kinoplakaten kannte, hatte keinerlei Ähnlichkeit mit einer Tomate. Sie holte Quark und schmierte den über alle frischlingsähnlichen Hautpartien.

Ich denke, es müssen zwei oder drei Becher gewesen sein. Kein Vorwurf, keine dummen Fragen. Die Strafe für das gedankenlose Verhalten hatte ich zu tragen. Das war's, und so war meine Mutter. Wenn das Kind in den Brunnen gefallen ist, muss man keine Steine mehr hinterherwerfen.

Das Leiden dauerte zwei Tage, das Abfärben sicher drei oder vier und das folgende, allerdings schmerzlose Hautschälen nochmal zwei bis drei Wochen. Danach sah ich aus „wie aus dem Ei gepellt".

Tag 120: Freitag, der 16.2.2018
14. Tag auf der „Centaurus"

Die „Sonnendecks" der „Centaurus"

Wieder 6 Uhr, wieder gleiches Wetter, aber etwas wärmer. Also heute mehr UV und mehr frische Luft auf dem Außendeck. Zu sehen gibt es heute zur Abwechslung andere Wellen als gestern. Nicht so flach und glatt, sondern mit Schaumkämmchen. Und andere Schiffe. An diese herrliche Eintönigkeit musste ich mich am Anfang gewöhnen, weil sie gegenüber dem realen Leben zu Hause geradezu aggressiv und zynisch wirkt. Auf der einen Seite volle Kanne im Tagesgeschäft und dann der tiefe Fall in die absolute Ruhe, die dich am Anfang in der Kabine ebenso anstarrt wie auf dem Außendeck. Nach einer Weile starrst du dich selbst an mit vielen Fragen zum Warum und Wieso ... Und dann dreht sich das Karussell plötzlich langsam in die andere Richtung und ab diesem Moment wirst du gefangen von genau der Stimmung, über deren Sinn du zu Beginn der Reise gezweifelt hast.

Heute bin ich 14 Tage durchgehend auf der „Centaurus" und mir kommt es vor, als wären es ein paar Tage. Ich befürchte, dass ich mich in diese Art von Reisen verliebt habe, nicht in das adipöse Schiff, falls das jemand denken sollte. Endlich eine andere Liebe mit weniger Verantwortung für das Gelingen.

Im Laufe der Jahre kommen bei genauem Nachdenken doch einige Namen zusammen, die in verschiedenen Phasen, vor allem zwischen 16 und 25 eine prägende Rolle gespielt haben und in manchen Fällen auch mehr. Mein Gedächtnis bringt ohne Garantie einige Namen an den Tag und verschiedene Gesichter, Geschichten und Erlebnisse. Tolle, weniger tolle und ganz dumme und dumm gelaufene. Irgendwie gingen Beziehungen zusammen und auseinander. Dass ich das komplette Alphabet als Ziel hatte, ist und bleibt ein Märchen. Da hätte es neben den vorhandenen A1, G1, G2, K, E, B, I, C, A2, M, H, G3 noch viele schöne Buchstaben zu erobern gegeben. Das offene U von Uli hat mich am Ende gefesselt und mir trotzdem viele Freiheiten gegeben und ein tiefes Vertrauen, das für mich als existenziell für das Gelingen einer Beziehung gilt.

Ich gehe sogar soweit, dass Misstrauen geradezu eine Aufforderung darstellt, dieses zu bestätigen, weil es beide Partner letztendlich entlastet. Der Misstrauische fühlt sich bestätigt und der Beschuldigte gilt nicht mehr als zu Unrecht verdächtigt. Es lebt sich leichter, auch wenn das Misstrauen die Beziehung dauerhaft belastet und nachhaltig beschädigt. Unschuldig beschuldigt zu werden wirkt aber auf die gleiche Weise. Es erscheint mir logisch und gesünder für den 3. Lebensabschnitt, falsche Beschuldigungen und Misstrauen durch Bestätigung richtigzustellen und sich nicht in wenig konstruktiven Gesprächen dagegen zu wehren. Es gibt dann Täter und Opfer, aber keine zwei Opfer.

Draußen spielen die Wellen im Sonnenlicht, der Wind fächelt salzige Meeresluft in die Kabine und es wird Zeit für einen heißen Kaffee. Vor lauter Schreiben über solch tiefgreifende Fragen von Liebe, Leid und Eifersucht ist der Kaffee von heute Morgen kalt geworden und hat sich dem Thema angepasst.

Tag 121: Samstag, der 17.2.2018
15. Tag „Centaurus“: Stopp auf Malta

Ein harter Tag steht bevor. Malta, die Festung im Mittelmeer, muss heute erobert werden. Mit Sturmschuhen aus Bühl, Dätschkapp aus Italien, Poloshirt vom Werbefritzen und der alten Jeans mit ihren Erlebnissen der letzten acht Wochen. Die Kniekehlen habe ich mit Wasser eingerieben, damit sich die Hosenbeine noch bewegen lassen. Das Poloshirt sieht gestärkt nicht einmal so schlecht aus, etwas förmlich zur Mottenmütze.

Wir haben uns bereits gestern Abend darauf geeinigt, dass wir gemeinsam in die Stadt fahren, aber dann getrennte Wege gehen. Die Finnen wollen möglichst viel sehen, wären am liebsten schon um 7 Uhr losgezogen. Lady Schweiz aus Bern hat es da lieber etwas gemütlicher, was dem Berner Gemüt entspricht. Ich will mir alle Türen offenhalten, lediglich die Kathedrale von Malta möchte ich mir ansehen und für die bisherige unfallfreie und wunderbare Reise mit ein paar Gedanken „Vergeltsgott“ sagen.

Um 6:30 Uhr möchte ich mir die Karte von Malta als PDF vom Rechner auf das Handy ziehen. Die australische SIM-Karte – will immer noch im Mobil wohnen

Blick auf Malta und sein Umland

bleiben – kostet hier richtig Roaming-Kohle. Ein Mail von Valentin trifft ein. Die Zusage für den Controller-Job in Österreich. Das freut mich natürlich und ich antworte ihm sofort, denn das Guthaben auf dem Schiff geht dem Ende entgegen. Noch 1 Dollar = ein MB.

Aquakulturen im Hafen von Malta – vermutlich „Öl"sardinen

Die Einfahrt in den Hafen verzögert sich und wir warten bis 11 Uhr, bis ein Kai nach der „Centaurus" ruft. Wegen der Verzögerung im Sueskanal hat ein anderer Frachter den reservierten Platz belegt. Der Hafen von Malta ist für diese Mittelmeerdrehscheibe viel zu klein. Hier werden Container aus dem südlichen Mittelmeerraum gesammelt bzw. Container für diesen Raum entladen und gehen mit kleineren Schiffen z. B. nach Syrien oder die Türkei. Um 12 Uhr liegen sich Kai und „Centaurus" in den Anlegepollern. Um diese Zeit wollten wir eigentlich in einem feinen Fischrestaurant im Hafen von Malta sitzen, um das tägliche, kräftige und fleischorientierte Balkanessen mit einem Gourmetschmaus zu unterbrechen. Stattdessen sitzen wir an Bord und essen gefüllte Paprika und eine Gemüsesuppe sowie eine Honigmelonenscheibe aus dem Kühllager. Da können sie wochenlang gelagert werden, aber es kommt kein Honig dazu und die Scheibe ähnelt eher einem gefrorenen Stück Wasser.

Um 13:30 Uhr kommen wir von Bord, nachdem auch der Zoll seinen Segen gegeben hat. Das geht hier in Europa innerhalb von zehn Minuten, und um 13:50 Uhr sitzen wir bereits im Bus nach La Valletta, der Hauptstadt und dem historischen Zentrum der Insel.

Auf dem Weg zur Bushaltestelle sind mir noch die Haustüren aufgefallen, alt, viele farbig mit Hausnummer und Namen des Hauses. Ein paar Josefs sind auch dabei. Während die Häuserzeilen vom Schiff aus sehr malerisch aussahen, war der direkte Sichtkontakt eher schockierend. Hier bröckelt die Farbe von den Türen und der Putz von den Fassaden, was auf den ersten Blick auf ein eher ärmliches Leben hindeutet. Der Espresso in einer Bar neben der Bushaltestelle bringt uns gleich die Bekanntschaft mit der maltesischen Sprache und vermittelt den Eindruck, dass hier am Samstagmittag durchaus schon mal das eine oder andere Bier als Wegzehrung durch die vermutliche Arbeitslosigkeit eingenommen wird. Trotz der Lage hat in dieser Bucht direkt gegenüber dem Containerhafen der Tourismus noch keine Schick-Bresche geschlagen, obwohl die Bauarbeiten am Hafen entlang darauf schließen lassen, dass hier in dieser Richtung etwas passieren wird. Ein großes Manko stellt das Containerterminal gegenüber der Häuserzeile dar.

Josefs gibt's überall auf der Welt

Da winkt nicht das blaue Meer, sondern blaue und aufgrund ihrer Höhe stolze Containerkräne, die sich tagsüber, aber vor allem in den Nächten durch das Rumpeln der Containerverladung in den Vordergrund spielen möchten. Dazu ein hässliches Betonhotel, das als Bausünde den ersten Preis gewinnen würde. Es sieht fast so aus, als wenn hier ein Investor nicht nur in den Bau investiert hat.

In der zweiten kleinen Bucht sieht die Situation insgesamt bereits gepflegter und touristischer aus. Ein kleiner Park mit Lustwandelschleifen, einem Kinderspielplatz und ein kleiner Strand sehen wesentlich verlockender aus und das Blau der Kräne geht über in das bläuliche Licht des Meeres.

Promenieren auf der Promenade

Der Vorteil des etwas heruntergekommenen Viertels Birzebbuga dürfte sein, dass hier eher einfachere Leute ihren Urlaub verbringen oder Liebhaber original-maltesischer Askese oder herber Schönheit. Bei der Bauform des Hotels wurde versucht, das Thema Wehrhaftigkeit mit modernen Materialien umzusetzen. Es wird nur nicht klar, welchen Gegner der Architekt abschrecken will. Mit einer gewieften Marketingmaßnahme und einigen Investoren würde hier mit Sicherheit eine nette Urlaubsregion entstehen.

Hintergrundinformation zu Malta: Malta zählt mit seinem Status als Finanz-Monopoly-Spielplatz zu den eher reichen EU-Mitgliedern, was nicht bedeutet, dass hier alle Leute reich sind. Danach sieht es an vielen Stellen überhaupt nicht aus. Durch die Einnahmen aus Tourismus und Finanzdienstleistungen erwirtschaftet der Staat jedoch in ausreichendem Maße Mittel für den Staatshaushalt, der sogar mit Überschüssen aufwarten kann.

Eine erstmalige Besiedlung Maltas wird auf 4000 v. Chr. datiert. In den Folgejahrtausenden war es Ausflugsziel einiger Herrscher des Mittelmeerraumes, die sich allerdings an den immer mächtigeren Bollwerken der Insel mehr als einmal blutige Nasen geholt hatten, aber auch – trotz aller Befestigungen – erfolgreich waren. Herrscher- und Religionswechsel gehörte für die Malteser zwar nicht zum täglichen, aber zum jahrhundertlichen Leben. Geprägt wurde die maltesische Kultur von den mediterranen Großreichen, etwa der Karthager, Römer, Byzantiner und Araber, zu denen die Inselgruppe in der Antike und dem Mittelalter gehörte; in Religion und Brauchtum ist sie vor allem vom römisch-katholischen Süditalien beeinflusst, sprachlich von den Arabern. Eine eigenständige Entwicklung erfuhr sie ab 1530 unter der Herrschaft des souveränen Malteserordens. 1814 holte sich England unter Admiral Nelson die Insel als Kolonie unter die Krone, nachdem die Franzosen unter Napoleon sich aus dem riesigen Schatz der Kirchen reichlich bedient hatten und mit ganzen Schiffsladungen Frankreich reicher und Malta ärmer gemacht hatten. Am 21. September 1964 entließ England den Zwergstaat in die Unabhängigkeit. Am 1. Mai 2004 trat das Land als kleinster Mitgliedstaat der Europäischen Union bei und führte am 1. Januar 2008 den Euro als Landeswährung ein.

Im zweiten Weltkrieg wurde die strategische Lage Maltas im Mittelmeer als Basis, Nachschublager und Lazarett mitentscheidend für den Sieg der Engländer gegen Deutschland im Afrikakrieg. Eine weithin unbekannte Geschichte, die der Insel

Straßenkarneval in Malta

Bomben und Tod durch italienische Flug- und Schiffsverbände brachte, nachdem sich Italien unter Mussolini mit Deutschland verbündet hatte.

Mit mehr als 430.000 Einwohnern (2014) auf 316 km² Fläche gilt Malta mit seiner Inselstruktur als der Staat mit der fünfthöchsten Bevölkerungsdichte weltweit. Der Großteil der Bevölkerung konzentriert sich auf die Hauptstadtregion um Valletta, in dessen Ballungsraum rund 394.000 Einwohner leben.

Einige erwähnenswerte Rekorde der Insel: Malta gilt als das wasserärmste Land der Erde. Malta erzeugt mit ca. 650 kg/Jahr/Person den meisten Müll in der EU. Die Einnahmen aus Finanzdienstleistung und Tourismus finanzieren mit ca. 85 Prozent den größten Teil des Staatshaushalts.

Die Steuervorteile für Unternehmen in Malta sind gravierend, obwohl die offiziellen Sätze für Körperschaftssteuern mit 35 Prozent höher liegen als in Deutschland. Durch ein ausgeklügeltes Rückerstattungssystem sinkt die effektive Steuerbelastung für Unternehmen auf 5 Prozent bzw. sogar auf 0 Prozent. Der Spitzensteuersatz für die Einkommensteuer liegt bei 35 Prozent, in Deutschland bei 42 Prozent. Bei großen Summen ergibt das stattliche Beträge für die Gewinner der Globalisierung.

An den 1,8 Mio. Touristen im Jahre 2015 kann man erkennen, wie wichtig dieser Wirtschaftszweig für die Insel ist und wie es hier in der Saison zugeht. Die Regierung gibt jährlich ca. 11,4 Prozent ihres gesamten Budgets für den Tourismussektor aus. Allein ca. 600.000 Kreuzfahrttouristen, darunter ca. 125.000 Deutsche als größte Gruppe, möchten die Schönheiten und Kulturschätze Maltas gesehen haben. Weitere ca. 20.000 deutsche Urlauber reisen auf andere Weise an. Ein paar davon mit Containerschiffen, so wie wir von der „Centaurus".

Weitere 10.000 Menschen – vor allem aus Somalia – kamen mit kleineren Schiffchen und trugen ihr Kreuz auf die Insel. Diese sitzen hier zunächst auf jeden Fall fest, weil eine Weiterreise bei der bestehenden Küstenüberwachung nur noch auf legalem Wege möglich wird. Im Straßenbild und in den öffentlichen Verkehrsmitteln werden hier die grundlegenden Fehler der europäischen Eingriffe in Afrika durch die Ausbeutung während den Kolonialzeiten und der späteren verfehlten Entwicklungspolitik anhand von hier gestrandeten Menschen sichtbar.

Die nackten Zahlen der Flüchtlingsstatistik bilden hier ständig wechselnde Straßenbilder und bleiben zumindest den Touristen eine Zeitlang in Erinnerung, womöglich sogar noch bei einem Bilderabend zu Hause im warmen Wohnzimmer.

Mehr äußerst interessante Infos zum kleinsten EU-Mitglied unter:
https://de.wikipedia.org/wiki/Malta

Der Bus fährt ca. zehn Kilometer durch landwirtschaftlich genutztes Gelände, das stark an die spanischen Felder mit ihren Steingrenzen erinnert. Überhaupt erinnert der Baustil und der auf den Straßen liegende Müll an den Süden. Beim Durchfahren von dörflichen und halbstädtischen Orten würde ich darauf schließen, dass hier eher ein bescheidenes Leben geführt wird. Die verblassten Haustüren und Außenfassaden scheinen dies zu bestätigen, es sei denn, die Malteser/innen horten ihr Geld aufgrund der wechselnden Inselbesatzer und deren Nehmerqualitäten unter dem Boden hinter den heruntergekommenen Mauern. Verständlich wär's.

In der Stadt ist der Teufel los. Eine Nachfrage bei Google ergibt: „Hier ist heute und morgen Karneval und da geht's richtig ab!“ Kostüme, meterhohe Wagen, Musik aus allen Rohren und ein Umzug, der sich von 15 bis 20 Uhr mit ohrenbetäuben-

Der Stadtbrunnen in La Valletta

Malta bei Nacht

dem Lärm durch die Gassen bewegt. Das erste Ziel der Finnen und der Schweizer Lady ist ein Café mit Wifi. Da sie auf dem Schiff kein Geld ausgeben wollten, müssen sie hier alle Mails, Updates und Apps auf Vordermann/frau bringen. Das kann dauern und dauert auch eine Stunde. Eigentlich hätte ich mir in dieser Zeit einiges anschauen können, aber die unzähligen vorbeieilenden Narrenkostüme anzusehen, ist auch eine kulturelle Weiterbildung auf fremdem Boden. Bunt, bunter, am buntesten scheint hier die Devise zu sein.

Nach dem Wifi-Festival geht's dann los und natürlich trifft man in einer solch relativ kleinen Stadt immer wieder auf den Karnevalsumzug, der sich rauf und runter durch die Gassen schlängelt mit permanentem Stillstand und Tanzeinlagen. Nicht wie bei uns mit Absperrgittern. Da laufen die Leute zwischen den Wagen durch, tanzen und unterhalten sich wegen der lauten Musik schreiend und gestikulierend. Die ganze Altstadt mit den Durchfahrtswegen ist ein einziges Gewusel, Gequassel und Gehopse. Bei solchen Verhältnissen ist natürlich klar, dass der Zug eine kleine Ewigkeit dauert.

Bei einem Italiener machen wir um 17 Uhr eine Prosecco-Pause und holen hier später den geplanten und ausgefallenen Gourmethöhepunkt des Mittags nach. Jeder isst was anderes, was für die Individualität der Gruppenmitglieder spricht. Gegrillter Fisch und Scampis liegen auf den anderen Tellern, bei mir ein herrliches Black Angus Steak, medium mit Senfkörnersoße. Sehr gut und sehr guter Wein zu normalen Preisen. Leider kalte Teller, was ich mein Leben lang nicht verstehen werde. Kein Fleisch und kein Fisch will heiß auf einen kalten Teller gelegt werden. Da geht Geschmack verloren und nur durch schnelles Essen kann man verhindern, am Ende kaltes Steak zwischen den Kiemen zu haben. Leider war ich zu höflich, sonst hätte ich gleich einen heißen Teller nachgefordert.

Trotzdem ein sehr gelungener Ausflug in die Hauptstadt von Malta. Um 21:30 Uhr sind wir nach einer ziemlich ruppigen Busfahrt wieder im Hotel „Centaurus“. Die

Kabine brummelt mir ein leises „Guten Abend, auch wieder hier?" mit verärgertem Nachklang entgegen. Die war einfach nur sauer, weil ich sie so lange allein gelassen habe. Nach über zwei Wochen zusammenwohnen, jede Nacht das Bett geteilt, hatte sie wohl damit gerechnet, dass dies ewig so weitergeht. Man kennt das ja von anderen Vorfällen im Privatleben, wenn man mal etwas länger wegbleibt und der Budensegen schiefhängt. Einer der Punkte, die man früh regeln sollte, bevor es zu spät ist oder zu Dauerkonflikten führt, bei der die schönste Liebe den Bach runtergeht.

Morgen geht's nochmal in die Stadt bis 16 Uhr. Ich gehe davon aus, dass sich mit der Kabine das Drama mit der Verärgerung nicht wiederholt. Um 20 Uhr soll die „Centaurus" ihren Kai verlassen und Richtung Valencia düsen, wo der nächste bereits wartet. Ehrlich gesagt: Macht Spaß, solche Ausflüge und genauso Spaß, abends wieder in die gewohnte Kabine zu kommen.

Um 23 Uhr – nach dem täglichen Schriftkram – liege ich flach. Voller Eindrücke von La Valletta und mit einem vollen Magen. Die zwei Gläser Wein und der Prosecco haben sich längst verabschiedet und wurden mit Wasser ersetzt. Der Schlaf dauert bis um 6 Uhr.

Tag 122: Sonntag, der 18.2.2018
16. Tag „Centaurus": Stopp auf Malta

Der Sueskanal mit seinen Unwägbarkeiten schenkt uns noch einen Tag Malta und wir haben das Geschenk angenommen, auch wenn es dadurch bei allen anderen Häfen zu Verzögerungen kommen wird und aus dem 26.2. in Genua wohl eher der 27. oder 28.2. wird.

Wie bereits gestern fahren wir mit dem Bus ins Zentrum und machen einen Café-Wifi-Besuch, bei dem ich zum zigsten Male versuche, den SIM-Kartenschacht

Der Charme Maltas – man beachte die Türen

mit einer Büroklammer zu öffnen. Immerhin, er bewegte sich etwas. Der Walk around the City zeigt nochmals den herben Charme dieser Stadt, die insgesamt einen eher verlotterten Eindruck macht, wenn man sich viele Gebäude anschaut. Hier hat nicht nur der Zahn der Zeit genagt, hier waren mehrere Gebisse am Werk. Für das Auge immer noch schön anzuschauen, wenn aber hier nichts passiert, dann wird aus dem herben Charme ein derber.

Als Abschluss des Kulturprogrammes haben wir noch ein Video über die Geschichte der Insel Malta in einem unterirdischen Raum der größten Befestigungsanlage angeschaut.

Es war eine Darstellung aller Epochen von der Erstbesiedlung um 4000 v. Chr. mit allen Friedens- und Blütezeiten, allen Kriegen bis zur Selbstständigkeit und dem Eintritt in die EU. Optisch mit Bildern präsentiert, aber mit etwas wenig Hintergrund zur Situation Maltas in der heutigen Zeit. Diese Zahlen hatte ich bereits gestern im Tagebuch zusammengefasst mit dem dazugehörigen Link für weitere Informationen.

Eine sehr gute Pizza mit einem Maltabier bei einem Italiener bildete die Zuckerlochfüllung und um 17 Uhr waren wir wieder im schwimmenden Hotel. Die Kabine war tatsächlich nicht so verärgert wie gestern und ihr „Hallo" hörte sich fast schon entschuldigend für das blöde Verhalten vom Vortag an. Ich erklärte ihr nochmal, dass es äußerst schwierig und mit hohem finanziellem Aufwand verbunden wäre, mit ihr nach La Valletta zu fahren. Damit war es dann endgültig gut und der Versöhnung im Laufe des Abends stand nichts mehr im Wege.

Und ich denke zurück an eine Fahrradtour mit meinem Freund Manfred und meinem Handelsschulkollegen Jürgen 1967. Ziel war Sedrun, ein Gebirgsdorf in Graubünden, nahe dem Rheinfall. Nicht weil es da besonders schön sein sollte. Der Grund war eine Brieffreundschaft mit einem Mädchen aus Bottrop, das mit einer städtischen Organisation für zwei Wochen eine Luftschnapper-Ferienfreizeit in diesem Nest verbrachte. In diesen Zeiten war das Ruhrgebiet noch schwarz vom Kohlestaub in der Luft und Bottrop war eine Bergbaustadt.

Irgendein Ziel braucht man und einen kräftigen Tritt manchmal auch, um solche Unternehmungen anzugehen. Das viele Organisieren drumherum schreckt immer etwas ab. So aber war klar: Wir fahren nach Sedrun und zwar erst mal mit dem Zug nach Basel und dann mit unseren 3-Gang-Rädern, Zelt und allem Drum und Dran Richtung Zürich an den Vierwaldstätter See.

Übernachtet haben wir in einem Privatpark einer Villa, den wir uns abends sorgfältig mit dem Hundetest ausgesucht hatten: Über den Zaun steigen, bellen und sofort wieder zurück. Nach zehn Sprüngen und entsprechendem Gebelle war weder ein Hund noch ein Frauchen noch ein Herrchen zu sehen. Der Adel war wahrscheinlich andernorts zu einem Lunch, Dinner oder Theaterabend mit Übernachtung eingeladen.

Wir lunchten unser Brot und ein paar Landjäger von zu Hause und schliefen mit dem Seegeplätscher ein. Einer sollte immer Wache halten, aber der Erste schlief ein und konnte den Zweiten nicht wecken und der logischerweise den Dritten nicht. Trotzdem überlebten wir die Nacht, mussten aber am Tag feststellen, dass hier und da durchaus mittelgroße Hinterlassenschaften von einem wohl mittelgroßen Hund zu sehen waren. Also war der Hund mit seinen Herr/Frauschaften über Nacht Gassi gegangen und in einem solchen Moment freut man sich sogar über die Hundekacke, da sie zwar beängstigende Hinweise gibt, aber nicht beißt.

Pferdetaxi vor einer Stilfassade

Der nächste Tag führte uns am Vierwaldstätter See entlang. Traumhafte Strecke, obwohl Hauptverkehrsstraße, allerdings 1967. Also Verkehr war nicht das Problem, eher das ewige Strampeln auf und ab. Ein Zeltplatz direkt am See sollte Zwischenstation zum Baden werden, aber bei den Wassertemperaturen, gefühlsmäßig nahe am Gefrierpunkt, verging uns das Baden und bei den Preisen auf dem Campingplatz auch noch das Zelten. Also weiter radeln an das Ende des Sees, wo irgendein Heiliger in dem Ort Flüelen wohnen oder gewohnt haben sollte. Wir haben ihn weder gesehen noch haben wir Verwandte angetroffen. Deshalb gleich weiter von dort mit dem Alpenkrabbler über Andermatt und den Oberalppass ins Rheintal. Imposante Aussichten und immer das Geknarre der Zahnräder und unsere Zweifel, ob die Schweizer wirklich das Handwerk richtig beherrschen. Um diese Zeit galt ja in unseren Köpfen „Made in Germany" als Qualität, danach lange nichts und dann die anderen.

Sedrun begrüßte uns mit bestem Wetter und einer Wanderung zu einer Almhütte, die wir nicht gemietet, aber von der Bahnstation ausgeguckt hatten. Hoch oben über dem Tal schlugen wir neben der Hütte unsere Zelte auf. Stolz wie Harry, mit dem Fahrrad in die Hochalpen gefahren zu sein, wenn auch nur einen verhältnismäßig kurzen Teil der Gesamtstrecke, wie wir dies auf dem Heimweg leidvoll erleben mussten.

Das alte La Valletta …

Am Morgen wackelte das Zelt, weil sich Kühe um uns versammelt hatten. Wir hatten vor lauter Panoramaschauen am Abend nicht bemerkt, dass wir auf einer bekuhten Weide unser Lager eingerichtet hatten. Wir waren zwar dünne Kerls, aber durch die weiße Hautfarbe immer noch von Grashalmen zu unterscheiden. Mit gutem Zureden gingen die Kühe wieder ihres Fress- und Wiederkauweges und wir machten uns über das inzwischen zu Stein gewordene Restbrot und die letzten Landjäger her. Die waren inzwischen eher zu Salzstängelchen verkümmert.

Danach kam die Mutprobe. Manfred und ich marschierten direkt in das Ferienheim und machten uns bemerkbar. Jürgen blieb lieber vor dem Zelt in der Sonne liegen, weil er den Urlaub eigentlich als Ersatz fürs Sonnenstudio gesehen hatte, um nach der Rückkehr im Schwimmbad im Achertal seinen Body den Mädels zu zeigen. Zugegebenermaßen, er hatte Erfolg damit.

Das Gekichere, das uns erwartete, machte klar, dass unser Ankommen bekannt geworden war und tatsächlich kam meine Brieffreundin mit ihrer Freundin aus dem Haus und direkt auf uns zu. Mit 16 wackeln einem dann schon mal die Hosen. Nicht aus Angst vor den Mädels. Die Unsicherheit darüber, ob die Verständigung klappen würde, war die Ursache. Badisch und Bottroppisch ähneln sich in keiner Weise und der Anfang war eher türkisch-englisch-deutsch als badisch-hochdeutsch. Aber mit 16 helfen Lachen und Sympathie schnell, die Barrieren zu brechen. Manfred verguckte sich in die Freundin und nach 30 Minuten gingen wir wieder auf den Almweg und besorgten unterwegs frisches Futter für uns.

Das Ziel hatten wir erreicht und damit war erst mal gut. Mehr als sich unterhalten war sowieso nicht möglich. Dafür sorgten die Ausgangsbeschränkungen und die Leiterin der Gruppe. Und ich hätte zu dieser Zeit sowieso nicht gewusst,

… und das neue

was man mit einem Mädchen anstellen muss. Wir sollten die beiden Mädchen ein Jahr später anlässlich eines Katholischen Jugendtreffens wiedersehen. Da waren wir schon ein Jahr reifer und wussten, dass man die Mädels beim Tanz an sich drücken und abwarten muss, ob gegengedrückt wird.

Nach einer Bergbesteigung in Badehosen bis auf 1900 Meter, der Begegnung mit Wanderern in alpiner Bekleidung und dem Abstieg über Schneefelder zur Bergstation des Sessellifts waren wir doppelt so braun wie Jürgen, hatten aber Sauglück, keinen Bergbrand bekommen zu haben. Der Liftpförtner wollte gerade nach unten fahren, als er uns in unseren Badehosen den Hang entlangkommen sah. Ein gnädiger alter Herr lud uns zu einer Freifahrt ein, weil er sah, dass man Jungs mit Badehosen nicht in die Tasche langen kann. Das Dümmste war dann der Sprint von der Talstation durch das Dorf den Almweg wieder hoch. Jungs mit Badehosen hatte man bis dahin noch nie auf der Straße gesehen. Peinlich, peinlich, aber nackt wäre noch peinlicher gewesen, trösteten wir uns. Gut, dass uns die Mädels aus dem Ferienheim nicht erkennen konnten, so braungebrannte Gesichter hatten wir.

Nach sieben Tagen Sedrun mit einigen weiteren Erkundigungen in der Gegend fuhren wir als halbe Schwarze das Rheintal hinunter bis Chur in die dortige Jugendherberge. Auch Jürgen hatte durch seine ausgedehnten Sonnenbäder die Farbe eines Brasilianers bekommen, was gut zu seinem Fußballtalent passte. Einen Tag später über Liechtenstein nach Überlingen in die nächste Herberge. Das waren 165 Kilometer am Tag, entsprechend sahen wir abends um 20:30 Uhr aus. Der Herbergsvater erkannte wohl die Situation und hatte keine Lust, für den nächsten Tag den Leichenwagen zu bestellen. Er richtete uns stattdessen noch ein fürstliches

Abendessen. Danach war zuerst Schlaf und dann 48 Stunden Muskelkaterleid angesagt. Wir waren gezwungen, einen Ruhetag einzulegen, weil wir gar nicht mehr auf die Sättel gekommen wären, von zu Hause ganz zu schweigen.

Über die Herberge in Rottweil und den Schwarzwald hieß es nochmals 200 Kilometer Sattelschmerzen in Badische zu tragen. Immer auf den Hauptverkehrsstraßen, heute undenkbar oder zumindest nicht sehr gemütlich. Am Ende des letzten Tages haben wir uns im Achertal über einige Zwetschgenbäume hergemacht, um uns für die letzten Kilometer zu stärken. Wir waren einfach nur fertig. An der Stärkungsstelle – der alten Landstraße – fahre ich heute fast täglich vorbei. Und jedes Mal sehe ich das Bild vor mir, wie Manfred und ich unter einem Baum mit tiefhängenden Ästen lagen. Jürgen war bereits zu Hause im Achertal.

Zu Hause angekommen, begrüßte mich meine Mutter wie immer: „So, bisch widder do?" Und ich konnte erzählen oder nicht, aber bei Butterbrot mit Zucker erzählte ich dann doch einiges von der Reise. Den Grund der Reise habe ich allerdings für mich behalten, um keine falschen Hoffnungen oder Befürchtungen zu wecken.

Die Fahrradtour gehört sicher zu einem der prägendsten Erlebnisse hinsichtlich Ausdauer, Leidensbereitschaft und Zuversicht, dass man fast alles schaffen kann, wenn man nur will und ein Ziel hat.

Um 20 Uhr verlässt die „Centaurus" den Hafen von Malta. Viele Container sitzen im Hafen und warten auf die kleineren Schiffe, die sie in die Bestimmungsländer bringen werden. Vor allem leere Container werden geladen für den Rücktransport nach Asien. Durch den mengenmäßig unterschiedlichen Warenfluss ist es ein ständiges Problem, genügend leere Container nach Asien zu bringen, wo immer noch größere Warenmengen zum Versand bereitstehen. Transportlogistik bedeutet in diesem Fall die Herausforderung, alle Märkte zur rechten Zeit mit den jeweils benötigten Containermengen zu versorgen. Dabei geht es nicht um Tausende. Es geht immer um Zehntausende solcher Behälter, um die Märkte und Produktionen zu synchronisieren.

Den neuen Kapitän haben wir nur im Halbdunkeln auf der Brücke beim Ablegen gesehen. Da er keine Anstalten machte, auf uns zuzugehen, entfiel die Begrüßung. Ein erstes Zeichen, dass der Kapitän nicht zu denen gehört, die man allgemein als Kapitän bezeichnen würde. Mal sehen, wie der neue Boss auf dem Schiff sich morgen anstellt. Zunächst sind wir jedenfalls eher Container als zahlende Gäste. Bei entsprechendem Verständnis ist auch klar, dass ein Kapitän nicht jeden Container begrüßen kann, warum dann uns. Nur weil wir es auf die Außenbrücke geschafft haben?

Die nächsten 400 Kilometer See liegen vor uns. Der Pott ist wieder auf Achse oder besser gesagt auf Wasser. Zwei schöne und abwechslungsreiche Tage liegen hinter mir und die letzten zehn von 132 Tagen vor mir.

Tag 123: Montag, der 19.2.2018
17. Tag auf der „Centaurus“

Um 6 Uhr ruft das Handy und zeigt aufs Fenster. Regentropfen an der Scheibe bedeuten schlechtes Wetter, die tiefhängenden Wolken geben keinen Anlass, auf Wetterbesserung zu hoffen.

Aber das täuschte. Um 11 Uhr kam die Sonne und zwischendurch war sogar ein Sonnenbad – dick eingepackt – auf Deck möglich.

Den Tagebuchabschnitt Singapur – Sueskanal fertigzustellen, war mein Ziel und das eher kalte und regnerische Wetter am Morgen beflügelte mich geradezu. Nach dem Sonnenbad von 11 bis 12 Uhr und dem Essen war um 14 Uhr das Kapitel vorerst abgeschlossen. Feinarbeiten muss ich mir später vornehmen. Dazu braucht es den richtigen Kick im Hirn.

Eine Wanderung musste ich gleich nach 50 Metern abbrechen, da der Wind zu steif und zu kühl war, um irgendeinen Genuss daraus zu ziehen. Kalte Ohren vielleicht und einen Schnupfen.

Also ging's auf die Brücke, auf der es für Adele und mich einen Espresso gab mit Zigarette und ein Gespräch mit dem Deckofficer über die verschiedenen Möglichkeiten in Malta.

Wir waren gespannt, wie sich der neue Kapitän verhalten würde, wenn er auf die Brücke käme. Sein Verhalten beim Eintreffen entsprach dem Verhalten am Vorabend. Während die anderen Kapitäne die Gäste mit einem kurzen Handschlag begrüßten und ein paar Worte wechselten, setzte der neue sich hinter den Schreibtisch und telefonierte. Nach zehn Minuten verschwand er wieder, ohne irgendein Zeichen zu geben. Wiederum zehn Minuten später kam er zurück und setzte sich wieder an den Schreibtisch. Das Verhalten entsprach dem schlottrigen T-Shirt mit leicht heraushängendem Bauch. Das Alter hatte ich mir vom Deckofficer geben lassen. Von einem 51-jährigen Kapitän hätte ich mehr erwartet, auch bei allen möglichen Erklärungen von wegen Stress am 1. Tag an Bord und viel Geschäft.

Als er kurz vom Schreibtisch an das Steuerpult trat, nutzte ich die Gelegenheit und stellte mich als Passenger vor, worauf er meinte, er hätte auf der Liste gesehen, dass vier Passenger an Bord wären. Als nächstes meinte er, dass er nicht verstehen könne, dass man mit einem Containerschiff eine Reise machen würde und er seit 20 Jahren Passagiere an Bord hätte. Ich erklärte ihm, dass mir das Reisen mit diesen Schiffen Spaß machen würde, worauf er wiederum meinte. „For you, not for me. It´s only busy.“ Alles in einem Ton, der klar machte, er mag die Passagiere an Bord nicht. Neid, war mein erster Gedanke und ich setzte noch eins drauf mit der Bemerkung, dass dies das 3. Schiff auf meiner Reise sei. Daraufhin änderte sich sein Ton mit der Bemerkung, dass am ersten Tag immer viel zu tun sei. Vermutlich weil ihm klar geworden war, dass er unter Umständen verglichen wird mit den anderen Kapitänen. Ich beendete das Gespräch mit dem einfachen Satz „You have to do, I not." Das war's dann und siehe da, beim späteren Verlassen der Brücke hinterließ er immerhin ein „See you." Ich bin gespannt, wie der sich entwickelt. Manieren hat er jedenfalls unter Druck keine, vermutlich ein Bauchmensch – in diesem Fall tatsächlich mit Bauch – der im Normalzustand vielleicht sogar normal sein kann. Aber mit Passagieren hat er auf jeden Fall seine Probleme, wenn der Neid die Antriebsfeder ist. Wir werden sehen.

Später fiel mir eine Geschichte aus der Lehrlingszeit in der Buchhaltung ein. Der Prokurist hatte etwas gegen lange Haare, wobei ich immer vermutete, dass er im Stillen neidisch war auf die sich befreiende Jugend der 60er und 70er. Selbst nach dem Krieg in einer Laufbahn gelandet, die stets Correctness und Genauigkeit erforderte, waren diese neuen Bestrebungen nach mehr persönlicher Freiheit etwas, was er nie erlebt hatte und nie erleben würde.

Jedenfalls gab es wegen meiner Weigerung, das Vesper für die Abteilung in der Kantine zu holen, einen Mordsaufstand. Meine klare Ansage: „Ich hole gerne das Vesper, aber nur abwechselnd mit anderen. Die Zeiten, dass nur der Lehrling dafür zuständig wäre, sind vorbei!"

In seinem Büro fing er an rumzutoben, was ich mir einbilden würde und am Ende kam der entscheidende Satz „Lange Haare, kurzer Sinn." – Aus dem Buch „Was wollen die Lehrlinge" hatte ich mich bereits schlau gemacht und die richtige Antwort parat: „Kurzer Schopf, dummer Kopf." Aus dem Buchhalter wurde innerhalb einer Sekunde eine Rothaut, die sich über den Schreibtisch beugte, um mir eine runterzuhauen. Ich wich zurück und verließ den Raum, er hinter mir her. Die Kollegen im Büro hatten die Schreierei mitbekommen und bremsten den Indianer bei der Verfolgung.

Zehn Minuten später standen wir beide vor Direktor Kolb, der sich jede Seite sehr genau anhörte und nach einer langen Pause als Salomon auftrat. „Sie haben beide eine Beleidigung ausgesprochen, die ich nicht dulden kann." Nach einer weiteren Pause und mit strenger Miene verlangte er, dass wir uns die Hand geben und uns gegenseitig entschuldigen, ohne Wenn und Aber. Als wir noch zögerten, kam die Ansage „Wird's bald?". So endete der Kampf zwischen dem kleinen Lehrlingsdavid und dem Buchhaltergoliath unentschieden. Trotzdem fühlte ich mich als Sieger. Ab diesem Tag wurde jede Woche gewechselt beim Vesper holen. Nicht nur in der Buchhaltung, in allen Abteilungen. Anordnung von Direktor Kolb. Beim Rückblick wundere ich mich am meisten über mich selbst und meinen Mut, ein eher nebensächliches Thema so auf die Spitze zu treiben.

Mich hat dieses Ereignis geprägt und zwar für immer. Die späteren Abteilungen im Lehrbetrieb mussten lernen, dass der Satz „Lehrjahre sind keine Herrenjahre" nicht dazu dienen konnte, sich einen Laufburschen zu halten. Mein Zusatz ab dieser Zeit, „... aber auch keine Laufburschenjahre!" Heute wäre der Satz undenkbar. Er müsste komplett lauten: „Lehrjahre sind keine Herren/Frauenjahre, aber auch keine Laufburschen/mädeljahre." Soweit zu meiner inzwischen erreichten Genderqualifikation.

Dass ein schnoddrig angezogener Kapitän aus Kroatien reicht, um mich an solche Details zu erinnern, zeigt wieder einmal, wie sensibel und aufnahmebereit man werden kann. Abseits des Tagesgeschäftes wird aus kleinsten Momentaufnahmen der Gedächtnisschatz angezapft und holt in Sekunden sowohl Vergangenheit auf das Tablett als auch im Hintergrund sprießende Zukunftsideen.

Das Abendessen war etwas sentimental angehaucht, da die Finnen morgen von Bord gehen, falls das Schiff vor 16 Uhr ihren Kai trifft. Nach den letzten Erfahrungen ist der sicher schon mit einer anderen Hübschen zugange.

Von 20 bis 22:30 Uhr haben wir den Abschied von den Finnen bei einer Flasche Wein begossen. Ich hatte mir einige Songs rausgesucht und über Google noch ins Englische übersetzt. Zusammen mit den guten Deutschkenntnissen von Satu waren dann die Inhalte klar. „Das Haus am Meer", „1000 Freunde", „Geh meinen Weg", „Grindelied", „Over the water", „Sonne und Wind", „End of Zenobia", „Gute Nacht Freunde" und ein paar Melodien frei Schnauze.

Jeder hat noch ein bisschen aus seinem Leben und seinem Beruf erzählt und so erfährt man, dass Antti nächstes Jahr Chef der obersten Schulbehörde für die Universitäten Finnlands wird.

Interessant dabei ist natürlich der Unterschied zwischen den Welten, von einem Paar, das mit etwas über 50 Jahren vermutlich am Zenit der Karrieren angekommen

Das letzte Abendessen mit den Finnen Satu-Mari und Antti

ist, der Schweizer Lady, die schon drei Jahre als Rentnerin das Leben genießt und mir als bisher voll Berufstätigem und an der Schwelle zu einem ruhigeren Fahrwasser Stehenden. In solchen Momenten merke ich, dass ich mich noch daran gewöhnen muss, als „Alteisen“ zu gelten und für mich die Chancen nutzen muss, den Rostansatz so lange wie möglich durch eifriges Polieren in Grenzen zu halten. Wie das gehen kann, zeigt diese Reise um die halbe Welt, auf der einem das ganze Leben begegnet ist. Oft in solchen Details, dass die Situationen vor den Augen wieder lebendig wurden.

Um 23:30 Uhr höre ich noch das Brummen des Motors, um 23:35 Uhr beginnt meine eigene Reise durch die Nacht.

Tag 124: Dienstag, der 20.2.2018
18. Tag „Centaurus“: Stopp in Valencia

Malta war der Vorbote als EU-Mitglied, Valencia gehört zu Zentraleuropa. Der Ausflug in die fremde, weite Welt endet hier definitiv. Diese Stadt erinnert an zig Durchfahrten mit dem Lkw in die Orangenzentren dieser Region. Einen Autobahnring gab es noch nicht. Die erste Ampel war der Treffpunkt vieler dunkelhäutiger Kinder, die am Lkw hochkletterten, um die Scheiben und Spiegel zu putzen für ein paar Peseten. Lebensgefährlich, aber selbst von der Polizei nicht zu unterbinden. Die Kids waren viel zu schnell. Es war immer eine Begegnung mit einer anderen Welt, wenn die Kinder die Hand offen hielten für die Bezahlung. Und dahinter das immer gleiche System, dass ein älteres Kind einen Teil des Geldes für seine Rolle als Beschützer bekam und ein Jugendlicher von denen wieder. Eine Spirale, bei der ich ab und zu keinen Geldbeutel aufgemacht habe. Nicht um zu sparen, nur um dieses immer nachwachsende Geschwür von Abhängigkeiten und Unterdrückung nicht zu unterstützen.

Büro des Chief-Officers

Ich hatte das in allen arabischen Ländern an den Grenzen kennengelernt und in Ankara auf einem Parkplatz hautnah beobachten können, wie sechs- bis achtjährige Kinder Lkws geputzt hatten und ein vielleicht Zwölfjähriger als Chef durch die Gegend stolzierte und am Schluss von jedem der Kinder sein Schutzgeld bekam, wahrscheinlich mehr als 50 Prozent. Seit dieser Beobachtung habe ich meine Probleme mit Almosen. Dahinter stecken fast immer organisierte Systeme, die man mit jedem Cent unterstützt und stärkt. Gäbe niemand einen Cent, wären die Systeme sehr schnell ausgetrocknet. Mitleid führt hier zu Leid und nicht zu einer nachhaltigen Verbesserung der Situation. Das mag hart klingen, aber alle Systeme dieser Art leben von den es gutmeinenden Gutmenschen, die mit ihren milden Gaben jedoch keine Milde, sondern das Gegenteil erzeugen, fördern und verstärken.

Draußen ist es kühl mit 12 Grad, wolkenverhangene Sonne. Nicht geeignet für längere Aufenthalte auf der Brücke. Dort scheint der neue Kapitän bisher nicht besonders gute Stimmung zu verbreiten. Heute Morgen war dort jedenfalls eine gedrückte Stimmung bei der Anwesenheit des Kapitäns, ganz anders als beim Vorigen. Da wurde geredet und gescherzt. Ich habe natürlich ein deutliches „Good morning" in seine Richtung abgegeben, das auch beantwortet wurde. Immerhin. Mehr war nicht zu erwarten. Aber noch kann man sich täuschen und dem Neuen Entwicklungschancen geben. Auch Saulus wurde zum Paulus und niemand hätte sich das vorher vorstellen können. Adele hat ihr Urteil bereits endgültig gefällt: Macho und Kotzbrocken. Sollte sich das bestätigen, werde ich eine Mail an die Reederei loslassen und empfehlen, bei den Anstandsregeln einen Nachhilfeunterricht einzuführen

Valencia Stadttor

oder das Bild vom Kapitän so zu ändern, dass Reisende von Vornherein die Erwartungshaltung auf unter „0“ stellen können. Dann wäre ein kurzer Gruß bereits eine Sensation. Genug Kapitän, Valencia wartet.

Zur Begrüßung landet plötzlich ein Marienkäfer neben mir auf der Brüstung und sonnt sich, um weiterfliegen zu können. Ein rührender und sehr schöner Moment für mich. Wie oft hat es schon Situationen gegeben mit einem Marienkäfer? Nach einer Weile sind die Flügel warm und er fliegt davon, noch bevor ich ein Foto machen kann. Aber nach einer Minute sitzt er wieder da und gibt mir nun genügend Zeit, das Foto in Ruhe zu machen. Dann fliegt er wieder davon und auch wir „fliegen“ zum letzten Mal als Vierer-Gang um 14 Uhr von Bord und mit dem Taxi direkt an den Bahnhof, wo Adele und ich die Finnen verabschieden. 20 tolle Tage als Gruppe verbracht. Ohne Expeditionskoller, weil jeder seiner Wege gehen konnte. Auch weil das finnische Paar aus zwei vollkommen selbstständigen Persönlichkeiten bestand. Beide leben wegen ihrer beruflichen Karriere seit Jahren in einer Wochenend-Beziehung, nachdem sie ihre Kinder bis zur Studienreife gebracht haben. In ein oder zwei Jahren wollen sie wieder zusammenziehen. Antti ist ein eher ruhiger Typ, der überlegt, was er tut, seine Frau Satu ist temperamentvoll und weiß ihren Mann ganz gut in seiner Art zu nehmen. Auf jeden Fall eine Zufallsbekanntschaft, die Spaß gemacht hat.

Valencias Altstadt ist und bleibt eine Perle. Inzwischen herausgeputzt mit feinen Anstrichen, schönen wechselnden Pflasterungen in den engen Fußgängergassen, Kneipen etc. Alles, was eine Altstadt braucht inklusive der vielen Monumente vergangener Kulturen, als der Prunk des Adels und der Kirche mit diesen Bauten gezeigt werden musste. Die schmalen Gassen sind gemütlich, wohnen wollte ich in diesen dunklen Löchern nicht. Bei 19 Grad und Sonnenschein wechselt das Befin-

den zwischen fast zu warm und etwas zu kühl nach den vergangenen Sonnenmonaten in der Südsee.

Die Suche nach einem Bistro mit Google bringt uns in drei Lokale, die alle um 18 Uhr schließen. Also einen Taxifahrer gefragt, der zwar kein Restaurant kennt, sich aber über die Zentrale eine Adresse geben lässt, direkt am Strand von Valencia mit Blick aufs Meer. Tolle Adresse, groß, aber um diese frühe Zeit nur 20 Gäste bei 200 Gedecken. Gemütlich und tolle Aussicht.

Da musste es dann schon mal Carpaccio und Paella sein, zusammen mit einem guten roten Tropfen. Genuss pur, sowohl das Essen als auch der Wein. Am Ende war ich 45 Euro los und um einen tollen Abend reicher. Es zeigt sich immer wieder, dass die Zufälle die besten Situationen produzieren und Sparen bei solchen Dingen fehl am Platz ist.

Die Reisen mit wenig Geld hatten ihre Zeit und ich kenne diese Zeiten gut. Und ich finde immer noch, dass es gut ist für jeden Jugendlichen, wenn er diese Zeiten selbst erlebt. Irgendwann liegen ein paar Münzen mehr im Geldbeutel und die muss man dann als Selbstbelohnung auch mal ausgeben und nicht alles auf die hohe Kante legen. Die kann nämlich ganz schnell in einer Weise brechen, dass alle Zukunftsträume den Bach runtergehen und das liebe Geld bei der Ärzte- oder Erbschaft landet.

Um 21 Uhr waren wir zu zweit wieder auf dem Schiff. Die Finnen saßen um diese Zeit bereits im Fernzug Richtung Luxemburg, weil die Berechnungen von Antti diesen Weg als den kostengünstigsten ausgewiesen hatten. Sie haben den Sprung über die Sparklippe noch nicht hinter sich, was im Alter von 51 Jahren wahrscheinlich eher die Regel darstellt.

Morgen Abend um 20 Uhr soll die „Centaurus" wieder die Segel setzen. Adele wird an Bord bleiben, nachdem sie heute Morgen eine Rutschpartie auf dem nassen Boden mit einer verunglückten Pirouette beendet hat. Heute Abend waren die Knieschmerzen genauso, wie ich ihr das am Mittag prophezeit hatte. Meine Salbe wollte sie nicht, weil sie Biosalbe dabeihat.

Strandpromenade vor dem El Coso

Dem Koch haben wir auf dessen Wunsch noch ein Zeugnis ausgestellt für seine Leistungen bei unserer Mästung. Die Hausmannskost mit viel Fleisch entspricht dem Balkanessen und den zur Verfügung gestellten 9 Euro/Tag/Person.

Was dem Koch nicht gelungen ist, waren einfache Gerichte der mediterranen Küche. Da fehlen Erfahrung, Mut und Ideen. Dabei wäre es einfach, sich diese Dinge auf dem Markt zu besorgen bzw. vom Agenten besorgen zu lassen direkt zum Schiff. Laut einem Crewmitglied ist das Essen auf Schiffen unter französischer Flagge wesentlich besser und Wein steht obligatorisch auf dem Tisch.

Tag 125: Mittwoch, der 21.2.2018
19. Tag „Centaurus“: Stopp in Valencia

Wolkenverhangener Himmel um 6 Uhr. Was tun mit dem Ausflug nach Valencia? Nach dem Frühstück habe ich mir erst mal von der Außenbrücke die Wettersituation näher angeschaut und die war ok. Keine Sonne, aber auch keine Regenwolken. Am meisten ist mir ein Kreuzfahrtschiff aufgefallen, das um 9 Uhr in den Hafen einlief mit den Reisenden an der Reling. Aus Angst, es könnten alle zurückwinken, habe ich meine Hand ruhig gehalten und mich meinen Wegbegleitern, den Containern, zugewendet. Alle schön geschichtet, verschiedenfarbig und in keiner Weise aufdringlich. Und da ist mir wieder bewusst geworden, wie schön ich's habe mit meinen Containern auf meiner Kreuzfahrt.

Um 9:30 Uhr Sonnenschein pur und ich war unterwegs mit dem Taxi zur Altstadt von Valencia. Ziel der Central Market und vorher noch ein Straßencafé. Außerdem vielleicht noch ein Treffen mit der Vertreterin Pepa der spanischen Firma „ByT" in Valencia. Später Essen am Strand. Das war der Plan. Aus dem wurde aber nichts. Ich lernte, wie wichtig es ist, die Telefonnummer im Schiff zu hinterlassen, um über mögliche frühere Abfahrten informiert werden zu können. In Spanien zwar undenkbar, aber die Vorschriften verlangen das in jedem Hafen.

Nach der Ankunft in der Altstadt wollte ich im Handy den Straßenplan studieren, als drei Anrufe verzeichnet waren mit einer französischen Nummer. Erst der Gedanke, es wäre Pepa, aber die hatte 34 als Landeskennziffer. Werbeanruf, dachte ich und beachtete sie nicht weiter.

Während dem Genuss des Cappuccinos schreit das Handy viel zu laut, weil ich beim Fotografieren wieder einmal die Lautstärke auf maximal gedrückt hatte. Vorwurfsvolle Blicke der anderen Kaffeetrinker. In Spanien, ich denke, ich spinne. Quasseln die ganze Zeit und das nicht leise und machen dann auf distinguiert beim Mobilschrei. Am Telefon der 1. Officer von der „Centaurus". Das Schiff legt nicht um 19 Uhr ab, sondern bereits um 15 Uhr und ich soll gegen 13 Uhr wieder an Bord sein. Ich bestätige und beende das Telefonat, nicht ohne ins Grübeln zu verfallen.

Mein erster Gedanke: Ich habe während meiner Reise den Beginn eines neuen Zeitalters in Spanien verpasst. Hier, wo Verzögerungen und Verspätungen zum guten Ton gehören, wo Leben und Leben lassen eine Lebensweise darstellt, wo Arbeit als Wert verstanden wird, den man nicht durch zu schnelles Tun entwerten sollte. Ausgerechnet hier soll ein Containerschiff vier Stunden früher beladen sein? Erst wurde mir schwindelig und danach kam das heimliche Bedürfnis, in einer der vielen Kirchen dem Herrgott zu danken für diese wunderbare Wandlung eines Volkes, über dessen Umgang mit der Zeit ich mich schon seit Fernfahrerzeiten ärgere.

Meine inneren Jubelschreie wurden jäh beendet, als in der Kirche alle dort versammelten Heiligen bei meiner Danksagung anfingen, milde zu lächeln. Sogar bei der in Spanien sehr verehrten Maria war ein Stirnrunzeln sichtbar. Ok, dachte ich, dann werden wir ja sehen, wer recht hat. Der 1. Officer oder die Heiligen.

Meine stille Hoffnung: Die Heiligen können nicht

Museo Taurino

immer alles mitbekommen, weil sie das Leben draußen nicht sehen können, sondern nur die Betenden in der Kirche und davon immer weniger. Zeitunglesen dürfte kaum infrage kommen, weil sich seit der Schulzeit dieser Damen und Herren eine ganz andere Schrift entwickelt hat.

Es war noch Zeit genug, den Central Market anzuschauen, eine Pracht von Gebäude und eine Pracht von Produkten, zusammengenommen ein Augen-, Nasen- und Gaumentraum.

Nach einem ausführlichen Rundgang und dem Kauf eines Pfundes Kaffee für die nächsten Tage schnappte ich mir ein Taxi als Sprachlabor und für die Rückfahrt. Bereits am Vortag hatte ich mit dem Taxifahrer die ersten Sprachversuche in Spanisch unternommen und war geschockt, wie sehr ich ins Englische gerutscht war. Aber heute war schon eine Besserung feststellbar, was mich hoffen lässt, dass die Altersdemenz noch nicht in die zentralen Hirnsynapsen vorgedrungen ist. Pünktlich zum Mittagessen war ich wieder an Bord, eine Stunde früher als notwendig. Aber in der Stadt zu essen, nur um dort gegessen zu haben und dann im Sauseschritt zum Schiff, nein danke.

Bereits beim Fahren mit dem Shuttlebus zum Schiff waren mir Zweifel an der Abfahrt um 15 Uhr gekommen. Drei Ladekräne über dem Schiff, aber nur vereinzelt anrollende Lkws mit Containern. Passt zwar zu Spanien, aber nicht zu einer Abfahrt um 15 Uhr.

Wie dem Grinsen der Heiligen bereits anzusehen, reichte es nicht bis 15 Uhr. Auch nicht bis zur ursprünglich geplanten Abfahrt um 19 Uhr. Um 19:45 Uhr begann der Ablegevorgang und um 20:45 Uhr war die „Centaurus“ wieder draußen mit Kurs Richtung Barcelona. Im Unterschied zu früher hat mich das heute nicht geärgert, sondern war eher Grund zur Freude. Das spanische Volk hat sich nicht verwandelt, sondern ist sich der Reihenfolge bei den wichtigsten Dingen im Leben

Plaza del Ayuntamiento

Mercado Central

treu geblieben. Zumindest im Hafen. Hier wird, verglichen mit Singapur oder dem Rest von Asien, mit der halben Geschwindigkeit gearbeitet. Zuerst kommt Tranquillo, dann Klo, dann Café solo, dann Zigarillo, dann vielleicht Trabajo oder nochmal Klo. Ist natürlich überspitzt, aber wie soll man den Unterschied sonst darstellen? Viel oder wenig sind auch zweifelhafte Begriffe.

Wir sind wieder unterwegs, inzwischen mit 18 Stunden Verzögerung. In Barcelona dürften dann nochmal zwei bis drei Stunden dazukommen. Ein Tag Verzögerung wird es wohl werden.

Der Wechsel von Hafen zu Hafen erinnert mich an meine letzten Monate in Köln nach der Studien- und Zivildienstzeit. Da ging es auch von Hafen zu Hafen, nur im Trockenen. Aber anders als in vielen vorherigen Lebenssituationen wurde in dieser Zeit tatsächlich eine der grundlegendsten Lebensweichen gestellt. Wahrscheinlich die Grundlegendste.

Nachdem klar wurde, dass ich mich wohl in den Süden absetzen würde, wurde die WG-Wohnung gekündigt und das Wohnhopping ging los, eine Frühform des Sightseeing-Hoppings. Eine neue Wohnung wollte ich nicht mehr mieten, also hieß es, vorübergehend leerstehende Zimmer zu nutzen und immer mit einem voll beladenen Käfer mit Schiebedach von Zimmer zu Zimmer und Woche zu Woche zu tingeln. Daneben noch Bildungsreferent des Katholischen Jugendamtes von Kerpen im Erftkreis spielen. Einen Job, den ich sehr ernst genommen habe. Da war mir nichts zu viel, was mir am Ende meiner Tätigkeit auch bestätigt wurde. Sowohl von Verantwortlichen als auch von Jugendlichen in den Kirchengremien.

Wenn ich mich richtig erinnere, ging es in der Reihenfolge: Als erstes Einzug ins Wasserbettzimmer in einem Vorort von Köln. An sowas muss man sich erst gewöhnen. Nach meinen 40 Tagen Containerschiff wäre das einfacher gewesen. Da wankt die ganze Nacht das ganze Zimmer und zu zweit kann das Wasserbett durchaus mit einem Schiff bei hohem Wellengang vergleichbar werden. Danach Einzug in Köln-Deutz auf dem anderen Ufer in ein Zimmer eines Mitglieds des KBW (Kommunistischer Bund Westdeutschlands) mit abendlichen Diskussionen zur Rettung der Welt und nächtlichen Ruhestörungen, die mit diesen Diskussionen überhaupt nichts zu tun hatten. Ein paar Wochen später hat mich die Dame zum Kaffee in ihre Wohnung eingeladen, was mir seltsam vorkam, aber ablehnen konnte ich nicht. Immerhin, wir haben tatsächlich auch Kaffee getrunken. Die Gespräche zur Rettung der Welt fielen irgendwie aus. Drittens der Einzug in den 5. Stock in ein wegen Auslandssemester leerstehendes Zimmer direkt am Stadtpark. Während des Einzugs wurden aus dem Käfer einige wertlose Dinge geklaut, als das Auto für zehn Minuten nicht abgeschlossen war. Die Polizei hat den Diebstahl erst gar nicht aufgenommen wegen Lappalie und quasi zur Selbstjustiz aufgefordert, was im Nachhinein sicher das Beste gewesen wäre, hätte man den Dieb erwischt.

Dann Einzug in der WG Schiffhof, einer Traditions-WG in Köln. Eine schöne Zeit mit H., die nach sechs Wochen zu Ende ging, weil dann der Schwarzwald zum Rapport rief. Das war die Weiche für meine Zukunft in Baden. H. stellte die Frage, ob ich bleiben würde, nicht, um meine Entscheidung nicht zu beeinflussen, und ich wollte nicht fragen, ob sie sich vorstellen könnte, dass ich bleibe. An dieser Stelle hätte der Bauch anders gehandelt. So werden Lebensweichen gestellt, ohne dass man sich dessen bewusst ist.

Schlussendlich Einzug zu Hause und nach drei Monaten Teileinzug bei Uli in ihrer Zweier-WG in Achern, weil die Wohnung viel zu klein gewesen wäre für einen Voll-Einzug. Und das alles innerhalb von sieben Monaten und immer mit dem vollbeladenen Käfer. Schiebedach geöffnet, damit die Stützen des Hochbetts befördert werden konnten.

Tag 126: Donnerstag, der 22.2.2018
20. Tag „Centaurus“: Stopp in Barcelona

Wie am Abend von der Brücke mitgeteilt, läuft die „Centaurus“ um 6 Uhr im Hafen von Barcelona ein. Um 7 Uhr beginnen die Kräne ihre Arbeit. Um 9 Uhr gehe ich von Bord mit dem Crewmitglied, dem wir eine Geburtstagskarte geschrieben haben. Er zeigt mir zwei Kondome und meint nur, dass es Zeit wird, wieder mal ins Puff zu gehen. Völlig normale Sprache in diesem Arbeitsraum. Adele bleibt an Bord wegen ihrem Knie. Schonung ist allemal besser als das Leiden beim Stadthumpeln. Wir fahren zusammen zum Columbus-Platz, wo sich unsere Wege trennen.

Er zuerst in ein Samsung-Geschäft und dann ins Puff, ich zur U-Bahn und mit dieser zum Bahnhof Sants und gleich weiter nach Sitges. Auf dem Bahnhof lerne ich dann noch, wie man Kindern auf dem Bahnsteig helfen kann, wenn sie müssen müssen. Ein englischer Vater geht mit dem Jungen zur Seite, packt ein Handtuch aus und lässt ihn rein pinkeln. So einfach ist das. Hätte er eine Windel dabeigehabt, wäre das Waschen des Handtuches unnötig. Selbst schuld.

Um 11:20 Uhr stehe ich im Büro von „ByT“ und sage „Controllada“. Paquita fällt fast in Ohnmacht und Maribel strahlt übers ganze Gesicht. Herzliche Umarmungen und anschließend Kaffee und Bocadillo nebenan. Und natürlich Fragen zur Reise beantworten, viele Fragen. Sie hatten die Fotos angeschaut im Blog und sind begeistert von der Reise. Und ein gemeinsames Foto muss es schon sein nach der langen Zeit.

Um 13:30 Uhr erwische ich gerade noch den Zug nach Barcelona und erinnere mich an das Café Zürich. Vom Bahnhof Gracia gerade mal zehn Minuten Fußmarsch und es ist tatsächlich ein Platz in der Sonne frei. Bei nur 9 Grad wäre es sonst zu kalt gewesen für einen „Asiaten“. Kaffee Solo und Croissant und eine Stunde den Verkehr und die Menschen beobachten. Alles bekannt und für jeden Reisenden eine Empfehlung. Auch wichtig, dass hier trotz Polizei der Taschendiebstahl boomt. Handys beim Fotografieren aus der Hand zu reißen, ist ein beliebter Sport.

Bahnhof Sitges

Mein Bus 88 hält nicht, weil ich offensichtlich zu lässig gewinkt habe, muss

Kathrin mit zwei Jahren auf Spanientour

aber 70 Meter weiter an der Ampel halten. Nach einem rekordverdächtigen Sprint stehe ich an der Bustür und klopfe an die Tür. Erste Reaktion wie erwartet „Sturheit", beim zweiten Mal kräftigen Klopfens öffnet er unwillig, aber er öffnet und nimmt auch 2,20 Euro für die Fahrt. Den Beleg vom Morgen wegen meiner Aussteige-Station schaut er kurz an und sagt „ok" und ich weiß, es ist nicht ok. Nach einer Hafenrundfahrt und einem Buswechsel bin ich am Ende da, wo ich hinwollte und um 16:30 Uhr auf dem Schiff zum Kaffee in der Sonne auf der Außenterrasse mit der Lady. Immerhin – wieder Zufall – hat mich die Hafenrundfahrt an die Einfahrt der Lkws in die „Zona franca" gebracht und Erinnerungen geweckt, wie oft ich nachts und nach 16 Stunden total übernächtigt hier eingetrudelt bin.

Mit Uli und Kathrin im Lkw war das nicht ganz einfach. Ich musste vier Stunden schlafen und die beiden mussten leise sein oder sich auf dem Zollhof rumtreiben. Wir haben's geschafft und mittags waren alle wieder glücklich, zusammen zu sein.

Uli und Kathrin auf dem Zollhof

Eine gute Idee, in Sitges vorbeizuschauen und genauso gut, sich im Café Zürich an alte Zeiten zu erinnern. Da habe ich mit meinem Geschäftspartner Dieter oft gesessen in den Anfangszeiten des spanischen Handelsbüros, da unser erstes Steuerbüro in Barcelona seinen Sitz hatte. Die Stadt selbst ist eine Reise wert und bei Temperaturen über 20 Grad, aber unter 30 Grad kann man wunderbar durchschlendern. Bei Regen und Temperaturen um die 10 Grad oder tiefer fehlt der südliche Charme der Stadt und der gehört nun mal zu Barcelonas Ambiente. In der Sonne des Café Zürich kam mir noch die Idee, dass Städte vor ihren Webcams Punkte ausweisen müssten, wo sich Reisende aufstellen und nach Hause winken können, wenn sie den Verwandten die Uhrzeit mitteilen. Ja, sowas kommt einem nur in den Sinn, wenn einem die Sonne bei kühlen Temperaturen zu lange auf den Kopf scheint.

An Tagen wie diesen sieht es zwar so aus, als wenn man viel unternehmen würde. Tatsächlich sind es nur wenige Stunden vom ganzen Tag. Es gibt immer wieder Gelegenheiten, das eine oder andere in Ruhe auf sich wirken zu lassen. Seien es Gebäude, Parks, Menschen, Verkehr, Tiere. Monumente und die dahinterstehenden Geschichten von Prunk und Elend.

Nach so vielen Wochen landet man zwangsläufig immer wieder bei sich selbst, weil man sich wiedererkennt an vielen Dingen. Sei es das Verhalten von Menschen untereinander, von verliebten oder von laut und leise streitenden Paaren, von Kindern und deren Eltern oder das Verhalten in Bussen und Bahnen. Immer wieder entdeckt man sich. Manchmal scheint es so, als würdest du vor dem Spiegel stehen.

Besuch im Café Zurich

Folgerichtig schaut man sich alles genauer an und versucht in der vielen Zeit die Dinge zu sortieren und vor allem auch die Ursachen zu finden für bestimmtes Verhalten, das man eigentlich nicht möchte, aber trotzdem immer wieder tut aus verschiedensten Gründen: Anpassung um des lieben Friedens willen, Anpassung wegen Machtlosigkeit, Machtdemonstration, Drängeln, Tricksen, Hilfsbereitschaft, Egalverhalten, Fitnesstraining etc., die ganze Palette menschlichen Verhaltens tritt ans Licht und fragt: „Willst du so weiterleben oder anders?"

Man kommt sich vor wie in einer Kur für Geist, Seele und Körper, nur dass die Fragen nicht vom Kurdoktor, sondern aus dir selbst kommen und die Kur von dir bezahlt wird. Vergleichbar auch mit einer Wallfahrt nach Irgendwo in dir oder mit einer Pilgerreise, wie ich sie schon in Kapitel 10 angesprochen hatte. Und am Ende der langen Reise ist es an der Zeit, die Fragen zu beantworten, die in vielen Momenten gekommen, gegangen, wieder gekommen und wieder gegangen sind. Jetzt stehen sie vor der Tür und drehen sich erst um, wenn sie eine Antwort haben. Egal welche, aber eine Antwort. Letzten Endes können viele kleine Einzelfragen zu einer einzigen Frage konzentriert werden: „Was willst du ändern?" Im Prinzip ist es in wenigen Worten gesagt: „Ich will der sein, der ich bin und nicht den spielen, den ich für andere sein sollte bzw. der erwartet wird." Aus diesem einfachen Bild ergibt sich alles Weitere.

Columbusdenkmal Barcelona

- Keine Duldung von Unterstellungen, egal welcher Art
- Freie Entscheidung hinsichtlich der Zeiteinteilung
- Frei sein in der Entscheidung, mit wem und wo ich jemanden treffe
- Verteilung der „Ehrenamtsaufgaben", auch wenn es etwas kostet
- „Mülleimer-Rolle" ansprechen, wenn's zu viel wird
- Mehr Freizeitunternehmungen (auch allein) durch Freiwerden von Arbeitszeit
- Offener Umgang mit der Vergangenheit bezüglich Uli und ihrer heutigen Rolle
- Klare Ansage, dass mein Lebens-Päckchen so groß war wie das von anderen
- Keine Beziehungsvergleiche anstellen, weil man die andere Beziehung nur von außen kennt
- Fit halten durch Gymnastik als Muss ohne Wenn und Aber
- Gewicht halten ohne Wenn und Aber
- Musik als Hobby und Entspannung verstärken
- Gleiche Freiheit und Toleranz von anderen, wie ich sie bereit bin zu geben

Columbus zeigt auf seiner Säule in Barcelona nach Amerika. Ich zeige Richtung ICH, dem WIR lasse ich Zeit.

Es dürfte für niemanden allzu schwierig sein, mit diesen Selbstverständlichkeiten umzugehen. Höchstens für mich, diese konsequent einzufordern, wenn es in die falsche Richtung geht.

Tag 127: Freitag, der 23.2.2018
21. Tag „Centaurus": Stopp in Barcelona

Das Hopp-Off während der Mittelmeerkreuzfahrt hat mich in der vergangenen Nacht 45 Jahre in die Vergangenheit katapultiert. Ein schöner Traum, nicht von einem Schiff, aber ebenfalls von einem wasserumgebenen Ort, der Insel Wangerooge in Friesland.

Als von zu Hause mangels Masse nicht unterstützter Student war ich immer auf Jobsuche und einer davon war ein Betreuerjob für zwei Jugendferienfreizeiten mit Kindern aus sozialen Brennpunkten auf eben dieser Miniinsel in Deutschlands Norden. Da ging es zwar auch ums Geld, aber mit 21 Jahren war vor allem sehr viel Herzblut dabei, um zumindest im Kleinen etwas zu bewirken. Der endlosen theoretischen Diskussion ohne das richtige Öl für die Erdachse war ich längst überdrüssig geworden. Raus in die Welt und richtige soziale Arbeit leisten war die Devise.

Zwei mal drei Wochen mit acht Betreuern/innen und jeweils 50 Kindern im Alter von acht bis 14 Jahren. Nicht ganz einfach, da die Kinder aus einem Milieu kamen, wo Tugenden wie Ehrlichkeit, Zuverlässigkeit und friedliches Verhalten etc. eher eine Randerscheinung darstellen. Schläge ersetzten Worte, so einfach war das für die Kinder. Der Stärkere bestimmt über die Schwachen. Nicht ab und zu, son-

Die Jugendherberge in Wangeroode

Jugendferienfreizeit 1972

dern immer. Die Elternhäuser fast immer mit Alkoholproblemen, damit verbundener Arbeitslosigkeit, Dauersozialhilfeempfänger in städtischen Obdachlosenasylen, wie das damals noch hieß. Heute gibt man mit dem Begriff „vom Leben in prekären Verhältnissen" dem Ganzen einen Schaumnamen. Um die Not zu beschreiben, nimmt oder erfindet man hochtrabende wissenschaftliche Begriffe und verbreitet diese in Studienbüchern, sodass eine ganze Kaste von Sozialarbeitern eine eigene Sprache spricht. So kann sich der früher eher im Sozialsumpf angesiedelte Sozialarbeiter mit seinen Kollegen aus dem Sozialpädagogenbereich messen. Das Ganze wurde dann noch unter einem Studium zusammengefasst mit Schwerpunktbildung. Hat sich was geändert? Ja, es gibt mehr Bücher und mehr soziales Elend.

Zu den Ferienreisen zurück. Der Start erfolgte immer mit dem Bus im sozialen Brennpunkt, wo die Eltern ihre Kinder oft mit Alkohol-Fahnen verabschiedeten. Erster Stopp war das Gesundheitsamt zum Läuse- und Gesundheitscheck mit Erstbehandlung. Die Mittel waren noch radikal und sind längst aus dem Verkehr gezogen. Und dann ging's mit dem Bus fünf Stunden nach Gretsiel, dem Hafen auf der Landseite, und mit der Fähre nach Wangerooge. Die letzten zwei Kilometer war dann bereits Strandwanderung mit den Kindern bis zum neunstöckigen „Westturm", der Jugendherberge aus dem 1000-jährigen Reich. 1932 nach der Sprengung im 1. Weltkrieg wiederaufgebaut und bis 1945 von der Hitlerjugend belegt. Das Gepäck wurde per Inselbahn nach Wangerooge gefahren und von dort mit einem der beiden Inselautos zur Herberge transportiert. Die 50 Kinder wurden auf die Stockwerke 4 bis 7 verteilt. Das 8. Stockwerke gehörte den vier männlichen und vier weiblichen Betreuern/innen, natürlich in getrennten Schlafräumen. Das tägliche Fitnesstraining war vorprogrammiert, da wunderbare 96 Treppenstufen den Fahrstuhl ersetzten.

Drei Wochen Programm mit Strandwandern, Spielen, Geschichten erzählen, Singen, Nachtwanderungen, Lagerfeuer, eben alles, was Kinder in diesem Alter lieben oder mit dem man versuchen kann, spielerisch Veränderungen im Verhalten zu erreichen. Ich wurde vom Josef für alle zum Charly getauft, weil ich Gitarre spielen konnte und seinerzeit ein Lied von Franz Josef Degenhard die Runde machte, in dem „einer, den sie Charly nannten" vorkam.

Die Erfahrungen mit den Kindern waren für mich als angehendem Sozialarbeiter extrem wichtig und zugleich desillusionierend. Es waren andere Welten, in denen die Kinder lebten, die nichts mit der Wohlstandsgesellschaft jener Zeit zu tun hatten. Am Ende schrieb ich die Graduierungsarbeit über das Thema „Ferien mit Kindern aus sozialen Brennpunkten – Möglichkeiten und Grenzen". Mit der Schlussfeststellung, dass diese wichtig und richtig sind, aber nachhaltig keine wesentliche Verhaltensänderung hervorrufen können und werden. Die Kinder fallen nach den drei Wochen in das gleiche Milieu zurück und in die gleichen Tagesabläufe, in denen andere Gesetze gelten. Wir waren im Prinzip während der Ferien nichts anderes als Sozialpolizisten, die auf die Einhaltung von bestimmten Normen Wert legten und bei Missachtung entsprechend sanktionierten. Die Ferienfreizeiten waren so was wie Freigang im umzäunten Außenhof. Gesundheitlich sicher förderlich, zumal die zu 90 Prozent läusebefallenen Kinder am Ende der Ferien alle läusefrei zu Hause abgeliefert wurden für den Neubefall.

Von den acht Betreuern machten bei beiden Freizeiten jeweils sechs Bekanntschaft mit den netten Tierchen und mit der Radikalkur „Jakutin": Haare waschen, Jakutin drauf, Bademütze 24 Stunden tragen, Haare waschen, auskämmen mit Läusekamm, damit sich die vielen Nissen von den Haaren lösten. Ich hatte das Glück, zu den Nichtbefallenen zu gehören, obwohl ich mir regelmäßig die Füße gewaschen hatte.

Eine gute Teamarbeit stellt bei solchen Freizeiten das A und O für das Gelingen dar. Dass sich bei solchen Teams im Alter von 19 bis 25 Jahren fast immer auch Paare bilden, entspricht sowohl der menschlichen Natur als auch deren Triebverhalten. Das Ausl(i)eben musste aber logischerweise außerhalb der Jugendherberge geregelt werden, was im Schutz der Sanddünen durchaus für Komplikationen sorgte. Immerhin, ein Paar hat sich im Sand richtig und nachhaltig verliebt. Ein entsprechender Werbehinweis könnte Wangerooges Sanddünen als dauerhaft bindenden Eheanbahnungshit herausstellen.

Am Morgen hatte der Kapitän Neues zum Zeitplan: Die „Centaurus" läuft erst in der Nacht zum 24.2.18 aus und zwar gegen 2 Uhr. Also noch einen vollen Tag mit Sonnenschein zur freien Verwendung. In der Südsee wäre der Meldung keine besondere Bedeutung zugekommen, da der Himmel jeden Tag und noch für viele Tage Sonne satt serviert hätte. Aber kurz vor zu Hause mit wenig guten Wetteraussichten ticken Verstand und Gefühl anders. Ein (Pool-)Tag an Deck scheidet wegen der fehlenden Wärme aus und ist wegen dem störenden Dauerlärm der lauten Verladung von Containern nicht einladend.

Da Adeles Fuß wieder einigermaßen brauchbar ist, gehen wir gemeinsam in die Stadt. Nochmal Rambla, Besuch des Mercados Central und des Café Zürich. Eine Wanderung durch die schmalen Gassen zurück zum Columbus-Denkmal führt dann nach Barcelonetta direkt in das Restaurant, in dem ich vor Jahren mit meinem Freund Bernd und einem anderen Kollegen ein Mittagessen von 13 bis 16 Uhr hatte – inklusive drei Flaschen Wein. Mareike und Kathrin erinnern sich noch an unsere Weinseligkeit, als wir uns wieder trafen. Es ist ein seltsames Gefühl, so unverhofft in einem Lokal zu sitzen, in dem man mit dem besten Freund gewesen ist, der inzwischen mit den Wolken zieht. Ich denke, Bernd hat zufrieden zugeschaut und sich gefreut, dass ich mich erinnere und exakt dieses Lokal ausgewählt habe. Auch ein Ergebnis der langen Reise. Keine Flucht mehr vor Erinnerungen, sondern Dankbarkeit für eine tolle Zeit empfinden.

Nach neuesten Berechnungen könnte ich bei normalem Verlauf und ohne zum Schluss in Hektik zu verfallen am 28. Februar ab 13 Uhr bei den Hanfwerken eintreffen oder im Laufe des Nachmittags. Entscheidend wird der Aufenthalt in Marseille/Fos-sur-Mer. Mir ist es auch vollkommen egal, Gott sei Dank. So kann ich nämlich die letzten Tage in vollen Zügen genießen.

An der Lady sehe ich, wie sich zu frühes Konzentrieren auf das Heimkommen auswirkt. Seit Tagen kann sie es kaum erwarten, wieder zu Hause zu sein. Ich habe sie heute mit nach Barcelona genommen, um ihr zu zeigen, dass sie noch auf Tour ist und das Zuhause nicht wegrennt. Beim Essen im Restaurant hat sie dann zugegeben, dass es wohl besser sei, noch mit dem Kopf auf dem Schiff und nicht zu Hause beim Besen zu sein.

Verständnis hätte ich, wenn jemand seekrank ist, wie der Australier, der bei der vorletzten Tour der „Centaurus“ von Singapur bis Malta an Bord war und dem es die ganze Zeit schlecht war. Da wird dann aus dem ersehnten Genuss ein Sterbensverdruss. Wer sich also nicht sicher ist, sollte für die erste Strecke an einen möglichen Aussteigehafen denken. Der Australier ging in Malta von Bord. Ich kann nur für ihn hoffen, dass er auf der Tour auch vorhatte, abzuspecken. Dann wäre es ein voller Erfolg gewesen.

Am Morgen waren weitere zwei Kreuzfahrtschiffe eingelaufen, recht nahe an unserem Schiff vorbei. Und wieder wird mir klar, dass diese Art von Reisen für mich nicht das Richtige wäre. Aber wer weiß? In einigen Jahren kann sich das ändern, wenn die Fitness nachlässt, aber die Liebe zu Schiffsreisen geblieben ist. Aber dann nur mit Balkon und möglichst weit oben. Reicht das Geld nicht für diesen Luxus, bleibe ich lieber zu Hause und fahre auf dem Balkon im Laptop auf Australiens einsamen Outbackstraßen dahin und singe mit den alten Songschreibern Bruce, Bob und wie sie alle heißen ihre Songs.

Vier Kreuzfahrtschiffe im Hafen von Barcelona – Menschenmengen wie in einer Kleinstadt

Tag 128: Samstag, der 24.2.2018
22. Tag „Centaurus“: Fahrt nach Marseille/Fos-sur-Mer

Um 2 Uhr sollte das Schiff ablegen, um 5 Uhr ging’s dann los. Um 8 Uhr endlich wieder die gewohnte Umgebung. Meer bis zum Horizont, Schleier-Sonne, Ruhe statt Hafenhektik und Hafenlärm. Zeit, sich wieder auf die Langsamkeit einzustellen, das Gefühl, dass ich nach Hongkong auf der „Aglaia“ erst lernen musste zu genießen und das ich am Ende der Reise zuerst vermissen werde, um mich dann immer wieder daran zu erinnern.

Mit Riesenschritten führt meine Reise jetzt ins „normale“ Leben zurück, bei dem ich hoffe, meine Vorsätze nicht zu vergessen. Sonst wäre die Reise zwar immer noch eine traumhafte Erinnerung, aber eben nicht mehr. Deshalb um die halbe Welt zu reisen, wäre mir nicht genug. Ich habe viel gesehen und noch mehr nicht gesehen. Aber was ich gesehen habe, war genug, um das Nichtgesehene nicht als Nachteil zu sehen. Dafür habe ich bei vielem sehr genau hingeschaut, um wahrzunehmen was ist und was nur scheint.

Als Reisender hast du immer verschiedene Möglichkeiten, die wiederum vom Geld und von der Zeit abhängen. Das Geld spielt dabei die geringere Rolle, weil man sich das zusammensparen kann, notfalls in vielen Jahren, was für die Ernsthaftigkeit spricht. Eine Reise durchzuhecheln, um möglichst viel in kurzer Zeit zu sehen, ist ein Weg, aber nicht meiner. Zu einem Baum oder einer Blume gehört nicht nur die wunderschöne Krone oder Blüte, sondern auch Stamm, Stiel und das Wurzelgebilde, das sich in den Boden gräbt.

Erst wenn ich alles gesehen habe, habe ich auch den Baum gesehen. Ich habe einige Reisende getroffen, die zwischen zwei und sechs Wochen Zeit hatten. Beim Erzählen wurde mir klar, dass ich zum Teil an Reiseziel-Empfehlungen weit weniger gesehen habe als sie. Das waren richtige Zielrosenkränze, die im Tages-Rhythmus abgebetet oder besser gesagt abgefahren wurden. Perle für Perle bis zum Kreuz, dem Flugzeug am Ende der Reise. Mit dem und mit den Fotos geht es dann zurück in die Heimat. Ich wünsche allen, dass nicht nur das Objektiv den Schmetterling betrachtet hat, sondern auch das Auge noch Zeit hatte dafür. Und dass der Rosenkranz an manchen Tagen nicht durch die Finger glitt, sondern manche Perle an der Seele klebte, bevor sie vom Zeitstress abgestreift wurde.

Bei allen philosophischen Betrachtungsweisen sind bei einer Reise dieser Art einige ganz irdische Vorsorgemaßnahmen sinnvoll, die einem unterwegs den Genuss erhalten.

Tipps für eine Reise mit einem Containerschiff

Unbedingt einpacken:

- handliches Fernglas
- handliche Digi-Spiegelreflexkamera
- Warmhaltetrinkbecher
- Kaffee/Tee/Filter/kleiner Kocher
- „Rei" in der Tube
- zwei bis drei 10 × 10 cm große Rutschhemmer für Tasse oder Glas bei Seegang
- sehr gute Sonnenbrille wegen Blendung auf dem Meer
- Wörterbuch – bei Wifi ersetzt das Mobil das Büchlein
- Sonnenschutz größer 20
- Hut oder Baseballmütze
- kühlbare Trinkflasche
- Digi-Bücher
- handlicher Laptop (evtl. mit Normaltastatur)
- kleiner Rucksack für Landgänge und für Schiffswanderungen
- zweifache Kopien aller Dokumente und Papiere
- Führerschein im Original, Kopie reicht für Mietwagenverleiher nicht aus
- Dollars für Trinkgelder und für WLAN an Bord (MB/0,10 US-Dollar – Wichtig: Update-Automatik ausschalten. Dafür das Wifi in den Städten nutzen.)

Rucksack oder Koffer

Wer nur in Motels absteigt, der kann mit Rollkoffer problemlos reisen. Alle anderen Planungen sind mit einem Rucksack einfacher, weil man immer beide Hände frei hat. Entweder für die Fliegen, wenn der Waschtag ausgefallen war, oder für eine Gitarre, wie ich sie dabeihatte. Oder für die Hand des Partners, wenn man zu zweit reist. Oder für Unternehmungen in der Wildnis, bei der man das Gepäck benötigt und eine freie Hand braucht, um nach den wilden Tieren zu schlagen.

Beim Gepäck macht jeder seine Fehler. Ich habe meine gemacht. Zwei Klimazonen bedeuten automatisch mehr Gepäck, aber die Möglichkeit des Waschens unterwegs bietet erhebliche Einsparmöglichkeiten. Auf dem Schiff gibt es Waschmaschine und Trockner. In südlichen Gefilden füllt sich das Gewebe von Hemd, Hosen und Socken zwar ständig mit echt gutem Stoff für die Mücken, aber abends gewaschene Kleidungsstücke sind am anderen Morgen wieder trocken, es reichen also zwei Exemplare dieser am meisten getragenen Kleidungsstücke.

Zelt und/oder Schlafsack

Die Frage muss jeder für sich beantworten. Ich habe Motels auf der Reise bevorzugt, weil ich die Zelt-/Schlafsackromantik auf vielen Touren durch ganz Europa sowohl als Genuss als auch in Verdrussform erleben durfte. Beide Reisearten unterscheiden sich grundsätzlich, weil man Motels oder Hotels in der Regel problemlos findet, während Schlafplätze im Freien oder mit dem Zelt oft mühsam gesucht werden müssen.

Der Tag hatte mit Sonne begonnen und hat mit Regen am Nachmittag den Abend und die Einfahrt in den Hafen von Fos-sur-Mer eingeläutet. Das Wetter passte zum letzten Tag der Schweizer Lady, die trotz des gestrigen Ausflugs nach Barcelona es nicht erwarten kann, in ihre Wohnung in Bern zurückzukehren. Wie schon die Tage vorher, ist der Kopf zu Hause und der Körper an Bord. Das Gesicht beim Essen sagt einfach nur: „Es ist genug, ich muss nach Hause“, und der Mund spricht dasselbe auch im Jammerton aus. Leider sitze ich auch am Tisch und muss mir das Gesicht anschauen und das Jammern anhören. Für sie bedeutet die Fahrt spätestens seit Ankunft in Valencia nur Stress.

Selbst meine Empfehlung, den Leitspruch von Konfuzius zu bedenken, sich nicht um Dinge zu kümmern, die man nicht ändern kann, bringt keine Besserung. Ich habe ihr in Barcelona empfohlen, in den Zug zu steigen, wollte sie aber auch nicht.

Lesenachmittag bei schlechtem Wetter vor Fos-sur-Mer

Da hat die Vorfreude auf zu Hause die Reise am Ende kaputtgemacht. Eigentlich schade, weil diese letzten Tage auch hängenbleiben in Erinnerung, vielleicht mehr als die schönen Tage zuvor. Sie wird jedenfalls nie mehr eine Reise mit einem Containerschiff antreten. Da bin ich mir ziemlich sicher. Für sie und mich war es ein Versuch, wie das Zusammenleben mit einem neuen Partner. Entweder man verliebt sich oder sagt Adieu. Bei 5 Grad und Regen fällt das dann noch leichter, als bei 25 Grad, Sonnenschein, Deckliegestuhl und Pool.

Als Abschluss der gemeinsamen Reise und zur Aufheiterung haben wir heute Abend noch eine Flasche Rioja aus der Schiffsküche getrunken und ich habe ein paar Gitarrenmelodien zum Besten gegeben. Leicht melancholisch, aber auch ein bisschen beschwingt und immer gut, um vor sich hinzuträumen. Alles Melodien, die niemand kennt und wo Spielfehler überhaupt keine Rolle spielen.

Bei der Unterhaltung zwischendurch kommt automatisch nach so vielen Tagen auch Privates zur Sprache und bei der Frage, was die Familie zur Reise meint, konnte ich über den Tod von Uli sprechen, weil es der letzte Abend war und die Gefahr nicht mehr bestand, dass ich fortan mit Mitleid betrachtet werde. Das hasse ich noch mehr als die Pest. Je nachdem wird man rücksichtsvoller behandelt oder die Neugier bekommt einen Höhenflug oder es wird versucht, mit hochtrabenden Worten Verständnis oder gar Trost zu äußern. Kann ich nicht brauchen und will ich auch nicht. Deshalb der späte Zeitpunkt der Information. Wäre früher gefragt worden, hätte ich das Thema mit „Privatsache“ beendet. Was solche Dinge angeht, bin ich – wegen den eben geschilderten Folgen – mittlerweile knallhart.

Aber das Wichtigste bei dem Gespräch war, dass ich ohne feuchte Augen über meine Liebe, unsere gemeinsamen Jahre zu zweit, die Jahre als Familie und Ulis Tod sprechen konnte.

Tag 129: Sonntag, der 25.2.2018
23. Tag „Centaurus“: Stopp in Fos-sur-Mer

Drittletzte Nacht an Bord, 51. Tag an Bord von Containerschiffen. Draußen Wolken, neblig, nasskalt, 5 Grad. Da sehnt man sich nach den vielen Morgen in der Südsee und im indischen Ozean, als einem 25 Grad warme, milde Luft durch die Luke ins Gesicht wehte und die tiefblaue See einen „Guten Morgen“ sanft dahersäuselte und dabei mit den Wellen blinzelte.

Davon ist hier nichts mehr zu spüren. Beim Blick aus der Luke sieht man die laufende Containerlogistik-Maschinerie unter Volldampf arbeiten. Wenn hier jemand blinzelt, dann ist es das Regenwasser auf den Containern im grellen Scheinwerferlicht. Hier wird man – ob man es will oder nicht – auf den kommenden Alltag vorbereitet. Von Malta bis Fos durch eine langsame Gewöhnung an die Temperaturverhältnisse und hier im Industriehafen an einem Morgen wie diesem auch an den

Arbeitsalltag, der automatisch versuchen wird, einen wieder als Zahnrad in das laufende Getriebe einzubauen.

Gangway mit 72 Stufen

Nicht aufpassen bedeutet das Versinken aller guten Vorsätze im To-do-Sumpf der Betriebs-Maschine. Auch das Gestalten der sozialen Kontakte gehört wieder zum Alltag, d. h. Kompromisse schließen, fünfe gerade sein lassen und nicht allem die Bedeutung zumessen, die man vom Geschrei her vermuten könnte. Die viermonatige stabile (aber sehr eingeschränkte) Wetterlage an der zwischenmenschlichen Wetterfront wird wieder wechselhaft und folgt hoffentlich den Jahreszeiten. Nach dem Frühjahr folgt der Sommer.

Seit gestern Abend 19 Uhr liegen wir im Hafen von Fos-sur-Mer und die Kräne haben sofort mit der Entladung begonnen. Das Schiff soll heute Abend schon wieder Richtung Genua starten, aber diese Ankündigungen sind nach den Erfahrungen in den letzten Häfen eher Schall und Rauch und für mich ohnehin egal. Ich bin unterwegs und nach Übertretung der Bahnschienen vor der Wiesenmühle daheim. Dazwischen gibt es nichts.

Adele verlässt um 9 Uhr das Schiff, glücklich in acht Stunden ihr Sofa in den Arm nehmen zu können und in der vertrauten heimeligen Wohnung wieder mit dem vertrauten Leben zu beginnen. Dieses endete Ende November mit der Flugreise nach Neuseeland zu ihrer Tochter, wo sie, die Oma, in Haus und Garten gewerkelt hatte. Das war das Ziel der Reise. Der Rückweg mit dem Schiff war ein gewolltes Abenteuer, aber eben nur als Rückweg, nicht um in irgendeiner Weise mehr aus der Reise ziehen zu wollen. Da sind 25 Tage lang, auch wenn man jeden Tag ein Buch liest. Für sie war es sicher eine Bereicherung, dass sie mit uns drei relativ entspannte Mitfahrer hatte. Im anderen Falle hätte die Fahrt durchaus in Malta mit einem Flug in die Schweiz enden können. Ob mit guter oder schlechter Erinnerung an die Schiffsreise, schwer zu sagen. Bis Malta war das Wetter noch schöner, was eine große Rolle auf solchen Schiffen spielt.

So vieles geschrieben, so viele Gedanken, so viele Eindrücke auf dem Sprungbrett in den 3. Lebensabschnitt. Herauszufiltern, was bleibt und was mich verändert hat, ist schwierig, kann aber nicht lange hinausgezögert werden. Heute ist alles noch frisch und lebt im Kopf, morgen versinkt vieles im Alltag und nur die ganz großen Gedanken bleiben. Das Leben wird aber von den kleinen Dingen und Überlegungen bestimmt, die den gedanklichen „großen" Leitlinien zum realen Schliff verhelfen. Sehen, überlegen, tun.

Es geht um nicht weniger als die Gestaltung des letzten Lebensabschnittes auf der Basis dessen, was ich bisher war und dem, was die Reise in mir hat gären lassen. Sie hat mich viele Male mit der Vergangenheit konfrontiert und mit dem, was mich so werden hat lassen, wie ich bin. Mit allen Stärken und Schwächen. Eine teilweise schmerzhafte, aber auch in vielen Teilen fröhliche Rückschau auf ein Leben, dessen Kurven und Wendungen kaum einen engeren Radius hätten vertragen können, ohne die Gefahr des Herausschleuderns zu provozieren.

Geradlinigkeit sieht anders aus, aber dafür bin ich nicht der Typ gewesen. Neues probieren ist immer mit der Gefahr verbunden, aus der Spur zu kommen. Aber es bietet gleichzeitig auch die Chance, eine neue Spur zu finden. Ohne den festen Glauben, dass es schon irgendwie weitergeht, wäre das nicht möglich, und ob dieser Glaube sich auf eine höhere Macht oder sonst was stützt, spielt keine Rolle. Hauptsache, er steht im Hintergrund Pate, wenn auf den neuen Wegen erst einmal viele Steine aus dem Weg geräumt werden müssen.

Auch der 3. Lebensabschnitt ist ein neuer, unbekannter Weg und dass der nicht geradlinig wird, ist mir heute schon klar. Zu viele Ideen schwirren im Kopf, ob sinnhaltig oder nicht, kann keine Rolle spielen. Sie sind da und werden sich irgendwie sortieren in Zukunftsvisionen und Spinnerei.

Persönliche Beziehungen werden sich weiterentwickeln unter anderen Vorzeichen. Sie können sich positiv entwickeln oder schwächer werden, entsprechend dem Umgang mit dem, was sich in den letzten fünf Monaten in mir ausgebildet hat an Wünschen und Zielen. Ein Zurück zu früher wird es nicht geben können, dafür war zu viel Zeit, um im Kopf Klarheit zu schaffen. Ich habe 130 Tage weitgehend allein gelebt oder bin gereist und hatte Luft, um auch diese Art des Lebens zu prüfen. Jeder Tag war ein Tag, den ich mir gestaltet habe, ohne Kompromisse schließen zu müssen, außer in der gemeinsamen Zeit mit Valentin.

In dieser Zeit begegnet man allen Vor- und Nachteilen und kann für sich entscheiden, was man braucht und was nicht. Hier wird jeder für sich persönlich nach seinem Gefühl entscheiden. Für mich ist eine Beziehung nicht mehr lebensnotwendig, um Glück zu erfahren. Der Friedensschluss mit der Vergangenheit hat hier etwas geschafft, was ich vor der Reise nicht für möglich gehalten habe. Aus Hader wurde Zuversicht und ein Bewusstsein für eine wunderbare Zeit, an die ich jetzt mit einem Lächeln zurückdenken kann. Sie zehrt nicht mehr, sondern gibt Kraft. Froh, das erlebt zu haben und dankbar, dass diese Zeit wie eine Oase in mir ruht. Immer da, um dort einen Besuch zu machen. Nicht mit der früheren Traurigkeit, sondern mit Freude.

Ich sage damit nicht allen Beziehungen Ade. Ich sage nur, dass ich meinen Frieden gefunden habe und offen bin für Neues unter den für mich gefundenen und notwendigen Bedingungen. Lassen sich diese an andere Bedingungen anpassen, wunderbar. Wenn nicht, hat es keinen Wert, sich beim Gang durch den 3. Lebensabschnitt jahrelang zu quälen, um vielleicht doch noch eine Anpassung zu erreichen. Erst wenn die Angst vor der Einsamkeit die Liebe ersetzt, wird es unwichtig, mit wem man zusammenlebt. Dann verbindet genau dieses Element, egal wie man zusammenlebt.

Das mag alles etwas hart klingen und wird in dieser Klarheit auch nur im Kopf bestehen können. Es zeigt aber, wie sich durch die Auseinandersetzung mit sich selbst Dinge herauskristallisieren, die man für sich und die Zukunft als wichtig erachtet. In meinem Fall für die bevorstehende dritte und letzte Zukunft. Die Zukünfte Nr. 1 von 20 bis 40 Jahre und Nr. 2 von 40 bis 65 Jahre lagern als Potenzial in mir, nicht als Vergangenheit. Dieser feine Unterschied muss sein.

Noch vier Tage Reise. Es haben sich so viele Kreise geschlossen, die vor der Reise noch als Berge und Wirrwarr im Kopf herumschwirrten und mir oft genug das Leben schwer erträglich gemacht haben. Über vier Monate ohne irgendwelche Zwistigkeiten und Streit leben war ein Geschenk, das mir erst bewusst wurde, als die Heimat näher rückte und erste technisch bedingte Missverständnisse zu Unstimmigkeiten führten, über die ich erschrocken war. „Das darf nicht wahr sein", war meine erste Reaktion. „Der Alltag trifft den Traum", war der zweite Gedanke. Aber mir wurde in diesem Moment auch klar, dass ich das nicht mehr möchte, egal mit wem. Auseinandersetzungen ja, wenn klar ist, um was es geht und Meinungsverschiedenheiten sich aus verschiedenen Ansichten ergeben. Nicht aber, wenn diese aus technischen, sprachlichen oder anderen Missverständnissen entstanden sind. STOP, STOP, STOP. Dieses Fass habe ich in den vergangenen Monaten leerlaufen lassen, auf dass es sich nie wieder füllt. Es wirkt wie ein immerwährender Stachel und als Bedrohung, die man über sich spürt. STOP, STOP, STOP.

Ich habe mir oft überlegt, ob ich in gleichem Maße aus der Hüfte zurückschießen soll und war nahe dran, mich dafür zu entscheiden. Auf der Reise habe ich mich aber entschieden, genau dies nicht zu tun, weil es nicht zu mir passt. Nicht mehr reagieren und den anderen damit zwingen, sich mit seinen Hüftschießereien und deren Wirkung zu beschäftigen, war am Ende der Kreis, der sich gedanklich geschlossen hat. Das passt zu mir. Hirni bleibt Hirni und Bauchi bleibt Bauchi.

Nach dem Auschecken der Schweizer Lady ging seltsamerweise der Himmel auf und die Sonne machte sich Platz und zwar richtig. Strahlend blauer Himmel um 10 Uhr und die Möglichkeit, mit drei Crewmitgliedern nach Fos zu fahren. Diese treten nach vier Monaten Dienst ihren dreimonatigen Heimaturlaub an. Alle total gut drauf. 20 Kilometer Fahrt mit dem Shuttlebus der Reederei und ich war in Fos, einer ehemaligen römischen Festung. Die drei anderen fuhren direkt zum Flughafen Marseille und sind heute am späten Abend zu Hause. Der Kroate mit dem Ferienhaus hat als erstes eine Nachuntersuchung wegen einer Krebserkrankung im vergangenen Jahr. Ein Jahr zu Hause mit ständigem Bangen und Hoffen. Mir hatte bereits eine kleine Andeutung am Anfang unseres Kennenlernens genügt. Die Gesichter mit diesem Hintergrund kenne ich zur Genüge aus den Zeiten der Bestrahlungstherapie von Uli.

Das Dorf Fos-sur-Mer hat einen alten Dorfkern mit Burg und eine neuere Stadt dahinter mit insgesamt 15.000 Einwohnern. Im Sommer wahrscheinlich 50.000, denn Fos ist auf Touristen spezialisiert mit neuem und altem Viertel und großem Strand. Leicht zu verwechseln mit vielen anderen Dörfern dieser Art, in denen die Römer zeitweise ihre Zelte aufgeschlagen hatten. Der Blick von der Burg ist atemberaubend und zugleich ernüchternd. Neben dem Meeres- und Landblick in ein Naturschutzgebiet wird der Blick auf der rechten Seite mit den riesigen Hafenanlagen, Tanklagern und einer Raffinerie auf die industrielle Schiene gelenkt.

Eine vierspurige und stark befahrene Umfahrung von Süden Richtung Marseille trennt Strand- und Restaurantviertel, Bootshafen und Feriensiedlung vom Dorf. Eine Brücke dient als Verbindung und führt direkt in die Hafenstraße und den Bootshafen mit Hunderten von kleinen und größeren Booten.

Liebhaber von Massenaufläufen sind hier in der Saison bestens bedient. In der Nebensaison haben die Strandwanderer ihr Vergnügen und können im Strandrestaurant ihren Gaumen erfreuen. Ich nehme ein Sandwich und einen Cappuccino mit der Wertung Note 5 und einer 1,5 für das Sandwich. Mit drei Bohnen und Sahnesteif wird Kaffee nicht zu Cappuccino, sondern zum Würgerccino. Hätte ich in Frankreich nicht erwartet, aber Strandkneipen sind nicht unbedingt das Frankreich, das ich kenne. Ich wandere noch 30 Minuten am Strand, um die wirklich warme Sonne zu genießen, bei einem kalten Wind und mit Windjacke.

Nachdem ich an der Bushaltestelle den nächsten Bus erst in zwei Stunden angekündigt sehe, frage ich in der Kneipe „Marrakesch", ob sie mir ein Taxi rufen könnten. Der Wirt meint, dass das am Sonntag kaum möglich ist, aber er hätte in 45 Minuten Schluss und könnte mich in den Hafen fahren. Auf die Frage, was das kostet, meinte er, das wäre kein Problem, er würde sowieso in die Richtung fahren und würde sich auskennen. Aufgrund des freundlichen Auftretens ging bei mir meine Vorsicht verloren und am Ende saß ich an der falschen Hafeneinfahrt und war 40 Euro los, weil er zum Schluss doch diesen Betrag verlangte. 30 Euro hätte ein normales Taxi gekostet, der Bus 1 Euro. Rumstreiten hilft hier nicht, ich hätte einfach nach allen meinen Erfahrungen wissen sollen, dass Marrakesch in Afrika liegt und der Preis vorher klipp und klar ausgehandelt werden muss. Eine Lehre, die für die nächsten Jahre reichen dürfte, leider aber auch die Vorurteile festigt. Jedenfalls durfte ich dann 5 Kilometer Gesundheitsmarsch absolvieren bis zur richtigen Hafeneinfahrt. Eine – wie ich meine – gerechte Strafe für meine Vertrauensseligkeit.

Auf dem Schiff war der Kapitän gerade im Aufbruch in eine Kneipe in der Stadt und ich konnte ihm noch die Frage stellen, warum er Kapitän geworden sei. Der von mir als Bauchi eingestufte Kapitän hat sich als solcher entpuppt, weil er freundlich und ausführlich erzählte, dass seine ganzen Familienvorfahren zur See gefahren sind und er auf keinen Fall einen normalen Job wollte mit 20 oder 25 Tagen Urlaub im Jahr. Drei oder vier Monate See und dann drei Monate zu Hause, das wäre sein Ding und das wäre auch der Hauptgrund für seine Leidenschaft für die See. Dazu immer wieder neue Schiffe, neue Crews, neue Städte, eben immer auf Achse und nicht immer das Einerlei eines Bürojobs.

Damit wäre das auch erledigt und die Argumente der von mir kennengelernten Kapitäne im Topf:

- Arbeitszeitregelung mit den jeweils mehrmonatigen Einsätzen und Freizeiten
- Ständig neue Anforderungen
- Ständig neue Personen
- Höheres Gehalt als in den Jobs im Heimatland
- Tradition in der Familie
- Ständig in anderen Städten (und Bars etc.)

Durchaus Argumente, die man nachvollziehen kann. Aber sicher nicht für jedermann das Richtige.

Der Kapitän hatte noch eine Wetterwarnung verkündet und einen möglichen zusätzlichen Standtag in Fos-sur-Mer. Am Montagmittag wüsste man es genau. Bei starkem Sturm wird nicht geschifft wegen der Nässegefahr auf dem Schiff.

Müde bin ich, geh zur Ruh, um 20:30 Uhr. Noch einen Tee und ein Glas Wein und dann ab ins Juchhe. Vielleicht eine Wiederholung der drittletzten Nacht, wenn es nach den jetzigen Wetterwarnungen geht. Lustigerweise hängt die Wetterwarnung mit der Russlandkälte in Deutschland und der Wärme über dem Mittelmeer zusammen. Luftmassenaustausch nennen es die Meteorologen, Frühjahrssturm der Kapitän.

Boot- und Jachthafen von Fos-sur-Mer

Tag 130: Montag, der 26.2.2018
24. Tag „Centaurus": Stopp in Fos-sur-Mer

Sonne pur, 0 Grad, Winter in Europa. Der Blick auf das Mobil zeigt unmissverständlich, wo das Wetter heute den Most holt. In Sibirien. Die Ausläufer der Kaltluftmassen, die Deutschland Ende Februar noch 20 Grad minus bescheren sind auch im ansonsten milden Frühjahr in Südfrankreich angekommen. Eisiger Wind auf dem Deck, Wellenkräuseln im Hafenbecken. Unverändert die Containermaschinerie, die Kräne packen Container um Container auf das Schiff, nachdem die Entladung der für hier bestimmten Kisten gestern Abend beendet wurde. Die hochbeinigen Zulieferfahrzeuge fahren in einem Tempo, als würden sie sich ein Kopf-an-Kopf-Rennen liefern, aber die Koordination ist miserabel. Am dümmsten sind die Arbeiter dran, die nach dem Anheben der Container die Steckverbindungen von unten an den Containern anbringen müssen. Hier ist man nicht gewohnt, bei 0 Grad zu arbeiten.

In Singapur wurde ein Container in 1,5 Minuten verladen, in Melbourne in drei Minuten und in Europa rechnen die Crewmitglieder grundsätzlich mit mindestens vier Minuten.

Auf dem Außendeck ist es so ungemütlich, dass man gar nicht auf den Gedanken kommt, in der Sonne zu sitzen. Einfach zu kalt. Für mich ist vollkommen klar, dass Reisen mit Containerschiffen wohl nur in warmen Gegenden traumhaft werden können, weil sie eine gewisse Leichtigkeit des Seins mit sich bringen. Die nächste Reise wird also wieder eine sein irgendwo, wo die Wärme garantiert ist. Das muss nicht gleich 35 Grad bedeuten, aber eine gute Vorbereitung und ein Studium der Temperaturen in den betreffenden Regionen helfen sicher, die richtige Wahl zu treffen. Durch die Klimatisierung aller Kabinen bekommt man die Wärme im Süden ganz gut in den Griff, aber Schwitzen gehört trotzdem dazu. Möglicherweise verträgt eine Reise zu zweit auch kältere Temperaturen, weil es da in der Kabine mitunter heiß werden kann und die kühle Luft durch die Luke gut tut.

Nach dem Studium der Fahrpläne über das Funknetz weiß ich, dass Züge von Genua regelmäßig Richtung Mailand fahren und von dort Anschlussverbindungen

Strand von Fos-sur-Mer

nach Zürich bestehen. Der Geschäftstermin könnte also ganz gut klappen, wenn auch nicht von vornherein die genaue Zeit geklärt werden kann. Von Zürich fahren regelmäßig Züge in alle Richtungen und ich kann mir die günstigste Verbindung raussuchen. Wird wie so oft ein Zufallsspiel.

Neue Meldung vom Kapitän. Der Sturm auf See wird wohl nicht so stark wie erwartet, aber wegen des trotzdem strengen Windes mit starken Böen hat der Hafen Genua geschlossen. Die Containerschiffe mit ihren hohen Aufbauten und Windangriffsflächen könnten beim Hafenauslauf und Hafeneinlauf vom Wind unkalkulierbar zur Seite geschoben werden. In einem engen Hafen ein hohes Risiko für andere Schiffe und für die Ladekräne. Die „Centaurus" hatte in Dubai bereits einen Ladekran beim Manövrieren gefällt. Diesen Ruf bekommt das Schiff nicht mehr los und wird für lange Zeit der Krankiller bleiben.

Und beim Lesen auf dem Deck, windgeschützt und dick eingepackt, bekomme ich wieder Besuch vom Marienkäfer neben meinen Stuhl. Ich halte einen Finger hin und das Tierchen klettert in die Hand und bleibt dort sitzen. Sucht wohl die Wärme oder möchte mich verabschieden, nachdem es mich vor ein paar Tagen in Valencia begrüßt hatte. Da bin ich mal gespannt, ob der Käfer mehr weiß als ich vom Kapitän. Nach ein paar „Beweis"-Fotos habe ich den Kleinen oder die Kleine wieder von der Hand auf eine sonnige Fensterbank klettern lassen. Nach einer Stunde Sonne waren aber noch keine Abflugabsichten erkennbar, also an das Lukenfenster in der Kabine zur freien Entscheidung: drinnen oder draußen? Zu Hause sitzen die Käfer auch den ganzen Winter in irgendwelchen Spalten und fliegen davon, wenn es wärmer wird. Wieder so ein Zufall.

Meine Reisebekanntschaft

Nachdem um 18 Uhr nicht klar ist, ob Genua morgen angesteuert werden kann, fange ich an, meine sieben und mehr Sachen zu packen. Und siehe da, am Ende habe ich zwei Gepäckstücke. Nur die alten Sandalen stehen noch rum, die ich eigentlich einer Seebestattung zuführen wollte. Nun habe ich Skrupel, ohne zu wissen warum. Die Sohlen sind vollgesogen mit vielem, was ein schützenswertes Biotop begründen könnte. Da muss nur ein Tierschützer an der Grenze kontrollieren, dann darf ich die Dinger nicht mehr vernichten.

Seit 24.10.17 bin ich unterwegs und mich hat interessiert, was ich eigentlich an Kleidung in diesen über vier Monaten zur Verfügung hatte.

Hier meine Packliste:

Die Klamotten: je zwei Jeans, kurze Hemden, T-Shirts, Unterhosen, Socken (klar im Paar), je ein langes Hemd, ein Unterhemd, eine Filzjacke, eine Regenjacke (Schwitz!), dazu Wanderschuhe und Sandalen. Außerdem eine Badehose, die Dätschkapp, eine „Bollenkapp“ (hochdeutsch: Pudelmütze) und ein Halstuch.

Vor dem Packen …

Sonstiges: zwei Handtücher und zwei Waschlappen, Kulturbeutel, „Rei in der Tube“, Wasserkocher (0,5 ltr.), Kaffeebecher mit Deckel, Kaffeefilter (Plastik- u. Papierfilter), Medikamentenset, Tränengas, „Schweizer“ Taschenmesser (das mit den vielen Werkzeugen), Fotoapparat, Handy, Laptop, separate Tastatur, Elektroadapter, USB-4-fach-Hub, Gitarre mit Ersatzsaiten, Mundharmonikas.

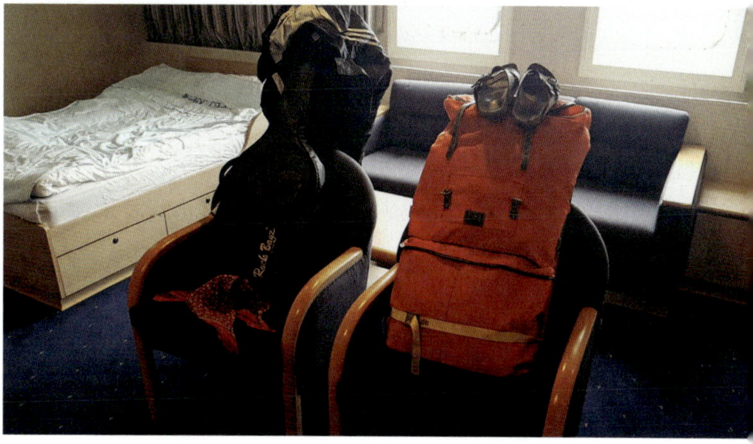

… und nach dem Packen am nächsten Morgen

Wer jetzt die Nase rümpft, muss wissen, dass regelmäßiges Waschen angesagt ist, was man sich nicht einmal vornehmen muss. Der täglich und nächtlich größer

werdende Mückenschwarm sorgt für einen gewissen Waschautomatismus. Ich hatte an einigen Stellen auf dieses Phänomen hingewiesen.

Für Wanderungen einen kleinen Rucksack und für die Unterbringung der Elektronik einen weiteren kleinen, erleichtern das Trennen und Auspacken. Beide kommen in das obere Fach des großen Rucksacks. Trotz der Gitarre habe ich so immer eine Hand frei und muss kein Gepäckstück auf den Boden stellen und damit einen Dieb verführen. Außerdem, die Fliegen ...

Ab jetzt entscheidet Petrus über meine Heimreise und ich gehe davon aus, dass die Reederei nicht meinetwegen möglichst viele Zeitverzögerungen einplant. Ich kann jetzt jederzeit von Bord.

Tag 131: Dienstag, der 27.2.2018
25. Tag „Centaurus": Fahrt nach Genua

Wie angekündigt verlässt die „Centaurus" nach einer langen Verladezeit erst nach Mitternacht den Hafen und fährt in gemächlichem Tempo durch die Nacht. Den Grund erfahre ich auf der Brücke: Aufgrund einer dreitägigen Schließung des Hafens Genua wegen der starken Winde gibt es dort einen Stau und die „Centaurus" muss wieder einmal auf ihren geliebten Kai warten. Mit dem Auschecken heute wird es mit ziemlicher Sicherheit nichts, d.h. wahrscheinlich morgen im Laufe des Tages. Aber Aussagen im Mittelmeerraum haben viele Unbekannte, wie das Beispiel Fos eindringlich vorführte. Die Verladung sollte um 18 Uhr fertig sein. Um 2 Uhr nachts war sie beendet. Dazwischen durfte die eingeteilte Crew abwechselnd immer wieder schlafen gehen.

Neue Situation als Ergebnis von Wetterkapriolen und Sueskanalverzögerung. Für mich spielt es keine große Rolle, für die Reederei schon. Sie verliert kostbare Zeit und das geht immer gleich in die Zigtausende Euro. Gleichzeitig ist es schön zu sehen, dass die Planer in den oberen Stockwerken der Glaspaläste nicht alles planen können und ganz banale Dinge wie das Wetter oder ein kleiner Unfall im Sueskanal die von Computern berechneten Zeitpläne durcheinanderbringen.

Das Wetter ist wechselhaft von Sonne zu Schneeschauer und zurück, aber ein eisiger Wind auf den Decks lässt keine Lust aufkommen, sich draußen aufzuhalten. Einmal mehr ein Hinweis, dass Containerschiffreisen in kühlen Gegenden nur dann sinnvoll sind, wenn man seine Ruhe und einen Wohnraum braucht für alles Mögliche, nur nicht um sich auf den Decks genießerisch in der Sonne zu räkeln. Genau aus dem „alles Mögliche“ suche ich mir ein paar Dinge aus, die ich vor dem Auschecken noch erledigen kann und mich zu Hause nicht mehr belasten. Irgendwas steht sicher noch auf der Liste.

Auf der Brücke führe ich noch ein längeres Gespräch mit Elvis, mit dem ich schon das Gespräch über die Kapitäne geführt hatte. Er scheint ziemlich viel nachzudenken, denn bei allen Themen bringt er immer den Aspekt des persönlichen Empfindens ein und fragt natürlich auch, warum ich eine solche Reise mache. Beim Gespräch über das Tagebuch ist für mich das Wichtigste, dort festzuhalten, wie ich mich während der Reise verändert habe. „You never come back like you go.“ Er erlebe das schon seit zig Jahren als Seemann und warnt seine Frau nach der Ankunft immer vor, dass er sich möglicherweise anders verhalten werde. Er gibt zu, dass er seinen Tiguan liebt wie eine Frau und jedes Auto einen weiblichen Namen bekommt. Immer nach der Rückkehr schaut er sich das Auto an, um zu prüfen, ob seine Frau irgendwas daran kaputtgemacht hat oder wie viele Kilometer sie gefahren ist. Ein Elvis Kontrolletti kommt da durch, auch wenn es jedes Mal wegen dieser Kontrollen Ärger gibt mit seiner Frau. Man versöhne sich schnell wieder, meint er aber und zwinkert dabei.

Er gibt mir noch seine E-Mailadresse, da er Interesse hat an einem neueren Tiguan, seiner ist noch von 2014 und etwas laut. Ich solle mir das überlegen und ihm ein Angebot machen. Er liebt seinen Beruf wegen der Abwechslung und der Urlaubszeiten zwischendurch. Ein normales Leben mit Acht-Stunden-Tag könne er sich nicht vorstellen und wenn dann am Ende auch der Lohn stimmt, passt alles.

Mit einem anderen Crewmitglied, Constantin, hatte ich schon öfters ein Gespräch, so auch heute wieder. Ein sehr sympathischer Bursche, dem ich angeboten habe – falls er mal in unserer Gegend sein sollte – auf der Wiesenmühle vorbeizuschauen. Als Rumäne kann er sich dann gleich mit Gustavs Restkenntnissen der rumänischen Sprache unterhalten. Er hatte sich für die Fotos aus Australien interessiert. Von ihm habe ich

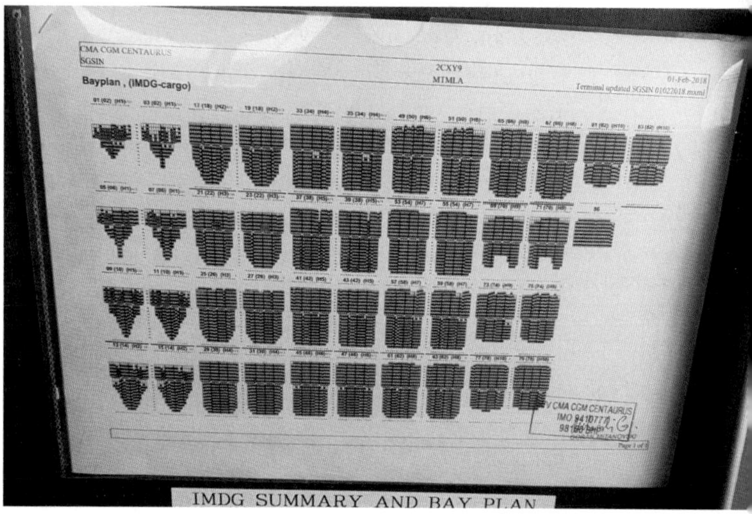

Containerplan der „Centaurus“

auch erfahren, dass wir mit den zehn Knoten (18 km/h) heute Abend vor Genua den Anker werfen und warten müssen. Die Schließung des Hafens hat dort für einen Schiffsstau gesorgt. Die Einfahrtszeit in den Hafen steht in den Sternen und die Bordferngläser reichen nicht so weit. Soll aber im Laufe der Woche gelingen. Auf den letzten Kilometern noch eine zusätzliche Erfahrung und eine Erinnerung an die Zeiten auf den Zollhöfen im Nahen Osten. Da stand ich auch drei Tage an der Grenze zu Jordanien, weil die Papiere von Deutschland nicht beim jordanischen Spediteur eingetroffen waren, wie von der deutschen Spedition zugesagt. Am Ende fuhr ich mit dem Grenzspediteur selbst nach Amman ins Hauptzollamt der Hauptstadt, um beim Zoll in einem Berg von Papieren meine an unterster Stelle zu finden. Ohne diese Aktion hätte ich wahrscheinlich noch ziemlich lange in der Wüste gebraten, möglicherweise bis zum Schwarzwerden, ohne Klimaanlage dauert das bei 40 bis 45 Grad nicht sehr lange.

Land in Sicht, aber nicht Genua, sondern Imperia, der Feriensitz meines Bruders. Porto Maurizio auf dem Hügel und der große Hafen rechts daneben. Allerdings in 40 Kilometer Entfernung. Aber das ist nicht das Gefühl wie in Malta nach 14 Tagen See. Es ist das zigste Mal im Mittelmehr innerhalb von zehn Tagen, an dem ich Land sehe.

Das Ferienhaus in dem kleinen Bergdorf Artallo war nach dem Tod von Uli für eine Woche das Domizil, um mit den Kindern und der Schwester von Uli ein paar Tage aus dem ganzen Schlamassel abzutauchen. Sicher notwendig, aber bei mir immer noch in einer mehr als komischen Erinnerung. Wegen des Platzmangels im Haus lebten wir zuerst zwei Tage in einem Hotel mit angeblichem Blick zum Meer und schönem Strand. Mit Akrobatik auf dem Balkongeländer hatte man tatsächlich Blick auf eine Meeresecke und nach dem Abstieg über Stufen konnte man sich sogar ins schmutzige Wasser legen. Eine enge Klitsche, mit einem ständig telefonierenden Gast im Liegestuhl und einem großen Speisesaal, der gepflegtes Verhalten erwartete. Bei drei Kindern im Alter von drei, sechs und neun Jahren bekanntermaßen die einfachste Sache der Welt. Valentin begegnete der Starrheit im Saal, indem er irgendeinen Teller auf den Boden schüttete, worüber der Kellner „not amused" war. Sowas fällt einem nach 25 Jahren ein, wenn man an Porto Maurizio, einem Stadtteil von Imperia, vorbeifährt – muss sich tief eingegraben haben. Ich schmeiß das jetzt über Bord, zusammen mit den Sandalen – aber was, wenn ich die doch noch brauchen sollte?

Um 20 Uhr erreichen wir die Gewässer vor Genua, das Schiff geht vor Anker und wird hier stehen bleiben, bis die Genehmigung zur Einfahrt in den Containerhafen von Genua erteilt wird. Voraussichtlich in der Nacht vom Mittwoch auf Donnerstag, d. h. morgen gibt es einen astreinen Standtag auf dem Meer. Frühestes Auschecken am Donnerstagmorgen. Eine kulinarisch neue Erfahrung gab es heute Abend bei Tisch. Der Wein scheint ausgegangen zu sein, denn auf den Tisch kam eine 9,5-Prozent-Reisweinflasche aus Tibet. Nach zwei Gläsern war klar, mein Geschmack wird das nicht werden. Nicht wegen den 9,5 Prozent, aber der Geschmack ist gewöhnungsbedürftig, stark gewöhnungsbedürftig.

Tag 132: Mittwoch, der 28.2.2018

26. Tag „Centaurus": Warten vor Genua

Wie angekündigt, stehen wir im Schiffsstau vor Genua, zehn Kilometer vor dem Ziel, aber die Küste ist nicht zu sehen. Weder Genua noch Camogli, der Fundort meiner Dätschkapp. Starkes Schneetreiben verhindert jede Sicht, aber Schnee in dieser Region am letzten Tag im Februar gibt es nicht oft und von daher ein extra Schmankerl als Sahnehäubchen auf der Südseereise. Die Temperaturen in Deutschland liegen bei minus zehn bis minus 20 Grad. Hier gerade mal ein Grad minus.

Es hat so viel geschneit, dass ein Crewmitglied auf der Außenbrücke einen Schneemann gebaut hat, ein Zeichen, dass in diesen Seeleuten immer noch das Kind im Manne steckt. Hätte mir jemand das erzählt, wäre das für mich eine der Seemannsgeschichten gewesen, bei denen alles passieren kann. Heute beschränkt sich das Abenteuer auf den weißen Schneemann oder die weiße Schneefrau, um nicht wieder in ein Fettnäpfchen zu treten.

Beim Besuch auf der Brücke erfahre ich auch, dass wir nicht vor morgen früh in den Hafen einlaufen werden. Der starke Schneefall sorgt im Containerterminal für zusätzliche Verzögerungen, was eine genaue Zeitschätzung unmöglich macht. Wenn ich mir die Winterausrüstung der Stadt Genua vorstelle, dürften bereits geringe Schneemengen ausreichen, um auf den Straßen und im Hafen für ein mittelschweres Chaos zu sorgen. Die bereits erwähnte europäische Langsamkeit der Containerent- und beladung dazu addiert, wird das eine längere Geschichte. Ich plane den Freitag als Beginn der Rückreise und den Samstag für den letzten Abschnitt.

Gestern Abend habe ich noch am Telefon erfahren, dass die Tante von Uli mit 92 Jahren gestorben ist. Eine herzensgute Frau, die Uli und ich sehr gemocht haben. Bei ihr hatte ich immer das Gefühl, dass sie mich in ihr Herz geschlossen hatte und am ehesten meine Situation nach dem Tod von Uli verstehen konnte. Auch sie hatte ihren Mann vor etwa 30 Jahren verloren in einem Alter, wo man eigentlich noch nicht daran denkt,

Wie man sieht … sieht man nichts

Schnee-Seemann

auseinandergerissen zu werden. Da hat man den Schmerz erlebt und nicht nur erzählt bekommen.

Ich werde nach meiner Rückkehr Blumen auf ihr Grab legen und Abschied nehmen. Wahrscheinlich ist die Beerdigung an meinem Rückkehrtag. Den Marienkäfer habe ich, nachdem er partout nicht wegfliegen wollte, eingepackt und jetzt weiß ich auch, warum der unbedingt mit nach Hause möchte. Vielleicht setze ich ihn in den Blumenstrauß und wenn er möchte, findet er die Wiesenmühle im Blindflug.

Genua ist die Geburtsstadt von Columbus, dem Entdecker von Amerika und bezüglich der späteren Folgen der Entdeckung durchaus ein ebenbürtiger Kollege von James Cook, den es in die Südsee zog, um dort das unbekannte Gebiet Terra Australis zu entdecken. Dass dieser Kontinent bereits von einem Holländer namens Willem Janszoom um 1606 entdeckt worden war, wusste niemand, der Holländer selbst auch nicht. Der wesentliche Unterschied war das Jahrhundert. Während Columbus bereits 1492 die neue Welt entdeckte und sie bis zu seinem Tod irrtümlich für Indien hielt, kann James mit seiner offiziellen Entdeckung von Australien als Spätberufener gelten. Immerhin lagen zwischen 1492 und der Australienreise 1789 bald 300 Jahre. Cook legte allerdings wesentlich mehr Seemeilen zurück. Während Columbus vom 3. August bis 12. Dezember 1492 gerade mal knapp 2,5 Monate und 4500 Kilometer unterwegs war, musste sich James drei Jahre mit der Schiffsküche begnügen und ca. 40.000 Kilometer segeln, bis er wieder seine Frau und seine vier Kinder in die Arme nehmen konnte. Für ihn wurde der Sueskanal zu spät gebaut.

Besuch vom Lotsenboot

Auf diesem Hintergrund könnte man Columbus auch als Katzensprung-Entdecker bezeichnen, aber nur auf diesem. Den Mut, über den Tellerrand der Erde hinauszudenken und sogar drüber hinaus zu segeln, hatten in jener Zeit nicht viele. Schaut man sich in der Welt um, dann sieht es seit einigen Jahren fast so aus, als würde die internationale Tellerrandbewegung verstärkt von Menschen aufgesucht, die beim Geschichtsunterricht wegen der Schwänzitis-Seuche fehlten. Dass einer der Führer und Heilsbringer dieser Bewegung im Columbus-Land auch noch zum Kaiser von Falschindien gekrönt wurde, kann als Ironie des Schicksals gesehen werden. Hätte Columbus von dieser Entwicklung bei seiner Fahrt ins Ungewisse geträumt, hätte er seine Schiffe versenkt und wäre mit seiner Mannschaft panikartig nach Spanien zurückgerudert.

Für die Ureinwohner von Amerika und Australien spielten diese Zeitrechnungen und Sammlungsbewegungen keine Rolle. In beiden Fällen sorgten die Eroberer als Herrenmenschen für deren Vernichtung. In Australien waren es die Aborigines, in Amerika die Indianer. Die Tellerrandbewegung in den USA hat jetzt die Mexikaner ins Visier genommen, da vor längerer Zeit irgendwelche Idioten mit den Indianern vor deren endgültiger Ausrottung ein Abkommen unterzeichnet hatten zum Schutz derselben.

Auf was man alles kommt, wenn man den lieben langen Tag auf dem Meer rumhängt und so wie gestern und heute außer Meer, Schneegestöber, Essen, Kabine und WC nichts zu Gesicht bekommt.

Zwischen Schreiben, Aufenthalten auf der Brücke und Kaffeetrinken fällt mir noch ein Text zu einer Melodie ein, die ich seit Tage versuche im Kopf zu speichern. Ich hatte sie den Mitreisenden vorgespielt und muss mangels Notenschreiberei die Noten in die Synapsen quetschen und zwar in die, die noch halbwegs funktionieren. Der Text fasst grob und symbolhaft meine Reise zusammen, ziemlich robust und einfach, aber er gibt Stimmungen wieder, die mich während der Reise begleitet haben und den Weg bis nach Hause finden. Sicherlich muss ich daran noch feilen, aber wie das Tagebuch, so soll auch der Text authentisch rüberkommen aus dem Moment, nicht aus der Feinmechanikerwerkstatt.

Kaum habe ich das Lied zusammen, kommt die Mitteilung der Hafenbehörde auf die Brücke, die „Centaurus" könne voraussichtlich am Donnerstagabend ihren Kai wiedersehen. Aus meinen bisherigen mittelmeerischen Hafenerfahrungen schlage ich auf die italienische Einfahrtszeit noch ein paar Stunden drauf, was auf den frühen Freitagmorgen hinausläuft. Damit wäre Freitag Abreisetag und Samstag wäre ich zu Hause. Damit werden alle noch lebenden Fliegen mit einer Klappe geschlagen: ein zusätzlicher Standtag wird mir als Bonus geschenkt und das arabische Liebespaar Petrus und Sues haben mit einiger Finesse dafür gesorgt, dass ich am Wochenende zu Hause ankomme.

Genauso wie es sich nach einer so langen Reise gehört.

Tag 133: Donnerstag, der 1.3.2018

27. Tag „Centaurus“: Weiter warten vor Genua

Der Blick aus dem Fenster sieht keinen blauen Himmel, sondern wieder Wolken. Der zweite Standtag auf dem Meer beginnt. Der Unterschied zu gestern: keine zehn Zentimeter Schnee an Bord. Ich verstehe die Standzeit als Wink mit dem Zaunpfahl und zwar einem kräftigen. Endlich die noch anstehenden Arbeiten erledigen. Das schlechte Wetter erinnert mich sofort an die Schließung des Hafens in Genua und ich bin gespannt, wie das ausgeht.

Beim Frühstück erfahre ich vom Koch, der in Genua ebenfalls von Bord auf Heimaturlaub gehen möchte, dass Überlegungen bestehen, nach Beirut oder Malta zu fahren, um dort die Container für Europa abzuladen. Der Fahrplan der „Centaurus“ kommt inzwischen dermaßen ins Schleudern, dass auch solche Maßnahmen erwogen werden müssen. Zwei Häfen in Saudi-Arabien warten dringend auf Ware. Ich bin gespannt, ob meine Reise weitergeht nach Beirut und dann mit einem anderen Containerschiff zurück nach Europa. Im Moment gehe ich mal davon aus, würde mich aber mehr darüber freuen, wenn Genua morgen erreicht wird. Aber es gilt halt immer noch der Satz „Wenn einer eine Reise tut.“ …

Wenn ich bisher den Begriff „vor Anker liegen“ verwendet habe, dann muss ich das erklären. Der Anker wird nur in seichtem Gewässer geworfen, weil die große Ankerkette lediglich 385 Meter lang ist. Geworfen wird der Anker nur bei geringen Seetiefen, weil das Heben des Ankers durch das langsame Aufrollen sehr viel Zeit kostet.

Die Schiffe warten jedoch meist ca. 20 bis 40 Kilometer vor dem Hafen, was ein bis zwei Fahrtstunden entspricht. Dort wird der Antrieb gestoppt und das Schiff driftet

Klare Nächte …

mit Wind und Strömung steuerungslos auf dem Meer. Die Brücke bleibt besetzt, damit bei zu starkem Abdriften mit Motorkraft wieder korrigiert werden kann. Das Radar bleibt eingeschaltet und die Position wird dem Hafen mitgeteilt. Die „Centaurus" ist vom 27. Februar abends bis 28. Februar abends insgesamt 17 Seemeilen seewärts gedriftet und fuhr abends wieder an die ursprüngliche Stelle zurück. Heute Morgen war sie vor allem vom starken Wind die gleiche Strecke getrieben.

Für Crew und Passagiere sind diese Nächte nicht erstrebenswert, da das Schiff trotz der Größe richtiggehend durchgeschüttelt wird, was bei einem schlechten Schlaf zu dauerndem Aufwachen führt. Ähnlich dem Rütteln der Transsibiria, nur direkter und stärker. Kein Hin- und Herwiegen, sondern richtiges Wachrütteln. Die Schweizer Lady hätte heute Morgen gemeinsam mit der englischen Lady aus der Transsibiria mit Leichenblässe und Augenringen im Gesicht eine internationale Bewegung gegen das Wachrütteln von Reisenden gründen können.

Mich erinnerte das Rütteln an das Schlafen im Lkw, wenn ein Kollege fuhr. Anfangs war es für mich unmöglich zu schlafen, aber man gewöhnt sich dran und schläft irgendwann über die Rütteleien hinweg.

Heute Morgen habe ich gleich drei Crewmitglieder getroffen, die sich über den schlechten Schlaf beschwert haben. Der Kapitän sah sehr schlecht aus, wobei ich aufgrund der Gesichtsfarbe den Verdacht habe, dass er gesundheitliche Probleme hat. Da muss man wohl Lkw-Kapitän gewesen sein, dass einen dieses Rütteln nicht weckt. Im Falle einer leichten Berührung neige ich ansonsten dazu, hochzuschrecken aus bereits geschilderten Gründen im Kapitel Schnarchen. Oder das Rütteln verbindet sich im Traum zu einer angenehmen Erinnerung an eine durchrüttelte Nacht im Lkw.

… und Schneetreiben in der Bucht von Genua

Das war 1981 auf der Rückfahrt mit Uli nach unserem Griechenlandtrip, bei dem wir sowohl nach Griechenland als auch zurück mit dem Lkw gefahren sind. Auf dem Hinweg als Co-Fahrer mit meinem eigenen Lkw, auf dem Rückweg mit einem mir bekannten Kollegen, mit dem ich als Treffpunkt den Hafen in Volos ausgemacht hatte. Die Fahrt bleibt auf ewig in Erinnerung. Ich fuhr für den Kollegen den Lkw acht Stunden und Uli saß als Beifahrerin daneben, wie so oft in dieser Zeit. Danach fuhr der Kollege und wir legten uns ins schmale, aber gewohnte Lkw-Bett, um gemeinsam mit zugezogenem Vorhang das Rütteln und uns zu genießen. Wir hatten immer davon gesprochen, einmal mit dem Nachtzug nach Hamburg zu fahren, jetzt hatten wir den Lkw-Nachtzug nach Deutschland, der Hamburg komplett ersetzte. Wir haben uns oft daran erinnert mit einem fröhlichen Lachen im Gesicht.

Es war eine ausgemachte Win-Win-Geschichte. Der Kollege war nach 32 Stunden zu Hause und wir waren nach 32 Stunden Fahren, Schlafen und Rütteln ebenfalls in unseren vier Wänden. Unvergessen dieser Urlaub, den wir im Fischerdorf Trikeri und in Pefki mit Zelt und einem Zwei-Personen-Schlafsack verbracht hatten. Lediglich eine Begegnung mit einer Feuerqualle in einer der berühmten, nichts Böses ahnend lassenden Traumbuchten war für Uli ziemlich schmerzhaft. Während sie sich nackt und unbekümmert in das herrlich warme Wasser stürzte, war ich noch damit beschäftigt, die Gegend nach Spannern abzusuchen. Beim Schrei von Uli war die Observierung mit einem Schlag beendet, da die Lautstärke Gefahr signalisierte, nur nicht welche. Hinein ins Wasser und als Adam meine Uli zurückgeholt. Dass die Qualle mich verschonte, war Glück oder meine mengenmäßig erhebliche Gefahrentranspiration war zu streng für Quallen. Der Qualle konnte ich fast keinen Vorwurf machen, da ich mich an ihrer Stelle auch sofort an die junge Frau herangepirscht hätte.

Nach den schönen Erinnerungen kommt eine für die Reederei schmerzhafte Feuerquallen-Meldung von der Brücke. Frühestes Einlaufen in den Hafen von Genua am Freitagabend. Wegen des Wetters und einem Wind von 80 km/h wurde der Hafen in der vergangenen Nacht für 24 Stunden geschlossen. Drinnen stehen Pötte, die noch nicht fertig sind und vor uns driften zwei Pötte im Nirgendwo des ligurischen Meeres, die schon einen oder zwei Tag länger warten. Von daher wage ich die Voraussage, dass wir frühestens am Samstagvormittag die grüne Ampel bekommen.

Entweder das Meer oder das Schiff lieben mich und zögern die Trennung hinaus oder ich liebe das Meer und das Schiff und Petrus hilft mir dabei, diese Liebe noch eine Weile auszukosten. Hätte ich diesen Wunsch der Reederei gegenüber geäußert – keine Chance. Diese hat heute Nachmittag ein wartendes Schiff vor Genua zurück nach Fos-sur-Mer beordert. Für die „Centaurus" steht das Thema Malta oder Beirut immer noch auf der Möglichkeitsliste und dürfte entsprechend den Wettervoraussagen morgen entschieden werden. Die Spannung bleibt also erhalten, ebenso die drei Ziele: Genua, Malta oder Beirut.

Blick auf die ligurische Küste

Tag 134: Freitag, der 2.3.2018

28. Tag „Centaurus“: Immer noch warten vor Genua

Wieder eine Rüttelnacht für einige an Bord, aber heute Morgen wesentlich ruhiger. Die Temperaturen sind draußen auf 5 Grad gestiegen, während es an Land nur 2 Grad anzeigt. Heute entscheidet sich, welches Ziel von der Reederei bevorzugt wird, wobei ich mich dank Konfuzius inzwischen an alle drei Ziele gewöhnt habe. Wenn man an einer Geschichte selbst nichts ändern kann, ist allein die Zukunft und was man daraus macht, wichtig, nicht die unveränderbare Entscheidung anderer. Für Haderer allerdings ein Eldorado, wenn es nicht nach ihrem Gutdünken läuft und der Erregung darüber keine Grenzen gesetzt sind. Die „Hätte-Wäre-Wenn-Fraktion“ würde zur Hochform auflaufen.

Um 11 Uhr war große Besprechung auf der Brücke mit Kapitän und allen Officern. Der Wind hat sich normalisiert, die Wellen haben sich seit heute Morgen verlaufen und ein paar Sonnenstrahlen erhellen die finsteren Gesichter. Es wird noch abgewartet auf den Report des Hafens heute Nachmittag. Eine neue Schlechtwetterfront wird erwartet und der Hafen wurde wegen Glatteis und Wind heute Morgen wieder geschlossen, d. h. es lief zunächst gar nichts mehr. Die Kräne können die Container weder be- noch entladen, weil der Wind diese in der Luft unkalkulierbar schwenkt und ihre Last nicht exakt absetzen lässt. Auch eine Gefahr für die Arbeiter am Boden, wenn sie die Verbindungsbolzen an die Container stecken.

Keinem der Versammelten ist eine solche Wetterlage Ende Februar in Erinnerung. Wohl, dass der Hafen Genua das ganze Jahr über von extremen Wetterlagen geplagt ist, wenn die kühlen Luftmassen aus dem Norden über die Alpen schwappen und auf die warmen Luftmassen aus dem Mittelmeer treffen und die Wolken zum Dauerschluchzen bringen. Die Wetterfronten verhalten sich wie Verliebte in Fernbeziehungen. Wenn sie sich treffen, dann mit Wucht.

Ein Crewmitglied hat im Hafen Barcelona einen Sturm miterlebt, bei dem die Taue des Schiffs am Kai zu reißen drohten und drei stark motorisierte Manövrierboote sieben Stunden das Schiff gegen den Kai drücken mussten. Ein großes losgerissenes Containerschiff stellt in einem Hafen eine Riesengefahr für andere Schiffe dar, weil es mit eigenen Manövriermitteln keine Chancen hat.

Um 14 Uhr kam der Report vom Hafen Genua. Wegen der Winde bleibt der Hafen noch geschlossen. Ein Containerschiff wird im Laufe des Nachmittags den Hafen verlassen können. Eine Wetterbesserung ist vom Wetterdienst für morgen angekündigt, was bedeutet, dass zunächst das vor uns liegende Schiff der gleichen Reederei in den Hafen fährt und die „Centaurus“ im italienischen Hafenjargon gesprochen „Chancen hat“, am Samstagabend gegen Mitternacht einzulaufen. Ins Deutsche übersetzt bedeutet diese Aussage frühestens Sonntagmorgen und wäre für den Kapitän trotzdem einen Champagner wert.

Ich sehe in der Entwicklung keine Besonderheit mehr. Nach allem, was man an Bord und von den Häfen mitbekommt, kann man anhand der regionalen Wetterlage und der Anzahl und der Reihenfolge der Schiffe den Tag vorausberechnen. Dazu einen Sicherheitsaufschlag von einem bis zwei Tage. In meinem Tagebuch habe ich den kommenden Reisetagen schon Nummer und Datum gegeben. Und nach dieser Rechnung vom Mittwoch komme ich am Montag zurück, am 137. Tag. Also fünf Tage später als im Oktober 2017 geplant, was 3,8 Prozent entspricht. Gegenüber den Steigerungsraten beim Bau des Stuttgarter Bahnhofs oder anderer öffentlicher und steuerfinanzierter Gebäude ein Klacks und auf jeden Fall innerhalb der allseits tolerierten fünf Prozent. Bei den Unwägbarkeiten einer solch langen Reise durchaus ok.

Nachdem jetzt klar ist, dass die Häfen Malta und Beirut nicht mehr zur Wahl stehen, kann ich an die letzten Seiten des Tagebuches gehen und versuchen, noch ein paar wissenswerte Fakten und einige Gedanken und Resümees zu Papier zu bringen.

Ich habe mich entschieden, zum Schluss des Tagebuches noch ein paar Daten über das Schiff „Centaurus“ zusammenzustellen inklusive einiger allgemeiner Daten, die für den Laien von Interesse sein könnten. Immerhin handelt es sich bei der Containerschifffahrt um eines der größten Fässer Schmieröl der Welt- und Konsumwirtschaft. Alles was hier schiefgeht, wird sich irgendwo in einem Betrieb oder Verkaufsgeschäft auswirken. Hier gilt nicht mehr der Spruch „Komm ich heut nicht, komm ich morgen“, sondern der Stundenplan der Ökonomie. Nicht der Ökologie. Ein kleiner, aber wichtiger Unterschied, der gravierende Folgen für die Umwelt hat.

„Mann über Bord“: der Williamson-Turn

Jeder kennt den Spruch „Mann über Bord“. Um der emanzipierten Linguistik keine Angriffsfläche zu bieten, verwende ich „Mensch über Bord“. Aber wie reagiert ein riesiges Containerschiff, um den nassen Tropf oder die nasse Tropfin wieder aufzufischen? Die Seefahrt hat dazu mit dem „Williamson-Turn“ ein vorgeschriebenes Manöver entwickelt, bei dem auch ein großes Schiff über die manuelle Steuerung exakt an den Punkt zurückkommt, wo sich der hoffentlich noch Schwimmende im

Wasser aufhält. Vor dem Manöver wird in die Nähe des Armen eine Leuchtboje geschmissen und so der Zielbereich des Manövers markiert. Danach fährt das Schiff einen Kreis und kommt so an den Ausgangspunkt zurück. Die ursprüngliche Geschwindigkeit wird durch die Kreisfahrt und die Drosselung des Antriebs bis zum Endpunkt auf Stillstand zurückgefahren. Für das Manöver benötigt das Schiff in tiefem Wasser ca. 15 Minuten, in flachem Gewässer ca. 25 Minuten. Mit Schwimmweste und erträglichen Wassertemperaturen kein Problem. Ohne zählt der absolute Wille zum Überleben.

Abschied vom Schiff – Revue einzelner Komponenten einer Containerschiffsreise

Zeit für den Abschied von der Container-Schifffahrt, die mich insgesamt 57 Tage in ihren Bann gezogen und mir die Zeit gegeben hat, die ich so dringend für mich gesucht und gebraucht habe. Es waren unterschiedliche Schiffe, Crews, Kapitäne und Kabinen, die ich nachfolgend versuche zu bewerten.

Beim Ranking schicke ich voraus, dass es mir auf allen Schiffen sehr gut gefallen hat und die Unterschiede bei meinem Ranking nicht unbedingt sehr groß sind. Um die Frage: „Wo hat es dir am besten gefallen", mit etwas Reflexion zu beantworten und nicht als Bauchist, habe ich nachfolgend ein paar Bereiche einzeln bewertet.

Schiffe

Grundsätzlich liegen die Schiffe umso ruhiger auf dem Wasser, je größer sie sind. Der Unterschied zwischen der „Aglaia" mit 270 m/4200 Containern und der „Chopin" mit 270 m Länge/5400 Containern war bereits spürbar. Einen Sprung hinsichtlich der Bewegungen auf dem Wasser war die „Centaurus" mit 370 m Länge/10.400 Containern.

Das Baujahr spielt ebenso eine Rolle, da die Einrichtungen und die Oberflächen beim permanenten Einsatz in salzhaltiger Luft mit den Jahren leiden. Aber zehn Jahre sind für ein Containerschiff noch kein Alter. Die „Chopin" mit fast 14 Jahren war immer noch gut in Schuss und im Innern waren die Passagierkabinen 100 Prozent in Ordnung.

Unterschiede gibt es in der Freizeitausstattung im Sportbereich. Da hatte die „Aglaia" einen Top-Sportraum (fast eine Muckibude) und einen zusätzlichen Tischtennis-Raum. Bei der „Chopin" und „Centaurus" war der Sportraum spärlicher ausgerüstet, allerdings vollkommen ausreichend für das Training an Bord. Die Trennung von Tischtennis- und Sportraum ist auf jeden Fall mehr als sinnvoll.

Schiffs-Ranking (auch im Hinblick auf nicht absolut seetüchtige Reisende)

1. „Centaurus" – 31 Tage – Bj. 2011 – Größe: l=370 m, b=45 m, Sauberkeit an Bord, ruhige Lage auf dem Wasser.

2. „Aglaia“ – 11 Tage – Bj. 2012 – Größe: l=270 m, b=33 m, Sauberkeit an Bord, beste Kabine, Wasserlage etwas unruhiger bei Wellengang.
3. „Chopin“ – 16 Tage – Bj. 2004 – Größe: l=270 m, b=42 m, Sauberkeit an der Grenze (unter Berücksichtigung des Alters des Schiffs), der Pool z. B. war wohl seit Monaten nicht mehr in Betrieb, obwohl wir nur in warmen Gewässern unterwegs waren.

Kabinen

Alle Kabinen waren ordentlich, sauber und gepflegt. Die Luken können geöffnet werden und haben ab und zu eine Reinigung nötig wegen der Salzflecken. Bei geringster Regengefahr schließen, es wird sonst über den Druck des Windes sehr nass. Auf längeren Reisen empfiehlt sich eine Doppelkabine, auch wenn man allein reist. Man fühlt sich wohler, hat mehr Luft und mehr Raum um sich. Grundsätzlich haben Außenkabinen den Vorteil, dass zur Seite hin immer der Blick auf die See frei ist. Alle Fenster nach vorne können mit Containern zugebaut werden, es sei denn, sie liegen in der Etage G, wie die Owner-Kabine auf der „Aglaia“. Steckdosen haben überall EU-Standard.

Internet geht über Satellit und muss auf dem Schiff gebucht werden. Preis 0,10 USD/MB. Funktioniert nicht immer, aber um ab und zu Mails zu empfangen oder zu verschicken reicht es. Ansonsten ist die Abkopplung von der digitalen Welt ja u. U. eines der Ziele, die man auf einem Containerschiff verfolgt. Surfen mit den Augen auf dem Ozean ist ohnehin gesünder für die Seele. Ein Hinweis: Einen Haarfön gab es nirgends, Außenterrasse und Wind haben diesen ersetzt – zumindest in warmen Jahreszeiten.

Kabinen-Ranking

1. „Aglaia“ – Ich hatte die 40 m² große Owner-Kabine mit Überblick über das Schiff.
2. „Centaurus“ – Ich hatte eine Außen-Passenger-Doppelkabine auf dem F-Deck mit zwei seitlichen großen Luken und nach vorne zwei kleineren Luken, bei der Fahrt von Asien Richtung Europa wahrscheinlich meist mit Containern zugebaut.
3. „Chopin“ – Ich hatte eine Passenger-Einzelkabine auf dem E-Deck mittig mit Ausblick nach vorne, 19 m², aber bei hoher Ladung sind die Fenster komplett zugebaut.

Tipp: Unbedingt eine Außenkabine mit seitlichem Ausblick buchen. Dann ist es egal, ob die Luken nach vorne zugebaut werden. Dieser Tipp gilt nicht für Liebhaber von dunklen Räumen.

Küche

Die größte Ähnlichkeit bestand im Essen, da auf allen Schiffen vorwiegend „Balkan“ gekocht wurde und dies von unterschiedlichen Köchen mit unterschiedlichen

Qualitäten. Für den Passagier spielt das keine so große Rolle, weil er dieses rustikale Essen möglicherweise gar nicht kennt und zunächst daran einen romantisch angehauchten Gefallen findet, zu essen wie die Matrosen auf hoher See. Er verlässt das Schiff wieder und damit hat sich's.

Schiffsküche der „Centaurus"

Mit vier Monaten-Arbeitsvertrag sieht die Sache für Crewmitglieder schon anders aus. Auf der „Centaurus" hat der Koch auf meiner Rankingliste Rang 3 der Schiffe belegt, also Letzter, wobei das Essen nie schlecht, aber dauerhaft nur Durchschnitt war. Es fehlte die Fantasie, um zumindest am Wochenende der Crew etwas Besonderes zu bieten. Das hatten die Köche auf den anderen Schiffen sehr gut drauf. Wenn Pizza am Samstagabend als toll bezeichnet wird, dann spricht das Bände.

Küchen-Ranking

1. „Aglaia" – zwischendurch immer wieder ein besonders Gericht, Wein und Kauf möglich.
2. „Chopin" – Sri-Lanka-Küche und Balkan-Küche durch Filipino-Koch, Wein nur am Tisch.
3. „Centaurus" – immer reichlich, immer durchschnittlich, Wein am Tisch; zu besonderen Anlässen haben wir Wein bekommen für die Kabine.

Crews

Die Crews waren auf der „Centaurus" und auf der „Aglaia" mit Abstand besser drauf als auf der „Chopin". Dort war es im Nachhinein wohl der Umstand, dass 70 Prozent der Mannschaft ihre letzten beiden Vertragswochen auf dem Schiff zubrachten. Da ist die Luft raus. Aber die Nase muss man deshalb trotzdem nicht voll haben. Der Beweis sind die 1. Officers auf der „Aglaia" und auf der „Centaurus", die weit souveräner aufgetreten sind.

Ob man sich auf einem Schiff wohlfühlt oder nicht, liegt in erster Linie am Kapitän und an der Crew. Mit einem gesunden Selbstbewusstsein senkt sich diese Abhängigkeit, da ein blödes Verhalten einzelner einem den Buckel runterrutschen kann. Auf Augenhöhe auftreten ohne Überheblichkeit wird am ehesten als Zeichen von Männlichkeit anerkannt. Zarte weibliche Pflänzchen haben es sicher auch leichter, weil die Seemänner und Seejungen nicht zum Stamme der Eunuchen gehören. Die lange Abwesenheit und die Isoliertheit auf den Schiffen fördern eine gewisse Höflichkeit weiblichen Personen gegenüber.

Nach meinen Erfahrungen und aus Gesprächen kann Zudringlichkeit so gut wie ausgeschlossen werden, da dies als schwerer Verstoß gegen die Reederei-Richtlinien gewertet wird und u. U. den Verlust des Arbeitsplatzes bedeuten würde.

Crew-Ranking

1. „Aglaia“ und „Centaurus“ – freundlich und hilfsbereit
3. „Chopin“ – der 2. Officer war 50 Prozent der Zeit sehr freundlich, 50 Prozent der Zeit sehr zurückhaltend, der 1. Officer war unfreundlich mit voller Hose bei der Genehmigung zur Schiffswanderung.

Kapitäne

Die Kapitäne waren unterschiedlich souverän im Auslegen der Reedereivorschriften. Meine Meinung zu den jungen Kapitänen mit ihrer fehlenden Selbstsicherheit wurde mir hier von einem 52-jährigen Crewmitglied mit 30 Jahren Seeerfahrung bestätigt. Erst mit Mitte 40 haben die meisten Kapitäne nicht mehr die Hosen voll und entscheiden nach Lage der Dinge und nicht mehr nach Lage der Akten. Vorher klammern sie sich an die Vorschriften, um ja nichts falsch zu machen und Probleme zu bekommen. Es tat gut, dies ungefragt zu hören. Ich meine sogar, das Knarren der Knochen von Sigmund Freud gehört zu haben, als der in seiner Gruft den Matrosen sprechen hörte und sich wonniglich streckte ob seiner wissenschaftlichen Erkenntnisse.

Wichtig ist zu wissen, dass der Kapitän an Bord darüber entscheidet, ob Alkohol an die Mannschaft oder die Passagiere ausgegeben wird. Auf französischen Schiffen scheint dies nach Aussage eines Crewmitgliedes dagegen selbstverständlich zu sein.

Persönlich finde ich es sehr angenehm, wenn man zum Essen oder abends beim Zusammensitzen oder beim Sitzen auf einer Außenterrasse noch ein oder zwei Gläser Wein genießen kann. Ich habe auch keine Probleme damit, neben einem Wasser- und Fruchtsaftanhänger meinem Laster zu frönen und mir erzählen zu lassen, dass Alkohol ungesund sei. Das weiß ich schon seit den Volksschulzeiten und vielen Predigten allerlei Gesundheitsapostel und bin trotzdem Anhänger von guten Weinen geblieben oder von einem kühlen Bier nach harter Arbeit.

Kapitäns-Ranking

1. Kapitän der „Aglaia“, Pole (55 Jahre)
2. Kapitän 1 der „Centaurus“, Kroate (52 Jahre)
3. Kapitän 2 der „Chopin“, Bulgare (35 Jahre)
4. Kapitän 2 „Centaurus“, Kroate (51 Jahre)
5. Kapitän 1 der „Chopin“, Bulgare (35 Jahre)

Der Kapitän 2 der „Centaurus“ hätte den 3. Platz bekommen, hätte er beim Erstkontakt gegrüßt und wäre nicht so stoffelhaft in sein Büro gelatscht. Dieses Verhalten ist nicht tolerierbar für mich und nur mit seiner Zugehörigkeit zur Anhängerschaft des Bauchismus zu erklären. Die Reederei verdient an Passagieren mehr als an einem Container. Eine Drei-Minuten-Begrüßung mit Vorstellung wäre schon angebracht und würde für gute Stimmung sorgen. Niemand verlangt, dass er deshalb auch alle Container mit Handschlag begrüßt.

Mitreisende

Allein oder mit anderen Passagieren? Beides hat Vorteile und Nachteile. Hätte ich nur eine Schiffsreise gehabt, wäre es für mich ein Nachteil gewesen. Die regelmäßigen Kontakte um 7:30, 12 und 18 Uhr beim Mästungstreffen bringen – ob man das wahrhaben will oder nicht – Unruhe mit sich und verhindern, dass man gedanklich an etwas dranbleibt. Am Tisch kommen verschiedene Themen zur Sprache, damit man nicht stumm miteinander um den Tisch herumsitzt und versucht, möglichst schmatzfrei zu essen. Da sollte es auch etwas lustig zugehen, was mit den drei Mitreisenden sehr gut klappte. Ob sie mit mir Spaß hatten, weiß ich nicht, ist mir auch egal. Jedenfalls haben wir jeden Abend den Wein in den Gläsern „ohgebasst“ und jedes Mal wurde gelacht. Hat man aber Mitreisende, die einem auf den Keks gehen, dann sollte man sich die Essenszeiten anders einteilen, was ja möglich ist. Eine Stunde lang sitzt niemand am Tisch und erklären kann man ja, warum man lieber ab und zu die Solomästung bevorzugt. Auf Bauernhöfen gab es auch die Situation, dass Schweine einzeln gefüttert wurden, damit sie weniger fraßen. Für Adiposi-Tanten und -Onkel das beste Argument, um allein zu essen und nicht dem Druck zu unterliegen, so viel oder mehr essen zu müssen als die anderen.

Vorsicht ist auch geboten, wenn Heimwehaspiranten an Bord sind, die ja persönlich nichts dafürkönnen. Wenn sich ihre Laune aber dadurch verschlechtert, ist das am Ende – je nach Anteilnahme am Schicksal des anderen – eine Belastung. Muss nicht, kann aber. In meinem Falle mit den vier Standtagen vor Genua hätte ich mir nicht gewünscht, ein solches Häuflein Elend am Tisch zu haben, um tröstende Worte für das große Unglück zu finden. Bei Heimwollen und Heimweh sind drei Tage sechs Ewigkeiten. Mindestens. Nur der Tod dauert länger.

Genua im Dunst – rechts die Cinque Terre

Tag 135: Samstag, der 3.3.2018
29. Tag „Centaurus“: Den 4. Tag warten vor Genua

Die Bilder sagen alles. Aus dem genuesischen Mondschein wird über Nacht das Sauwetter der Genua-Bucht. Und laut Wetterbericht soll das auch bis mindestens Montag so bleiben. Dazu kommt noch eine aktuelle Gewitterwarnung bis Sonntagabend, was automatisch eine weitere Schließung des Hafens bedeuten könnte. Das Foto des Morgens passt zu den Aussichten. Trübe. Grund genug, in literarischen Werken nach Stellungnahmen unserer großen Dichter und Denker zu dieser Situation zu stöbern. Und tatsächlich findet sich etwas:

Die „Centaurus“
Wie festgemauert auf dem Meere,
steht die „Centaurus“ festgerannt.
Heut muss sich der Anker lichten
frisch, Matrosen, seid zur Hand!
Von der Stirne heiß
rinnen muss der Schweiß,
soll das Schiff den Hafen loben,
doch der Segen kommt von oben.“

So ähnlich hatte sich 1799 bereits der alte Schiller in seiner „Glocke“ geäußert. Beispielhaft und auf eine verständliche Weise hat er die Notwendigkeit frischer und froher Arbeit für das Erzielen eines guten Ergebnisses dargelegt. Mit seiner Ergänzung, der Segen dazu wäre nicht irdischer Natur, brachte er jenes unsichtbare, aber spürbare Element ins Spiel, das man fühlen kann, wenn man sich die immer wieder vorkommenden „Zufälle“ des Lebens nicht ausschließlich und selbstbetrügerisch mit dem Verstand erklärt.

Die Mannschaft kann heute einen Rekord feiern. Vier Standtage vor einem Hafen wegen Wetterkapriolen gab es noch nie. Ich habe nach der morgendlichen Besprechung wegen dem voraussichtlichen Einlauftermin in den Hafen Genua mit dem 1. Officer ein Gespräch über die derzeitige besondere Wetterlage. Er ist 100 Prozent überzeugt vom Klimawandel. Seit über 20 Jahren fährt er zur See und beobachtet das Wetter und die Veränderungen in der Intensivität von Regen, Stürmen, Wärme- und Kältewellen. Er ist bestens informiert, auch über die in diesem Jahr besonders hohen Temperaturen über den Polen. Dieses Hintergrundwissen kombiniert er mit seinen Beobachtungen und hat sich daraus sein eigenes Urteil gebildet, nicht weil irgendwelche schlauen Leute dieses und jenes so berechnen oder auf ein gegenteiliges Resultat kommen. Er hat einfach nur genau hingeschaut und zwar Jahr um Jahr zu allen Jahreszeiten auf allen Weltmeeren und in allen Häfen. Nach einer so langen Zeit kommt eine fundierte globale Wetterbeobachtung zusammen und nicht nur eine regionale oder länderspezifische Einzelaufnahme.

Um 11 Uhr die übliche Besprechung auf der Brücke und es scheint so, dass wir morgen tatsächlich im Hafen einlaufen. Uhrzeit wegen der Wetterkapriolen natürlich ungewiss, aber der Hafen erwartet keine weitere Schließung und arbeitet unter Volldampf. Heute Abend gibt es eine Bestätigung, vielleicht auch schon mit einer Zeit. Damit wäre der heutige Tag mein letzter voller Tag auf dem Schiff. Einen halben wird es wohl noch dazu geben morgen, bevor ich endgültig die Heimreise organisieren kann. Buchen kann ich frühestens, wenn wir in den Hafen einlaufen. Sicher ist sicher. Gut, dass ich bereits gestern mein Resümee zu den Schiffen gezogen habe, weil der in Aussicht stehende Auscheckzeitpunkt die Gedanken auf die Heimreise konzentriert und die damit verbundenen Unwägbarkeiten.

Der Hafen meldet sich bereits um 14:30 Uhr, aber nicht wegen der Einlaufzeit, sondern wegen des erneut einsetzenden Windes mit 80 km/h und mit der Information, dass es mindestens Sonntagabend wird. Ein bereits auf dem Weg in den Hafen befindliches Schiff mit Lotse musste vor dem Hafen umdrehen und sich wieder auf dem Meer einen Schlafplatz suchen. Die „Centaurus“ ist sicher froh über das schnelle Wiedersehen. Gemeinsam ist die Nacht mit einem Schwesterschiff einfach schöner und unterhaltsamer. Ich bin froh, dass ich nicht leichtgläubig meine Fahrt gebucht habe, wäre nur ein Zinnober geworden mit der Rückerstattung.

Das Schiff ist mit den Kräften von Wellen und Wind in den bisherigen vier Tagen zwischen 300 und 400 Kilometer gedriftet und wurde immer wieder an den Ursprungsort zurückgeschifft.

Heute Nachmittag hat der 2. Officer erzählt, dass in Genua zwei Passagiere auf die „Centaurus“ warten. Die Zeit könnte ihnen lang werden, da die eigentliche Abfahrt auf den 27. Februar terminiert war. Da es dort keine Touristenvisa gibt, könnte es sich z. B. um zwei saudische Studenten handeln, die Containerlogistik studieren. Oder um Arbeiter, die eine außergewöhnliche Anreise mit dem Schiff vorziehen, weil sie z. B. nicht fliegen wollen. In beiden Fällen werden sie einige Tage später eintreffen. Genua wird ihnen kaum als südliche Stadt des leichten Lebens in Erinnerung bleiben, eher als graues, kaltes, windiges und regnerisches Ensemble alter Häuser und moderner Protzpaläste. Was es bei gutem und warmem Wetter mit Sicherheit nicht rüberbringt. Aber bei diesen Bedingungen sind Städte einfach nur ein Graus.

Letzter Sonnenaufgang an Bord

Heute war die Beerdigung von Ulis Tante Lisbeth. Meine Nichtteilnahme ersetze ich mit einer Gedenkminute auf dem Außendeck. Genau gegenüber von Camogli, dem kleinen Dorf in den Cinque Terre, wo ich mit Uli und Kathrin vor 32 Jahren Urlaub gemacht habe. Und weil Lisbeth Zeit ihres Lebens eine eher lustige Wesensart hatte, habe ich die Gedenkminute auf 11:11 Uhr gelegt. Wie selbstverständlich flog eine Möwe über dem Schiff und neben den Windgeräuschen meinte ich das Lachen von Lisbeth über meine, wie sie sagen würde, gesponnene Idee, zu hören. Bei minus ein Grad in Achern waren es auf dem Friedhof oben in Seebach mindestens minus fünf. Da haben die Wintermäntel, zwei Paar Socken, Unterleibchen, Handschuhe, Muffs, Wollröcke und langen Unterhosen Hochkonjunktur. Die früher getragenen Bollenkappen sind aus der Mode gekommen. Wer etwas auf sich hält, trägt Hut. Sind es neue Anschaffungen, ist das endlich eine Möglichkeit, sie der Öffentlichkeit vorzuführen. Modeschau muss nicht skrupellos und elitär vor verlesenem Publikum in Paris stattfinden. Normalsterbliche gehen, wenn es dem eigenen Ego zuträglich ist, auf die Laufstege an Allerheiligen, Weihnachten und zu Beerdigungen, ohne Zugangsbeschränkungen und bleiben – im Gegensatz zu Paris – immer auf dem Teppich.

Tag 136: Sonntag, der 4.3.2018
30. Tag „Centaurus“: Einlaufen in den Hafen von Genua

Ruhige See – wolkenverhangener Himmel – aber mit einem Sonnenaufgang, wie es sich für einen Sonntag gehört. Ein guter Tagesanfang und überraschende Neuigkeiten vom Hafen, die sich gestern noch ganz anders angehört hatten. Möglicherweise können wir heute im Laufe des Tages einlaufen.

Was soll man bei einer wieder einmal neuen Meldung noch glauben? Diese Frage stellt man sich nach fünf Standtagen auf dem ligurischen Meer und kommt ob der exklusiven Lage mit Landblick auf die verschneiten Berge und die an die Hügel angelehnten Bergdörfer automatisch und ungewollt zur Philosophie über den Glauben und zu der Aussage: Glauben heißt nicht wissen, sondern hoffen, dass eintrifft, was man glaubt. Wenn ich also glaube, dass wir heute noch in den Hafen einlaufen und es trifft ein, dann wird Glaube zu Wissen … Glaube ich aber nicht an das Einlaufen und wir laufen trotzdem ein, was ist es dann? Lieber nicht weiter darüber nachdenken. Ich habe für das „Achsenölen“ kein geeignetes Mittel dabei. Diese Schmierkonzentratfässer werden bei den echten Philosophen und den falschen Propheten gelagert, deren Anzahl in Deutschland mir nicht bekannt ist. Vermutlich nicht genug und alle denken sich mit ihrem Nachdenken ein gutes Einkommen zusammen. Eine gewage Aussage, die in Elitefakultäten als Angriff gegen die freie Lehre und die Ehre der Damen, Herren und sonstigen Philosophen verstanden werden könnte. Mitnichten. Die Philosophie hilft Zusammenhänge zu begreifen und zu konstruieren, die für das Funktionieren einer Gesellschaft von eminenter Bedeutung sind, weil sich Staatslenker gerne auf ihre Hofphilosophen berufen, bei denen sie die benötigten Philosophien für ihre Politik in Auftrag geben. Und es gibt die Unabhängigen, die unbezahlt vor sich hin denken und Ergebnisse liefern, die ihnen einen Platz in den Geschichtsbüchern der Welt sichern oder das Armendasein als Poet.

Das Wunder von Genua. Statt am Montag oder Dienstag einzulaufen, erwischen wir eine kurze Sturmpause und kommen nachmittags in den Hafen.

Für den Zug ist es zu spät. Der Kapitän bietet mir an, noch eine Nacht auf dem Schiff zu bleiben, ich überlege, in ein Hotel zu gehen, um mir Genua noch anzuschauen. Einen Abend und einen Vormittag Genua, um dann morgen Nachmittag über Zürich zu fahren, dort zu übernachten und am Dienstagmittag auf der Wiesenmühle einzulaufen. Dann passen die Fahrpläne ohne Hektik. Ich denke, so war das auch gedacht von Petrus. Mich an Land gehen zu lassen, um die Reise in Ruhe ausklingen zu lassen und nicht nach fünf Tagen Ruhe den Hektiker zu spielen. Ohne die ungeplante Pause wäre es laut Wetterdienst Freitag geworden bis nach Hause. Egal ob Schiff oder Hotel, ich plane das Reiseende auf Dienstagnachmittag.

Sehen, entscheiden, tun. Mein Opa wäre stolz auf mich. So einfach ist das allein. Ab Mittwoch heißt es dann wieder ins sogenannte Glied – welch komische Redewendung – zu treten und sich wieder mit allem Möglichen und allen möglichen Personen zu arrangieren.

Altstadt Genua

Zwischendurch bekomme ich noch die Begegnung von Kapitän und dem Genua-Schiffsagenten der Reederei mit, weil ich mir beim Agenten eine Auskunft holen möchte. Der Kapitän ist wahrscheinlich Führer einer extremen Gruppe der Bauchisten. Gleiches Verhalten dem Agenten und seinen beiden Helfern gegenüber. Stoffelt ins Büro und gibt keinem die Hand, obwohl die Herren aufstehen, und fängt an rumzumosern über die Standtage. Ich gebe den Herren die Hand, weil sich das gehört und der Kapitän ist gezwungen, meinem Beispiel zu folgen. Entweder er kennt diese Regeln nicht oder er ist wirklich bauchisch durchdrungen und kann seinen Ärger – egal wem gegenüber – nicht zurückhalten. Die Reederei muss wissen, was sie an ihm hat. Von zwei Besatzungsmitgliedern bekomme ich noch bestätigt, was ich mir am Anfang schon dachte. Er ist einfach extrem launisch und impulsiv. Im Normalzustand vollkommen in Ordnung,

Kathedrale San Lorenzo

aber wehe. Mit solchen Leuten zu arbeiten, fällt schwer oder man nimmt den Kerl, wie er ist, denn er kann den Bauch nicht beherrschen, sondern wird von ihm beherrscht. Eigentlich ein armer Tropf.

Ich habe mich für das Hotel „Chopin" entschieden in der Nähe meines Bahnhofes. Wesentlich kleiner als meine „Chopin" zwischen Melbourne und Singapur und nicht die freie Sicht wie an Bord, dafür die in einen Hinterhof, was ich ohnehin liebe. Diese Aussicht verrät meistens mehr über ein Land als alle Prospekte zusammen.

Das Zimmer kostet 45 Euro die Nacht in einer sehr guten und ruhigen Lage. Zu empfehlen für einen Zwei-Tage-Genua-Stadtaufenthalt mit anschließender Fahrt in die Cinque Terre. Nach einer Woche fährt man erholt über die Alpen zurück. Aber nie in der Hauptsaison. Da fährt man von der Sonne und von den Restaurants verkohlt zurück.

Nach dem Einchecken mache ich noch eine Wanderung, lasse mir die Bahnverbindungen zusammenstellen, die mich am Dienstagnachmittag gegen 13:30 Uhr in Oberachern-Hanfwerke landen lassen, über Mailand, Zürich und Konstanz, ab da mit der Schwarzwaldbahn in der Hoffnung noch etwas Winter zu sehen – das muss sein zum Abschluss in Erinnerung an die Transsibiria. Eine andere Verbindung hätte mich auch an einem Tag ins Achertal gebracht, aber bei Dunkelheit. Außerdem kann ich über diese Strecke noch den Schweizer Geschäftsmann zu einem Kaffee am Bahnhof treffen, der mich schon lange kennenlernen wollte und die Idee mit dem Bahnhofskaffee in der Umsteigezeit super findet.

Nach dem Bahnhof ist die Altstadt von Genua an der Reihe und siehe da, ich treffe Malta, Barcelona, Lissabon, Valencia, Porto Maurizio, Straßburg, Konstanz, Creixell, Artallo, Hausach, Wolfach – eben alle Städte und Ortschaften, die durch die Kriege nicht zerstört wurden. Enge Gassen, alte und teilweise marode Häuser, dunkle enge Passagen, restaurierte Prunkstücke – alles, was man sich vorstellen kann. Dazu die tolle Lage am Meer.

Piazza De Ferrari

Erinnert mich an Barcelona, ist aber wesentlich kleiner, auch stark an Malta wegen der maroden Gassen. Schön durchzugehen, Fotos zu machen, das Flair zu genießen, aber ja nicht da wohnen müssen. Das sind dunkle Wohnlöcher, bei der ein guter Glaube notwendig wird, damit Licht in das Haus kommt.

Apropos Glauben. Die Kirchen als beeindruckende Zeugen früherer Baukunst sind ohne Eintritt betretbar, lediglich um eine Spende für den Erhalt der Kunstschätze wird auf einem Plakat gebeten, was ich vollkommen in Ordnung finde. Wer sich an diesen Gebäuden und dem Inneren erfreut, kann durchaus im Rahmen seiner Möglichkeiten eine Spende geben. Wenn man ehrlich zu sich selbst ist, dann gibt man für viel weniger Freude oft viel mehr aus. In der Kathedrale San Lorenzo aus dem

Nachbau der „Santa Maria" von Columbus

12. Jahrhundert habe ich mich bedankt für das treue Geleit auf der langen Reise. Wollte ich schon in Malta, aber da war die Kirche wegen Karneval geschlossen. Dieser Dank musste sein, weil ich mir schon bewusst bin, dass ich nicht immer der war, der alles im Griff hatte, sondern ab und zu ganz froh war, wenn ein guter Geist mir z.B. ins Lenkrad gegriffen oder auf die Bremse getreten hat. Darüber kann man unterschiedlich denken und das ist auch gut so. Jeder soll an das glauben, was er für sich im Innern fühlt. Und wenn man das auch noch öffentlich zeigen kann, dann sieht man einen praktischen Vorteil einer entsprechenden Gesetzgebung, die von der Würde des Menschen ausgeht.

Containerhafen Genua mit Stadtteil Forino

Bei der Gassenwanderung kam ich trotz des auch in Italien geltenden Grundsatzes der Unantastbarkeit der Menschenwürde – wie sollte es auch anders sein – nichtsahnend auch in die gewissen Gassen mit den gewissen Mädchen und musste den Einladungen von schwarz, weiß, gelb, braun mehrere Male entsagen. Die gleichen Szenen wie zu Zeiten als Lkw-Fahrer in südlichen und Balkanländern und es fällt immer noch genauso leicht, höflich abzuwinken. Wenn ich dann aber noch die Kassier-Typen – in diesem Fall waren es nur dunkelhäutige Typen – an den Ecken stehen sehe, dann könnte ich unhöflich werden und an denen runterkotzen. Könnte ich auch an weißen Eckenstehern, aber es waren hier in Genua halt dunkle Typen.

Mit einem warmen Hähnchensandwich und einem „Birra Moretti", einem Kult-Bier in Genua, endete die Wanderung. Und das Sandwich schmeckte sehr gut nach 56 Mästungstagen auf Schiffen. Normalerweise hätte ich es nur als Sättigungsnotlösung verzehrt.

Das war Genua. Morgen nach dem Auschecken noch ein paar Gassen ohne Verkehrsgewerbe und einen guten Cappu mit Croissant. Und dann ab Richtung Schweiz und Richtung Heimat. Die Verteilung der Bahnreise auf zwei Tage gibt der Reise den Ausklang, den sie verdient. In Ruhe, ohne Hektik und mit zeitlich passender Heimkehr.

Kathrin mit der gefundenen Dätschkapp

Uli und Kathrin am Strand in den Cinque Terre

Tag 137: Montag, der 5.3.2018
Genua – Zürich

Um 8 Uhr geht's ans Auschecken, durch die Gassen bummeln und Kaffee trinken. Mehr über Genua zu erzählen bringt nicht viel. Die Stadt muss man sich ansehen, am besten im Frühjahr von April bis Juni oder im Herbst. Für mich hat Genua eine Besonderheit, die andere Hafenstädte nicht unbedingt aufzuweisen haben: die Berge im Hintergrund, die jetzt, Anfang März, noch weiße Schneeflächen zeigen. Am ehesten noch vergleichbar mit Hongkong, das ebenfalls mit Bergen punkten kann. Nur die Stadtgröße von Genua würde mit 600.000 Menschen allenfalls als kleineres Stadtviertel in der Metropole mit 7,5 Mio. Einwohnern durchgehen.

Genua erinnert mich gleichzeitig an einen Kreis, der sich jetzt schließt. Der Kreis meiner Dätschkapp. Nach 30 Jahren fährt sie wieder durch die Gegend, aus der sie kommt. Bei einem Italienurlaub mit einem VW-Bus waren wir mit Kathrin in den Cinque Terre unterwegs und Kathrin brachte vom Strand von Camogli die Dätschkapp eines Fischers mit, die sie aus dem Sand ausgegraben hatte. Sie war ein treuer Begleiter auf meiner Reise, hat mich sicher mehr als einmal vor einem Sonnenstich bewahrt und gleichzeitig den Schweiß aufgefangen.

Die ganzen letzten Tage waren das Werk eines Phänomens: Wenn Mac Murphy sich einschaltet, die Schiefgehspirale anwirft und sich plötzlich alles die Hände gibt, was eigentlich nicht zusammenpasst. Die ganzen wetterbedingten Verzögerungen gehörten für die Reederei und die Besatzung zu dieser Spirale. Für mich waren die gewonnenen Tage positiv und es wäre gelogen, wenn ich sagen würde, wie schade, dass ich nicht pünktlich von Bord gekommen bin.

Die Überlegung, die Heimreise an einem Tag zu erledigen, hatte ich schon vor Genua fallen lassen. Zuviel Hektik unterwegs und spätes nächtliches Ankommen in Achern am Bahnhof. Weiterfahrt an die Hanfwerke nicht möglich. Aber genau das möchte ich nicht. Die Fahrkarte im Kopf war gebucht auf die Strecke: Hanfwerke Oberachern – Australien – Hanfwerke Oberachern. Und dort möchte ich am Tag ankommen und bei Tag die letzten 300 Meter zu Fuß mit dem Rucksack und der Gitarre auf die Wiesenmühle zugehen. Wie ein Heimkehrer, der auf seine Heimat zugeht und diesen Moment der Rückkehr in sich aufsaugt.

Diese letzten Meter von den Bahnschienen zum Haus werden immer in Erinnerung bleiben, so wie die ersten Meter bis zu den Bahnschienen zu Beginn der Reise. Schritt für Schritt ins Unbekannte und zurück. Das muss sein. Deshalb übernachte ich in Zürich und die paar Euro gebe ich gerne aus. Es kommt nicht mehr auf einen Tag an, es kommt gerade am Ende darauf an, den Abschluss so zu „gestalten", dass er als einmalig im Herzen bleibt.

Zum ersten Mal auf der gesamten Reise habe ich das Bild vor meinen Augen, wie ich auf die Wiesenmühle zugehe, langsam, bedächtig, immer wieder anhaltend. Ich kann nicht einmal ausschließen, dass mir da ab und zu ein kühler Wind die Augen trübt. Jetzt wird es Zeit für zu Hause. Seit heute Morgen spüre ich es in mir. Die Reise geht mit mir ihrem Ende entgegen. Sich mit dem Auto abholen lassen und auf dem Parkplatz aussteigen, das würde nicht zur ganzen Reise passen. Wie oft habe ich festgestellt, dass es Dinge gibt, die man „er-fahren" muss, um sie zu verinnerlichen? Sehr, sehr oft. Und bei diesen letzten paar hundert Metern wird das „er-fahren" ersetzt mit „er-laufen". Sicher nicht für jeden verständlich und nachvollziehbar. Möglicherweise nur wichtig für mich, weil mir die Heimkehrszene in dem Film „Vom Winde verweht" nie mehr aus dem Kopf gegangen ist.

So, wie ich mich sehr genau an den Morgen des 20. Oktober letztes Jahr erinnere und das Gefühl des Losgehens und Zurücklassens bei den ersten Schritten ins Reiseabenteuer. Ich höre noch die Stimme der Vergangenheit, wie sie mir nachgerufen hat: „Fremder geh und komm als Du zurück!" Jetzt kann ich bei der Rückkehr endlich antworten: „Ich bin zurück, der andere hat sich unterwegs verabschiedet." Ich bin mir aber ziemlich sicher, dass der nach ein paar Tagen oder Wochen wieder ums Haus herumschleicht, um auf seine alten Rechte zu pochen.

Die Zugfahrt

Auf den ersten Kilometern der Reise durch Italien Richtung Schweiz kamen Gefühle auf, wie auf der Fahrt nach Berlin. Wieder unterwegs mit der Bahn mit dem Unterschied, dass sie mich heimwärts trägt.

Winterlandschaften ziehen vorbei, Nebel, Schneeflocken: Winter in Europas Bergen. Gut, dass ich mich für die 1. Klasse entschieden habe. Genügend Freiraum, Fensterplatz mit dem Blick auf die anderen Reisenden. Beispielsweise den dynamischen und elegant gekleideten italienischen Jungbanker mit einem Alu-Aktenkoffer. Ob da Fracht für Zürich drin ist, fragt man sich automatisch, wenn man das Gegenüber – durchaus nicht vorurteilsfrei – in die Schublade „Banker" abgelegt hat. Dann der seriöse Geschäftsmann schräg gegenüber, der wohl der Seniorchef sein dürfte, der eine Wirtschaftszeitung studiert, vielleicht den Aktienkurs seines Unternehmens. Ein paar Erbprinzen und Erbprinzessinnen scheinen auch dabei zu sein, zumindest von ihrem Outfit und Gehabe. Auffallend an den Zügen gegenüber China: Dort gibt es eine Zweier-Reihe und eine Dreier-Reihe mit Mittelgang, also alles sehr eng. Hier in der Schweizer 1. Klasse eine Einer-Reihe und eine Zweier-Reihe. Was in China in der Sitzanzahl dazugepackt wird, das wird auch bei der Geschwindigkeit dazugepackt. Hier ca. 180 km/h, dort 310 km/h.

Und draußen immer wieder grandiose Landschaften, die mich daran erinnern, dass auch Europa ein großartiger, aber eben anderer Kontinent ist. Bei Reisen in ferne Länder und Kontinente vergisst man schnell, wie herrlich der eigene sein kann, wenn man sich informiert. Der Vierwaldstätter See zieht als Diashow vorbei, das Fenster bildet auch hier den Diarahmen wie bei allen Zugfahrten, ob in Russland oder Australien. Nur in China wurden statt der Diashows schnelllaufende ICE-Videos gezeigt.

Der Abend in Zürich ist kurz und zum Ausgehen fehlt die Lust. Also Hotel, Bericht schreiben, in der Nachbarschaft noch einen kleinen Snack und ab ins Bett. Morgen Abend ist Schlafen zu Hause angesagt. Nach 138 Tagen.

Tag 138: Dienstag, der 6.3.2018
Zürich – Wiesenmühle

Kurzfassung: Zug Zürich–Oberachern Hanfwerke, Ankunft am Nachmittag, Fußmarsch zur Wiesenmühle mit Überquerung der Bahnschienen, meines inneren Schlagbaumes – der Fort-Daheim-Grenze.

Sechs Tage mehr wegen der Schiffsverzögerung sind bei einer Reise von geplanten 132 Tagen und so vielen Unbekannten nicht die Welt. Ich bin zurück, gesund, munter, erholt, entspannt, glücklich und zufrieden mit mir, dieses aus einer spontanen Idee entstandene Ding gedreht zu haben. Der Blick zurück geht über viele optische und gedankliche Stationen bis zum Anfang, als ich schwer bepackt losgezogen bin, um meine Vergangenheit durchzuforsten und Ballast abzuwerfen, offene Kreise zu schließen, Frieden zu finden über den Verlust von Uli. So vieles ist eingetreten, was ich nicht für möglich gehalten hätte. Der 3. Lebensabschnitt mit 66 kann beginnen und das Motto „Ahoi 66“ kann ich allen empfehlen, die zu Beginn dieses Weges aufräumen möchten, um den freiwerdenden Platz mit neuen Ideen zu füllen. Jeder muss dabei seinen Weg finden. Für mich war es die Reise und der große, auch räumliche Abstand, der mich nach und nach freier werden ließ. Für mich eine Voraussetzung für das Loslassen und das Ballastabwerfen. In der Enge des Zuhausedenkens und im beruflichen Daueralltag gelingt es nur schwer, über den Dingen zu stehen und sie von einer freieren Seite her nach Wichtig und Unwichtig einzustufen. Dazu brauchte ich Zeit, viel Zeit, wie ich feststellen musste. Erst auf der Rückreise war ich soweit, die oben angesprochenen Kreise zu schließen und ich hoffe, es gelingt mir, viel von dem Denken in mir zu erhalten, das sich aufgebaut und inzwischen auch verfestigt hat.

Bahnhof Achern – die Gleise machen Lust auf neue Reisen

Die Grenze zwischen fort und daheim

Sicher wird das nicht ganz ohne Konflikte gelingen, und ich hoffe, dass die mir nahestehenden Menschen meine Veränderungen akzeptieren und die sich für sie ergebenden Folgen positiv sehen, auch wenn sie mehr Arbeit oder einen anderen Umgangsstil bedeuten. Ich würde mich über Hinweise freuen, wenn ich drohe, wieder in das alte Gleisbett zu fallen, es möglichst allen recht zu machen. 25 Jahre sollten reichen. Am Ende des „Wiedereingliederungsprozesses“ wird sich zeigen, welche neuen Linien anfangen, sich zu biegen und dabei so viel Kraft ausstrahlen, dass sie als Begleiter stark genug werden, um am Ende zu neuen Kreisen zu verschmelzen.

Am Bahnhof in Oberachern werde ich mit Plakat und Badnerlied aus dem CD-Player begrüßt, ein Empfang, mit dem ich gar nicht gerechnet hatte. Das rührt dann doch etwas das Herz, weil die Begrüßung so echt und herzlich ist. Und vor allem eine Riesenüberraschung.

Dann der Fußmarsch mit Rucksack, ein gutes Gefühl nach einer bestandenen „Reiseprüfung“. Endlich das „Reiseabitur“ im Gepäck, nachdem ich als Nichtabiturient auf eigenen Wunsch nie die sogenannte „Reifeprüfung“ abgelegt hatte und die ganzen Jahre ohne diese Reife durchs Leben geschlittert bin.

Die Wiesenmühle erscheint im Blickfeld und die Bahnschiene liegt plötzlich hinter mir. Es ist der Moment, in dem das Fort-Sein endet und das Zu-Hause-Sein beginnt. Die letzten Schritte der 58.000 Kilometer. An der Wiesenmühle erkenne ich Luftballons und eine Fähnchenkette. Willkommen daheim. Ein winzig kleiner Tropfen läuft mir übers Gesicht in den Schnauzer. Scheint der weit verbreitete Rückkehrschnupfen zu sein. Ich gehe um 13:30 Uhr die Rampe hoch, die ich vor 138 Tagen morgens um 5 Uhr runtergegangen bin. Ich atme tief durch und genieße die warmen Sonnenstrahlen auf der Terrasse. Ich bin wieder daheim. Ahoi 66.

Eine schöne Anekdote zum Schluss: Ich hatte dem Chef des Konsulats in Shanghai ein Mail geschickt und mich nochmals für den freundlichen Empfang und den

Kaffee bedankt. Er schreibt sehr freundlich und persönlich zurück und lädt mich ein, bei der nächsten Reise in Sao Paulo in der Botschaft vorbeizuschauen, wo er ab Sommer 2018 arbeiten wird. Die Strecke Lissabon–Brasilien würde sich anbieten.

Tag 1: Mittwoch, der 7.3.2018
Wiesenmühle
Ausschlafen im eigenen Bett und so viele Gedanken und Träume. Ich werde Wochen brauchen, um wieder anzukommen und es wird mir erst gelingen, wenn ich überhaupt ankommen will.

Noch sehe ich das schlechte Wetter in der Bucht von Genua und stelle mir vor, dass dieses anhält und mich nicht an Land lässt. Irgendwann im April, Mai kommt aber besseres Wetter und dann legt das Schiff zwangsläufig an. Bis dahin träume ich noch eine Weile und versuche die ersten Dinge umzusetzen, die ich mir vorgenommen habe. Ein erster Schritt wird der Generationenwechsel in der Firma sein, andere Schritte werden folgen.

Die Reise hat den Geist beflügelt und der körperlichen Fitness mehr als gutgetan. Eine unbändige Lebensfreude gepaart mit Neugier und einem gewaltigen Optimismus für die kommenden Jahre hat fast beängstigend Herz und Verstand erfasst. Dass ich in meinen 25 Jahre alten Ledergürtel wegen drohendem Hosenrutschen ein zusätzliches Loch stanzen musste, sei hier unpassend am Rande vermerkt.

Die Reise hat vieles in mir bewegt und wird vieles bewegen um mich herum. Mir wird im Nachhinein klar, welch unschätzbaren Wert mein Reisetagebuch für mein künftiges Denken und Handeln darstellt. Nicht nur als Erinnerung an eine herrliche Zeit, sondern auch als Nachschlagewerk bei Zweifeln, die durch den Alltag und das Eintauchen in die sozialen Netze entstehen werden.

Das Tagebuch soll auch den Kindern von Uli und mir bisher unbekannte Einblicke in den Werdegang ihres Vaters und seine Liebe zu ihrer Mutter geben.

Mit dem Beginn des 3. Lebensabschnitts wollte ich wieder sein, der ich bin und nicht einfach weitermachen, wie ich über so viele Jahre situationsbedingt und aus Angst vor Veränderungen gelebt habe.

Mit der glücklichen Rückkehr beginnt eine neue, ganz andere Reise mit vielen Unbekannten. Sie wird mich fordern, Neues mit Bewährtem zu kombinieren und Hindernisse zu hinterfragen. Heute, morgen, jeden Tag.

Auf der 138 Tage langen Reise hat der intensive Rückblick auf Vergangenes in Verbindung mit alltagsfreien Gedanken meinen Lebenskompass neu justiert. Die 58 „ereignisarmen" Tage mit viel Zeit und Ruhe auf den Containerschiffen hatten in dieser Hinsicht daran den wertvollsten Anteil.

Es war eine unvergessliche, abenteuerliche und wunderbare Reise.

Alles hat seine Zeit.

Vita

Josef W. Trapp (1951) erlebte seine Kindheit als zweites von sechs Kindern einer Arbeiterfamilie in einem kleinen Dorf bei Achern im Nordschwarzwald.

Nach der Volksschule und der Höheren Handelsschule absolvierte er eine Ausbildung zum Industriekaufmann. Sein Engagement in der örtlichen Jugendarbeit führte ihn zum Studium der Sozialarbeit nach Köln mit Abschluss 1975. Nach dem Zivildienst trat er dann eine Stelle als Sozialarbeiter in einem selbstverwalteten Haus der Jugend an. Nach Meinungsverschiedenheiten mit dem Stadtrat über nachhaltige Jugendarbeit beendete er seine kurze „Sozialarbeiter-Karriere“ und entschied sich, dem Staatsdienst den Rücken zu kehren.

Er entschloss sich, Lkw-Fahrer zu werden. Mit einem Kredit kaufte er einen SCANIA-Sattelzug und war ab 1979 auf den Straßen Europas und im Orient zuhause. Nach der Rettung von der havarierten Lkw-Fähre „ZENOBIA“ bei Zypern 1980 gründete er mit Kollegen gemeinsam einen Fahrerdienst für Speditionen.

Seine Frau Uli sowie die 1984 geborene Tochter begleiteten ihn in den folgenden Jahren oft auf seinen teils wochenlangen Lkw-Touren. Dazwischen prägte und bereicherte bis 1992 die abwechslungsreiche Arbeit auf einem gepachteten Bauernhof das Familienleben.

Nach der Geburt der zweiten Tochter 1987 beendete er das „Nomadenleben“ und wurde kaufmännischer Leiter eines technischen Betriebes. Mit der Geburt des Sohnes 1990 wurde der Bauernhof zu klein und ein renovierungsbedürftiges Arbeiterwohngebäude wurde zur neuen Heimat. In dieser Zeit erkrankte seine Frau an Krebs. Er wechselte deshalb das Tätigkeitsfeld und arbeitete in Teilzeit. 1993 starb seine Frau Uli mit 35 Jahren.

Nach seiner Weltreise beendete er mit 66 Jahren die operative Arbeit als Geschäftsführer in seiner mit einem Freund gegründeten Firma im Bereich Spielplatzgeräte/Spielraumplanungen. Neben dem Mehr an Freizeit konzentriert er sich heute auf die Planung besonderer Spielräume.

Für Kaffeepausen am Steuer und Lesestunden in der Koje parkt heute auf der großen Wiese hinter dem Haus eine alte SCANIA-Sattelzugmaschine.

Buchempfehlungen

Leitner, Gerhard: Geschichte Australiens. Reclam, 2016
Veit, Monika: Beim Morgenrot in Sidney – Historischer Auswanderer-Roman nach wahren Schicksalen. DeBehr, 2015

Zum Buch sind außerdem erhältlich

Foto-CD oder USB-Stick
mit den schönsten Fotos der Reise in 11 Kapiteln sortiert – mit Musik hinterlegt

Film: „On the road again"
118 Min. auf den Straßen Australiens aus der Sicht des Fahrers, ohne Handlung; für Menschen, die lange Autofahrten auf einsamen Straßen durch atemberaubende Landschaften lieben – mit Musik hinterlegt

Film: „Over the water"
143 Min. an Bord eines Containerschiffs, ohne Handlung; Sequenzen auf dem indischen Ozean und in der Südsee laden zum Träumen ein und lassen die Seele baumeln – mit Musik hinterlegt

Film: „Josefs Reise – 138 Tage Freiheit"
124 Min. unterwegs mit der Transsibirischen Eisenbahn sowie mit dem Containerschiff und dem Auto; Zusammenschnitt der einzelnen Reiseabschnitte – mit Musik hinterlegt

Bestellungen sowie Anfragen nach Lesungen, Bildvorträgen o. Ä. an
info@seitenweise-verlag.de